말씀
등불
밝히고

말씀
등불
밝히고

창세기에서 요한계시록

김기석 지음

꽃자리

목차

뱃머리에 서서

주님, 주님께서 나를 속이셨으므로, 내가 주님께 속았습니다. 주님께
서는 나보다 더 강하셔서 나를 이기셨으므로, 내가 조롱거리가 되니,
사람들이 날마다 나를 조롱합니다. 내가 입을 열어 말을 할 때마다
'폭력'을 고발하고 '파멸'을 외치니, 주님의 말씀 때문에, 나는 날마
다 치욕과 모욕거리가 됩니다.(예레미야 20:7-8)

말씀을 전한다는 것이 얼마나 위험한 일인지를 예레미야보다 더
잘 알아차린 사람이 또 있을까? 40년을 설교자로 살았지만 그 말씀
때문에 조롱거리, 치욕과 모욕거리가 되지 않은 것을 보면 나는 말
씀을 제대로 전하지 못했던 것이 아닌가 자책하게 된다. 살아있는
말씀은 사건을 일으킨다. 사건은 일상을 교란하고 든든히 선 것을
흔든다. 아브라함은 '떠나라'는 말씀을 들었을 때 즉각 익숙하던 세
계에서 벗어났다. 갈릴리의 어부들은 '나를 따르라'는 부름을 들었
을 때 배와 그물을 버려두고 예수를 따랐다. 예수님이 나병 환자에
게 '깨끗하게 되어라' 하시자 그의 병이 나았다. 선포된 말씀이 살아

있다면 어디선가 사건을 일으키고 있을 것이다. 그런 믿음이 없다면 말씀을 전하는 이들은 공허감의 늪에 빠져들고 말 것이다.

허먼 멜빌의《모비 딕》에 나오는 매플 목사가 떠오른다. 뉴베드퍼드에 있는 예배당의 설교단에 오르기 위해 그는 보트에서 배로 올라갈 때 사용하는 줄사다리를 이용한다. 설교단의 정면은 폭이 넓고 경사진 뱃머리와 비슷하고, 성경은 뾰족한 뱃머리를 본떠서 만든 소용돌이 장식의 돌출부 위에 놓여 있다. 그런 장식 자체가 상징적이다.

> "무엇이 이보다 더 의미로 가득 찰 수 있겠는가? 설교단이야말로 이
> 세상의 맨 선두 부분이며, 그 밖의 다른 것들은 모두 그 뒤를 따라가
> 기 때문이다. 설교단이 세상을 이끌어 간다. 하느님의 격한 노여움의
> 폭풍은 그곳에서 맨 먼저 발견되고, 뱃머리는 맨 먼저 하느님의 공격
> 을 견뎌내야 한다. 순풍이나 역풍을 관장하는 신에게 순풍을 보내 달
> 라고 맨 먼저 기원하는 곳도 바로 그곳이다. 그렇다. 이 세상은 항해
> 에 나선 배다. 항해는 아직 끝나지 않았다. 설교단은 바로 그 배의 뱃
> 머리인 것이다."(허먼 멜빌,《모비 딕》, 김석희 옮김, 작가정신, 75쪽)

과연 오늘 교회에서 선포되는 말씀이 세상의 맨 선두인가? 설교단이 세상을 이끌어 가고 있는가? 언감생심이다. 말씀이 역사를 향도하기는커녕 역사 발전의 장애물이 되고 있는 것은 아닌가? 사람들의 요구에 따라 조율된 맞춤형 설교는 새로운 세상을 열어가는 뱃머리가 되지 못한다. 에드워드 사이드가《지식인의 표상》에서 한

말이 떠오른다. 그는 "당신이 당신의 후원자를 계속 의식한다면 지식인으로서 사고할 수 없으며, 그저 신봉자나 시종으로서 사고할 수밖에 없습니다."라고 말했다. '지식인'의 자리에 '설교자'를 넣어 보면 말씀을 전한다는 것이 얼마나 힘겨운 일인지를 알 수 있다. 회중들의 이념적 열정과 부딪힐 수도 있고, 기득권층의 반발을 살 수도 있다. 그 위험을 피하기 위해 많은 설교자들이 말씀의 스캔들을 제거하고 그 자리에 당의정을 입힌다. 말씀이 더 이상 사건을 일으키지 못하는 것은 그 때문이다.

참된 말씀은 위험하다. 사람들의 느른한 일상을 사정없이 뒤흔들기 때문이다. 위선을 가차없이 드러내고, 독점에의 욕망을 공격하는 이들이 환영받기 어려운 것은 자명한 이치이다. 버나드 브랜든 스캇은 예수의 비유를 풀어 설명하는 그의 책《예수 비유 새로 듣기》의 부제를 '세상을 다시 상상하기'라고 적었다. 예수님은 사람들이 당연하게 여기는 질서를 해체하고, 새로운 세상을 열어 보여준다. 설교는 그리스도를 통해 알게 된 하나님을 찬미하는 일인 동시에, 그가 대안적인 삶의 세계로 사람들을 초대하는 행위이다.

꽤 오랜 시간 설교자로 살아왔다. 아무리 시간이 지나도 말씀을 준비하고 선포하는 일에 익숙해지지 않는다. 언제나 난산이다. 때로는 설교단 앞에 설 때 말이 자꾸 도망가는 것처럼 느껴질 때도 있다. 말의 부질없음이 가슴에 사무칠 때도 말을 해야 한다는 것은 참 힘겨운 일이다. 그런 난감함을 견디도록 하는 힘은 회중들로부터 온다. 말씀과 만나 신산스런 삶을 이겨낼 힘을 얻었다는 이들, 지향조차 없이 떠돌던 삶에 질서가 잡혔다고 고백하는 이들, 캄캄한 어둠 속에서 길을 잃지 않을 수 있었다고 말하는 이들이 있어 고맙다.

설교를 하면 할수록 공부가 부족함을 절감한다. 물론 책을 통해 하는 공부만을 말하는 것은 아니다. 주름 잡힌 텍스트인 성경에게 말을 걸고, 성경이 들려주는 이야기에 귀를 기울이는 시간은 나 자신의 남루한 영혼과 대면하는 시간인 동시에 우리 시대를 성찰하는 일이다. 법고창신의 지혜는 쉽게 얻어지지 않는다. 예수님은 산상수훈에서 "'~하지 말아라' 하고 말한 것을 너희는 들었다. 그러나 나는 너희에게 말한다.~"라는 형식으로 말씀하셨다. 삼십 대 초반의 젊은 예수는 문자를 넘어 말씀의 주인이신 분의 마음을 붙들었다. 그렇기에 당당하게 말씀하실 수 있었던 것이다. 여전히 가야 할 길이 멀기만 하다.

이 책은 창세기부터 요한계시록에 이르는 성경 66권 설교 가운데 각기 한 편씩을 뽑아 묶었다. 66편의 설교는 마치 다성적인 소설이 그러하듯 특정한 플롯이 없다. 그러나 그 설교에는 나의 영혼이 거쳐온 사유의 궤적과 내가 속한 공동체의 고민들이 점점이 묻어 있다. 각 책을 본문으로 한 여러 편의 설교 가운데 한 편을 뽑는 것은 여간 어려운 일이 아니다. 이 일을 위해 한종호 목사가 공들여 수고해줬다. 이런 수고를 마다하지 않는 그의 우정과 헌신에 깊이 감사한다.

열세 분의 소중한 길벗들이 이 책을 더욱 빛내주고 있다. 대부분 오랜 시간 진리를 찾아 나선 순례길에서 만나 동행이 된 이들이다. 서 있는 자리는 서로 다르지만 보이지 않는 끈이 우리를 하나로 묶어준다. 키케로는 "우정은 미래를 향하여 밝은 빛을 투사하여 영혼이 불구가 되거나 넘어지지 않게 해준다."고 말했다. 참 고마운 인연들이다. 은사이신 민영진 박사님께서도 이 부족한 제자의 설교를 공들여 읽어주셨다. 민망하기 이를 데 없다. 민 박사님께는 구약신학뿐 아니라 삶과 사람을 대하는 겸허한 자세를 배웠다.

청파교회 교우들에게 깊은 감사를 드린다. 그분들이야말로 선포된 말씀을 삶으로 번역하는 명인들이다. 언제나 신뢰와 지지를 보내주신 교우들 덕분에 여기까지 올 수 있었다. 매주 내 설교문의 최초의 독자가 되어 적절한 조언을 해준 아내 김희우에게 감사한다. 언젠가 아들과 딸 그리고 손자 손녀들이 서가에 꽂힌 이 책을 우연히 발견하고 책장을 펼쳐보다가 우리가 그리스도의 사랑 안에서 연결되어 있음을 느낄 수 있으면 좋겠다. 입술이 둔하고 귀가 어두운 종을 끝끝내 버리지 않으신 하나님께 감사드린다. 이 책을 통해 사람들이 하나님의 선하심과 그리스도의 아름다우심 그리고 성령의 역사를 경험할 수 있다면 더 바랄 것이 없겠다.

봄빛으로 오는 말씀을 기리며
김기석

말씀

창세기에서 말라기

생명의 샘이
당신께 있고
우리는 당신의
빛으로 빛을 보옵나이다

기승전(起承轉) 예수, 기승전(起承轉) 그리스도

민영진/전 대한성서공회 총무

설교자가 구사하는 우리말이 아름답다. 낱말이 정확하고, 문법이 정연하고, 문장이 단아하고, 구문이 매끄럽다. 비문이나 모호문이나 불완전 문장이나 난삽한 표현이 없다. 산문이 때로는 운문처럼 읽혀 독자에 따라서는 시적 감흥에 젖기도 한다.(특히 창세기 설교) 독자나 청중이 그의 설교를 끝까지 읽거나 듣기 이전에 설교자의 우리말 향기에 취하기에 넉넉하다.

숨바꼭질 놀이의 신학적 해석

「사람을 찾아오시는 하나님」이라는 창세기 설교에서 설교자는 도입 부분에서 험지 학교를 자원하여 선택한 한 교사의 글을 소개한다.

"아이들이 숨바꼭질을 시작했다. 이번에는 마음 찾기 숨바꼭질이다. 슬픈 마음, 두려운 마음, 화난 마음, 외로운 마음을 감추고 누군가 찾아주기를 기다린다. 마음이 아파 숨었지만 혼자 남고 싶지는 않다.

그런데 아무도 아이 마음을 찾지 않는다면 어떻게 될까? … 혼자 하는 숨바꼭질은 비극이다. 숨바꼭질은 찾아내는 기쁨, 누군가 가까이 다가올 때의 긴장감, 발견되는 순간의 아쉬움이 있기에 재미있다. 아무도 찾지 않는 숨바꼭질은 잔인하다."(권일한)

설교자는, 하나님이 아담에게 "네가 어디에 있느냐?"라고 묻는 것을, 우리의 놀이 숨바꼭질과 연결한다. 그것도 찾고 찾기는 긴장 속에서 체험하는 "기쁨, 슬픈 마음, 두려운 마음, 화난 마음, 외로운 마음을 감추고 누군가 찾아주기를 기다리는" 숨바꼭질하는 오지의 아이들을 찾아간 한 교사에게서, 설교자는, 사람을 찾으시는 하나님의 심정을 느낀다.

"아무도 찾지 않는 숨바꼭질의 잔인함"을 명상하던 설교자는, 이용도 목사를 인용하면서, 아무도 찾지 않는 잔인한 숨바꼭질이 사망의 상태로 이르는 길임을 청중에게 확신시키면서 "사람을 찾아오시는 하나님"의 의미를 밝힌다.

"1930년대의 신비주의 시인 이용도 목사는 원망, 불평, 이기심 등은 전염병과 같아 자신을 죽이고 남의 가슴에 살촉을 박아 죽게 하는 악독한 병균이지만, 그 모든 균들을 죽일 수 있는 것이 눈물이라고 말했습니다. 또한 동정의 눈물, 사랑의 눈물이 쏟아질 때 원망, 시기, 불평, 이기적인 행위 등 모든 불신의 병균이 다 죽고, 따스하고 온유하고 예쁜 새 마음이 돋아난다고 노래했습니다."

설교자는 사람을 찾아오시는 하나님을 말하면서(창세기 3:8-11), 사람이 하나님에게로 돌아오지 않자, 상심하신 하나님께서 사람을 만나지 않으려고 숨어버리시는 호세아의 은유(호세아 5:15)를 소개한다. 예언자가 그렇게 하나님께서 사람을 찾아오신다고 해도(호세아 6:3), 하나님께 돌아가자고 호소해도(호세아 6:1), 백성은 하나님으로부터 점점 멀어지고, 하나님께로 돌아오지 않는다. 그러자 이번에는 하나님이 숨는다.

나는 이제 '내 곳'으로 돌아간다. 그들이 지은 죄를 다 뉘우치고, 나를 찾을 때까지 기다리겠다. 환난을 당할 때는, 그들이 애타게 나를 찾아 나설 것이다.(호세아 5:15)

하나님께서 돌아가시겠다고 한 '내 곳', '나만의 은신처'를 누가 알겠는가! 이젠 하나님께서 숨으시겠다는 말 아닌가! 사람이 술래가 되어 찾아올 때까지 숨어계시겠다는 것이다. 사람은 그냥 하나님께 돌아오지 않는다. 환란을 당하고 나서야 애타게 하나님을 찾을 터인데, 그때까지 당신의 처소로 가서 숨어서 기다리시겠다는, 그런 하나님을, 설교자는 청중에게 보여준다.

교회의 설교가 으레 그러하듯이, 이 설교도 "예수" 사건으로 끝난다.

"애를 태우며 소년 예수를 찾아 나선 그 요셉과 마리아의 마음에서 우리는 얼핏 인간을 찾아 나서시는 하나님의 마음을 읽을 수 있습니다. 우리는 어떤 순간에도 혼자가 아닙니다. 우리를 찾아오시는 하나님이 계시다는 사실이 우리 희망의 뿌리입니다. 하나님과의 숨바꼭질, 이것이 우리의 인생입니다."

설교의 도입 부분에서 그가 말한 "숨바꼭질" 이야기와 사람을 찾으시는 술래 하나님을 크게 클로즈업하면서 "우리를 찾아오시는 하나님의 사랑과 하나님을 찾아 나선 인간의 절박함이 만나는 구원 이야기"를 마무리한다.

창세기 3장 8-11절을 본문으로 삼아 설교하면서도, 설교자는 주제와 관련된, 사람을 찾아서 오고 계시는 하나님을, 율법서만이 아닌 예언서에서 특히 앞서 언급한 호세아서 5장 15절, 6장 1절, 3절과 예레미야애가 3장 40절, 미가 6장 8절 등 다섯 본문을 인용하여, 같은 메시지의 다른 목소리를 들려준다. 사실, 성경 바깥에서 인용된 본문도, 그리고 설교자의 본문 해석도, 인용된 성경 본문들이 함께 어울려 다성(多聲)을 이룬다.

예수 정신의 체득(體得)과 성육신(成肉身)의 체현(體現)

「근본에 충실한 사람들」이라는 설교 도입부에서 설교자는 그리스의 소설가 니코스 카잔차키스를 소개한다. 설교자는, 니코스 카잔차키스가 그의 소설 《토다 라바》(현대 히브리어 '대단히 고맙다!'는 뜻)에도 썼고, 자신의 묘비명(墓碑銘)에 적혀 있기도 한, "나는 아무것도 원하지 않는다. 나는 아무것도 두렵지 않다. 나는 자유다."라고 외친이 말을 소개한다. 설교자는 이스라엘의 이집트 탈출이, 바로 이러한 자유를 얻기 위한 대장정으로, 출애굽 공동체가 자기 삶의 주체가 되겠다는 염원 하나를 품고 광야 길로 들어갔다는 점을 강조하려고, 신앙이란 것이 자유를 향한 긴 여정임을 설명한다.

설교자의 사유를 유심히 관찰하는 청중이라면, 설교자가 그의 설교에서 카잔차키스를 언급한 복선(伏線)을 느낄 수도 있다. 왜냐하면, 카잔차키스야 말로 기독교인들이 늘 주목하고 있어야 할 인물이기도 하고, 그리스정교회 교인의 견지에서 기독교를 반성하고 있는 세계적 작가이기도 하기 때문이다. 그를 통해서 그의 독자들이 이 묘비명 외에도 숱한 격려를 받을 수 있다. 설교자는 때로 그의 청중이 만나야 할 중요한 인물을 이런 방식으로 소개하기도 한다. 설교자는 뒤이어 등장하는 다마스쿠스로 가는 바울, 1521년 보름스 제국 의회에 출두하여 황제의 회유를 거절했던 마르틴 루터에게서도 같은 삶의 의지와 믿음과 태도를 본다.

이 설교의 성경 본문 출애굽기 20장 1-7절은 십계명 중에서 첫 세 계명이다. 첫째, 다른 신들을 섬기지 못한다. 둘째, 우상을 만들지 못한다. 셋째, 하나님의 이름을 망령되게 부르지 못한다, 이상 세 계명이다. 모두가 다 하나님과 직접 관련된 계명이다. 그리고, 설교자는 첫째, "왕들과 귀족들의 지배를 정당화하는 것이 다름 아닌 '다른 신들'이라"고, 해석한다. 둘째, "종교 혹은 교회조차 우상이 될 수 있음"을 강조한다. 셋째, "하나님의 이름으로 다른 이들을 저주하고, 전쟁을 선포하는 것, 폭력을 행사하는 것, 이 모두가 다 하나님의 이름을 망령되이 일컫는 일들"임을 지적한다.

설교자는 근본이고 근원이신 하나님 관련 본문 십계명의 첫 세계명을 조명하고 나서, "근본(根本)에 충실한 사람들"에서 시작하여 "근본(根本)을 붙드는 것"의 중요함을 말하고, 마지막으로 "근원(根源)으로 돌아갈 것"을 말하고, 결론적으로 신앙인의 삶의 목표인 "예수 정신의 체득(體得)"과 그리스도의 몸 곧 "성육신(成肉身)의 체현(體現)"을 근본과 근원에 연결한다. 예수의 삶을 본받아서 우리 몸에 그를 본뜨는 것이나 그리스도의 정신을 몸으로 실현하는 것이 우리에게 마냥 낯선 것만은 아니다. 노자의《도덕경》에 나오는 "티끌과 하나 되는 동기진(同其塵)"의 경지나, 빌립보서 2장의 '케노시스 찬가'에 나타난 그리스도의 겸손이나, 철학자 김진석 선생이 만든 조어 '포월'(匍越)이라는 개념이나, 주님의 고난의 길 '비아 돌로로사'가 아랍인들의 시장통을 통과하는 길이라는 것이 이해된다면, 이들 서로 다른 본문들이 서로 연관되어, 본문상호연결(Intertextuality)을 통해, 진리가 체현되는 장소로서 그리스도의 몸 이해, 곧 성육신 이해가 깊어지는 것도 가능하다.

사람이 지키지 않았으나 하나님이 지키시는 희년법

본문 제시에 이어 설교자는 곧바로 본문을 해설한다. 희년법 정신에 따르면, 땅(토지)과 집(건물)과 몸(인신)은 하나님의 것이다. 땅이 하나님의 것이기 때문에 분배받은 땅은 영구매매가 금지된다.(레위기 25:23) 집의 경우는 성곽 안에 있는 집과 성곽 밖에 있는 집에 차이가 있다. 성곽 밖의 집은 땅이나 마찬가지로 여겨 희년이 되면 본래의 주인에게 돌아간다. 그러나 성곽 안에 있는 집은 판 후에 다시 되사려면 1년 내에 되사야 하고, 그렇지 못하면 영구히 산 사람의 소유가 된다. 희년이 되어도 성곽 안의 집은 본래의 주인에게 되돌아가지 않는다.(레위기 25:29-31) 땅이나 성곽 밖의 집을 판 이가 판 것을 되돌려 살 수 있는 여건이 되면 판 것을 언제든지 무를 수 있다. 그러면, 종으로 팔린 몸(곧 인신)은 어떤가? 희년법에 언제든지 몸값을 지불하고 자유의 몸이 될 수 있다는 구체적 명문규정(明文規定)은 없지만, 도중에 몸값을 무르지 못하면 희년이 될 때까지 기다렸다가 자유인이 된다(레위기 25:35-43)는 규정이 있는 것을 보면, 규정상 몸도 언제든지 물릴 수 있었던 것 같다.

안식년과 희년을 말하는 레위기 25장은 그 중심에 부당한 이득을 삼갈 것(레위기 25:14-55)을 규정하고 있다. 안식년 규정을 세분하면, 출애굽기에 나오는 계약법전(契約法典)의 칠년법은 부자들에게 가난한 자를 배려하게 하고(출애굽기 23:10-11), 레위기에 나오는 성결법전(聖潔法典)의 칠년법은 주인들에게 종들에 대한 배려를 촉구하고(개역, 레위기 25:2-7), 신명기에 나오는 신명기법전(申命記法典)의 칠년법은 채권자들이 채무자들의 부담을 면제해 줄 것을 권고한다.(신명기 15:1-6) "땅은 나의 것"이라고 한 하나님의 선언을 진지하게 다룬 것이 유대교 랍비 아브라함 요수아 헤셸의《땅은 하나님의 것》(The Earth is the Lord's)이라는 책이다.

여기에서 설교자는, 하나님이 선포하셨으나 사람이 지키지 않은 희년법, 예언자들이 희년법 정신으로 이스라엘의 탐욕의 죄를 규탄한 것을 말하면서, "우리 시대의 희년 실천" 과제를 제시한다. 그리고 사람이 지키지 않은 희년법을 예수를 통해 하나님이 줄곧 지키고 계심을 말하고 있다. 산상수훈 내용과 우리 주님께서 인용하신

이사야서 61장 1-2절(누가복음 4:18)에 인용된 희년 선포의 내용이 같다.

설교자는 희년실천운동에 동참하는 교회들이 "첫째, 부동산 과다 소유, 집값 짬짜미, 각종 탈법 및 편법 행위를 통해 투기적 이익을 추구하는 세상의 풍조를 따르지 않으며, 투기 목적 혹은 과시 목적으로 고가주택을 보유하는 주택 과소비를 하지 않는다. 둘째, 토지 임대료 수입은 노력소득보다 우선하여 교회(혹은 공동체)와 지역사회에 있는 가난한 이웃과 나누기 위해 노력한다. 셋째, 희년정신을 구현하는 토지 보유세 강화정책을 지지하고, 토지보유세(종합부동산세 및 재산세)를 즐거운 마음으로 납부한다."라고 다짐한 것을 소개하면서, 교회가 지나치게 많은 부동산을 소유하는 문제에 대한 지적이 없는 것을 지적하고 있다. 설교자는 한국교회와 교인들이 이런 일들을 실천하기 시작한다면 기독교는 새로워질 것을 확신하고 있다.

풍요라는 환상

설교 「기브롯 핫다아와」(민수기 11:31-35) 도입부에 "일기예보"의 노래 '참된 자유'에서 "불평 불만과 환멸 가득 찬 이 세상"이라는 노랫말이 인용되어 있다. 설교자는 이 노랫말에서 한편으로는 이집트 탈출 공동체가 광야에서 당면했던 불평과 절망을, 그리고 다른 한 편으로는 오늘날 우리가 당면한 똑같은 우울한 실상을 읽을 수 있다고 본다. 설교자는 이집트 탈출 공동체가 겪은 일을 통해 우리 삶을 반성한다.

이스라엘이 광야에서 터뜨린 주된 불만은 먹거리 부족이었다.

'만나'만으로는 만족할 수 없는, 고급 먹거리에 대한 향수, 이집트 탈출을 감행했던 해방과 자유가 지닌 가치 망각, 먹는 그것 만큼은 풍요로웠던 노예살이하던 이집트에서의 삶을 미화하는 모순, 다시 그리로 되돌아가고 싶어하는 퇴행이 불만의 저변에 깔려 있다. 이스라엘 백성은 자기들을 탈출시킨 모세를 원망하고, 원망을 듣는 모세는 이 분풀이를 하나님을 향해서 하고, 하나님은 하나님대로 당신의 분풀이를 백성에게 하여, 먹거리 과잉 공급으로 백성의 탐욕을 심판하니, 풍요가 징벌이 된다. 설교자는 민수기의 이 이야기가, 풍요라는 환상이 죽음과 밀접하게 연결된 사실을 오늘의 우리에게 깨우쳐준다.

"조녀선 색스는 지배자 민족은 승리를 기념하는 건축물이나 기념비를 세우지만, 선택된 민족은 반대로 패배와 결점을 기록한다고 말합니다. 지배자 민족은 승전탑을 쌓고 개선문을 세우고 거대한 예배당을 건축합니다. 하지만 성경은 하나님을 등지고 떠난 사람들의 이야기를 적나라하게 기록합니다. 성경은 그런 의미에서 자기 비판적입니다."

설교자는 이 말을 조녀선 색스의 《사회의 재창조》에서 인용한다. 지배자 민족과 선택된 민족의 구별은 조녀선 색스가 그의 여러 저서에서 단편적으로 말하다가, 그의 후기 저서 《하나님 이름으로 혐오하지 말라》에서 다음과 같이 정리한 바 있다.

"우두머리 종족은 자신을 예배(찬양)한다. 선택된 백성은 자기 너머의 무엇을 예배한다. 우두머리 종족은 권력에 가치를 둔다. 선택된 백성은 힘없는 사람들을 돌본다. 우두머리 종족은 자신들에게 권리가 있다고 믿는다. 선택된 백성은 자신들에게 책임이 있다는 사실만 안다. 우두머리 종족의 핵심적 미덕은 교만, 명예, 명성이다. 선택된 백성의 핵심적 미덕은 겸손이다. 우두머리 종족은 기념비적인 건축물, 승리의 비문들, 자기 영광을 드러내는 문학을 만든다. (선택된 백성) 이스라엘은 역사상 독특하게 거의 끊어진 적이 없는 자기비판의 문학[히브리어 성경]을 만들어냈다." (조너선 색스, 《하나님 이름으로 혐오하지 말라》, 김준우 옮김, 한국기독교연구소, 296쪽)

  설교자는 "기브롯 핫다아와"에 대한 기록이 바로 이 선택된 민족의 자기 비판적 기록이라고 말하면서 "어쩌면 그들이 숨기고 싶었을 자기 조상들의 모습을 성경 속에 담아놓은 것은 그 이야기를 반복하면서 자기를 돌아보고 성찰하는 계기로 삼기 위한 것이 아닐까?" 하고 묻는다. 그러면서 설교자는 다음과 같이 마무리 한다.

  "참된 자유와 평화 그리고 안식은 경제적인 넉넉함에서 얻어지는 것이 아니라, 우리 마음이 하나님의 마음과 잇대어져 있을 때 주어지는 선물입니다. 탐욕의 무덤가를 서성이며 살기보다는 단출하지만 가볍고 명랑한 삶을 선택할 용기가 필요합니다. 모세를 도와 백성들을 이끌어야 했던 일흔 명의 장로들에게 하나님의 영이 내려와 머물렀던 것처럼, 우리들도 하나님의 영에 사로잡혀 진정한 자유를 누리며 살 수 있기를 기원합니다."

이웃의 신음에 응답할 때

「자기 초월이라는 소명」의 설교는 김기석에게서는 보기 드문 격한 설교다. 이사야나 아모스 같은 재앙과 화를 선포하는 선화예언자(宣禍豫言者)의 신탁을 방불케 한다. 개신교의 현실을 "세상은 아주 싸늘한 눈으로 개신교회를 바라보고 있다. 비아냥과 저주를 퍼붓는다. 역사의 나무에 핀 가장 아름다운 꽃 예수를 믿고 따른다는 교회가 세상의 추문(醜聞) 거리가 되었다. 역사는 발전하는데 교회는 퇴행을 거듭한다."고 비판하면서, 그런 문제 되는 교회와 해당 목사의 실명을 구체적으로 거론하고, 교회가 "피폐한 영혼의 바닥을" 드러내고 있다고 지적한다. 교회 세습을 변명하거나 옹호하면서 그 비판 세력을 저주하는 것을 포함해서, 동성애, 이단 심사, 여성 목사 안수 등에 대한 신학적 토론은 부재하고, 감정적인 과잉 반응만 있다고 일갈한다. 이 와중에 이 설교는 교회가 야수성을 극복하고, 역사를 새롭게 하는, 성경에 제시된 길을 가리킨다. 요지는, 우리를 위해 행동하시는 하나님(God Who Acts)을 치열하게 기억할 때, "이웃의 신음(呻吟)에 반응할 때"(아브라함 요수아 헤셸), 우리에게 깨달음이 오고, 이런 깨달음이 우리로 초월을 체험하게 한다는 것이다.

김기석의 신명기 설교 「자기 초월이라는 소명」에서는 그의 다른 어느 설교에서보다 아포리즘 성격을 지닌 단언(斷言)이 빈번하게 나오는 것을 보게 된다. 이 아포리즘만 따로 모아도, 청중은 깨달음과 자기 초월을 체험할 수 있을 것이다. 설교에서 언급된 순서를 따라 아포리즘으로 분류될 수 있는 말들을 정리해 본다. 문체 일부를 고치기도 했지만, 내용은 그대로다.

"역사의 나무에 핀 가장 아름다운 꽃 예수를 따르는 교회가 세상의 추문 거리가 되었다."

"역사는 발전하고 있는데, 교회는 퇴행을 거듭하고 있다."

"우리가 굳게 지켜야 할 것은 '진리, 진실, 진정성'이지 '우리 편'이 아니다."

"끌려가는 삶에는 자유가 없다."

"자기기만에서 벗어나는 유일한 방법은 자기의 너절함에 대한 절망이다."

"이기적이고 정욕적이고 거짓된 자아에 절망하지 않는 사람은 새사람이 될 수 없다."

"갈망한다는 것은 어떤 대가를 치르더라도 포기하지 않는 것이다."

"사람의 사람됨은 다른 이들의 요구에 응답함으로 형성된다."

"삶이 평안해지면 하나님을 잊어버리는 것이 사람의 버릇이다."

"율법의 핵심은 사회적 약자들에 대한 우선적 관심이다."

"신앙생활은 하나님께서 우리 가운데서 행하신 일들을 치열하게 기억하는 일이다."

"기억은 망각에 저항하는 행위이다."

"신앙 공동체는 기억 공동체다."

"깨달음의 순간이 자기 초월의 순간이다."

"세상이 어둡다고 투덜거리기보다는 한 점 등불을 밝히는 마음으로 살아야 한다."

"자기 연민과 한계에 갇히지 않고, 자기를 초월하는 사랑의 사람이 될 때 우리를 통해 하나님의 아름다우심이 이 땅에 드러날 것이다."

김기석의 오경 설교의 특징

앞서 언급했듯이 설교자가 구사하는 아름다운 우리말뿐만 아니라 설교자 자신이 가지고 있는 남달리 풍요로운 독서량 덕분인 줄 알지만, 성경 본문을 해설하면서, 또는 우리의 현실을 인식하면서 관련 자료의 시의적절한 인용은 감탄을 자아낸다. 언급되거나 인용된 저자들은 창세기 설교에서는 권일한 선생, 이용도 목사, 랍비 아브라함 요수아 헤셸, 출애굽기 설교에서는 최주훈 목사, 마르틴 루터, 노자, 김진석 교수, 레위기 설교에서는 손낙구 선생, 박기호 신부, 민수기 설교에서는 일기예보, 프리모 레비, 랍비 조너선 색스, 노명우 교수, 신명기 설교에서는 랍비 아브라함 요수아 헤셸, 그랜트 하기야 감독(UMC) 등이다.

구약의 첫 다섯 책 오경에 근거하여 설교하면서, 창세기와 레위기와 신명기 설교에서는 랍비 아브라함 요수아 헤셸을 인용하고, 신명기 설교에서는 랍비 조너선 색스를 인용하는 것은, 같은 메시지를 놓고 유대교 랍비들과 기독교 목사가 함께 나눈 종교간 대화의 모범이다. 우리나라에서 랍비 아브라함 요수아 헤셸과 랍비 조너선 색스는 기독교 계통의 출판사보다는 일찍부터 일반 출판사들을 통해서 그들의 저서가 우리말로 번역, 소개된 지성들이다.

회당의 설교와는 달리, 교회의 설교가 매번 예수에게로 수렴되는 것은 당연하다. 구약을 본문으로 한 설교가 예언과 성취의 도식 안에서 선포되는 것이라면, 그것은 화성(和聲)이다. 그러나 율법과 복음은 화음(和音)이 아니라 다성(多聲)이다. 음악에서 다성악(多聲樂), 혹은 다성음악(多聲音樂)은 화성음악(和聲音樂)과는 반의적(反意的) 뜻을 지닌 것으로 정의된다.

김기석의 설교, 특히 그의 구약 본문 설교는 유대교 회당에서 듣는 랍비들의 설교('미드라쉬')로 회귀하지 않는다. 그의 설교에서는 늘 예수 그리스도가 메시지의 중심이다. 율법과 복음의 독자적 선명성이 밝혀지기도 하고, 때로는 이 둘의 충돌을 보여주기도 한다. 설교에 따라서는 율법과 복음이 성경 안에서 지닌 기능적 역할이 함께 존중받는다. 그러나 그의 설교는 늘 기승전(起承轉) 예수, 혹은 기승전(起承轉) 그리스도다.

그는 다성에 귀를 기울인다. 기브온에서 밤에 솔로몬의 꿈에 나타나신 하나님께서 솔로몬에게, "내가 네게 뭣을 주랴?" 하고 물으셨을 때, 솔로몬이 대답한 말, (셀 수도 없이 수많은 백성의 다양한 소리를) "듣는 마음"('레브 쇼메아')을 주실 것을 구한다.(개역개정, 열왕기상 3:9) "듣는 마음"으로 번역된 '레브 쇼메아'를 한국교회는 1911년 〈구역〉이래 1998년 〈개역개정판〉이 나올 때까지 한 세기 동안 "지혜로운 마음"으로 읽어 왔다. 틀린 것은 아니다. 관심 있는 독자나 청중이라면 그의 설교의 동향을 예의 주시해보면서 성경이 연주하는 다성음악을 들을 수 있을 것이다.

창세기

3장 8-11절

사람을 찾아오시는 하나님

그 남자와 그 아내는, 날이 저물고 바람이 서늘할 때에, 주 하나님이 동산을 거니시는 소리를 들었다. 남자와 그 아내는 주 하나님의 낯을 피하여서, 동산 나무 사이에 숨었다. 주 하나님이 그 남자를 부르시며 물으셨다. "네가 어디에 있느냐?" 그가 대답하였다. "하나님께서 동산을 거니시는 소리를, 제가 들었습니다. 저는 벗은 몸인 것이 두려워서 숨었습니다." 하나님이 물으셨다. "네가 벗은 몸이라고, 누가 일러주더냐? 내가 너더러 먹지 말라고 한 그 나무의 열매를, 네가 먹었느냐?"

숨바꼭질

대서 절기를 지나고 있습니다. 이제 며칠 후면 입추 절기가 시작됩니다. 매미 울음소리가 절박합니다. 시간이 얼마 남지 않았음을 알기 때문일 겁니다. 자기 때를 한껏 살아가는 식물과 동물 세계를 보노라면 이들이야말로 진짜 지혜자가 아닐까 생각될 때가 있습니다. 누가 알아주지 않는다 하여 속상해 하지도 않고, 누가 알아준다

하여 우쭐거리지도 않는 그 담담함을 배우고 싶습니다. 최근 며칠 사이 학교 선생님들과 접할 기회가 많았습니다. 다들 좋은 분들이 었습니다. 대개는 다른 이들이 꺼리는 험지에 자원해서 간 분들이 었습니다. 아이들 속에 숨겨져 있는 아름다움을 호명하거나, 상처를 감싸려 애쓰는 모습이 참 거룩해 보였습니다.

　삼척에서 초등학생들과 동고동락하는 권일한 선생님의 책《선생님의 숨바꼭질》을 서가에서 찾아 읽었습니다. 숨바꼭질 놀이를 해보지 않은 분은 없을 겁니다. 술래도 숨는 아이도 즐겁기만 합니다. 술래가 숫자를 세는 동안 아이들은 어디에 숨을까 잠시 고민합니다. 그러면 노상 무심히 보아오던 공간이 새롭게 느껴지게 마련입니다. 술래의 눈길을 피해 한 장소에 몸을 숨긴 채 숨소리조차 내지 않을 때 세상은 돌연 신비한 곳으로 바뀝니다. 그때 "술래는 보물을 찾는 사람으로 바뀌고 숨은 아이는 비밀을 간직한 주인공"이 됩니다. 아이들은 놀이를 통해 익숙한 공간을 낯설지만 신비한 곳으로 바꿉니다. 권일한 선생님은 숨바꼭질에 빗대 교사의 사명을 설명합니다. 교사는 꼭꼭 숨은 아이들의 마음을 찾는 술래가 되어야 한다는 것입니다.

"아이들이 숨바꼭질을 시작했다. 이번에는 마음 찾기 숨바꼭질이다. 슬픈 마음, 두려운 마음, 화난 마음, 외로운 마음을 감추고 누군가 찾아주기를 기다린다. 마음이 아파 숨었지만 혼자 남고 싶지는 않다. 그런데 아무도 아이 마음을 찾지 않는다면 어떻게 될까? 어른들이 바빠서 아이 마음을 모른다면, 자기들 일에 빠져 아이 마음을 살필 생각을 하지 않고 그냥 놔둔다면? 혼자 하는 숨바꼭질은 비극이다. 숨바꼭질은 찾아내는 기쁨, 누군가 가까이 다가올 때의 긴장감, 발견되는 순간의 아쉬움이 있기에 재미있다. 아무도 찾지 않는 숨바꼭질은 잔인하다. 그러면 아이들이 '저 여기 있어요. 이리로 오세요. 여기 있다고요!' 하고 소리친다. 구석빼기에 숨어 자기를 봐 달라고, 제발 찾아 달라고 신호를 보낸다. 마음을 읽어 달라고 외치는 아이, 아무도 듣지 않아 서서히 마음을 닫아버린 아이, 기다리다 지쳐 웅크린 아이, 누군가 다가와 손 내밀어주기를 기다리는 아이…."(권일한,《선생님의 숨바꼭질》, 지식프레임, 6쪽)

너무 잘 숨어서 술래가 도저히 찾지 못하는 경우도 있습니다. 아이들이 놀이를 파하고 저마다 집으로 돌아갈 때까지 숨죽인 채 숨어 있던 아이는 나중에야 놀이가 끝났음을 알고 속상해 합니다. 아무도 자기를 찾아오지 않았기 때문입니다. 숨바꼭질의 묘미는 잘 숨는 데도 있지만, 발견되는 데도 있습니다. 발견되었다고 하여 화를 내는 아이는 없습니다. '아무도 찾지 않는 숨바꼭질은 잔인하다.' 정말 그렇습니다.

너 어디 있느냐?

따지고 보면 어른이 되어도 우리는 여전히 숨바꼭질을 하며 삽니다. 인간은 다면체입니다. 남들에게 당당하게 드러내 보여주는 모습도 있지만, 한사코 숨기고 싶은 모습도 있고, 숨기고 있지만 발견되기를 바라는 부분도 있습니다. 어른들 속에도 '울고 있는 아이'가 있다는 말은 거짓 없는 진실입니다. 누군가 그 마음을 알아보고 함께 공감해줄 때 우리 속의 얼음이 녹곤 합니다. 처음 은혜를 체험하는 사람들은 대개 걷잡을 수 없이 눈물을 흘립니다. 그것은 부끄러움에 대한 자각에서 나오는 것이기도 하지만, 자기 속에 있던 얼음이 녹아내린 것인지도 모르겠습니다.

1930년대의 신비주의 시인 이용도 목사는 원망, 불평, 이기심 등은 전염병과 같아 자신을 죽이고 남의 가슴에 살촉을 박아 죽게 하는 악독한 병균이지만, 그 모든 균들을 죽일 수 있는 것이 눈물이라고 말했습니다. 또한 동정의 눈물, 사랑의 눈물이 쏟아질 때 원망, 시기, 불평, 이기적인 행위 등 모든 불신의 병균이 다 죽고, 따스하고 온유하고 예쁜 새 마음이 돋아난다고 노래했습니다.

아담과 하와는 선악을 알게 하는 나무를 따먹으면 죽지도 않으려니와 눈이 밝아지고 하나님처럼 되어서 선과 악을 알게 된다는 뱀의 유혹에 넘어가고 말았습니다. 지금도 신처럼 되고 싶은 욕망은 우리들 속에 변형된 형태로 남아 있습니다. 돈과 권력과 명예를 추구하는 것이 그것입니다. 돈과 권력과 명예는 강력한 특권이자 발언권입니다. 그것을 소유한 이들은 자기 의지를 다른 이들에게 부과하여 그들로 하여금 자기 수족처럼 움직이게 할 수 있다고 생각합니다. 그것은 들큼한 쾌락입니다. 그 쾌락에 중독된 이들은 자기 자신을 신적 존재로 여깁니다. 그런 허위의식을 부추기는 이들이 곁에 있다면 더 심각합니다. 우리가 경험하는 바입니다만 지위와 사람됨이 꼭 일치하지는 않습니다. 높은 자리에 오르는 이들일수록 겸손하게 다른 이들의 말을 경청해야 합니다.

신처럼 되리라는 유혹에 넘어간 아담과 하와가 맨 처음 직면한 것은 수치심이었습니다. 수치심은 숨기고 싶은 것이 드러날 때 느끼는 감정입니다. 선악과를 먹는 순간 그들은 주체와 객체 사이의 분열을 경험했습니다. '뼈도 나의 뼈, 살도 나의 살'이라 경탄하며 서로를 바라보던 이들은 사라졌습니다. 그들은 다른 이들의 시선 앞에 있는 자기를 의식했습니다. 자기들이 벗은 몸인 것을 알자 무화과나무로 치마를 엮어 몸을 가렸습니다. 수치심에 이어 찾아온 것은 죄책감이었습니다. 두 사람은 날이 저물고 바람이 서늘할 때, 주 하나님이 동산을 거니시는 소리가 들려오자, 주님의 낯을 피하여서, 동산 나무 사이에 숨었습니다. 하나님의 시선을 견디기 어려웠던 것입니다. 하나님과의 분리가 그렇게 일어났습니다.

하나님은 그 남자를 부르시며 물으셨습니다. "네가 어디에 있느냐?" 이 질문은 아담이 머무는 장소가 어디인지에 대한 질문이 아닙니다. 이 질문 속에 담긴 속뜻은 '네가 마땅히 있어야 할 자리를 벗어났구나!'입니다. 그가 있어야 할 자리는 어디일까요? '주 하나님의 낯을 피하여서'라는 말속에 힌트가 있습니다. 그가 있어야 할 자리는 하나님의 얼굴 앞입니다. 얼굴은 하나님과의 친밀함을 나타내는 일종의 은유로 여기는 게 좋겠습니다. 죄는 소외(疏外)시키는 힘 즉 멀어지게 하는 힘입니다. 그렇다면 죄의 반대말은 사랑이 아닐까요? 사랑은 소외를 극복하고 가까워지게 하는 힘이니 말입니다. 하나님이 나무 뒤에 숨은 아담과 하와를 찾아오신 것은 사랑하기 때문입니다. 성경은 첫 머리에서부터 수치심과 죄책감 때문에 몸을 웅크린 이들을 찾아오시는 하나님을 소개하고 있습니다. 죄가 벌려놓은 거리를 사랑으로 좁히면서 주님은 우리에게 다가오십니다.

예언자들은 하나님을 등지고 살아가는 백성들에게 주님께로 돌아가자고 권고합니다. '네가 어디에 있느냐?'고 물으시는 주님께 돌아가는 것이 살 길입니다. 히브리어로 회개를 뜻하는 테수바(teshuvah)는 '돌아섬'(return)이라는 뜻도 있지만 '대답'(answer)을 의미하기도 합니다. 신앙은 하나님이 우리를 부르신다는 사실을 깨닫고 응답하는 데서 시작됩니다. 하나님께로 돌아감이 우리의 공로가 아닌 것은 그 때문입니다. 부르심이 없다면 응답도 불가능합니다. 예언서에는 하나님께 돌아가자는 초대가 넘칩니다.

> 지나온 길을 돌이켜 살펴보고, 우리 모두 주님께로 돌아가자.(예레미야애가 3:40)

> 이제 주님께로 돌아가자. 주님께서 우리를 찢으셨으나 다시 싸매어 주시고, 우리에게 상처를 내셨으나 다시 아물게 하신다.(호세아 6:1)

하나님께로 돌아가려면 하나님이 어디 계신지를 알아야 합니다. 호세아는 하나님께서 죄 지은 백성에게 염증을 느끼셨다고 말합니다.

> 나는 이제 내 곳으로 돌아간다. 그들이 지은 죄를 다 뉘우치고, 나를 찾을 때까지 기다리겠다.(호세아 5:15a)

사람들이 하나님을 찾는 것은 대개 환난과 고초를 경험할 때입니다. 생의 한복판에서 주님을 찾는 이들은 많지 않습니다. 고통을 좋아할 사람은 없지만, 그 고통이 우리를 하나님께로 인도한다면 그것을 '복된 고통'이라 할 수 있을 것 같습니다. 하나님은 사람들이 당신을 찾을 때까지 기다리겠다고 말씀하시지만 실은 지금도 우리를 향해 오고 계십니다.

> 우리가 주님을 알자. 애써 주님을 알자. 새벽마다 여명이 오듯이 주님께서도 그처럼 어김없이 오시고, 해마다 쏟아지는 가을비처럼 오시고, 땅을 적시는 봄비처럼 오신다.(호세아 6:3)

지금 곤고한 시간을 보내는 분이 계십니까? 그늘 한 점 없는 뙤약볕 속에서 걷는 것처럼 삶에 지친 분들이 계십니까? 무의미의 심연 속에 갇혀 어찌할 바를 몰라 방황하는 분들이 계십니까? 잠시 숨을 고르고 여명처럼, 가을비처럼, 봄비처럼 오시는 주님을 떠올려보고 느껴보십시오. 오시는 주님이 우리에게 요구하는 것은 제사나 경배가 아니라 변함없는 사랑입니다. 미가 선지자의 말이 묵직하게 다가옵니다.

> 너 사람아, 무엇이 착한 일인지를 주님께서 이미 말씀하셨다. 주님께서 너에게 요구하시는 것이 무엇인지도 이미 말씀하셨다. 오로지 공의를 실천하며 인자를 사랑하며 겸손히 네 하나님과 함께 행하는 것이 아니냐!(미가 6:8)

하나님께로 돌아간다는 것은 특정한 장소로 가는 것이 아니라,

불의한 세상을 치유하기 위해 노력하는 것, 지금 곤경에 처한 약자들을 돌보는 것, 냉랭한 세상에 온기를 불어넣는 것, 하나님의 꿈을 가슴에 품고 살아가는 것을 의미합니다. 말은 그럴싸하지만 이렇게 산다는 게 쉬운 일이 아닙니다. 하나님을 찾기 어려운 것은 그 때문입니다. 아브라함 요수아 헤셸의 말이 참 적실합니다.

"하느님의 도우심 없이 인간은 그분을 찾을 수 없다. 인간의 찾음 없이 그분은 도우실 수 없다."(아브라함 요수아 헤셸, 《사람을 찾는 하느님》, 한국기독교연구소, 136쪽)

　사람은 혼신의 힘을 다하여 하나님을 찾아야 하지만, 하나님을 찾아내는 일은 인간의 힘으로 할 수 없습니다. 우리가 주님을 보지 못하는 것은 우리 눈에 비늘이 덮여 있기 때문입니다. 교만, 인색, 시기, 분노, 음욕, 탐욕, 나태 등의 죄가 우리 눈을 가려서 오시는 하나님을 보지 못하게 합니다. 인간은 오직 주님의 빛 안에서만 그분의 빛을 볼 수 있습니다. 자기가 어둠 속에 갇힌 존재임을 인정하고 빛을 갈망할 때 주님의 은총이 섬광처럼 우리에게 다가옵니다. 하나님도 우리에게 발견되기를 원하십니다.

희망의 뿌리
　소년 시절의 예수의 모습이 성경에 딱 한 번 등장합니다. 열두 살이 되던 해 유월절에 예수는 부모님과 함께 예루살렘으로 갔습니다. 절기를 마치고 돌아올 때 소년 예수는 예루살렘에 그대로 머물렸습니다. 그의 부모는 그런 사실을 모르고 그저 일행 가운데 있으려니 하고 하룻길을 갔습니다. 문득 예수가 어디 있나 둘러보다가 그가 보이지 않는다는 사실을 깨닫고는 이 사람 저 사람에게 물었지만 아무도 그를 본 사람이 없었습니다. 요셉과 마리아는 예루살렘으로 돌아가 찾아다니다가 사흘 뒤에야 성전에서 예수를 찾아냈습니다. '사흘'이라는 말이 의미심장합니다. 그 사흘은 그들의 영혼이 까맣게 타들어간 시간이었을 것입니다. 온갖 나쁜 상상을 다 하면서 애를 태웠을 것입니다. 성경은 그 사흘 동안의 이야기를 한 마디도 하지 않습니다. 사흘은 그믐달이 지고 초승달이 떠오를 때까지의 시간과 얼추 맞아떨어집니다. 어둠에서 빛으로, 절망에서 희망으로의 전환을 이야기하기에 더없이 좋은 시간 개념입니다.

애를 태우며 소년 예수를 찾아 나선 그 요셉과 마리아의 마음에서 우리는 얼핏 인간을 찾아 나서시는 하나님의 마음을 읽을 수 있습니다. 우리는 어떤 순간에도 혼자가 아닙니다. 우리를 찾아오시는 하나님이 계시다는 사실이 우리 희망의 뿌리입니다. 하나님과의 숨바꼭질, 이것이 우리의 인생입니다. 우리를 찾아오시는 하나님의 사랑과 하나님을 찾아 나선 인간의 절박함이 만나 구원 이야기가 만들어집니다. 우리는 하나님의 구원 이야기의 일부입니다. 하나님은 망가진 세상을 고치는 일에 우리의 도움이 필요하다고 말씀하십니다. 사랑과 진실이 만나고, 정의와 평화가 입을 맞추는 세상을 이루기 위해 노력할 때 우리는 이미 하나님 구원 이야기의 일부가 됩니다. 이 자부심과 긍지를 품고, 일상을 거룩하게 살아내는 우리가 되기를 기원합니다.

근본에 충실한 사람들

이 모든 말씀은 하나님이 하신 말씀이다. "나는 너희를 이집트 땅 종살이하던 집에서 이끌어 낸 주 너희의 하나님이다. 너희는 내 앞에서 다른 신들을 섬기지 못한다. 너희는 너희가 섬기려고 위로 하늘에 있는 것이나, 아래로 땅에 있는 것이나, 땅 아래 물 속에 있는 어떤 것이든지, 그 모양을 본떠서 우상을 만들지 못한다. 너희는 그것들에게 절하거나, 그것들을 섬기지 못한다. 나, 주 너희의 하나님은 질투하는 하나님이다. 나를 미워하는 사람에게는, 그 죄값으로, 본인뿐만 아니라 삼사대 자손에게까지 벌을 내린다. 그러나 나를 사랑하고 나의 계명을 지키는 사람에게는, 수천대 자손에 이르기까지 한결같은 사랑을 베푼다. 너희는 주 너희 하나님의 이름을 함부로 부르지 못한다. 주는 자기의 이름을 함부로 부르는 자를 죄 없다고 하지 않는다."

근본을 붙들다

마르틴 루터가 시작한 대개혁 500주년을 기념하는 오늘, 주님의 이름을 부르는 전 세계의 모든 교회들에도 주님의 은총이 함께 하시기를 빕니다. 저는 오래 전부터 가 보고 싶은 곳이 있습니다. 그리스의 작은 섬 크레타입니다. 그곳에 가 자유를 생의 목적으로 삼고 살았던 한 사람의 무덤 앞에 서고 싶습니다. 그 사람은 니코스 카잔차키스입니다. 그의 묘비에는 이런 문장이 적혀 있다고 합니다.

"나는 아무것도 원하지 않는다. 나는 아무것도 두렵지 않다. 나는 자유다."

이것은 그의 책 《토다 라바》에 나오는 한 구절입니다. 이 문장이 발설된 맥락은 이러합니다.

"배를 타고 가던 한 힌두교도가 큰 폭포 쪽으로 그 배를 밀어내는 물살을 거스르기 위해 오랜 시간 싸웠다. 그 위대한 투사는 모든 노력이 소용없다는 것을 깨닫자, 노를 걸쳐 놓고 노래를 부르기 시작했다. 아! 내 인생이 이 노래처럼 되게 하자. '나는 아무것도 바라지 않는다. 나는 아무것도 두려워하지 않는다. 나는 자유다!'"

물살과 더불어 싸웠지만 물살을 이길 수 없음이 분명해질 때 그는 노를 걸쳐 놓고 노래를 부릅니다. 그의 노래가 장엄합니다. 아무것도 바라지 않기에 그는 홀가분하게 죽음 앞에 섭니다. 죽음을 각오했기에 그는 아무것도 두려워하지 않습니다. 그는 어디에도 매이지 않은 자유인입니다. 범인이 범접하기 어려운 기상이 느껴집니다.

인류의 역사를 자유를 향한 대장정으로 설명하는 이들이 있습니다. 출애굽 공동체는 자기 삶의 주체가 되겠다는 염원 하나를 품고 광야 길로 접어들었습니다. 그들은 물도 없고 먹을 것도 없는 그 황량한 땅을 낮에는 불볕더위, 밤에는 추위와 싸우며 40년 동안 배회해야 했습니다. 강철처럼 단단해지지 않으면 견딜 수 없는 여정이었을 것입니다. 노예로 근근이 살기보다는 자유인으로 살다가 죽겠다는 굳은 결의를 하나님이 지켜주셨습니다.

신앙이란 자유를 향한 긴 여정입니다. 욕망의 진창에서 허우적거리며 살기엔 우리 인생이 너무 소중합니다. 우리를 확고하게 사로잡는 세상의 인력에서 벗어나 하나님이 본래 우리에게 주신 자유를 누리며 살아야 합니다. 날마다 무거운 것, 더러운 것을 벗어버리고 가벼워지는 연습을 해야 합니다. 다마스커스로 가는 길에 부활하신 주님을 만난 바울은 급진적인 변화를 경험했습니다. 그는 박해하는 사람에서 박해받는 사람이 되었습니다. 예수의 정신이 그의 가슴을 가득 채웠고, 가치관의 전도가 일어났습니다. 이전에 자랑스럽게 여기던 모든 것들을 배설물처럼 여겼습니다. 그는 니코스 카잔차키스가 추구했던 것보다 더 근본적인 자유를 누렸습니다.

> 나는 어느 누구에게도 얽매이지 않은 자유로운 몸이지만, 많은 사람을 얻으려고, 스스로 모든 사람의 종이 되었습니다.(고린도전서 9:19)

어느 것에도 매이지 않지만, 다른 이들에게 참된 삶의 길을 가르쳐주기 위해 종이 되기를 자처하는 자유, 오직 하나님께만 매인 해방, 그것은 예수 그리스도께서 보여주신 참 자유였습니다. 우리는 그 자유를 향해 부름 받았습니다. 지금 우리는 어디쯤 가고 있습니까? 여전히 욕망의 거리를 바장이며, 가야 할 길을 잊고 있는 것은 아닌지요? 마르틴 루터가 1517년 비텐베르크 성채 교회당 정문에 가톨릭의 면벌부 판매를 반대하는 '95개조 논제'를 게시했다는 사실은 다들 아시는 바와 같습니다. 그 1조는 95개조 논제 전체의 서론 격입니다.

"우리의 주요 선생이신 예수 그리스도께서 '회개하라'(마태복음 4:17) 하신 것은 신자의 전 삶이 돌아서야 함을 명령한 것이다."(최주훈, 《루터의 재발견》, 복 있는 사람, 93쪽에서 재인용)

회개란 신자의 전 삶이 돌아서는 것입니다. 머뭇머뭇 이전에 걷던 길을 걷는다면 아직 우리는 회개에 이르지 못한 것입니다. 회개란 근본적 변화, 즉 세상의 인력을 거스르며 하나님의 인력에 끌려가는 것입니다. 참된 자유는 거기에서 시작됩니다. 1521년 보름스 제국 의회에 출두한 루터는 그가 쓴 모든 책과 주장을 철회하면 목숨만은 살려주겠다는 황제 앞에서 당당하게 말합니다.

"나는 그 어느 것도 철회하거나 거스를 수 없습니다. 지금 나의 양심은 하나님의 말씀에 사로잡혀 있습니다. 양심을 거스르는 것은 불편하거니와 안전하지도 않습니다. 주여, 나를 도우소서. 아멘."(앞의 책, 123쪽에서 재인용)

근본을 잃어버리면 모든 것을 잃는 것입니다. 근본을 지키기 위해 목숨을 걸었을 때 그는 비로소 중세의 어둠을 밝히는 횃불이 될 수 있었습니다.

해방자 하나님

욕망의 저잣거리를 배회하는 우리는 하나님의 형상이라는 사실을 잊고 살 때가 많습니다. 하나님은 우리가 참 자유인이 되기를 원하십니다. 십계명은 출애굽 공동체에게 주신 하나님의 지상명령입니다. 성경이 증언하는 하나님은 해방자, 곧 사람을 노예로 만드는 일체의 억압을 제거하시는 분이십니다. 그것이 종교든, 정치든, 이념이든, 문화적 습속이든 다 마찬가지입니다. 하나님은 불의한 체제에 의해 인간다운 삶의 가능성을 박탈당한 채 살아가는 사람들의 권리를 되찾아 주시는 분이십니다. 피라미드로 상징되는 위계사회의 맨 밑바닥에 머물면서 억압과 착취를 당하는 사람들의 억눌린 신음과 강제 노역에 시달리느라 밤이면 끙끙 앓는 사람들의 소리를 하나님은 모른 체하지 않으십니다. 하나님은 자신을 히브리인들의 하나님이라 소개하고 있습니다. 히브리인은 인종의 이름이 아니라, 고대 근동 사회를 떠돌며 살던 유민들을 지칭하는 말입니다. 잘난 사람들의 하나님이 아니라, 천대받는 이들의 처지를 헤아리시는 하나님이 바로 우리가 믿는 하나님입니다.

"너희는 내 앞에서 다른 신들을 섬기지 못한다."는 십계명의 첫 번째 계명은 다신론의 세계를 상정하고 있습니다. 고대인들은 신들마다 특정한 기능을 감당하면서 특정한 장소에 머문다고 생각했습니다. 그런 의미에서 공간 귀착적입니다. 특정한 공간에 있다는 말은 그 지역을 다스리는 이들과 밀접한 관계를 맺고 있다는 뜻입니다. 쉽게 말하자면 고대 세계의 신들은 대개 사람들 사이의 위계질서를 합리화하는 역할을 했다는 말입니다. 왕들과 귀족들의 지배를 정당화하는 것이 '다른 신들'이었습니다. 하나님은 그런 신들을 섬겨서는 안 된다고 말씀하십니다. 다른 이들을 비인간화하거나 이등시민 취급하는 체제나 종교는 성경의 하나님과 무관합니다.

　우상을 만들거나 섬겨서는 안 된다는 말씀도 같은 맥락에서 보아야 합니다. 에덴 이후 인간의 삶은 형제간의 갈등으로 점철되었습니다. 형 가인이 동생 아벨을 죽이는 일이 벌어지면서, 인간은 불안이라는 숙명을 안고 살 수밖에 없게 되었습니다. 불안, 그것은 안식과 평화가 없는 상태입니다. 삶은 위태롭고, 우리는 늘 터전이 흔들리는 것 같은 느낌 속에서 살아갑니다. 그래서 사람들은 자기 마음을 붙들어줄 무엇인가를 찾습니다. 신상을 만들어 집안에 모시거나, 부적을 붙여 액운을 몰아내려 하기도 합니다. 부질없는 노력입니다. 우상숭배는 문명 이전의 고대인들에게만 해당되는 것이 아닙니다. 현대인들은 돈, 권력, 명예와 같은 불안의 대용물을 맹렬히 추구합니다. 그 길 위를 질주할 때 다른 이들과 연대하거나, 다른 이들을 환대하며 살 가능성은 점점 줄어듭니다. 어느 신학자는 현대인의 우상은 '출세'라고 말했습니다. 옳은 말입니다. 억울하면 출세하라는 못된 말이 있지만, 출세의 사다리 높은 곳에 이른 사람일수록 불안감을 더 느낍니다. 높은 곳으로 올라갈수록 설 땅이 좁아지기 때문입니다. 가끔 성공해서 불행해진 사람들을 봅니다.

어떻게 해야 우리는 불안이라는 숙명에서 벗어날 수 있을까요? 우선 하나님의 마음과 깊이 접속되어야 합니다. 그래야 자유를 누릴 수 있습니다. 또 지나치게 행복해지려는 환상을 버려야 합니다. 작은 일에도 만족하고 감사하는 삶을 연습해야 합니다. 남을 부러워하는 마음이 승하면 정작 누려야 할 삶의 기쁨을 누릴 수 없습니다. 지금 우리 곁에 있는 이들을 하나님께서 함께 살라고 보내주신 이들로 여겨 존중하고 아껴야 합니다. '나'를 '너'에게 기꺼이 선물로 내주려 할 때 불안은 줄어들고 평안과 기쁨이 스며듭니다. 그것은 세상이 줄 수 없는 평안이요 기쁨입니다. 다른 이들을 무시하고, 함부로 대하면서 안식을 얻는 길은 없습니다. 지금 우리를 지배하고 있는 우상에게 퇴거를 명령할 수 있는 용기가 필요합니다.

우상은 그 뿐이 아닙니다. 종교조차 우상이 될 때가 많습니다. 예수님은 우리에게 종교를 가르치지 않으셨습니다. 하나님이 기뻐하시는 삶, 참 사람다운 삶의 길을 가르치셨습니다. 그런데 우리는 어떻습니까? '구원'이라는 가면 뒤에 숨어 삶을 도외시하고 있는 것은 아닙니까? 구원받았다는 고백은 있으나 구원받은 삶이 나타나지 않고 있습니다. 하나님은 예언자들을 통해 정의와 공의를 저버린 채 드리는 제물의 향기가 역겹다고 하셨습니다. 세상에는 성전의 마당만 밟은 이들이 많습니다. 종교 혹은 교회조차 우상이 될 수 있음을 잊지 마십시오. 중요한 것은 삶일 뿐입니다.

지금 우리 시대처럼 '하나님의 뜻'이라는 말이 오용되고 있는 시대가 또 있을까요? 하나님의 이름으로 다른 이들을 저주하고, 전쟁을 선포하기도 합니다. 자기 확장의 욕망에 분칠을 하기 위해 하나님의 이름을 들먹이는 이들도 있습니다. 모두 다 하나님의 이름을 망령되이 일컫는 일들입니다. 종교개혁 500주년을 맞이한 지금도 교회 세습이라는 음습한 욕망과 작별하지 못하는 이들이 있습니다. 교회 문제가 일간지의 사설에까지 등장하는 현실입니다. 여러 가지 이유를 대지만, 제게는 그게 바벨탑 쌓기와 다를 바 없어 보입니다. 하나님의 뜻 혹은 하나님의 영광이라는 말이 상식과 부합하지 않을 때, 우리 속에 허위의식이 발동하게 마련입니다. 성경에 등장하는 거짓 예언자들은 언제나 권력자들이 듣기 좋은 소리를 했습니다. 하나님의 계시를 받았다고 말하지만 실은 자기 욕망의 소리를 들은 것에 불과합니다. 이런 일이 참 많습니다.

그리스도의 몸

아드 폰테스(ad fontes), 이것은 종교개혁의 구호 가운데 하나입니다. '근원으로 돌아가자'는 뜻입니다. 기독교인에게 근원이란 무엇입니까? 예수 정신입니다. 아무리 작은 교회라 해도 예수 정신이 살아 있으면 그 교회는 살아 있는 교회입니다. 아무리 큰 교회라 해도 예수 정신이 가물거린다면 그 교회는 죽은 교회입니다. 교회는 큰 교회와 작은 교회로 구분되는 것이 아니라, 산 교회와 죽은 교회로만 구별될 뿐입니다. 예수 정신은 무엇입니까? 마음을 다해 하나님을 경외하는 것, 이웃을 자기 몸처럼 사랑하는 것입니다. 그리스도 안에서 남은 없습니다. 모두가 아끼고 존중해야 할 이웃일 뿐입니다. 예수님은 수없이 많은 장벽들을 철폐함으로 도저히 만날 수 없을 것 같았던 사람들을 만나게 하셨습니다. 찬송가 가사에도 나옵

니다만 '죄인도 원수도 친구로 변한다.'는 말이 현실이 되도록 해야
합니다.

세례자 요한에게 세례를 받음으로 예수는 인간의 운명 속으로 뛰
어드셨습니다. 비릿한 욕망과 상처와 아픔을 안고 살아가는 사람들
을 더럽다 아니하시고, 그들과 하나 되기를 부끄러워하지 않으셨
습니다. 노자는 진리에 깊이 접속된 사람의 모습을 함축적으로 그
려낸 바 있습니다. '좌기예 해기분 화기광 동기진'(挫其銳 解其紛 和其
光 同其塵,《도덕경》4장)이 그것입니다. 날카로움을 감추고, 얽힌 것을
풀어내고, 스스로 빛나려 하기보다 그 빛을 부드럽게 만들고, 티끌
과 하나 된다는 말입니다. 예수님의 삶을 그대로 표현한 말처럼 보
입니다. 빌립보서 2장에 나오는 '케노시스 찬가'와 유사합니다. 근
본으로는 하나님과 같은 존재이지만 스스로를 비워 종의 몸을 입고
이 세상에 오셔서 죽기까지 복종하신 주님 말입니다.

비아 돌로로사(via Dolorosa)라는 말을 들어보셨을 것입니다. 주님
이 걸으셨던 고난의 길을 가리키는 말입니다. 이 길은 예루살렘 성
의 동쪽에 있는 스데반 문 안쪽에서 시작되는 길인데, 좁고 지저분
하고 번잡스러운 시장통을 통과하고 있습니다. 그곳을 지나는 순례
자들은 가방을 앞쪽으로 메고, 가이드를 따라 총총 걸음을 걷습니
다. 소매치기를 당하거나 길을 잃지 않기 위해서입니다. 어떤 이들
은 그 길이 그렇게 시장통을 통과하는 것 자체를 통탄하기도 합니
다. 고요한 묵상이 방해를 받기 때문입니다. 그러나 제 생각은 다릅
니다. 주님은 인간의 현실 저 너머에서 진리를 가리켜 보인 분이 아
닙니다. 인간의 삶의 한복판에 들어오셔서 그들과 함께 울고 웃으

셨습니다. 비아 돌로로사가 아랍인들의 상가를 관통한다는 사실이 제게는 계시처럼 보입니다. 진리는 바로 그런 곳에서 체현되어야 합니다. 철학자 김진석 선생이 만든 조어 가운데 '포월'(匍越)이라는 개념이 있습니다. 뻘밭과 같은 현실의 밑바닥에서 기다가 마침내 그것을 넘어선다는 뜻입니다. 바로 여기에 성육신의 신비가 있습니다. 현실을 도외시한 진리의 추구는 관념일 뿐입니다.

바울은 교회를 가리켜 그리스도의 몸이라 했습니다. 그 교회가 오늘날 중병에 걸렸습니다. 회복의 조짐보다 몰락의 조짐이 늘어나고 있습니다. 하나님의 뜻에 대한 '예'가 되기 위해 십자가를 택한 그 마음이 사라졌기 때문입니다. 교회의 머리는 그리스도이십니다. 그리스도의 눈으로 세상을 보고, 그리스도의 심장으로 세상의 아픔을 부둥켜안고, 그리스도의 손과 발이 되어 병든 세상을 치유하려 할 때 교회는 다시금 일어서리라 생각합니다. 하나님의 이름으로 하나님을 배신하는 일을 청산하는 것, 멸시와 천대 받는 이들 곁에 다가오시는 하나님을 만나기 위해 그들 곁에 다가가는 것, 공포와 선망의 마음으로부터 벗어나 참 자유인답게 사는 것, 다른 삶이 가능하다는 사실을 세상 사람들 앞에 뚜렷하게 보여주는 것, 이게 지금 우리에게 주어진 과제입니다. 주님의 도우심으로 우리 삶이 하나님에 대한 생생한 증언이 될 수 있기를 기원합니다.

땅은 하나님의 것

땅을 아주 팔지는 못한다. 땅은 나의 것이다. 너희는 다만 나그네이며, 나에게 와서 사는 임시 거주자일 뿐이다. 너희는 유산으로 받은 땅 어디에서나, 땅 무르는 것을 허락하여야 한다. 네 친척 가운데 누가 가난하여, 그가 가진 유산으로 받은 땅의 얼마를 팔면, 가까운 친척이 그 판 것을 무를 수 있게 하여야 한다. 그것을 무를 친척이 없으면, 형편이 좋아져서 판 것을 되돌려 살 힘이 생길 때까지 기다려야 한다. 판 땅을 되돌려 살 때에는, 그 땅을 산 사람이 그 땅을 이용한 햇수를 계산하여 거기에 해당하는 값을 빼고, 그 나머지를 산 사람에게 치르면 된다. 그렇게 하고 나면, 땅을 판 그 사람이 자기가 유산으로 받은 그 땅을 다시 차지한다. 그러나 그가 그 땅을 되돌려 살 힘이 없을 때에는, 그 땅은 산 사람이 희년이 될 때까지 소유한다. 희년이 되면, 땅은 본래의 임자에게 되돌아간다. 땅을 판 사람은, 그 때에 가서야 유산 곧 분배받은 그 땅을 다시 차지할 수 있다.

안식일, 안식년, 희년

오늘은 추석을 앞둔 주일로 뜻을 함께 하는 교회들이 희년실천주일로 지키고 있습니다. 희년(禧年, year of jubilee)이란 '은혜의 해', '거룩한 해'를 뜻하는 말입니다. 희년은 안식년이 일곱 번 지난 바로 다음 해, 곧 50년째 되는 해입니다. 희년의 나팔소리는 빚에 몰려 종으로 전락했던 사람들, 조상으로부터 물려받은 유산들을 남에게 넘길 수밖에 없었던 사람들에게 해방의 순간이 왔음을 알리는 것이었습니다. 희년의 나팔소리는 인간의 모듬살이 과정에서 빚어지는 격차와 차별을 지우라는 하늘의 명령입니다. 빚은 탕감되고, 종들은 자유인이 되고, 땅은 원주인에게로 돌아갑니다. 절망의 나락에 빠졌던 이들이 다시 한번 일어나 새로운 삶을 꿈꿀 수 있는 기회가 부여된 것입니다. 희년은 이스라엘이 꿈꾸었던 평등 공동체의 꿈을 역사 속에서 실현해 갈 수 있는 사회적 장치였던 셈입니다.

사실 희년법은 안식일법과 안식년법에서 발전된 것입니다. 안식일법은 애초에 가난한 사람들에 대한 노동력 착취를 금지하기 위해 제정되었던 것입니다. 6년 동안 땅을 경작한 후에는 1년 동안 땅을 쉬게 하라는 안식년 규정도 땅의 휴식을 넘어서는 더 중요한 사회적 의미를 갖고 있습니다. 안식년이 되면 농토와 올리브밭과 포도밭의 경작을 중지하고 거기서 저절로 난 것도 수확하지 말라 했습니다. 그것은 고아, 과부, 나그네로 표상되는 가난한 사람들과, 들짐승들의 몫이기 때문입니다. 희년법은 이런 안식년법을 확장한 것입니다. 오늘을 사는 우리들에게 이런 꿈은 낭만적 유토피아주의처럼 들립니다. 능력껏 많이 벌어서 자식들에게 많이 물려주는 것을 소망으로 삼는 이들에게 희년법은 말도 안 되는 이야기처럼 들릴 겁니다. 희년법은 그런 의미에서 자본주의적이라기보다는 사회주의적인 법이라 할 수 있겠습니다.

우정에 기초한 나라의 꿈

사실 희년법은 '땅은 하나님의 것'이라는 근본적 고백이 있었기에 가능한 것입니다. 이 고백 속에는 땅은 사고팔 수 있는 것이 아니라는 생각이 담겨 있습니다. 땅은 우리가 만든 것이 아니라 하나님께서 만드신 것입니다. 우리는 다만 그 위에서 잠시 동안 살다가 떠나는 거류민일 뿐입니다. 이런 생각은 이곳저곳 떠돌며 살던 히브리들의 처지를 생각해보면 이해할 수 있습니다. 정착할 땅과 경작할 땅을 얻게 되었을 때 그들은 그것을 하나님의 선물이라고 생각했습니다. 또한 땅은 하나님의 은총의 매개였습니다.

> '땅은 푸른 움을 돋아나게 하여라. 씨를 맺는 식물과 씨 있는 열매를 맺는 나무가 그 종류대로 땅 위에서 돋아나게 하여라.' 하시니, 그대로 되었다.(창세기 1:11)

그러니 땅을 사고판다는 것은 불경한 일이었습니다. 히브리인들은 땅을 하나님이 주신 '유업'이라고 고백했습니다. 시편 기자도 '주님이야말로 내가 받을 유산의 몫'이라고 고백하면서, 주님께서 "줄로 재어서 나에게 주신 그 땅은 기름진 곳입니다. 참으로 나는, 빛나는 유산을 물려받았습니다."(시편 16:6)라고 노래하고 있습니다. 기름진 땅이든, 척박한 땅이든, 비탈진 밭이든, 돌짝밭이든 주님께서 주신 곳이기에 '빛나는 유산'인 것입니다. 이스라엘 사람들이 꿈꾸었던 샬롬의 세상은 소박합니다.

> 사람마다 자기 포도나무와 무화과나무 아래 앉아서, 평화롭게 살 것이다. 사람마다 아무런 위협을 받지 않으면서 살 것이다.(미가 4:4)

누구나 다 자기 땅에서 땀 흘려 노동하고, 가족들이 포도나무와 무화과나무 그늘 아래 앉아 담소하고, 이웃들을 청하여 함께 즐기는 것, 마음을 심란하게 하는 일들이 벌어지지 않는 세상, 바로 그것이 사람들이 꿈꾼 평화의 세상이었습니다. 땅은 평화 세상의 근간이었던 것입니다.

오늘 본문은 땅을 무르는 일에 대해서 언급하고 있습니다. 친척 가운데 누가 천재지변이나 질병 등으로 몰락하여 당장 생계를 유지하기 위해 유산으로 받은 땅의 일부를 팔면, 가까운 친척이 그것을 되사서 돌려주어야 했습니다. 그것을 무를 친척이 없다면 그가 판 것을 되돌려 살 힘이 생길 때까지 기다려 주어야 합니다. 땅을 되돌려 살 때는 그 땅을 산 사람이 그 땅을 이용한 햇수를 계산하여 거기에 해당하는 값을 빼고, 나머지를 치르면 되었습니다. 친척은 몰락한 가족을 일으켜 세워줄 사회적 책임을 지고 있었던 것입니다. 이렇게 해서 그들은 우정과 우애에 기초한 나라를 세워나가려고 했던 것입니다.

아, 불의한 세상

하지만 에덴 이후의 세계에서 살고 있는 이들은 마음의 헛헛함을 이기기 위해 수많은 불안의 대용물들을 만들며 살아갑니다. 출애굽 공동체는 시내 산에 올라간 모세가 내려오지 않자 우리를 인도할 신을 만들어 달라며 아론을 압박합니다. 그래서 만든 것이 금송아지였습니다. 사람들은 뭔가 가시적인 것을 통해 마음의 안정을 얻으려 합니다. 집을 사고, 땅을 사고, 돈을 모으는 것도 어찌 보면 불안을 해소하기 위해서입니다. 하지만 욕망과 불안은 그런 것으로 해소되지 않습니다. 탐욕은 만족을 모릅니다. 물신숭배에 빠진 이들은 이미 많은 것을 소유하고 있는데도, 더 많은 것을 소유하려는 욕망에서 헤어나오지 못합니다. 우정이나 사랑이 아니라 욕망이 인간관계를 규정할 때 관계는 파탄나게 마련입니다. 우정이 사라진 세상은 삭막한 전쟁터가 됩니다.

평등공동체의 꿈을 이루기 위한 역사 실험에 나섰던 이스라엘도 예외는 아니었습니다. 50년마다 사회적 격차를 해소하기 위해 시행되었던 희년법도 권력자들의 탐욕 앞에서는 무용지물이 되었습니다. 이사야는 주전 8세기의 이스라엘의 상황을 이렇게 전해줍니다.

> 너희가, 더 차지할 곳이 없을 때까지, 집에 집을 더하고, 밭에 밭을 늘려나가, 땅 한가운데서 홀로 살려고 하였으니, 너희에게 재앙이 닥친다!(이사야 5:8)

그저 땅을 사고파는 데서 그치는 것이 아닙니다. 그들은 자기들이 가지고 있는 특권적인 지위를 이용해 불의한 법을 만들어 가난한 자들의 가산을 삼킵니다.

> 불의한 법을 공포하고, 양민을 괴롭히는 법령을 제정하는 자들아, 너희에게 재앙이 닥친다! 가난한 자들의 소송을 외면하고, 불쌍한 나의 백성에게서 권리를 박탈하며, 과부들을 노략하고, 고아들을 약탈하였다.(이사야 10:1-2)

그런데 성경의 이런 대목을 읽을 때면 왠지 오늘 우리의 현실을 고발하는 것처럼 들리는 것은 왜일까요? 지금 서울은 공사장입니다. 재개발이니 뉴타운이니 이곳저곳에서 토목 공사가 벌어집니다. 많은 땅을 소유한 이들과 건축업자들이 신이 났습니다. 가난한 이들은 자기들이 오랫동안 살던 삶의 터전을 잃고 있습니다. 마을 공동체를 이루어 함께 살던 이웃들과도 헤어지게 되었습니다. 그들은 어쩌면 자기의 땅에서 유배당한 이들인지도 모르겠습니다. 지금부터 제가 말하는 숫자가 무슨 뜻인지 한 번 짐작해 보십시오. 1083, 819, 577, 476, 412, 405, 403, 341…이 숫자들은 로또복권 당첨번호도 아니고 은행계좌 번호도 아닙니다. 2005년 8월 12일 기준으로 행자부가 개인명의로 집을 가장 많이 소유한 최고 집부자 10명이 각각 보유하고 있는 주택 수입니다.(손낙구,《부동산 계급사회》, 후마니타스)

이런 세상은 우리가 보기에도 불의한 세상이고, 하나님이 보시기에도 불의한 세상입니다. 이렇게 많은 집을 가지고 있는 이들, 그렇게도 넓은 땅을 가지고 있는 이들이 과연 땅을 하나님의 선물로 인식할 수 있을까요? 불가능한 일입니다. 그들은 성서의 어법대로 말하자면 우상을 숭배하는 자들입니다. 공의의 예언자 아모스의 일갈이 들려오는 듯합니다.

> 나 주가 선고한다. 이스라엘이 지은 서너 가지 죄를, 내가 용서하지 않겠다. 그들이 돈을 받고 의로운 사람을 팔고, 신 한 켤레 값에 빈민을 팔았기 때문이다. 그들은 힘없는 사람들의 머리를 흙먼지 속에 처넣어서 짓밟고, 힘 약한 사람들의 길을 굽게 하였다.(아모스 2:6-7a)

우리 시대의 희년 실천

이것은 인류가 아직 유년기를 벗어나지 못했던 옛날이야기가 아닙니다. 바로 지금 우리의 현실 속에서 날마다 벌어지는 일입니다. 지금 우리가 살고 있는 세상 곳곳에서 가난하고 무시당하는 이들의 신음소리가 들려오고 있습니다. 어린이들과 청소년들은 살벌한 경쟁의 벌판에 내동댕이쳐져 있습니다. 1990년대에 대중문화와 인터넷의 주역으로 떠오르던 젊은이들은 이후에 진행된 신자유주의적 구조 조정 과정에서 가장 배려를 받지 못한 계층들입니다. 무한경쟁에 내몰리고 있는 청년들에게 미래라는 단어는 매우 부담스러운 단어가 되었습니다. 비정규직 노동자들은 언제 일터에서 쫓겨날지 몰라 전전긍긍입니다. 다소 나아지고 있다고는 하지만 이주 노동자들도 정당한 대가를 받지 못하는 일이 비일비재합니다. 65세 이상의 노인들 가운데서 노후 자금을 마련한 사람은 절반도 되지 않는다고 합니다. 노인들의 자살이 급증하는 것도 이런 연고입니다. 이런 상황에서 정책을 입안하는 이들은 경제 규모만 커지면 이런 문제가 저절로 풀릴 것처럼 이야기합니다. 거짓입니다. 세상을 바라보는 우리의 관점이 바뀌지 않는 한 세상은 새로워질 수 없습니다. 지금이야말로 우리 사회가 '돌봄'의 사회로 전환해야 할 때입니다. 계획하고, 밀어붙이는 저돌적인 사람들이 아니라, 사람들 사이에 소통의 통로를 열고, 더불어 사는 것이 행복하다는 사실을 일깨워 주는 이들이 절실히 필요한 때입니다. 하나님의 백성으로 부름 받은 우리는 하나님이 '좋다'고 하실 세상이 무엇인지를 늘 물어야 합니다.

땅을 하나님의 선물로 이해하는 사람들이 명심해야 할 것이 있습니다. 땅과 거기서 얻는 모든 것들이 우리의 배부름만을 위해 주어진 것이 아님을 늘 상기해야 합니다. 땅에서 나오는 소산의 일부는 가난한 이들의 몫임을 명심해야 합니다. 그래서 어려운 이들을 돕고, NGO 단체에 후원도 해야 합니다. 우리교회가 마이크로 크레딧 (소액대출) 운동에 동참하는 까닭은 형편이 어려워진 교우들이나 이웃들에게 재활의 기회를 제공하기 위한 것입니다. 자본금이 조금만 있으면 일어설 수 있는데 돈을 얻을 데가 없어 낙심하는 이들은 소액대출은행에 신청을 할 수 있습니다. 물론 그분들이 추진하려는 사업이 타당성이 있는지 먼저 심사를 받아야 합니다만 기회는 열려 있습니다. 우리가 이런 일을 실천할 때, 또 그런 마음으로 살 때 세상은 올바른 자리로 되돌아가게 됩니다. 희년실천운동에 동참하는 교회들은 다음과 같은 다짐을 선포했습니다.

첫째, 부동산 과다 소유, 집값 짬짜미, 각종 탈법 및 편법 행위를 통해 투기적 이익을 추구하는 세상의 풍조를 따르지 않으며, 투기 목적 혹은 과시 목적으로 고가 주택을 보유하는 주택 과소비를 하지 않는다.

둘째, 토지 임대료 수입은 노력 소득보다 우선하여 교회(혹은 공동체)와 지역사회에 있는 가난한 이웃과 나누기 위해 노력한다.

셋째, 희년정신을 구현하는 토지 보유세 강화정책을 지지하고, 토지보유세(종합부동산세 및 재산세)를 즐거운 마음으로 납부한다.

교회가 지나치게 많은 부동산을 소유하는 문제에 대한 지적이 없는 것이 유감입니다. 한국교회와 교인들이 이런 일들을 실천하기 시작한다면 기독교는 새로워질 것입니다. 여러분은 주님의 복을 사모합니까? 아니면 자본주의 세상이 우리에게 약속하는 복을 사모합니까? 주님이 복이 있다 하신 이는 누구입니까? 마음이 가난한 사람, 슬퍼하는 사람, 온유한 사람, 의에 주리고 목마른 사람, 자비한 사람, 마음이 깨끗한 사람, 평화를 이루는 사람, 의를 위하여 박해를 받은 사람입니다. 행복은 소유의 많음에 있지 않습니다. 어제 신문에 난 박기호 신부님의 컬럼을 읽다가 마음에 감동이 왔습니다. 공동체 마을을 일구고 있는 그는 얼마 전, 돌을 맞은 소화라는 아기를 품에 안고 마음으로 이런 기도를 드렸습니다.

"무슨 일을 하든지 네 모든 생각과 몸가짐을 신중하게 하여라. 네가 싫어하는 일은 아무에게도 행하지 말며, 배고픈 이에게 밥그릇을 밀어주고, 헐벗은 사람에게 옷을 벗어주어라. 네가 사는 데 꼭 필요한 것 이상의 물건이 있거든 그것으로 남을 구제하는 데 나누어라. 언제나 하나님을 찬양하고 네가 가는 길을 평탄케 해주시기를 늘 간구하여라. 그러면 네가 어디에 살든지 무엇을 하든지 성공할 것이다."(한겨레신문, 2009년 9월 26일자, 〈소화가 살아갈 세상을 걱정한다〉)

기원은 더 이어집니다만 이것으로 충분하지 않을까요? 이렇게 사는 것이야말로 일상 속에서 희년을 연습하는 길일 겁니다. 추석이 다가옵니다. 고향을 찾는 이들이 많을 것입니다. 가족들과 더불어 우리가 지향해야 할 세상이 어떤 모습이어야 할지에 대해 이야기를 나눌 수 있으면 좋겠습니다. 정치 이야기를 하라는 것이 아니라, 하나님의 언약에 바탕을 둔 샬롬의 세상을 이루기 위해 우리가 할 수 있는 일이 무엇인지를 함께 생각해 보라는 것입니다. 주님의 은총이 평화의 새 세상을 꿈꾸는 우리 가운데 함께 하시기를 기원합니다.

민수기

11장 31-35절

기브롯 핫다아와

주님께서 바람을 일으키셨다. 주님께서 바다 쪽에서 메추라기를 몰아, 진을 빙 둘러 이쪽으로 하룻길 될 만한 지역에 떨어뜨리시어, 땅 위로 두 자쯤 쌓이게 하셨다. 백성들이 일어나 바로 그날 온종일, 그리고 밤새도록, 그리고 그 이튿날도 온종일 메추라기를 모았는데, 적게 모은 사람도 열 호멜은 모았다. 그들은 그것들을 진 주변에 널어 놓았다. 고기가 아직 그들의 이 사이에서 씹히기도 전에, 주님께서 백성에게 크게 진노하셨다. 주님께서는 백성을 극심한 재앙으로 치셨다. 바로 그곳을, 사람들은 기브롯 핫다아와라 불렀다. 탐욕에 사로잡힌 백성을 거기에 묻었기 때문이다. 백성은 기브롯 핫다아와를 떠나, 하세롯으로 행군하였다. 그들은 하세롯에서 멈추었다.

불평

주님의 은총과 평화가 우리 가운데 임하시기를 빕니다. 이제 주현절의 막바지를 향해 가고 있습니다. 어제는 우수(雨水)였습니다. 우수가 되면 대동강 물도 풀린다는 옛말이 무색할 정도의 날씨입니다. 대기가 차가워진 탓인지 미세 먼지는 한결 덜합니다. 미세 먼지는 덜하지만 지금 우리가 호흡하는 대기 중에는 뭔가 음울한 것들이 깃들어 있는 것 같습니다. 해처럼 환한 얼굴을 만나기 어렵고, 담담한 어조로 말하는 이들을 만나기 어렵습니다. 서슬 퍼런 말들이 마구 횡행하고 있습니다.

저는 요즘 가급적이면 많이 걸으려고 노력하고 있습니다. 찬바람을 뚫고 이 골목 저 골목 걷다 보면 저도 모르는 사이에 콧노래를 흥얼거리게 됩니다. 요즘 계속 떠오르는 것은 아주 오래 전에 부르곤 했던 '참된 자유'라는 노래입니다.

"불평 불만과 환멸 가득 찬 이 세상에 너는 무엇 위해 사는가 참된 자유와 평화 너는 맛보았는가 너는 무엇 위해 사는가//괴로운 인생길을 헤매는 나그네여 어디서 안식을 얻겠나 어둠이 에워싸고 찬 바람 부는 이 밤 어디서 안식을 얻겠나."

이 노래는 의문형 종결어미로 끝납니다. 질문이 있어야 답도 있는 법입니다. '불평 불만과 환멸 가득 찬 이 세상'이라는 표현은 우울하지만 우리 시대의 실상을 반영하고 있습니다. 모두가 화가 난 것처럼 보입니다. 삶은 불확실하고, 미래에 대한 전망 또한 밝지 않습니다. 욕망의 쳇바퀴를 돌리다가 환멸이라는 복병을 만난 격입니다.

많은 이들이 '내 인생이 왜 이 모양이냐?'고 투덜거립니다. 자기 인생이 잘 풀리지 않는 원인을 자기 안에서 찾는 이들도 있고, 바깥에서 찾는 이들도 있습니다. 능력주의 사회는 모든 사람을 비인간 화합니다. 자신의 노력과 상관없이 다른 이들보다 더 많은 기회를 부여받아 승자의 대열에 합류한 이들은 오만에 빠지기 쉽고, 패자 가 된 이들은 수치심을 느낍니다. 오만과 수치심은 공히 부정적인 감정입니다. 이 감정에 사로잡힌 이들은 다른 이들을 있는 그대로 존중하지 못합니다. 많은 젊은이들이 지금의 세상에 대해 공포감을 느끼고 있는 것 같습니다. 삶의 기회를 박탈당한 것 같은 상실감에 빠진 이들을 자극하여 자기 이익을 극대화하려는 이들도 있습니다. 흔들리는 터전 위에서 멀미를 하고 있는 이들을 볼 때마다 저는 아 우슈비츠 생존 작가인 프리모 레비의 말을 떠올립니다. 그는 수용 소가 사람을 동물로 격하시키는 거대한 장치였다고 말합니다. 그렇 기에 한사코 동물이 되지 않기 위해 노력해야 했다고 말합니다.

> "우리가 노예일지라도, 아무런 권리도 없을지라도, 갖은 수모를 겪고 죽을 것이 확실할지라도, 우리에게 한 가지 능력만은 남아 있다. 마 지막 남은 것이기 때문에 온 힘을 다해 지켜내야 한다. 그 능력이란 바로 그들에게 동의하지 않는 것이다."(프리모 레비, 《이것이 인간인가》, 이 현경 옮김, 돌베개, 58쪽)

그가 비누가 없어도 얼굴을 씻고, 신발을 꺾어 신지 않고, 몸을 똑 바로 세우고 걸었던 것은 쓰러지지 않고 살아남기 위해서였습니다. 살아남아 자기가 겪은 것을 사람들 앞에 들려주어야 한다는 소명감 때문이었습니다. 어려운 때일수록 우리에게 남아 있는 '한 가지 능력'을 굳게 지켜야 합니다. 세상에 속절없이 이끌려가지 않겠다는 다짐이 그것입니다.

광야

오늘은 출애굽 공동체가 겪은 일을 통해 우리 삶을 반성해보려고 합니다. 젖과 꿀이 흐르는 땅을 바라보며 애굽을 탈출했지만, 그 꿈이 실현되기까지 그들은 수많은 난관을 돌파해야 했습니다. 홍해를 건넌 후에도 광야를 배회해야 했습니다. 수르 광야, 바란 광야, 시내 광야, 신 광야. 그 광야는 거대한 장벽과 같았습니다. 먹을 것과 마실 것, 밤의 추위와 낮의 더위를 피해 머물 곳을 찾기 어려웠기 때문입니다. 그들은 날마다 오직 하루 분의 희망을 얻기 위해 몸부림쳤습니다.

세상살이에 지친 이들은 광야와 같은 고독의 장소를 그리워합니다. 광야는 도피의 장소이기도 했습니다. 사울에게 쫓기던 다윗은 광야 지대를 떠돌았고, 아합과 이세벨에게 쫓기던 엘리야도 광야로 들어갔습니다. 광야는 또한 심각한 결단을 앞두고 향하는 곳이기도 합니다. 공생애를 시작하기 전에 예수님은 광야에 들어가 사십 일을 머무셨습니다. 눈길을 사로잡는 아무런 인공의 구조물도 보이지 않는 곳, 그곳에 머무는 이들은 자기의 한계에 직면하게 마련이고, 하나님 이외의 다른 것들을 생각하기 어렵습니다. 그런 의미에서 광야는 매력적인 장소입니다. 저도 내 인생에 한 번쯤은 사막 깊은 곳으로 들어가 해가 뜨고 해가 지는 모습을 하염없이 바라보고 싶은 꿈이 있습니다.

그러나 광야가 자발적으로 택한 장소가 아니라 다른 곳으로 이동하기 위해 거쳐 가는 장소일 때는 상황이 달라집니다. 이런저런 일로 더 이상 세상에 설 자리가 없어 들어간 것이라면 광야는 통과해야 하는 장애물일 뿐입니다. 출애굽 공동체도 가나안에 가기 위해서는 광야를 거쳐야 한다는 사실을 알았습니다. 그런 불편쯤은 기꺼이 감내할 마음도 있었을 겁니다. 그러나 현실적인 불편이 지속되자 생각이 바뀝니다. 아름답고 영롱한 꿈이 퇴색된 자리에 남는 것은 불평과 환멸 그리고 원망입니다. 삶이 힘겨울 때마다 우리는 그 무거움을 전가시킬 사람을 찾곤 합니다. '너 때문이야.'라고 말할 대상을 고릅니다.

> 이스라엘 자손 가운데 섞여 살던 무리들이 먹을 것 때문에 탐욕을 품으니, 이스라엘 자손들도 또다시 울며 불평하였다. '누가 우리에게 고기를 먹여 줄까?' 이집트에서 생선을 공짜로 먹던 것이 기억에 생생한데, 그 밖에도 오이와 수박과 부추와 파와 마늘이 눈에 선한데, 이제 우리 눈에 보이는 것이라고는 이 만나밖에 없으니, 입맛마저 떨어졌다.(민수기 11:4-6)

불평은 전염성이 강합니다. 절망도 그러합니다. 이스라엘 자손 가운데 섞여 살던 무리들은 가장 덜 주체화된 사람들이라 할 수 있습니다. 그들이 불평을 터뜨리자 이스라엘 자손들도 그 불평에 가세했습니다. 울고 싶은데 뺨을 때려준 격이었을 겁니다. 그들은 애굽에서의 삶을 미화하여 기억합니다. 생선도 공짜로 먹었고, 오이 수

박 부추 파 마늘도 맘껏 먹었다고 말입니다. 할당량을 채우기 위해 몸이 부서져라 일했던 기억, 사람이 아닌 기계 취급받던 기억, 항시적인 불안과 폭력에 시달리던 기억이 일시 소거된 것입니다. 불평이 급기야는 울음으로까지 번져갔습니다. 그들은 자기들의 현실에서 절망만 보고 있습니다. 불평에 사로잡히는 순간 성찰은 불가능해집니다.

하나님의 염증

이쯤 되면 아무리 강철 같은 심장을 가진 모세라 해도 견디기 어렵습니다. 그도 지쳤습니다. 그래서 하나님께 투덜거립니다.

> 어찌하여 주님께서는 주님의 종을 이렇게도 괴롭게 하십니까? 어찌하여 저를 주님의 눈밖에 벗어나게 하시어, 이 모든 백성을 저에게 짊어지우십니까? 이 모든 백성을 제가 배기라도 했습니까? 제가 그들을 낳기라도 했습니까? 어찌하여 저더러, 주님께서 그들의 조상에게 맹세하신 땅으로, 마치 유모가 젖먹이를 품듯이, 그들을 품에 품고 가라고 하십니까?(민수기 11:11-12)

모세의 투덜거림이 참 절절합니다. 그의 고독이 짙게 느껴집니다. '어찌하여'라는 단어가 반복되면서 그의 고통이 선명하게 부각됩니다. 책임 있는 자리에 부름을 받는다는 것은 영광스러운 일인 동시에 무거운 짐입니다. 모세도 지쳤습니다. 하나님은 징징대는 백성들에게 고기를 주시겠다고 말씀하십니다. 그런데 하나님의 말씀 속에는 백성에 대한 분노가 실려 있습니다.

> 하루만 먹고 그치지는 아니할 것이다. 이틀만도 아니고, 닷새만도
> 아니고, 열흘만도 아니고, 스무 날 동안만도 아니다. 한 달 내내, 냄
> 새만 맡아도 먹기 싫을 때까지, 줄곧 그것을 먹게 될 것이다.(민수기
> 11:19-20)

　이건 풍요의 식탁이 아니라 벌입니다. 주님을 거절하고 애굽을 떠난 것을 후회한 이들에 대해 하나님께서 단단히 화가 나셨습니다. 마침내 주님께서 바람을 일으키시자 바다 쪽에서 메추라기가 몰려왔고, 진을 중심으로 하여 하룻길 될 만한 지역에 떨어졌습니다. 얼마나 많은지 땅 위로 두 자쯤 쌓이게 하셨습니다. 백성들은 일어나 그날 온종일, 그리고 밤새도록, 그 이튿날도 온종일 메추라기를 모았습니다. 적게 모은 사람도 열 호멜은 모았습니다. 한 호멜은 당나귀 한 마리가 운반했던 곡식의 분량을 나타냅니다. 어마어마한 분량입니다. 그들은 그것을 진 주위에 널어 놓았습니다. 그러나 고기가 아직 이 사이에서 씹히기도 전에, 주님의 진노가 그들에게 내렸습니다. 극심한 재앙이 그들을 덮친 것입니다. 그 재앙이 어떤 것이었는지 성경은 구체적으로 말하지 않습니다. 어쨌든 복처럼 여겨지던 것이 화가 된 셈입니다. 사람들은 그곳을 기브롯 핫다아와라고 불렀습니다. '탐욕의 무덤'이라는 뜻입니다.
　이 이야기는 풍요라는 환상이 죽음과 밀접하게 연결되어 있다는 사실을 오늘의 우리에게 깨우쳐줍니다. 소비 사회는 화려하기 이를

데 없지만 그 이면에서는 생태계의 파괴가 진행되고 있습니다. 안락하고 쾌적한 삶을 위해 우리가 치르는 대가는 매우 큽니다. 유행을 따르고 소비 사회의 신민이 되기 위해 우리는 우리 모두의 고향인 지구를 더럽히고 있습니다. 사회학자인 노명우 박사는 지금 우리 현실을 이렇게 진단합니다.

> "체면치레가 유행에 따른 삶이 되고, 수치심이 소비주의에 의해 속류화되면 의인의 자리를 '셀레브리티'가 대신한다. 셀레브리티가 먹는 음식, 그들이 꾸민 집, 그들의 자녀 교육 방법, 그들의 노후 대책까지 흉내 낼 수 있는 모든 것을 따라 하면 된다."(노명우,《세상 물정의 사회학》, 사계절, 143쪽)

이런 세상에서 텔레비전은 우리에게 시대의 라이프스타일을 알려주는 기숙형 예절학교 역할을 한다는 것입니다. 우리는 지금 기브롯 핫다아와를 지나고 있는 것인지도 모르겠습니다. 믿음의 사람들은 이런 속류화된 이야기에서 벗어나 하나님의 구원 이야기에 동참해야 합니다.

선택된 백성이 된다는 것

이스라엘 사람들은 선민 즉 선택받은 민족이라는 자부심을 가지고 살았습니다. 교회 다니는 이들도 별반 다를 바 없습니다. 청년 시절 처음 교회에 나갔을 때 대표 기도하는 분들이 빼놓지 않는 상투어구가 있었습니다. '저 죄악된 세상에서 우리를 건져 구원의 방주

에 들게 하셔서서 감사합니다.', '버려지만도 못한 죄인인 우리를 그리
스도의 피로 값없이 사서 구원해 주셔서 감사합니다.' 그런 기도를
들을 때마다 제 마음에는 반발심이 생겼습니다. 세상을 '죄악된 곳'
으로 일반화하는 것도 싫었고, 교회를 구원의 방주라고 말하는 것
도 싫었습니다. 눈을 뜨고 보니 교회도 세상과 별반 다를 바 없었고
때로는 더욱 더 위선적으로 보일 때도 있었기 때문입니다. 스스로
를 '버려지만도 못한 죄인'이라 말하면서도 고압적인 자세로 사람
들을 대하는 이들이 많았습니다. 고백과 삶 사이의 거리가 저를 당
혹스럽게 만들었습니다. 선민이라는 자부심은 정말 온당한 것일까
요? 몇 해 전 세상을 떠난 영연방 최고 랍비 조너선 색스는 '선택된
민족'과 '지배자 민족'을 구별합니다.

> "선택된 민족은 과업에 의해 규정된다면 지배자 민족은 타고난 우
> 월의식에 의해 규정된다. 선택된 민족은 헌신에의 소명을 느끼지만
> 지배자 민족은 지배의 욕구를 느낀다. 선택된 민족의 특색을 나타내
> 는 감정은 겸손이다. 반면 지배자 민족의 미덕은 라틴어로 수퍼비아
> (superbia)라 일컫는 것, 즉 긍지이다."(조너선 색스, 《사회의 재창조》, 서대경
> 옮김, 말글빛냄, 257쪽)

유대인들이나 지금의 기독교인들이 보이는 태도는 선민의식이
아니라 지배자 의식인지도 모르겠습니다. 조너선 색스는 지배자 민
족은 승리를 기념하는 건축물이나 기념비를 세우지만, 선택된 민족
은 반대로 패배와 결점을 기록한다고 말합니다. 지배자 민족은 승전

탑을 쌓고 개선문을 세우고 거대한 예배당을 건축합니다. 하지만 성경은 하나님을 등지고 떠난 사람들의 이야기를 적나라하게 기록합니다. 성경은 그런 의미에서 자기 비판적입니다. 기브롯 핫다아와에 대한 기록 역시 마찬가지입니다. 그들이 어쩌면 숨기고 싶었을 자기 조상들의 모습을 성경 속에 담아놓은 것은 그 이야기를 반복하면서 자기를 돌아보고 성찰하는 계기로 삼기 위한 것이 아닐까요?

인간은 타고난 성품, 환경, 사회적 상황에 묶여 살아갑니다. 믿음은 그 사슬에서 벗어나 더 큰 세계를 지향하는 것입니다. 주님은 "진리가 너희를 자유롭게 할 것이다."(요한복음 8:32)라고 말씀하셨습니다. 진리 안에 있는 사람은 더 이상 상황의 노예가 아닙니다. 그는 그 상황의 인력을 끊고 더 높은 곳을 바라보며 사는 사람입니다. 그 자리에까지 가지 못한다면 우리의 믿음이 무슨 소용이 있겠습니까? '불평 불만과 환멸 가득 찬 이 세상에서 너는 무엇 위해 사는가?' 이제 우리가 삶으로 대답해야 할 차례입니다. 참된 자유와 평화 그리고 안식은 경제적인 넉넉함에서 얻어지는 것이 아니라, 우리 마음이 하나님의 마음과 잇대어져 있을 때 주어지는 선물입니다. 탐욕의 무덤가를 서성이며 살기보다는 단출하지만 가볍고 명랑한 삶을 선택할 용기가 필요합니다. 모세를 도와 백성들을 이끌어야 했던 일흔 명의 장로들에게 하나님의 영이 내려와 머물렀던 것처럼, 우리들도 하나님의 영에 사로잡혀 진정한 자유를 누리며 살 수 있기를 기원합니다.

자기 초월이라는 소명

모세가 이 율법을 기록하여, 주님의 언약궤를 메는 레위 자손 제사
장들과 이스라엘의 모든 장로에게 주었다. 모세가 그들에게 명령
하였다. "일곱 해가 끝날 때마다, 곧 빚을 면제해 주는 해의 초막절
에, 온 이스라엘이 주 당신들의 하나님을 뵈려고 그분이 택하신 곳
으로 나오면, 당신들은 이 율법을 온 이스라엘 백성 앞에서 읽어서,
그들의 귀에 들려주십시오. 당신들은 이 백성의 남녀와 어린 아이
만이 아니라 성 안에서 당신들과 같이 사는 외국 사람도 불러모아
서, 그들이 율법을 듣고 배워서, 주 당신들의 하나님을 경외하며, 이
율법의 모든 말씀을 지키도록 하십시오. 당신들이 요단 강을 건너
가서 차지하는 땅에 살게 될 때에, 이 율법을 알지 못하는 당신들의
자손도 듣고 배워서, 주 당신들의 하나님을 경외하게 하십시오."

개신교회의 현실

주님의 은총과 평화가 우리 가운데 임하시기를 빕니다. 저는 가
을이 되어도 가을을 만끽하지 못합니다. 해마다 가을은 각 교단의

총회가 열리는 계절입니다. 총회에서 논의되고 결정하는 일들이 하나님 나라의 확장에 기여한다면 얼마나 좋겠습니까만, 안타깝게도 현실은 그렇지 못합니다. 오히려 개신교회가 얼마나 퇴행적 집단인지를 만천하에 적나라하게 드러내고 있습니다. 명성교회의 세습을 둘러싼 논쟁, 동성애 문제, 다소 진보적 목소리를 내는 기관과 잡지에 대한 이단성 심사, 여성 안수 문제 등이 다뤄지고 있습니다. 수준 높은 신학적 논쟁은 없고 감정 과잉의 반응만이 도드라진 모임입니다. 자기들과 신학적·신앙적 입장이 다르다고 하여 다른 교파에 속한 목회자를 이단으로 지정하는 일까지 벌어졌습니다. 반지성주의와 무례함이 도를 넘고 있습니다. 김삼환 목사는 명성교회의 세습을 반대하는 이들을 일러 '마귀'라고 단언했습니다. 그리고 자기들을 무너뜨리기 위한 조직적 움직임이 있다면서, 그들과 맞서야 한다고 교인들을 부추겼습니다. 우리는 피폐한 영혼의 바닥을 보고 있습니다.

세상은 아주 싸늘한 눈으로 개신교회를 바라보고 있습니다. 비아냥과 저주를 퍼붓기도 합니다. 역사의 나무에 핀 가장 아름다운 꽃 예수를 믿고 따른다는 교회가 세상의 추문거리가 되었습니다. 역사는 발전하고 있는데, 교회는 퇴행을 거듭합니다. "회개하지 않으면, 내가 가서 네 촛대를 그 자리에서 옮기겠다."(요한계시록 2:5b)던 주님의 말씀이 두려움으로 다가옵니다. 다른 이들은 몰락의 징후를 다 알고 있는데 오직 교회만이 그것을 알아차리지 못하는 것이 아닌가 싶습니다. 우리가 굳게 지켜야 할 것은 '진리, 진실, 진정성'이지 '우리 편'이 아닙니다. 우리끼리 자화자찬하고, 우리끼리만 행복한 공동체는 그리스도의 몸된 교회가 아닙니다. 아브라함 요수아 헤셸은 말합니다.

> "모든 전통적인 종교가 지니고 있는 고질병은 괴어 있어 썩는 것이다. 안착하여 기정 사실이 되어버린 것은 무엇이거나 쉽게 부패할 수 있다. 신앙이 교조로 대치되고 자발성이 진부한 모방으로 바뀐다."(아브라함 요수아 헤셸,《진리를 향한 열정》, 이현주 옮김, 종로서적, 77쪽)

야수성을 넘어

긴장이 사라질 때 신앙생활은 습관이 되고, 진리를 따르는 거룩한 삶은 소멸됩니다. 더 나은 존재가 되기 위해 치열하게 성찰하고 노력하지 않는 한 우리는 과거의 인력에 속절없이 끌려갈 수밖에 없습니다. 끌려가는 삶에는 자유가 없습니다. 바울 사도는 성도들이 놓치지 말아야 할 생의 목표를 간결하게 제시하고 있습니다.

> 여러분은 지난날의 생활 방식대로 허망한 욕정을 따라 살다가 썩어 없어질 그 옛 사람을 벗어버리고, 마음의 영을 새롭게 하여, 하나님의 형상을 따라 참 의로움과 참 거룩함으로 지으심을 받은 새 사람을 입으십시오.(에베소서 4:22-24)

새 사람이 되기 위해 가장 필요한 것은 무엇일까요? 나의 부족함을 알아차리는 일입니다. 나의 영적 참상을 깨닫고 아파하지 않는 사람은 새로워질 수 없습니다. 자기기만에서 벗어나는 유일한 방법은 자기의 너절함에 대한 절망입니다. 이기적이고 정욕적이고 거짓된 자아에 절망하지 않는 사람은 새 사람이 될 수 없습니다. 우리는 다른 이들의 눈에서 티끌을 빼겠다고 하면서 자기 눈의 들보는 보지 못하는 이들입니다.

그런데 자기에 대한 절망에만 머물면 안 됩니다. 하나님의 뜻을 따라 살고자 하는 갈망이 있어야 합니다. 갈망이 없어 우리 삶은 지리멸렬합니다. 갈망한다는 것은 어떤 대가를 치르더라도 포기하지 않는 것입니다. 우리는 대개 하나님 나라와 그 의를 위해 대가를 치르려 하지 않습니다. 그저 편안함만을 구합니다. 전도된 진리 추구입니다.

아프지만 다시 시작해야 합니다. 말씀 앞에 겸손하게 엎드려야 합니다. 세상이라는 어두운 숲길을 걷다 보면 길을 잃기 일쑤입니다. 그럴 때마다 잠시 멈추어 서서 방향을 가늠해 보아야 합니다. 우리 인생의 목표는 무엇입니까? 다른 이들과의 경쟁에서 이기는 것입니까? 원하는 모든 것을 다 손에 넣는 것입니까? 우리가 정녕 믿는 이들이라면 하나님의 마음과 깊은 일치를 이루는 것이야말로 우리 인생의 목표가 되어야 하지 않겠습니까? 하나님의 눈으로 세상을 보고, 하나님의 마음으로 사람을 대하고, 하나님의 손과 발이 되어 살아가는 것 말입니다. 세상적으로 보자면 그런 삶은 어리석어 보입니다. 하지만 그 길만이 우리를 참된 자유로 이끌어 줍니다.

사람의 사람됨은 다른 이들의 요구에 응답함으로 형성됩니다. 사마리아 사람은 자기 도움을 필요로 하는 강도 만난 사람을 위해 자기의 모든 일정과 계획을 바꿔야 했습니다. 제사장과 레위 사람은 그럴 생각이 없었습니다. 그들은 고통 받는 타자들과 연루되기를 꺼렸습니다. 오직 자기에게만 몰두한 채 사는 사람은 참 사람의 길에서 벗어난 사람입니다. 앞서도 언급한 아브라함 요수아 헤셸은 인간성의 반대는 야수성이라면서 "야수성이란 이웃 사람의 인간성을 인식하지 못하는 것, 그의 요구와 상황을 이해하지 못하는 것"이라고 말합니다. 사람은 우리를 개별화하려는 세상에 맞서 하나님의 뜻하심에 '아멘' 할 때, 이웃의 신음소리에 반응할 때, 허무와 부조리에 맞서 사랑을 선택할 때 사람이 되는 법입니다.

역사를 새롭게

하나님은 애굽을 탈출한 이스라엘 백성들에게 제사장 나라, 거룩한 백성이 되라는 소명을 주셨습니다. 그들이 40년 동안이나 광야 생활을 해야 했던 것도 따지고 보면 그 소명에 합당한 존재로 단련되기 위해서였습니다. 자기 속으로 구부러진 인간이 타자들을 소중한 이웃으로 대하고, 그들을 위해 자기를 선물로 내줄 수 있기까지는 시간이 많이 걸리는 법입니다. 모세는 자기 욕망의 감옥에서 온전히 벗어나지 못한 이들과 40년을 동행했습니다. 그리고 이제 출애굽의 대의를 완수하지 못한 채 하나님께로 돌아갈 때가 되었음을 알았기에, 백성들에게 용기를 불어넣기 위해 노력했습니다. 이제부터는 여호수아가 백성을 이끌 것이고, 하나님께서 그들과 동행하시면서 약속하신 바를 이루어주실 것이니 용기를 잃지 말라고 당부합니다.

모세는 율법의 말씀을 기록하여 주님의 언약궤를 메는 레위 자손 제사장들과 이스라엘의 모든 장로들에게 주면서 "일곱 해가 끝날 때마다, 곧 빚을 면제해 주는 해의 초막절에" 백성들을 불러모아 율법을 그들의 귀에 들려주라고 명했습니다. 왜 하필이면 초막절입니까? 초막절이 되면 이스라엘 사람들은 '수카'(sukkah)라는 초막을 지어놓고 일주일 동안 그 안에서 생활했습니다. 초막은 엉성하게 지어야 했습니다. 비도 새고 밤하늘의 별빛도 스며들도록 지어야 했습니다. 그것은 조상들이 겪었던 광야생활의 신산스러움을 잊지 않기 위해서였습니다.

삶이 평안해지면 하나님을 잊어버리는 것이 사람의 버릇입니다. 그래서 하나님은 이런 장치를 마련해 초심을 잃지 않도록 배려하셨습니다. 초막절에 가장 중요한 것은 율법을 낭독하는 일이었습니다. 율법의 핵심은 무엇일까요? 그것은 사회적 약자들에 대한 우선적 관심이었습니다. 설 땅을 잃어버린 사람들에게 설 땅을 제공해주고, 자기 목소리를 갖지 못한 사람들의 눌린 소리를 들어주고, 투명 인간 취급받는 사람들에게 발언권을 주는 것이 율법의 정수입니다.

특히 면제년에 시행되는 초막절기에는 백성의 남녀와 어린 아이만이 아니라, 성 안에 사는 외국 사람들도 다 초대해야 했습니다. 율법 낭독은 어떤 의미에서는 역사의 방향잡기라 말할 수 있습니다. 하나님의 백성으로서 바로 살고 있는지 돌아보고, 어긋난 자리에 있다면 돌이키기 위한 장치였습니다.

치열하게 기억하기
하루하루 일상에 떠밀려 살다보면 우리가 왜 사는지, 왜 이 세상에 보냄을 받았는지, 우리 존재의 목표가 무엇인지를 까맣게 잊어버리게 마련입니다. 삶은 어느덧 습관이 되고, 우리에게 부여된 역할을 그저 충실하게 수행하는 것으로 할 도리를 다했다고 생각할 때가 많습니다. 자기도 모르는 사이에 세상에 길들여진 채 살아갑니다. 바울은 "이 시대의 풍조를 본받지 말라."(로마서 12:2)고 말했지만 우리는 시대의 풍조를 넘어갈 내적 힘을 잃고 말았습니다.

신앙생활은 하나님께서 역사 속에서 혹은 우리 가운데서 행하신 일들을 치열하게 기억하는 일을 통해 깊어집니다. 이 시대는 우리에게 행복의 신기루를 보여주면서 우리를 미혹합니다. 그 신기루를 따라갈수록 삶은 고달파지고, 불안이 깊어집니다. 삶은 불안정하고 미래의 전망도 불투명하기에 사람들은 살아남기 위해 맹렬하게 현실에 매달립니다. 그러면 그럴수록 몸에 힘이 들어가고, 정신적 여백은 점점 사라집니다. 여백이 없기에 이웃들을 환대하지 못합니다. 이웃과의 따뜻한 교감이 없기에 외롭습니다. 존재의 망각에 빠지는 겁니다. 이게 바로 우리의 모습입니다.

하지만 다른 삶도 가능합니다. 하나님의 은총 안에서 우리는 삶을 축제로 바꾸며 살아야 합니다. 자꾸만 우리 삶을 더 큰 지평 속에서 바라보는 연습이 필요합니다. 신명기에서 우리가 자주 마주치는 단어가 있습니다. '기억하라'가 그것입니다. 신명기는 하나님께서 그 백성을 종살이로부터 해방하신 것, 애굽에서 행하신 일, 광야에서 동행하신 일도 기억해야 하지만, 하나님을 격노하게 했던 일도 기억해야 한다고 말합니다. 기억하라는 단어는 히브리어로 자코르(zakhor)인데, 그 기본 의미는 '마음에 뿌리를 내리다' 혹은 '새기다'입니다. 기억은 단순한 메모리가 아니라는 말입니다. 기억은 망각에 저항하는 행위입니다. 우리 삶이 고달픈 것은 하나님의 은혜를 망각했기 때문입니다. 이스라엘 사람들은 하나님이 역사 속에서 행하신 놀라운 일들을 가락에 실어 노래했습니다. 노래는 기억의 장치이기도 합니다. 해마다 반복되는 절기 역시 마찬가지입니다.

신앙 공동체는 기억의 공동체이기도 합니다. 하나님이 베푸신 은총을 함께 기억하고 경축하는 이들이 곁에 있을 때 우리는 현실을 넘어설 용기를 내게 됩니다. 하나님이 하시는 일은 언제나 우리의 예측을 넘어섭니다. 하나님이 사용하는 방법은 참 다양합니다. 미국 감리교회 서부지역 평신도 지도자 수련회에 참석했던 대북서지역(Great Northwest Episcopal Area) 그랜트 하기야(Grant Hagiya) 감독이 설교 중에 들려준 이야기가 생각납니다.

2004년 허리케인 카타리나가 미국 동남부 지역을 강타했을 때 미국 서부 지역의 감리교도들이 복구 지원을 위해 팀을 꾸리고 현장으로 달려갔다고 합니다. 그는 당시 감리사였는데 어려운 이웃들을 돕고 싶은 열의는 있었지만 솜씨가 형편없어서 자기가 어떤 일을 하고 나면 꼭 다른 사람이 마무리를 해야 했다고 합니다. 하루는 바람에 날아간 어느 집 지붕을 고쳐주라는 지시가 본부에서 내려와 그는 봉사자들과 함께 그 집에 가서 온종일 지붕을 고쳤습니다. 일은 저녁까지 계속되었습니다. 어둑어둑해질 무렵 차 한 대가 그 현장으로 들어왔습니다. 차에서 내린 사람들은 무슨 일인지 모르겠다는 표정으로 봉사자들을 멀뚱멀뚱 바라보았습니다. 그 집주인 부부였습니다. 그들은 아무런 통보도 받지 못했다면서 어쨌든 집으로 좀 들어오시라고 봉사자들을 초대했습니다. 물이 잔뜩 고인 집은 앉을 공간조차 없었습니다. 나중에 봉사자들은 자기들이 엉뚱한 주소를 찾아갔다는 사실을 깨달았습니다. 그들 부부는 망설임 끝에 자기들의 속내를 털어놓았습니다. 허리케인으로 인해 그들은 모든 것을 다 잃었습니다. 남은 것은 아무것도 없었습니다. 삶의 희망은 허물어졌고 살아갈 힘도 잃었습니다. 그래서 둘은 자기들에게 의미 있는 마지막 장소로 돌아와 그 밤에 세상을 하직하기로 작정하고 돌아왔던 것이었습니다. 그런데 예기치 않은 현실에 직면한 것입니다. 부부는 이제 어찌 해야 할지 모르겠다며 눈시울을 붉혔습니다. 연민에 사로잡힌 봉사자들은 그들에게 용기를 내라고 격려하고는 함께 기도를 드리자고 제안했습니다. 기도를 마친 후 그들은 마음에 감동되는 대로 곧 다시 돌아와 집을 지어주겠다고 약속을 했습니다. 그리고 그 약속을 지켰습니다. 그들은 잘못된 주소를 들고 갔지만 하나님은 그들의 착오를 통해 두 생명을 구하셨습니다. 이 이야기를 들으며 라이너 마리아 릴케의 〈엄숙한 시간〉이라는 시가 떠올랐습니다.

"세상 어디선가 지금 울고 있는 사람

까닭 없이 울고 있는 그 사람은

나를 우는 것이다."

세상은 이렇게 한 통속으로 연결되어 있습니다. 아주 가끔 우리는 그런 사실을 깨닫고는 감동합니다. 바로 이런 깨달음의 순간이 자기 초월의 순간입니다.

하나님이 우리 삶 속에서 일으키시는 기적은 많고도 많습니다. 그 이야기를 함께 나눌 때 우리는 세상의 인력으로부터 자유로워짐을 느낄 수 있습니다. 우리가 젊은 세대들에게 남겨주어야 할 유산이 있다면 하나님과 동행했던 삶의 기억이 아닐까요? 하나님의 뜻대로 살려다가 어려움을 겪은 이야기도 나누고, 어려움 속에서 경험한 자유의 기억도 나누고, 예기치 못한 방식으로 일하신 하나님에 대한 기억을 나눌 때 우리는 하나님의 구원 역사의 일부가 될 수 있습니다. 현실은 여전히 어둡습니다. 허무와 절망의 어둠이 우리를 괴롭힙니다. 그러나 우리는 낙심하지 않습니다. 하나님이 살아계심을 믿기 때문입니다. 그리고 순례자로 살아가는 동료들이 우리 곁에 있기 때문입니다. 세상이 어둡다고 투덜거리기보다는 한 점 등불을 밝히는 마음으로 살아가야 합니다. 자기 연민과 한계에 갇히지 않고, 자기를 초월하는 사랑의 사람이 될 때 우리를 통해 하나님의 아름다우심이 이 땅에 드러날 것입니다. 우리 삶이 세상의 희망이 될 수 있기를 기원합니다.

우리 시대의 데오빌로를 위한 설교자

김기현/로고스서원 대표

김기석 목사의 설교집을 읽은 대개의 사람은 양가감정을 갖는다. 경이와 당혹이다. 그의 언어의 아름다움과 신선함에 놀라면서도 그 생경함과 이질스러움에 흠칫 놀라 뒤로 물러나기 일쑤다. 한 장로님은 산상수훈에 관한 그의 책,《삶이 메시지다》를 읽는데, 한 페이지에 십 수개의 새로운 단어를 사전을 찾아가면서 읽었다. 그러나 모든 페이지마다, 모든 문장마다 사전을 뒤적이며 읽는 것은 좋은 독서 방법이 아니거니와 대개의 독자를 나가떨어지게 만든다. 장로님도 결국은 읽기를 포기했다.

넌지시 건네는 따뜻한 위로

책을 고르는 기준 중 하나가 내가 아는 단어만 나오면 그 책을 굳이 읽을 필요가 없다. 20세기의 슈퍼스타이자 대철학자인 루트비히 비트겐슈타인(Ludwig Wittgenstein)은 '언어의 한계가 세계의 한계'라고 말한 바 있다. 세계=언어라는 말인데, 여기서 세계는 물리적인 세계라기보다는 인간이 더불어 사는 세상을 말한다. 그러기에 그 세계는 개발의 대상으로서의 세계가 아니라 소통하는 곳이고, 소통은 결국 언어를 통해서 이루어지기 마련이다. 때문에, 우리가 인식하고, 언어로 표현한 만큼 우리는 세상을 경험한다.

김 목사의 신간이 출판되면, 초청해서 북토크를 몇 번 열었다. 그때 넌지시 여쭈었다. 왜 이런 생경한 단어를 사용하시느냐고 말이다. 나도 이따금 독자들로부터 원성을 사는 것 중 하나가 자신이 잘 모르는 단어가 많다는 것이다. 그는 예의 그 중저음의 나지막하면서도 칼칼한 목소리로 대답하기를 "자신의 대화 파트너는 문학 동네 사람들"이라는 것이다. 그의 모든 설교에는 다양한 책들이 인용되는데 아무래도 문학 특히 시와 소설이 차지하는 비중이 높다.

예를 들면, 라합에 관한 설교에서 춘향전을 인용한다던가, 삼손 내러티브는 《잠수복과 나비》로 시작하고, 광야학교에 재학 중인 다윗을 설교할 때는 파우스트적 인간을, 「사람도 고향이다」에서는 박남준 시인의 〈아름다운 관계〉를 활용한다. 북토크의 말미에는 요즘 무슨 책을 읽으시냐는 질문이 빠지지 않는데, 당시 노벨 문학상을 받은 작품부터 대여섯 권을 숨도 쉬지 않고 읊으신다. 주로 철학과 역사서를 읽는 나로서는 그저 추앙할 뿐. 문학 평론가에 어울릴 법한 대답이었다.

나는 신학자인가 목회자인가를 이따금 고민하곤 하는데, 내게 질문하면서 나더러 '교수님'이라고 하는 경우가 왕왕 있다. 나는 이를 은근히 즐기곤 한다. 목사로 사는 것의 비루함과 초라함이 싫어서일까, 아니면 교수가 더 폼나서 그런가? 아무튼 김 목사는 문학 평론가라는 말을 즐길 듯하다.

나의 엉터리 상상력으로 그의 독서력을 훑어보면, 신학보다는 문학을 더 많이, 깊이, 즐겨 읽는다. 그는 생텍쥐페리의 《어린 왕자》로 청소년 수련회를 종종 인도한다고 내게 말해주었다. 아무튼 김 목사는 문학적인 설교자이고, 고급 독자를 대화 상대로 설정하고 설교하고 저술하는 것으로 보인다.

그러고 보면, 성경 66권 중, 고급 독자에게 맞춘 저자가 있다면, 그것은 누가복음과 사도행전의 저자인 누가일 것이다. 그의 두 책은 한 독자에게 보낸 것이다. 그의 이름은 '하나님의 친구'라는 뜻을 지닌 데오빌로(누가복음 1:3, 사도행전 1:1)이다. '각하'(누가복음 1:3, 사도행전 23:26, 24:2, 26:25)라는 호칭으로 보아 사회적으로 상류층이고, 정치적으로는 고위 관료이거나 경제적으로는 부유한 사람으로 추정할수 있겠다. 그리고 그는 이미 하나님을 알고 있으나, 지적으로 더 깊이, 더 단단해질 필요가 있었다. 그를 향해 자세히 기술하기 위해 붓을 든 사람이 누가였다면, 우리 시대의 지성적인 그리스도인과 기독교에 비판적이거나 관심 있는 이들을 향한 기독교 복음의 변호이다. 딱딱한 변증이 아니라 따뜻한 위로이자 소망이다, 그의 설교는.

그의 시선은 연민의 눈으로 가득하다

2천여 년 전의 누가는 성경 66권의 저자와는 너무나 명백하고도 완연히 다른 성격을 지닌다. 그는 유일한 이방인이다. 욥기의 경우, 그 저자가 에돔 사람일 가능성이 타진되곤 하고, 저자를 확정할 수 없는 경우에 이방인 자체를 원천 배제할 수 없겠지만, 그래도 유대인이 모두 기록했다고 할 수 있겠다. 하지만, 누가는 이방인이다. 그래서 그런가. 그는 남들이 보지 못하는 것을 보았다. 유대인이라는, 이스라엘이라는 협소한 공간 안에 복음을 두기를 거부했다. 복음은 만민을 위한 것이다.

마태복음은 '유대인의 왕'(마태복음 2:2)으로 온 예수라면, 누가복음에서 예수는 유대인만이 아닌 모든 사람을 위한 복음(누가복음 2:31)이다. 모든 사람을 하나님은 창조하셨고, 그들 모두가 하나님을 등졌다. 예수 그리스도의 십자가는 만민을 주님께로 인도한다. 그러면서도 그는 만민을 추상명사로 사용하지 않는다. 사회적 약자와 소수자를 즐겨 인용한다. 마태가 동방박사와 헤롯, 그리고 예루살렘에 주목한다면, 누가는 사가랴와 엘리사벳과 같은 노인, 한밤중에도 양을 돌봐야 하는 목자들, 그리고 가장 작은 마을 베들레헴을 주시한다.

김기석은 설교 곳곳에서 우리 사회와 그리고 전 세계에서 고통받는 민중들의 구체적인 삶의 이야기를 들려준다.

"중림동 시장 어귀에서 생선을 파는 아주머니들의 그늘진 얼굴을 바라보면서 안쓰러움을 느꼈습니다. 회현동 지하보도에 골판지 한 장을 깔고 추운 몸 웅크리고 있는 노숙자들을 보면서 저의 안락한 삶이 참 죄스러웠습니다. 어느 신문사 편집실에서 열심히 기사를 쓰는 기자들을 바라보면서 참 바쁘게들 사는구나 생각했습니다."(『생의 한 가운데서』)

위에서 인용한 문장 안에는 그가 가난한 자, 약자의 얼굴을 슬픈 눈으로 그리고 오래오래 들여다보고 있음을 보여준다.

이는 무엇보다도 그의 설교 본문이 말해준다. 여리고 성에서 밑바닥으로 내동댕이쳐진 삶을 사는 라합, 눈이 뽑히고 맷돌을 돌리는 짐승이 되어버린 역발산기개세(力拔山氣蓋世)의 처량한 삼손, 고향과 동포를 떠나 하나님의 품으로 날아온 룻, 광야에서 장인어른인 사울에게 추적당하는 다윗, 그리고 아들 압살롬에게 쫓겨가는 다윗에 눈길을 둔다.

삼손과 다윗, 특히 삼손의 말년을 풀어내는 그의 시선은 연민의 눈으로 가득하다. 한편, 생의 위기 끝자락에서야 하나님을 급하게 찾는 우리를 질책하기를 마다하지 않는다.

"행복할 때, 하는 일이 잘 될 때, 인생의 호시절에 하나님을 가슴에 모시고 살기가 그렇게도 어려운 것인가요? 하나님을 믿되 생의 한복판에서 믿으세요. 생의 주변부에서만 하나님을 찾는 사람이 되지 말란 말이에요."(「생의 한 가운데서」)

현장에서 이 설교를 들었다면, 약간의 노기 띤 목소리가 내 가슴을 찢어놓았을 것이다. 그러나 김기석은 예서 멈추지 않는다. 삼손을, 삼손처럼 눈이 뽑힌 다음, 맷돌을 돌리는 처지가 된 이들에게 손을 내민다.

"지금 눈이 뽑힌 것처럼 답답한 지경에 있는 분들이 계십니까? 여러분이 겪는 시련을 신앙의 눈이 밝아지는 기회로 삼으십시오. 맷돌을 돌리는 것처럼 고달픈 지경에 처한 이들이 계십니까? 살게 하시는 하나님, 우리를 도우시는 하나님의 손을 굳게 잡으십시오. 지금 그런 대로 잘 살고 계시는 분들이 계십니까? 생의 한복판에서 주님을 만나십시오."(「생의 한 가운데서」)

이 대목에서 청중은 가없는 하나님의 은총에 목이 멨을 것이다.

역사와 자연이 하나로 어우러지는 설교

김기석 목사의 설교에서 독특한 점은 역사와 자연의 통합이다. 그의 설교 곳곳에서는 우리의 전통 달력인 24절기가 무수히 나타난다. 그에게 하나님은 단지 역사의 하나님만도 아니고, 자연의 하나님만도 아니다. 하나님은 한 분이다. 그리고 그 한 분 하나님이 세계와 인간을 창조하셨으므로 만유의 구주이시다. 그러므로 둘이 서로 대립항으로 존재하는 것, 대척점에 서서 대결하는 것은 상상하기 어렵다.

그런데도 내가 역사와 자연이 하나로 어우러져 통합된 점이 독특하다고 한 것은 신학사적 맥락이 있기 때문이다. 특히 지난 신학의 역사를 일별하면, 역사와 자연의 대립으로 설명할 수 있을 정도다. 20세기 초반이 그랬다. 칼 바르트와 에밀 부루너의 논쟁을 상기하면 되겠다. 거칠게 말하면, 바르트는 자연 속에 역사하는 하나님을 말하는 신학자들의 저의에 대해 의구심을 떨치지 못했다. 왜냐하면, 당대의 지평 속에서 자연은 곧 아리안주의와 연결되고, 그것은 나치와 히틀러 지지의 신학적 기반이었기 때문이었다.

반면, 에밀 부루너는 그럼에도 불구하고 창조자 하나님을 고백하고 창조 세계에 펼쳐진 하나님의 은밀하고도 장엄한 계시를 부정할 수 있겠느냐는 것이다. 바르트는 정치적으로, 부루너는 신학적으로 접근한 셈이다. 이후에 바르트는 《교회교의학》에서 자연에 대한 이전의 강한 반대를 누그러뜨리고 수용하는 변화를 보인다.

김기석의 룻기 설교 한 편을 보자. 설교의 시작은 이렇다. 2016년의 에콰도르 강진, 전경련의 자금이 보수 우익 단체에 유입된 것과 탈북자를 헐값으로 동원하는 세태에 대한 비평은 곧이어 풍요롭고 모든 것을 품는 자연의 이야기로 넘어간다. 설교할 시점이 '곡우'라서 농사짓는 이들의 이야기는 푸근하기까지 하다.

> "이 무렵이면 사람들은 산다래, 자작나무, 박달나무 등에 상처를 내
> 고 거기서 흘러나오는 물을 마시곤 했습니다."

그가 무작정 자연을 사랑하고 노래하는 것은 아니다. 설교와 모종의 관련이 없다면 엄중한 하나님의 말씀을, 지치고 상한 이들을 어찌 달랠까. 그가 자연의 순리에서 끌어온 이유는 이러하다. "창조의 리듬을 거스리지 않고 살았던 이들의 지혜가 그러합니다." 조물주가 애초에 설계한 그대로, 그 흐름을 따라 사는 삶이 평화이자 화해의 세상인 게다.

저 역사적 현실과 자연의 순리는 정확하게 설교와 맞아떨어진다. 그는 위와 아래를 가르는 인간들의 인위적 습속을 거세게 비판하며, 그것을 넘어서 가여운 이방 여인을 따뜻하게 환대하는 보아스

를 설교한다. 무릇 인간들 사이에서 벌어지는 온갖 폭력과 고통은 어디서 비롯된 걸까? 인간들이 하나님의 창조 질서에 반하여, 제 욕망을 충족하려는 이기심으로 만들어놓은 나와 너의 경계선이 아닌가. 그 선 안의 사람과 선 밖의 사람으로 분리하고, 선을 넘어오는 자, 선 밖의 사람은 무시와 조롱, 폭력도 정당화되고 미담이 되는 것이 우리가 사는 세상이 아닌가.

그러고 보니, 여기서도 김기석은 누가를 닮았다. 다른 복음서 저자와 달리 누가는 예수의 생애를 당대의 역사적 맥락에서 파악한다. 예수의 탄생은 로마 황제의 인구 조사의 맥락에서 기술하고, 침례자 요한의 활동 시점을 자세히 언급한다.

> 디베료 황제가 왕위에 오른 지 열다섯째 해에, 곧 본디오 빌라도가 총독으로 유대를 통치하고, 헤롯이 분봉왕으로 갈릴리를 다스리고, 그의 동생 빌립이 분봉왕으로 이두래와 드라고닛 지방을 다스리고, 루사니아가 분봉왕으로 아빌레네를 다스리고, 안나스와 가야바가 대제사장으로 있을 때.(누가복음 3:1-2)

만민의 구주이기에 삶의 터전인 자연과 역사에서 벌어지는 일들과 결코 무관할 수 없는 것이다.

역사 속에서 계시하는 하나님과 자연 속에 활동하는 하나님의 이야기가 서구와 기독교의 역사에서 이원화되었음이 사실이다. 그런 점에서 김기석 목사는 역사 대 자연 구도를 허물고 통합하는 설교자이다. 그렇기에 그는 교회와 사회의 불의를 꾸짖는 자리에 함께 하면서도 청파교회는 태양광으로 전기를 만들어 사용하고, 일회용품 사용을 근절하고, 본인은 자동차 없이 대중교통을 이용한다. 말과 삶이 구분되지 않고, 역사와 자연이 하나가 되는 설교자가 바로 김기석 목사이다.

변방에서 부는 바람

누가복음은 여성의 서사로 그득하다. 마태나 마가, 요한복음에 없는 13명의 여인이 등장한다. 엘리사벳, 안나, 사렙다의 과부, 나인성 과부, 헤롯의 청지기 구사의 아내 요안나와 수산사를 포함한 갈릴리 여인들, 마르다와 마리아, 18년간 꼬부라져 펴지 못하던 여자, 한 드라크마를 잃어버린 여인, 맷돌을 가는 두 여자, 불의한 재판관에게 호소한 과부 등등이다.

무엇보다도 18년 동안이나 허리가 굽어 있던 여인을 치유하는 이야기는 누가의 시선을 극명하게 보여준다. 우리 주님은 그녀의 허리를 고쳐 준 다음 "아브라함의 딸"이라고 호칭한다. 그러니까 그녀의 병은 겉보기에는 육체적이다. 하도 노동을 많이 해서 그런 것인지, 일하다 다친 것인지, 아니면 선천적인지는 모른다. 그녀를 고쳐주면 그만인데, 예수께서 '아브라함의 딸'이라고 한 이유는 그녀의 병은 속병인 거다. 마음의 병인 것이다. 아브라함의 자손이면서도 아브라함의 딸에 합당한 대접을 받지 못한, 비인격적 대우를 받았고, 그것이 그녀의 허리를 굽게 했다. 우리는 당당하게 살라고 말할 때, "허리를 펴라."고 한다. 기죽지 말라는 말이다. 우리 주님께서도 아브라함의 딸답게 허리 죽 펴고 살아가라는 것이다.

그래서 그런가. 김기석 목사의 설교에는 성경 중 여성 서사에 관한 것이 많다. 「역사의 주체로 서다」라는 여호수아 설교에서 여리고 성의 유곽에서 '존엄한 인격을 가진 존재라기보다는 남성들의 성적 욕망 충족을 위한 수단으로 취급'받던 라합의 변모에 시선을 둔다. 그가 보기에 라합의 행위는 사회의 변방에 밀려서 '어쩌면 단 한 번도 자기 삶의 주인으로 살지 못했을' 라합이 '밑바닥에서 사는 이들의 예민한 지각력으로' 기존 사회의 문제점을 똑똑히 경험했고, 지금과는 다른 세상을 염원했다고 읽는다.

그 근거는 이렇다. 두 정탐꾼과의 대화에서 그녀는 하나님께서 이스라엘에게 행하신 것과 제국주의자들을 벌한 것을 서술한다. 김기석 목사가 주목한 것은 하나님의 정복 행위에서 그녀의 초점은 '왕의 제거'에 맞추었다는 것이다. 그러니까 그녀에게 이스라엘의 하나님은 악한 지배자를 축출하고 고통받는 피해자요 약자를 소극적으로 구출할 뿐만 아니라 적극적으로는 역사의 주체로 세운다고 선포한다.

그리고 김기석과 누가의 공통점은 또 하나 있다. 누가는 한편으로 여성을 삶의 주체로 선언하면서도 다른 한편으로는 남성과 협력을 강조한다. 이는 여성들이 많은 경우 남성과 쌍으로 나타나는 것에서 알 수 있다. 사가랴와 엘리사벳, 요셉과 마리아, 시므온과 안나, 나아만과 사렙다 과부, 양을 잃어버린 남자와 드라크마를 잃어버린 여자, 잠자다가 데려감을 당하는 두 남자와 맷돌을 갈다가 데려감을 당하는 두 여자, 등등. 그 의미는 남자와 여자가 하나님 앞에 함께 그리고 나란히 서야 할 존재임을, 하나님의 은총을 동등하게 받아 함께 사역하는 존재임을 일깨운다.

다시 룻기 설교를 살펴보자. 룻기 2장 5-13절을 설교한 「차이보다 중요한 것」이다. 성경의 제목이 '룻'이기에 이 드라마의 주인공은 그녀이다. 룻의 헌신과 사랑이 아무래도 포인트가 될 수밖에 없다. 헌데도 김기석은 이 설교에서 절반은 룻에게 할애하면서도 나머지는 보아스에 집중한다. 외지인이요, 과부요, 빈자요, 소수자인 룻은 온갖 폭력에 노출된 '취약한 사람'이다. 그런데도 그녀는 나오미를 위해서, 생존을 위해서 용감하게 길을 나선다. 위험을 감수하는 헌신을 하는 거다.

반면, 보아스는 인간이 만들어놓은 인위적인 경계선이 아무렇지도 않은 듯 지워버린다. 그에게 룻은 하나님의 품에 안긴 소녀이고, 시모를 위해 자기 삶을 포기한 헌신적 자부이다.

"그는 시어머니 나오미의 고통 안으로 뛰어든 룻의 선택을 귀하게 보고 있습니다."

그런 그녀는 이스라엘이 아닌 모압 사람이다, 남편 없는/잃은/죽은 과부다, 육체적으로 미혹할 아름다운 미모와 몸매의 여성이다, 와 같은 일체의 습속으로부터 자유롭다. 사람을 사람으로 보고, 사람을 사람으로 사랑한 거다.

여기서 김기석은 다시 한 번 '역사의 주체'로 일어선 라합을 호출한다. 그는 보아스를 다윗의 증조할아버지로 보기보다는 라합의 아들로 먼저 보라고 말한다. 사람을 위와 아래, 지배자와 피지배자로 가르는 세상을 거부하고 저마다 존중받는 세상을 꿈꾸며 이스라엘 백성이 되었던 어머니 라합을 상기시킨다. 보아스의 미덕과 어머니의 신앙이 함께 작동하였기에 '룻의 비빌 언덕'이 되려 한 것이다.

누군가의 고향이 되어주는 사람

사무엘하 「사람도 고향이다」라는 설교를 보자. 우리 시대의 설교자 김기석의 청중은 정녕 데오빌로 같은 이들이다. 기독교 밖도 아니고 안에 있으면서도 여전히 회의적인 시선을 거두지 않고, 그럼에도 믿음을 포기할 수 없는 사람들, 자신들이 읽은 성경대로 믿고 싶고, 그런 사람들의 모임으로서의 교회를 꿈꾸는 사람들, 또는 그 꿈을 배반하는 현실에 지쳐 나가떨어져서, 아들 압살롬에게 쫓겨나는 다윗처럼, 사랑하는 교회로부터 이탈해서 유랑하는 이들에게 위로의 말을 건넨다. 우리는 취약한 존재라고, 우리는 나그네된 백성이라고, 그럼에도 우리는 살아 있다는 것만으로도 하나님의 은총을 입은 존재라고 다독인다.

그렇지만 위로에서 머물지만 않는다. 새로운 소명을 부여한다. 도시화가 되면서 살던 곳을 떠나는 것이 필연이 되었고, 기성 교회에는 정을 못 붙이기는커녕 아예 학을 떼는 일이 비일비재한 형국에서 의미 없이 방랑하지 말고, 이곳저곳 떠돌아다니는 걸음이 하나의 여정이 되라고 권면한다. 그리하여 내가 살던 곳, 정붙이고 살았던 과거에 대한 향수에 젖고, 미움에 빠져 있지 말고, 새로운 고향이 되라고 말한다. 왜냐하면, "우리가 태어난 곳, 유년 시절의 기억이 서려 있는 곳도 고향이지만, 마음이 통하는 사람, 나를 알아주는 사람도 우리의 고향"이기 때문이다.

누가복음은 기다리는 사람들의 이야기로 시작해서 기다리는 사람들의 이야기로 마친다. 요한의 부모인 사가랴와 엘리사벳, 그리고 아기 예수를 성전에서 축복한 시므온과 안나, 그리고 모친 마리아가 시작의 주역이었다면, 부활한 주님의 재림을 맥없이 넋 놓고 하늘 처다보며 현실을 방기하는 자가 아닌 크게 기뻐하여 찬양하며 사는 자, 그리고 땅끝까지 증인이 되는 자가 되라 한다.

누가의 '증인'이 김기석의 '고향'과 다를 바 없다. 하나님 나라 복음을 온몸으로 살아내고 자신의 경험을 증언할 줄 아는 제자가 되라는 부름과 자신이 어디에 있든지, 무엇을 하든지, 누구와 살든지, 그곳이, 그때가, 그이가 고향이고, 그에게 고향이 되어주라는 요청은 동일하다. 단언컨대, 김기석 목사는 우리 시대의 고뇌하고 방황하는 그리스도인들의 안식처요 고향이었다.

"누군가의 고향이 되어주는 사람, 기독교인의 새 이름입니다."

이 말은 바로 당신에게 맞는 이름이겠다. 김기석은 기독교인이고, 기독교인은 김기석이다. 그가 나의 고향이고, 지적으로 기독교를 고민하는 이들이 결국 돌아갈 고향이다. 누가복음이 기다리는 사람으로 그 이야기를 마치듯, 나 역시 김기석 목사가 많은 이들의 고향이 되어가는 여정을 기대하고, 그의 길을 함께 할 이들을 기다린다.

역사의 주체로 서다

정탐꾼들이 잠들기 전에, 라합은 지붕 위에 있는 그들에게 올라가서 말하였다. "나는 주님께서 이 땅을 당신들에게 주신 것을 압니다. 우리는 당신들 때문에 공포에 사로잡혀 있고, 이 땅의 주민들은 모두 하나같이 당신들 때문에 간담이 서늘했습니다. 당신들이 이집트에서 나올 때에, 주님께서 당신들 앞에서 어떻게 홍해의 물을 마르게 하셨으며, 또 당신들이 요단 강 동쪽에 있는 아모리 사람의 두 왕 시혼과 옥을 어떻게 전멸시켜서 희생제물로 바쳤는가 하는 소식을, 우리가 들었기 때문입니다. 우리는 그 말을 듣고 간담이 서늘했고, 당신들 때문에 정신을 잃고 말았습니다. 위로는 하늘에서 아래로는 땅 위에서, 과연 주 당신들의 하나님만이 참 하나님이십니다. 내가 당신들에게 은혜를 베풀었으니, 이제 당신들도 내 아버지의 집안에 은혜를 베푸시겠다고 주님 앞에서 맹세를 하시고, 그것을 지키겠다는 확실한 징표를 나에게 주십시오. 그리고 나의 부모와 형제자매들과 그들에게 속한 모든 식구를 살려 주시고, 죽지 않도록 우리의 생명을 구하여 주십시오."

가나안의 목전에서

모압 평원, 여리고 맞은쪽에 있는 느보 산 비스가 봉우리에서 모세는 후손들이 들어가 살게 될 땅을 내려다보았습니다. 꿈에도 그리던 땅이었지만 그 땅에 들어가는 것이 모세에게는 허락되지 않았습니다. 산에서 내려온 모세는 120세를 향유하고 하나님 곁으로 돌아갔습니다. 신명기 사가는 죽을 때까지 "그의 눈은 빛을 잃지 않았고, 기력은 정정하였다."(신명기 34:7)고 기록하고 있습니다. 맑고 깨끗한 눈, 부드러우면서도 단호한 그의 눈을 떠올릴 때마다 정신이 바짝 드는 느낌입니다. 세월이 갈수록 더욱 눈빛 맑은 사람이 될 수 있다면 얼마나 고마운 일입니까.

갑작스런 모세의 부재로 인해 자칫하면 백성들이 혼란에 빠질 수 있는 상황이었습니다. 하지만 주님은 백성을 이끌 책임을 여호수아에게 맡겼습니다. 젊은 시절부터 모세를 보좌하면서 총사령관이 되어 전투를 이끌기도 했고, 회막을 지키면서 늘 하나님의 현존을 경험하며 살던 그였지만, 맡겨진 책임은 너무 무거웠습니다. 하지만 하나님은 '굳세고 용감하라'며 그를 격려하십니다.

네가 사는 날 동안 아무도 너의 앞길을 가로막지 못할 것이다. 내가 모세와 함께 하였던 것과 같이 너와 함께 하며, 너를 떠나지 아니하며, 버리지 아니하겠다.(여호수아 1:5)

이 약속으로 그의 가슴에는 든든한 기둥 하나가 섰습니다. 어떤 시련이나 고통으로도 흔들 수 없는 굳건한 기둥 말입니다. 하지만 그 약속은 한 가지 전제 아래에서만 유효합니다. 그것은 모세를 통해 주신 율법의 말씀을 지키고 오른쪽으로나 왼쪽으로 치우치지 않는 것입니다. 하나님과의 언약을 굳게 붙드는 것, 그것만이 살 길이라는 것입니다.

> 이 율법책의 말씀을 늘 읽고 밤낮으로 그것을 공부하여, 이 율법책에 쓰여진 대로, 모든 것을 성심껏 실천하여라. 그리하면 네가 가는 길이 순조로울 것이며, 네가 성공할 것이다.(여호수아 1:8)

말씀을 길로 삼으라는 말입니다. 하나님은 길 없는 곳에도 길을 내시는 분이십니다. 두렵고 떨리는 마음으로 하나님의 부름에 응답한 여호수아는 백성들에게 요단강을 건널 준비를 시킵니다. 백성들은 며칠 분의 먹을거리를 준비하고, 각 지파의 용사들에게 출전 준비를 갖추었습니다.

역사 변화의 기미

그리고 정탐꾼 두 사람을 여리고 성으로 보냅니다. 가나안 땅에 진입하기 위해서는 세계에서 가장 오래된 성읍 가운데 하나인 여리고를 통과해야만 했습니다. 정탐꾼들은 슬그머니 그 성에 스며들어가 라합이라는 창녀의 집에 묵었습니다. 다산의식을 수행하기 위해 성전에 소속되었던 제의적 창녀를 일컫는 말은 '커데샤'입니다. 이들은 세속적 매춘행위는 하지 않았고 사회적 지위도 어느 정도 보장받고 있었습니다. 그에 비해 라합에게 적용된 단어는 '조나'(zŏnā)

인데, 세속적인 창녀를 일컫는 말입니다. 라합은 그러니까 그 성읍 국가의 주류 사회에서 밀려난 여인이었습니다. 그는 사람들에게 존엄한 인격을 가진 존재라기보다는 남성들의 욕망 충족을 위한 수단으로 취급받고 있었던 것입니다. 어쩌다가 그런 자리에까지 이르게 되었는지는 알 수 없지만, 그는 고단한 삶의 수레바퀴 아래 깔린 사람이었습니다.

정탐꾼들은 은밀하게 움직였지만 그들의 정체는 금방 드러나고 말았습니다. 정탐꾼이 왔다는 첩보는 왕에게까지 알려졌고, 왕은 라합에게 전갈을 보내 정탐꾼들을 데려오라 이릅니다. 그러나 라합은 두 사람을 지붕 위로 데려가 널어놓았던 삼대 속에 숨겨주었습니다. 그리고는 수색대를 맞이합니다. 다그치는 그들 앞에서도 라합은 주눅 들지 않은 채 말합니다.

그 사람들이 저에게로 오기는 했습니다만, 그들이 어디서 왔는지 저는 알지 못합니다. 그리고 그들은 날이 어두워 성문을 닫을 때쯤 떠났는데, 그들이 어디로 갔는지 저는 알지 못합니다. 빨리 사람을 풀어 그들을 뒤쫓게 하시면, 따라잡을 수도 있을 것입니다.(여호수아 2:4b-5)

이것은 일종의 반란입니다. 왕의 지엄한 명령을 그는 조롱거리로 만들고 있습니다. 마치 히브리 여인들이 아기를 낳을 때 잘 살펴서 낳은 아기가 아들이거든 죽이고, 딸이거든 살려두라는 바로의 명령을 거역했던 히브리 산파 '십브라'와 '부아'의 역할을 라합이 하고 있는 것 같습니다. 라합은 왕을 두려워하지 않습니다. 그는 자기의 분명한 의지로 정탐꾼들의 보호자가 되려 하고 있습니다. 그동안 라합은 어쩌면 단 한 번도 자기 삶의 주인으로 살지 못했을 것입니다. 하지만 라합은 밑바닥에서 사는 이들의 예민한 지각력으로 어마어마한 변화가 일어나고 있다는 사실을 알아차렸던 것 같습니다.

남미의 해방신학자들은 이것을 일러 '가난한 자들의 인식론적 특권'이라 했습니다. 말은 어렵지만 뜻은 분명합니다. 마치 자연재해가 일어날 때면 동물들이 제일 먼저 감지하는 것처럼, 땅에 가까운 사람들, 계층적으로 보면 사회적 위계질서의 맨 아래에 있는 사람들이야말로 세상의 변화를 제일 먼저 알아차린다는 말입니다. 오래된 성읍 국가의 밑바닥에서 몸도 마음도 만신창이가 되어 살던 라합은 어떤 기미를 알아차린 것입니다. 그리고 스스로를 역사의 주체로 세우고 있는 것입니다.

히브리의 하나님

라합은 여리고인들이 섬기는 신들이 얼마나 기만적인지를 잘 알고 있었습니다. 가진 자들만을 위해 일하는 신들로 인해 밑바닥 사람들의 삶은 더욱 피폐해지고 있었습니다. 여리고는 '향기'라는 뜻이지만 '달 신을 섬기는 곳'이라는 뜻도 내포하고 있습니다. 풍요와 안전을 제공해준다는 달신을 숭배하고 있었음을 알 수 있습니다. 하지만 풍요와 안전은 라합과 같은 계층 사람들과는 무관한 현실이었습니다. 춘향전에서 어사가 된 이몽룡이 변사또의 생일잔치에 가서 읊은 노래는 계층 사회의 이면을 그대로 보여주고 있습니다.

"金樽美酒 千人血(금잔미주 천인혈)

아름다운 술잔에 좋은 술은 백성의 피눈물이요

玉盤嘉肴 萬姓膏(옥반가효 만성고)

옥그릇에 담긴 기름진 음식은 만백성의 고혈이고

燭淚落時 民淚落(촉루락시 민루락)

켜놓은 촛불에서 흐르는 촛농은 백성의 눈물이고

歌聲高處 怨聲高(가성고처 원성고)

노랫소리 높을수록 원망소리 더욱 높아진다"

사회적 박탈감을 느끼며 살 수밖에 없었던 라합에게도 히브리 노예들의 애굽 탈출 이야기가 들려왔을 것이고, 노예살이를 운명으로 여기지 않고 자유를 향한 여정을 시작한 무리에 대한 막연한 동경이 싹텄을 것입니다. 그런데 정말 거짓말처럼 정탐꾼들이 자기 집에 들어왔습니다. 라합은 그것을 새로운 역사의 초대로 받아들였습니다. 라합은 추격자들이 돌아간 후 정탐꾼들에게 자기의 생각을 단호하게 밝힙니다.

나는 주님께서 이 땅을 당신들에게 주신 것을 압니다. 우리는 당신들 때문에 공포에 사로잡혀 있고, 이 땅의 주민들은 모두 하나같이 당신들 때문에 간담이 서늘했습니다.(여호수아 2:9)

여리고는 두려움과 공포에 사로잡혀 있다는 것입니다. 하지만 라합은 야훼 하나님께서 어떻게 그들을 애굽에서 이끌어내셨는지, 그리고 넘실거리는 홍해를 어떻게 가르셨는지 그 놀라운 구원의 이야기를 잘 알고 있었습니다. 그리고 아모리 족속에 속한 두 나라 헤스본과 바산을 어떻게 정복했는지도 알고 있었습니다. 그런데 우리가 주목해야 할 것은 라합이 이 정복 이야기를 요약하는 방식입니다. 그는 주님께서 "요단 강 동쪽에 있는 아모리 사람의 두 왕 시혼과 옥을 어떻게 전멸시켜서 희생제물로 바쳤는가 하는 소식을" 들었다고 말합니다. 라합이 하필이면 하나님의 행위의 초점을 왕의 제거에 맞춘 것은 출애굽의 하나님이 불의하고 무도한 지배자에 맞서는 분임을 드러내기 위해서입니다. 시편 12편 기자는 하나님을 향해 이렇게 부르짖습니다.

주님 도와주십시오. 신실한 사람도 끊어지고, 진실한 사람도 사람 사는 세상에서 사라지고 있습니다.(시편 12:1)

현실의 어둠 속을 직시하던 시인은 어느 순간 주님의 말씀을 듣습니다.

가련한 사람이 짓밟히고, 가난한 사람이 부르짖으니, 이제 내가 일어나서 그들이 갈망하는 구원을 베풀겠다.(시편 12:5)

하나님은 세상의 억압과 착취와 불공정을 제거하는 분이십니다. 주님은, 뭇 나라의 도모를 흩으시고, 뭇 민족의 계획을 무효로 돌리시는 분이십니다.(시편 33:10)

새로운 역사의 고리

여리고 성의 창녀 라합은 가나안 성읍 국가에서 사람 취급을 받지 못하던 사람들을 상징합니다. 그는 새로운 역사를 여는 일에 자신을 내던졌습니다. 라합은 불의한 체제에 길들여진 사람이 아니었습니다. 불평등한 대우를 운명처럼 받아들이는 사람이 아니었습니다. 그는 새로운 역사를 열어 가시려는 하나님의 일에 과감하게 뛰어들었습니다. 그는 이제 창녀가 아니라 혁명가입니다. 신앙이란 결단입니다. 그리고 모험입니다. 아브람은 "너는 네가 살고 있는 땅과, 네가 난 곳과, 너의 아버지의 집을 떠나서, 내가 보여 주는 땅으로 가거라."(창세기 12:1)라는 주님의 명령을 들었을 때 즉시 길을 떠났습니다. 예수님의 첫 번째 제자들은 '나를 따르라'는 말을 들었을 때 배와 그물을 버려두고 주님을 따랐습니다.

신앙인으로 살아간다는 것은 정착민으로 살아가는 것이 아니라, 하나님과 더불어 나그네처럼 살아가는 것을 의미합니다. 어느 목사가 한 아기에게 세례를 베풀었습니다. 세례식이 끝나고 목사가 부모와 회중들이 다 들을 수 있게 큰 소리로 아기에게 말했습니다.

"사랑하는 아가야, 이 세례를 행함으로써 우리는 너를 앞으로 평생 동안 걸어갈 여행으로 맞아들인다. 이것은 끝이 아니다. 이것은 하나님께서 너의 삶을 통해 이루실 일의 시작이란다. 하나님께서 너를 어떻게 만들어 가실지 우리는 알지 못한다. 하나님께서 너를 어디로 이끄실지, 그래서 어떻게 우리를 놀라게 하실지 우리는 모른다. 우리가 아는 것, 다만 말해 줄 수 있는 것은 하나님께서 너와 함께하신다는

것뿐이란다."(스탠리 하우어워스·윌리엄 윌리몬,《하나님의 나그네 된 백성》, 김기
철 옮김, 복 있는 사람, 76-77쪽)

　신앙생활이란 하나님이 역사 속에서 만들어 가시는 이야기의 일
부로 살아가는 것입니다. 바울은 "하나님은 여러분 안에서 활동하
셔서, 여러분으로 하여금 하나님을 기쁘게 해 드릴 것을 염원하게
하시고 실천하게 하시는 분"(빌립보서 2:13)이라고 고백합니다. 멋진
일입니다. 입버릇처럼 말합니다만 하나님을 믿는다는 것은 하나님
의 꿈을 자신의 꿈으로 삼고 살아가는 것입니다. 라합은 그 꿈을 가
슴에 품었기에 위험을 무릅쓸 수 있었습니다.
　그 때문인가요? 라합은 유다의 며느리 다말, 나오미의 며느리 룻,
우리야의 아내였던 밧세바와 더불어 예수님의 족보에 등장합니다.
다말은 후사를 잇기 위해 적극적으로 자기의 권리를 찾은 여인입
니다. 룻은 남편도 자식도 다 잃은 시어머니를 차마 홀로 둘 수 없
어 자기 민족과 고향을 버리고 어머니의 삶 속에 육화해 들어간 여
인이었습니다. 밧세바는 다윗이라는 권력자에게 유린당하고, 남편
까지 죽임을 당했지만 좌절하지 않고 자기에게 주어진 생을 끝까지
살아낸 여인으로 솔로몬의 어머니입니다. 예수님의 족보에 등장하
는 여인들은 구원의 역사란 타인의 고통을 자기의 고통으로 받아들
이는 연민의 마음을 통해, 또한 불의의 사슬을 끊으려는 의지를 통
해, 절망을 희망으로 바꾸려는 의지를 통해 성취된다는 사실을 우
리에게 증언하고 있습니다.
　계절은 이제 입춘을 지나 우수를 향해 가고 있습니다. 우리의 마

음에도 이미 은총의 봄이 심어졌습니다. 이런저런 어려움으로 인해 겨울처럼 얼어붙은 마음을 녹여주시는 주님을 의지하십시오. 그리고 자아의 속박에서 풀려나 주님의 구원 이야기의 일부가 되기를 소망하십시오. 주님께서 우리의 여정 가운데 동행하실 것입니다.

생의 한가운데서

하는 수 없이 삼손은 그에게 속마음을 다 털어 놓으면서 말하였다. "나의 머리는 면도칼을 대어 본 적이 없는데, 이것은 내가 모태에서부터 하나님께 바쳐진 나실 사람이기 때문이오. 내 머리털을 깎으면, 나는 힘을 잃고 약해져서, 여느 사람처럼 될 것이오." 들릴라는 삼손이 자기에게 속마음을 다 털어놓은 것을 보고, 사람을 보내어 블레셋 사람의 통치자들에게 전하였다. "한 번만 더 올라오십시오. 삼손이 나에게 속마음을 다 털어놓았습니다." 그러자 블레셋 사람의 통치자들이 약속한 돈을 가지고 그 여자에게 올라왔다. 들릴라는 삼손을 자기 무릎에서 잠들게 한 뒤에, 사람을 불러 일곱 가닥으로 땋은 그의 머리털을 깎게 하였다. 그런 다음에 그를 괴롭혀 보았으나, 그의 엄청난 힘은 이미 그에게서 사라졌다. 그때에 들릴라가 "삼손! 블레셋 사람들이 들이닥쳤어요!" 하고 소리쳤다. 삼손은 잠에서 깨어나 "내가 이번에도 지난 번처럼 뛰쳐 나가서 힘을 떨쳐야지!" 하고 생각하였으나, 주님께서 이미 자기를 떠나신 것을 미처 깨닫지 못하였다. 블레셋 사람들은 그를 사로잡아, 그의 두 눈을 뽑고, 가사로 끌고 내려갔다. 그들은 삼손을 놋사슬로 묶어, 감옥에서 연자맷돌을 돌리게 하였다. 그러나 깎였던 그의 머리털이 다시 자라기 시작하였다.

잠수복과 나비

"단지 아주 나쁜 번호를 뽑았을 뿐 나는 장애자가 아니다. 나는 돌연변이 일 뿐이다."

이 말은 세계적인 잡지 〈엘르〉의 편집장이었던 장 도미니크 보비의 말입니다. 그는 저명한 저널리스트였고, 자상한 아버지였습니다. 멋진 생활을 사랑하고 좋은 말을 골라 쓰는 유머러스한 남자였고, 앞서가는 정신의 소유자였습니다. 누구보다도 자유롭게 살아가던 그는 1995년 12월 8일 갑작스런 뇌졸중으로 쓰러졌습니다. 3주후 의식을 회복했으나, 그가 움직일 수 있는 것은 오직 왼쪽 눈꺼풀뿐이었습니다. 절망스런 상황이었습니다. 하지만 그는 시간이 좀 지난 후 자기의 사랑스런 두 아이들에게 용기를 주기 위해 책을 쓰기로 작정했습니다. 유일한 의사 소통의 수단인 왼쪽 눈꺼풀을 깜박거리면 비서가 그것을 보고 한 자씩 적어나갔습니다. 그가 15개월동안 20만 번 이상 눈을 깜박거려 쓴 책의 제목은 《잠수복과 나비》입니다. 그는 자기의 짧은 인생을 풍자와 유머로 진솔하게 묘사하고 있습니다. '잠수복'은 전신이 마비된 그의 상황을 상징하는 말이고, '나비'는 세상 어디든 날아가고픈 그의 정신을 상징하는 말입니다. 그의 글 가운데 일부를 소개하겠습니다.

"지금 현재로서는 끊임없이 입 속에 과다하게 고이다 못해 입 밖으로 흘러내리는 침을 정상적으로 삼킬 수만 있다면, 세상에서 가장 행복한 사람이 된 기분일 것 같다."

"갓난아이처럼 퇴행한 내 모습에서, 때로는 병적인 쾌감을 느낄 때도 있다. 하지만 다음날에는 이 모든 것이 더할 나위 없이 비극적으로 느껴져, 간호보조사가 내 볼 위에 발라 놓은 면도용 비누거품 위로 눈물이 주르륵 흘러내릴 때도 있다."

"정상적으로 호흡하는 것만큼이나 가슴 뭉클하게 감동하고 사랑하고 찬미하고 싶은 마음이 솟구친다."

"내 아들 테오필 녀석은 50센티미터밖에 안 되는 거리를 두고 얌전히 앉아 있는데, 나는 그 아이의 아빠이면서도 손으로 녀석의 숱 많은 머리털 한 번 쓸어 줄 수도, 또 부드럽고 따뜻한 아이의 작은 몸을 으스러지도록 안아 줄 수도 없다. 이런 기분을 무어라고 표현해야 할까? 극악무도한? 불공평한? 더러운? 끔찍한? 순간적으로 나는 그만 감정을 제어하지 못한다. 눈물이 펑펑 쏟아져 내리고, 목에서는 그르렁거리는 경련이 터져 나와 테오필을 놀라게 한다."

"정상인으로서 마지막 잠을 자고 눈을 떴으면서도, 그것이 행복인지도 모르는 체 오히려 툴툴거리며 일어났던 그 아침을 어떻게 말로 표현한단 말인가?"《잠수복과 나비》중에서, 동문선)

벌써 몇 해 전에 읽은 책입니다만 저는《잠수복과 나비》를 늘 가까이 두고 있습니다. 내 삶이 지리멸렬하다고 생각될 때면 가끔 그 책을 만지작거립니다. 그리고는 살아있다는 사실이 얼마나 놀라운 일인지, 오늘을 건강하게 살 수 있다는 사실이 얼마나 큰 복인지를 생각해보곤 합니다.

살아있다는 사실 하나만으로도

여러분은 어떻습니까? 물론 사는 게 힘겹고 고단하지요. 중림동 시장 어귀에서 생선을 파는 아주머니들의 그늘진 얼굴을 바라보면서 안쓰러움을 느꼈습니다. 회현동 지하보도에 골판지 한 장을 깔고 추운 몸 웅크리고 있는 노숙자들을 보면서 저의 안락한 삶이 참 죄스러웠습니다. 어느 신문사 편집실에서 열심히 기사를 쓰는 기자들을 바라보면서 참 바쁘게들 사는구나 생각했습니다. 교우들 가운데도 난감한 상황에 처해 있는 이들이 계심을 압니다. 저는 늘 교회에 있으니까 여러분이 사회에서 받는 스트레스가 어떠한지 잘은 모르지만 조금은 짐작할 수 있습니다. 힘겨우시지요? 하지만 여러분, 우리가 살아있다는 사실 한 가지만으로도 우리는 은총을 입은 사람들임을 잊지 마십시오.

사람들은 흔히 어려운 일을 만나야 비로소 하나님을 찾습니다. 만사가 자기 뜻대로 이루어질 때 사람들은 대개 의식에서 하나님을 괄호 속에 넣고 삽니다. 하나님께 여쭈어보지 않고, 하나님께 아뢰지 않고, 하나님의 도움을 구하지 않으면서도 편안합니다. 그러나 호시절만 있는 것은 아니지요. 인생을 고해(苦海)라 하지 않아요? 살다보면 어려운 일도 만나게 됩니다. 자기 힘으로는 도저히 해결할 수 없을 것 같은 상황을 만나기도 합니다. 사방을 둘러보며 나를 도와줄 사람을 찾지만, '보이는 건 모두가 돌아앉았네.' 아닙니까? 그렇다고 완행열차를 타고 고래 잡으러 동해로 떠날 수도 없는 것 아니겠어요? 그쯤 되면 사람들은 노래를 바꿉니다.

"천부여 의지 없어서 손들고 옵니다. 주 나를 박대하시면 나 어디 가리까."(찬송가 338장)

괄호 속에 넣고 있던 하나님을 그때야 기억해내는 거지요. 생의 한복판에서 하나님과 대화하고, 뜻을 여쭙고, 그 뜻에 순종하기가 왜 그렇게도 어렵지요? 행복할 때, 하는 일이 잘 될 때, 인생의 호시절에 하나님을 가슴에 모시고 살기가 그렇게도 어려운 것인가요? 하나님을 믿되 생의 한복판에서 믿으세요. 생의 주변부에서만 하나님을 찾는 사람이 되지 말아야 합니다.

본분을 망각한 삶

오늘의 주인공 삼손은 참 비극적인 인물입니다. 그는 하나님의 특별한 은총으로 태어난 사람입니다. 태어날 때부터 그는 하나님의 일을 위해 구별된 사람이었습니다. 그가 해야 할 일은 오랫동안 이스라엘을 괴롭혔던 블레셋의 압제로부터 백성들을 해방하는 일이었습니다. 하나님은 그에게 능력을 주셨습니다. 그는 산을 뽑고 세상을 덮을만한 힘을 가진 대장부였습니다. 힘센 사자를 마치 새끼 염소를 찢는 것 같이 죽일 정도로 그는 장사였습니다. 나귀의 턱뼈로 수많은 블레셋의 군인들을 죽이기도 했습니다. 하지만 그는 자기의 힘을 잘못된 곳에 썼습니다. 악동들과 어울려 혈기를 부리기도 하고, 여색에 빠져 자기 본분을 망각하기도 했습니다. 결국 그는 들릴라라는 여자의 애교에 넘어가 그만 자기 힘의 비밀이 머리카락에 있음을 발설합니다. 들릴라는 삼손이 잠든 틈을 이용해 그의 머리카락을 자릅니다. 머리카락을 잘린 삼손은 여느 사람과 다를 바 없는 존재였어요. 블레셋 사람들은 삼손을 잡아 눈을 뽑습니다. 그리고 맷돌을 돌리게 합니다. 생의 한복판에서 하나님의 뜻대로 살지 못한 대가치고는 가혹하기 이를 데 없습니다. 그런데 삼손의 비극적인 전락을 간략하게 기록한 성서 기자는 슬그머니 한마디를 더해 놓고 있습니다.

그러나 깎였던 그의 머리털이 다시 자라기 시작하였다.(사사기 16:22)

머리카락이 자라는 것이야 당연한 일이지만 여기서 성서 기자는 뭔가 새로운 시작을 암시하고 있습니다. 자기의 본분을 망각하고 멋대로 살았던 과거의 삼손은 머리카락과 함께 죽은 셈입니다. 하지만 이제 그는 새로운 사람으로, 은총의 새 사람으로 조금씩 자라고 있습니다. 이렇게 이야기할 수 있는 근거가 뭐냐고요? 저는 여기에서 두 가지에 주목합니다.

눈멂에서 눈뜸으로

첫째, 삼손의 눈이 뽑혔다는 사실입니다. 아리따운 여인들을 바라보고 세상에서 즐길만한 것을 찾기에 분주했던 눈이 뽑힘으로써 그는 새로운 눈을 얻게 되었습니다. 밖을 바라보는 것이 아니라 자기의 내면을 응시하는 마음의 눈 말입니다. 그는 눈을 잃음으로써 자기 삶을 성찰하게 되었을 것입니다. 지금까지 살아온 자기의 모습을 돌아볼 때 그에게 남은 것은 후회뿐이었을 것입니다. 가장 아름다운 삶의 가능성을 가지고 그는 허망의 정열에 따라 살았던 것입니다. 밖을 향한 창이 닫히면 하나님은 안을 향한 창을 열어주십니다. 그의 영혼이 어두웠기에 그는 빛이신 주님을 볼 수 있었던 것입니다. 어두워진 영혼의 창에 하나님의 빛이 서서히 비치기 시작했던 것이지요. 자라나는 머리털은 바로 하나님의 은총인 셈이지요.

둘째, 삼손이 맷돌을 돌리게 되었다는 사실을 생각해보십시오. 연자맷돌은 통상 짐승들이 돌렸습니다. 삼손은 짐승 취급을 받은 거예요. 그의 인격은 철저히 부정되고 있습니다. 살아있음이 너무나 욕스러운 상황이에요. 그는 그동안 자기를 영웅으로 생각하며 살아왔습니다. 하지만 실제로 그는 아무것도 아니었어요. 한계를 지닌 인간 이상도 이하도 아니었음을 비로소 알게 된 것이지요. 자기 속에서 분출하는 힘이 언제까지라도 자기를 지켜줄 것이라 생각했겠지만 그게 얼마나 허망한 믿음인가를 그는 맷돌을 돌리며 절실하게 자각했을 것입니다. 산다는 것은 나의 선택이 아니라, 살게 하시는 하나님 덕분임을 그는 깊이 절감했을 것입니다. 그는 맷돌을 돌리면서 자기가 누구인지, 자기의 소명이 무엇인지를 새삼스럽게 돌아보았을 거예요. 자라나는 머리털은 바로 그의 자각이 성장하는 과정입니다.

지금 눈이 뽑힌 것처럼 답답한 지경에 있는 분들이 계십니까? 여러분이 겪는 시련을 신앙의 눈이 밝아지는 기회로 삼으십시오. 맷돌을 돌리는 것처럼 고달픈 지경에 처한 이들이 계십니까? 살게 하시는 하나님, 우리를 도우시는 하나님의 손을 굳게 잡으십시오. 지금 그런대로 잘 살고 계시는 분들이 계십니까? 생의 한복판에서 주님을 만나십시오. 여러분이 하는 일마다 사랑을 쏟아 부으십시오. 세상 모든 사람들에게 선물이 되도록 살아보십시오. 신앙생활이란 우리의 질척질척한 현실에 하늘을 끌어들이는 일입니다. 음산한 세상에서 빛나는 미소를 짓고 사는 것, 거친 말 속에서 친절하고 따뜻한 말 한마디를 건네는 것, 인정이 메마른 세상에서 정깊은 존재로 살아가는 것, 이게 다 우리에게 맡겨진 소명 아니겠어요? 물론 사랑을 선택하는 것은 용기가 필요해요. 이유없는 사랑이 오해를 불러일으킬 수도 있고, 우리가 만만한 존재로 인식될 수도 있기 때문입니다. 하지만 사랑을 선택한 사람은 이미 승리한 사람입니다. 마더 테레사는 말합니다.

"당신이 최선을 다했으면 어떤 실패에 대해서도 상심하지 않도록 하십시오. 그리고 당신의 성공과 영광에 대해서도 모두 하나님께 돌려드리십시오. 만약 당신이 실망한다면 자신의 힘을 믿는다는 것을 보여주는 자만심의 표현입니다. 다른 사람들의 의견에 속태우지 마십시오. 겸손하십시오. 그러면 결코 방해받지 않게 될 것입니다."

살아있음에 감사하면서, 우리에게 주어져 있는 일상의 모든 순간을 충분히 누리며 사십시오. 그리고 하나님께 진정한 감사를 바치며 사십시오. 그것이 아름다운 생입니다. 세계화의 물결이 거세게 몰아치고 있는 지금 우리는 노동과 자본의 세계화 말고 사랑의 세계화를 바라보며 살아야 합니다. 들판에는 이미 추수를 기다리는 익은 곡식들이 물결치고 있습니다. 주님은 추수할 일꾼을 찾으십니다. 우리가 그 사랑의 일꾼이 되어야 하지 않겠습니까. 오늘부터라도 한순간 한순간을 추수하는 일꾼으로 살아가세요. 생의 한복판에서 하나님을 섬기는 일처럼 아름다운 일이 어디에 있겠습니까? 아직 해가 있는 동안 주님의 일을 열심히 감당하시기를 기원합니다.

롯기

2장 5-13절

차이보다 중요한 것

보아스가 일꾼들을 감독하는 젊은이에게 물었다. "저 젊은 여인은 뉘 집 아낙인가?" 일꾼들을 감독하는 젊은이가 대답하였다. "저 젊은 여인은 나오미와 함께 모압 지방에서 돌아온 모압 사람입니다. 일꾼들의 뒤를 따라다니면서, 곡식단 사이에서 떨어진 이삭을 줍도록 허락해 달라고 하더니, 아침부터 와서 지금까지 저렇게 서 있습니다. 아까 여기 밭집에서 잠깐 쉬었을 뿐입니다." 보아스가 룻에게 말하였다. "여보시오, 새댁, 내가 하는 말을 잘 들으시오. 이삭을 주우려고 다른 밭으로 가지 마시오. 여기를 떠나지 말고, 우리 밭에서 일하는 여자들을 바싹 따라다니도록 하시오. 우리 일꾼들이 곡식을 거두는 밭에서 눈길을 돌리지 말고, 여자들의 뒤를 따라다니면서 이삭을 줍도록 하시오. 젊은 남자 일꾼들에게는 댁을 건드리지 말라고 단단히 일러두겠소. 목이 마르거든 주저하지 말고 물단지에 가서, 젊은 남자 일꾼들이 길어다가 둔 물을 마시도록 하시오." 그러자 룻은 엎드려 이마를 땅에 대고 절을 하면서, 보아스에게 말하였다. "저는 한낱 이방 여자일 뿐인데, 어찌하여 저같은 것을 이렇게까지 잘 보살피시고 생각하여 주십니까?" 보아스가 룻에게 대답하였다. "남편을 잃은 뒤에 댁이 시어머니에게 어떻게 하였는지를, 자세히 들어서 다 알고 있소. 댁은 친정 아버지와 어머니를 떠나고, 태어난 땅을 떠나서, 엊그제까지만 해도 알지 못하던 다른 백성에게로 오지 않았소? 댁이 한 일은 주님께서 갚아 주실 것이오. 이제 댁이 주 이스라엘의 하나님의 날개 밑으로 보호를 받으러 왔으니, 그분께서 댁에게 넉넉히 갚아 주실 것이오." 룻이 대답하였다. "어른께서 이토록 잘 보살펴 주시니, 몸둘 바를 모르겠습니다. 어른께서 거느리고 계신 여종들 축에도 끼지 못할 이 종을 이처럼 위로하여 주시니, 보잘것없는 이 몸이 큰 용기를 얻습니다.

메길로트

주님의 은총과 평화가 우리 가운데 함께 하시기를 빕니다. 우리는 평범하고 일상적인 나날을 꿈꾸지만 세상은 그것을 허용하지 않는 것 같습니다. 지구 반대편의 가난한 나라 에콰도르의 강진으로 수많은 인명피해가 났습니다. 주님의 도우심이 그들에게 임하시기를 빕니다. 전경련과 재향경우회의 돈이 어버이연합 등 보수 우익 단체에 흘러들어간 정황이 포착되면서 우리 사회가 다시 한 번 들끓고 있습니다. 미움과 갈등을 부추기는 세력들이 돈을 앞세워 세상을 조각내고 있음이 단적으로 드러난 것입니다. 헐값을 주고 탈북자들을 동원하여 그들을 증오의 도구로 사용하는 이들의 죄가 큽니다. 고통과 억압을 피해 떠나 온 이들의 품이 되어주지 못하는 우리 사회가 딱합니다. 미세 먼지 자욱한 하늘 아래를 걷는 것처럼 답답한 세상입니다.

그럼에도 불구하고 각자의 자리에서 삶을 옹골차게 살아내는 이들이 있어 세상은 여전히 지속됩니다. 지금 우리는 절기상으로 곡우 절기 한복판에 있습니다. 이맘 때면 농부들의 손길이 분주해집니다. 못자리도 준비해야 하고, 무·토란·도라지·당근 등 뿌리남새의 씨도 뿌려야 하고, 오이·호박·가지·참외·토마토 등 열매남새의 씨도 뿌려야 합니다. 힘겨운 때이기도 하지만 왕성한 생명의 기운이 절로 느껴지는 때입니다. 이 무렵이면 사람들은 산다래, 자작나무, 박달나무 등에 상처를 내고 거기서 흘러나오는 물을 마시곤 했습니다. 그것을 곡우물이라 합니다. 힘겨운 농사 일을 앞두고 힘을 내자는 의미일까요? 창조의 리듬을 거스르지 않고 살았던 이들의 지혜가 그러합니다.

유다인들은 일년 중 주요 절기마다 메길로트(Megilloth), 곧 다섯 개의 축제 두루마리를 읽었습니다. 룻기, 아가, 전도서, 예레미야애가, 에스더가 그것입니다. 아가서는 유월절에 읽었는데 하나님과 이스라엘의 사랑이 시작되었음을 상징합니다. 전도서는 초막을 짓고 그 속에 머물던 초막절에 읽었습니다. 임시 가건물에 지나지 않는 초막과 모든 것이 헛되다는 가르침이 연관되고 있습니다. 예레미야애가는 예루살렘의 멸망 기념일에 낭독되었습니다. 에스더는 페르시아 통치자들의 학살을 모면한 부림절기에 읽었습니다. 그리고 오늘의 본문인 룻기는 보리 수확 절기의 축제인 오순절에 읽었습니다. 이삭을 줍는 룻의 모습이 절로 그려지기 때문일 겁니다. 유다인들이 절기마다 그런 텍스트들을 낭독한 것에는 두 가지 의도가 있습니다. 첫째는 역사적 기억을 이어가려는 것입니다. 동일한 텍스트를 매해 특정한 절기에 낭독함을 통해 기억을 갱신하는 것입니다. 둘째는 자기들이 운명 공동체임을 재확인하기 위한 것입니다. 그 기억의 축제에 동참하는 이들은 비록 서로 다른 형편 속에서 살아가고 있지만 자기들이 한 뿌리에서 나왔음을 재확인하면서 마음의 고향 하나를 만드는 것입니다.

룻기는 문학적으로 보아도 아주 짜임새 있는 문헌입니다. 인물들의 성격도 뚜렷하고, 플롯 또한 정교합니다. 기근 때문에 고향 땅을 떠나 모압 지방으로 이주해 간 한 가정이 있었습니다. 가장인 엘리멜렉은 그곳에서 아내인 나오미와 두 아들 말론과 기룐을 남겨두고 그곳에서 세상을 떠납니다. 말론과 기룐은 그곳의 원주민인 룻과 오르바를 아내로 맞아들입니다. 하지만 그 두 아들도 일찍 세상을 떠나고 맙니다. 모압으로 이주한지 십년 만에 나오미는 기근이 끝났다는 소식을 듣고 고향인 베들레헴으로 돌아가려 합니다. 길을 떠나면서 나오미는 청상과부가 된 두 며느리에게 고향에 남아 새로운 가정을 꾸리라고 말합니다. 오르바는 눈물로 시어머니와 작별하고 고향에 남았지만, 룻은 기어코 나오미를 따라나섭니다. 만류하는 나오미에게 룻이 한 이야기는 가슴 절절한 감동으로 다가옵니다.

취약해진 사람

나더러, 어머님 곁을 떠나라거나, 어머님을 뒤따르지 말고 돌아가라고는 강요하지 마십시오. 어머님이 가시는 곳에 나도 가고, 어머님이 머무르시는 곳에 나도 머무르겠습니다. 어머님의 겨레가 내 겨레이고, 어머님의 하나님이 내 하나님입니다. 어머님이 숨을 거두시는 곳에서 나도 죽고, 그곳에 나도 묻히겠습니다. 죽음이 어머님과 나를 떼어놓기 전에 내가 어머님을 떠난다면, 주님께서 나에게 벌을 내리시고 또 더 내리신다 하여도 달게 받겠습니다.(룻기 1:16-17)

남편과 장성한 두 아들까지 잃고 쓸쓸하게 귀향하는 시어머니를 차마 홀로 버려둘 수 없어 그와 동행하려 한 룻의 마음은 연민이라는 단어로도 다 담아내기 어렵습니다. 낯선 땅으로 이주한다는 것은 두렵고 떨리는 일입니다. 문화적 습속이 다른 사람들 사이에서 살아간다는 것은 그 자체로 스트레스입니다. 자기 모국어가 아닌 다른 언어를 사용하며 살아야 한다는 것 자체가 소수자로 살아가야 함을 뜻합니다. 낯선 땅으로 이주한다는 것은 삶이 힘겨워질 때 슬그머니 찾아가 기댈 언덕을 포기한다는 말이기도 합니다. 고향을 떠날 때 룻의 심정이 어떠했는지는 미루어 짐작할 수 있습니다. 그러니 룻을 이상화하면서 고향으로 돌아간 오르바를 무정한 사람이라고 비난하지 말아야 합니다. 옳고 그름의 척도를 가지고 그 두 여인을 재단하는 것은 일종의 폭력입니다. 룻의 자기 희생이 놀라울 따름입니다. 사람들은 그래서 룻을 메시야의 표상으로 보기도 합니다. 그래서일까요? 룻은 예수님의 족보에도 등장합니다.

2장은 베들레헴으로 돌아온 두 여인의 삶이 얼마나 곤고했는지를 보여줍니다. 먹고 살 길이 막연했습니다. 룻은 선량한 사람을 만나면 밭에 떨어진 이삭을 주울 수 있을 거라면서 밭에 나가보겠다고 나오미에게 말합니다. 다른 방도가 없었던지라 나오미는 그렇게 하라고 말합니다. 힘겨운 노동을 감당하느라 거친 농지기를 던지며 일하는 남자들 틈에서 여성들은 참 취약한 존재입니다. 게다가 남의 밭에 떨어진 이삭을 주워 시어머니와 더불어 연명하려는 이방 출신의 여인은 가장 연약한 존재라 할 수 있습니다. 그는 자칫하면 시선의 폭력과 언어 폭력, 더 나아가서는 성적 폭력에 노출될 수도 있었습니다.

그런데 마침 룻이 이삭을 줍던 밭은 엘리멜렉의 친척인 보아스의 밭이었습니다. 추수를 독려하기 위해서 밭에 나왔던 보아스는 낯선 여인을 발견하고는 일꾼들을 감독하는 젊은이에게 그가 누구인지를 묻습니다. 그러자 그는 "저 젊은 여인은 나오미와 함께 모압 지방에서 돌아온 모압 사람입니다. 일꾼들의 뒤를 따라다니면서, 곡식 단 사이에서 떨어진 이삭을 줍도록 허락해 달라고 하더니, 아침부터 와서 지금까지 저렇게 서 있습니다. 아까 여기 밭집에서 잠깐 쉬었을 뿐입니다."(룻기 2:6-7) 하고 대답합니다.

보아스는 룻을 불러 이삭을 주우려고 다른 밭으로 가지 말고, 일하는 여자들을 바싹 따라다니며 이삭을 주우라고 이릅니다. 젊은 남자 일꾼들에게는 추근거리지 말라고 엄히 일렀다면서, 목이 마르거든 서슴치 말고 일꾼들이 길어다 놓은 물을 마시라고도 말합니다. 감동한 룻은 이방 여인에 불과한 자기를 왜 이리도 살뜰하게 보살펴 주냐면서 이마를 땅에 대고 절했습니다. 그러자 보아스는 남편을 잃은 후에 룻이 그 시어머니를 위해 한 모든 일을 알고 있었노라면서 "이제 댁이 주 이스라엘의 하나님의 날개 밑으로 보호를 받으러 왔으니, 그분께서 댁에게 넉넉히 갚아 주실 것"(롯기 2:12)이라고 축복했습니다. 그가 이렇게 친절을 베푸는 까닭이 무엇일까요? 일가붙이였기 때문일까요? 아니면 롯이 아름다워서였을까요?

경계선 지우기

이 질문을 잠시 남겨두고 다른 데 눈길을 돌려보겠습니다. 대개 사람들은 보아스가 다윗의 증조할아버지(오벳-이새-다윗)라는 사실을 강조합니다. 그런데 그가 여리고 성이 함락될 때 이스라엘을 도왔던 기생 라합의 아들이라는 사실은 별로 주목하지 않습니다. 라합의 집은 여리고 성벽 위에 있었습니다. 성벽은 성 안과 성 밖의 경계지점입니다. 어쩌면 그 사실 자체가 라합의 신분을 상징하는 것인지도 모르겠습니다. 라합은 사실 어디에도 속하기 어려운 사람이었습니다. 위계질서가 뚜렷했던 성 안의 세계에서 약자들은 늘 유린당할 수밖에 없었습니다. 라합은 그것이 불의한 질서임을 누구보다 예리하게 깨닫고 있었습니다. 그렇기에 그는 출애굽을 단행한 히브리인들의 대의에 공감했고 그래서 이스라엘의 정탐꾼들을 숨겨주었던 것입니다. 여리고 성 안에 속한 사람들의 입장에서 보자면 라합은 배신자입니다. 하지만 라합은 불의한 세계 질서는 무너질 수밖에 없다는 사실을 직감한 사람입니다.

우리는 자주 습속의 지배를 받습니다. 네 편, 내 편을 가르고 경쟁하는 일에 익숙합니다. 내 편의 무리한 반칙은 너그러이 용납하지만 상대편의 반칙은 절대로 용납하려 하지 않습니다. 사람은 인위적인 경계짓기에 익숙합니다. 나라, 인종, 종교, 문화는 사람들을 가르는 경계선 역할을 하곤 합니다. 여기에서 발생하는 것이 동일성의 폭력입니다. '우리'의 범주에 속하지 않은 이들은 위험하거나 불길한 존재로 취급됩니다. 그들은 제거되어야 할 적으로 규정되기도 합니다.

라합은 사람들을 위 아래로 나누는 세상, 지배자와 피지배자가 확연히 갈리는 세상을 당연한 것으로 받아들이지 않았습니다. 그래서 모든 사람들이 저마다의 인권을 존중받으며 사는 세상을 꿈꾸며 애굽을 떠나온 히브리인들의 꿈에 동참했던 것입니다. 이런 어머니에게 배운 것일까요? 보아스는 사람들이 만들어 놓은 인위적인 경계 안에서 사고하지 않습니다. 그는 시어머니 나오미의 고통 안으로 뛰어든 룻의 선택을 귀하게 보고 있습니다. 그래서 그는 룻의 비빌 언덕이 되어주려 합니다. 환대란 누군가에게 설 땅을 허락해주는 것이고, 그가 두려움 없이 살 수 있도록 돌봐주는 것입니다. 나라, 인종, 피부색, 종교, 문화의 차이를 넘어 사람을 하나로 묶어주는 것은 인간의 취약성입니다. 그의 아픔과 슬픔을 나의 것으로 수용할 때 세상은 따뜻해집니다. 바울 사도는 예수 그리스도를 통해 세상에 유입된 새로운 질서를 이렇게 소개하고 있습니다.

> 유대 사람도 그리스 사람도 없으며, 종도 자유인도 없으며, 남자와 여자가 없습니다. 여러분 모두가 그리스도 예수 안에서 하나이기 때문입니다.(갈라디아서 3:28)

거기에는 그리스인과 유대인도, 할례받은 자와 할례받지 않은 자도

야만인도, 스구디아인도, 종도 자유인도 없습니다. 오직 그리스도만이 모든 것이며, 모든 것 안에 계십니다.(골로새서 3:11)

하나의 세상

사람들은 남과 내가 어떻게 다른가에 온통 신경을 곤두세우며 살아갑니다. 젊은이들은 스펙쌓기에 열중하고, 나이 든 이들은 자기를 남들과 구별해주는 기호를 소비하느라 온통 마음을 빼앗기고 있습니다. 남이 누리지 못하는 것을 누릴 때 사람들은 일종의 쾌감을 느낍니다. 이게 타락한 세상의 속성입니다. 하지만 차이보다 중요한 것이 있습니다. 우리가 모두 인간이라는 사실이 그것입니다. 우리는 유한한 존재이고, 사랑하고 사랑받기를 바라는 존재이고, 평화로운 세상을 꿈꾸는 사람들입니다. 하나님은 우리가 서로를 위해 공간을 내주고, 서로의 이야기에 귀를 기울일 것을 기대하고 계십니다. 영연방 최고 랍비인 조너선 색스는 "세상에는 많은 문화와 문명과 종교가 있지만, 하나님은 우리에게 함께 살아갈 하나의 세상만 주었다."고 말합니다. 보아스는 연민의 시선으로 룻을 바라보았습니다. 새로운 질서는 바로 여기에서 시작됩니다.

보아스는 룻을 아무런 편견없이 받아들였습니다. 그는 룻을 하나님의 날개 그늘 아래 보호 받으러 온 존재로 받아들였습니다. 그리고 스스로 하나님의 날개가 되어 그 취약해진 사람을 돌보아 주었습니다. 위안부 피해자 할머니들이 구마모토 지진 피해자들을 돕기 위해 성금을 내셨다는 소식이 들려옵니다. 아픔을 겪었던 이들이기에 지금 아픔을 겪는 이들의 처지에 깊이 공감하고 그들에게 작은 힘이나마 되어주고 싶어하는 것입니다. 이 거룩한 정성이 냉랭한 우리 사회를 정화하는 훈풍이 되고 있습니다. 이 마음 하나가 없어 우리 사회는 지옥으로 변해갑니다. 예수님이 꿈꾸셨던 하나님 나라는 바로 지금 이 자리에서 우정과 사랑의 나라를 시작하는 우리를 통해 이 땅에 도래합니다. 농부들이 씨를 뿌리기에 분주한 이 절기에 우리 또한 삶의 자리 곳곳에 사랑과 평화의 씨를 뿌리는 기쁨을 누릴 수 있기를 빕니다.

사무엘상

24장 1-6절

광야 학교

블레셋 사람과 싸우고 돌아온 사울은, 다윗이 엔게디 광야에 있다는 소식을 듣고, 온 이스라엘에서 삼천 명을 뽑아 거느리고, 다윗과 그의 부하들을 찾으러 '들염소 바위' 쪽으로 갔다. 사울이 길 옆에 양 우리가 많은 곳에 이르렀는데, 그곳에 굴이 하나 있었다. 사울이 뒤를 보려고 그리로 들어갔는데, 그 굴의 안쪽 깊은 곳에 다윗과 그의 부하들이 숨어 있었다. 다윗의 부하들이 그에게 말하였다. "드디어 주님께서 대장님에게 약속하신 바로 그날이 왔습니다. '내가 너의 원수를 너의 손에 넘겨 줄 것이니, 네가 마음대로 그를 처치하여라' 하신 바로 그날이 되었습니다." 다윗이 일어나서 사울의 겉옷자락을 몰래 잘랐다. 다윗은 자기가 사울의 겉옷자락만을 자른 것 뿐인데도 곧 양심에 가책을 받게 되었다. 그래서 다윗은 자기 부하들에게 타일렀다. "내가 감히 손을 들어, 주님께서 기름부어 세우신 우리의 임금님을 치겠느냐? 주님께서 내가 그런 일을 하지 못하도록 나를 막아 주시기를 바란다. 왕은 바로 주님께서 기름부어 세우신 분이기 때문이다."

광야는 어디에나 있다

주님의 은총과 평화가 우리 가운데 임하시기를 빕니다. 답답하고 암담한 현실을 견디며 지내는 분들에게도 하늘 빛 고요함과 생기가 차오르기를 기원합니다. 생각해보면 삶은 시련의 연속입니다. 예기치 않은 일들이 일어나 우리 삶의 평온을 뒤흔들기도 합니다. 평온하던 일상이 무너지고, 따뜻했던 시선들이 차갑게 변하고, 아무것도 할 수 없다는 무력감에 사로잡힐 때, 익숙하던 세상이 돌연 낯설어집니다. 우리 영혼에 어둔 밤이 찾아들 때 우리는 비로소 하나님의 현존 앞에 서 있음을 알게 됩니다.

> 주님, 내가 깊은 물 속에서 주님을 불렀습니다. 주님, 내 소리를 들어 주십시오. 나의 애원하는 소리에 귀를 기울여 주십시오.(시편 130:1-2)

'깊은 물'은 우리가 경험하는 역경과 시련을 가리킵니다. 깊은 물에 잠긴 것 같은 시간, 우리는 세상과 단절되어 있음을 느낍니다. 물고기 배 속에 갇혔던 요나도 그 절망적 상황을 이렇게 고백했습니다.

> 물이 나를 두르기를 영혼까지 하였으며, 깊음이 나를 에워쌌고, 바다 풀이 내 머리를 휘감았습니다.(요나 2:5)

그의 목숨이 힘없이 꺼져 갈 때 요나는 비로소 하나님을 기억하고 기도를 올립니다. 하나님은 그런 기도를 무시하지 않으십니다.

요즘 수요 모임에서 예수님의 광야 시험 이야기를 함께 묵상하고 있습니다. 공생애를 시작하시기 전 예수님은 광야에서 사십 일 동안 금식하셨고 악마에게 시험을 당하셨습니다. 광야는 성경에서 매우 익숙한 공간입니다. 하갈은 사라의 학대를 피해 광야로 들어갔고, 출애굽 공동체도 광야를 거쳐야 했고, 다윗도 사울의 추격을 피해 광야로 들어가야 했고, 우상들과 한판 대결을 벌였던 엘리야도 광야로 도피해야 했습니다. 광야는 황량하고 척박한 장소를 가리킵니다. 광야라는 단어가 인간의 경험을 드러내기 위해 사용될 때는 다른 이들로부터 '소외되다', '버림받다', 친구나 지인의 '도움이나 보호를 받지 못하다'는 뜻입니다.

살다 보면 원하지 않았지만 광야에 선 것 같은 상황에 빠질 때가 있습니다. 내 사정을 들어줄 사람도 도와줄 사람도 없습니다. 적막함을 달래줄 위안거리도 없습니다. 자기로부터 도피하기 위해 현대인들이 즐겨 찾는 라디오도 텔레비전도 인터넷도 소용없습니다. 광야로 내몰린 순간 사람은 자기가 얼마나 취약한 존재인지 절감합니다. 감각은 한껏 예민해지고, 위험이 사방에서 자기를 덮칠 것 같은 공포를 느낍니다.

광야는 시험의 장소입니다. 성경에서 시험(파이라조 peirazo)이라는 단어는 부정적인 의미와 긍정적인 의미로 두루 사용됩니다. 이스라엘은 광야에서 위기가 닥쳐올 때마다 하나님에 대한 신뢰를 철회하면서 하나님의 능력을 시험하곤 했습니다. 하나님도 그 백성들이 당신을 깊이 신뢰하고 사랑하는지, 계명을 지키는지를 보려고 시험하기도 하셨습니다. 바울 사도는 성도들에게 이렇게 권고했습니다.

여러분은 자기가 믿음 안에 있는지를 스스로 시험해 보고, 스스로 검증해 보십시오. 여러분은 예수 그리스도께서 여러분 안에 계시다는 것을 알지 못합니까? 모른다면, 여러분은 실격자입니다.(고린도후서 13:5)

엔게디

광야는 또한 단련의 장소이기도 합니다. 광야에 서는 순간 삶이 단순해집니다. 스스로 통제할 수 있는 것이 많지 않기 때문입니다. 프랑스의 자연주의자 테오도르 모노는 누구보다 사막을 사랑했던 사람입니다. 그는 사막을 학교에 빗대 설명합니다.

"이 공간은 파우스트적 인간을 받아들이지 않는다. 사막은 잡다한 생각을 버리고 강인해지도록 가르치는 학교이다."(테오도르 모노,《사막의 순례자》, 안-바롱 옥성, 안인성 옮김, 현암사, 24쪽)

파우스트적 인간이란 생각이 많고, 회의적이고, 늘 머뭇거리는 사람을 가리키는 말입니다. 사람들 속에 있을 때는 머뭇거림이 미덕일 수 있습니다. 자기 생각과 입장을 유보하고 다른 이들의 말에 귀를 기울이려는 태도이니 말입니다. 하지만 사막에서 살아남으려면 잡다한 생각을 비워내야 합니다. 테오도르 모노는 "사막은 어떤 나약함도 허용하지 않는 엄격한 교육자"라고도 말합니다. 광야의 시간은 우리를 단순하게 만들 뿐만 아니라, 우리 마음을 수직적인 세계로 인도합니다. 세상과의 연결이 끊어졌기에 오로지 기대할 수 있는 것은 하나님과의 접속입니다. 광야의 시간은 그렇기에 하나님을 깊이 만날 수 있는 기회가 되기도 합니다. 광야에 설 때, 누구의 조력도 받을 수 없는 그때, 우리는 삶의 근본을 돌아보게 됩니다. 하이데거는 우리를 엄습하면서 세상을 이전과는 전혀 다르게 보게 만드는 기분을 일러 '근본기분'(die Grundstimmung)이라고 말했습니다. 불안이나 경이감, 권태 같은 것이 여기에 해당됩니다. 광야는 사람들을 근본기분으로 몰아갑니다.

다윗도 광야의 시간을 견뎌야 했습니다. 그의 광야는 이중적입니다. 실제 장소로서의 광야와 그가 감내해야 했던 시련의 시간을 두루 포함합니다. 엘라 골짜기에서 벌어진 골리앗과의 싸움에서 승리함으로 그는 역사의 무대에 등장했습니다. 화려한 등장이었지만 시련의 시작이기도 했습니다. 사람들의 시선이 다윗에게 쏠리기 시작하자 사울왕은 불안을 느낍니다. 불안은 질투로 바뀌고, 질투는 살의로 번집니다. 다윗은 도망자 신세가 되고 말았습니다. 한때는 블레셋 족속에게 망명했고, 그곳에서도 위기를 느끼고는 아둘람 굴로 몸을 피하기도 했습니다. 십 광야의 산간지역에 은신처를 마련했다가 아라바에 있는 마온 광야로 숨어들기도 했습니다. 말 그대로 풍찬노숙이었습니다. 그가 엔게디에 숨어 있을 때 일어난 한 사건이 오늘 말씀의 배경입니다.

엔게디는 사해에서 멀지 않은 곳에 있는 오아시스 지대입니다. 가파른 절벽 위로 고원이 펼쳐진 곳인데, 침식 작용으로 인해 곳곳이 깎여나가서 협곡과 자연 동굴이 많이 발달해 있습니다. 척박한 유대광야에 속하지만 그곳만은 많은 물이 흘러내리기에 사람들은 그곳에서 농사를 짓기도 하고, 동물들도 물 주변에 몰려들곤 했습니다. 그곳이 얼마나 아름다웠던지 아가서는 연인의 아름다움을 드러내기 위해 엔게디를 언급하기도 했습니다.

사랑하는 그이는 나에게 엔게디 포도원의 고벨 꽃송이라오.(아가 1:14)

동굴 속의 사울

그 아름답고 평화로운 엔게디가 갑자기 소란스러워집니다. 다윗이 엔게디에 숨어 있다는 보고를 들은 사울은 친히 삼천 명의 정예병을 이끌고 그곳으로 왔습니다. 엔게디가 살육의 현장으로 변할 수도 있는 그 긴박한 시간에 뜻밖의 상황이 벌어집니다. 사울이 갑자기 변의를 느낀 겁니다. 그는 용변을 볼 자리를 찾다가 동굴 하나를 발견하고 그리로 들어갑니다. 자의식이 있는 인간은 누구나 배설을 은밀하게 처리해야 하는 일로 여깁니다. 그게 드러날 때 사람들은 수치심을 느낍니다. 사울은 지금 혼자입니다. 경호원조차 곁에 없습니다. 칼도 내려놓고 겉옷도 벗어놓고 그는 쪼그리고 앉았습니다. 완전히 취약해진 상태입니다.

역사에는 이런 유머가 많습니다. 뜻밖의 일들이 역사의 방향을 돌려놓기도 하니 말입니다. 역청을 발라 물이 새지 못하게 만든 갈대상자가 나일강 물결을 타고 떠내려갈 때, 바로의 공주가 그 상자를 건질 줄이야 누가 알았겠습니까? 그 상자 속에는 태어난 지 몇 달밖에 안 된 모세가 들어 있었습니다. 그 작은 자비의 행동 하나가 출애굽 사건의 서막임을 누가 알았겠습니까? 우연처럼 보이는 필연이 있습니다. 다마스커스로 가던 청년 사울은 그 운명의 날을 맞을 거라고 상상도 못했을 것입니다. 22세의 법학도였던 마르틴 루터는 만스펠트에서 에어푸르트로 가는 도중 슈토테른하임(Stotternheim) 근처에 이르렀을 때 천둥번개를 동반한 여름 소나기를 만났습니다. 겁에 질린 그는 광부들의 수호성인인 성 안나에게 자신을 구해주면 수도원에 들어가겠다고 서원했습니다. 그 우연처럼 보이는 사건이 세계의 역사를 바꿔놓았습니다.

　그 급박한 상황에서 사울을 사로잡은 변의 역시 마찬가지입니다. 동굴 깊은 곳에서 휴식을 취하고 있던 다윗의 부하들이 일의 자초지종을 알아차리고는 다윗에게 지금이야말로 사울을 제거할 절호의 기회라고 말합니다. 주님께서 약속하신 날이 마침내 찾아왔다는 것이었습니다. 다윗은 부하들을 물리치고 홀로 아주 은밀하게 다가가 벗어놓은 사울의 겉옷 자락을 조금 잘라냈습니다. 성경은 다윗이 사울의 겉옷 자락을 벤 것만으로도 양심의 가책을 받았다고 말합니다. 그런 일이 벌어진 줄은 꿈에도 상상하지 못한 사울이 홀가분한 기분으로 협곡을 건너 반대편으로 가자 다윗은 모습을 드러내고 사울을 부릅니다. 사울이 뒤를 돌아보자 그는 땅에 엎드려 절을 하고는 "임금님은 어찌하여, 다윗이 왕을 해치려 한다고 주장하는 사람들의 말만 들으십니까?"라고 하소연을 합니다. 그는 베어낸 옷자락을 내 보이면서 마음만 먹었으면 임금님을 죽일 수 있었고, 또 그렇게 권유하는 이들도 있었지만, 자기는 임금님을 아꼈다고 말합니다. 사울은 크게 놀라 "네가 나보다 의로운 사람"(사무엘상 24:17)이라고 말합니다.

주님의 날개 그늘 아래서

다윗이 위기 속에서도 사울을 해치지 않은 까닭은 무엇입니까? 그가 주님의 기름 부음 받은 사람임을 알았기 때문입니다. 비록 흠이 많고, 권력욕 때문에 어리석어졌지만 그는 한때 하나님의 영에 사로잡혀 이스라엘의 병거와 마병처럼 살던 사람입니다. 다윗은 사울의 현재 모습 때문에 그의 과거까지 부정하지 않았습니다. 정치꾼들이 득시글거리는 도시에만 머물렀다면 그도 또한 권력 투쟁에 휘말릴 수도 있었을 겁니다. 어쩔 수 없어 들어가게 된 광야에서 맛본 고독과 깊은 침묵은 그를 더 큰 세계로 인도했고, 자기의 연약함에 대한 자각은 하나님의 은혜 없이는 살 수 없음을 절감하게 만들었습니다. '다윗의 믹담, 사울을 피하여서 동굴로 도망하였을 때에 지은 시'라는 표제를 달고 있는 시편 57편은 그의 심정을 고스란히 드러냅니다.

참으로 하나님, 나를 불쌍히 여겨 주십시오. 불쌍히 여겨 주십시오. 내 영혼이 주님께로 피합니다. 이 재난이 지나가기까지, 내가 주님의 날개 그늘 아래로 피합니다.(시편 57:1)

주님의 날개 그늘 아래 몸을 숨길 수밖에 없는 처지이기에 그의 기도는 절박합니다. 언제 닥쳐올지 모를 죽음에 대한 두려움과 공포로 그는 쇠약해졌습니다. 그 약함이 때로는 복이 되기도 합니다.

자기로부터 해방되는 기회이기 때문입니다. 연해주와 만주에서 야생의 시베리아 호랑이를 관찰하고 영상에 담던 다큐멘터리스트 박수용 감독이 얼마 전에 낸 책을 보다가 이런 구절과 만났습니다. 호랑이의 흔적을 찾느라 숲에 머물면서 경험한 것입니다.

> "오늘도 숲은 무르익은 신비로 가득하다. 여울에 밀려나 쌓인 모래톱 위의 앙증맞은 발자국 하나에도 가슴이 설레고, 지저귀는 새소리 하나에도 무슨 의미일까 호기심이 자란다. 다 이해할 수도, 감히 바라볼 수도 없는 광활한 미지의 세계가 없었다면 나는 먼지 같은 존재의 미소(微小)함을 느끼지 못했을 것이다. 그랬다면 죽음이 채 오기도 전에 유한의 틀에 갇혀 고사했을 것이다. 나는 걸음마를 배우는 아기처럼 광활한 미지를 걷고 머리가 아닌 몸으로 느낀다. 그러다 문득 그 미지의 세계와 하나 됨을 느낀다. 지금 이 순간이 그렇다."(박수용, 《꼬리》, 김영사, 24쪽)

'다 이해할 수도, 감히 바라볼 수도 없는 광활한 미지의 세계가 없었다면 나는 먼지 같은 존재의 미소함을 느끼지 못했을 것이다.' 이 문장이 주는 울림이 적지 않습니다. 자기의 작음을 알았기에 그는 유한의 틀에서 벗어날 수 있었습니다. 다윗 역시 마찬가지입니다. 삶의 위기 속에서 그는 하나님의 돌보심을 맛보았습니다. 그 경험이 그를 더 큰 존재로 만들었습니다. 지금 행복한 이들이 있습니까? 행복을 허락하신 하나님께 감사하며 그 시간을 한껏 누리십시오. 그러나 주변에 시련의 시간을 보내고 있는 이들이 있음을 잊지 마십시오. 지금 시련의 시간을 보내는 분들이 있습니까? 그 시간을 더 큰 세계로의 초대로 받아들이십시오. 광야에 선 것처럼 두렵고 막막한 시간이야말로 하나님과 더 깊이 접속할 수 있는 기회입니다. 광야 학교를 통해 우리 마음이 그리스도의 마음을 조금이라도 닮을 수 있다면 우리는 행복한 사람들입니다. 주님의 은혜에 몸을 맡긴 채 저 생명과 평화의 세계를 향해 나아가십시오.

사무엘하

15장 17-23절

사람도 고향이다

왕이 먼저 나아가니, 모든 백성이 그의 뒤를 따라 나섰다. 그들은 '먼 궁'에 이르자, 모두 멈추어 섰다. 왕의 신하들이 모두 왕 곁에 서 있는 동안에, 모든 그렛 사람과 모든 블렛 사람이 왕 앞으로 지나가고, 가드에서부터 왕을 따라 온 모든 가드 군인 육백 명도 왕 앞으로 지나갔다. 왕이 가드 사람 잇대에게 말하였다. "어찌하여 장군은 우리와 함께 가려고 하오? 돌아가 있다가, 새 왕을 모시고 지내도록 하시오. 장군은 외국인이기도 하고, 장군의 본 고장을 두고 보더라도, 쫓겨난 사람이니, 그렇게 하시오. 장군이 온 것이 바로 엊그제와 같은데, 오늘 내가 그대를 우리와 함께 떠나게 하여서야 되겠소? 더구나 나는 지금 정처없이 떠나는 사람이 아니오? 어서 장군의 동족을 데리고 돌아가시오. 주님께서 은혜와 진실하심으로 장군과 함께 계셔 주시기를 바라오." 그러나 잇대는 왕에게 대답하였다. "주님께서 확실히 살아 계시고, 임금님께서도 확실히 살아 계심을 두고 맹세합니다만, 그럴 수는 없습니다. 임금님께서 가시는 곳이면, 살든지 죽든지, 이 종도 따라가겠습니다." 그러자 다윗이 잇대에게 말하였다. "그러면 먼저 건너가시오." 그리하여 가드 사람 잇대도 자기의 부하들과 자기에게 딸린 아이들을 모두 거느리고 건너갔다. 이렇게 해서 다윗의 부하들이 모두 그의 앞을 지나갈 때에, 온 땅이 울음바다가 되었다. 왕이 기드론 시내를 건너가니, 그의 부하도 모두 그의 앞을 지나서, 광야 쪽으로 행군하였다.

조각 미남의 속내

요즘 젊은이들은 몸매가 좋은 사람을 가리켜 이기적인 몸매라고 하더군요. 정확하게 한정된 의미가 있는 것은 아니겠지만 느낌으로 그 속내를 알아차릴 수는 있습니다. 한 마디로 부럽다는 말이지요. 성경에 등장하는 인물들 가운데서도 이기적인 용모의 사람들이 있었습니다. 요셉, 모세, 다윗 등도 빼어난 외모로 사람들의 마음을 사로잡던 이들입니다. 사라, 리브가, 라헬, 에스더 등도 아리따운 여인으로 소개되고 있습니다. 그런데 여기, 극찬을 받고 있는 조각 미남이 있습니다. 그는 다윗의 아들 압살롬입니다.

온 이스라엘에, 압살롬처럼, 머리끝에서 발끝까지 흠 잡을 데가 하나도 없는 미남은 없다고, 칭찬이 자자하였다. 그는 머리숱이 많아 무거워지면, 해마다 연말에 한 번씩 머리를 깎았는데, 머리를 깎고 나서 그 머리카락을 달아보면, 왕궁 저울로 이백 세겔이나 되었다.(사무엘하 14:25-26)

마치 그리스의 조각 작품에 등장하는 인물을 묘사하는 것처럼 들립니다. 그리스의 조각에 등장하는 이들은 신들이거나 전사(戰土, warrior)입니다. 주전 4-5세기에 만들어진 아폴로 신상이나 아프로디테 신상, 전사상을 보면 미켈란젤로의 '다비드 상(像)'이 오히려 너무 속물적으로 보이기까지 합니다. 그리스 조각에서 중요한 것은 비례와 균형입니다. 그것을 통해 신적인 질서를 표현하려고 했던 것입니다. 압살롬의 풍모는 신적이기까지 합니다. 그의 풍부한 머리카락은 왕성한 생명력을 나타내는 기호입니다. 왕궁 저울로 1세겔이 13그램이니까 그의 머리카락 무게 200세겔은 약 2.6킬로그램이나 됩니다. 상상이 되십니까? 한 마디로 압살롬은 젊고 아름답고 호기로운 청년입니다. 하지만 뛰어난 외모가 그의 사람됨까지 보증해 주는 것은 아닙니다. 중요한 것은 외모가 아니라 그의 속에 도사린 것이 빛이냐 어둠이냐 입니다. 잘 생겼으나 천해 보이는 이가 있고, 못 생겼으나 고귀해 보이는 이가 있습니다.

압살롬은 야심가였습니다. 그의 속에는 깊이 모를 어떤 심연이 도사리고 있습니다. 누이 동생을 겁탈했던 이복 형 암논을 살해하고 달아났다가 몇 년의 객지 생활 끝에 돌아왔지만 아버지가 만나주지 않자, 그는 아버지의 권력을 차지하기 위해 음모를 꾸밉니다. 그는 자신의 매력과 젊음을 오직 야망을 충족시키는 데 사용합니다. 그는 전차부대와 기병부대, 그리고 보병부대를 양성하여 대중들의 이목을 집중시키며 퍼레이드를 벌입니다. 위세를 보여주는 것입니다. 그뿐이 아닙니다. 전쟁이 사라진 평화의 시기가 계속되면서 왕궁의 사법체제가 해이해지면서 힘있는 자들의 횡포가 커지고 억울한 이들이 늘어나자, 압살롬은 그들에게 다가가 따뜻하고 겸손한 말로 위로하면서 문제를 해결해주기 위해 노력합니다. 사람들의 마음은 자연히 젊고 매력적이고 따뜻하고, 낮은 데 처한 사람의 마음을 알아주는 압살롬에게로 쏠립니다.

마침내 때가 이르렀다고 생각한 그는 다윗 왕에게 헤브론에 가서 예배를 드리도록 허락해 달라고 요청합니다. 그리고 예루살렘의 많은 고관들을 그 자리에 초대합니다. 그는 측근들에게 나팔소리가 들리거든 "압살롬이 헤브론에서 왕이 되었다."고 외치라고 지시해 놓았습니다. 마침내 반란이 일어나자 많은 사람들이 압살롬에게 가담했고 그를 따르는 백성도 점점 많아졌습니다. 압살롬은 마치 앙시앵 레짐(ancien regime)을 타파하는 혁명가처럼 위풍당당합니다.

품이 넉넉한 사람

전령으로부터 보고를 받은 다윗은 역시 역전의 노장답게 상황판단이 재빠릅니다. 황급히 피신하면서도 그는 여러 가지 일들을 빈틈없이 처리합니다. 왕궁을 지키도록 후궁 열 명을 남겨 두고, 온 가족과 더불어 피신하자 백성들이 그를 따라나섰습니다. 그 행렬이 '벳메르학', 곧 '먼 궁'에 이르렀을 때 왕은 잠시 멈추어 서서 일종의 열병분열식(閱兵分列式)을 합니다. 왕과 동행한 군인들이라고는 몇몇 측근 장군들과 외국에서 온 용병들 뿐이었습니다. 왕의 행렬이라고 하기에는 너무 초라했습니다. 이것이 다윗이 처한 위기를 반증하고 있습니다.

그런데 그 급박한 상황을 전하는 성서 기자는 마치 잠시 호흡을 고르는 것처럼 어떤 이야기를 들려줍니다. 블레셋 출신의 가드 군인 육백 명이 왕의 앞으로 지나갈 때 다윗은 그 사령관인 잇대를 불러 뜻밖의 말을 합니다. 군대를 이끌고 예루살렘으로 돌아가 있다가 새 왕을 모시라는 것이지요. 그의 마음을 떠보려는 것이었을까요? 아니면 진정이었을까요? 나는 후자에 방점을 두고 싶습니다. 잇대는 블레셋에서 쫓겨나 다윗에게 그 몸을 기탁하러 온 사람입니다. 다윗은 그를 따뜻하게 맞아들여 자기 수하에 두었습니다. 그런데 자신이 쫓기는 신세가 되자, 그들은 또다시 뿌리뽑힌 유랑민의 신세가 되고 만 것입니다. 자신이 지난 날 유랑민으로 떠돌았기에 다윗은 유랑민들의 신산스런 삶을 너무도 잘 알았던 것입니다. 자기 코가 석 자나 빠졌는데도 그는 다른 이의 고통을 헤아리고 있습니다.

토라는 이스라엘 백성들에게 "너희는 너희에게 몸붙여 사는 나그네를 억압해서는 안 된다. 너희도 이집트 땅에서 나그네로 몸붙여 살았으니, 나그네의 서러움을 잘 알 것"(출애굽기 23:9)이라고 말합니다. 성서는 이처럼 사람들이 서로의 마음을 헤아릴 줄 아는 세상을 향해 우리를 부르고 있습니다. 다윗은 그런 토라의 구현인 셈입니다. 그리고 그것이 다윗 리더십의 특성이기도 했습니다.

바위와 소나무

오늘 주보에 박남준 시인의 〈아름다운 관계〉라는 시를 올려놓았습니다. 시인은 바위 위에서 자라고 있는 소나무 한 그루에 눈길을 주고 있습니다. 처음부터 그 바위에 식물이 자란 것은 아니었을 겁니다. 그 바위는 애초에는 이끼조차 살 수 없었고, 날아온 풀씨가 어렵게 싹을 틔워도 곧 시들어 죽을 수밖에 없었던 불모의 바위였습니다. 그런 바위가 소나무를 키우다니 어쩌된 일인지요? 시인은 그 놀라운 기적은 바위가 늙어 품이 넉넉하게 되었기 때문이라고 말합니다. 나이를 먹으면서 품이 넉넉해지는 사람이라야 성숙한 사람이라 하겠습니다. 어느 날 이끼와 마른 풀들 사이에 떨어진 솔씨 하나가 날아와 안기자, 바위는 그 작은 것을 키우려고 애를 씁니다.

> 비가 오면 바위는 조금이라도 더 빗물을 받으려
> 굳은 몸을 안타깝게 이리저리 틀었지
> 사랑이었지 가득 찬 마음으로 일어나는 사랑

그 사랑으로 바위는 소나무를 키웠고, 소나무는 마침내 푸른 그늘을 드리웠고, 또 새들을 불러 노래하게 했습니다. 솔잎을 스치는 바람소리는 강물이 흐르는 소리처럼 들렸습니다. 시인은 스스로에게 묻습니다.

> 뒤돌아본다
> 산다는 일이 그런 것이라면
> 삶의 어느 굽이에 나, 풀꽃 한 포기를 위해
> 몸의 한편 내어준 적 있었는가 피워본 적 있었던가

이것은 시인이 스스로에게 묻는 질문이기도 하지만, 독자인 우리들에게 묻는 질문이기도 합니다. 몸의 한켠을 헐어 누군가의 품이 되도록 해준다는 것, 이보다 더 거룩한 일이 있을까요? 수고하고 무거운 짐진 자들을 부르신 주님의 삶이 바로 이런 게 아니겠습니까? '나'라는 감옥에서 해방될 때 우리는 비로소 생명과 평화의 일꾼이 될 수 있습니다.

사람을 얻은 자의 행복

진정 어린 다윗의 말에 잇대의 마음이 뜨거워졌습니다. 여기서 말은 소통의 매개일 뿐, 저들의 마음은 이미 하나가 되었습니다. 저는 기도는 하나님과 마음을 통하는 것이라고 생각합니다. 소리내어 올리는 기도이든, 명상 기도이든, 깊은 관상에 들든 그 근본은 하나님과 통하려는 것입니다. 잇대는 살아계신 하나님과 임금의 살아계심을 두고 맹세합니다. "임금님께서 가시는 곳이면, 살든지 죽든지, 이 종도 따라가겠습니다." 진심은 진심을 부릅니다.

저는 오늘의 설교 제목을 '사람도 고향이다'라고 잡았습니다. 우리가 태어난 곳, 유년 시절의 기억이 서려 있는 곳도 고향이지만, 마음이 통하는 사람, 나를 알아주는 사람도 우리의 고향이라는 생각 때문이었습니다. 사실 현대인들의 마음이 각박한 까닭은 살면서 이런저런 사람들에게서 받은 상처 때문일 겁니다. 세상에 믿을 사람 하나도 없다는 생각이야말로 우리 삶을 황무지로 만들고 있습니다. 경희대학교에 계신 도정일 선생은 현대 한국인을 나포(拿捕)하고 있는 정신상태(mentality)를 두 가지로 요약하고 있습니다.

하나는 공포의 문화입니다. 일종의 두려움과 불안 의식인데, 특히

1997년의 금융위기 시기를 지나면서 생긴 것입니다. 신자유주의 세계화가 진행되면서 이제 사람들은 늘 고용 불안, 비정규직의 일반화, 실직의 위험, 사회적인 열패자로 전락할 가능성 속에서 살아가게 되었습니다. 삶의 토대가 흔들리면서 마음조차 을씨년스럽게 변하고 있는 것입니다. 새로운 겨울 공화국입니다.

다른 하나는 선망(羨望)의 문화입니다. 세상이 불안정해질수록 사람들은 극적인 인생역전을 꿈꿉니다. 로또 열풍이 그것입니다. '뜬다'는 말 한 마디가 이런 풍조를 잘 표현해주고 있습니다. 매스컴은 높은 연봉을 받는 사람과 물질적인 성공을 거둔 소수의 사람들을 영웅으로 포장하여 내보입니다. 우리는 자신도 모르는 사이에 그들처럼 되지 못하면 무능력자가 된 것 같은 생각에 사로잡히게 됩니다. 사람들은 자신의 상품 가치를 높이기 위해 얼굴을 뜯어고치고, 학력을 위조하고, 사회적 불의에 대해서 침묵합니다. 선망은 영적 빈곤의 증거입니다. 내적인 빈곤함을 채울 길 없으니까 외적으로 치장하는 일에 몰두합니다. 허영과 천박함이 우리 시대의 표징이 된 것은 안타까운 일입니다.

기독교인의 새 이름

본디 마음을 잃어버린 채 우리는 세상을 떠돌고 있습니다. 영락 없는 나그네요, 쫓겨난 자입니다. 잇대의 처지와 우리의 처지가 다르지 않습니다. 물론 잇대에게는 부하들과 식구들이 안심하고 살만한 땅과 보호가 필요했습니다. 그러나 그보다 더 필요했던 것은 살아야 할 이유였습니다. 왜 사는지를 아는 사람은 어떻게든 살 수 있다는 말이 있습니다. 다윗은 잇대에게 살 이유가 되었습니다. 물론 그것이 궁극적인 삶의 이유일 수는 없지만 말입니다. 권력과 높은 자리를 얻기 위해 사람을 잃는 이는 어리석은 사람입니다. 불이익을 당하지 않으려고 불의를 보면서도 침묵하는 사람은 비겁한 사람입니다. 그들은 얻고자 하는 자는 잃고, 잃고자 하는 자는 얻는다는 말의 참뜻을 알지 못합니다. 우리는 예수 그리스도를 고향으로 삼은 사람입니다. 우리가 어디에서 방황하고 있든 주님은 어저께나 오늘이나 영원 무궁히 한결같은 사랑으로 우리의 품이 되어 주십니다. 인내하는 사랑으로 우리가 당신의 손과 발로 살아가기를 기다리고 계십니다.

잇대와 다윗 사이의 감동적인 대화가 사람들에게 알려지면서, 백성들의 마음은 다윗에게로 향하게 되었습니다. 왕의 행렬이 기드론 시내를 건널 때 온 땅이 울음 바다가 되었다고 합니다. 그 행렬은 광야 쪽을 향했습니다. 고난과 역경이 그들을 기다리고 있습니다. 하지만 그 길은 절망의 길이 아니었습니다. 고향을 떠나는 것이 아니라, 고향과 함께 가는 길이었기 때문입니다. 다른 이의 마음을 헤아리는 다윗의 진정이 일으킨 기적입니다. 여러분은 지금 누군가의 고향이 되어 살고 계신지요? 마음 한 켠을 열어 가슴 시린 누군가를 온 마음을 다해 품어주고 계신지요? 그렇다면 기독교인이라는 칭호가 부끄럽지 않은 사람입니다. 누군가의 고향이 되어 주는 사람, 기독교인의 새 이름입니다. 이름과 실체가 오롯이 하나되는 우리가 되기를 기원합니다.

하나님의 은총이 현존하는 자리

곽건용/LA향린교회 목사

김기석 목사를 처음 만난 것은 2014년에 졸저 《하느님 몸 보기 만지기 느끼기》 출판회였다. 그는 사회를 맡아 모임을 이끌었는데 듣던 대로 조용하고 온유한 성격의 소유자였다. 그는 서울에, 필자는 미국에 살고 있어서 자주 만나지는 못했지만 필자가 고국을 방문할 때마다 만나서 얘기 나눌 기회를 가졌다.

두 사람의 공통점은 한 교회를 오래 목회하고 있다는 점이다. 이 경우 어려운 점은 매주일 같은 교우들에게 설교해야 한다는 것이다. 시간이 가면서 교인이 바뀌기는 하지만 그래도 매주일 같은 교인들에게 새로운 설교를 하는 일이 쉽지는 않다. 김 목사처럼 수준 높고 정제된 설교를 만들어내는 일은 보통 어려운 작업이 아닌데 그 일을 긴 세월 해왔다는 것만으로도 존경받아 마땅하다. 이번에 그의 설교를 정독하면서 가장 먼저 든 생각은 군더더기 없이 깔끔하다는 것이었다. 그의 설교에는 성서에 대한 깊은 이해가 담겨 있을 뿐 아니라 오랜 글쓰기를 통해 갖춘 유려한 문장은 구연을 위한 원고 차원을 넘어서서 한 편의 문학 작품으로도 손색이 없다.

솔직하고 진지하게 구약성서를 대하는 설교자라면

필자에게 '설교평'이란 과제를 준 다섯 편의 설교는 모두 구약성
서 역사서를 본문으로 한다. 설교자는 이른바 '렉셔너리'(lectionary)
에 따르거나 성서의 한 책을 정해서 '강해'하는 것 같지는 않고 그
때그때 상황에 맞춰 설교하는 것으로 추측되는데 이는 한 교회를
오래 목회하는 설교자들의 공통적인 경향으로 보인다.

필자는 구약성서의 역사서를 본문으로 설교하는 데 가장 큰 어려
움을 느낀다. 이유는 역사서에 대한 학문적 연구결과가 거기 서술
된 내용과는 많이 다르기 때문이다. 구약성서 역사서는 서술의 목
적이나 서술방법 등이 근대적 의미에서 역사적 문서라고는 볼 수
없다. 근대적 의미에서도 역사는 일어난 사건을 그대로 서술하는
것이 아니라 특정 사관에 따라 역사 자료를 취사선택해서 거기에
일정한 의미를 부여해서 서술한 내러티브다. 구약성서에서 인간의
역사란 야훼 하나님의 뜻과 의도가 펼쳐지는 장으로서 거기서 인간
들이 펼쳐가는 내적 인과관계는 부수적인 의미를 갖는 데 머무른
다. 아무리 돈독한 신앙의 소유자라도 구약성서가 전하는 사건들을
거기 서술된 그대로 일어났다고 믿기는 어렵다. 다행인지 불행인지
대부분 기독교인들이 구약성서를 잘 모르기 때문에 설교자가 맘대
로 설교해도 트집잡힐 일이 거의 없지만, 솔직하고 진지하게 구약
성서를 대하는 설교자라면 설교에 학문적 연구 성과를 얼마나 반영
할지를 고민하게 마련이다. 이것이 필자의 평소 고민이어서인지 이
설교를 하면서 설교자가 어떤 고민을 얼마나 했을지 어렴풋이나마
느껴졌다.

역사서를 설교할 때 또 다른 고민은 그 사건이 '그때 그들에게 어떤 의미였는지'(what it meant)와 '지금 우리에게 어떤 의미인지'(what it means)를 어떻게 관련시킬 것인가 하는 점이다. '그때 그들'과 '지금 우리' 사이에는 3천여 년이란 시간의 격차와 문화 차이가 존재한다. 그 간격을 넘어서는 의미가 과연 있는지, 있다면 그게 뭔지를 규명하고 거기서 메시지를 찾아내는 일은 역사서 설교자에게 필수적이다. 이는 비단 역사서에만 해당되지는 않고 윤리적 교훈이나 종교적 진리에도 해당되지만 일회성인 역사적 사건의 경우에는 그 관련성을 찾기가 더욱 힘들다. 명시적으로 드러나지는 않지만 필자는 이 설교에서 그 고민의 흔적을 봤다.

또한 설교자의 설교에는 가난하고 소외된 사람들을 따뜻하게 보듬는 시선이 느껴진다. 한국 개신교에서 상당한 크기를 가진 교회에서(청파교회는 코로나19 상황에서 교인 숫자가 대거 늘어난 드문 경우라고 들었다.) 교인들의 사회적 지위와 성향도 다양할 텐데 어떻게 일관되게 그런 입장을 유지할 수 있는지 궁금하다. 청파교회에도 설교자와 신앙적, 정치적 성향이 다른 교인이 분명 있을 텐데 그들이 교회를 떠나지 않는다는 것은 설교자에게 '좋은' 설교자로서의 능력을 넘어서는 무언가가 있으리라고 짐작할 수 있다. 목회자의 '인품'이라고 부르는 그것 말이다.

귀환 공동체의 배타주의를 너머

에스라 8장 21-23절을 본문으로 한 「아하와 강가에서」 설교는 설날 주일의 설교다. 우리 겨레에게는 사실상 새해 첫 날인 설날(옛 이름은 '구정')에는 어떤 메시지를 선포했는지 기대와 호기심을 갖고 정독했다. 설교의 주제인 '귀환'은 민족이 대이동하는 설날의 주제로 적절해 보였다.

귀향한 교우들이 많아서 평소보다 참석자가 적었을 예배에서 그는 돌아갈 곳이 없는 사람들을 위한 위로의 말로 설교를 시작한다.

"설날 아침, 주님의 은총과 평화가 우리 가운데 임하시기를 빕니다. 이맘때면 더욱 고향을 그리워하는 이들이 있습니다. 한파와 함께 찾아온 설날이 실향민, 난민, 이주 노동자, 홈리스, 고립 속에 살아가는 이들의 외로움을 더욱 깊게 만들지 않기를 빕니다. 외로움의 감정은 분리되었다는 느낌 속에서 생성됩니다. 우리가 서 있는 자리가 어디이든 누군가와 연결되어 있다는 생각이 들 때 사람은 절망에 빠지지 않습니다."

얘기는 자연스럽게 바빌로니아에 끌려가 실향민, 난민으로 고립 속에서 살던 이스라엘 백성들 얘기로 이어진다. 제국은 바빌로니아에서 페르시아로 바뀌었지만 여전히 실향민, 난민 신세였던 그들에게 귀환하라는 황제의 칙령이 떨어진다. 역사는 제국이 내린 이 조치를 지배방식의 변화로 해석하지만 성서는 이를 야훼 하나님의 섭리의 일환으로 해석해서 이를 '제2의 출애굽 사건'으로 묘사한다.

설교자는 에스라가 전하는 귀환의 과정을 상세히 설명하면서 사이사이에 적절히 그것이 갖고 있는 의미와 함께 설명한다. 귀환 백성들이 모여 있던 아하와 강가를 '경계지대, 다른 세계로의 입구'로 해석하고 '사흘'이란 시간이 갖고 있는 성서적 의미를 제시하며 '금식'이란 신앙행위가 갖는 결단의 뜻을 해설하는 것 등이 그렇다. 에스라가 황제에게 호위 병력을 요구하지 않았다는 사실을 오로지 하나님의 은총에만 매달리는 신앙적 모험으로, 넉 달의 여정에 대한 자세한 서술이 없는 점을 '에피소드를 통해 사람들을 감동시킬 생각이 없기 때문'으로, '지도자 개인을 영웅적 존재로 그리지 않는 것'을 '성경의 아름다움'으로 해석하고 음미하는 대목 역시 마찬가지로 눈길을 끄는 대목이다. 본문이 명시적으로 말하지 않는 대목의 의미를 물을 때 설교자는 '내 해석이 맞나?'라고 스스로에게 묻게 마련이다. 물론 틀릴 수 있지만 설교가 성서에서 '오늘 우리'에게 주는 메시지를 찾아서 선포하는 행위라면 이는 피할 수 없는 리스크라 하겠다.

설교자는 귀환 공동체가 직면한 한계와 위험도 지적한다. 이들이 돌아온 고향은 '빈 땅'이 아니라 포로로 잡혀가지 않았던 동족이 살고 있는 땅이었다. 이들은 제국의 정책에 따라 이교의 영향 아래 살아야 했고 다른 종족과 통혼함으로써 이른바 혈통의 순수성을 잃어버릴 수밖에 없었다. 이에 대한 에스라의 선택은 유대인의 순수성 회복을 위한 배타주의였는데 어쩔 수 없는 측면이 있었다고 하더라도 분명 유일한 선택은 아니었다. 이는 설교자의 말마따나 그 과정에서 생이별의 아픔을 겪는 가족에 대한 연민은 찾아보기 어려운 '일종의 광기'라고 불러 마땅한 선택으로 설교자의 한탄을 불러일으킨다.

설교는 시간의 제약을 받는 행위(performance)이므로 하고 싶은 얘기와 해야 할 얘기를 다 할 수는 없다. 그렇더라도 귀환 명령을 내린 페르시아 제국의 정치적 의도에 대한 지적이 없다는 점은 좀 아쉽다. 귀환 공동체의 배타주의에 대해 지적한 것처럼 제국의 의도도 지적했다면 설교 서두에서 위로한 실향민, 난민, 이주 노동자들이 왜 그런 고립된 처지에서 살아야 하는지를 더 깊이 성찰할 기회가 되지 않았을까 싶다.

하늘에 오르려던 자의 비참한 추락

열왕기하 19장 29-31절 본문의 「주의 열심이 이 일을 이룰 것이다」는 유다 왕 히스기야 시대에 벌어진 일에 대한 얘기다. 남북 왕국 통틀어 이스라엘에서 긍정적 평가를 받은 소수의 왕들 중 하나로 몇 가지 에피소드를 남겼는데, 주전 701년에 앗시리아의 침공을 받아 예루살렘이 함락 위기에 처했던 일이 그 중 하나다.

설교자는 이번에도 '따뜻하고 공정한 세상의 꿈은 가뭇없이 시들어가고 살벌한 경쟁논리가 사람들의 의식을 지배하고 있는' 사회에서 '스스로를 지킬 능력이 부족한 약자들'에 대한 따뜻한 언급으로 설교를 시작한다. 그러면서 설교자는 '탈진실의 시대'를 언급한다. 탈진실의 시대는 '무엇이 진실인지 가려내기 어려운 시대'요 따라서 '하나님 망각'의 시대다. 그것이 교회 특유의 언어는 아니지만 교회도 그 영향에서 자유롭지 않아서 '믿는 이들조차 하나님의 뜻은 제쳐놓고, 진영논리에 따라 세상을 바라보는 것 같아' 안타깝다고 한다. 다소 뜬금없어 보이는 '탈진실'을 언급한 이유는 산헤립과 랍사게를 얘기할 때 모습을 드러낸다.

역사서를 설교할 때는 벌어졌던 일들에 대한 설명을 생략할 수 없다. 거기 익숙하지 않은 교인이 많으니 그렇다. 성서의 서술이 벌어졌다고 여겨지는 것과 다른 경우에 그걸 어떻게 이해해야 할지를 설명하기가 쉽지 않다. 구약성서의 역사서가 어떻게 쓰여졌고 어떤 과정을 거쳐서 지금의 모습을 갖췄는지를 얘기해야 하는데, 사실 그 얘기는 설교에 어울리지도 않고 상세히 할 수도 없다. 따로 성서공부에서 다룰 수밖에 없는데 교인들이 원하는 성서공부는 당장 교인들이 원하는 메시지를 떠먹여 주는 것이므로 이 역시 간단한 일이 아니다. 성서를 제대로 이해하려면 그것의 역사적, 문화적 배경을 알아야 하고 그 무엇에도 얽매이지 않고 자유로우면서도 진지하고 깊게 읽어야 한다. 설교와 성서공부가 이렇듯 긴밀히 연결될 때 설교자는 진지하게 메시지를 읽어내고 자유롭게 선포할 수 있게 된다.

다행히 본문은 일어난 사건과 서술된 사건 사이의 간극이 크지 않으므로 성서의 서술을 그대로 따라가도 문제가 없다. 설교자는 우선 히스기야 왕이 단행한 '종교개혁'을 비롯한 업적들을 설명한다. 좋은 왕이라고 해서 좋은 시대를 만나는 것은 아니어서 그의 통치시대는 앗시리아 제국이 북 왕국 이스라엘을 정복하고 그가 다스리는 남 왕국 유다도 위협하는 때였다. 앗시리아 왕 산헤립은 파죽지세로 유다 땅의 여러 곳을 정복하여 마침내 예루살렘을 포위하고 항복을 압박하기에 이르렀다.

설교자는 랍사게가 예루살렘 주민들에게 행한 연설을 자세히 소개하는데 그 내용은 유다가 취할 수 있는 정책의 무용함을 설득하는 내용이다. 특히 설교자는 그들이 유다의 신 야훼의 허락을 받아서 예루살렘을 정벌하러 왔다고 주장한 대목에 주목한다. 적군이 섬기는 신이 허락해서 쳐들어왔다니 현대인들에게는 설득력 없는 주장이다. 하지만 인간의 역사에서 일어나는 모든 일이 유일신 야훼 하나님의 계획과 뜻에 따라 일어난다고 믿었던 유다 백성에게는 최소한 반신반의할 주장이었다. 게다가 히스기야의 종교개혁 조치 중 산당들을 제거하고 모세가 광야에서 만들었던 구리 뱀을 깨뜨리는 조치는 야훼 신앙을 해치는 조치로 여겨지기도 했다. 산당들 중에는 야훼께 제사드리는 곳도 있었고, 구원의 상징인 구리 뱀을 깨뜨린 조치는 야훼 신앙을 해치는 행위로 받아들여질 수 있었으니, 야훼의 허락을 받고 왔다는 랍사게의 연설에 흔들릴 수 있었다. 그것은 개혁조치를 반개혁으로 해석한 정치선동이었다.

설교자는 권력자의 자세를 강조한다. 예루살렘에 닥친 위기에서 무력함을 절감하고 야훼 하나님 앞에 엎드린 히스기야와 '권력에 도취' 되어 '스스로를 신적인 존재로 격상시키고 싶어'하는 산혜립이 대조된다. 결국 예루살렘의 위기는 산혜립의 군대가 야훼의 천사에 의해 궤멸 당했고, 산혜립 역시 자기 신의 신전에서 살해 당함으로 극복됐는데 이는 '하늘에 오르려던 자의 비참한 추락'이었다고 평가된다. '믿음의 사람들은 하나님의 눈으로 역사를 보는 사람들'이고 하나님이 히스기야에게 평화 정착의 약속을 주셨듯이 믿음의 사람도 "하나님의 마음과 눈으로 이웃과 세상을 볼 때 우리는 근원적인 희망을 붙잡을 수 있습니다."라는 결론이 내려진다.

설교자의 곤혹스런 질문

열왕기상 12장 6-16절이 본문인 「누구의 말에 귀를 기울일 것인가?」와 역대하 16장 7-10절이 본문인 「권력의 오만을 경계하라」는 모두 불의한 권력을 휘두르는 권력자들에 대한 경고의 메시지다. 들어야 할 사람은 안 듣고 안 들어도 될 사람이 듣는다는 게 현실이지만, 진정 이 설교는 요즘 한국의 권력자들이 들어야 할 말임에 분명하다. 본문 내용을 몰라도 메시지가 뭔지는 누구나 알 수 있다. 들을 귀만 있다면 굳이 구약을 다 외울 필요도 없겠다. 이와 같은 보편성은 설교자가 갖고 있는 미덕이다.

「누구의 말에 귀를 기울일 것인가?」는 솔로몬 사후 권력 교체기에 그의 아들 르호보암 앞에 놓인 두 가지 선택지에 관한 얘기다. 부왕 시대에 백성들에게 지워졌던 무거운 짐을 경감해 달라는 원로들의 충고와 그 짐을 더욱 무겁게 해야 한다는 '왕과 함께 자란 젊은 신하들'의 조언 중에서 르호보암은 후자를 선택했고 이에 불복한 열 지파가 떨어져나가 별도의 나라, 북 이스라엘을 세웠다. 이로써 나라는 둘로 갈라져 대립과 반목하는 시대가 열렸고 르호보암은 나라를 분단시킨 왕이란 오명을 쓰게 됐다.

설교의 밑바닥에 깔려 있는 기본적인 신학을 설교자는 이렇게 말하는데, 여기에는 아브라함 헤셸의 음성이 겹쳐져서 들린다.

"성서 종교의 가장 놀라운 점은 하나님께서 땅의 현실에 민감하게 반응하신다는 사실입니다. 하나님께서는 땅에서 들려오는 신음소리에 귀를 기울이시고 불의한 세상을 바로잡기 위해 세상과 연루되는 것을 꺼리지 않으시는 분입니다."

그렇다고 해서 하나님이 미주알고주알 세상일에 참견하는 분은 아니다. 백성들은 울부짖었고 세상은 불의하게 돌아갔지만 하나님은 르호보암을 직접 내치지 않았다. 하나님에게 '지혜로운 마음'과 '선과 악을 분별하는 능력'을 받았다는 솔로몬도 백성들에게 무거운 멍에를 메웠지만(열왕기상 12:14) 하나님은 그 자도 내치지는 않았지 않던가. 정말 솔로몬이 하나님에게서 온 지혜와 판단력으로 통치했었는지 의심스럽다. 안 그런가.

여기서 설교자는 곤혹스런 질문을 던진다. 그는 "왕이 이렇게 백성의 요구를 들어주지 않은 것은 주님께서 일을 그렇게 뒤틀리게 하셨기 때문이다."(열왕기상 12:15)라는 서술이 이해하기 힘듦을 인정한다.

"왕이 백성들의 요구를 들어주지 않은 것은 주님께서 일을 그렇게 뒤틀리게 하셨기 때문이라는 말을 어떻게 이해해야 할까요? 모든 것은 하나님의 계획 아래서 일어난다는 뜻일까요? 인간은 다만 하나님의 꼭두각시에 지나지 않는다는 말입니까? 그렇다면 인간에게 책임을 물을 수 없습니다. 유한한 인간이 이 우주 가운데서 일어나는 모든 일을 이해할 수는 없습니다. 그래서 자기들의 지식이나 경험에 통합되지 않는 일들을 하나님의 뜻으로 돌리곤 합니다. 그리스 사람들은 그것을 '모이라' 곧 운명이라고 말했습니다."

설교자의 말마따나 세상에서 벌어지는 모든 일들, 특히 '인간의 오만과 오판으로 빚어진 참상조차' 하나님의 뜻으로 돌리는 태도는 옳지 않다. 쓰나미 같은 자연재해를 동성애자들이나 성탄절에 놀러 간 사람들 때문에 하나님이 화나서 일으켰다고 강변하는 엉터리 설교자들이 있는 이 마당에 이런 지적은 반드시 필요하다. 또한 하나님은 "그 혼란과 고통의 한복판에서 희망의 빛을 창조하고 계십니다. 성도들은 그 창조적인 사역에 부름을 받은 사람들입니다."라며 성도들이 하나님 사역의 동반자임을 확인한 데도 전적으로 동의한다. 불행한 일이 벌어졌을 때 그 원인을 따지는 것도 필요하지만 그보다 해결책을 찾는 일이 더 중요하니 말이다. 그런 점에서 15절과 같은 서술이 신학적으로는 중요한 주제지만 설교에서는 설교자의 접근이 타당하다고 생각한다. 그럼에도 불구하고 르호보암의 잘못된 판단은 하나님이 일을 뒤틀리게 했기 때문이라는, 현대인이 납득하기 힘든 신학적 서술에 대한 해설이 없는 점은 못내 아쉽다. 물론 학계에서도 다양한 의견이 있어 합의가 없긴 하지만 말이다.

설교 말미에 통치자는 백성을 마구 내리누르고 세도를 부려서는 안 되고 섬기는 사람이 되어야 한다는 마태복음 20장 25-27절이 인용된다. 섬기는 자의 길, 종이 되는 사람의 길이 바로 십자가의 길이다. "채찍과 멍에를 든 이들이 얼러대는 소리가 도처에서 들려오지만, 묵묵히 십자가를 지는 이들을 통해 세상에 하늘이 유입됩니다. 교우 여러분 모두가 십자가를 든든히 붙잡는 사람다운 삶을 통해 하나님께 영광을 돌릴 수 있기를 축원합니다."라는 권면으로 설교를 마무리한다. 교우들에게서 '아멘!'이 절로 나왔겠다.

모든 일이 잘 될 때야말로 위험한 때

「삶과 죽음의 경계」는 역대상 21장 27절부터 22장 1절을 본문으로 한 설교다. 이 드라마의 주연배우는 다윗이다.

설교는 튀르키예와 시리아에서 발생한 유례없는 지진에 대한 언급으로 시작한다. 설교자는 이런 일이 벌어졌을 때 취해야 할 태도를 분명히 얘기한다.

> "대형 재난이 나타날 때마다 우리가 긴급하게 물어야 할 질문은 '왜 이런 일이 일어나는가?'가 아니라, '지금 우리가 해야 할 일은 무엇인가?'입니다. 우리 교회도 최선을 다해서 그들의 설 땅이 되기 위해 힘을 모으려 합니다. 사건에 대한 성찰은 꼭 필요하지만 지금은 넘어진 이들을 일으켜 세우기 위해 총력을 기울여야 할 때입니다."

'누구의 말에 귀를 기울일 것인가?'에서도 언급한 내용을 또다시 언급한 것은 지진으로 인한 피해가 워낙 막중하고 급박하기 때문이겠다. 설교자는 '동정 피로'라는 다소 생소한 개념을 소개한다. 대규모 재난은 '순수한 인류애'가 발현되는 기회이지만, 시간이 흐를수록 피해자를 도우려는 열정이 식어가고 그들의 외침에 귀를 막을 뿐 아니라 그들을 혐오하는 데까지 갈 수 있음을 경계하며 피해자들이 버림받았다고 생각하지 않게 해야 함을 역설한다. 참으로 사려 깊은 언급이다. 이 얘기가 설교와 직접적인 관련은 없지만 직전에 벌어진 참사에 대해 교인들이 취해야 할 태도와 피해자들을 돕기 위해 교회가 어떤 계획을 갖고 있는지를 언급하는 일은 적절해 보인다.

다윗에 대해 설교하는 일은 필자에게는 쉽지 않은 일이다. 졸저 《일그러진 영웅 vs 만들어진 영웅》에서 자세히 다뤘듯이 다윗에게 는 칭찬하고 본받아야 할 면보다는, 비판하고 반면교사로 삼아야 할 면이 더 많다고 생각하기 때문이다. 그래서 이 설교에 더 큰 관심을 갖고 읽었다.

다윗 이야기는 사무엘서와 열왕기, 그리고 역대기에 나오는데 역대기는 사무엘-열왕기보다 나중에 기록됐고 사무엘-열왕기를 참고해서 서술된 역사서로서 다윗의 긍정적인 면은 크게 부각시키고 부정적인 면을 순화하거나 심지어 삭제하기까지 한 책이다. 둘 중 어느 편이 옳다고 판단할 수는 없다. 다만 설교자가 택한 역대기라는 책이 이런 성격을 갖고 있음은 기억할 필요가 있겠다.

'모든 일이 잘 될 때야말로 위험한 때'라는 사실은 다들 알지만 실제로 닥치면 망각하기 십상이다. 그래서 설교자의 말대로 '여러 가지 여건이 잘 들어맞아서 찾아온 행운을 자기 능력으로 치환하는 순간 오만함의 함정에 빠지게 마련'이다. 다윗도 예외가 아니었다. 그는 여러 전쟁에서 승리하여 큰 부를 쌓았는데 여기서 발걸음이 엉키기 시작한다.

그는 사탄의 부추김을 받아서(역대상 21:1) 인구조사를 실시했다. 같은 이야기를 전하는 열왕기하 24장 1절에는 야훼 하나님이 이스라엘에게 진노하여 그들을 치려고 다윗을 부추겨 인구조사를 하게 했다고 서술되어 있다. 구약성서 연구자에게는 널리 알려진 신학적 문제지만 그걸 다룰 여유는 없다. 설교는 텍스트를 주석하는 작업이 아니기 때문이다. 그래서 설교자는 인구조사의 목적이 왕으로서 통제력을 강화하는 데 있었다고 규정하고 이것이 하나님 눈 밖에 났다고 밝힌다.

인구조사 시의 이스라엘 병력 규모는 다윗이 사울에게 쫓겨 풍찬 노숙 했을 때와는 비교할 수 없을 정도로 커졌다. 하지만 예언자 갓을 통해 다윗에게 하나님의 심판의 메시지가 전해졌고 이스라엘 백성은 다윗으로 인해 막중한 고통을 겪어야 했다. 불행 중 다행으로 예루살렘이 심판받기 직전에 하나님이 자신의 행위를 후회하셨고 다윗과 장로들이 회개에 응답하여 재앙을 거두셨다. 다윗은 오르난의 타작마당에 주님의 제단을 쌓으라는 하나님의 명령을 받고 값을 치르고 그 땅을 구입해서 거기에다 제단을 쌓아 하나님에게 번제와 화목제를 드림으로써 재난을 끝냈다.

설교자는 이렇듯 다윗이 구입해서 제단을 쌓고 제사를 드린 오르난의 타작마당을 '하나님의 은혜가 베풀어지는 수확의 자리인 동시에 심판의 자리'로 성격 규정한다. 그 자리는 '삶과 죽음의 경계선'이고 하나님에 대해 형벌에 대한 두려움이 아닌 경외감을 갖게 된 자리이기도 하다. 설교자는 여기서 한 걸음 더 나아가서 더 이상 성전은 건물이 아니라고 말한다. 하나님의 현존이 드러나는 곳이라면 어디든 그곳이 성전이라는 것이다. 우리가 넘어진 사람을 일으켜주고 우는 사람의 눈물을 닦아주며 외로운 사람 곁에 머물 때 '우리 속에 잠든 하나님의 성품의 씨가 싹을 틔우기 때문'에 그곳이 바로 하나님의 성전이다.

제목이 '삶과 죽음의 경계'인 까닭은 다윗과 이스라엘, 그리고 오늘 우리만 경계선에 서 있는 게 아니라 지진 현장에서 고통당하고 있는 튀르키예와 시리아 난민들 역시 거기 서 있음을 말하기 위해서였다고 혼자 생각해본다. 하기는 그런 재난이 아니더라도 기독교인에게는 하나님의 은총이 현존하는 곳이 바로 생명이요 그것이 부재하는 곳이 죽음이 아니던가.

다섯 편의 설교를 정독하면서 구약성서의 역사서를 갖고 설교하는 일의 어려움을 새삼 느낀다. 교인들이 거기에 익숙하지 않거니와 익숙하다 해도 현대인들과는 다른 역사관으로 쓰여졌으니 말이다. 그 간격과 차이를 감안해서 설교하기는 결코 쉽지 않다. 게다가 윤리적인 면에서도 구약성서의 그것과 오늘의 그것은 크게 다르다. 구약성서 윤리를 시대에 뒤떨어졌다고 폄하한다면 성서의 권위를 깎아내릴 수 있다.

그래서 필자는 구약성서를 설교할 때마다 한편으로는 자기검열을 해야 한다는 생각과 하지 말아야 한다는 생각이 교차한다. 자기검열은 곧 성서의 권위를 해치지 않기 위해서인데 이때 내 안에서 '하나님의 말씀인 성서의 권위를 너 따위가 무슨 수로 해칠 수 있다고 건방을 떠는가?'라는 목소리가 들린다. 이래저래 필자는 검열과 방임 사이에서 시계추처럼 왔다갔다를 반복하며 설교자로 살고 있다. 이런 필자에게 김 목사의 설교는, 설교의 중심이란 다른 무엇보다 전하려는 메시지임을 상기시켜줬다.

누구의 말에 귀를 기울일 것인가?

르호보암 왕은 부왕 솔로몬이 살아 있을 때에, 부왕을 섬긴 원로들과 상의하였다. "이 백성에게 어떤 대답을 해야 할지, 경들의 충고를 듣고 싶소." 그들은 르호보암에게 이렇게 대답하였다. "임금님께서 이 백성의 종이 되셔서, 그들을 섬기려고 하시면, 또 그들이 요구한 것을 들어 주시겠다고 좋은 말로 대답해주시면, 이 백성은 평생 임금님의 종이 될 것입니다." 원로들이 이렇게 충고하였지만, 그는 원로들의 충고를 무시하고, 자기와 함께 자란, 자기를 받드는 젊은 신하들과 의논하면서, 그들에게 물었다. "백성들이 나에게, 부왕께서 메워 주신 멍에를 가볍게 하여 달라고 요청하고 있소. 이 백성에게 내가 어떤 말로 대답하여야 할지, 그대들의 충고를 듣고 싶소." 왕과 함께 자란 젊은 신하들이 그에게 말하였다. "이 백성은, 임금님의 아버지께서 그들에게 메우신 무거운 멍에를 가볍게 해 달라고, 임금님께 요청하였습니다. 그러나 임금님께서는 이 백성에게 이렇게 말씀하십시오. '내 새끼 손가락 하나가 내 아버지의 허리보다 굵다. 내 아버지가 너희에게 무거운 멍에를 메웠다. 그러나 나는 이제 너희에게 그것보다 더 무거운 멍에를 메우겠다. 내 아버지는 너희를 가죽 채찍으로 매질하였지만, 나는 너희를 쇠 채찍으로 치겠다' 하고 말씀하십시오." 왕이 백성에게 사흘 뒤에 다시 오라고 하였으므로, 여로보암과 온 백성은 사흘째 되는 날에 르호보암 앞에 나아왔다. 왕은 원로들의 충고는 무시하고, 백성에게 가혹한 말로 대답하였다. 그는 젊은이들의 충고대로 백성에게 말하였다. "내 아버지가 당신들에게 무거운 멍에를 메웠소. 그러나 나는 이제 그것보다 더 무거운 멍에를 당신들에게 메우겠소. 내 아버지는 당신들을 가죽 채찍으로 매질하였지만, 나는 당신들을 쇠 채찍으로 치겠소." 왕이 이렇게 백성의 요구를 들어주지 않은 것은 주님께서 일을 그렇게 뒤틀리게 하셨기 때문이다. 이것은 주님께서 실로 사람 아히야를 시켜서, 느밧의 아들 여로보암에게 하신 말씀을 이루시려는 것이었다. 온 이스라엘은, 왕이 자기들의 요구를 전혀 듣지 않는 것을 보고, 왕에게 외쳤다. "우리가 다윗에게서 받을 몫이 무엇인가? 이새의 아들에게서는 받을 유산이 없다. 이스라엘아, 저마다 자기의 장막으로 돌아가라. 다윗아, 이제 너는 네 집안이나 돌보아라." 그런 다음에 이스라엘 백성은 저마다 자기의 장막으로 돌아갔다.

지도력의 교체

오늘 우리에게 주어진 본문은 솔로몬이 죽은 후 그 아들인 르호보암에게 권력이 승계되는 과정에서 발생한 일을 보여줍니다. 지도력의 교체 시기는 위기인 동시에 과거의 적폐를 해소하고 새로운 미래를 기획할 수 있는 호기이기도 합니다. "역사는 발전하는가?" 많은 사람들이 이 주제를 놓고 논쟁을 벌였습니다. 역사는 발전한다고 믿고 싶지만 지난 수십 년 동안 세계 도처에서 벌어진 일들은 그런 우리의 낙관론을 비웃는 것처럼 보입니다. 종족과 종파 간의 분쟁과 테러가 끊이질 않습니다. 나라와 나라 사이의 적대관계도 심화되고 있는 것처럼 보입니다. 역사의 발전을 자유의 확대 과정으로 본다면 지금 우리는 예전에 비해서는 많이 발전한 게 사실입니다. 억압과 착취로부터 어느 정도 자유롭게 되었으니 말입니다. 하지만 자유라는 것을 자기 삶에 대한 결정권을 갖는 것으로 본다면 이야기가 좀 달라집니다. 외적인 강제와 억압은 줄어들었지만, 내적인 강제와 억압은 더 늘어나고 있습니다. '더 많이, 더 편리하게' 살고 싶은 욕망, 남들과 구별되고 싶은 욕망 때문에 삶은 전장(戰場)이 되고 말았습니다. 주어진 삶에 만족하며 사는 사람들은 패배자처럼 보입니다. 치열한 경쟁 속에서 살다보니 사람들은 삶의 자리에 녹아들지 못한 채 버성깁니다.

본문으로 돌아가겠습니다. 사람들은 다윗-솔로몬 시대를 이스라엘의 황금시대라고 말합니다. 그 시기는 정치·경제·문화·군사적으로 이스라엘이 중근동 지역에서 나름대로의 입지를 확보한 때라 말할 수 있습니다. 하지만 구속사의 관점에서 보자면 그 시기를 아름다운 시절로만 기억할 수는 없습니다. 억압받는 이들을 찾아오시어 그들을 자유와 해방의 길로 이끄시는 하나님의 관점에서 보자면 그 시절은 역사의 퇴행기라 할 수도 있습니다. 뛰어난 신학자인 노만 갓월드는 다윗, 솔로몬 시대의 특징을 네 가지로 요약합니다.

첫째, 정치적 중앙집권화가 일어났습니다. 백성을 초월하는 권력을 가진 왕이 등장하고, 그는 조세권과 징집권을 갖게 됩니다. 통치의 편의를 위해 관료집단들이 등장합니다. 둘째, 사회적 계층이 발생했습니다. 국가의 부가 생산자들에게 고루 분배되기보다는 비생산자 계급으로 이전되고, 그것이 상속됨으로써 사회적 분화가 가속화되었습니다. 셋째, 토지 보유권에 대한 이해가 달라졌습니다. 이전에는 토지 소유권이 가족이나 확대 가족에게 있었지만 이제는 부자들에게 토지가 넘어가기 시작했습니다. 토지를 잃은 이들은 임금 노동자로 전락했습니다. 넷째, 무역·외교·전쟁이 사람들의 삶에 미치는 영향이 커졌습니다.(노만 K. 갓월드, 《히브리 성서1》, 한국신학연구소, 388-389쪽)

충고를 구함

오늘 본문은 이런 배경을 염두에 두고 읽어야 합니다. 왕위를 계승한 르호보암은 두렵고 떨렸을 것입니다. 통치 경험은 전무하고, 다스려야 할 나라는 컸습니다. 어느 날 여로보암을 대표자로 한 북부 지파 동맹 사람들이 세겜에 있는 왕을 찾아왔습니다. 그들은 솔로몬이 백성들에게 부과했던 세금과 노역이 너무 과중하여 견딜 수 없으니 그 멍에를 가볍게 해 달라고 청했습니다. 솔로몬 시대의 영화로움은 백성들의 희생을 통해 이룩된 것임을 알 수 있습니다. 당황한 르호보암은 선왕과 함께 나라를 일으켜 세웠던 원로들에게 자문을 구합니다. 그러자 그들은 올바른 길을 가르쳐줍니다.

임금님께서 이 백성의 종이 되셔서, 그들을 섬기려고 하시면, 또 그들이 요구한 것을 들어 주시겠다고 좋은 말로 대답해 주시면, 이 백성은 평생 임금님의 종이 될 것입니다.(열왕기상 12:7)

원로들은 이미 특권을 누리고 있는 이들이기는 했지만, 아직 출애굽 정신을 다 망각하지는 않았던 것 같습니다. 그들은 왕에게 주어진 권한은 백성을 마음대로 다루는 것이 아니라 백성을 섬기는 일이라는 사실, 백성들이 왕을 위해 존재하는 것이 아니라 왕이 백성들을 위해 존재한다는 사실을 점잖게 일깨워줍니다. 하지만 르호보암은 그 사실을 받아들이고 싶지 않았습니다. 그는 자기와 함께 자란 젊은 벗들에게도 충고를 구합니다. 성서 기자는 그 젊은 관료들이 누구인지를 두 가지로 표현하고 있습니다. "그와 함께 자란", "그를 받드는" 그들은 왕실 가까이에 머물면서 온갖 특권적인 삶을 누려온 이들입니다. 또 권력의 비위를 맞추는 것이 자기들의 기득권을 잃지 않는 길임을 너무나 잘 아는 이들입니다. 강제 노역에 시달리고, 과중한 조세 부담에 허리가 휜 민중들의 처지를 알 리가 없습니다. 그들에게 세상은 '다스리는 자'와 '다스림을 받는 자'로 나뉠 뿐입니다. 르호보암은 백성들의 말을 듣다가는 통치를 할 수 없다면서 그들의 요구를 단호히 거절해야 한다는 그 젊은이들의 조언을 달콤하게 들었습니다.

우리는 솔로몬이 통치를 시작하기 전 기브온 산당에서 하나님께 일천번제를 올렸던 사실을 잘 압니다. 하나님께서 그에게 "내가 너에게 무엇을 주기를 바라느냐? 나에게 구하여라."(열왕기상 3:5) 하였을 때 그는 '지혜로운 마음', '선과 악을 분별하는 능력'을 달라고 하였습니다. 솔로몬이 그렇게 청한 것이 주님의 마음에 들었습니다. 그런데 르호보암은 하나님의 뜻이나, 그 뜻을 반영한 원로들의 충고를 내치고, 자기를 받드는 젊은 신하들의 말에 마음을 두었습니다. 하나님의 뜻은 우리의 욕망을 거스를 때가 많습니다. 욕망은 자기를 세상의 중심에 두도록 하지만, 하나님의 뜻은 타자를 향해 우리를 선물로 내어주라고 하기 때문입니다. 하나님의 뜻에 따라 자기 삶을 조율해 나가기 위해서는 치열한 노력이 필요합니다. 성령의 능력 안에 머물 때 우리는 비로소 하나님의 뜻을 따르는 일이 기쁘고 행복한 일임을 알 수 있습니다. 하지만 일상의 모든 순간에 나를 누군가를 위한 선물로 내어주는 연습을 하지 않으면 안 됩니다. 기독교인은 '나 좋을 대로' 사는 사람이 아니라 '남 좋을 대로' 사는 사람입니다.

이탈리아의 아씨시 인근 마을을 터덜터덜 걸어 다니다가 어느 날 저는 리보 토르토(Rivo Torto)라는 곳에 이르렀습니다. 그곳은 프란체스코회가 시작된 곳이었습니다. 초기에 그는 몇몇 형제들과 양우리였던 그곳에 머물며 금욕적인 생활을 실천하고 있었습니다. 어느 날 밤 모두가 밀짚으로 만든 매트 위에서 잠든 때에, 형제 가운데 하나가 큰 소리로 외치기 시작했습니다. "아이고 죽겠다. 아이고 죽겠다." 프란체스코는 자리에서 일어나 불을 밝힌 후 죽겠다고 외친 것이 누구냐고 물었습니다. 한 형제가 자기가 그랬노라며 "배가 고파 죽겠다."고 말했습니다. 프란체스코는 즉시 음식을 준비한 후에 모든 형제들을 그 식탁에 동참시켰습니다. 그가 홀로 음식을 먹으면 창피를 느낄까 염려되었던 것입니다. 밥을 굶고 편태로 자기 몸을 때리면서까지 욕망을 다스리려 했던 그들이지만, 가련한 형제를 위해 기꺼이 고행을 중단했습니다. 율법을 넘어선 복음이 바로 이런 것 아니겠습니까?

멍에와 채찍

르호보암은 고통을 호소하며 부담을 경감시켜 달라는 백성들의 처지를 헤아리지 않았습니다. 그만한 그릇이 되지 않았던 것입니다. 높은 자리에 앉아서는 저 아래 땅의 사람들이 겪는 삶의 애환이 보이지 않는 법입니다. 성서 종교의 가장 놀라운 점은 하나님께서 땅의 현실에 민감하게 반응하신다는 사실입니다. 하나님은 땅에서 들려오는 신음 소리에 귀를 기울이시고, 불의한 세상을 바로잡기 위해 세상과 연루되는 것을 꺼리지 않으시는 분입니다. 성육신의 신비는 지금 이 자리에 우리와 함께 계신 하나님을 가르쳐줍니다. 하나님은 지금 울고 있는 사람들을 결코 외면하시지 않습니다. 하나님은 우리와 함께 그들의 눈물을 닦아주기를 원하십니다. 우리와 함께 그들의 고통을 덜어주기를 원하십니다. 우리가 그 일을 거절하면 하나님은 다른 방식으로라도 그들을 도우실 것입니다. 힘들다고, 못살겠다고 외치는 백성들에게 르호보암이 돌려준 말은 무엇입니까?

내 아버지가 당신들에게 무거운 멍에를 메웠소. 그러나 나는 이제 그것보다 더 무거운 멍에를 당신들에게 메우겠소. 내 아버지는 당신들

을 가죽 채찍으로 매질하였지만, 나는 당신들을 쇠 채찍으로 치겠
소.(열왕기상 12:14)

이 대목에서 제게 유난히 아프게 다가오는 두 단어는 '멍에'와 '채찍'입니다. 그것은 출애굽 정신에 대한 부정의 상징이 아닙니까? 하나님은 바로의 멍에와 채찍 아래에서 신음하던 히브리인들을 가나안으로 이끄셨습니다. 갈대 바다 속에 수장되었던 애굽의 군병들과 병거들은 멍에와 채찍의 역사에 대한 심판을 상징하는 것이었습니다. 그런데 그런 이스라엘이 새로운 애굽이 되고 만 것입니다. 지배자와 피지배자가 갈리고, 멍에와 채찍이 다시 등장합니다. 르호보암은 자기가 백성들을 섬기는 존재임을 잊었습니다. 자기에게 위임된 권한이 백성들의 삶을 풍요롭게 하는 것임을 잊은 것입니다.

15절은 자칫하면 오해하기 쉬운 구절입니다. 왕이 백성들의 요구를 들어주지 않은 것은 주님께서 일을 그렇게 뒤틀리게 하셨기 때문이라는 말을 어떻게 이해해야 할까요? 모든 것이 하나님의 계획 아래서 일어난다는 말일까요? 인간은 다만 하나님의 꼭두각시에 지나지 않는다는 말입니까? 그렇다면 인간에게 책임을 물을 수 없습니다. 유한한 인간이 이 우주 가운데서 일어나는 모든 일을 이해할 수는 없습니다. 그래서 자기들의 지식이나 경험에 통합되지 않는 일들, 납득할 수 없는 일들을 하나님의 뜻으로 돌리곤 합니다.

그리스 사람들은 그것을 '모이라' 곧 운명이라고 말했습니다. 신화에 나오는 신들조차 모이라를 벗어날 수 없었습니다. 운명은 받아들이는 수밖에 없습니다. 문제는 인간의 오만과 오판으로 빚어진

참상조차 하나님의 뜻 혹은 운명으로 돌리려는 태도입니다. 후쿠시마 원전 사고가, 세월호 참사가, 군대에서 벌어지고 있는 반인륜적인 폭력이 하나님의 뜻 가운데서 일어나는 일입니까? 하나님이 그런 일을 허락하신 것입니까? 그럴 수 없습니다. 그러면 하나님은 어디에 계십니까? 그 혼란과 고통의 한복판에서 희망과 빛을 창조하고 계십니다. 성도들은 그 창조적인 사역에 부름을 받은 사람들입니다. 하나님이 일을 그렇게 뒤틀리게 하셨다는 말은 일종의 원인론적 설명입니다. 성서 기자는 분단의 빌미가 된 르호보암의 태도에서 절망만을 본 것이 아니라 하나님으로부터 시작되는 새로운 희망을 보고 싶은 것입니다. 그런 상황 가운데서도 하나님이 자기들을 버리지 않으시리라는 희망을 그는 그렇게 표현한 것일 겁니다.

십자가 붙들기

멍에와 채찍으로 하는 지배는 사람들을 갈라놓게 마련입니다. 주님은 제자들에게 하나님 나라의 통치 원리를 이렇게 가르치셨습니다.

> 너희가 아는 대로, 이방 민족들의 통치자들은 백성을 마구 내리누르고, 고관들은 백성에게 세도를 부린다. 그러나 너희끼리는 그렇게 해서는 안 된다. 너희 가운데서 위대하게 되고자 하는 사람은 누구든지 너희를 섬기는 사람이 되어야 하고, 너희 가운데서 으뜸이 되고자 하는 사람은 너희의 종이 되어야 한다.(마태복음 20:25-27)

다른 이들의 어깨에 무거운 멍에를 얹고, 채찍으로 그들을 치는 이들이 있는 곳에서 평화는 싹틀 수 없습니다. '멍에와 채찍'이 아니라 '십자가'가 우리의 중심이 되어야 합니다. 십자가는 너를 위해 나를 바치는 것입니다. 하나님의 뜻에 대한 아멘이 되기 위해 자기 욕망을 부정하는 것입니다. 그 길이 아니고는 우리가 하나님 나라에 들어갈 수 없습니다. "나를 거치지 않고서는, 아무도 아버지께로 갈 사람이 없다."(요한복음 14:6b)는 말을 저는 누구든지 십자가를 자기 삶의 원리로 삼지 않고는 하나님께 갈 수 없다는 말로 이해합니다.

교종 프란치스코가 온몸으로 가리키고 있는 것은 '십자가'를 꼭 붙드는 삶의 아름다움입니다. 그런데 사람들의 시선은 온통 프란치스코 개인에게로 향하고 있습니다. 이것은 바람직하지 않습니다. 기뻐하고 찬탄하는 것은 좋지만, 이제 그것을 넘어 그가 가리켜 보이는 삶을 향해 길을 떠나야 합니다. 그것은 고단하고 힘겨운 일일 수 있습니다. 하지만 그만큼 보람 있는 일이기도 합니다. 채찍과 멍에를 든 이들이 얼러대는 소리가 도처에서 들려오지만, 묵묵히 십자가를 지는 이들을 통해 세상에 하늘의 희망이 유입됩니다. 교우 여러분 모두가 십자가를 든든히 붙잡은 사람다운 삶을 통해 하나님께 영광을 돌릴 수 있기를 축원합니다.

열왕기하

19장 29-31절

주의 열심이 이 일을 이룰 것이다

히스기야야, 너에게 증거를 보이겠다. 백성이 금년에 들에서 저절로 자라난 곡식을 먹고, 내년에도 들에서 저절로 자라난 곡식을 먹을 것이다. 그러나 내후년에는 백성이 씨를 뿌리고 곡식을 거둘 것이며, 포도밭을 가꾸어서 그 열매를 먹게 될 것이다. 유다 사람들 가운데서 환난을 피하여 살아 남은 사람들이 다시 땅 아래로 깊이 뿌리를 내리고, 위로 열매를 맺을 것이다. 살아 남은 사람들이 예루살렘에서부터 나오고, 환난을 피한 사람들이 시온 산에서부터 나올 것이다. 나 주의 열심이 이 일을 이룰 것이다.

궁핍한 시대

주님의 은총과 평화가 우리 가운데 임하시기를 빕니다. 사망의 음침한 골짜기를 통과하는 것처럼 힘겨운 시간을 보내고 있는 이들에게도 하나님의 위로와 능력이 함께 하시기를 빕니다. 한 해의 절반이 지났습니다. 느긋하고 한가로운 평화를 누리고 싶지만 현실은 늘 우리를 숨가쁘게 만듭니다. 물가는 천정부지로 뛰고 있어 가계에 부담이 가중되고 있고, 전 세계적으로 경기 후퇴 및 침체기에 접어들고 있다는 우울한 전망도 나오고 있습니다. 곡물과 원자재 가격이 상승하면서 가난한 나라는 더욱 어려운 상황에 빠졌습니다.

따뜻하고 공정한 세상의 꿈은 가뭇없이 시들어가고 살벌한 경쟁 논리가 사람들의 의식을 지배하고 있습니다. 경쟁, 효율, 이익이라는 가치가 사회 전면에 나설 때 가장 큰 피해를 보는 것은 스스로를 지킬 능력이 부족한 약자들입니다. 그들의 울타리가 되어주어야 할 법이 가끔은 강자의 편익을 위해 자의적으로 집행되는 것으로 보이기도 합니다. 노동의 달콤한 열매는 상층부에 주로 배분되고 비정규직들의 삶은 더욱 팍팍해지고 있습니다. 사회적 갈등이 심각합니다. 영국 킹스칼리지와 입소스가 공동 수행한 '문화전쟁' 조사 결과 대한민국은 '빈부, 이념, 정당, 종교, 성별, 세대, 학력' 등 7개 분야에서 조사 대상국 28개국 가운데 1위를 기록했다고 합니다. 갈등이 가장 심한 나라라는 말입니다. 어쩌다 이 지경이 되었는지 모르겠습니다.

흔히 우리 시대를 가리켜 post-truth 시대, 즉 탈진실의 시대라고 말합니다. 요즘 사람들은 전통적인 매체인 신문이나 방송보다 소셜미디어를 통해 정보를 더 많이 얻습니다. 그런데 그 정보라는 것이 진실이나 사실이 아닌 경우가 많습니다. 성향이 비슷한 사람들끼리 주고받는 정보들은 우리 속에 확증편향을 강화시키곤 합니다. 탈진실의 시대란 무엇이 진실인지 가려내기 어려운 시대라는 말일 겁니다. 오늘 우리에게 마구 밀려오는 정보를 걸러낼 수 있는 여과장치가 고장난 것은 아닌지 돌아보아야 합니다.

탈진실 시대의 특색은 하나님 망각입니다. 마치 하나님이 계시지 않은 듯 산다는 말입니다. 하나님을 믿는다는 이들의 책임이 막중합니다. 우리는 하나님의 마음이라는 거울에 비추어 우리 자신과 현실을 살펴야 하는 사람들입니다. 그러나 믿는 이들조차 하나님의 뜻은 제쳐놓고, 진영 논리에 따라 세상을 바라보는 것 같아 안타깝습니다. 영성이 깊어진다는 것은 어떤 것일까요? 그리스도의 마음과 눈으로 이웃과 세상을 바라보는 것이 아닐까요? 강자에게 동화되어 그들의 눈으로 세상을 보는 순간 우리는 하나님의 마음으로부터 멀어지게 마련입니다. 우리가 경외심을 품고 인정해야 할 것이 있습니다. 역사는 인간의 손에 달린 것 같지만 실은 하나님의 뜻 안에 있다는 사실입니다. 오늘 본문을 통해 교훈을 얻을 수 있으면 좋겠습니다.

역사의 전환기

히스기야는 유다의 왕들 가운데 하나님만을 신뢰한 왕으로 매우 긍정적인 평가를 받은 왕입니다. 스물다섯 살에 왕이 된 그는 아버지 아하스 시대에 훼손된 야훼 신앙의 순수성 회복을 위해 많은 개혁 조치를 단행했습니다. 산당들을 제거하고, 돌기둥들을 부수고, 아세라 목상을 찍어내고, 모세가 광야에서 만들었던 구리 뱀도 깨뜨렸습니다. 역사가는 그가 "주님에게만 매달려, 주님을 배반하는 일이 없이, 주님께서 모세에게 명하신 계명들을 준수"하였고, 그 때문인지 어디를 가든지 성공을 거두었다고 기록했습니다. 블레셋과의 전쟁을 통해 넓은 영토를 확보하고 국가 재정도 튼튼하게 만들었습니다.

하지만 그는 불운한 왕이었습니다. 그가 왕위에 오른 때는 고대 근동 지역이 격변하고 있던 시기였습니다. 메소포타미아 문명권에서 세력을 키운 앗시리아가 정복 전쟁에 나서서 형제국가라 할 수 있는 이스라엘을 멸망시켰습니다. 그때가 히스기야 4년이었습니다. 이스라엘이라는 범퍼가 제거되자 유다도 위기에 처하게 되었습니다. 순망치한(脣亡齒寒)이라는 말 그대로입니다. 입술이 없으면 이가 시리게 마련입니다. 히스기야 14년, 앗시리아의 왕인 산헤립은 대군을 이끌고 와 요새화된 모든 유다 성읍들을 공격했습니다. 예루살렘 함락은 시간문제로 보였습니다. 히스기야는 라기스에 와 있던 산헤립에게 전령을 보내 화친을 청했습니다. 산헤립은 공격을 멈추는 대가로 은 삼백 달란트, 금 삼십 달란트를 조공으로 바치라고 요구했습니다. 히스기야는 성전과 왕궁의 보물 창고에 있는 것을 다 주고도 부족해서, 성전 문과 기둥에 자신이 입혔던 금까지 다 벗겨 산헤립에게 보냈습니다. 굴욕스러운 일이었지만 다른 방법이 없었습니다.

그런데도 산헤립은 공격을 멈추지 않았습니다. 제국이라는 살육 기계는 상대방을 부수기 전에는 만족을 모르는 법입니다. 산헤립은 다르단, 랍사리스, 랍사게에게 많은 병력을 주어 예루살렘을 공략하라고 명령했습니다. 다르단, 랍사리스, 랍사게는 개인의 이름이 아니라 관직 이름입니다. 총사령관, 군사령관, 야전군 사령관 정도로 보면 되겠습니다. 히스기야는 궁내 대신 엘리야김과 서기관 셉나, 그리고 역사기록관 요아를 보내 그들과 협상을 하도록 했습니다.

당대 최고의 지식인이자 경세가들이었을 것입니다.

선동가 랍사게

그러나 그들은 산헤립이 보낸 야전군 사령관 랍사게의 상대가 되지 못했습니다. 랍사게는 타고난 선동가였고, 외교적 토론에 익숙한 협상가였습니다. 그는 협상 사절로 그 자리에 나온 세 사람뿐만 아니라 성벽에 붙어 서서 그 협상을 지켜보고 있는 사람들까지 염두에 두고 말했습니다. 그는 유다 왕실과 백성들을 분열시켜 저항 의지를 약화시키기 위해 전략적으로 말했습니다. 그의 논리는 치밀합니다.

첫째, 사람들은 전통의 우방인 애굽의 도움을 받으리라는 기대를 품겠지만 애굽은 '부러진 갈대 지팡이'에 불과하다는 것입니다. 둘째, 야훼 하나님이 그들을 지켜줄 것이라 믿고 싶겠지만 히스기야가 산당과 제단을 다 허물어 버렸으니 그 또한 허사가 되었다고 말합니다. 셋째, 유다의 군사력은 너무나 보잘 것 없어서 앗시리아의 가장 하찮은 병사 하나라도 물리칠 수 없을 것이라고 장담했습니다. 그리고 마지막으로 결정적인 타격을 가합니다. 예루살렘을 멸망시키러 오면서 유다가 섬기는 주님의 허락도 받지 않고 왔을 리가 있겠느냐는 것이었습니다. 예루살렘 공략은 하나님이 시키신 일이라는 것입니다.

놀랍게도 랍사게는 시리아 말이 아니라 유다 말로 연설하듯 말했습니다. 히스기야의 사신들이 그에게 성벽 위에서 듣고 있는 백성들이 있으니 시리아 말로 말씀해 달라고 부탁하지만 랍사게는 오히려 더 큰 소리로 백성들을 향해 말합니다.

> 너희는 위대한 왕이신 앗시리아의 임금님께서 하시는 말씀을 들어
> 라!(열왕기하 18:28)

그는 마치 예언자들이 백성들을 향해 말하는 것 같은 구문을 사
용하고 있습니다.

> 히스기야에게 속지 말아라. 그는 너희를 내 손에서 구원해 낼 수 없
> 다. 히스기야가 너희를 속여서, 너희의 주가 너희를 구원할 것이며,
> 이 도성을 앗시리아 왕의 손에 절대로 넘겨 주지 않으실 것이라고
> 말하면서, 너희로 주님을 의지하게 하려 하여도, 너희는 그 말을 믿
> 지 말아라.(열왕기하 18:29-30)

민심을 이반시키기 위한 연설이었습니다. 압도적인 힘 앞에서는
자칫 잘못하면 신앙조차 무용지물처럼 보일 때도 있습니다. 랍사게
는 항복하는 이들은 자기 포도나무와 무화과나무에서 난 열매를 따
먹게 될 것이고, 자기가 판 샘에서 물을 마시게 될 것이라고 말하고
는 이런 말을 덧붙입니다.

> 뭇 민족의 신들 가운데서 어느 신이 앗시리아 왕의 손에서 자기 땅
> 을 구원한 일이 있느냐?(열왕기하 18:33)

백성들은 깊은 침묵에 빠져들었습니다. 아무런 대답도 하지 말라는 왕의 명령 때문이기도 했지만 아무것도 할 수 없다는 무력감이 더 크게 작용했을 것입니다.

휴브리스의 최후

히스기야도 자기가 할 수 있는 일이 아무것도 없음을 인정할 수밖에 없었습니다. 고립무원의 처지였습니다. 그는 자기 옷을 찢고 베옷을 입고 성전에 들어가면서 궁내 대신과 서기관과 원로 제사장들에게 베옷을 입혀 이사야에게 보냈습니다. 베옷은 슬픔의 상복인 셈입니다. 왕이 기도를 부탁하면서 이사야에게 전하라 한 말은 민족의 운명을 책임져야 하는 이의 고독과 쓸쓸함이 그대로 배어 있습니다.

> 오늘은 환난과 징계와 굴욕의 날입니다. 아이를 낳으려 하나, 낳을
> 힘이 없는 산모와도 같습니다.(열왕기하 19:3b)

'아이를 낳으려 하나, 낳을 힘이 없는 산모'라는 말이 그를 사로잡고 있는 무력감을 고스란히 보여줍니다. 이사야는 두려워하지 말라고 왕에게 전하라면서 산헤립의 대군이 뜬소문을 듣고 자기 나라로 돌아가서 결국은 칼에 맞아 죽게 될 것이라고 말합니다. 실제로 산헤립은 애굽이 군대를 동원했다는 풍문을 듣고 전선을 립나로 옮깁니다. 그러나 아직은 끝이 아닙니다. 그곳에서 산헤립은 랍사게를 통해 히스기야에게 항복을 권유하는 편지를 보냈습니다. 내용은 말

로 했던 위협과 동일합니다. '세상의 어떤 신도 앗시리아의 힘을 당해낼 수 없다.', '너만은 예외라고 믿지 말라.' 권력에 도취된 이들은 스스로를 신적인 존재로 격상시키고 싶어합니다. 하지만 바로 이것이 몰락의 시작입니다. 성경은 그러한 권력에 대한 조롱과 경고로 가득 차 있습니다.

구약에서 가장 오래된 전승층에 속하는 미리암의 노래가 전형적입니다.

> 주님을 찬송하여라. 그지없이 높으신 분, 말과 기병을 바다에 던져 넣으셨다.(출애굽기 15:21)

말과 기병으로 상징되는 강력한 제국도 하나님 앞에서는 무력할 뿐입니다. 바빌로니아의 마지막 왕인 벨사살이 귀인들을 불러 큰 잔치를 베풀면서 금과 은과 동과 철과 나무와 돌로 만든 신들을 찬양할 때, 갑자기 사람의 손이 나타나 촛대 앞에 있는 왕궁 석고 벽 위에 글을 쓰기 시작했던 일을 기억합니다. 그 내용은 '메네 메네 데겔'과 '바르신'이었습니다.(다니엘 5:25) 왕의 나라가 끝날 때가 되었고, 왕은 저울에 달려 무게가 부족함이 드러났고, 왕의 나라가 나뉠 것이라는 내용이었습니다.

히스기야는 성전에 들어가 산헤립의 편지를 펼쳐 놓고 모든 나라를 다스리시는 하나님, 하늘과 땅을 만드신 대주재께 기도를 올렸습니다.

주 우리의 하나님, 이제 그의 손에서 우리를 구원하여 주셔서, 세상
의 모든 나라가, 오직 주님만이 홀로 주 하나님이심을 알게 하여 주
십시오.(열왕기하 19:19)

하나님은 그 기도에 이사야를 통해 응답하셨습니다. 앗시리아 왕
은 유다를 조롱함으로 하나님까지 조롱했습니다. 하나님은 조롱당
하실 분이 아닙니다. 산혜립은 자기 힘을 과신하고 있지만, 각 민
족들이 자라기도 전에 말라 버리는 풀포기나 지붕 위의 잡초와 같
았던 것은 다 하나님의 섭리 속에서 일어난 일이었습니다. 하나님
은 앗시리아 왕의 일거수일투족을 다 알고 계십니다. 한계를 모르
는 그의 분노와 오만을 하나님은 그냥 두고 보실 수 없었습니다. 산
혜립의 시대는 끝났습니다. 주님의 천사가 산혜립의 군대를 치시자
그들은 궤멸되었고, 니느웨로 도피하여 훗날을 도모하려던 산혜립
은 자기가 믿던 신인 니스록의 신전에서 예배드리던 중 살해 당하
고 맙니다. 하늘에 오르려던 자의 비참한 추락입니다.

　자기 힘에 도취된 이들은 마치 하나님이 계시지 않은 것처럼 삽
니다. 그러나 노자가 말한 것처럼 '발꿈치를 올리고 서 있는 자는
오래 서 있을 수 없고, 가랭이를 벌리고 걷는 자는 오래 걸을 수 없
는 법'(기자불립企者不立 과자불행跨者不行《도덕경》24장)입니다. '모든 사
물은 강장하면 할수록 일찍 늙는 것이니, 이것을 일컬어 길답지 아
니하다고 한다. 길답지 아니하면 일찍 끝나버릴 뿐'(물장즉노物壯則老
시위부도是謂不道 부도조이不道早已《도덕경》30장)입니다. 만고불변의 진리
입니다.

하나님은 산헤립에 대한 징계와 아울러 당신의 백성들에게 새로운 약속을 주셨습니다. 전쟁의 참화가 당장 그치지는 않겠지만, 결국은 그 땅에 평화가 정착할 것이라는 내용이었습니다. 금년과 내년에는 들에서 저절로 난 것을 먹어야 할 터이지만, 내후년에는 백성이 씨를 뿌리고 곡식을 거두고, 포도밭을 가꾸어 그 열매를 먹게 될 것이라는 것이었습니다. 자연 환경이 회복되기까지 3년의 시간이 걸릴 테지만, 결국 살아 남은 이들은 땅에 깊이 뿌리를 내리고, 위로 열매를 맺을 것입니다.

나 주의 열심이 이 일을 이룰 것이다.(열왕기하 19:31c)

숲에 들어가면 산의 전모를 알기 어렵습니다. 멀리서 바라보아야 산의 모습이 잘 보입니다. 믿음의 사람들은 하나님의 눈으로 역사를 보는 사람들입니다. 하나님의 마음과 눈으로 이웃과 세상을 볼 때 우리는 근원적인 희망을 붙잡을 수 있습니다. 어지러운 세태 속에서도 지향을 분명히 하고 살아야 합니다. 우리는 하나님이 이루시는 샬롬의 세상을 바라보고 삽니다. 주의 열심이 이 일을 이루실 것입니다. 우리는 주님이 이미 시작하신 일에 동참하도록 초대받은 사람들입니다. 오늘도 내일도 생명의 씨, 평화의 씨를 뿌리고, 움튼 싹을 소중하게 가꾸는 이들이 될 수 있기를 빕니다.

역대상

21장 27절-22장 1절

삶과 죽음의 경계

그리고 주님께서 천사에게 명하셔서, 그의 칼을 칼집에 꽂게 하셨다. 그때에 다윗은, 주님께서 여부스 사람 오르난의 타작 마당에서 그에게 응답하여 주심을 보고, 거기에서 제사를 드렸다. 그때에, 모세가 광야에서 만든 주님의 성막과 번제단이 기브온 산당에 있었으나, 다윗은 주님의 천사의 칼이 무서워, 그 앞으로 가서 하나님께 예배를 드릴 수 없었다. 그때에 다윗이 말하였다. "바로 이곳이 주 하나님의 성전이요, 이 곳이 이스라엘의 번제단이다."

벼랑 끝에 선 사람들

주님의 은총과 평화가 우리 가운데 그리고 튀르키예와 시리아의 지진 피해자들에게 임하시기를 빕니다. 벌써 사망자가 2만5천 명에 이른다는 보도를 보았습니다. 건물의 잔해에 갇힌 채 구조를 기다리는 사람들, 한 사람이라도 더 구하기 위해 위험을 무릅쓰고 있는 구조대원들에게 힘과 능력을 더해주시기를 빕니다. 대형 재난이 일어날 때마다 우리가 긴급하게 물어야 할 질문은 '왜 이런 일이 일어나는가?'가 아니라, '지금 우리가 해야 할 일이 무엇인가?'입니다. 우리 교회도 최선을 다해서 그들의 설 땅이 되기 위해 힘을 모으려 합니다. 사건에 대한 성찰은 꼭 필요하지만 지금은 넘어진 이들을 일으켜 세우기 위해 총력을 기울여야 할 때입니다.

대규모 재난이 벌어졌을 때 사람들의 행태를 연구했던 레베카 솔닛은 그런 참극의 순간이야말로 순수한 인류애가 발현된다고 말합니다. 종교, 이념, 국가, 문화, 피부색을 넘어 모든 이들이 함께 재난을 극복하기 위해 노력하는 시간을 통해 우리는 인류의 하나됨이라는 꿈에 한 걸음 다가서게 됩니다. 그러나 시간이 조금 지나가면서 시민들의 열정이 식으면 피해자들은 자기들이 버림받았다는 생각에 시달리게 마련입니다. 레베카 솔닛은 2005년 8월 29일 허리케인 카트리나가 미국의 남동부를 강타했던 사건을 떠올립니다. 가장 큰 피해를 본 뉴올리언스는 홍수로 인해 제방이 붕괴되면서 혼돈속에 빠져들었습니다. 그러나 카트리나의 진정한 폭력은 그것만이 아니었습니다.

"그곳에 고립된 수만 명에게 상처가 된 것은 단지 끔찍한 폭풍우와 도시를 덮친 홍수, 시체가 둥둥 떠다니고 독사가 우글대는 물, 살갗에 물집이 잡힐 만큼 살인적인 무더위, 더러운 물에 둘러싸인 고가도로에서 사람들이 출산을 하고 죽어간 종말론적 날들, 많은 사람들이 축축하고 더러운 폐허로 변해버린 도시를 탈출하기를 포기하거나 아이들을 먼저 대피시키기 위해 떠나보내야 했던 끔찍한 경험이 전부가 아니었다. 다른 사람들과 정부에게 버림받았다는 사실이 그들을 괴롭혔다. 그리고 무엇보다 큰 상처는 그 어느 때보다 취약한 때에 자신들이 동물로 취급되고 적으로 취급되는 현실이었다."(레베카 솔닛, 《이 폐허를 응시하라》, 정해영 옮김, 67쪽)

시간이 지나면서 사람들이 동정 피로를 느끼게 마련입니다. 열정은 식고 일상이 힘들다고 느낄 때 사람들은 피해자들의 외침에 귀를 막고, 그들과의 대면을 꺼리고, 심지어는 혐오하기까지 합니다. 애도의 눈물을 흘리고 있는 이들에게 '이제 그만하면 되지 않았냐'고 역정을 내거나, 모진 말로 상처를 주는 이들이 많습니다. 사람들이 서로를 지긋지긋해 하는 곳, 자비의 마음이 사라진 곳, 바로 그곳이 지옥입니다. 이런 때야말로 하나님을 믿는 이들이 필요한 때입니다. 설 땅을 잃어버린 사람들에게 설 땅이 되어주고, 아무것도 의지할 것이 없는 이들에게 비빌 언덕이 되어주고, 벼랑 끝에 선 채 현기증을 느끼는 사람들을 안전한 곳으로 인도하는 것이야말로 거룩한 삶이 아닐까요? 믿음의 사람들이 서야 할 자리는 삶과 죽음의 경계선입니다.

인구 조사 속에 담긴 오만한 자부심

오늘은 다윗의 생애 말년에 벌어진 한 사건을 통해 이러한 진실에 접근해보려 합니다. 사울 왕이 죽은 후에 다윗은 명실상부한 왕이 되었습니다. 그는 여부스 사람들이 살던 성을 빼앗아 다윗성이라 명명하고, 밀로에서부터 시작하여 성을 쌓아 든든한 요새처럼 만들었습니다. 그의 곁에 있는 장군들은 전쟁터에서 뼈가 굵은 역전의 용사들이었습니다. 그는 많은 전쟁에서 승리를 거두었습니다. 성경은 그 모든 성공의 원인을 한 마디로 정리합니다.

> 만군의 주님께서 다윗과 함께 계심으로, 다윗은 점점 강대해졌다.(역대상 11:9)

'주님께서 다윗과 함께 계심'이야말로 그의 형통의 비결이었습니다. 다윗은 하나님의 언약궤를 예루살렘으로 옮겨왔습니다. 언약궤야말로 하나님이 그와 함께 하신다는 징표인 셈입니다.

그러나 모든 일이 잘 될 때야말로 위험한 때입니다. 사람들은 성공을 자기 능력이 출중하기 때문이라고 생각하는 경향이 있습니다. 여러 가지 여건이 잘 들어맞아서 찾아온 행운을 자기 능력으로 치환하는 순간 오만함의 함정에 빠지게 마련입니다. 오만한 이들은 특권을 당연하게 생각합니다. 특권의식이 찾아오는 순간 공감의 능력은 쇠퇴합니다. 자기가 빚진 자라는 사실을 망각한 채 자기능력을 과신하고 허세를 부릴 때 사람은 하나님으로부터 멀어집니다. 눈빛이 흐려지면 하나님이 우리 앞을 스쳐 지나가셔도 알아보지 못합니다. 노자도 비슷한 말을 했습니다. '부귀이교(富貴而驕)면 자유기구(自遺其咎)라', 재물이 많고 벼슬이 높아서 교만하면 스스로 그 허물을 남긴다는 뜻입니다. 이어지는 구절이 참 절묘합니다. '공성명수(功成名遂)거든 신퇴(身退)하라 그것이 천지도(天之道)니라'《도덕경》제9장). 즉 어떤 일을 이루어 이름을 얻었거든 얼른 몸을 빼는 것이 하늘의 도리라는 뜻입니다. 이게 참 쉽지 않습니다.

이후에도 다윗은 블레셋과의 전쟁에서 승리를 거두고 많은 전리품을 거두었습니다. 암몬과 시리아와의 전쟁에서도 대승을 거두었습니다. 이게 문제였습니다. 역대기 기자는 "사탄이 이스라엘을 치려고 일어나서, 다윗을 부추겨, 이스라엘의 인구를 조사하게 하였다."(역대상 21:1)고 말합니다. 미묘한 지점입니다. 다윗이 실시한 인구 조사를 사탄의 부추김이라 말하고 있습니다. 고대 세계에서 인구 조사는 대개 두 가지 목적에서 시행되었습니다. 하나는 전쟁에 나갈 수 있는 사람 수를 확인하기 위한 것이고, 다른 하나는 세금을 징수하기 위한 것이었습니다. 왕들은 누구나 자기가 통치하는 나라에 대해 현황을 파악하고 싶어 합니다. 통제력을 강화하기 위한 것입니다. 그러나 성경은 군마를 의지하고, 많은 병거를 믿는 것을 불신앙으로 간주합니다. 그것에 의지하는 순간 사람들은 '거룩하신 분'을 바라보지 않기 때문입니다. 요압은 다윗의 명령이 하나님으로부터 이탈이라는 사실을 눈치채고 충언을 합니다.

어찌하여 임금님께서 이런 일을 명하십니까? 어찌하여 임금님께서는 이스라엘을 벌받게 하시려고 하십니까?(역대상 21:3b)

두 번이나 반복되고 있는 '어찌하여'라는 단어가 요압의 두려움을 보여줍니다. 그러나 다윗은 요지부동입니다. 요압은 왕을 설득할 수 없음을 알고 물러나와 인구 조사를 완료한 후 "칼을 빼서 다룰 수 있는 사람이 온 이스라엘에는 백십만이 있고, 유다에는 사십칠만이 있었다."고 보고했습니다. 어마어마한 숫자입니다. 다윗은 그 상황을 흐뭇하게 받아들였는지도 모르겠습니다. 사울에게 쫓겨 풍찬노숙하던 시간, 아둘람 굴에 은거하며 근근이 버텨야 했던 시간, 가드 왕 아기스에게 몸을 의탁하고 있을 때 그 신하들이 자기를 없애려는 것을 알고 미친 척하며 위기를 넘겼던 일(사무엘상 21:13) 등이 주마등처럼 떠올랐을 겁니다.

오르난의 타작 마당

그러나 바로 그때 선지자 갓을 통해 다윗에게 하나님의 말씀이 전해졌습니다. 하나님은 다윗의 행위를 용납하실 수가 없었기에 벌을 내리기로 작정하셨다는 것입니다. 하나님은 그에게 삼 년 동안의 기근, 원수의 칼을 피하여 석 달 동안 쫓겨 다니는 것, 사흘 동안의 전염병 중에서 하나를 택하라 하셨습니다. 다윗은 비로소 사태가 엄중하다는 사실을 깨닫고는 주님의 자비에 기대어 주님의 손에 벌을 받겠다고 말합니다. 그래서 사흘 동안 전염병이 그 땅을 휩쓸었고 무려 칠만 명이 쓰러졌습니다. 그의 자부심의 근원이었던 백성들이 속절없이 스러진 것입니다. 참 무서운 경고입니다. 왕의 잘못된 선택이 무고한 사람들을 죽음으로 내몰았습니다.

천사가 예루살렘을 치려 할 때 하나님은 백성들에게 재앙을 내리신 것을 후회하셨습니다. 천사가 여부스 사람 오르난의 타작 마당 곁에 섰을 때 하나님은 "그만하면 됐다. 이제 너의 손을 거두어라."(역대상 21:15) 이르셨습니다. 15절이 하나님의 시점에서 사건을 서술했다면 16절은 다윗의 시점에서 사건을 서술합니다. 다윗은 천사가 칼을 빼어 들고 예루살렘을 겨누고 있는 것을 보고는 장로들과 함께 굵은 베옷을 입고 얼굴을 땅에 대고 엎드렸습니다. 다윗은 중보자가 되어 하나님께 호소합니다. 엄청난 악을 저지른 것은 자기이고 백성들에게는 죄가 없다면서, 자기와 자기 집안을 치시고 백성들에게 내리시는 전염병을 거두어 달라는 것이었습니다.

하나님의 아파하심과 다윗의 호소가 절묘하게 공명하고 있습니다. 하나님은 갓을 통해 오르난의 타작 마당으로 올라가서 주님의 제단을 쌓으라 명하십니다. 다윗이 그 명령을 수행하기 위해 갔을 때 오르난은 밀을 타작하고 있었습니다. 다윗을 알아본 그는 달려와 절을 하며 왕을 영접했습니다. 다윗은 그에게 주님의 제단을 쌓기 위해 그 타작 마당을 구입하고 싶다고 말합니다. 오르난은 그런 뜻이라면 왕께 기꺼이 바치겠다고 말하고, 왕은 반드시 충분한 값을 치르고 사야 한다고 말합니다. 둘 사이에 아름다운 거래가 성립되었고 다윗은 그 땅을 구입한 후 제단을 쌓아 하나님께 번제와 화목제를 드렸습니다.

오늘 본문은 하나님께서 오르난의 타작 마당에서 그에게 응답하셨다고 말합니다. 타작 마당은 하나님의 은혜가 베풀어지는 수확의 자리인 동시에 심판의 자리입니다. 사사 기드온은 하나님의 부르심 앞에서 망설이다가 하나님이 함께 하신다는 표로 타작 마당에 양털 뭉치를 놓아둘 터이니 그 양털에만 이슬이 내리고 다른 땅은 말라 있게 해달라고 청합니다.(사사기 6:37) 그 청은 그대로 받아들여졌습니다. 이사야는 바빌로니아의 억압이 끝날 것이라는 메시지를 전하면서 이스라엘 사람들을 가리켜 "아, 짓밟히던 나의 겨레여, 타작 마당에서 으깨지던 나의 동포여!"(이사야 21:10)라고 탄식합니다. 여기서는 타작 마당이 심판의 자리임을 알 수 있습니다.

오르난의 타작 마당은 그런 의미에서 삶과 죽음의 경계입니다. 심판과 은총이 교차하는 자리입니다. 다윗은 두려움을 느낍니다. 그러나 그가 느낀 두려움은 형벌에 대한 공포가 아니라 경외감입니다. 하나님의 크심에 대한 자각에서 비롯된 놀람입니다. 호기롭게 인구 조사를 명하던 다윗은 사라졌습니다. 그 깨달음의 자리야말로 거룩한 곳입니다. 그래서 다윗은 선언합니다.

> 바로 이곳이 주 하나님의 성전이요, 이곳이 이스라엘의 번제단이다.(역대상 22:1)

교회의 자리

역대기 기자는 솔로몬의 성전이 바로 이 자리에 세워졌다고 말합니다. 성전 터는 여러 가지 이미지가 중첩되어 있습니다. 아브라함이 이삭을 번제로 바치려 했던 모리아 산이 바로 이곳이라는 전승도 있습니다.(역대하 3:1) 경외심이 없다면 세상은 욕망의 전장 혹은 욕망이 거래되는 장터에 불과합니다. 하나님을 믿는다는 것은 우리에게 충성을 요구하는 세상의 거짓 신들에게 절하기를 거부하는 것입니다. 가려져 있는 하나님의 현존을 드러내는 것입니다. 세상이 만들어 놓은 차별을 지우고, 모든 사람이 고귀하다는 사실을 혼신의 힘으로 받아들이는 것입니다. 교회는 성과 속, 삶과 죽음의 경계에 서 있습니다. 그 자리에서 사람들을 거룩함의 방향으로 인도하고, 삶의 세계로 이끄는 것이야말로 교회의 존재 이유입니다.

여러분의 몸은 여러분 안에 계신 성령의 성전이라는 것을 알지 못합니까? 여러분은 성령을 하나님으로부터 받아서 모시고 있습니다. 여러분은 여러분 자신의 것이 아닙니다.(고린도전서 6:19)

과감한 말입니다. 이제 더 이상 성전은 건물이 아닙니다. 성령을 모셔 들인 우리 몸과 마음이 곧 성전입니다. 우리가 함부로 살 수 없는 것은 그 때문입니다. 기뻐하는 사람들과 함께 기뻐하고, 우는 사람들과 함께 우는 것이야말로 우리가 하나님께 속한 존재임을 드러내는 표징입니다.(로마서 12:15) 넘어진 사람을 일으켜주고, 울고 있는 사람의 눈물을 닦아주고, 외로운 사람의 곁에 머문다는 게 쉬운 일은 아닙니다. 안온한 일상을 포기해야 할 때도 있고, 귀찮은 일에 연루될 수도 있고, 비용을 지불해야 할 때도 있습니다. 그러나 그것은 결코 손해가 아닙니다. 그런 일을 수행할 때 우리 속에 잠든 하나님의 성품의 씨가 싹을 틔우기 때문입니다. 낙엽을 들추면 수선화 싹이 올라올 때입니다. 하늘의 빛을 받아 우리 속에 잠들어 있는 선한 가능성들이 깨어나기를 빕니다.

역대하

16장 7-10절

권력의 오만을 경계하라

그 무렵 하나니 선견자가 유다의 아사 왕에게 와서 말하였다. "임금님께서 시리아 왕을 의지하시고, 주 임금님의 하나님을 의지하지 않으셨으므로, 이제 시리아 왕의 군대는 임금님의 손에서 벗어나 버렸습니다. 에티오피아 군과 리비아 군이 강한 군대가 아니었습니까? 병거도 군마도 헤아릴 수 없이 많지 않았습니까? 그러나 임금님께서 주님을 의지하시니까, 주님께서 그들을 임금님의 손에 붙이지 않으셨습니까? 주님께서는 그 눈으로 온 땅을 두루 살피셔서, 전심전력으로 주님께 매달리는 이들을 힘있게 해주십니다. 이번 일에, 임금님께서는 어리석게 행동하셨습니다. 이제부터 임금님께서는 전쟁에 휘말리실 것입니다." 아사는 선견자의 이 말에 화를 참을 수가 없어서, 그를 감옥에 가두어 버렸다. 그 만큼 화가 치밀어 올랐던 것이다. 그때에 아사는 백성들 가운데서도 얼마를 학대하였다.

전략

오늘 이야기에 등장하는 아사 왕은 솔로몬의 증손자입니다. 솔로

182   말씀 등불 밝히고

몬이 세상을 떠난 후 이스라엘은 남쪽의 유다와 북쪽의 이스라엘로 분열되었습니다. 분열의 원인은 르호보암의 강압정책 때문이었습니다. 솔로몬 시대에 수많은 건축 사업에 동원되었을 뿐만 아니라, 상당한 세금을 물어야 했던 북부의 지파들은, 르호보암이 왕이 되자 세금을 경감해 달라고 요구했습니다. 하지만 르호보암은 그들의 요구를 묵살했고, 그것이 북부 지파들을 자극해 여로보암을 중심으로 해서 새로운 나라를 세우게 된 것입니다. 어찌 보면 분단은 억압과 착취를 본질로 하는 제국의 질서에 대한 항쟁과정에서 생겨난 것이라 할 수 있습니다. 야훼 하나님에 대한 동일한 신앙을 가지고 있었음에도 불구하고 유다와 이스라엘은 반목하며 지냈고, 때로는 전쟁에 휘말릴 때도 많았습니다. 남북이 분단되어 있는 우리나라로서는 이들이 겪어온 역사가 남의 일처럼 여겨지지 않습니다.

오늘의 본문은 아사 왕 36년에 이스라엘 왕 바아사가 쳐들어와 라마에 요새를 건축하면서 촉발된 전쟁을 배경으로 하고 있습니다. 미스바와 예루살렘의 중간쯤에 위치한 라마는 유다가 외부 세계와 접촉하는 중요한 통로였기에 아사는 어떻게 하든지 라마를 되찾아야 했습니다. 그는 여러 가지 전략적인 검토 끝에 시리아를 전쟁에 끌어들이기로 하고는, 많은 금은 기명들을 모아 시리아 왕에게 보내면서 동맹을 맺자고 제안했습니다. 시리아의 왕인 벤하닷은 아사의 제안을 받아들여 이스라엘과의 동맹을 파기하고 전쟁에 개입했습니다. 그가 군사를 이끌고 헤르몬 산 근처인 이스라엘의 최북단 지역을 치자 바아사는 군대를 철수하지 않을 수 없었습니다. 바아사가 철군하자 아사는 백성들을 불러 모아 바아사가 라마를 건축할 때 쓰던 돌과 목재를 가져 오게 하여, 게바와 미스바를 보수하였습니다. 아사의 전략이 절묘하게 맞아떨어진 셈입니다.

어리석음과 순종 사이

왕과 백성들이 승전의 기쁨을 만끽하고 있던 그때 선견자 하나니가 아사 왕 앞에 등장합니다. 그는 왕께서 하나님을 의지하지 않고 시리아 왕을 의지하였기 때문에 이제는 시리아의 세력을 꺾을 수 없게 되었다고 말합니다. 그러면서 이전에 벌어졌던 에티오피아와의 전쟁, 리비아와의 전쟁을 상기시킵니다. 압도적인 군사력을 가지고 침공해온 두 나라를 물리친 것은 유다의 군사력이 아니라 하나님의 도우심이었다는 것입니다.

> 주님께서는 그 눈으로 온 땅을 두루 살피셔서, 전심전력으로 주님께 매달리는 이들을 힘있게 해주십니다. 이번 일에, 임금님께서는 어리석게 행동하셨습니다. 이제부터 임금님께서는 전쟁에 휘말리실 것입니다.(역대하 16:9)

아사는 하나니의 말에 화를 참을 수가 없어서 그를 감옥에 가두고 말았습니다. 예언자를 통해 들려오는 하나님의 말씀을 들을 귀가 그에게는 없었던 것입니다. 성경은 아사가 그때에 백성들 가운데 얼마를 학대하였다고 기록하고 있습니다. 이때가 아사가 왕이 된 지 36년째 되던 해이니까, 아사는 권력의 단맛에 취해 있었던 것으로 보입니다. 권력이 그의 귀를 어둡게 했습니다. '불합리하다, 어리석다'는 뜻의 영어 단어 'absurd'에는 흥미롭게도 '귀머거리'를 뜻하는 'sardus'라는 단어가 들어 있습니다. 누가 어리석은 사람입니까? 침묵 속에서 들려오는, 혹은 하나님의 종들을 통해 들려오는 하나님의 뜻에 귀를 기울이지 않는 사람입니다. 그런데 '순종'을 뜻하는 'obedience'에는 '듣는다'는 뜻의 'audire'가 들어 있습니다. 하나님의 음성을 듣기 위해 마음을 모으는 사람은 자기 마음대로 살 수 없습니다. 하나니는 아사가 '어리석게 행동했다'고 책망합니다.

예언자는 마땅히 해야 할 말을 합니다. 그것이 어려움을 가져온다 해도 마찬가지입니다. 예레미야 선지자는 하나님의 말씀을 전하다가 조롱거리가 된 자신의 신세를 탄식합니다.

> 내가 입을 열어 말을 할 때마다 '폭력'을 고발하고 '파멸'을 외치니, 주님의 말씀 때문에 나는 날마다 치욕과 모욕거리가 됩니다. '이제는 주님의 이름으로 외치지 않겠다.' 하고 결심하여 보지만, 그때마다, 주님의 말씀이 나의 심장 속에서 불처럼 타올라 뼛속에까지 타들어 가니, 나는 견디다 못해 그만 항복하고 맙니다.(예레미야 20:8-9)

예수님은 "너희가 나 때문에 모욕을 당하고, 박해를 받고, 터무니없는 온갖 말로 온갖 비난을 받으면, 복이 있다."(마태복음 5:11) 하십니다. 옳은 일을 하다가 박해를 받으면 오히려 기뻐하고 즐거워하라 하십니다. 하늘에서 받을 상이 크기 때문입니다. 아사는 하나님보다 자기 경험과 판단과 외교술에 의지함으로써 어리석은 사람이 되었습니다. 당장에는 전쟁에서 승리를 거둔 것처럼 보여도, 그는 이제 지속적인 전쟁에 시달리게 되었기 때문입니다. 하나님의 뜻을 외면한 채 얻은 승리를 통해 또 다른 전쟁의 그림자가 유다에 드리우게 된 것입니다. 아사가 처음부터 그런 '귀머거리'는 아니었습니다.

인간은 주님을 이기지 못한다

성경을 보면 아사가 다스리던 처음 10년 동안은 나라가 조용했습니다. 그때 아사는 하나님 보시기에 좋은 일, 올바른 일을 행했습니다. 이방 제단과 산당을 없애고, 각종 석상과 목상을 깨뜨려 야훼 신앙의 순수성을 회복하는 일을 했습니다. 이런 행동들은 어쩌면 폭력적인 행동으로 보이기도 합니다. 하지만 이방적인 신앙의 특색을 안다면 평가는 달라질 수밖에 없습니다. 종교는 흔히 사람들의 물질적인 욕구 충족의 수단으로 기능할 때가 많았습니다. 종교가 사람들을 더 나은 존재로, 더 자유로운 존재로 만들기보다는, 그들을 옴쭉달싹 못하는 존재로 전락시킨다면 그 종교는 타락한 것입니다. 아사는 그런 신앙을 청산하도록 한 것입니다. 그는 백성들에게 하나님의 뜻을 찾고, 하나님의 율법과 명령을 실천할 것을 요구했습니다. 하나님의 뜻을 아는 거룩한 백성으로서의 정체성을 잃지 말고 살라는 것입니다. 유다의 역사가는 하나님께서 아사에게 평안을 주셨기에 나라가 조용했다고 전합니다. 전쟁이 없던 평안한 시기에 아사는 유다 지방에 요새 성읍들을 건설함으로써 나라의 안보를 튼튼하게 다졌습니다.

국제 정세의 변동 속에서 유다도 전쟁의 광풍을 피해 갈 수 없었습니다. 에티오피아 사람 세라가 침공했는데, 그 군세가 대단했습니다. 백만 대군에 병거 삼백 대를 이끌고 온 세라에 맞서 싸우기 위해 아사는 유다의 남방 경계인 브엘세바의 북편 마레사에 군영을 세웠습니다. 하지만 누가 봐도 승산이 없는 싸움이었습니다. 이럴 때 할 수 있는 일은 엎드리는 것뿐입니다. 그는 하나님 앞에 간절히 기도했습니다.

> 주님, 주님께서 돕고자 하실 때에는, 숫자가 많고 적음이나 힘이 세고 약함을 문제삼지 않으십니다. 우리가 주님을 의지하고, 주님의 이름으로 이 무리를 물리치러 왔으니, 주 우리의 하나님, 우리를 도와주십시오. 주님, 주님은 우리의 하나님이십니다. 인간이 주님을 이기지 못하도록 해주십시오!(역대하 14:11)

절박함이 깊은 믿음을 낳고 있습니다. 이스라엘 사람들은 전쟁의 승리가 하나님께 속한 것이라고 여겼습니다. 진실한 믿음은 기적을 낳습니다. 하나님은 자기 힘을 의지하여 평화와 정의를 깨뜨리는 제국의 힘을 헛것으로 여기십니다. 성경에는 야훼의 전쟁 이야기가 많이 나옵니다. 구약이 전하는 하나님은 폭력의 이미지와 밀접하게 연결되어 있습니다. 하지만 그것은 이스라엘 사람들이 자기들의 욕망을 투사한 것에 지나지 않습니다. 하나님은 강자들의 횡포에 의해 시달리는 이들을 돌보시는 사랑의 하나님입니다. 세상 도처에서 폭력과 전쟁의 소식이 들려옵니다. 하지만 평화와 정의를 세우려는 하나님의 뜻을 이길 힘은 세상 어디에도 없습니다.

아사는 하나님의 도우심으로 에티오피아와의 전쟁에서 승리했고, 그랄 인근의 많은 성읍들에서 역겨운 물건들을 없앴습니다. 그는 예루살렘으로 돌아와 주님의 성전 현관 앞에 있는 주님의 제단을 보수하기도 했습니다. 또 그는 백성들을 불러모아 '조상의 하나님만 찾기로 맹세'하게 했습니다. 그 때문인지 아사 왕 35년까지는 전쟁이 일어나지 않았습니다.

권력의 오만함을 넘어

하지만 앞에서 본 것처럼 아사가 오랜 평화 시기를 지나면서 권력의 단맛에 취하기 시작하면서 그는 오만한 왕으로 변했습니다. 그는 예언자의 말에 귀를 기울이지 않았고, 자식처럼 돌보던 백성들을 학대하기 시작했던 것입니다. 위기가 사라지자 그는 하나님을 의지하던 사람에서 자기를 신뢰하는 사람으로 변했습니다. 부드러움은 생명에 가깝고 굳어짐은 죽음에 가깝습니다. 그의 곁에는 쓴소리를 하는 이들은 사라지고, 아첨꾼들만 득실거렸을 것입니다. 타락은 귀가 어두워지면서 시작됩니다.

우리는 가끔 정치 지도자들의 탄식을 듣습니다. 자기가 옳은데 국민들이 수준이 낮아서 자기 뜻을 이해해주지 못한다고 혀를 찹니다. 정말 그렇습니까? 국민들은 교화되어야 할 무지한 대중들입니까? 그렇지 않습니다. '민'(民)의 뜻이 곧 '하늘'의 뜻이라는 말이 있습니다. 새로운 정부가 출범했습니다. 우리는 겸손한 권력을 원합니다. 다른 이가 한 일 중 잘못한 일이 있다면 고쳐야 하겠지만, 잘한 일은 잘한 것으로 인정할 줄 알아야 합니다. 우리에게 '나를 따르라'고 하실 분은 주님 한 분뿐입니다.

하늘의 소리, 국민들의 소리에 귀를 기울이지 않는 것은 어리석음이라 했습니다. 이 시대에 기독교인으로 살아간다는 것은 무엇일까요? 그른 것은 그르다고 말하고, 옳은 것은 옳다고 말하는 것입니다. 예언자들은 한편으로는 권력의 횡포를 고발했고, 다른 한편으로는 그 아래에서 신음하는 이들을 위로했습니다. 권력이 해야 할 일은 세상을 고르게 만드는 것입니다. 가진 자와 그렇지 못한 사람, 많이 배운 사람과 그렇지 못한 사람 사이의 틈을 메워줌을 통해 세상에 평화와 정의를 세워나가는 것입니다. 권력이 오히려 차별을 만들고, 억울하고 원통한 사람들을 많이 양산하는 정책을 택한다면 그것은 하나님의 진노를 불러들일 수밖에 없습니다. 아사는 하나님의 음성에 귀를 막는 순간, 어리석은 왕이 되었습니다. 기독교인들의 책임이 막중합니다. 우리 시대는 감옥에 갇히면서도 하나님의 말씀을 전했던 하나니를 부르고 있습니다. 이 거룩한 부름에 응답하여 우리 시대의 파수꾼들이 되기를 기원합니다.

아하와 강가에서

그곳 아하와 강가에서 나는 모두에게 금식하라고 선언하였다. 우리는 하나님 앞에서, 우리와 우리 자식들 모두가 재산을 가지고 안전하게 돌아갈 수 있도록, 하나님이 보살펴 주시기를 엎드려서 빌었다. 왕에게는 우리가 이미, 하나님을 찾는 사람은 하나님이 잘 되도록 보살펴 주시지만, 하나님을 저버리는 자는 하나님의 큰 노여움을 피하지 못한다고 말한 바가 있어서, 우리가, 돌아가는 길에 원수들을 만나게 될지도 모르니, 보병과 기병을 내어 달라는 말은 부끄러워서 차마 할 수 없었다. 그래서 우리는 금식하면서, 안전하게 귀국할 수 있도록 보살펴 주시기를 하나님께 간절히 기도드렸으며, 하나님은 우리의 기도를 들어주셨다.

옛 기억으로의 소환

설날 아침, 주님의 은총과 평화가 우리 가운데 임하시기를 빕니다. 이맘때면 더욱 고향을 그리워하는 이들이 있습니다. 한파와 함께 찾아온 설날이 실향민, 난민, 이주 노동자, 홈리스, 고립 속에 살아가는 이들의 외로움을 더욱 깊게 만들지 않기를 빕니다. 외로움의 감정은 분리되었다는 느낌 속에서 생성됩니다. 우리가 서 있는 자리가 어디이든 누군가와 연결되어 있다는 생각이 들 때 사람은 절망에 빠지지 않습니다. 중학교 때 배웠던 미국 민요 '산골짝의 등불'이 떠오릅니다.

> "아득한 산골짝 작은 집에/아련히 등잔불 흐를 때/그리운 내 아들
> 돌아올 날/늙으신 어머니 기도해."

왜 하필이면 미국 민요를 배우며 살았는지 잘 모르겠지만, 어머니가 계신 산골짝에 밝혀진 등불에 대한 기억이 도시를 떠돌고 있는 사람에게 마음의 닻일 수도 있겠다는 생각이 듭니다.

설은 새로운 시간의 도래(到來)를 기뻐하는 날이지만, 옛 기억으로 우리를 소환(召喚)하는 날이기도 합니다. 설 연휴를 치열한 경쟁 속에 사느라 잃어버렸던 나의 정체성을 되찾는 시간, 내가 홀로가 아니라 다른 이들과의 연결 속에 있다는 사실을 재확인하는 시간으로 삼으면 좋겠습니다. 오늘은 바빌로니아 유배지에 살던 유대인들의 귀환 이야기에 귀를 기울여 보려 합니다. 바빌로니아에서 포로 생활을 하던 이들의 마음을 시편 기자는 이렇게 노래합니다.

> 우리가 바빌로니아의 강변 곳곳에 앉아서, 시온을 생각하면서 울었
> 다. 그 강변 버드나무 가지에 우리의 수금을 걸어 두었더니, 우리를
> 사로잡아 온 자들이 거기에서 우리에게 노래를 청하고, 우리를 짓밟

아 끌고 온 자들이 저희들 흥을 돋우어 주기를 요구하며, 시온의 노래 한 가락을 저희들을 위해 불러 보라고 하는구나.(시편 137:1-3)

가해자들은 피해자들의 아픔을 헤아리지 못합니다. 강변에 앉아 울고 있는 이들을 보며 비웃을 뿐입니다. 그들은 약자들을 자기들의 여흥을 위한 수단으로 삼기를 주저하지 않습니다. 시인은 이방 땅에서 차마 시온의 노래를 부를 수 없었다고 말합니다. 아프고 아렸기 때문일 겁니다. 상처의 기억이 안으로 쌓이면 한이 되는 법입니다. 유배지에서 이등 시민으로 살던 이스라엘 사람들은 조국으로의 귀환을 간절히 꿈꾸었을 것입니다. 꿈이 현실이 되는 날이 마침내 왔습니다. 바빌로니아를 물리치고 근동 지역의 패자로 떠오른 페르시아 왕 고레스는 칙령을 내려 각 민족의 해방과 자치를 허용했습니다. 이스라엘 사람들도 부푼 꿈을 안고 예루살렘으로의 귀환을 서둘렀습니다. 오늘 본문은 첫 번째 귀환자들이 예루살렘으로 복귀한지 거의 80년 가까운 세월이 흐른 뒤의 상황을 다루고 있습니다.

에스라에게 내린 특명

페르시아 왕 아닥사스다가 다스리던 시절이 배경입니다. 그에게는 유대인에 관한 업무를 맡은 비서관이 있었습니다. 에스라입니다. 그는 모세의 율법에 능통한 학자였고 아론의 혈통을 이어받은 제사장이었습니다. 아닥사스다는 그를 깊이 신임했습니다. "주 하나님이 그를 잘 보살펴셨으므로, 왕은 에스라가 요청하는 것은 무엇이나 다 주었다."(에스라 7:6)는 구절이 그 증거입니다. 왕의 신임은 그의 성실성, 탁월한 일처리 능력, 충성심 때문일 테지만 성경은 그것을 '하나님의 보살핌' 덕분이라는 말로 요약합니다.

아닥사스다는 어느 날 에스라에게 칙령을 내려 예루살렘으로 귀환하고자 하는 사람들을 인솔하라고 명합니다. 칙령은 그가 해야 할 일을 아주 상세하게 열거하고 있습니다.

요약하자면 첫째, '가고자 하는 사람은 누구든 데리고 가라.', 둘째, '왕과 보좌진이 하나님께 기쁜 마음으로 드리는 은과 금, 이스라엘 사람들이 바빌로니아 모든 지방에서 얻은 은과 금, 사람들이 바치는 자원예물을 가지고 가라.', 셋째, '각종 제물을 사서 제단 위에서 하나님께 제물로 바치라.', 넷째, '그 외에도 성전에서 써야 할 것이 더 있으면 국고에서 공급받도록 하라.'

매우 적극적인 조치입니다. 왕은 유프라테스 강 서쪽 지방의 모든 국고 출납관들에게 조서를 보내 제사장 에스라가 요청하는 것은 무엇이든지 어김없이 주라고 명했습니다. 물론 한도도 정해주었습니다. 다섯째, '성전에 관련된 일을 하는 이들에게는 조공, 세금, 관세 등을 부과하지 말라.' 커다란 특혜입니다. 이러한 조치는 하나님의 분노가 왕과 페르시아에 내리지 않기를 바라는 마음에 잇닿아 있음을 알 수 있습니다. 에스라에게는 재판관을 세울 권한도 주어졌습니다.

눈치를 채셨는지 모르겠습니다만 에스라는 자기의 귀환 이야기를 제2의 출애굽기 서사로 삼고 싶어합니다. '떠나라'는 왕의 명령, '은과 금을 가지고 가라.'는 허용, 하나님의 분노가 내리지 않도록 기도해 달라는 요청(참조, 출애굽기 8:28) 등은 출애굽기에도 다 나오는 내용입니다. 에스라 일행이 페르시아를 떠나는 날짜를 보면 이런 추정이 과도한 것이 아님을 알 수 있습니다.

그가 바빌로니아를 떠난 것은 첫째 달 초하루이다.(에스라 7:9)

첫째 달 초하루는 출애굽 사건의 시발점이 된 유월절에 해당됩니다. 에스라 일행이 출발일을 첫째 달 초하루에 삼은 것은 분명한 의도가 있음을 알 수 있습니다.

위험 속으로 들어가다

에스라는 아하와 강가에 사람들을 불러모았습니다. 그곳이 지금 어디를 가리키는 것인지는 불분명하지만 일종의 경계지대로 보면 좋을 것 같습니다. 강은 언제나 경계지대, 다른 세계로의 입구였습니다. 야곱은 얍복강에서 밤새도록 천사와 씨름한 후에 강을 건너 형 에서와 만났습니다. 출애굽 공동체는 홍해를 건너 광야로 들어갔고 요단 강을 건너 가나안 땅에 들어갔습니다. 그리스 신화에서 죽은 이들은 망각의 강인 스틱스 강을 건너서 저승으로 갑니다.

에스라 일행은 아하와 강가에 장막을 치고 사흘 동안을 거기 머물렀습니다. '사흘'이라는 시간도 의미심장합니다. 성경에서 사흘은 예사로운 시간이 아닙니다. 사흘은 아브라함의 경우 이삭을 데리고 집을 떠나 모리아 산에 당도하기까지 걸린 시간이고, 호세아의 경우 하나님께서 넘어진 백성들을 다시 일으켜 세우시는 시간(호세아 6:2)이고, 요나의 경우 물고기 배 속에서의 시간이고, 예수님의 경우

무덤 속에서의 시간입니다. 성경에서 사흘은 절망의 어둠 속에서 희망의 싹이 움트는 시간입니다. 그믐달이 진 후 초승달이 떠오르기까지의 시간도 사흘입니다.

아하와 강가에서 사흘을 보내는 동안 에스라는 모인 사람들을 살펴보다가 백성과 제사장 가운데 레위 사람이 하나도 없음을 알게 되었습니다. 그래서 에스라는 지도급 인사들을 가시뱌 지방의 지도자 잇도에게 보내 레위인들과 성전에서 일할 일꾼들을 보내 달라고 청하라 지시했습니다. 새로운 역사의 부름에 서른여덟 명이 응했고, 성전 막일꾼 이백이십 명도 캠프에 합류했습니다. 레위인들과 성전 막일꾼들이 동행함으로 귀환 공동체의 신앙적 정체성이 확고하게 수립되었습니다. 에스라는 아하와 강가에서 금식을 선포하고, 하나님께 모든 백성들이 안전하게 돌아갈 수 있게 보살펴 달라고 간절히 기도했습니다.

아하와 강가의 금식을 통해 그들은 공동 운명체가 되었습니다. 많은 사람들이 예루살렘까지 안전하게 가려면 정말 치밀한 준비가 필요했습니다. 하루에 얼마나 걸어야 할지, 숙영지는 어디로 정해야 할지, 습격을 받을 경우 어떻게 대처해야 할지, 가지고 가는 귀한 보물들은 어떻게 보관해야 할지, 보급품은 어떻게 충당해야 할지, 누군가가 병이 들면 어떻게 처리해야 할지 아주 꼼꼼하게 준비하지 않으면 안 됐습니다. 호위 병력이 있었더라면 상당히 근심을 덜 수도 있었지만 에스라가 왕에게 했던 말이 족쇄가 되었습니다. 그는 일찍이 아닥사스다 왕에게 하나님을 찾는 사람은 하나님이 잘 되도록 보살펴 주시고, 하나님을 저버리는 자는 하나님의 노여움을 피하지 못한다고 말했던 것입니다. 그러니 보병과 기병을 내어 달라는 말을 부끄러워서 차마 할 수 없었던 것입니다. 신앙은 모험입니다. 물 가운데를 지나야 할 때도 있고, 불 가운데를 지나야 할 때도 있습니다. 귀환 공동체는 하나님의 은총에 매달리지 않을 수 없었습니다.

귀환 공동체는 다섯째 달 초하루에 예루살렘에 도착했습니다.(에스라 7:9) 4개월의 여정이었습니다. 에스라서는 그 과정에서 귀환 공동체가 겪은 일들을 세세히 기록하지 않습니다. 에피소드를 통해 사람들을 감동시킬 생각이 없기 때문입니다. 그는 다만 하나님께서 그 모든 과정을 섬세하게 인도하셨다고 담담하게 고백합니다.

하나님은 우리의 기도를 들어주셨다.(에스라 8:23)

가는 길에 매복한 자들의 습격을 받기도 하였지만, 하나님이 우리를 잘 보살펴 주셔서 그들의 손에서 벗어날 수 있었다.(에스라 8:31)

하나님만이 드러나고 있습니다. 지도자 개인을 영웅적 존재로 그리지 않는 것, 이것이 성경의 아름다움입니다.

인간의 어쩔 수 없는 한계

에스라의 그 후의 활동은 치열했습니다. 그는 무너진 유대인들의 신앙적 정체성을 세우기 위해 진력했습니다. 무기력에 빠진 백성들을 일으켜 세우고, 거룩한 백성이라는 소명을 새롭게 정초하기 위해 율법을 가르쳤습니다. 에스라의 마음을 온통 사로잡은 것은 '유대교적 순수함'이었습니다. 하나님 앞에서 순수한 삶을 사는 것을 누가 비난할 수 있겠습니까? 그러나 순수함에 대한 집착은 자기와 입장이나 견해가 다른 사람들을 '비순수'로 낙인찍게 만들기도 합니다. 마침내 문제가 발생합니다. 지도자를 자처하는 이들이 에스라 주위에 몰려들었습니다. 그들은 순수와 비순수로 사람들을 나누었습니다. '가름의 정치'를 펼친 것입니다. 그들은 일반 백성들은 물론이고 제사장과 레위 사람까지도 이방 백성과 관계를 끊지 않고, 이방인의 습속을 따라 살고 있다고 에스라에게 고했습니다. 이방인과의 결혼이 성하여 주변 여러 족속의 피가 '거룩한 핏줄'에 섞여 가고 있다는 것이었습니다.

성경은 이 말을 들은 에스라가 "너무나 기가 막혀서, 겉옷과 속옷을 찢고, 머리카락과 수염을 뜯으면서 주저앉았다."(에스라 9:3)고 기록하고 있습니다. 그는 백성들을 예루살렘으로 불러 모은 후 이방 백성과 관계를 끊고, 데리고 사는 이방인 아내들과 여인들과 그들에게서 난 아이들을 다 보내라고 요구했습니다. 일종의 정화 작업입니다. 이방인은 더럽고 유대인은 순수하다는 이분법이 여기에 작동하고 있습니다. 저는 이 대목에서 마음이 매우 불편합니다. 사람들은 자기들의 잘못을 타자들에게 전가하거나, 특정한 사람들을 불결하다는 찌지를 붙임으로 자기의 비윤리적 행태에 면벌부를 발행하곤 합니다.

타자들을 배제하는 에스라 시대의 이런 모습은 인류 역사 속에서 빈번하게 반복되고 있습니다. 중세의 마녀 사냥이 그러하고, 유럽에서 일어났던 유대인들에 대한 혐오가 그러하고, 인종차별이 그러합니다. 돈이 주인 노릇하는 우리 현실 또한 이와 다를 바 없습니다. 가난한 사람들은 어디서나 환대받지 못하는 세상입니다. 유대 국가라는 정체성을 세워야 했던 시대임을 감안하더라도 이 배제와 혐오와 차별의 정치는 매우 유감스럽습니다. 이것은 일종의 광기입니다. 그 과정에서 생이별의 아픔을 겪는 가족들에 대한 연민은 찾아보기 어렵습니다.

귀환의 이야기가 누군가를 배제하는 이야기로 끝나면 안 됩니다. 예수님은 이스라엘의 정결법에 의해 불결하다고 규정된 사람들과 거리낌 없이 만나셨습니다. 그들의 약함과 더러움을 자기 속으로 받아들여 사랑으로 정화하셨습니다. 스스로 거룩하다 여기는 이들은 그런 예수님을 '세리와 죄인의 친구'라는 멸칭(蔑稱)으로 불렀습니다. 주님은 그런 세간의 평가에 전혀 연연하지 않으셨습니다. 자기 속에 있는 더러움을 타자에게 전가하고 그를 혐오하는 것이야말로 가장 큰 죄입니다. 세상의 어떤 사람도 영원히 옳을 수는 없습니다. 오늘의 진리가 내일은 오류로 판명될 수도 있습니다. 그렇기에 우리는 겸허해야 합니다. 겸허함과 따뜻함은 사람과 사람 사이를 이어주는 강력한 끈입니다. 에스라는 멋진 사람이었지만 오류가 없는 완벽한 사람은 아니었습니다. 우리 삶을 자꾸 성찰하면서 하나님의 마음과 접속해야 합니다. 배제와 차별과 혐오가 아니라 자비와 포용이야말로 우리가 마침내 가야 할 고향입니다. 지금 우리가 어둔 밤길을 걷고 있는 이들 앞에 밝혀진 작은 등불 하나가 되기를 기원합니다.

'말씀'의 여운

정용섭/대구성서아카데미 원장

최근에 김기석 목사님(이하 '김 목사')의 설교문 다섯 편을 읽었다. 감회가 새롭다. 17년 전 〈기독교사상〉 2006년 9월호에 게재한 졸고 "신앙과 문학이 만나는 자리"는 김 목사 설교 전반에 대한 해설이었다. 오랜 세월이 지났어도 김 목사의 설교에서 전달되는 느낌이 전혀 색바래지 않았다는 게 놀랍다. 그 졸고에서 몇 대목을 여기 발췌하겠다.

"평자는 김 목사가 2005년 1년 동안 청파교회의 공동예배에서 행한 설교 50편을 정독했다. 그리고 2006년의 설교는 부분적으로 '설교 듣기'를 통해서 청취했다. 그의 설교 전문과 듣기는 모두 홈페이지에 올라있다. 그가 〈기독교사상〉에 2년 반 동안 연재한 "김기석의 하늘, 땅, 사람 이야기"는 평자가 애독하던 꼭지였다. 전체적인 느낌을 말한다면, 김 목사의 설교 한 편 한 편은 문학적으로 완성도 높은 신앙에세이였다. 그리스도교 신앙과 문학이 그의 설교 무대에 함께 올라 신명나게 한바탕 춤추며 생명의 노래를 부르고 있었다.《외딴 방》의 작가 신경숙은 사춘기 시절 구로공단에서 공순이로 살아가면서도 짬짬이 조세희의 《난쟁이가 쏘아올린 작은 공》을 대학노트에 축자적으로 받아 적으면서 소설쓰기를 공부했는데, 신학생들과 젊은 목사들도 김 목사의 설교를 반복해서 듣고 읽으면서 신앙과 삶과 설교를 공부하는 게 좋을 것 같다.”

“영혼구원, 한국의 복음화, 세계선교를 캐치프레이즈로 내걸고 있는 설교자들과 달리 김 목사는 일상에 목회와 설교의 중심을 두고 있다. 그에게서 일상과 유리된 신앙은 기대할 수는 없다. 흡사 옛날 우리의 어머니들이 한땀한땀 바느질을 하듯이 그는 일상에 그리스도교 신앙을 수놓는 사람이다.”

“모르긴 해도 김 목사는 수시로 가슴앓이를 할 것 같다. 일상에 가득한 하나님의 은총에 가슴이 뛰지만, 다른 한편으로 인간 삶과 세계를 파괴하는 괴물 앞에서 가슴이 저릴 것이다. 두 세계를 동시에 볼 줄 아는 사람에게 주어진 숙명이 바로 그것이다. 괴물이 보이지 않으면 자신의 구원에 도취되어 흥겨운 노래만 부르면 되고, 은총이 보이지 않으면 머리끈 동여매고 괴물과 투쟁하기만 하면 된다. 그러나 서로 다른 두 세계를 두 눈 부릅뜬 채 직시하고 있는 김 목사는 정신 나간 사람처럼 ‘웃다 울다’ 할 수밖에 없다. 다른 사람들은 그의 내면세계에서 일어나는 이런 혼란을 눈치채지는 못할 것이다. 그는 자신의 그런 아픔을 혼자의 가슴앓이로 숨겨둔 채, 오히려 의연한 태도로 이런 모순된 현실과 맞서 새로운 세상을 열기 위해 용맹정진하고 있기 때문이다. 그것은 곧 낮은 자를 향한 극진한 관심과 배려이다.”

“삶의 신비를 알알이 풀어내며, 소외된 이웃과의 강력한 연대를 추구하는 설교는 아무나 할 수 있는 게 아니다. 흉내를 낼 수는 있지만 김 목사처럼 진정성과 설득력을 담아내기는 어렵다. 더구나 그의 전문적인 글쓰기가 설교의 깊은 맛을 더해주고 있으니, 평자가 무슨 말을 여기서 더 보탤 수 있으랴. '설교를 들으면서 나는 가끔 생각을 한다. 저분은 왜 시인이 아니고, 문학평론가일까. 한올 거추장스러운 검불 없이 하나님 앞에서 서고자 애쓰는 참 시인인데…. 목사님, 하고 부를 때마다 하나님 앞에 알몸으로 선 그를 느끼는 청파교회 신자로서 나는 늘 행복하다.'(홈페이지)라는 소설가 이명행의 고백에 평자도 이심전심으로 동의한다. 그의 설교를 듣고 읽는 동안 내 영혼이 부쩍 맑아지고 훌쩍 자란 느낌이다. 하나님, 세상, 인간, 문학, 예술, 사랑에 대해서 한 수 가르침을 받을만한 분과 동시대에 설교자와 글쟁이로 활동하고 있다는 사실을 평자는 진심으로 기쁘게 생각한다."

대화형 인공지능으로 알려진 챗-지피티(Chat-GPT)가 앞으로는 설교까지 맞춤형으로 제공할지 모른다. 설교자에게는 위기다. 설교자가 챗-지피티보다 훨씬 수준 떨어지는 설교에 만족하는 바보가 되든지, 챗-지피티가 제공하는 대본에 따라 연기하는 배우가 되든지, 완전히 창조적인 설교자가 될 수밖에 없다. 우리가 창조와 진리와 부활의 영인 성령을 믿고 사는 사람들이기에 이런 현대 기술의 발전 앞에서 주눅들 필요는 없다. 영혼의 깊이에서 말씀을 읽고 해석할 수만 있다면 대화형 인공지능이 따라올 수 없는 생명 충만한 설교가 가능하기 때문이다. 이번에 김 목사의 설교를 다시 읽으면서 생명 충만감을 만끽할 수 있었다. 이미 17년 전에 할 말은 다 한 셈이라서 이번에는 나에게 주어진 다섯 편의 설교를 각각 나눠서 간략하게 살펴보겠다.

자유로운 영혼의 소유자

김 목사는 에스더 이야기에서 「자유인의 초상」이라는 제목을 뽑아냈다. 나는 설교를 작성하기보다 제목 정하기가 더 어려울 때가 종종 있다. 내 생각이 그만큼 어딘가에 갇혀있거나 경직되었다는 의미이다. 김 목사의 제목 정하기는 정말 발군이다. 제목이 천편일률적이지 않고 문학적인 향기가 배어난다. 그만큼 김 목사의 영혼이 자유롭기도 하고 어떤 근원에 닿아있기 때문이 아니겠는가. 뒤에 이어지는 설교 제목에서도 이를 확인할 수 있다. 「폐허를 딛고 서서」, 「끊어지면 안 되는 사랑의 고리」, 「그들은 나를 이겨내지 못했다」, 「헤아릴 수 없는 신비」가 그렇다. 이런 기막힌 제목을 주보에서 본다면 청중들은 어떤 설교가 나올지 설레는 마음으로 기다릴 것이다. 김 목사는 제목으로 이미 설교의 승부를 본 셈이다.

에스더를 중심으로 하는 그 서사를 모든 그리스도인은 잘 알고 있다. 너무 잘 안다고 생각하기에 역설적으로 그 깊이를 놓칠 수 있다. 설교자는 텍스트가 다 담지 못하는, 더 정확하게는 행간 안에 숨겨둔 이야기를 들여다보고 그걸 청중들에게 알려줘야 한다. 김 목사의 설교를 통해서 에스더와 모르드개 서사가 당시 역사와 더불어서 입체적으로 드러나고 있었다. 그 서사에 끼어든 인물이 하만이다. 하만의 음모는 나치의 유대인 학살극과 연결된다. 청중들은 아래와 같은 김 목사의 말을 들으면서 역사에서 벌어진 그 아슬아슬한 장면을 실감했을 것이다. 히틀러 시대에 에스더와 모르드개 같은 사람이 있었다면 세계 역사는 또 달라졌을 것이라는 상상력도 덤으로 받았을 것이다.

"하만은 왕을 설득해서 유대인들을 학살할 계획을 세웁니다. 그의 논리는 간단합니다. 왕의 통치하에 살고 있는 여러 민족 가운데, 왕이 세운 법과는 다른 법에 순종하는 사람들이 있는데, 그들은 사회통합의 걸림돌일 뿐만 아니라, 왕의 존엄을 해치는 무리라는 것이었습니다. 하만은 이런 사적인 감정에 기대어 엄청난 학살극을 준비하면서 왕에게 엄청난 뇌물을 바칩니다. 왕은 하만의 충성심에 감복하여 그가 원하는대로 전권을 위임해줍니다. 바야흐로 유대인들의 운명이 바람 앞의 등불처럼 위태롭게 되었습니다. 아달월 십삼일이 되면 페르시아 지경에 살고 있는 유대인들을 다 학살하라는 왕의 조서가 각지에 내려졌습니다."

김 목사에게 에스더와 모르드개는 진정한 의미에서 자유로운 영혼의 소유자다. 자유는 자기가 하고 싶은 대로 하는 게 아니라 오히려 하고 싶은 것을 미뤄두고 믿음을 지키는 결단과 의지라고 역설한다. 그것이 곧 '내적 자유'다. 그 자유를 설교 마지막 대목에서 이렇게 호소한다.

"사탄은 지금도 우리에게 다가와 '내게 한 번만 절하면 세상의 부귀영화를 주겠다.'고 유혹합니다. 그럴싸하지요? 하지만 사탄은 그럴 수 없습니다. 그가 준다는 것은 신기루에 지나지 않습니다. 하지만 하나님은 당신의 뜻대로 살기 위해 고통 속으로 들어가는 사람들을 지키십니다. 한 번이라도 믿음의 원칙을 지키기 위해 세상과 맞서본 경험이 있는 분들은 아실 것입니다. 그때 우리는 사소한 이익은 잃을지 모르지만, 더 큰 내적 자유를 선물로 받게 된다는 것 말입니다. 우리의 삶이 진리를 통해 얻는 참된 자유로 말미암아 환해지기를 기원합니다."

그렇다. '진리가 너희를 자유케 하리라.'는 말씀이 바로 김 목사가 말하는 '내적 자유'다. 그 자유로운 영혼의 소유자는 자기 혼자 고고한 자유로움에 머물러 있는 게 아니라 구체적인 삶의 현장에 들어가서 자기의 이해타산에 기울어지지 않고 믿음으로 결단하는 사람이다. 영혼의 자유가 실천을 담보하며 실천을 통해서 자유가 선물로 주어진다.

폐허가 된 삶의 자리

올해 일흔 살이 된 나도 김 목사와 마찬가지로 평생 설교자로 살았다. 앞에서 짚은 에스더와 지금 다룰 느헤미야를 설교 본문으로 삼은 적이 나는 한 번도 없다. 성경공부를 인도할 때는 물론 다뤘으나 주일 공동예배 설교 본문으로는 다루지 못했다. 그 이유는 그런 본문에서는 케리그마(kerygma)를 끌어내기가 쉽지 않기 때문이다. 이번에 김 목사의 설교를 읽으면서 이런 내 생각이 옳지 않았다는 사실을 깨닫게 되었다. 김 목사는 보통 설교자들이 설교 본문으로 삼기 어려운 본문에서도 신앙의 진수를 정확하게 포착하고 해명한다는 사실을 확인했기 때문이다. 바빌로니아 포로 이후 역사를 다루는 느헤미야를 본문으로 그는 "폐허를 딛고 서서" 삶을 살아내는 그리스도인의 모습을 담담하면서도 역동적으로 풀어내고 영적인 길을 열어주었다. 역시 그는 성경의 세계를 훨씬 더 깊이, 그리고 아주 멀리 내다보는 영적인 고수다.

그가 느헤미야를 본문으로 풍성한 설교를 할 수 있는 이유는 그의 영성이 그리스도인의 실제 삶에 밀착해있기 때문이라고 나는 생각한다. 그는 그리스도교 교리에 관심이 있는 게 아니라 그 교리가 품고 있는 삶에 관심이 있다. 느헤미야가 처한 삶의 자리가 폐허인 것처럼, 오늘 우리가 처한 삶의 자리도 폐허라는 사실을 뚫어본다. 거기서 원망하고 자책하는 사람이 있으나 오히려 더 적극적으로 새롭게 시작하는 사람이 있다. 이 설교는 코로나19 팬데믹이 본격화되던 2020년 여름에 행한 설교로 보인다. 그야말로 폐허 시절이다.

"7월이면 상황이 좋아질 거라는 우리의 낙관론을 비웃기라도 하듯 코로나 확진자가 급증하고 있습니다. 또 다른 어둠이 스멀스멀 우리 가운데 스며들고 있는 것 같습니다. 살얼음판 위를 걷듯 조심조심 살아야 하겠습니다."

2400년이라는 시간의 차이가 있으나 우리는 폐허를 똑같이 경험했다. 우리 사회에 말이 거칠어졌고, 원망이 많아졌다. 김 목사는 청중들에게 거창한 일을 요구하지 않는다. 말의 폐허를 넘어서자고 호소한다. 아래는 이 설교의 결론 부분이다. 그 자리에 내가 청중으로 앉아 있었다면 영혼 깊은 곳에서 '아멘'이 솟아났을 것이다. 언젠가 나에게 느헤미야를 본문으로 설교할 기회가 주어진다면 김 목사 설교의 이 대목을 다시 읽어봐야겠다.

> "먼저 말이 달라져야 합니다. 부끄러운 말, 사람들을 가르는 말, 냉소하는 말은 입 밖에도 내지 마십시오. 그리고 대화의 용기를 내야 합니다. 암담해 보여도 한 걸음씩 앞으로 나아가야 합니다. 평화의 도구가 되기를 희망했던 성 프란체스코의 기도처럼, 미움이 있는 곳에 사랑을, 상처가 있는 곳에 용서를, 분열이 있는 곳에 일치를, 의혹이 있는 곳에 믿음을, 오류가 있는 곳에 진리를, 절망이 있는 곳에 희망을, 어둠이 있는 곳에 광명을, 슬픔이 있는 곳에 기쁨을 심어야 합니다. 그리스도의 꿈은 바로 우리의 그런 노력을 통해 이 땅에서 영글어 갈 것입니다. 투덜거림을 멈추고, 우리 주변에 널린 폐허의 잔해를 치우는 일부터 시작하십시오. 난관이 있더라도 포기하지 마십시오. 하나님이 살아계시니 결국 우리는 승리할 것입니다. 선물로 주어진 한 해의 또 다른 절반이 희망을 파종하는 기쁨에 충만하기를 기원합니다."

잔잔하면서도 강렬하게 드러나는 사랑

잠언을 본문으로 하는 설교도 쉽지 않다. 유대의 지혜가 자칫 초등학생들을 위한 교장 선생의 훈화처럼 들릴 수 있기 때문이다. 위 잠언 본문의 시작은 '허물을 덮어 주는 자'이다. 허물을 덮어 주는 삶은 굳이 설교자가 아니라도 누구든지 말할 수 있다. 영적인 긴장감이 떨어질 수 있는 그렇고 그런 뻔한 설교로 들릴 수 있는 이 주제가 김 목사의 설교에서는 생생하게 빛을 발했다. 이건 배워서 되는 게 아니다. 아무나 흉내 낼 수 없는 영적인 감수성이 있기에 이런 설교가 가능한 게 아니겠는가. 영적인 감수성은 삶에 대한 그의 고유한 열정이고 인식이며 참여이고 희망이며, 믿음이고 사랑이며, 결단이고 기다림이자 기쁨이고 고뇌이다. 내가 비슷한 주제로 설교했다면 담아내지 못했을 하나님의 사랑이 그의 설교에는 잔잔하면서도 강렬하게 드러나는 이유가 거기에 있다.

김 목사는 여기서 잠언만 붙들고 설교하지 않았다. 신구약 성경을 끌어들임으로써 잠언의 가르침을 성경 전체와 이어주었다. 설교 본문에 거론된 성경 본문은 아래와 같다. 전도서 1장 8절, 유다서 1장 13절, 창세기 9장 23절, 요한복음 8장 11절, 아가 2장 15절, 골로새서 3장 13-14절, 요한복음 15장 14절, 마가복음 3장 35절. 이런 성경 구절로 인해서 잠언의 가르침이 입체적으로 전달된 것이다. 다른 설교자들도 자신의 설교에 여러 성경 구절을 인용한다. 성경 구절을 마치 상품 진열하듯이 인용하는 것과 본문의 깊이로 들어가기 위해서 인용하는 것은 완전히 다르다. 김 목사의 성경 인용은 그 어떤 한 구절도 어긋나지 않게 잘 맞아떨어져서 마치 흑백 영화를 컬러 영화로 보는 듯하게 했다.

다른 설교도 마찬가지이지만 위 설교를 읽으면서 나는 삶에 대한 김 목사의 접근 방식이 놀라우리만치 개혁적이면서 동시에 현실적이라는 사실을 확인할 수 있었다. 개혁이라는 관념과 현실이라는 실체가 그의 설교에서 농축되어 있다는 뜻이다. 이번 설교에서 그는 흑인 신학자의 아버지라 할 제임스 콘과 스위스 종교 사회주의를 대표하는 신학자이면서 칼 바르트에게 영향을 준 크리스토프 블룸하르트의 글을 인용했다. 이 두 사람은 북미와 유럽에서 각각 하나님 나라의 사회 변혁적 지평에 자기 삶을 바친 이들이다. 상투적인 교훈에 머물 수도 있는 잠언이 그가 인용한 이들의 글을 통해서 오늘 우리의 삶을 뒤흔드는 영적인 지진으로 전달되었다. 그가 인용한 채현국의 글도 마찬가지다.

"난 도운 적 없어요. 도움이란, 남의 일을 할 때 쓰는 말이죠. 난 내 몫의, 내 일을 한 거예요. 누가 내 도움을 받았다고 말하는지는 몰라도 나까지 그렇게 생각하면 안 될 일이죠."

성경 텍스트는 문자다. 문자는 근원을 세우기에는 역부족이다.(불립문자不立文字) 설교자는 문자인 성경 텍스트 안에 은폐된 고유한 생명의 세계를 청중들에게 불을 밝혀 알려주는 사람이다. 이런 역할을 감당하려면 설교자가 먼저 그 세계 안으로 들어가야 한다. 거기서 끝나는 게 아니라 현대를 사는 청중들의 귀에 들리는 말로 전해야 한다. 그게 쉽지 않은 일이다. 김 목사는 이런 설교자의 역할을 다른 설교자들보다 상대적으로 조금 낫게 하는 게 아니라 완전히 다른 차원에서 수행했다. 평범했던 성경의 세계가 비상한 세계로 들린다. 빛바랜 옛날 스냅사진이 동영상으로 보인다. 이번 설교 마지막 단락에서 그는 이렇게 호소한다. 앞의 내용을 다 들은 청중이

라면 이런 호소 앞에서 가슴이 뭉클해지는 감동을 왜 받지 않았겠
는가.

"돈이 주인 노릇하는 세상은 사람과 사람 사이의 연결고리를 느슨하
게 만듭니다. 주님은 이 척박한 세상을 치유하기 위해 우리를 부르셨
습니다. 사랑의 연결고리를 든든하게 만드는 일이야말로, 이 시대에
교회로 부름 받은 우리 모두의 소명입니다. 우리가 서 있는 삶의 자
리가 어디이든 사랑의 고리를 든든하게 만드는 보람을 맛보며 사시
기를 기원합니다."

성지순례에 담긴 영적 긴장감

김 목사의 설교가 왜 생동감이 넘치는지를 이번 시편을 본문으로
하는 설교를 읽고 더 정확하게 이해할 수 있었다. 그는 성경 텍스트
의 보이지 않는 깊이를 들여다보려고 치열하게 노력한다. 성경이
붙들고 있는, 또는 숨기고 있는 '삶의 자리'에는 절절한 우여곡절이
많다는 사실을 여실히 알기 때문이다. 이를 그는 '주름이 많은 텍스
트'라고 표현했다. 아래의 말은 설교를 전업으로 삼는 사람이 곱씹
어볼 만하다.

"저는 가끔 성경을 매끈한 텍스트가 아니라 주름이 많은 텍스트라고
말합니다. 말한 것보다 말하지 않은 것이 더 많다는 의미에서 그러합
니다. 성경을 읽는 이들은 '말하지 않은 것'까지 들으려 노력해야 합
니다. 1절에는 이스라엘이 애굽에서 천대받았던 기억, 광야에서 겪

었던 시련과 유목민들의 억압, 살아남기 위해 다양한 민족들과 싸워야 했던 가나안 정착 시기, 애굽, 앗시리아, 바벨로니아, 페르시아, 그리스로 이어지는 제국의 틈바구니에서 찢기고 상처받은 기억들이 다 담겨 있습니다. 그런 역사적 시련을 통과해야 했던 개인의 삶 또한 평탄할 수 없었을 겁니다. 순례자들은 민족의 기억과 개인의 기억이 떼려야 뗄 수 없게 연결되어 있음을 자각하며 걷고 또 걸었을 것입니다."

시편 129편에서 이런 시각이 열리면 설교의 반은 끝난 셈이다. 김 목사가 설교에서 설명했듯이 129편은 고대 유대인들이 성지순례를 나서면서 부르는 노래 중의 하나다. 민족의 고난을 몸으로 재현하는 성지순례에 담긴 영적 긴장감에 공명된다면 고난은 극복될 것이다. 고난 경험이 곧 승리의 경험인 셈이다. 오늘 현대인들은 고난을 외면하거나 아예 모르거나 회피하기에 참된 의미에서의 승리도 모른다. 그래서 김 목사는 이렇게 설교할 수 있었다.

"순례자들은 자기들이 겪어온 시련의 역사를 두고 밭을 가는 사람이 밭을 갈아엎듯 자기네 등을 갈아서 고랑을 깊게 냈다고 말합니다. 그러나 그들은 절망과 모멸감에 빠져 허우적거리지 않습니다. 세상에서 모욕당하고 천대받는 이들 편에 서시는 하나님을 경험했기 때문입니다. '의로우신 주님께서 악인의 사슬을 끊으시고, 나를 풀어 주셨다.'(시편 129:4) 짧은 구절이지만 이 고백은 엄청난 파워를 보여줍니다. 악인의 사슬은 끊어지게 마련입니다. 하나님은 압제 당하는 자들을 해방하시는 분이시기 때문입니다."

이 대목에서 나는 다시 '아멘!' 하고 화답했다. 이번 다섯 편의 설교를 읽으면서 거듭해서 '아멘'이라고 되뇌었다. 평생 김 목사의 설교를 들으면서 예배를 드린 청파교회 교인들은 복이 있으리라.(Μακάριοι, 마카리오이, 마태복음 5:3)

'말씀'의 거룩한 여운

욥기를 본문으로 하는 대부분의 설교는 욥의 운명이 사탄에 의해서 괴멸 상태에 이르는 욥기 1-3장, 그리고 욥의 회개와 그의 운명이 회복되는 마지막 장인 42장을 본문으로 한다. 극한의 시련과 회개와 갑절의 축복이라는 서사는 사람들의 구미를 당기기에 맞춤하기 때문이다. 그런데 김 목사는 위 설교에서 지혜 문학의 대표자들인 친구들과의 논쟁을 본문으로 삼았다. 친구 빌닷의 충고에 대한 반론이다. 친구의 말도 틀린 게 없다. 욥의 친구 격인 빌닷을 비롯한 엘리바스와 소발, 그리고 후배 격인 엘리후의 논리는 그럴듯하다. 그래서 오해도 생긴다. 빌닷은 욥에게 이렇게 충고한다.

네 시작은 미약하나 네 나중은 심히 창대하리라.(욥기 8:7)

아무리 그럴듯한 주장이라 해도 욥을 향한 비난이라면 그걸 은혜로운 말씀으로 받아들일 수 없는 거 아닌가. 욥기는 정말 조심해서 읽어야 할 말씀이다. 번역 문제로 인해서 욥의 주장이 오해되기도

한다. 욥기 23장 10절이 그 한 예다.

> 내가 가는 길을 그가 아시나니 그가 나를 단련하신 후에는 내가 순
> 금같이 되어 나오리라.(욥기 23:10)

지금 욥의 고난이 훗날 오히려 욥의 신앙을 강하게 한다는 뜻으로
들린다. 이것은 욥을 비판한 엘리후의 논리다. 공동번역은 이렇다.

> 그는 나의 걸음을 낱낱이 아시나니. 털고 또 털어도 나는 순금처럼
> 깨끗하리라.(욥기 23:10)

자기가 억울하다는 뜻이다. 김 목사는 친구들과의 논쟁에서 벌어
지는 이 본문에서 '헤아릴 수 없는 신비'라는 제목을 잡았다. 죄가 없
는 자의 고난을 유대의 지혜 문학이나 신명기 역사관으로 대처할 수
없다는 사실을 욥기는 말한다. 그게 곧 우리 삶에 개입된 하나님의
존재 신비다. 설교자들은 청중들에게 늘 속 시원한 대답을 제시하지
않아도 된다. 우리가 어찌 하나님의 신비를 다 이해할 수 있겠는가.
그는 설교를 이렇게 맺는다. '말씀'의 거룩한 여운이 느껴진다.

> "모든 고통이 다 좋은 일이라고 말하는 것이 아닙니다. 그 고통이 아
> 니었다면 주님의 뜻을 깊이 깨달을 수 없었기에 그 고통은 복된 고
> 통이라는 것입니다. 살다보면 견디기 어려운 일을 만날 때가 많습니
> 다. 그때마다 우리 시선을 조금 더 높은 곳에 두는 연습을 해야 합니

다. 불의와 맞서 싸우되 정신이 피폐해지지 않기 위해서는 더 큰 세계와 자주 접속해야 합니다. 삶에는 정답이 없습니다. 순간순간마다 주님의 뜻을 여쭈어 보면서 성실하게 살아야 합니다. 어느 날 갑자기 시원한 바람이 불듯 주님의 은총의 바람이 우리의 울울한 마음에 불어와 이웃과 더불어 생을 마음껏 경축하며 살 수 있기를 빕니다."

나는 김 목사를 오래전 직접 대면한 적이 몇 번 된다. 그 뒤로도 기독교 인터넷 신문이나 방송, 그리고 유튜브 방송으로는 종종 뵈었다. 김 목사의 책에 추천사를 쓰기도 했다. 하나님께서 김 목사를 앞으로 어떻게 쓰실지 모르겠으나 그의 설교를 계속 접할 수 있었으면 한다. 노후에 영육 간 건강하시기를 진심으로 기도한다.

느헤미야

2장 11-18절

폐허를 딛고 서서

나는 예루살렘에 이르러, 거기에서 사흘 동안 쉬고 나서, 밤에 수행원을 몇 명 데리고 순찰을 나섰다. 하나님이 나의 마음을 움직이셔서 예루살렘에서 일하도록 하신 것을, 나는 그때까지 어느 누구에게도 말하지 아니하였다. 나에게 짐승이라고는, 내가 탄 것밖에 없었다. 밤에 나는 '골짜기 문'을 나섰다. '용 샘'을 지나 '거름 문'에 이르기까지 예루살렘 성벽을 살펴보니, 성벽은 다 허물어지고, 문들도 모두 불에 탄 채로 버려져 있었다. '샘 문'과 '왕의 연못'에 이르렀을 때에는, 내가 탄 짐승이 더 나아갈 길이 없었다. 그래서 그날 밤에 나는 계곡을 따라 올라가면서, 성벽을 둘러보고, 다시 '골짜기 문'을 지나 되돌아왔다. 그때에 내가 유다 사람들이나, 제사장들이나, 귀족들이나, 관리들이나, 그 밖에 직책을 가진 어느 누구에게도 이것을 말하지 아니하였으므로, 관리들은, 내가 어디를 다녀왔는지, 무엇을 하였는지, 아무도 알지 못하였다. 이렇게 돌아보고 난 다음에, 나는 비로소 관리들에게 말하였다. "여러분이 아는 바와 같이, 우리는 지금 어려움에 빠져 있습니다. 예루살렘은 폐허가 되고, 성문들은 불탔습니다. 이제 예루살렘 성벽을 다시 쌓읍시다. 남에게 이런 수모를 받는 일이 다시는 없어야 할 것입니다" 나는 또한 나의 하나님이 선하신 손길로 나를 잘 보살펴 주신 일과, 왕이 나에게 한 말을 그들에게 말하였다. 그랬더니 그들은 공사를 시작하겠다고 나에게 다짐하였고, 힘을 내어, 기꺼이 그 보람있는 일을 시작하였다.

막중한 임무

주님의 은총과 평강이 우리 가운에 임하시기를 빕니다. 한 해의 또 다른 절반이 시작되었습니다. 그동안 하나님의 백성답게, 부활의 주님을 믿는 사람답게, 종말론적 비전을 품은 신자답게 살았는지 돌아볼 때 부끄럽기만 합니다. 매 순간 충실하게 지내려고 애쓰기는 했지만, 지난 반 년을 돌아볼 때 떠오르는 단어는 '엄벙덤벙', '는적는적'입니다. 활기차게 살았다기보다는 시간에 등 떠밀리며 살았던 나날이었습니다. 7월이면 상황이 좋아질 거라는 우리의 낙관론을 비웃기라도 하듯 코로나 확진자가 급증하고 있습니다. 또 다른 어둠이 스멀스멀 우리 가운데 스며들고 있는 것 같습니다. 살얼음판 위를 걷듯 조심조심 살아야 하겠습니다.

느헤미야 시대의 이야기를 통해 이 어려운 때를 살아갈 지혜를 얻으면 좋겠습니다. 바빌로니아 제국이 페르시아에게 무너진 후 이스라엘은 페르시아의 속주로 전락했습니다. 근동 지역의 대부분의 국가들과 마찬가지로 이스라엘은 독립 국가의 지위를 유지할 수 없었습니다. 페르시아는 바빌로니아와는 달리 각 나라의 자치와 종교적 자유를 어느 정도 인정했습니다. 하지만 곳곳에서 반란이 일어 났습니다. 과도한 세금 때문이었습니다. 페르시아 왕은 반란을 진정 시키고 통치권을 확고히 세우기 위해 골머리를 싸매고 있었습니다. 바로 이런 상황에서 느헤미야서가 시작됩니다.

느헤미야는 페르시아 제국의 관료로 등용되어 승승장구하고 있 었습니다. 그는 두터운 신임을 받아 왕에게 술을 따르는 직책을 맡 고 있었습니다. 어느 날 그는 유다에서 온 하나니를 통해 예루살렘 의 형편에 대해 듣습니다. 하나니 일행은 사로잡혀 오지 않고 그곳 에 남겨진 이들의 고생이 아주 심할 뿐 아니라, 업신여김을 당하고 있다고 말합니다. 예루살렘 성벽은 허물어지고, 성문들은 다 불에 탔다는 말도 덧붙였습니다. 느헤미야는 깊은 슬픔에 잠겨 며칠 동 안 금식하며 하나님께 기도를 올렸습니다. 그는 이스라엘 사람들이 하나님의 법도를 따르지 않고 거역하는 죄를 지은 것을 자복했습니 다. 자기와 자기 가족 또한 그러한 죄와 무관하지 않다고 고백했습 니다. 지금 그들이 이렇게 이방 나라에 흩어진 것은 주님의 뜻 안에 서 벌어진 일임을 그는 시인했습니다. 느헤미야는 그렇게 참회하는 데 그치지 않고 돌이키는 자에게 자비를 베푸시겠다 약속하신 하나 님의 말씀을 붙잡고 자비를 간청합니다.

노련한 정치인답게

그리고 마침내 기회가 왔을 때 그는 왕에게 무너진 예루살렘 성 읍을 다시 세우게 해 달라고 청합니다. 왕과 왕후는 깊이 신임하는 신하가 자기들 곁을 떠난다는 사실을 달가와하지 않았지만, 결국 느헤미야의 청을 받아들입니다. 왕은 장교들과 기병대를 딸려 보내 느헤미야를 보호하게 했고, 유프라테스 서쪽 지방의 총독들에게 그의 안전을 보장하고 필요한 것을 제공하라는 친서까지 써주었습니다. 그때 페르시아의 임금은 아닥사스다 1세였고, 느헤미야가 예루살렘에 도착한 것은 주전 445년 경이었습니다. 그는 이중의 과제를 짊어지고 있었습니다. 외부의 위협에 대처하는 한편, 무너진 이스라엘 공동체의 정체성을 세워야 했습니다. 한번 무너진 마음을 다시 일으켜 세우기란 여간 어려운 일이 아닙니다.

어디에서부터 시작해야 할까요? 느헤미야는 궁중 정치에 익숙한 사람입니다. 사람들의 마음을 읽는 일에도 일가견이 있었습니다. 역사에 대한 비전도 없고, 늘 자기 이해에 따라 처신하는 일에 익숙한 관료들에게 처음부터 자기 계획이나 목표를 제시하지 않았습니다. 총독으로서의 권한을 가지고 '나를 따르라'고 말하지도 않았습니다. 뜻이 좋으면 사람들이 다 동의하리라고 생각하는 것은 천박한 낙관론입니다. 그것은 인간의 복잡성을 이해하지 못하는 이들이 일쑤 빠지는 함정입니다. 가장 시급한 것은 현실 파악이었습니다. 겉으로 드러나지는 않지만 속으로 얽히고 설킨 사람들 간의 역학관계도 파악하고, 예루살렘과 유다의 사회 경제적 현실도 파악해야 했습니다. 자칫 잘못하면 일에 착수하기도 전에 반대에 부딪힐 수도 있었습니다.

성경은 느헤미야가 예루살렘에 이르러 사흘 동안 쉬었다고 말합니다. 그 시간은 그야말로 암중모색의 시간이었을 겁니다. 어느 날 그는 밤에 수행원 몇 명만 데리고 순찰을 나섰습니다. 예루살렘의 남서쪽에서 출발하여 남쪽으로, 거기서 다시 북쪽으로 다니며 성의 형편을 살폈습니다. '샘 문'과 '왕의 연못'에 이르렀을 때 더는 나아갈 수 없었습니다. 사람들의 왕래가 끊긴 그 길은 이미 풀들의 차지였을 것이고, 마구 버려진 쓰레기더미와 무너진 건물의 잔해가 어지럽게 흩어져 있었을 겁니다. 그는 계곡을 따라 올라가며 성벽을 둘러보고 다시 '골짜기 문'을 지나 숙소로 돌아왔습니다. 착잡했을 겁니다. 어디서부터 손을 대야 할지 암담했을 겁니다. 지도자는 그런 암담한 상황에서 비전을 제시해야 합니다.

상황이 암담할 때면 사람들은 문제의 크기에 압도되게 마련입니다. 살다보면 자기 힘으로 해결할 수 없는 큰 문제에 직면할 때가 있습니다. 거대한 바위가 길을 막고 있다고 생각해 보십시오. 사람들은 그 바위를 움직이는 것은 불가능하다고 지레 판단합니다. 그러나 그 큰 바위를 움직일 수는 없지만 그 바위를 잘게 쪼개며 제거할 수는 있습니다. 일단 할 수 있는 일부터 시작하면 됩니다. 노벨문학상 수상 작가인 터키의 오르한 파묵은 자기의 소설 쓰기를 가리켜 '바늘로 우물 파기'라 했습니다. 말도 안 되는 것처럼 보이지만 그런 열정과 인내가 있기에 그는 진실에 접근할 수 있었던 것입니다. 마부작침(磨斧作針)이라는 말도 있습니다. 도끼를 갈아 바늘을 만든다는 말입니다. 세상에 희망을 만드는 사람들은 이처럼 어처구니없어 보이는 일 속에 뛰어든 사람들입니다.

용기를 불어넣음

현실의 암담함을 토로하는 것은 누구라도 할 수 있습니다. 절망감을 다독이며 희망의 불씨를 살려내는 사람이 진짜 용기 있는 사람입니다. 절망은 자기 충족적입니다. 누구에게 묻지 않아도, 누가 돕지 않더라도 절망에 빠질 수 있다는 말입니다. 그러나 희망은 저절로 생기지 않습니다. "눈물을 흘리며 씨를 뿌리는 사람은 기쁨으로 거둔다."(시편 126:5)고 했습니다. 전도자의 말도 떠오릅니다.

바람이 그치기를 기다리다가는, 씨를 뿌리지 못한다. 구름이 걷히기를 기다리다가는, 거두어들이지 못한다.(전도서 11:4)

폴란드 시인인 아담 자가예프스키의 시 〈신세계〉에 나오는 한 대목이 떠오릅니다. 현실을 면밀히 살핀 후에 그는 이렇게 말합니다.

"모든 일이 일어날 수 있다/정상적인 것들은 가장 짧게 지속되고/비정상적인 것들을 이해하기는 너무 쉽고/순응하기는 더욱더 쉽다/그 쉬움이 너를 안심시키지 말기를"

사람들은 쉽게 현실에 순응합니다. 비정상을 정상으로 알고 삽니다. 그러나 믿음의 사람들은 그러면 안 됩니다. 새로운 세상을 시작해야 합니다. 때가 이르렀다는 판단이 들자 느헤미야는 관리들을 불러 이야기를 시작합니다. 폐허가 된 성, 불타버린 성문, 무너진 성벽… 누구나 다 아는 현실입니다. 누구나 다 알기에 차마 입 밖으로 내놓지 않던 자기들의 현실입니다. 느헤미야의 말은 자기들이 안주하고 있던 느른한 현실이 비정상임을 일깨웠을 겁니다. 느헤미야는 그들에게 다시는 수모를 당하지 않도록 하자면서 무너진 성벽을 일으켜 세우자고 말합니다. 성벽 재건이라는 가시적인 목표는 실은 무너진 신앙적 정체성을 세우기 위한 일이었습니다.

여러분은 출애굽 공동체가 시내 산 언약 이후에 했던 일을 기억하실 겁니다. 그들은 하나님의 지시에 따라 회막을 지었습니다. 회막 짓기는 출애굽 공동체가 최초로 함께 한 창조적인 일이었습니다. 함께 일을 하는 동안 그들은 언약 백성으로서의 정체성을 갖게 되었습니다. 성벽을 쌓는 일도 마찬가지였을 겁니다. 느헤미야는 주저하는 그들에게 용기를 불어넣기 위해 두 가지 사실을 상기시킵니다. 첫째, 하나님께서 선하신 손길로 지금까지 자기를 어떻게 보살펴 주셨는지를 증언했습니다. 신실한 믿음은 또 다른 믿음을 부르는 법입니다. 둘째, 페르시아 왕이 유프라테스 서쪽 지방의 총독들에게 친서를 보내 느헤미야가 하는 일에 협조할 것을 명했다는 사실이었습니다.

새로운 시작

마침내 사람들을 가리고 있던 절망과 무기력의 어둠이 서서히 걷히기 시작했습니다. 그들은 마침내 공사를 시작하겠다고 말하고, 힘을 내어, 기꺼이 그 보람있는 일을 시작했습니다. 폐허와 잔해를 보며 절망 속으로 침잠했던 그들이 마침내 일어선 존재가 된 것입니다. 폐허를 딛고 일어서는 사람들을 보면 가슴이 뭉클해집니다. 며칠 전 북촌갤러리에서 열린 "시리아愛봄" 사진전에 다녀왔습니다. 내전으로 모든 것이 파괴된 시리아의 상황을 알리기 위한 전시였습니다. '헬프 시리아' 사진 봉사를 하는 우리 교회 권산 작가와 사무국장인 압둘와합이 기획한 전시였습니다. 몇 점 안 되는 사진이었지만 그 사진들은 인간의 잔혹함과 파괴성과 더불어 희망을 만드는 사람들의 숭고한 모습도 담겨 있었습니다. 포연이 오르고 있는 마을, 건물의 잔해에서 구출된 아이를 품에 안고 달리는 사람들, 아비규환의 상황에 내몰려 안전한 곳으로 탈출하려는 사람들의 물결 등이 사태의 심각성을 보여주고 있었습니다.

그러나 그런 가운데서도 조용히 희망을 만드는 이들이 있었습니다. 흰색 헬멧을 쓰고 시리아군의 공격으로 파괴된 현장에 출동해서 긴급 구조 활동하는 사람들이었습니다. 그들은 위험을 무릅쓰고 그 일에 뛰어들었습니다. 흰색 헬멧은 그 땅에서 시작되는 희망의 상징이었습니다. 터키와의 국경 지대 인근에 세워진 난민 캠프도 볼 수 있었습니다. 직접 사진을 찍기도 하고 또 다른 이의 사진을 선정하기도 한 압둘와합은 참혹한 느낌을 자아내는 사진들을 일부러 배제했다고 말했습니다. 난민들은 헬프시리아가 준비한 구호물품을 가지고 그곳을 찾은 압둘와합에게 먹을 것과 입을 것도 필요하지만 자기들에게 정말 필요한 것은 아이들을 가르칠 수 있는 학교라며 학교를 세워 달라고 부탁했습니다. 아이들을 교육하는 것은 미래를 위해 파종하는 일이었던 것입니다. 감당하기 어려운 청이었지만 꼭 해야만 할 일이었습니다. 그래서 학교 세우기 프로젝트가 시작되었습니다. 1년 안에 완공하는 것을 목표로 삼았습니다. 그런데 난민촌에 살고 있는 인부들은 학교를 3개월만에 지었습니다. 자기 아이들을 위한 시설이기에 그들은 24시간 3교대로 일했던 것입니다. 난감한 상황에 몰려 있으면서도 해맑은 표정을 짓고 있는 아이들의 모습을 보니 안쓰럽기도 하고 고맙기도 했습니다. 그들은 비록 난민촌에 살고 있지만, 그곳에서 서로 돌보며 살았던 기억 그리고 그곳에서 배웠던 소중한 가르침을 통해 더 나은 삶을 꿈꾸게 될 것입니다.

폐허 더미를 치우며 희망의 밭을 가꾸는 사람들의 모습은 아름답습니다. 사람은 보람을 먹고 사는 존재입니다. 보람은 영적 존재인 인간의 일용할 양식입니다. 지금 우리 사회는 심각할 정도로 분열되어 있습니다. 선 자리가 다른 이들은, 서로를 의구심을 가지고 바라봅니다. 신뢰의 위기가 심화되고 있습니다. 서로 다른 진영에 선 사람들은 자기와 입장이 다른 사람들의 말을 들으려고 하지 않습니다. 적대적인 말, 냉소하는 말, 비아냥거리는 말들이 우리 귀를 가득 채우고 있습니다. 말과 감정의 찌꺼기들이 켜켜이 쌓여 앞으로 나아갈 수 없는 지경에 이르렀습니다. 바로 그 자리야말로 우리가 새로운 세상을 시작해야 하는 자리입니다. 흰색 헬멧이 시리아 난민들의 희망이듯이, 하나님을 믿는 이들은 새로운 세상의 단초가 되어야 합니다.

먼저 말이 달라져야 합니다. 부끄러운 말, 사람들을 가르는 말, 냉소하는 말은 입 밖에도 내지 마십시오. 그리고 대화의 용기를 내야 합니다. 암담해 보여도 한 걸음씩 앞으로 나아가야 합니다. 평화의 도구가 되기를 희망했던 성 프란체스코의 기도처럼, 미움이 있는 곳에 사랑을, 상처가 있는 곳에 용서를, 분열이 있는 곳에 일치를, 의혹이 있는 곳에 믿음을, 오류가 있는 곳에 진리를, 절망이 있는 곳에 희망을, 어둠이 있는 곳에 광명을, 슬픔이 있는 곳에 기쁨을 심어야 합니다. 그리스도의 꿈은 바로 우리의 그런 노력을 통해 이 땅에서 영글어 갈 것입니다. 투덜거림을 멈추고, 우리 주변에 널린 폐허의 잔해를 치우는 일부터 시작하십시오. 난관이 있더라도 포기하지 마십시오. 하나님이 살아계시니 결국 우리는 승리할 것입니다. 선물로 주어진 한 해의 또 다른 절반이 희망을 파종하는 기쁨으로 충만하기를 기원합니다.

에스더

3장 1-6절

자유인의 초상

이런 일들이 있은 지 얼마 뒤에, 아하수에로 왕은 아각 사람 함므
다다의 아들 하만을 등용하여, 큰 벼슬을 주고, 다른 대신들보다 더
높은 자리에 앉혔다. 대궐 문에서 근무하는 신하들은, 하만이 드나
들 때마다 모두 꿇어 엎드려 절을 하였다. 하만을 그렇게 대우하라
는 왕의 명령이 있었기 때문이다. 그러나 모르드개는 무릎을 꿇지
도 않고, 절을 하지도 않았다. 모르드개가 그렇게 하니, 대궐 문에서
근무하는 왕의 신하들이 모르드개를 나무랐다. "어찌하여 왕의 명
령을 지키지 않소?" 그들이 날마다 모르드개를 타일렀으나, 모르드
개는 그들의 말을 듣지 않았다. 마침내, 그들은 하만에게 이런 사실
을 알렸다. 그들은, 모르드개가 스스로 유다 사람이라고 말한 적이
있으므로, 그의 그런 행동이 언제까지 용납될 수 있는지 두고 볼 셈
이었다. 하만은, 모르드개가 정말로 자기에게 무릎을 꿇지도 않고,
자기에게 절도 하지 않는 것을 보고, 화가 잔뜩 치밀어 올랐다. 더욱
이, 모르드개가 어느 민족인지를 알고서는, 하만은 모르드개 한 사
람만을 죽이는 것은 너무 가볍다고 생각하였다. 하만은, 아하수에

로가 다스리는 온 나라에서, 모르드개와 같은 겨레인 유다 사람들을 모두 없앨 방법을 찾았다.

합당한 예배

가끔 식당에서 혼자 식사를 할 때가 있는데, 맞은 편 테이블에 홀로 앉은 어떤 분이 정성스럽게 식사 기도하는 모습을 보면 마음이 따뜻해집니다. 복잡한 식당 안에서 사람들의 눈을 의식하지 않고, 일용할 양식을 주신 하나님께 감사의 기도를 드리는 모습은 밀레의 〈만종〉을 보는 것 못지 않게 감동적입니다. 많은 성도들이 교회를 떠난 삶의 자리에서 자기의 신앙을 드러내는 것을 꺼립니다. 행동의 제한을 받고 싶지 않아서 그럴 겁니다. 작은 위반을 해도 크게 드러나고, 조금만 벗어나도 손가락질을 받는 것이 우리들입니다. 문제는 세상 사람들이 아니라, 우리들입니다. 어려웠던 시기에 우리 사회에서 계몽의 주체로 우뚝 섰던 기독교가 이제는 계몽의 대상으로 전락해버렸습니다. 매스컴에서 보도되는 일부 사이비 종말론자들의 행태는 기독교 전체에 대한 부정적인 이미지를 확산시키고 있습니다. 그들은 신앙의 이름으로 상식과 이성적인 사고를 가로막습니다. 신앙 한 근을 사용하기 위해서는 상식 아홉 근을 섞어야 한다는 어느 목사님의 이야기가 기억납니다. 신앙은 우리의 이성적인 판단이나 상식을 무한히 뛰어넘는 것이지만, 그렇다고 해서 이성이나 상식이 무의미한 것이 아닙니다.

저는 우리가 일단은 상식적인 신앙인, 이성적인 신앙인이 되어야 한다고 생각합니다. 바울 사도는 로마서 12장에서 우리가 드려야 할 이성적인 예배는 우리의 삶의 모든 순간을 하나님께 봉헌하는 마음으로 살아가는 것이라고 말합니다. 바울 사도의 말씀은 명백합니다. 하나님이 받으실 예배는 구별된 장소에서 구별된 사람끼리 드리는 이런 예배가 아니라, 일상의 삶에서 우리가 드리는 예배라는 것입니다. 밥을 먹고, 친구를 만나고, 사랑을 나누고, 일하는 그 모든 과정을 하나님께 바치는 심정으로 사는 것이야말로 하나님께 합당한 예배라는 것이겠지요. 그렇다고 해서 우리가 함께 모여 드리는 예배가 무의미하다는 것은 결코 아닙니다. 이 예배야말로 일상의 예배를 위한 출발점이 되기 때문입니다. 교회에서는 좋은 신자처럼 보이는데, 구체적인 생의 현장에서는 비신자처럼 살아간다면 곤란한 일입니다. 자기의 못된 행실을 아파하지도 않고, 고치려 몸부림치지도 않고 드리는 예배는 이사야의 말대로 '성전의 뜰만 밟는' 것(이사야 1:12)입니다.

위험한 자유

모르드개는 자기의 일상적인 삶의 자리에서 최선을 다하는 신앙인이었습니다. 그는 페르시아 제국의 관리였습니다. 딸처럼 키운 사촌 누이동생 에스더가 왕후가 되었음에도 불구하고 그는 그 위세를 이용해 더 높은 자리로 옮기려 하지 않았습니다. 대궐 문 앞이 그의 근무지였습니다. 어느 날 그는 왕에게 원한을 품고 있던 빅단과 데레스라는 내시가 왕을 시해하려는 계획을 알게 되었습니다. 모르드개는 즉시 왕후에게 그 사실을 알립니다. 두 내시는 즉각 처형되었고, 그 사건은 궁중실록에 기록되었지만 모르드개는 아무런 물질적, 정치적 보상도 받지 못했습니다. 그렇지만 그는 원망하지 않습니다. 마땅히 해야 할 일을 했다고 생각했기 때문일 것입니다. 우리는 마땅히 해야 할 일을 하고서도 보상을 기대하는 마음이 너무 많은 것 아닌지 모르겠어요.

모르드개의 담백한 삶에 위기가 닥쳐옵니다. 하만이라는 왕의 총애를 받는 사람이 있었는데, 사람들은 하만이 행차할 때마다 그 앞에 엎드려 절을 함으로써 경의를 표하곤 했습니다. 그 위세에 다 주눅이 들었던 거지요. 하지만 모르드개는 그 사람에게 절을 하지 않았습니다. 어쩌면 '우상을 만들지 말고, 그것들에게 절하지 말고, 섬기지도 말라'는 제2계명 때문이었을 겁니다. 그는 비록 남의 나라, 남의 땅에서 살고 있지만 자기의 마음조차 노예일 수는 없었던 것입니다. 예수님께서 "진리가 너희를 자유롭게 할 것이다." 하고 말씀하셨을 때, 유대인들은 "우리는 아브라함의 자손이라 아무에게도 종노릇한 일이 없는데, 당신은 어찌하여 우리가 자유롭게 될 것이라고 말합니까?" 하고 항변합니다. 나라는 빼앗겼어도, 몸은 구속되어도, 정신만은 굴복하지 않았다는 자부심, 이게 유대정신입니다. 동료들이 하만의 분노를 감지하고 모르드개에게 몸을 굽히라고 하지만 모르드개는 늠름하게 말합니다. "나는 유다인이오." 이 말은 천금처럼 무겁습니다. 더 이상의 말이 필요 없는 것입니다.

그런데 이런 정신은 필연적으로 세상의 질서와 충돌할 수밖에 없습니다. 모르드개의 처신이 하만의 자존심에 깊은 상처를 안겨주었습니다. 그는 어떻게 하든지 상처입은 자존심을 보상받고 싶어합니다. 교만(驕慢, 휴브리스)의 아들은 포만(飽滿, 코로스)이라지 않습니까? 교만한 마음에는 만족이 없습니다. 하만은 왕을 설득해서 유대인들을 학살할 계획을 세웁니다. 그의 논리는 간단합니다. 왕의 통치하에 살고 있는 여러 민족 가운데, 왕이 세운 법과는 다른 법에 순종하는 사람들이 있는데, 그들은 사회통합의 걸림돌일 뿐만 아니라, 왕의 존엄을 해치는 무리라는 것이었습니다. 하만은 이런 사적인 감정에 기대어 엄청난 학살극을 준비하면서 왕에게 엄청난 뇌물을 바칩니다. 왕은 하만의 충성심에 감복하여 그가 원하는 대로 전권을 위임해줍니다. 바야흐로 유대인들의 운명이 바람 앞의 등불처럼 위태롭게 되었습니다. 아달월 십삼일이 되면 페르시아 지경에 살고 있는 유대인들을 다 학살하라는 왕의 조서가 각지에 내려졌습니다.

모험하는 신앙

절체절명의 위기 속에서 모르드개는 왕후인 에스더를 찾습니다. 모르드개는 왕후에게 하만이 꾸민 음모의 자초지종을 다 알립니다. 그러면서 에스더가 그 일을 막아야 한다고 말합니다. 그러면서 하는 그의 말은 그의 마음이 어디에 뿌리를 내리고 있는지를 극명하게 보여줍니다.

왕후께서는 궁궐에 계시다고 하여, 모든 유다 사람이 겪는 재난을 피할 수 있다고 생각하십니까? 이런 때에 왕후께서 입을 다물고 계시면, 유다 사람들은 다른 곳에서라도 도움을 얻어서, 마침내는 구원을 받고 살아날 것이지만, 왕후와 왕후의 집안은 멸망할 것입니다.(에스

더 4:13-14)

모르드개는 하나님이 자기들을 구원해 주실 것임을 확신합니다. 그 구원이 어디에서 올지, 어떤 방법으로 올지 모르나, 하나님은 분명히 자기들을 구원하실 거라는 철저한 낙관주의(radical optimism), 이것이 모르드개의 삶을 지탱해주는 원리였던 것입니다. 그러나 그는 자기가 할 수 있는 일에 최선을 다합니다. 모르드개는 왕후 에스더에게서 문제 해결의 작은 실마리를 찾습니다.

왕후께서 이처럼 왕후의 자리에 오르신 것이 바로 이 일을 해결하라는 섭리가 아니겠습니까?(에스더 4:14)

에스더도 모르드개의 말에서 자기가 해야 할 일을 찾았습니다. 우리가 잘 아는 바와 마찬가지로 에스더는 '죽으면 죽으리라' 하는 각오로 왕 앞에 나아가 하만의 악한 계획을 폭로하고 동족들을 구해냅니다. 믿음이란 어쩌면 이런 자기 포기를 통해 자라는 것인지도 모르겠습니다. 대사일번 사후소생(大死一番 死後蘇生)이라는 말이 있습니다. 한 번 크게 자기를 버려야 새로운 삶의 지평이 열린다는 말이겠습니다. 위기를 통해 에스더는 믿음의 사람으로 거듭났습니다. 영원한 자유인 모르드개가 그의 곁에 있었기 때문임은 두 말할 나위도 없습니다.

교만은 패망의 선봉

왕후 에스더는 풍성한 잔치를 벌여놓고 왕과 하만을 초대하여 정성을 다해 대접합니다. 잔치가 끝난 후 하만은 자기가 누리는 특권에 만족하여 흡족한 마음으로 집을 향합니다. 그런데 그 기분은 대궐 문에서 모르드개를 보는 순간 사라졌습니다. 그래서 그는 악한 친구들의 충고대로 모르드개를 매달 쉰 자 높이의 장대를 높이 세워놓고 잠을 청합니다. 이제 내일이면 그의 얼굴을 보지 않아도 될 것입니다. 그런데 세상은 그렇게 단순하지를 않습니다. 하필이면 그날 밤 왕은 불면증에 시달리고 있었습니다. 그래서 그는 신하에게 자기의 통치를 기록한 궁중실록을 가져와서 읽으라고 합니다. 실록 가운데서 왕은 자기에 대한 암살 음모 사건에 이르렀을 때, 모르드개라는 사람에게 적절한 보상이 주어졌는지를 묻습니다. 그렇지 않다고 하자 왕은 마침 모르드개를 처형하게 해 달라고 청원하기 위해 궁궐에 들어서는 하만을 불러서 묻습니다.

> 내가 특별히 대우하고 싶은 사람이 있는데, 그에게 어떻게 하면 좋을지 말해 보시오.(에스더 6:6)

착각은 자유라지요? 하만은 '그 사람'이 자기라고 확신하고는 희색이 만면하여 대답합니다. 그에게 왕의 옷을 입히고, 왕이 타는 말에 멋진 장식을 한 후에, 가장 높은 신하가 그를 말에 태우고, 성 안 거리로 지나다니면서 '임금님께서는, 높이고 싶어하시는 사람에게 이렇게까지 대우하신다.'고 외치게 하라는 것입니다. 그러자 왕은 그대로 하라면서, 대궐 문에서 근무하는 유다 사람 모르드개가 바로 그 사람이라고 말합니다. 청천벽력이 따로 없었을 것입니다. 하지만 왕의 명령이 지엄한지라 하만은 모르드개를 말에 태우고, 마치 구종 드는 종처럼 말고삐를 잡고 성안을 돕니다. 애초에 그는 모르드개가 자기에게 절하지 않는다고 해서 노여워했는데, 자기가 모르드개에게 무릎을 꿇게 될 줄이야 어찌 알았겠습니까? 또 이 이야기는 하만이 모르드개를 죽이기 위해 세웠던 장대에 자신이 매달려 죽게된 사정을 계속해서 들려주고 있습니다. 사람이 어떤 계획을 세우든 사태의 결과를 예측할 수 없는 법입니다.

예부터 사람들은 호사다마(好事多魔)라 하여 매사가 순조롭게 이루어지면 신들의 질투를 사기 쉽다 했습니다. 이 말은 신의 속 좁음을 지적하는 말이 아닐 겁니다. 오히려 인간의 자기 도취, 교만을 경계하는 말일 겁니다. 왕의 총애를 받는 신하가 되고, 창고에는 보화가 가득하고, 왕후의 잔치에 초대받는 영광의 절정에서 하만은 악몽을 꾸는 것처럼 몰락하고 말았습니다. 하만의 비극은 그가 하나님을 염두에 두지 않았다는 것입니다. 그는 없는 게 없어 자유로운 것 같았지만, 자기 스스로 쳐놓은 교만의 덫에 빠져 죽고 말았습니다. 교만은 패망의 선봉(잠언 16:18)이라는 말이 빈 말이 아니었던 것입니다.

우리는 모르드개에게서, 그리고 에스더에게서 참 자유인의 초상을 봅니다. 세상 사람이 뭐라 하든 자기의 원칙을 지키며 살려는 결의, 동족들을 위해 죽으면 죽으리라 하는 각오로 나아가는 모험적인 용기, 이것이 믿음이고 자유입니다. 우리는 신앙적 입장과 원칙을 포기할 때가 많습니다. 물론 그것이 누군가를 살리기 위한 것이라면 그것은 아름다운 것입니다. 쫓기는 사람을 구하기 위해 거짓말을 하는 성직자들에게 누구도 돌을 들 수 없을 것입니다. 하지만 자기가 살기 위해, 자기의 욕망을 위해 원칙을 포기하는 것은 얼을 파는 것과 다를 바 없습니다. 사탄은 지금도 우리에게 다가와 '내게 한 번만 절하면 세상의 부귀영화를 주겠다.'고 유혹합니다. 그럴싸하지요? 하지만 사탄은 그럴 수 없습니다. 그가 준다는 것은 신기루에 지나지 않습니다. 하지만 하나님은 당신의 뜻대로 살기 위해 고통 속으로 들어가는 사람들을 지키십니다. 한 번이라도 믿음의 원칙을 지키기 위해 세상과 맞서 본 경험이 있는 분들은 아실 것입니다. 그때 우리는 사소한 이익은 잃을지 모르지만, 더 큰 내적 자유를 선물로 받게 된다는 것 말입니다. 우리의 삶이 진리를 통해 얻는 참된 자유로 말미암아 환해지기를 기원합니다.

욥기

9장 1-11절

헤아릴 수 없는 신비

욥이 대답하였다. 그것이 사실이라는 것은 나도 잘 알고 있다. 그러나 사람이 어떻게 하나님 앞에서 의롭다고 주장할 수 있겠느냐? 사람이 하나님과 논쟁을 한다고 해도, 그분의 천 마디 말씀에 한 마디도 대답하지 못할 것이다. 하나님이 전지전능하시니, 그를 거역하고 온전할 사람이 있겠느냐? 아무도 모르는 사이에 산을 옮기시며, 진노하셔서 산을 뒤집어엎기도 하신다. 지진을 일으키시어 땅을 그 밑뿌리에서 흔드시고, 땅을 받치고 있는 기둥들을 흔드신다. 해에게 명령하시어 뜨지 못하게도 하시며, 별들을 가두시어 빛을 내지 못하게도 하신다. 어느 누구에게 도움을 받지도 않고 하늘을 펼치시며, 바다 괴물의 등을 짓밟으신다. 북두칠성과 삼성을 만드시고, 묘성과 남방의 밀실을 만드시며, 우리가 측량할 수 없는 큰 일을 하시며, 우리가 헤아릴 수 없는 기이한 일을 행하시는 분이시다. 하나님이 내 곁을 지나가신다 해도 볼 수 없으며, 내 앞에서 걸으신다 해도 알 수 없다.

성사(聖事)

주님의 은총과 평강이 우리 가운데 임하시기를 빕니다. 말복이 지나면서 정말 갑작스럽게 바람이 달라졌습니다. 하늘은 청명하고 대기는 깨끗합니다. 지난 8월 초에 환경부원들과 몽골에 다녀왔습니다. 둘째 날 은총의 숲을 둘러보고 후스타이 국립공원에 여장을 풀었습니다. 다른 나라 사람들은 대개 그곳에 장기간 머물며 사파리 투어도 하는 모양입니다만 우리는 그럴 시간이 없었기에 그저 숙소 가까운 곳을 산책했습니다. 해거름에 광대한 초원 사이로 난 길을 따라 하염없이 걸었습니다. 지평선 너머로 해가 설핏 지면서 만들어내는 노을이 아름다웠고, 어두운 하늘을 배경으로 별들도 하나 둘 떠올랐습니다. 그 고요하면서도 장대한 광경을 바라보는 것만으로 마음이 정화되는 것 같았습니다. 마음 깊은 곳에서 정체를 알 수 없는 어떤 감동이 밀려왔습니다.

함석헌 선생님은 감격을 "나 자신 속에 잠자고 있던 우주적인 정신이 내 앞에 지금 나타난 그 대상으로 인하여 깨어나는 것"이라고 말했습니다. "산을 보고 기뻐할 때는 나 자신 속에 높음을 본 것이요, 바다를 보고 시원해 할 때는 나 자신이 넓어진 것이며, 성인의 모습을 보고 눈물을 흘릴 때는 나 자신이 거룩해진 것"이라고 말합니다. 바쁘고 번잡한 일상 속에서 버성기는 동안 우리는 높음과 깊음, 넓음과 맑음의 세계를 잊거나 잃어버리고 삽니다. 먹고 사는 일과 무관한 자리에 설 때 우리는 비로소 잊고 살았던 삶의 또 다른 차원과 만나게 됩니다. 하나님은 미래에 대한 희망을 품지 못하는 아브라함을 장막 밖으로 데리고 나가신 후 말씀하셨습니다.

하늘을 쳐다보아라. 네가 셀 수 있거든, 저 별들을 세어 보아라… 너의 자손이 저 별처럼 많아질 것이다.(창세기 15:5)

시선을 바꾸면 세상이나 사태에 대한 생각이 달라집니다. 예수님도 먹을 것, 마실 것, 입을 것의 문제로 전전긍긍하는 사람들을 향해 '하늘을 나는 새를 보라.', '들에 핀 꽃을 보라.'고 말씀하셨습니다. 이때의 봄은 꿰뚫어 봄입니다. 믿음으로 사는 이들은 눈에 보이는 것들을 통해 하나님의 현존을 보고 하나님의 숨결을 느끼는 사람들입니다. 교회 전통은 이런 것을 일러 '성사'(聖事) 곧 '사크라멘툼 문디'(Sacramentum Mundi)라 합니다. 세상의 성례전이라는 뜻입니다. 속된 것 속에서 거룩한 것을 보고, 가시적인 것에서 불가시적인 것을 본다는 말입니다.

하늘에 화성, 수성, 목성, 금성이 줄지어 늘어서고 은하수가 흐르는 밤하늘은 정말 아름다웠습니다. 다녀온 후에 한 분이 카톡 대화방에 별들에 대한 정보를 전해주었습니다.

"견우성과 직녀성 사이 밤하늘을 가로질러 흐르는 은하수는 여름철에 가장 밝고 두텁게 보인답니다. 다른 계절에는 보기 힘들다 하네요. 그나마 여름철에도 주변에 빛 공해가 없어야 하고, 구름 없는 맑은 날에 달이 뜨지 않아야 하며, 그나마도 미세먼지나 습도가 일정 수치를 넘어가면 볼 수 없다고 합니다."

이 모든 조건이 맞아서 우리는 은하수를 볼 수 있었습니다. 그는 우리가 얼마나 이 우주에 대해 무지한지를 통탄하면서 세상에는 공부할 게 너무 많다며 글을 이렇게 맺었습니다. "한가하게 직장 생활

할 때가 아닌 거 같습니다, 목사님." 농담처럼 한 말이긴 하지만 그 속에는 분명히 현실 논리에 길들여진 채 살아가는 이의 회한이 담겨 있었습니다.

낯선 세계와의 만남

사실 현실이 각박할수록 우리는 자꾸 고개를 들어 다른 세계를 바라보아야 합니다. 그래야 현실에 매몰당하지 않습니다. 2차 세계 대전 중에 나치의 수용소에 갇혔던 이들 가운데 원인을 알 수 없는 병으로 시름시름 앓는 이들이 많았다고 합니다. 나중에 의사들은 그 병의 원인을 찾아냈습니다. 그들은 대개 자기들을 가두고 있는 철책만 바라보던 사람들입니다. 다른 이들은 철책 너머에 있는 들꽃에도 눈길을 주고, 무심코 흘러가는 구름에도 눈길을 주었지만 그들은 자기들을 가두고 있는 그 철책에만 시선을 고정하고 있었고, 그것이 마음의 병이 되었던 것입니다. 사람들은 그 병을 '철책선병'(barbed wire disease)이라 명명했습니다. 담장 너머를 바라볼 수 있는 여백이 필요합니다.

더 큰 세상 혹은 낯선 세상에 나를 던져보아야 나의 진면목이 드러납니다. 인간은 고난, 질병, 유한함, 죽음이라는 한계상황에 직면할 때 자기를 돌아보게 마련입니다. 예기치 않은 순간에 찾아온 고난은 우리가 의지하고 살았던 세계가 얼마나 허약한지를 깨닫게 합니다. 질병은 우리가 한낱 육체에 불과하다는 사실을 절감하게 합니다. 죽음과 맞닥뜨리는 순간 우리가 애집하고 있던 것들이 그렇게 소중한 것이 아니었다는 사실을 자각하게 됩니다.

베드로는 절대로 주님을 부인하지 않겠다고 장담했습니다. 하지만 결과적으로 그는 주님을 부인하고 말았습니다. 그 둘 사이의 간극 때문에 그는 어두운 데로 나가 슬피 울었습니다. 그는 자기가 유한한 존재라는 사실, 은총이 아니고는 설 수 없는 존재라는 사실을 절감했습니다. 구원의 서광은 그렇게 비쳐들었습니다. 파커 J. 파머는 깨어져서 조각나는 것이 아니라 깨어져서 열리는 것이 온전함이라고 말합니다. 누구나 실패를 경험할 수 있습니다. 그리고 그 실패는 새로운 세계를 여는 열쇠가 될 수 있습니다. 파커 파머는 하시디 이야기 하나를 들려줍니다. 한 제자가 랍비에게 질문했습니다.

> "토라는 왜 우리에게 '이 말씀을 네 마음 위에 두라.'고 말하나요? 왜 이 거룩한 말씀을 우리 마음 속에 두라고 말하지 않나요?" 랍비가 답한다. "우리가 현재 그러한 것처럼, 우리 마음이 닫혀 있기 때문에 거룩한 말씀을 우리 마음속에 둘 수 없는 것이다. 그러므로 우리는 그것을 우리 마음 꼭대기에 둔다. 그리고 말씀은 거기에 머물러 있다가 어느 날 마음이 부서지면 그 속으로 떨어진다."(파커 J. 파머,《모든 것의 가장자리에서》, 김찬호·정하린 옮김, 글항아리, 217쪽)

마음이 부서져야만 말씀이 우리 마음에 들어온다는 말은 쌉쌀하지만 진실입니다. 대개 자기 한계에 직면했던 사람일수록 말씀과 깊이 만납니다. 그 말씀을 붙잡고 절망의 미로를 헤쳐나옵니다.

자아가 무너질 때

욥은 어땠을까요? 하루 아침에 재산과 자녀들까지 다 잃어버린 그는 자기가 태어난 날을 저주했습니다. 차라리 나지 않았더라면 이런 시련을 맛보지 않았겠다고 탄식합니다. 불행에 빠진 친구를 위로하기 위해 먼 길 마다하지 않고 찾아온 친구들은 욥의 태도를 무척 당혹스럽게 여깁니다. 욥은 하나님 앞에 납작 엎드리지 않았고, 그것이 친구들의 신앙적 감수성에 상처를 냈기 때문입니다. 빌닷은 하나님이 공의로우신 분이기 때문에 죄 지은 자를 벌하시는 것은 당연하다고 말합니다. 그는 하나님의 말씀을 잊는 사람, 믿음을 저버린 사람의 운명을 설명하기 위해 그는 다양한 이미지를 동원합니다. 먹이를 구하기 위해 정성껏 쳐놓은 거미줄이 속절없이 끊어지듯, 행복을 기약하며 지은 집이 허물어지듯, 척박한 곳에서 살아남기 위해 안간힘을 다하던 나무 뿌리가 한순간에 뽑히듯 악인은 그렇게 파멸을 맞이하게 될 것이라는 것입니다. 욥은 빌닷의 말을 부인하지 않습니다. 순순히 시인합니다.

> 그것이 사실이라는 것은 나도 잘 알고 있다. 그러나 사람이 어떻게 하나님 앞에서 의롭다고 주장할 수 있겠느냐?(욥기 9:2)

그는 하나님 앞에서 스스로 의롭다고 주장하지 않습니다. 인간은 인간이고 하나님은 하나님이십니다. 하나님의 길은 사람의 길과 다르고, 하나님의 생각은 사람의 생각보다 높습니다. 이걸 시인하지 않을 도리가 없습니다. 하나님과 논쟁을 한다 해도 승산이 없습니다. 그분의 천 마디 말씀에 한 마디도 대답할 수 없다는 사실도 잘 압니다. 그는 세상을 질서 있게 통치하시는 하나님의 위엄을 경외심으로 받아들입니다. 엄청난 속도로 자전과 공전을 반복하는 지구가 아무 소리도 내지 않는 것처럼 하나님은 그렇게 일하고 계십니다. 누가 감히 하나님의 계획을 다 안다고 할 수 있겠습니까? 이사야는 하나님의 위엄을 이렇게 노래합니다.

> 누가 주님의 영을 헤아릴 수 있겠으며, 주님의 조언자가 되어 그를 가르칠 수 있겠느냐? 그가 누구와 의논하시는가? 누가 그를 깨우쳐 드리며, 공평의 도리를 가르쳐 드리는가? 누가 그에게 지식을 가르쳐 드리며, 슬기로운 처세술을 가르쳐 드리는가?(이사야 40:13-14)

연이어 등장하는 수사의문문은 '그럴 수 없다.'는 뜻을 강하게 암시하고 있습니다. 하나님의 위엄 앞에서 뭇 나라는 "고작해야, 두레박에서 떨어지는 한 방울 물이나, 저울 위의 티끌과 같을 뿐"(이사야 40:15)입니다. 욥은 바로 이런 인식에 당도했습니다. 범접할 수 없는 이 장엄한 세상에서 그는 자기가 먼지보다 작은 존재임을 절감합니다. 그래서 고백합니다.

> 나로서 할 수 있는 일은 나를 심판하실 그분께 은총을 비는 것뿐이다.(욥기 9:15)

하지만 비애조차 없는 것은 아닙니다. 그래서 그는 정직하게 자기 심정을 드러냅니다.

> 비록 내가 흠이 없다고 하더라도, 나도 나 자신을 잘 모르겠고, 다만, 산다는 것이 싫을 뿐이다.(욥기 9:21)

새로운 눈이 열리면

하나님의 위대하심을 인정한다 해도 상처 입은 우리 마음이 쉽게 아물지는 않습니다. 비록 우리가 티끌이라 해도 억장이 무너지는 고통이 스러지지는 않습니다. 뜻하지 않은 고통을 겪는 이들은 하나님께 항의합니다. "하나님, 저한테 왜 그러세요? 이러시면 안 되잖아요." 인간적인 반응입니다. 세월호 희생자 이창현 군의 어머니 최선화 집사님이 작년 세월호 3주기에 바친 기도를 들어보셨는지요?

> "창조주이시며 전능자라고 불리우는 당신께 기도드리는 건 쉽지 않습니다. 3년 전 우리 아이들의 살려달라는 마지막 기도를 외면했었으니까요. 당신께 등 돌리고 살고 싶었습니다. 그런데 어디를 가든 당신이 계시더군요. 더 이상 울 힘조차 없어 그저 멍하니 앉아 바다만 바라보던 팽목항에도, 차가운 시멘트 바닥에서 하늘을 보며 잠을 청해야 했던 국회에도, 내리쬐는 땡볕을 피할 그늘 하나 찾기 어려웠던 광화문에도, 하수구 냄새에 시달려야 했던 청운동 사무소에도, 침몰 지점이 바로 눈앞에 보이는 동거차도에도, 그리고 병든 몸을 이끌고 세월호가 누워있는 목포 신항에도 당신은 계셨습니다. 이름도 모르고, 얼굴도 몰랐던 분들이 눈물 가득 고인 눈으로 다가와서 안아주

시며 같이 울어주시는 따뜻함에서 당신을 느낄 수 있었습니다. 그때 우리 아이들이 살려 달라고 당신께 기도할 때 그 기도 좀 들어주시지 왜 우리 아이들이 없어진 지금 모르는 사람들을 통해 당신을 드러내시나요?"

견딜 수 없는 외로움과 쓸쓸함, 분노와 억울함 속에서 그 어머니의 하늘은 빛을 잃었습니다. 하지만 유족들 곁에 다가와준 마음 따뜻한 이웃들을 통해 그분들의 가슴에 하늘빛이 스며들었고, 뒤늦게나마 그 빛이 하나님의 사랑임을 알아차리게 되었던 것입니다. 삶은 이다지도 눈물겹습니다. 세상에는 너무나 많은 고통이 있습니다. 이유가 분명한 고통도 있지만 설명할 수 없는 고통도 많습니다. 우리는 그런 고통과 더불어 살아야 합니다. 고통은 견디기 어렵지만 그 고통을 더 큰 세계의 입구로 삼는 지혜와 용기가 필요합니다.

며칠 전 20세기의 가장 위대한 교종이라 칭송받았던 요한 23세의 일기를 읽었습니다. 그는 피정 시간을 통해 자기 자신을 자꾸 돌아봅니다. 하나님께서 여러 해 동안 베풀어주신 은총에 잘 응하지 못했음이 문득 부끄러워졌습니다. 그래서 이후에는 어떠한 일이 자기에게 닥치든 그것을 하나님의 마음과 접속하기 위한 기회로 삼겠다고 다짐합니다.

"자, 그러면 정화(淨化)의 궁핍이여, 오라! 오뇌와 비참과 고통이여, 오라! 나는 그것들을 예수님에 대한 내 충만한 사랑의 증거로써 기꺼이 받아들이겠다.' 다가오는 모든 일들을 성스러운 기쁨으로 맞아들이고, 그것을 통해 겸허하게 자기를 낮추면 즐거울 것이다. 모든 것이 하나님의 영광과 자기 정신의 성화에 바쳐지는 것이기만 한다면 사람들이 나를 업신여긴들 그것이 뭐가 대수롭겠는가? 내 비천함과 더 보잘 것 없음을 결코 잊지 않고 사는 것에 마음을 쓰며, 혹 누가 나를 해하면 기꺼이 '당신의 규정을 깨우치고자, 나에게 고생을 주신 것은 좋은 일이었나이다.'(시편 119:71)라고 언제나 답하리라."(교황 요한 23세,《靈魂의 日記》, 박 바오로 옮김, 195쪽)

모든 고통이 다 좋은 일이라고 말하는 것이 아닙니다. 그 고통이 아니었다면 주님의 뜻을 깊이 깨달을 수 없었기에 그 고통은 복된 고통이라는 것입니다. 살다보면 견디기 어려운 일을 만날 때가 많습니다. 그때마다 우리 시선을 조금 더 높은 곳에 두는 연습을 해야 합니다. 불의와 맞서 싸우되 정신이 피폐해지지 않기 위해서는 더 큰 세계와 자주 접속해야 합니다. 삶에는 정답이 없습니다. 순간순간마다 주님의 뜻을 여쭈어 보면서 성실하게 살아야 합니다. 어느 날 갑자기 시원한 바람이 불듯 주님의 은총의 바람이 우리의 울울한 마음에 불어와 이웃과 더불어 생을 마음껏 경축하며 살 수 있기를 빕니다.

시편

129편 1-8절

그들은 나를 이겨내지 못했다

이스라엘아, 이렇게 고백하여라. "내가 어릴 때부터, 나의 원수들이 여러 번 나를 잔인하게 박해했다. 비록 내가 어릴 때부터, 내 원수들이 여러 번 나를 잔인하게 박해했으나, 그들은 나를 이겨 내지를 못했다. 밭을 가는 사람이 밭을 갈아엎듯 그들이 나의 등을 갈아서, 거기에다가 고랑을 길게 냈으나, 의로우신 주님께서 악인의 사슬을 끊으시고, 나를 풀어 주셨다." 시온을 미워하는 사람은 그 어느 누구나, 수치를 당하고 물러가고 만다. 그들은 지붕 위의 풀같이 되어, 자라기도 전에 말라 버리고 만다. 베는 사람의 품에도 차지 않고, 묶는 사람의 품에도 차지 않아 지나가는 사람 가운데 어느 누구도 "주님께서 너희에게 복을 베푸시기를 빈다." 하지 아니하며, "주님의 이름으로 너희에게 축복한다." 하지도 아니할 것이다.

고난의 역사

주님의 은총과 평화가 우리 가운데 임하시기를 빕니다. 우리 마음속을 다 살피시는 주님께서 삶의 활력을 잃은 이들에게는 생기를, 어둠 속에 갇힌 이들에게는 빛을, 연약한 이들에게는 살아갈 용기를 불어 넣어주시기를 청합니다. 또한 주님께서 우리를 통해 하실 일을 일러주시고, 그 말씀을 따라 살아갈 힘도 부어주시기를 빕니다. 오늘의 본문인 시편 129편은 '성전에 올라가는 순례자의 노래'라는 제목이 붙은 여러 시 가운데 하나입니다. 이스라엘 사람들의 시간 경험은 3대 순례 절기인 유월절, 칠칠절, 초막절을 중심으로 이루어졌습니다. 예루살렘 순례를 통해 그들은 자기들의 신앙을 재확인했고, 언약 공동체 속에 속해 있다는 사실을 몸으로 체득했습니다. 삶은 우여곡절의 연속입니다. 개인의 삶도 그러하지만 더 큰 시간 속에서 바라보면 한 민족의 역사 또한 마찬가지입니다. 시편은 그런 경험을 반영합니다.

시편 129편은 "내가 어릴 때부터, 나의 원수들이 여러 번 나를 잔인하게 박해했다."는 탄식으로 시작됩니다. 여기서 '나'는 시인 자신을 말하는 것이라기보다는 순례 공동체인 이스라엘을 가리키는 말입니다. 시인은 민족의 운명을 마치 개인이 겪은 일처럼 서술하고 있습니다. 이스라엘 역사는 파란만장이라는 말이 무색할 정도입니다. 앞서 말한 그 짧막한 문장 속에는 이스라엘이 겪어온 굴곡진 역사가 온축되어 있습니다. 저는 가끔 성경을 매끈한 텍스트가 아니라 주름이 많은 텍스트라고 말합니다. 말한 것보다 말하지 않은 것이 더 많다는 의미에서 그러합니다. 성경을 읽는 이들은 '말하지 않은 것'까지 들으려 노력해야 합니다. 1절에는 이스라엘이 애굽에서 천대 받았던 기억, 광야에서 겪었던 시련과 유목민들의 억압, 살아남기 위해 다양한 민족들과 싸워야 했던 가나안 정착 시기, 애굽,

앗시리아, 바벨로니아, 페르시아, 그리스로 이어지는 제국의 틈바구니에서 찢기고 상처받은 기억들이 다 담겨 있습니다. 그런 역사적 시련을 통과해야 했던 개인의 삶 또한 평탄할 수 없었을 겁니다. 순례자들은 민족의 기억과 개인의 기억이 떼려야 뗄 수 없게 연결되어 있음을 자각하며 걷고 또 걸었을 것입니다.

시련을 겪을 때 사람들은 일단 시련의 시간이 빨리 지나가기를 고대합니다. 그런데 그 시간이 길어질 때면 그 시련과 고난의 의미를 묻지 않을 수 없습니다. 의미가 있다면 시련 또한 견딜 수 있기 때문입니다. 일찍이 함석헌 선생님은 《뜻으로 본 한국역사》에서 한국이 짊어져야 했던 고난의 짐은 저 자신의 죄 때문만이 아니라 세계의 죄를 대속하기 위한 것이었다고 말한 바 있습니다. 세상의 모든 불의를 약한 어깨 위에 지고 가는 것이 우리 사명이요 이상이라는 것입니다. 제2이사야는 세상의 모든 아픔과 죄를 대신 짊어진 고난 받는 종에 대해 말한 바 있습니다. 어쩔 수 없이 겪어야 하는 아픔을 온몸으로 부둥켜안고, 그것을 창조적으로 변형시키는 것이 하나님을 믿는 이들의 소명입니다. 아픔을 겪었기에, 시련을 겪는 이들을 이해하고 또 그들의 고통을 덜어주려는 마음을 품게 되었다면, 우리는 감히 그 아픔을 '복된 아픔'이라 말할 수 있을 겁니다. 조개가 몸 안에 들어온 모래를 뱉어내려고 애쓰며 겪는 아픔이 영롱한 진주로 변하는 것처럼, 삶의 상처를 품격으로 바꾸는 것, 바로 그것이 신앙인의 과제입니다.

영원의 빛 속에서 오늘을 보다

세상의 온갖 모순과 아픔을 겪어야 했지만 이스라엘은 무너지지 않았습니다.

> 비록 내가 어릴 때부터, 내 원수들이 여러 번 나를 잔인하게 박해했으나, 그들은 나를 이겨 내지를 못했다.(시편 129:2)

얼마나 놀라운 고백입니까? 감히 허룹숭이들은 할 수 없는 말입니다. 여기에는 어떤 애상도 없습니다. '그들은 나를 이겨 내지를 못했다.'는 말은 자기가 늘 승리자가 되었다는 말이 아닙니다. 거듭되는 시련 앞에서도 절망에 몸을 맡기지 않았다는 말입니다. 그럴 수 있었던 힘은 어디에서 온 것일까요? 가장 높은 곳에 계시면서도 땅에서 벌어지는 일에 깊은 관심을 갖고 계신 하나님, 땅에서 들려오는 신음소리를 기도로 들으시는 하나님, 약한 자들의 살 권리를 보장하기 위해 역사 속에 개입하시는 하나님에 대한 신뢰입니다.

세상의 모든 것은 다 변화 속에 있습니다. 시간은 모든 것을 다 바꿔놓습니다. 시간은 뜨거웠던 사랑의 감정도 재처럼 식게 만들고, 도저히 용납할 수 없을 것 같은 사람도 측은히 여기게 만들기도 합니다. 로마 황제이면서 스토아 철학자였던 마르쿠스 아우렐리우스는 권력의 정점에 있으면서도 삶이 천년만년 지속되지 않을 것임을 늘 의식하고 살았습니다.

"인간의 삶에 있어서 시간은 점이고 실체는 유동(流動)하는 것이며,

지각은 혼탁하고 육체의 구성은 부패하며, 영혼은 회오리바람이고 운명은 예측하기 어려우며, 명성은 불확실한 것이다. 그리고 한마디로 요약해서 말한다면, 육체에 속하는 것은 모두 흐르는 물과 같고, 영혼에 속하는 것은 꿈이요 연기이며 삶은 전쟁이고 나그네의 일시적 체류이며, 후세의 명성은 망각이다."(마르쿠스 아우렐리우스,《명상록》, 황문수 역, 범우사, 37쪽)

이렇게 보면 삶이 참 허무한 것 같습니다. 하지만 믿음의 사람들은 모든 것이 변하는 현실 속에서 살면서도 변하지 않는 세계를 바라보며 삽니다. 인간의 죄성으로 인해 세상이 점점 혼탁하게 변해가도 하나님의 공의가 결국은 굳게 서리라고 확신합니다. 그렇기에 쉽게 낙망하지 않습니다. 우리는 패배해도 하나님은 패배하지 않으심을 믿기에 우리는 가끔 절망스러워 할 때도 있지만 이내 희망을 다시 품습니다. 예수님은 제자들에게 "너희는 세상에서 환난을 당할 것이다. 그러나 용기를 내어라. 내가 세상을 이겼다."(요한복음 16:33b) 이르셨습니다. 힘 있는 자들이 늘 역사의 승리자처럼 보입니다. 그러나 역사를 영원의 층계를 올라가는 나선운동으로 보면 상황은 달라집니다. 역사 속에 등장했던 모든 제국은 다 무너졌습니다. 그러나 그 굴곡진 역사 속에서 숨죽인 채 살던 사람들은 여전히 살아남았습니다.

악인의 사슬을 끊으시는 하나님

시인은 "밭을 가는 자들이 밭을 갈아엎듯 그들이 나의 등을 갈아서, 거기에다가 고랑을 길게 냈으나, 의로우신 주님께서 악인의 사슬을 끊으시고, 나를 풀어 주셨다."(시편 129:3-4)고 고백합니다. 밭을 갈듯 등을 갈았다는 말은 채찍질을 당한 몸을 연상시킵니다. 장 아메리는 오스트리아 빈에서 태어난 유대계 시민이었습니다. 나라가 나치스에 합병되자 벨기에로 망명하여 레지스탕스 운동에 가담하여 활동하던 중 체포당해 심한 고문을 받았습니다. 그때의 경험을 기록한 책이 《죄와 속죄의 저편》입니다. 그는 어떤 도움도 바랄 수 없고, 정당방위의 가능성도 없이 무차별적인 폭력에 노출되었던 순간을 떠올리며 이렇게 말합니다.

> "고문에 시달렸던 사람은 이 세상을 더 이상 고향처럼 느낄 수 없다. 절멸의 수치심은 사라지지 않는다."(장 아메리, 《죄와 속죄의 저편》, 안미현 옮김, 필로소픽, 91쪽)

저는 책에서 만난 이 구절을 잊을 수 없습니다. 모멸감과 수치심은 세상의 어떤 지우개로도 지울 수 없는 상처입니다. 농부가 밭을 간 것처럼 몸에 모진 채찍질 자국이 난 사람들은 세상을 아름답게 보기 어렵습니다.

여러 해 전, 독일 베를린에 갔을 때 '유대인 박물관'을 보고 깊은 충격을 받았습니다. 박물관 내부에 전시된 것들도 충격적이었지만, 대니얼 리버스킨트(Daniel Libeskind)가 설계한 건물의 외양 또한 놀라웠습니다. 이 건물은 위에서 보면 지그재그 모양으로 되어 있는데, 그것은 유대인의 상징인 '다윗의 별'을 변형시킨 것이라고 합니다. 회색빛 건물의 외관은 꽤 충격적입니다. 일반적으로 창문이 있어야 할 자리에 창문이 없습니다. 대신 좁고 긴 띠 모양의 창문이 드문드문 사선으로 배치되어 있습니다. 그 창문이 제게는 채찍 자국처럼 보였습니다. 그 건물은 '다시는 사람들을 함부로 대하거나 학대하지 말라.'는 메시지로 들렸습니다.

순례자들은 자기들이 겪어온 시련의 역사를 밭을 가는 사람이 밭을 갈아엎듯 자기네 등을 갈아서 고랑을 깊게 냈다고 말합니다. 그러나 그들은 절망과 모멸감에 빠져 허우적거리지 않습니다. 세상에서 모욕당하고 천대받는 이들 편에 서시는 하나님을 경험했기 때문입니다.

> 의로우신 주님께서 악인의 사슬을 끊으시고, 나를 풀어 주셨다.(시편 129:4)

짧은 구절이지만 이 고백은 엄청난 파워를 보여줍니다. 악인의 사슬은 끊어지게 마련입니다. 하나님은 압제 당하는 자들을 해방하시는 분이시기 때문입니다. 이사야는 하나님이 당신의 백성들이 마셔야 했던 분노의 잔을 적들에게 돌리시는 분이라고 말합니다.

> 이제 내가 그 잔을 너를 괴롭힌 자들의 손에 쥐어 주겠다. 그들은, 바로 너에게 '엎드려라, 우리가 딛고 건너가겠다.' 하고 말한 자들이다. 그래서 너는 그들더러 밟고 지나가라고 땅바닥에 엎드려서 길을 만들고, 허리를 펴고 엎드려서 그들이 너의 등을 밟고 다니게 하였

다.(이사야 51:23)

악인들의 운명

사람을 하나님의 형상으로 대하지 않는 사람들, 힘에 도취하여 자기가 마치 신이라도 된 것처럼 처신하는 이들은 하나님을 적으로 삼는 어리석은 사람들입니다. 시인은 하나님의 백성들을 학대하고 미워하는 자들의 운명을 '지붕 위의 풀'에 빗대고 있습니다. 지붕 위의 풀은 자라기도 전에 말라 버리게 마련입니다. 지금 조금 높은 자리에 있다고 으스대지만 그들의 운명은 정해졌습니다. 지붕 위의 풀은 아무 짝에도 쓸모가 없습니다. 베는 사람의 품에도 차지 않고, 묶는 사람의 품에도 차지 않기 때문입니다.

'품에 차지 않는다.'는 말은 참 무서운 말입니다. 다니엘서에 나오는 한 대목이 떠오릅니다. 바빌로니아 왕 벨사살은 자기 권력을 과시하기 위해 화려한 잔치를 베풀었습니다. 귀한 손님 천 명이 초대되었습니다. 술 기운이 거나해지자 그는 아버지 느부갓네살이 예루살렘 성전에서 약탈해 온 금그릇과 은그릇을 가져 오게 하였습니다. 그 그릇에 술을 따라 마시며 그들은 자기들이 섬기는 우상을 찬양하였습니다. 그때 갑자기 사람의 손과 같은 것이 나타나 촛대 앞에 있는 왕궁 석고 벽에 글씨를 쓰기 시작했습니다. 왕은 얼굴빛이 창백해졌고, 공포에 사로잡혀서 떨었습니다. 바빌로니아의 지혜자라는 사람들이 다 나와서 그 뜻을 해독하고자 했지만 누구도 성공하지 못했습니다. 그때 사람들은 다니엘을 떠올립니다. 그 자리에 부름 받은 다니엘은 그 글씨를 읽고 해독해주었습니다. '메네 메네 데겔'과 '바르신'이었습니다. 함축적이긴 하지만 풀어 설명하면, '메네'는 하나님이 이미 그의 나라의 시대를 계산하셔서 그것이 끝나게 하셨다는 뜻이고, '데겔'은 저울에 달린 임금의 무게가 부족함이 드러났다는 뜻이고, '바르신'은 왕국이 둘로 나뉠 것이라는 뜻이었습니다.(다니엘 5:25-28)

왕의 힘과 부유함을 과시하기 위해 마련된 흥겨운 잔칫자리가 심판의 선고를 듣는 자리가 되었습니다. '무게가 부족함', 그게 벨사살에게 내려진 판단이었습니다. 품에 차지 않음과 거의 같은 뜻일 겁니다. 벨사살은 '벨 신이 왕을 지킨다.'는 뜻이지만, 벨은 그런 능력이 없었습니다. 타자를 수단으로 삼고, 무시하고, 학대하며 호가호위(狐假虎威) 하는 사람들의 운명은 다 동일합니다. 모래 위에 집을 지은 어리석은 사람의 이야기를 우리는 잘 압니다. 홍수가 나고, 바람이 불어 그 집에 들이칠 때 그 무너짐이 엄청난 법입니다. 악인들이 불행을 당할 때 지나가는 사람들조차 그들을 위해 하나님의 자비를 빌지 않습니다.

수백 억의 돈이 어두운 곳에서 오고갔다는 소식을 들으며 많은 이들이 허탈해 합니다. 현실은 성실하게 일하면서 근검절약하며 살아가는 이들을 조롱하는 것처럼 보이기도 합니다. 거나한 술자리가 숙취로 끝나는 것처럼, 불의한 이들의 잔치는 부끄러움으로 귀결되게 마련입니다. 세상이 아무리 흥청거리는 것처럼 보여도 함께 비틀거리지 마십시오. 지붕 위의 풀과 같은 그들의 운명을 부러워하지 마십시오. 우리는 그리스도라는 푯대를 바라보며 걷는 사람들입니다. 악인들이 우리를 이겨내지 못하게 해야 합니다. 그들이 우리 영혼을 뒤흔들지 못하게 해야 합니다. 우리는 바알이나 아스다롯을 따르는 사람들이 아닙니다. 여호와 하나님의 백성이고, 예수 그리스도의 제자입니다. 많은 이들이 걷는 넓은 길에서 벗어나 좁은 길을 걷는 것이야말로 인생의 성공입니다. 깊어가는 가을날 과일의 맛이 들어가는 것처럼 우리 믿음도 한결 성숙해지기를 기원합니다.

잠언

17장 9-17절

끊어지면 안 되는 사랑의 고리

> 허물을 덮어 주면 사랑을 받고, 허물을 거듭 말하면 친구를 갈라놓는다. 미련한 사람을 백 번 매질하는 것보다 슬기로운 사람을 한 번 징계하는 것이 더 효과가 있다. 반역만을 꾀하는 악한 사람은 마침내 잔인한 사신의 방문을 받는다. 어리석은 일을 하는 미련한 사람을 만나느니, 차라리 새끼 빼앗긴 암곰을 만나라. 악으로 선을 갚으면, 그의 집에서 재앙이 떠나지 않는다. 다툼의 시작은 둑에서 물이 새어 나오는 것과 같으니, 싸움은 일어나기 전에 그만두어라. 악인을 의롭다고 하거나, 의인을 악하다고 하는 것은, 둘 다 주님께서 싫어하신다. 미련한 사람의 손에 돈이 있은들, 배울 마음이 없으니 어찌 지혜를 얻겠느냐? 사랑이 언제나 끊어지지 않는 것이 친구이고, 고난을 함께 나누도록 태어난 것이 혈육이다.

허물을 덮는 사랑

주님의 은총과 평화가 우리 가운데 임하시기를 빕니다. 주현절 후 세 번째 주일인 오늘 우리는 대한과 입춘 사이를 지나고 있습니다. 시간은 빠르게 우리 곁을 스쳐 지나가지만 새롭고 신선한 느낌이 들지는 않습니다. 전도서 기자는 "만물이 다 지쳐 있음을 사람이 말로 다 나타낼 수 없다."(전도서 1:8)고 말합니다. 정말 그렇습니다. 생기가 빠져나간 것 같은 느낌이 들고, 내적인 공허감에 사로잡히면 만사가 시들해 보입니다.

물론 주변에는 뭔가에 엄청난 열정을 보이는 분들이 있습니다. 먹는 것에 진심인 분도 있고, 재산 모으기에 최선을 다하는 분들도 있습니다. 주식이나 비트코인, 부동산에 대한 관심 또한 깊습니다. 사람들은 자기도 모르는 사이에 소비사회의 신민이 되어 삽니다. 정치의 계절이어서인지 정치적 담론들이 우리 사회를 뜨겁게 달구고 있습니다. 문제는 품격 있는 언어를 찾아보기 어렵다는 데 있습니다. 경박하고 상스럽고 무책임하고 상처를 주기로 작정한 듯한 말들이 마구 동원되고 있습니다. 곁에 서 있다가 구정물을 한 바가지 뒤집어쓴 것처럼 불쾌합니다.

화해자가 되어야 할 기독교인들조차 장벽을 만들고 높이는 데 일조하고 있습니다. 입으로는 사랑을 말하면서도 자기와 다른 입장에 서 있는 이들에 대한 증오와 혐오를 감추려 하지 않습니다. 이런 현실을 목도할 때마다 사랑의 공동체를 허무는 이들을 향한 유다서의 경고가 우렁우렁 들려옵니다. 유다는 그런 이들을 가리켜 "자기들의 수치를 거품처럼 뿜어 올리는 거친 바다 물결이요, 길 잃고 떠도는 별들"(유다서 1:13)이라고 말합니다. 그들은 또한 짙은 어둠에 갇힌 사람들입니다.

사람들의 모듬살이에 갈등이 없을 수는 없습니다. 사람은 서로 비스듬히 기댄 채 살 수밖에 없지만, 내가 기대고 있는 그 사람이 혹은 나를 기대고 있는 그 사람이 싫어질 때도 있습니다. 생각과 지향이 다르면 더욱 그러합니다. 가끔은 새처럼 날개가 있다면 이 꼴 저 꼴 보지 않고 살 수 있는 장소로 물러가고 싶은 생각이 들기도 합니다. 그러나 인생은 그런 감정의 파고를 겪으면서도 사랑을 배워가는 과정입니다. 인간(人間)이라는 단어 속에 이미 사람은 다른 이들과 창조적인 관계를 맺을 때 비로소 사람답게 된다는 뜻이 새겨져 있습니다. 함께 살기 위해서는 그의 다름을 받아들이고 존중해야 합니다. 히브리의 지혜자는 그러기 위해 우리에게 필요한 것이 무엇인지를 알려줍니다.

> 허물을 덮어 주면 사랑을 받고, 허물을 거듭 말하면 친구를 갈라놓는다.(잠언 17:9)

허물의 사전적 의미는 잘못, 실수, 과실입니다. 그런데 여기서 '허물'이라 번역된 단어는 실은 '한계를 넘어섬', '위반', '범죄'를 뜻하는 히브리어 '페쉐'(pesha)입니다. 조금 심각한 죄입니다. 알고 저지른 것이든 모르고 저지른 것이든 그러한 잘못은 남에게도 피해를 주지만 당사자의 마음에 짙은 그림자로 남게 마련입니다. 인간은 부끄러움을 아는 존재이기 때문입니다. 잘못은 드러내 바로잡아야 할 때도 있지만, 덮어줌으로 스스로 깨달을 기회를 주어야 할 때도 있습니다. 대홍수 이후에 포도농사를 짓던 노아는 어느 날 포도주에 취해 벌거벗은 채 누워 있었습니다. 사람들을 구하지 못했다는 자책감이 그를 괴롭혔던 것일까요? 어쩌면 자기가 직면했던 비극적인 현실을 잊고 싶었던 것인지도 모르겠습니다. 둘째 아들 함은 아버지의 그런 모습을 보고 바깥으로 나가 형제들에게 알렸습니다. 셈과 야벳은 겉옷을 가지고 가서, 둘이서 그것을 어깨에 걸치고, 뒷걸음쳐 들어가서, 아버지의 벌거벗은 몸을 덮어 드렸습니다.(창세기 9:23)

허물을 덮어준다는 것이 그런 것입니다. 허물을 덮어주는 것은 그가 회복할 수 있는 여지를 열어주는 것입니다. 누군가의 허물을 반복적으로 들춰내는 이들도 있습니다. 그는 그런 기억을 소환하여 상대방을 당혹스럽게 만들고, 그의 영혼에 드리운 그림자를 더욱 짙게 만듭니다. 그들의 관계는 깨지게 마련입니다. 하지만 허물을 덮어주라는 말이 잘못 그 자체를 묵인해주라는 말은 아닙니다. 10절이 앞의 구절을 보충해주고 있습니다. 정문일침의 말로 꾸짖어야 할 때도 있습니다. 예수님은 간음하다 잡혀온 여인을 돌로 치려는 무리들이 다 돌아가자 그 여인을 보고 '가서 다시는 죄를 짓지 마시오.' 하고 말씀하셨습니다. 사랑이 전제된 꾸지람은 우리 영혼을 밝히는 빛이 됩니다.

반역만 꾀하는 사람

11절은 반역만을 꾀하는 악한 사람과 어리석은 일을 하는 미련한 사람에게 닥칠 운명을 예고하고 있습니다. 반역을 꾀한다는 것은 사사건건 엇나가는 것을 가리킵니다. 세상에는 남들에 대해 부정적으로 말하는 것을 역사적 사명으로 타고 난 것처럼 보이는 이들도 있습니다. 어쩜 그렇게 누군가의 부정적인 모습을 잘 찾아내는지 탄복할 때도 있습니다. 그런데 알고 보면 그들은 참 딱한 사람들입니다. 자기 속에 두려움이 많고 열등감이 강한 사람일수록 다른 이들에 대해 부정적입니다. 그들은 정작 필요할 때는 용기를 내지 못합니다. 그는 평화의 적입니다. 사랑의 공동체를 훼손하기 일쑤입니다.

때로는 저항 혹은 반항이 필요합니다. 하나님의 이름이 모욕을 당하거나, 하나님의 형상으로 지음 받은 인간이 비인간 취급을 받는데도 마치 아무 일도 없는 것처럼 처신한다면 우리 믿음이 도대체 무엇이겠습니까? 인간의 존엄은 누가 지켜주는 것이 아닙니다. 스스로 용기를 가지고 억압하는 자들과 맞서야 합니다. 미국에서 억압받은 흑인들의 입장에 서서 기독교를 재해석한 신학자 제임스 콘은 늘 백인 주류 사회와 싸울 수밖에 없었습니다. 그가 그럴 수 있었던 것은 어린 시절부터 보았던 아버지와 어머니의 당당함 때문이었습니다. 어느 날 아버지가 그에게 말했습니다.

"제임스, 말해줄 게 있다. 나는 네 엄마가 백인의 집에서 일하는 것을 결코 허락하지 않을 거야. 나는 돈이 많지 않지만, 성폭력에 대해 알고 있고, 괴롭힘에 대해서도 알고 있다. 비록 1년에 천 달러 밖에 벌지 못하지만 밖으로 나가 날마다 나무를 모아 팔며, 그 외엔 한 푼도 받지 않고 있다. 자신의 고결함을 내다 팔아서는 안 된다. 그 누구도 너의 고결함을 돈 주고 사도록 해선 안 된다. 세상이 너에게 줄 수 없고 또 빼앗아 가지 못하는 기쁨이 있기에 무너져 내릴지언정 당당해

야 한다."(제임스 콘, 《아무에게도 말하지 않을 거라고 했지만》, 홍신 옮김, 한국기
독교연구소, 3-4쪽)

'자신의 고결함을 내다 팔아서는 안 된다.'는 말이 어린 제임스 콘
의 마음에 마치 금강석 철필로 쓴 것처럼 새겨졌습니다. 그 한 마디
가 일평생 그를 지켜준 방패였습니다. 반항하는 인간은 새로운 세
상을 상상할 줄 아는 사람입니다.

그러나 11절이 말하는 반역만을 꾀하는 악한 사람 혹은 어리석
은 사람은 인간의 존엄성을 지키지 못할 뿐만 아니라 오히려 다른
이들 속에 있는 선의 씨앗을 짓밟곤 합니다. 공익을 말하면서도 그
들은 오로지 자기 자신에게만 관심이 있는 존재들이기 때문입니다.
잠언은 그들이 부지불식간에 잔인한 사신의 방문을 받게 된다고 말
합니다.

둑을 막으라

14절입니다.

다툼의 시작은 둑에서 물이 새어 나오는 것과 같으니, 싸움은 일어나
기 전에 그만두어라.(잠언 17:14)

늘 경험하는 바이지만 사람은 사소한 것 때문에 의가 상하는 경
우가 참 많습니다. 공동체 운동을 했던 어느 목사님이 했던 말이 떠
오릅니다. 공동체가 위기에 빠지는 것은 이념이나 지향이 달라서가

아니라, 치약을 짜는 습관, 옷을 벗어 놓는 습관 등 사소한 차이가 갈등을 빚는 경우가 제법 많더라는 것입니다. 하나님 나라라는 공동의 지향과 공동체 운동을 통해 자본주의의 대안을 만들어내자는 멋진 포부가 그들을 한 자리에 불러 모았지만, 서로 생활 습관의 차이를 받아들이기 어려울 때 다툼이 일어납니다.

작은 것들도 쌓이면 큰 무게가 됩니다. '티끌 모아 태산', '가랑비에 옷 젖는 줄 모른다.', '낙숫물이 댓돌을 뚫는다.'는 말은 부정적이든 긍정적이든 반복과 지속의 힘이 얼마나 큰 지를 보여줍니다. 반복되는 무시, 비하, 모욕은 공동체의 담을 허무는 여우입니다. 솔로몬의 노래로 알려진 아가서에 나오는 한 구절입니다.

> 여우 떼를 좀 잡아 주오. 꽃이 한창인 우리 포도원을 망가뜨리는 새끼 여우 떼를 좀 잡아 주오.(아가 2:15)

봄이 되어 꽃이 활짝 피고 향기가 넘실거립니다. 이제 바야흐로 사랑의 잔치가 벌어질 찰라입니다. 그러나 그 잔치가 흥겨우려면 '새끼 여우 떼'를 함께 잡아야 합니다. 그 여우는 새끼 여우입니다. 위험해 보이지 않습니다. 그냥 두어도 별 탈이 없을 것 같습니다. 그러나 새끼 여우 떼가 문제를 일으킬 수 있습니다. 우리 관계에 금을 가게 만드는 것들이 무엇인지 생각해 보십시오. 조급증, 자기중심성, 무정함, 무례함, 교만함, 자기 의와 같은 것들이 아닐까요? 스스로 중요한 존재가 되려는 마음을 내려놓아야 합니다. 옳음을 강조하느라 사랑과 존중과 따뜻함을 잃어버리면 안 됩니다. 둑에서 물이 새는 것을 방치하는 순간 문제는 커집니다. 골로새서는 하나님의 백성으로 부름 받은 이들이 명심해야 할 것을 이렇게 요약하여 들려줍니다.

> 누가 누구에게 불평할 일이 있더라도, 서로 용납하여 주고, 서로 용서하여 주십시오. 주님께서 여러분을 용서하신 것과 같이, 여러분도 서로 용서하십시오. 이 모든 것 위에 사랑을 더하십시오. 사랑은 완전하게 묶는 띠입니다.(골로새서 3:13-14)

이 마음을 잃는 순간 교회는 세상과 다를 바 없어집니다. 신앙생활은 말씀을 거울로 삼아 자기 마음을 들여다보고, 지향을 분명하게 하고, 애써 자기의 옛 삶과 결별하는 고단한 과정입니다. 그런 노력이 없다면 신앙생활은 그저 습관일 뿐이고 이사야의 말대로 성전의 뜰만 밟는 셈입니다. 독일의 루터교 목사였던 크리스토프 블룸하르트의 말이 가끔 떠오릅니다.

> "우리가 만약 하나님의 사랑과 용서로 충만하지 않다면, 세상을 애정 어린 선한 눈으로 바라보지 않는다면, 다른 사람들을 사랑으로 붙들어주지 않는다면, 하나님 또한 우리를 돌보아 주지 않으실 것이며 교회를 다니는 것과 상관없이 우리를 불신자로 여기실 것입니다."(크리스토프 블룸하르트,《행동하며 기다리는 하나님 나라》, 전나무 옮김, 대장간, 63쪽)

친구와 혈육

16절입니다.

> 미련한 사람의 손에 돈이 있은들, 배울 마음이 없으니 어찌 지혜를
> 얻겠느냐?(잠언 17:16)

제가 가장 높이 평가하는 사람은 배움에 열린 사람입니다. 학생 정신이야말로 참 사람의 길을 가는 이들에게 꼭 필요한 것입니다. 배움에 열심인 시대입니다. 세상이 요구하는 조건을 만들기 위해 기능을 배우고, 자격증을 따고, 물질적인 안정을 이룬 이들 가운데 는 교양인이 되기 위해 뭔가를 배우기도 합니다. 그러나 정작 '더 나은 존재'가 되기 위한 '마음 공부'는 소홀히 합니다. '더 나은 존재'가 뭐냐고 물으면 간단하게 대답하기 어렵습니다. 이기심의 종 살이에서 벗어나 타인의 고통에 공감하고, 조심스럽게 배려하고, 어려움에 처한 이들과 연대하기 위해 사랑의 수고를 기꺼이 행한다 면, 더 나아가 그의 편이 되려다가 고난받는 것까지 받아들인다면 우리는 조금은 나은 존재가 되었다고 말할 수 있지 않을까요?

작년 4월에 세상을 떠난 채현국 선생의 말이 제게는 충격적이었 습니다. 그는 1970년대 초반까지 삼척시 도계에서 흥국탄광을 운 영하던 거부였습니다. 개인소득세 납부액이 전국에서 열 손가락 안 에 들 정도였다니 그의 재산 규모를 짐작할 수 있을 것입니다. 그런 데 그는 1973년에 그 탄광을 정리해서 종업원들한테 다 분배해버 리고 맙니다. 광부들에게 장학금을 주어 자식들을 안심하고 기르게

하고, 병원을 차려 무료 진료를 받게 하고, 마지막에는 광부들이 이후에 10년씩 더 일한다 치고 미리 퇴직금을 앞당겨 계산해서 나눠 주었습니다. 어떻게 그렇게 도울 수 있었느냐는 말에 그는 이렇게 대답합니다.

"난 도운 적 없어요. 도움이란, 남의 일을 할 때 쓰는 말이죠. 난 내 몫의, 내 일을 한 거예요. 누가 내 도움을 받았다고 말하는지는 몰라도 나까지 그렇게 생각하면 안 될 일이죠."(이진순,《당신이 반짝이던 순간》, 문학동네, 296쪽)

난 내 몫의 일을 했을 뿐, 누군가를 도왔다고 생각하지 않는다는 말이 놀랍지 않습니까? 이런 마음을 쓰는 이들이 있어 세상은 여전히 살만한 곳이 됩니다. 인간의 아름다움을 드러내는 사람이 진짜 지혜자가 아니겠습니까? 이제 마지막 구절입니다.

사랑이 언제나 끊어지지 않는 것이 친구이고, 고난을 함께 나누도록 태어난 것이 혈육이다.(잠언 17:17)

주님은 제자들에게 "내가 너희에게 명한 것을 너희가 행하면, 너희는 나의 친구"(요한복음 15:14)라고 하셨고, "누구든지 하나님의 뜻을 행하는 사람이 곧 내 형제요 자매요 어머니"(마가복음 3:35)라고 하셨습니다. 낯선 사람들이 어울려 사는 세상에 갈등이 없을 수 없습니다. 그러나 우리는 친구와 형제가 되라는 부름 속에 있습니다. 지금 곁에 있는 이들은 우리를 더 나은 존재가 되도록 도와줄 소중한 인연들입니다. 주님의 사랑이 우리를 강권합니다. 돈이 주인 노릇하는 세상은 사람과 사람 사이의 연결고리를 느슨하게 만듭니다. 주님은 이 척박한 세상을 치유하기 위해 우리를 부르셨습니다. 사랑의 연결고리를 든든하게 만드는 일이야말로, 이 시대에 교회로 부름 받은 우리 모두의 소명입니다. 우리가 서 있는 삶의 자리가 어디이든 사랑의 고리를 든든하게 만드는 보람을 맛보며 사시기를 기원합니다.

독이 퍼진 우물에 던지는 해독제

최종원/밴쿠버기독교세계관대학원 교수

설교단에서 위로와, 행복, 화평을 외치는 소리는 높아지지만, 시대에 대한 하나님의 마음을 담아내는 예언자의 선포는 희귀한 시대이다. 그도 그럴 것이 한 주간 고된 세파 속에서 살아온 이들에게 가장 필요한 것은 삶을 다독이는 위로인지 모른다. 청중들의 눈과 귀를, 욕구를 충족시키려는 설교는 곧 청중들을 스스로 하나님 앞에 나아가 씨름하고 고뇌하고 탄식하는 고된 자리를 외면하게 만든다. 과연 그러한가 스스로 헤아리며 궁구하던 옛 베뢰아 사람들의 습관은 불경건과 불신앙의 모습인양 치부되는 것이 오늘 우리네 교회의 현실이라면 너무 비관적일까?

우리네 기독교에 대한 이러한 문제의식은 사실 많은 사람들이 공유하던 모양이다. 코로나19 상황으로 온라인 예배가 되면서 김기석 목사의 설교가 폭발적인 관심을 받았다. 그가 시무하는 청파감리교회가 온라인에서는 초대형교회가 되었다는 것은 그저 우스갯소리로 받아 넘기기에는 시사하는 바가 적지 않다. 사람들이 그간 마음 속으로만 품고 있거나, 혼자 끙끙 앓고 있던 문제들이 너무 많은 사람들이 공유하던 고민이었던 터다.

이심전심이었다. 사실 놀라운 건 김기석의 설교의 논조나 지향은 코로나 이전에도 이후에도 차이가 없다는 점이다. 그가 한 예언서 설교를 읽다 보면, 이런 류의 설교가 한국교회 강단에서 선포되었다는 자체가 희망의 근거가 아닐까 싶을 정도로 그의 메시지는 선명하다.

무섭도록 정확한 자기 응시

예레미야애가에 대한 설교에서 그는 안일한 낙관론을 선포하는 거짓 예언자들을 준엄하게 꾸짖는다. 다가 올 준엄한 심판을 외면하고 평안만을 되뇌이는 낙관적 예언은 오히려 재앙을 더 크게 만들 뿐임을 말이다. 「이 일이 그대들과는 관계가 없는가?」라는 제목의 설교에서 그는 용산참사 다음날 남일당 골목길에서 열린 기도회의 자리에 섰다가, 지나가는 사람들에게 같은 말로 외쳤다고 한다. "이 일이 당신들과는 관계가 없습니까?"

선진국에 들어선 양 자부심 높던 한국 사회는 밖에 쉬 내놓기 부끄러운 사건 사고들로 시끄러웠다. 이른바 성장과 성취를 하나님의 축복과 동일시하며 자부하던 이들에게 그는 오늘 우리가 경험하는 바가 예레미야애가의 저자가 살던 때에 예루살렘이 경험하던 상태라고 한다.

"하나님의 도성인 예루살렘은 뭇 민족의 조롱거리가 되고 말았습니다. 예레미야애가의 저자는 자기들의 처지를 '벌거벗김'이라는 말로 요약합니다."

그렇다. 우리의 사회와 종교의 수준도 그 맨 얼굴을 드러내었다. 벌거벗겨진 듯한 수치심을 경험했다. 어떻게 해야 할지, 갈 바를 모르는 상황이었다. 김기석은 이런 우리의 부끄러운 모습에서 벗어나기 위해 해야 할 바를 제시한다.

"예레미야애가의 저자는 막연한 슬픔 속에 잠겨 있지 않습니다. 그들이 겪고 있는 고난의 현실을 극복하기 위해서는 현실을 있는 그대로 보아야 한다는 사실을 그는 잘 알고 있습니다. 그래서 사람들에게 외칩니다. '길 가는 모든 나그네들이여, 이 일이 그대들과는 관계가 없는가? 주님께서 분노하신 날에 내리신 이 슬픔, 내가 겪은 이러한 슬픔이, 어디에 또 있단 말인가!'"(예레미야애가 1:12)

문제 해결의 가장 기본은 정확한 현실 진단이다. 이 경우, 우리의 신앙에 대한 냉정한 현실 진단이 필요하다. 평안과 번영, 편리를 추구하며 그것을 신앙인 양 여겨왔던 우리의 부끄러운 모습을 돌아보는 '무섭도록 정확한 자기 응시'를 그는 촉구한다. 그것이 우리가 드리는 기도이다.

그는 이웃의 신음소리에 귀를 막고 사는 삶이 하나님을 외면하며 사는 불신앙의 삶이라고 진단한다. 이 사회는 장애를 가진 분들이 지하철을 타는 당연한 권리 행사를 많은 시민들에게 불편을 주는 행위라고 여기고 그 소리를 무시한다. 김기석은 이 사회가 '더 많이,

더 편리하게'라는 주술에 걸려 있다고 본다. 그럴수록 사회는 더 위험해질 뿐이고, 사람들의 인격과 존엄은 공리를 이유로 외면당하게 된다. 그는 간절히 권면한다.

"한사코 하나님을 외면하며 살았던 삶에서 돌아서야 합니다. 이웃들의 신음소리에 귀를 막고 살았던 삶에서 벗어나야 합니다. '더 많이, 더 편리하게'라는 주술에서 벗어나지 않는 한 세상은 더욱 위험한 곳으로 바뀔 겁니다. 이제는 더 이상 마치 아무 일도 없었던 것처럼 옛날로 돌아갈 수는 없습니다. 새 세상을 열기 위해 땀 흘려야 합니다."

사람들이 이웃의 소리에 귀를 막으면서까지 끝없이 편리와 편익, 행복을 추구하려는 이유는 아마도 이 땅에서 얻을 것, 누릴 것이 풍성하다고 여기기 때문이겠다. 행복의 파랑새는 조금 더 손을 뻗으면 내가 잡을 수 있으리라고 생각된다. 그러니 잠깐 양심의 소리는 옆으로 두고, 어느 정도 성취를 한 후에 이웃을 돌아보리라고 스스로 정당화하곤 한다. 동서고금을 막론하고, 이런 심리는 장삼이사 누구나 가지고 있다. 전도서 기자가 아무리 헛되고 헛되며 모든 것이 헛되다고 외쳐봐야, 그것은 가져 본 자만이 할 수 있는 하나마나한 소리 그 이상이 아니다. 그래서 사람들은 바람이 그친 다음에 뭔가를 시도할 수 있다고 스스로에게 유예를 둔다.

지금이야 말로 바로 좋은 때

김기석은 「바람이 그치기를 기다리지 마라」라는 제목의 전도서 11장에 대한 설교에서 다시 우리의 주의를 환기시킨다. 전도서의 메시지는 모든 것을 부정하는 상대주의를 얘기하는 것이기보다, 인간의 유한성에 대한 깊은 자각과 성찰을 촉구하는 것임을 분명히 한다.

"전도서의 메시지는 세상사가 다 허망하다는 것 혹은 가치의 상대주의를 가르치려는 것은 아닙니다. 우리가 애집하는 모든 일들이 손아귀에 든 모래처럼 빠져나갈 수밖에 없음을 알고 살라는 것입니다. 붙잡지 못할 것을 붙잡으려 인생을 낭비하지 말고, 지금 우리에게 주어진 삶의 가능성을 귀히 여기며 살라는 것입니다. 중요한 것은 과거의 화려했던 기억이나 미래의 소망이 아니라 지금 여기에서 이루어지는 삶입니다."

붙잡지 못할 것을 붙잡으려 하기보다, 오늘 우리에게 주어진 가능성을 소중하게 여기라는 메시지는, '오늘을 잡으라'(carpe diem)고 하는 말이 촉구하는 근원적 명령이다. 오늘이 힘겹기 때문에 내일에 대한 꿈을 꾼다. 하지만, 오늘이 힘겹기 때문에 오늘을 충실하게 살아내거나, 오늘의 삶에 감사하기 쉽지 않다. 불확실성은 늘 우리로 하여금 마음을 고단하게 만든다. 하나라도 더 움켜쥐고 살아야 할 것 같이 부추긴다. 그러나 동시에 이 불확실성은 신앙이 사람들에게 소구하는 지점이기도 하다. 이 불확실성을 삶의 필수불가결한 일부로 수용해야 한다. 불확실성이 커질수록, 우리의 삶은 하나님께 대한 신뢰로 자라갈 수 있다. 불확실성은 우리를 불신앙으로 이끄는 도구이기보다, 더 굳건하고 신실한 하나님께 나아가 우리로 하여금 하나님께 대한 신뢰를 한 겹씩 쌓아가게 하는 질료이다.

김기석은 전도서 11장 1절의 개역개정판 번역 "너는 네 떡을 물 위에 던져라 여러 날 후에 도로 찾으리라."를 다음과 같이 해석한다.

"교회 전통은 이것을 대가를 바라지 않고 하는 구제 혹은 봉사의 권고로 받아들여 왔습니다. '떡'은 삶에 꼭 필요한 것을 의미하는 은유로 볼 수 있습니다. '떡'은 그러니까 돈일 수도 있고, 시간일 수도 있고, 재능일 수도 있습니다. 지금 잠시 내게 머물고 있는 것을 나의 것으로 전유하지 말고 필요한 사람에게 주라는 말로 받아들여도 좋을 것 같습니다."

단순히 세상의 것이 헛되다는 비판을 넘어, 적극적으로 나누는 삶의 추구가 전도서 가르침의 핵심이다. 진정으로 이 땅의 것이 헛되며, 하늘나라만이 소망이라고 여긴다면, 우리는 이 땅에서 보물을 쌓아두고자 하기보다, 재물을 사람들을 위해 아낌없이 나누는 삶을 살 수 있다. 다시 말해, 나의 이익이 아닌 타자의 이익을 위해 기꺼이 손해 보는 삶을 감수할 수 있다. 그것이 전도서의 가르침에 부합하는 삶이라고 김기석은 얘기한다.

"선을 행해야 하는 시간은 언제입니까? 빵을 물에 던져야 할 적절한 시간은 언제일까요? 많은 이들이 이 '때'의 문제에 걸려 넘어집니다. '기회가 되면'이라든지, '조금만 형편이 나아지면' 좋은 일을 하고 싶다고 말하는 이들이 많습니다. 오늘 본문의 표현대로 '바람이 그치기를 기다리고', '구름이 걷히기를 기다리는' 게 우리 버릇입니다. 하지만 지금이야 말로 바로 좋은 때입니다."

"지금이야 말로 바로 좋은 때입니다." 이 표현은 '인생의 봄날'로 옮겨도 무방하리라. 이제 「인생의 봄날」이라는 제목의 아가서 설교를 살펴 보자. 아가서 2장은 솔로몬과 술람미 여인의 사랑 노래이다. 사랑을 하면 얼굴은 봄과 같이 꽃이 핀다. 생명이 움트고, 심장도 빠르게 뛴다. 김기석은 솔로몬과 술람미 여인의 사랑을 하나님과 그의 백성과의 관계로 은유적으로 해석하는 전통을 제시하며, '관계'를 매개로 설명을 이어간다. 사람과 사람 사이의 관계, 하나님과 사람 사이의 관계를 파괴하는 것을 여우, 곧 포도원을 허는 작은 여우로 비유한다. 작은 여우는 사랑하는 사람에게서 한눈을 팔게 만드는 요인이다. 이 여우가 아직 작을 때에 잡지 않으면, 그 관계는 언젠가 돌이킬 수 없게 된다. 관계를 갈라놓는 여우 잡는 방법을 김기석은 몇 가지로 설명한다.

가장 먼저는 '님'에게 마음을 집중하는 것이다. 기웃거림, 곁눈질, 다른 것에 마음을 내어주기 등이 관계 파괴의 시발점이라면, 가장 소중한 하나님에게 마음을 모으는 것처럼 중요한 건 없다.

그러기 위해서는 사모하듯 그분의 말씀을 되새기며 살아야 한다. 말씀을 삶의 지침으로 삼고, 그대로 살아내려 할 때 예민하게, 옳고 그름을 분별할 수 있는 힘이 생긴다.

　마지막으로, 김기석은 하나님의 피조세계를 찬찬히 바라보기를 제안한다. 한 마리 새나 한 송이 꽃에서 울려나는 생명의 소리에 예민하게 귀를 기울이는 연습은 님이 사랑하는 것을 우리 스스로도 같이 사랑하게 만드는 기회이다. 사랑하면 닮아간다. 하나님의 피조세계를 그저 밟고 지나갈, 거칠게 깎아버려야 할 정복의 대상이 아니라, 귀기울임의 대상임을 인식하는 순간이, 참된 하나님의 사랑을 자각하는 순간이다. 그 순간 '인생의 봄날을 맞이'하게 된다.

절망의 터널을 지날 때 보이는 희망의 불빛

　이제 김기석의 「사막에서 꽃을 피우는 사람들」이라는 제목의 이 사야서 설교는 봄날에 꽃을 피우는 '사람들'에게로 연결된다. 구약의 예언자들은 모진 운명을 가진 사람들이다. '하나님을 등진 백성에게 닥쳐올 재앙을 무섭게 예고'하는 역할을 맡았기 때문이다. 그러기에 예언자는 당대에 사람들의 환영을 받지 못한다. 어느 누가 하나님의 심판과 파국에 대한 선포를 좋아하겠는가? 그럼에도 예언자가 머뭇거림 없이 선포할 수 있는 이유는 무엇일까? 김기석은 이를 회복에 대한 약속에서 찾는다. 하나님으로부터 시작될 새로운 희망은 고난을 감내할 이유가 된다.

> "이사야는 이러니저러니 해도 하나님이 세상을 통치하신다는 사실
> 을 잊지말라고 말합니다. 하나님은 인간이 만들어낸 무질서와 혼돈
> 에 진노하시지만, 그래서 심판의 불을 보내시지만, 희망의 씨를 남겨

놓으시는 분이십니다."

앞서 보는 자를 예언자라 한다. 그렇다면, 그는 당면한 심판만을 보는데 그치지 않고, 그 심판 이후의 세상까지도 본다. 그렇기에 예언자는 "풍요 속에 깃든 파멸도 보지만, 절망 속에서 희망을 보고, 메마른 광야에서 피어날 꽃들을 바라"볼 수 있다. 이제 이 예언이 있기 때문에 그저 희망의 불씨만 마음에 담고 있으면 충분할까? 김기석은 예언의 본뜻은 낭만적 낙관론이 아니라, '그런 세상을 만들어가는 일종의 명령'이라고 본다. 그 명령은 '광야에 메마른 땅에 꽃을 피워내는 삶, 그곳에 씨앗이나 묘목을 심고 물을 주어 가꾸는 끈질긴 노력 없이 이런 세상이 도래하기를 기대하는 것은 어리석음'이다.

예언자의 예언이 선택이 아니듯, 이 예언을 성취하는 자리에 함께 하는 우리의 소명 또한 자유는 아니다. 어쩌면, 지금은 편리와 풍요로 가득한 듯 보이는 세상에서, 광야 같은 현실을 직시하는 눈과, 그 광야를 살아내는 당위의 삶을 실천하는 것이 우리에게 맡겨진 일이다. 그 일이 사막에서 꽃을 피우는 일이다. 그 일이 가능하기 위해서는 같은 마음을 가지고 올곧게 살고자 하는 이들의 연대가 있어야 한다. 김기석은 광야에서 교회를 본다. 그에게 교회란, '함께 모여 손을 잡고', '세상 곳곳에 흩어져 나가 생명과 평화의 씨를 뿌리는' 사람들의 모임이다. 그렇기에 교회는 영원히 진행형인 희망의 언어이다.

하지만 교회가 희망일까? 교회 안팎의 시선은 냉정하다 못해 냉랭하기만 하다. 교회가 희망이라는 당위만을 내세우기에는 한참 부족해 보이기 때문이다. 우리는 코로나19를 겪으면서 한국교회가 보여준 관성적인 모습을 뚜렷하게 기억한다. 어쩌면 우리에게 '가던 길을 멈추라'고 주어진 코로나의 기간이 멈춰버린 현실을 어쩔 줄 몰라 하며, 다시 달려야 할 것 같은 불안감으로 보낸 것이 한국교회의 현실이었다.

세상에 던지는 돌팔매

「가던 길을 멈추고 살펴보라」는 제목의 예레미야 6장 설교에서 김기석은 그리스도인은 욕망대로 살아가는 삶이 아니라, 욕망을 거슬러 살아가는 존재들임을 일깨운다. 습관적으로 내뱉는 영광스러운 부르심은 실제로 그렇게 영광스럽지 못하다. 부르심을 받은 삶은 '자기 삶의 주도권을 하나님께 넘겨 드리는' 삶이다.

그렇기에 진실되게 하나님의 부름 받은 존재로 살아가는 삶은 끊임없는 자기와의 싸움이 요구된다. 우리의 욕구와 욕망을 포기하는 '부담이 되는 말씀'(예레미야 23:33)이 전해지기 때문이다. 부르심은 축복과 영광의 자리, 성취와 존중의 자리가 아니다. 누구나 거절하고 싶고, 포기하고 싶은 자리, 피하다 피하다 마지 못해 받아들이는 자리여야 한다. 그래서 김기석은 말한다. 진짜 소명자들은 '마지못해 소명을 받아들인 예언자'(reluctant prophet)라고. 그 마지 못해 부름 받은 사람들은 사람들에게 길거리에서 운명처럼 외쳐야 한다.

나 주가 말한다. 나는 너희에게 일렀다. 가던 길을 멈추어서 살펴보

고, 옛길이 어딘지, 가장 좋은 길이 어딘지 물어 보고, 그 길로 가라고 하였다.(예레미야 6:16a)

멈추라는 말은 가는 길이 과연 바른 길인지 더듬어 보라는 촉구이다. 당연해 보이는 이 권고가 그리 가볍지 않은 이유는 무엇일까? 사람들이 멈추지 못하는 이유가 무엇일까? 멈추라는 경고가 나의 욕망을 끄집어 내기 때문에 거슬려서 일 수도 있다. 아마 멈추면 뒤처진다는 두려움, 불안도 한 몫 할 테다. 이미 자신은 바른 길을 가고 있다는 분명한 확신 때문일 수도 있다. 그러니 그 멈춤의 권고는 내게 해당되지는 않는다. 작정하고 귀를 닫는다.

집합체로서 한국교회는 이런 멈춤의 소리에 멈추기를 몹시도 서성거렸다. 표면적으로는 교인들을 바르게 이끌고 돌보아야 한다는 목양의 필요 때문이다. 그러나 한 꺼풀 벗겨 보면 관성과 타성에 의한 반응에 가까웠고, 결국 교인들은 교회의 관리의 대상으로 드러났다. 3년에 가까운 강제적인 멈춤의 시기는 이 사회의 어떤 기관보다 더 우왕좌왕하고, 헤어날 줄 모르는 교회의 모습이 드러났다. 교회라는 조직이 복음을 담지하고, 그리스도의 가르침을 담아내는 기관이기에는 몹시도 부족함이 만천하에 드러나 버렸다.

김기석의 목소리는 21세기의 현실을 바라보는 예언자의 시선을 담아낸다.

"거룩함이라는 척도를 가지고 사람들을 가르고 차별하는 종교인들의 위선을 꾸짖으셨고, 자비의 눈으로 이웃을 바라보셨습니다. 옳고 그름의 척도를 가지고 사람들을 평가하는 대신, 사람들이 겪고 있는 아픔 속으로 풍덩 뛰어드셨고, 그들이 생명의 기쁨을 누리며 살 수 있도록 도우셨습니다. 예수님의 삶은 아낌, 존중, 돌봄, 사랑이라는 말로 요약될 수 있습니다. 이 마음이 우리 행동과 말 속에서 묻어난다면 우리는 그리스도에 잇댄 존재라 할 수 있습니다. 이 마음이 없다면 교회 직분이 무엇이든, 교회에 다닌 세월이 얼마이든 우리는 그리스도와 무관한 존재라 할 수 있습니다."

그의 일갈은 이어진다. 그리고 우리에게 희망의 전령들이 되도록 촉구한다.

"담을 쌓아 올리고, 담 저편의 사람들을 혐오하면서 주님을 사랑한다고 말하는 것은 기만일 뿐입니다. 한국교회에 희망이 있냐고 묻는 이들이 많습니다. 희망은 발이 없어서 누군가가 어깨로 메고 와야 올 수 있습니다. 희망은 예수의 마음으로 사람과 세상을 대하는 이들을 통해 이 세상에 유입됩니다."

결국, '한국교회는 희망이 있는가?'라는 주제로 이어진다. 아니, 더 적극적으로 표현하자면, 어떻게 희망을 만들어 가야 하는지가 더 적확하겠다. 좀 다른 얘기일 수 있지만, 많은 신학자와 목회자들은 하나님의 말씀의 의미를 바로 알 때 사람들의 삶이 바뀌고 변화가 일어날 것이라고 기대한다. 원론적으로 누구도 쉽사리 반대할 바는 아니다. 그러나 또 다른 측면을 생각해 보자. 경전의 뜻을 잘 해석하고 전달하는 것이 해결책이라면, 우리는 그 어느 시기보다 더 원어의 의미에 가까운 성경 해석의 가능성을 접하고 있다. 그런데 그 더 올바른 원어의 의미, 성서의 의미가 우리네 교회라는 현실에서는 무력하기만 하다. 더 맞고 더 바르다는 전제 위에 선포되는 경전 해석에 지쳐버렸다. 여전히 그를 통해 세상의 화평과 변화를 가져올 수 있다고 부르짖는, 그 뒤에 숨어 있는, 세상에 담을 쌓고 배제의 목소리를 주저하지 않는 모순이 더 드러날 뿐이다. 성서해석을 근거로 차별과 혐오를 정당화하는 목소리는 새삼스럽지 않다.

김기석의 설교에 예수 그리스도가 없다, 복음이 없다고 딴지를 거는 이들이 있음을 안다. 그의 설교에는 예수 그리스도라는 이름으로 파는 값싼 은혜의 언어가 없다는 것이 더 정확하다. 본회퍼가 일갈했듯이, 복음은 본질적으로 값비싼 것이다. 제자도는 그런 것이다. 예수가 값싸게 팔리는 작금의 세태에 김기석의 메시지는 '평화, 평화로다' 하는 세상에 던지는 돌팔매이다. 그의 설교는 강해설교라는 이름으로 예수 팔이에 급급한 한국교회의 독이 퍼진 우물에 던지는 해독제이다.

사람들이 김기석을 오해하는지도 모른다고 생각한다. 아마 한 유명 프로그램에서 보이는 온화하고 온유한 목회자의 이미지, 사람 좋은 웃음 때문일지 모른다. 그의 진면목은 거침 없이 시대에 저주와 심판을 전하는 예언자의 지성이다. 진짜 김기석을 안다면, 그의 메시지가 얼마나 불편하고 부담스러운지, 쉽게 받아들이기 꺼려지는지 몇 번이나 곱씹어야 할 터이다.

전도서

11장 1-6절

바람 그치기를 기다리지 마라

돈이 있으면, 무역에 투자하여라. 여러 날 뒤에 너는 이윤을 남길 것이다. 이 세상에서 네가 무슨 재난을 만날지 모르니, 투자할 때에는 일곱이나 여덟로 나누어 하여라. 구름에 물이 가득 차면, 비가 되어서 땅 위로 쏟아지는 법. 나무가 남쪽으로나 북쪽으로 쓰러지면, 어느 쪽으로 쓰러지든지, 쓰러진 그곳에 그대로 있는 법. 바람이 그치기를 기다리다가는, 씨를 뿌리지 못한다. 구름이 걷히기를 기다리다가는, 거두어들이지 못한다. 바람이 다니는 길을 네가 모르듯이 임신한 여인의 태에서 아이의 생명이 어떻게 시작되는지 네가 알 수 없듯이, 만물의 창조자 하나님이 하시는 일을 너는 알지 못한다. 아침에 씨를 뿌리고, 저녁에도 부지런히 일하여라. 어떤 것이 잘 될지, 이것이 잘 될지 저것이 잘 될지, 아니면 둘 다 잘 될지를, 알 수 없기 때문이다.

이해할 수 없는 삶이라 해도

주님의 은총과 평화가 우리 가운데 임하시기를 빕니다. 우수 절기를 앞두고 내린 눈이 참 반가웠습니다. 이른 비와 늦은 비로 은택을 입히시는 주님의 사랑이 우리 삶 곳곳에 배어들기를 빕니다. 농가월령가 정월령에 나오는 한 대목입니다.

"일년 풍흉(豐凶)은 측량(測量)하지 못하여도 인력(人力)이 극진(極盡)하면 천재(天災)를 면하나니 제 각각(各各) 근면(勤勉)하여 게을리 굴지 마라. 일년지계(一年之計) 재춘(在春)하니 범사(凡事)를 미리 하라. 봄에 만일 실시(失時)하면 종년(終年) 일이 낭패(狼狽) 되네."

'인력이 극진하면 천재를 면한다.'는 구절을 꼭 붙들고 싶습니다. 삶을 정성스럽게 살아내는 것처럼 소중한 일이 없을 겁니다.

전도서 하면 사람들은 '헛되고 헛되며 헛되고 헛되니 모든 것이 헛되도다.'라는 구절을 떠올립니다. 자칫 잘못하면 전도서가 허무주의의 교과서처럼 보이기도 합니다. 돈도, 명예도, 권세도, 열정도, 이념도, 옳고 그름에 대한 가름도 다 부질없다고 말하는 것 같으니 말입니다. 그런 것들을 얻기 위해 일심으로 달려가는 이들에게 전도서의 가르침은 김 빼는 소리임에 분명합니다. 그러나 전도서의 메시지는 세상사가 다 허망하다는 것 혹은 가치의 상대주의를 가르치려는 것은 아닙니다. 우리가 애집하는 모든 일들이 손아귀에 든 모래처럼 빠져나갈 수밖에 없음을 알고 살라는 것입니다. 붙잡지 못할 것을 붙잡으려 인생을 낭비하지 말고, 지금 우리에게 주어진 삶의 가능성을 귀히 여기며 살라는 것입니다. 중요한 것은 과거의 화려했던 기억이나 미래의 소망이 아니라 지금 여기에서 이루어지는 삶입니다.

세상의 모든 학문을 섭렵한 사람이라 해도 세상에서 벌어지는 일을 다 이해할 수는 없습니다. 선한 사람이 어려움을 겪고 악한 이들에게 즉각 벌이 내리지 않는 현실은 부조리해 보입니다. 사람은 '알 수 없음' 속에서 살아갑니다. 불확실함을 우리 삶의 일부로 받아들이는 동시에, 삶의 시간을 사랑을 배우는 과정으로 받아들일 필요가 있습니다. 그러기 위해서는 하나님에 대한 철저한 신뢰가 선행되어야 합니다. 하나님의 생각은 우리 생각과 다르고, 우리의 길은 하나님의 길과 다릅니다. 이러한 '다름'을 인정할 때, 하나님의 생각에 우리 생각을 조율할 때, 하나님의 길에 우리 길을 잇댈 때 우리는 조금씩 이전보다 나은 존재가 될 것입니다. 이런 기본 이해를 바탕에 깔고 오늘의 본문을 보았으면 좋겠습니다.

신앙은 투자가 아니다

전도서의 거의 말미에 나오는 본문 말씀은 조금 혼란스럽습니다. 특히 1, 2절이 그렇습니다.

> 돈이 있으면, 무역에 투자하여라. 여러 날 뒤에 너는 이윤을 남길 것이다. 이 세상에서 네가 무슨 재난을 만날지 모르니, 투자할 때에는 일곱이나 여덟로 나누어 하여라.(전도서 11:1-2)

'헛되고 헛되며…'라고 말하던 전도자의 말이라고는 믿어지지 않습니다. 무역 투자를 장려하고, 투자의 방법으로 분산 투자를 권고하고 있는 것 같습니다. 이 대목만 따로 떼어놓고 보면 자본주의의 교과서처럼 보입니다. 수수께끼 같아 이해하기 어려운 원문을 번역 자들은 해상 무역을 염두에 둔 가르침으로 본 것입니다. 원문의 의미를 풀어서 현대의 독자들이 알아듣기 쉽게 설명하려는 것까지는 좋았지만, 그 의미를 너무 좁게 한정한 것이 아닌가 싶습니다.

제 스승인 민영진 박사님이 들려주신 에피소드가 있습니다. 성서 공회의 총무로서 성서번역을 책임지고 있을 때였는데, 하루는 어떤 사람이 당신 방에 들어오더니 다짜고짜 전도서 11장 1절을 왜 그렇게 번역해 놓았느냐고 따지더랍니다. 그는 그렇게 의미를 협소하게 해놓은 번역을 도저히 받아들일 수 없다고 말했습니다. 그 당돌한 사람은 신학자인 동시에 정치학자이기도 한 제 벗 김민웅 박사였습니다. 김 박사는 지금도 그 번역이 적절하지 않다고 투덜거립니다.

개역개정판은 1절을 달리 번역하고 있습니다.

너는 네 떡을 물 위에 던져라 여러 날 후에 도로 찾으리라.(전도서 11:1)

교회 전통은 이것을 대가를 바라지 않고 하는 구제 혹은 봉사의 권고로 받아들여 왔습니다. '떡'은 삶에 꼭 필요한 것을 의미하는 은유로 볼 수 있습니다. '떡'은 그러니까 돈일 수도 있고, 시간일 수도 있고, 재능일 수도 있습니다. 지금 잠시 내게 머물고 있는 것을 나의 것으로 전유하지 말고 필요한 사람에게 주라는 말로 받아들여도 좋을 것 같습니다. 예수님도 비슷한 가르침을 주신 적이 있습니다.

그러므로 너희를 위하여 보물을 하늘에 쌓아 두어라. 거기에는 좀이 먹고 녹이 슬어서 망가지는 일이 없고, 도둑들이 뚫고 들어와서 훔쳐 가지도 못한다. 너의 보물이 있는 곳에, 너의 마음도 있을 것이다.(마태복음 6:20-21)

보물을 하늘에 쌓는다는 것은 정말로 필요한 사람에게 주는 것을 의미합니다. 이건 미래를 위한 투자가 아닙니다. 보상을 바라서 하는 행동도 아닙니다. 사회적 위신이나 존경을 얻기 위한 것도 아닙니다. 감사하다는 말을 듣기 위해서 하는 것도 아닙니다. 구제나 봉사는 물이 낮은 곳으로 흐르듯이 자연스러워야 합니다. 자기가 남에게 잘 해준 일을 치열하게 기억하는 분들이 계십니다. 그들은 가끔 그 기억을 소환해냄으로 적절한 감사를 표하지 않는 상대방의 무례함을 꾸짖습니다. 저는 그런 기억력은 불행한 기억력이라고 생각합니다. 남에게 잘 해 준 일은 가급적이면 잊는 게 좋습니다. 대신 다른 이들이 내게 잘 해 준 일은 꼭 기억해야 합니다.

우리가 남에게 주어야 하는 이유는 무엇일까요? 저는 아브라함 요수아 헤셸의 말에 깊이 공감합니다.

"절망을 피하는 유일한 길은 자신을 목적으로 세우는 대신에 '필요한 존재'가 되는 것이다. '행복'이란 '그가 필요하다는 사실의 확실성'이라고 풀이할 수 있을 것이다."(루스 카머스 굿힐 엮음,《헤셸의 슬기로운 말들》, 이현주 옮김, 한국기독교연구소, 27-28쪽)

지금 누군가는 나를 필요로 합니다. 구체적인 도움이 필요한 사람도 있고, 그냥 옆에 있어줄 사람이 필요한 사람도 있고, 마음의 지지를 보내주는 한 사람이 필요한 사람도 있습니다. 그들에게 우리의 시간, 정성, 물질, 사랑을 거저 주는 것을 하나님은 기꺼워하십니다.

오직 모를 뿐

삶은 유한합니다. 시간 속에서 우리는 안간힘을 쓰며 삶의 의미를 추구합니다. 하지만 인간은 영원을 사모하지만 일의 결국을 다 알 수 없는 존재입니다. 바람과 현실은 어긋나기 일쑤입니다. 그래서 우리는 속상해 하고, 슬퍼하고, 누군가를 원망합니다. '알 수 없음', 이게 우리의 한계입니다. 오늘의 짤막한 본문에서 몇 차례 반복되는 단어가 있습니다. '모른다' 혹은 '알지 못한다'가 그것입니다.

> 이 세상에서 네가 무슨 재난을 만날지 모르니(2절)
>
> 바람이 다니는 길을 네가 모르듯이 임신한 여자의 태에서 아이의 생명이 어떻게 시작되는지 네가 알 수 없듯이, 만물의 창조자 하나님이 하시는 일을 너는 알지 못한다.(5절)
>
> 이것이 잘 될지 저것이 잘 될지, 아니면 둘 다 잘 될지를, 알 수 없기 때문이다.(6절)

유발 하라리는 《호메 데우스》라는 책에서 호모 사피엔스의 극한에 도달한 인간이 거의 신적인 영역까지 넘보고 있는 현실을 우려

섞인 시선으로 바라보고 있습니다. 옛날에는 인간이 해결하거나 통제할 수 없었던 기아, 역병, 전쟁 등의 문제를 인류는 그럭저럭 해결하고 있고, 죽음의 문제 역시 완전히 인간의 통제 밖에 있는 것은 아닌 것처럼 보입니다. 인간은 못할 일이 없는 것처럼 보입니다. 그럼에도 불구하고 인간은 여전히 아는 것보다 모르는 것이 더 많습니다. 슈퍼컴퓨터로 아무리 계산해 보아도 기상 변화를 온전히 예측할 수 없고, 정치적 행위에 대한 사람들의 반응을 미리 알 수 없습니다. 하물며 하나님의 세계를 인간이 어찌 다 알 수 있겠습니까? 전도자는 바람이 다니는 길도 알 수 없고, 태중에서 생명이 자라는 이치도 알 수 없다고 말합니다.

유대인 철학자 마르틴 부버는 태아의 생명의 지평은 어머니라는 인간의 태내에만 국한할 수 없다면서, 유대인의 속담을 소개합니다.

"사람은 태 안에 있을 때 우주를 알고 탄생과 함께 이를 잊는다."(마르틴 부버,《나와 너》, 김천배 옮김, 대한기독교서회, 43쪽)

인간은 어머니를 통해서 오지만 그 궁극을 알 수 없는 신비라는 말일 겁니다. 그러나 탄생과 더불어 그 신비의 상당 부분을 잃어버립니다. 그 때문에 인간은 잃어버린 세계에 대한 그리움을 품고 삽니다. 살면서 우리가 절감하는 것은 삶이 우리 계획이나 예측대로 전개되지 않는다는 사실입니다. 오죽하면 '새옹지마'(塞翁之馬)의 고사가 나오겠습니까? 행운처럼 보이는 일이 불행의 단초가 될 때도 있고, 불행처럼 보이는 일이 행복의 전조일 때도 있습니다. 상식의 세계에서는 인과율이 작동하는 것처럼 보이지만, 인과율과 무관하게 작동되는 현실도 있습니다.

그러니 인간이 어떻게 하나님이 하시는 일을 다 알 수 있겠습니까? 하나님에 대해 다 아는 것처럼 말하는 사람은 오만에 빠진 영혼입니다. 하나님은 인간의 앎의 대상이 아닙니다. 우리는 오직 주의 이름을 부르고 찬양할 수 있을 뿐입니다. 때로는 하나님이 주신 이성의 능력으로 하나님의 뜻을 분별해야 합니다. 그리고 두렵고 떨리는 마음으로 하나님의 뜻을 여쭈어야 합니다. 하나님의 뜻이 무엇인지 분별하기 어려울 때도 있는 게 사실입니다. 흑백으로 재단할 수 없는 일이 허다합니다. 흑백논리는 단순하고 명쾌하지만 그만큼 폭력적이기도 합니다. 자기와 같지 않은 이들을 다 배제하니 말입니다. 삶은 참 모호합니다. 그래서 지혜가 필요합니다.

돌아가신 박정오 목사님은 '우리가 정말 하나님의 뜻을 몰라서 그대로 못 사는가?'를 물으신 후에, 사실 우리는 알면서도 그렇게 살고 싶지 않아서 하나님의 뜻을 여쭙는 때가 많다고 하셨습니다. 그러면서 이익이 걸린 문제에서 내가 손해 보는 쪽을 선택하는 것이 하나님의 뜻에 가깝다고 하셨습니다. 그게 객관적으로 옳다는 말이 아니라, 그런 선택을 하면서도 스스로 비참해지거나 피해의식에 사로잡히지 않을 수 있다면 하나님은 그 마음을 귀히 보시리라는 것이었습니다.

씨를 뿌리는 용기

선을 행해야 하는 시간은 언제입니까? 빵을 물에 던져야 할 적절한 시간은 언제일까요? 많은 이들이 이 '때'의 문제에 걸려 넘어집니다. '기회가 되면'이라든지, '조금만 형편이 나아지면' 좋은 일을 하고 싶다고 말하는 이들이 많습니다. 오늘 본문의 표현대로 '바람이 그치기를 기다리고', '구름이 걷히기를 기다리는' 게 우리 버릇입니다. 하지만 지금이야 말로 바로 좋은 때입니다. 시인 이정하는 〈바람 속을 걷는 법2〉라는 시에서 이렇게 노래합니다.

> "바람 불지 않으면 세상살이가 아니다. 그래, 산다는 것은 바람이 잠자기를 기다리는 게 아니라 그 부는 바람에 몸을 맡기는 것이다. 바람이 약해지기를 기다리는 게 아니라 그 바람 속을 헤쳐나가는 것이다."

산다는 것은 바람에 몸을 맡기는 것, 그 바람 속을 헤쳐나가는 것이랍니다. 바울 사도는 "보십시오, 지금이야말로 은혜의 때요, 지금이야말로 구원의 날입니다."(고린도후서 6:2b)라고 말했습니다. 믿는 이들은 지금 여기서 하나님의 임재를 드러내는 사람이 되어야 합니다. 아브라함 요수아 헤셸은 "인간의 영혼은 하나님의 촛불"이라고 말했습니다. 하나님은 인간을 통해 당신의 살아 계심을 이 땅에 드러내기를 원하십니다.

하나님은 지금도 쉼 없이 일하고 계십니다. 우리는 하나님의 지속적인 창조 덕분에 살아갑니다. 하나님이 계신지 안 계신지 모르겠다고 말하는 이들이 있습니다. 인간은 하나님의 뜻을 수행함을 통해 하나님의 일하심을 엿볼 수 있습니다. 일찍이 예수님은 "내 아버지께서 이제까지 일하고 계시니, 나도 일한다."(요한복음 5:17)고 말씀하셨습니다. 바울 사도는 "하나님은 여러분 안에서 활동하셔서, 여러분으로 하여금 하나님을 기쁘게 해 드릴 것을 염원하게 하시고 실천하게 하시는 분"(빌립보서 2:13)이라고 말합니다. 하나님의 뜻을 이루기 위해 우리의 욕망을 내려놓을 때, 자기 삶의 유한함을 인정하고, 다른 이들을 복되게 하기 위해 자기가 가진 모든 자원을 사용할 때 하늘 바람이 우리에게 불어옵니다. 그 바람은 자유이고 기쁨이고 평화입니다.

농부들이 한 해의 농사를 준비하는 이때 우리도 하나님 밭의 일꾼답게 사랑과 평화를 파종해야 합니다. 결과는 하나님께 맡기십시오. 당장 결실이 보이지 않는다고 낙심하지 마십시오. 테레사 수녀는 자신을 가리켜 하나님이 쓰시다 만 몽당연필이라 했습니다. 우리는 잠시 동안 그분의 일을 하다 가는 것입니다. 번듯하지는 못해도 중요한 것은 그분의 손에 들렸다는 데 있습니다. 우리도 그렇습니다. 하나님이 우리를 통해, 우리와 함께 구원사를 써 가시도록 우리를 주님께 맡겨야 합니다. 주님의 은혜로 우리 삶이 영원을 가리키는 이정표가 되기를 기원합니다.

아가

2장 8-17절

인생의 봄날

아, 사랑하는 임의 목소리! 저기 오는구나. 산을 넘고 언덕을 넘어서 달려오는구나. 사랑하는 나의 임은 노루처럼, 어린 사슴처럼 빠르구나. 벌써 우리 집 담 밖에 서서 창 틈으로 기웃거리며, 창살 틈으로 엿보는구나. 아, 사랑하는 이가 나에게 속삭이네. (남자) 나의 사랑 그대, 일어나오. 나의 어여쁜 그대, 어서 나오오. 겨울은 지나고, 비도 그치고, 비구름도 걷혔소. 꽃 피고 새들 노래하는 계절이 이 땅에 돌아왔소. 비둘기 우는 소리, 우리 땅에 들리오. 무화과나무에는 푸른 무화과가 열려 있고, 포도나무에는 활짝 핀 꽃이 향기를 내뿜고 있소. 일어나 나오오. 사랑하는 임이여! 나의 귀여운 그대, 어서 나오오. 바위 틈에 있는 나의 비둘기여, 낭떠러지 은밀한 곳에 숨은 나의 비둘기여, 그대의 모습, 그 사랑스런 모습을 보여 주오. 그대의 목소리, 그 고운 목소리를 들려 주오. "여우 떼를 좀 잡아 주오. 꽃이 한창인 우리 포도원을 망가뜨리는 새끼 여우 떼를 좀 잡아 주오." (여자) 임은 나의 것, 나는 임의 것. 임은 나리꽃 밭에서 양을 치네. 날이 저물고 그림자가 사라지기 전에, 나의 임이여, 노루처럼 빨리 돌아와 주세요. 베데르 산의 날랜 사슴처럼 빨리 오세요.

봄이 왔네, 봄이 와

춘분이 다가오면서 곳곳에서 봄소식이 들려옵니다. 지난 월요일 후배 몇 명과 도봉산을 찾았습니다. 기온이 높아지면서 쌓였던 눈이 녹아 산 초입은 매우 질척거렸습니다. 감성적인 후배 목사가 혼잣소리인 듯 말했습니다. "봄이 질척질척하게 오네요."

'질척질척'이라는 단어가 환기시키는 느낌이 봄에 퍽 어울린다는 생각을 했습니다. 겨우내 얼어붙었던 계곡에도 어느새 눈 녹은 물이 흥겹게 흐르고 있었습니다. 모처럼 듣는 물소리가 솔바람 소리처럼 들렸습니다. 짝을 찾는 새들의 노랫소리도 정겨웠습니다. 봄은 그처럼 소리를 통해 다가오고 있었습니다. 길가에 서 있는 나무들도 조금씩 물기가 배어들어 초록을 머금고 있었습니다. 한 그루씩 보면 아직 겨울인 것 같은데, 먼 곳을 바라보면 우듬지 끝에 번진 초록의 물결이 문지방을 넘고 있는 봄 신명을 나타내고 있었습니다. 봄은 이처럼 흥겨운 소리와 연한 초록빛으로 시작됩니다.

요즘 저는 날마다 교회 마당가에 심긴 쥐똥나무와 회양목을 살피고 있습니다. 언제쯤이면 새싹이 나올까 하고요. 그런데 엊그제 처음으로 쥐똥나무의 버들눈을 발견했습니다. 교육관 뒷문 쪽에 심겨진 산딸나무 아래에 있는 나무였습니다. '야, 너 살아 있었구나.' 마치 오랜만에 만난 친구인양 반가웠습니다. 지난 가을에 옮겨 심은 후 '과연 겨울을 잘 넘길 수 있을까?' 걱정이 많았는데, 모진 겨울 추위를 이기고 기어코 뿌리내리기에 성공한 나무를 축하해주고 싶었습니다. 이상하게도 올 봄은 예전에 비해 유달리 봄이 기다려집니다. 그래서 아직 꽃샘추위가 다 가시지 않았는데도 봄을 예찬하고 있는지도 모르겠습니다. 어느 분은 나이가 드는 증거라고 하시더군요. 나이가 들면 어떻습니까? 분주한 일상 속에서 봄이 오는지 가는지도 모르게 사는 것보다는 봄기운에 달뜨는 것이 더 낫지 않겠습니까?

사랑의 세레나데

봄은 사랑의 계절입니다. 땅 속에 갇혀 있던 생명들이 깨어나는 소리가, 진군의 북소리처럼 울려서인지 우리 심장의 박동도 빨라집니다. 심장병을 앓는 이들은 봄 숲에 들면 그 생명의 기운을 감당할 수 없어 숨이 가빠진다고 하더군요. 심장의 박동이 빨라지기 때문일까요? 봄은 사랑을 잉태하는 계절이기도 합니다. 그래서인지 왠지 누군가가 그리워집니다. 우리 민요 〈봄이로세〉는 임을 그리는 마음을 이렇게 노래합니다.

> "우리 고장 이 강산에 봄빛 따러 피어나고
> 방실방실 웃음을 웃고 하늘 하아늘 나뭇가지에
> 꽃바람이 불어오니 양춘 가절 좋을시고
> 홍안은 시절이 빛나시고 만화방창 욱어진디
> 임이 없어 한이로세."

2절에 가면 '봄이 온 줄도 모르고 소식마저 주지 않는 님'에 대한 탄식이 이어집니다. "시절은 다가오고 청춘은 다헌난디/안타까운 하소연을 어느 뉘라 알아주리." 그래요. 이 봄에 여러분 모두 사랑하는 님과 만나시기를 바랍니다.

오늘 우리는 성서에서 가장 아름다운 사랑노래를 듣고 있습니다. 술람미 여인(Shulammite woman)과 솔로몬 왕의 사랑 노래로 알려진 아가(雅歌)를 과연 성서로 인정해야 할 것인가로 논란이 많기는 하지만, 사랑이야말로 생명의 뿌리이고 본질임을 생각한다면 우리가 소중히 여겨야 할 책입니다. 게다가 사람들은 이 사랑의 찬가를 하나님과 그의 백성의 사랑 노래로 해석해왔습니다. 두 가지 가능성을 다 염두에 두고 보는 것이 좋겠습니다.

봄이 오자 멀리 떨어져 있던 젊은 연인들은 서로에 대한 그리움에 목이 마릅니다. 꽃이 피고, 짝을 찾는 멧비둘기의 울음소리가 들려오자, 젊은이는 일상의 굴레를 박차고 일어나 그리운 님을 향해 달려갑니다. 여인은 몸 전체가 귀가 되어 이제나저제나 님의 소리가 들려오기를 기다립니다. 그런데 꿈인지 생시인지 언덕을 넘어 숨차게 달려오는 님의 발자국 소리를 듣습니다. 여인의 숨결도 덩달아 가빠지고, 얼굴은 붉어집니다. 그리고 애인이 창밖에서 부르는 사랑의 세레나데를 듣습니다.

나의 사랑 그대, 일어나오. 나의 어여쁜 그대, 어서 나오오. 겨울은 지나고, 비도 그치고, 비구름도 걷혔소. 꽃 피고 새들 노래하는 계절이 이 땅에 돌아왔소. 비둘기 우는 소리, 우리 땅에 들리오. 무화과나무에는 푸른 무화과가 열려 있고, 포도나무에는 활짝 핀 꽃이 향기를 내뿜고 있소. 일어나 나오오. 사랑하는 임이여! 나의 귀여운 그대, 어서 나오오.(아가 2:10b-13)

행복과 전율이 온 몸을 관통합니다. 하지만 여인은 그 행복의 순간에서 깨어나기 싫은 듯 숨을 죽인 채 가만히 있습니다. 창 밖의 연인은 그래서 달콤한 목소리로 다시 노래합니다.

바위 틈에 있는 나의 비둘기여, 낭떠러지 은밀한 곳에 숨은 나의 비둘기여, 그대의 모습, 그 사랑스런 모습을 보여 주오. 그대의 목소리, 그 고운 목소리를 들려 주오.(아가 2:14)

여우 떼를 잡아주오

이제 더는 연인을 기다리게 할 수 없습니다. 벌떡 일어나 님에게로 달려가려는데, 어디선가 이런 소리가 들려옵니다.

여우 떼를 좀 잡아 주오. 꽃이 한창인 우리 포도원을 망가뜨리는 새끼 여우 떼를 좀 잡아 주오.(아가 2:15)

어쩌면 이것은 여인의 마음속에 일고 있던 두려움인지도 모릅니다. 혹시 아름다운 그들의 사랑을 방해하는 훼방꾼이 끼어 들지 않을까 두려운 것입니다. 사랑나무에 꽃이 피어 흥겨운데, 작은 여우가 숨어 들어와 그 사랑의 관계를 허물어뜨리지나 않을까 염려하는 것입니다. 사람과 사람 사이, 그리고 사람과 하나님 사이를 갈라 놓는 '작은 여우', 그것은 다양한 모습으로 우리에게 다가옵니다. 여우는 변신에 능하다고 하지 않던가요? 자존심 내세우기, 신뢰 상실, 이기심, 시기심, 무관심, 잘못된 욕망…. 이런 것들이 스며들기 시작하면 사랑의 관계는 미움과 원망의 관계로 변하기 쉽습니다. 포도원을 망치는 여우는 '님'이 아닌 다른 것에 우리 눈길을 돌리도록 만듭니다. 우리 영혼에 피어나는 아름다운 포도원을 망가뜨리는 여우를 잡아야 합니다. 아직 작을 때 말입니다. 여우를 잡는 방법은 알고 보면 참 쉽습니다. 오늘은 하나님과 우리 사이를 갈라놓는 작은 여우를 잡는 방법을 잠시 생각해보겠습니다.

먼저 님에게 마음을 집중해야 합니다. 님 아닌 다른 것에 마음을 팔아서는 안 됩니다. 곁눈질이 모든 관계상실의 뿌리입니다. 하나님과의 관계를 유지하기 위해서는 늘 주님 앞에서 살아가야 합니다. 작은 여우는 우리의 눈과 귀를 세상을 향하도록 유도합니다. 바울 사도는 '쉬지 말고 기도하라.'고 권고했습니다. 기도란 하나님의 마음이라는 거울 앞에 우리를 비추어 보는 것입니다. 여러분도 경험해 보셨지요? 우리가 신열에 들뜬 듯 뭔가에 사로잡혀 있을 때, 거울을 보면 마음이 다소 진정되는 것 말입니다. 기도란 그러니까 하나님의 마음에 자신을 비추어보면서 삶의 템포와 방향을 조절하는 것입니다. 기도하지 않는 영혼에는 여우가 깃들만한 잡풀이 우거질 수밖에 없습니다.

다음으로 중요한 것은 '님'의 말씀을 늘 되새김질하며 사는 것입니다.

복 있는 사람은 악인의 꾀를 따르지 아니하며 죄인의 길에 서지 아니하며, 오만한 자의 자리에 앉지 아니하며, 오로지 주님의 율법을 즐거워하며, 밤낮으로 율법을 묵상하는 사람이다.(시편 1:1-2)

말씀을 묵상하고, 그 말씀대로 살려는 사람에게 여우의 잔꾀는 그야말로 잔꾀로 보입니다. 예수님이 우리를 당신의 '말씀'에게 맡기고 가신 까닭이 여기에 있습니다. 우리가 만일 삼 시 세 때 밥을 먹는 것처럼 하루에 세 말씀만이라도 잘 씹어 먹고, 그 말씀대로 살려고 애를 쓴다면 우리 삶은 분명히 달라질 겁니다.

또 하나님이 만드신 세상을 찬찬히 바라보아야 합니다. 새 한 마리, 꽃 한 송이 속에서 약동하고 있는 하나님의 생명을 느껴야 합니다. 숨 가쁘게 달려가던 발걸음을 멈추고 세상의 생명들이 나직이 고동치는 소리에 귀를 기울여야 합니다. 돋아나는 어린 싹에 비치는 햇살, 폴짝거리는 참새들, 축복을 내리는 손처럼 흔들리는 나뭇가지를 보아야 합니다. 자연이라는 경전을 제대로 읽어야 우리 영혼을 피폐하게 만드는 '어린 여우'를 잡을 수 있습니다.

아름다운 관계의 회복

우리가 기도와 말씀에 대한 묵상으로, 그리고 자연이라는 경전 읽기를 통해 작은 여우를 잡고 나면 우리는 비로소 술람미 여인처럼 고백할 수 있습니다.

임은 나의 것, 나는 임의 것. 임은 나리꽃 밭에서 양을 치네.(아가 2:16)

이제 임의 기쁨은 나의 기쁨이 되고, 나의 기쁨은 임의 기쁨이 됩니다. 임의 아픔은 나의 아픔이 되고, 나의 아픔은 임의 아픔이 됩니다. 사랑의 가장 깊은 차원은 바로 이 일치감을 경험하는 데서 열립니다. 하나님과의 틈 없는 일치를 경험하신 예수님은 "나의 것은 모두 아버지의 것이고, 아버지의 것은 모두 나의 것입니다."(요한복음 17:10)라고 고백했습니다. 얼마나 놀라운 고백입니까?

봄이 다가옵니다. 하지만 "이 산 저 산 꽃이 피니 분명코 봄이로구나. 봄은 찾어 왔건마는 세상사 쓸쓸허드라." 하는 우리 단가 〈사철가〉의 노랫말처럼 우리 인생의 봄은 아직 오지 않은지도 모릅니다. 우리가 감격을 잃어버리고, 티없는 기쁨을 누리지 못하고 있다면 아직도 우리 영혼에는 봄이 오지 않은 것입니다. 임을 만나야 합니다. 임을 만날 기대와 소망과 애태움이 우리 속에 있어야 합니다. 우리는 술람미 여인처럼 임을 애타게 기다립니다.

날이 저물고 그림자가 사라지기 전에, 나의 임이여, 노루처럼 빨리 돌아와 주세요.(아가 2:17)

하나님에 대한 근원적인 그리움을 가지고, 포도원을 허는 작은 여우를 잡아내면서, 사랑을 안고 달려오시는 하나님을 애타게 기다린다면, 우리는 인생의 봄날을 맞이할 것입니다. 괜히 기쁘고, 누구를 대하든 사랑의 마음으로 대하게 될 것입니다. 이 봄에 하나님과의 깊은 사귐 속에서 살아있음의 기쁨을 만끽하시기를 기원합니다.

이사야

35장 1-4절
사막에서 꽃을 피우는 사람들

광야와 메마른 땅이 기뻐하며, 사막이 백합화처럼 피어 즐거워할 것이다. 사막은 꽃이 무성하게 피어, 크게 기뻐하며, 즐겁게 소리 칠 것이다. 레바논의 영광과 갈멜과 샤론의 영화가, 사막에서 꽃 피며, 사람들이 주님의 영광을 보며, 우리 하나님의 영화를 볼 것이다. 너희는 맥풀린 손이 힘을 쓰게 하여라. 떨리는 무릎을 굳세게 하여라. 두려워하는 사람을 격려하여라. "굳세어라. 두려워하지 말아라. 너희의 하나님께서 복수하러 오신다. 하나님께서 보복하러 오신다. 너희를 구원하여 주신다." 하고 말하여라.

코로나19 이후의 세계

주님의 은총과 평화가 우리 가운데 함께 하시기를 빕니다. 부활절 후 첫 번째 주일입니다. 한 주간도 부활의 몸으로 사셨는지요? 코로나19 사태 속에서 치른 총선도 끝이 났습니다. 결과를 두고 잘 됐다고 하는 이도 있고, 걱정스럽다고 말하는 이도 있습니다. 어떠하든지 이제는 뽑힌 이들이 국민들 앞에서 한 약속을 잘 지키도록 감시하고 도와야 할 때입니다. 역사를 정의의 방향으로 이끌어야 하는 기독교인들의 책임이 무거운 때입니다.

주전 8세기의 예언자인 이사야는 하나님을 등진 백성에게 닥쳐 올 재앙을 무섭게 예고합니다. 정의와 공의를 저버린 삶을 하나님 은 심판하실 것이고, 그들은 결국 파국을 맞게 될 것이라는 것이었 습니다. 예언자의 언어는 머뭇거림이 없습니다. 가차없습니다. 하 지만 그것으로 끝은 아닙니다. 심판은 늘 회복의 약속을 내포하기 때문입니다. 이사야는 하나님으로부터 시작되는 새로운 희망을 제 시합니다. 그는 하나님께서 당신의 뜻대로 통치할 이들을 일으켜 세우실 것이라고 말합니다. 이사야는 공의와 정의로 다스릴 그들 을 다양한 이미지로 표현합니다. '광풍을 피하는 곳', '폭우를 막는 곳', '메마른 땅에서 흐르는 냇물', '사막에 있는 큰 바위 그늘'(이사야 32:1-2). 우리가 선출한 모든 이들이 이러하기를 빕니다.

이사야는 공의로 다스릴 통치자들의 덕성을 몇 가지 밝히고 있습 니다. 그들은 눈이 밝고, 백성의 요구에 귀를 기울입니다. 그들은 경 솔하지 않고, 사려 깊게 행동합니다. 그러면서도 해야 할 말은 분명 하게 합니다.(이사야 32:3-4) 그때나 지금이나 이런 사람들이 절실하 게 필요합니다. 코로나19 이후, 세계는 다시는 이전의 세계로 돌아 갈 수 없다는 전망이 우세합니다. 마음껏 소비와 향락을 즐기고, 하 고 싶은 일을 다하며 살던 세상은 지나갔습니다. 잔치는 끝이 났습 니다. 지금은 잔치 이후를 대비해야 할 때입니다. 흥겨운 잔치가 끝 나 사람들이 다 돌아가고 나면 집 주인은 뒷정리를 해야 합니다. 수 북이 쌓인 그릇들을 말끔히 닦아 제자리에 넣고, 어지럽혀진 집을 정돈하고, 환기를 시켜야 합니다. 지금은 바로 잔치 이후의 상황입니다. 우리가 살아온 날들을 돌아보며 새로운 삶을 모색해야 합니다. 절제되어 있으면서도 다른 이들과 더 긴밀히 소통하는 삶, 경탄하고 감사하고 기뻐하는 삶의 방식으로 개종해야 할 때입니다.

광야 같은 세상이지만

이사야는 이러니저러니 해도 하나님이 세상을 통치하신다는 사실을 잊지말라고 말합니다. 하나님은 인간이 만들어낸 무질서와 혼돈에 진노하시지만, 그래서 심판의 불을 보내시지만, 희망의 씨를 남겨놓으시는 분이십니다. 석과불식(碩果不食)이라는 말이 있습니다. '석과'란 종자가 되는 과실을 가리키는 말입니다. 농부는 아무리 배가 고파도 이듬해 농사를 위해 여뤄두었던 씨앗까지 먹어치우지 않습니다. 이게 생명을 이어간 비결입니다. 하나님의 역사 섭리 또한 그러합니다. 예언자는 앞서 보는 사람입니다. 하나님의 눈으로 역사를 주석하는 사람입니다. 그래서 그는 풍요 속에 깃든 파멸도 보지만, 절망 속에서 희망을 보고, 메마른 광야에서 피어날 꽃들을 바라봅니다. 작년 4월에 미국 샌디에고에 갔을 때, 숙소에 짐을 풀자마자 거기 목사님이 저를 데려간 곳은 시내에서 근 두 시간 거리에 있는 광야였습니다. 굳이 광야로 데려가신 까닭은 그곳에 황홀하게 피어난 꽃들을 보여주고 싶으셨기 때문입니다. 안타깝게도 이미 많은 꽃들이 시들어버린 때였지만, 그래도 그 척박한 광야를 가득 채웠던 꽃의 흔적을 보는 것만으로도 마음이 흔연해졌습니다.

광야와 메마른 땅이 기뻐하며, 사막이 백합화처럼 피어 즐거워할 것
이다. 사막은 꽃이 무성하게 피어, 크게 기뻐하며, 즐겁게 소리칠 것
이다. 레바논의 영광과 갈멜과 샤론의 영화가, 사막에서 꽃 피며, 사
람들이 주님의 영광을 보며, 우리 하나님의 영화를 볼 것이다.(이사야
35:1-2)

물론 이것은 메마른 땅에 피어날 자연의 기적을 노래하기 위한
것이 아니라, 광야와 같은 현실, 사막과 같은 현실 속에서 지속될 하
나님의 은총을 이렇게 구상적으로 표현한 것으로 보아야 합니다.
예언자의 이런 비전은 가만히 있어도 그렇게 될 것이라는 낭만적
낙관론이 아니라, 하나님이 주신 가능성을 가지고 그런 세상을 만
들라는 일종의 명령이 아닐까요? 광야의 메마른 땅에 꽃을 피워내
는 삶, 그곳에 씨앗이나 묘목을 심고 물을 주어 가꾸는 끈질긴 노력
없이 이런 세상이 도래하기를 기대하는 것은 어리석은 일입니다.
　광야는 누구나 강인해지지 않으면 살아남을 수 없는 곳입니다.
광야는 편리와 풍요로움을 포기해야 하는 자리입니다. 광야 혹은
사막 하면 생각나는 동물이 낙타입니다. 낙타는 몇 백 킬로그램의
짐을 지고 며칠씩 물도 없는 사막을 걸어갑니다. 몽골에 갔을 때 낙
타를 타 본 적이 있습니다. 낙타는 사막을 걷다가도 듬성듬성 나 있
는 사막 지표 식물들을 만날 때마다 멈춰 서서 그 풀을 뜯어먹곤 했
습니다. 혀로 풀을 감아 뜯는 소리가 마치 낫으로 풀을 베는 것처럼
경쾌하게 들리기까지 했습니다. 낙타 등에서 내려 그 풀을 뜯어보
려다가 하마터면 손을 벨 뻔했습니다. 어쩌나 뻣뻣하고 질긴지 제

힘으로 뜯기가 힘들었습니다. 그런 풀을 낙타는 맛있게 먹었습니다. 광야에서 살아남기 위해서는 그런 강인함이 필요한 것인지도 모르겠습니다.

우리 마음의 별자리

황지우 시인은 《나는 너다》라는 시집에 나오는 시 〈503〉도 낙타 이야기가 나옵니다. "새벽은 밤을 꼬박 지샌 자에게만 온다."면서 시인은 낙타를 향해 모래 박힌 눈으로 동트는 지평선을 바라보라고 말합니다. 바람에 떠밀려 오는 새날을 보자는 것입니다. '새날'은 저절로 오는 게 아니라 바람에 떠밀려 옵니다. 그런데 시인은 낙타에게 '일어나 또 가자.'고 말합니다. 길이 있는 것도 아닙니다. 사람들이 걸어갔던 자취는 이미 모래 바람이 지운 지 오래입니다. 시인은 자기 수중에는 '칼'도 '경(經)'도 없다고 말합니다. 자기를 보호할 것도 하나 없고, 길을 가르쳐주는 지침조차 없습니다. 암담합니다. 그래도 앞으로 가야 합니다. 이 시에서 가장 놀라운 구절은 그 다음입니다. "길은, 가면 뒤에 있다." 시인은 '길은,'이라고 말한 후에 행을 바꾸어 '가면 뒤에 있다.'고 노래합니다. 분명한 길은 없습니다. 그렇기에 망설일 수밖에 없습니다. 하지만 그래도 가야 합니다. 한 걸음 한 걸음 걷다보면 우리가 걸은 그 자리가 길이 됩니다.

코로나19 이후의 세계가 어떠할지 예측하기 매우 어렵습니다. 사회, 정치, 경제, 문화, 교육, 종교, 어느 것 하나 전망이 분명하지 않습니다. 분명한 것은 쉽지 않을 거라는 사실입니다. 우리는 새로운 길을 만들며 앞으로 나아가야 합니다. 서두를 것 없습니다. 낙타 걸음으로 걸으면 됩니다. 다시 시인에 기대어 말해 봅니다. 시인은 "단 한 걸음도 생략할 수 없는 걸음으로/그러나 너와 나는 구만리 청천(九萬里 靑天)으로 걸어가고 있다."고 노래합니다. 단 한 걸음도 생략할 수 없습니다. 우리 인생을 누군가가 대신 살아주지 않습니다. 이것은 우리 시대의 싸움입니다. 새로운 세상과 질서를 만들어야 합니다. 외로운 싸움입니다. 하지만 외롭다고 투덜거릴 것 없습니다. 넘어지거나 지치지 않기 위해서라도 지금 곁에 있는 이들과 연대해야 합니다.

시인은 낙타에게 말합니다. "나는 너니까./우리는 自己야." 그리스도의 꿈을 가슴에 품은 이들이 세상 도처에 있습니다. '산고수장(山高水長) 도처유청산(到處有靑山)'이라지 않습니까. 산은 높고 물은 유장하게 흐릅니다. 우리가 가는 곳 어디에나 푸른 산이 있습니다. 하나님의 꿈을 이루기 위해 뚜벅뚜벅 걸어가는 이들이 있습니다. 무신론적 과학자들이 뭐라 하건, 지혜를 자랑하는 인문학자들이 뭐라 하건, 그 아름다운 세상의 꿈을 이루기 위해 헌신하고 땀 흘리는 '자기들'이 있습니다. 황지우 시인은 길을 걷다가 마침내 이런 고백에 이릅니다. '우리 마음의 지도(地圖) 속의 별자리가' 우리를 이끌고 있다는 것입니다. 우리 마음의 지도 속의 별자리가 흐려지지는 않았는지요? 우리가 바라보는 별자리는 주님이 보여주신 하나님 나라의 꿈입니다. 이 꿈이 우리를 이끌고 있습니다.

예수님은 하나님 나라라는 별자리를 향해 한 순간도 쉬지 않고 걸으셨습니다. 히브리서 기자는 그 별자리를 따라 걷는 사람들을 가리켜 '장차 올 도시를 찾고' 있는 이들이라고 말합니다.(히브리서

13:14) 게오르그 루카치는 "별이 빛나는 창공을 보고, 갈 수가 있고 또 가야만 하는 길의 지도를 읽을 수 있던 시대는 얼마나 행복했던 가? 그리고 별빛이 그 길을 훤히 밝혀 주던 시대는 얼마나 행복했던 가?"라고 말했습니다. 우리는 빛나는 샛별이신(요한계시록 22:16) 예수를 바라보며 걷는 사람들입니다. 우리가 걷는 곳마다 그리스도의 꽃이 피어나야 합니다. 민들레 홀씨가 바람을 타고 날다가 떨어지는 곳 어디에서나 꽃을 피우듯 우리도 그러해야 합니다. 여건을 탓하지 말고, 있는 그 자리를 소명의 자리로 여기며 살아야 합니다.

그대가 있어 내가 있다

사막에서 꽃을 피우는 사람들이 있어 우리는 하나님의 영화를 봅니다. 이제 우리도 힘을 낼 때입니다.

> 너희는 맥풀린 손이 힘을 쓰게 하여라. 떨리는 무릎을 굳세게 하여라.(이사야 35:3)

지금은 투덜거림을 멈추고 씨앗을 뿌릴 때입니다. 무릎을 굳세게 하여 몸을 일으켜야 합니다. 작은 일부터 시작하십시오. 주위 사람들에게 건네는 친절한 말 한 마디, 다정한 미소도 세상을 아름답게 만드는데 매우 유용합니다. 천천히 가도 지향만 분명하면 됩니다. 속도가 아니라 방향이 중요합니다.

생명을 살리려는 이들은 용납하고 인내하는 사랑으로 무장해야 합니다. 서로의 속도를 인정해 줄 수 있어야 합니다. 출애굽 공동체는 구름 기둥과 불기둥이 움직일 때만 행군했습니다. 급하다 하여 서둘러도 안 됐고, 쉬고 싶다 하여 머물 수도 없었습니다. 하나님의 때에 따라야 합니다. 힘 있는 이들은 연약한 이들의 짐을 나눠지고 걸으면 됩니다. 그것이 사랑의 연대입니다. 더디다 하여 부끄러워하지 않고, 빠르다 하여 으스대지 않는 것, 바로 그것이 하나님 나라의 질서입니다. 두려워하는 사람을 격려하고 하나님이 함께 하신다는 사실을 일깨워주는 사람이야말로 새 시대에 꼭 필요한 이들입니다.

교회는 바로 이런 이들의 모임이어야 합니다. 비록 지금은 함께 모여 손을 잡고 사랑의 교제를 나누지 못하지만, 세상 곳곳에 흩어져 나가 생명과 평화의 씨를 뿌리는 이들이 있음을 알기에 우리는 외로움 속에서도 희망을 품습니다. '그대가 있어 내가 있습니다.' 광야에 물이 솟고, 말을 못하던 혀가 노래를 부르는 세상, 우리가 길 없는 곳에서 함께 걸었던 자리가 누군가의 길이 되는 세상이 저만치 다가오고 있습니다. 이 아름다운 소망을 가슴에 품고 오늘도 내일도 하나님의 일에 힘쓰시기를 빕니다.

예레미야

6장 16-21절

가던 길을 멈추고 살펴보라

"나 주가 말한다. 나는 너희에게 일렀다. 가던 길을 멈추어서 살펴보고, 옛길이 어딘지, 가장 좋은 길이 어딘지 물어 보고, 그 길로 가라고 하였다. 그러면 너희의 영혼이 평안히 쉴 곳을 찾을 것이라고 하였다. 그런데도 너희는 여전히 그 길로는 가지 않겠다고 하였다. 나는 또 너희를 지키려고 파수꾼들을 세워 놓고, 나팔 소리가 나거든 귀담아 들으라고 가르쳐 주었으나, 너희는 귀담아 듣지 않겠다고 하였다." "뭇 민족아, 들어라. 온 회중아, 똑똑히 알아 두어라. 내 백성에게 어떤 일이 일어날지를 보아라. 땅아, 너도 들어라. 내가 지금 이 백성에게 재앙을 내린다. 그들이 이처럼 사악한 생각을 하였으니, 이것은 그들이 받아 마땅한 벌이다. 그들이 나의 말을 귀담아 듣지 않으며, 나의 율법도 무시하였기 때문이다." "스바에서 들여 오는 향과 먼 땅에서 가져 오는 향료가, 나에게 무슨 소용이 있느냐? 너희가 바치는 온갖 번제물도 싫고, 온갖 희생제물도 마음에 들지 않는다." "그러므로 나 주가 말한다. 내가 이 백성 앞에 걸림돌들을 숨겨 놓아서, 모두 돌에 걸려 넘어지게 하겠다. 아버지와 아들이 다 함

예레미야   303

께 넘어지고, 이웃과 그 친구가 다 함께 멸망할 것이다."

마지못해 나선 반역자

주님의 은총과 평화가 우리 가운데 임하시기를 빕니다. 10월의 마지막 날이고, 위드 코로나라고 명명되는 단계적 완화조치 바로 전날이기도 합니다. 마르틴 루터의 종교개혁 기념일이기도 합니다. 벌써 504년이 되었습니다. 종교개혁 500주년을 기념하는 행사가 곳곳에서 벌어졌고, 열정에 넘치는 한국교인들은 루터와 관련된 도시들(Lutherstadt)로 달려가 그날을 기리던 것이 엊그제 같습니다. 그때로부터 벌써 4년이 흘렀습니다. 홍해가 갈라지듯 어떤 단절적인 변화를 기대하지는 않았지만, 개혁 열풍은 후텁지근한 바람에 지나지 않았고 한국 교회의 나쁜 관행은 그대로 유지되고 있습니다. 주님의 무서운 말씀이 떠오릅니다.

> 노아가 방주에 들어가는 날까지, 사람들은 먹고 마시고 장가가고 시집가고 하였는데, 마침내 홍수가 나서, 그들을 모두 멸망시켰다.(누가복음 17:27)

새로움 혹은 개혁은 언제나 저항에 직면하게 마련입니다. 그건 아픔을 동반하기 때문입니다. 새는 알을 깨는 아픔을 겪어야 하늘을 날 수 있습니다.

성경은 온통 떠남의 이야기로 가득 차 있습니다. 아담과 하와는 에덴에서 쫓겨났습니다. 아브라함, 이삭, 야곱, 요셉은 늘 낯선 세계 속으로 들어가야 했습니다. 애굽에서 살던 히브리인들 또한 그러했습니다. 가나안에 이르기 위해 광야로 들어가야 했습니다. 그 단조롭고 불편하고 막막하고 두려운 장소에서 그들은 "이집트 땅 거기 고기 가마 곁에 앉아 배불리 음식을 먹던 그때"(출애굽기 16:3)에 죽었더라면 더 좋았을 거라고 투덜거렸습니다. 어떤 순간 열정에 불타올라 변화를 시도했다가도 이내 환멸에 빠져버리는 이들이 많습니다. 변화는 한 순간에 이루어지지 않습니다. 끈질기게 관행과 싸워야 하기 때문입니다. 그 과정은 힘겹고 지루합니다. 그것을 견딜 힘이 없을 때 사람들은 이내 권태에 빠집니다. 변화가 혁명보다 어렵다고 말하는 것은 그 때문입니다.

하나님의 부르심을 받은 사람들을 생각해 보십시오. 하나님이 부르셨을 때 사람들은 다 주저했습니다. 모세도 그렇고 기드온도 그렇고 예레미야도 마찬가지입니다. 하나님의 일꾼으로 부르심을 받는다는 것은 영광스러운 일이지만, 그것은 동시에 두려운 일입니다. 자기 삶의 주도권을 하나님께 넘겨 드리는 일이기 때문입니다. 디베랴 바닷가에서 베드로에게 하신 주님의 말씀이 특별한 부르심 앞에 선 이들의 운명을 잘 보여줍니다.

네가 젊어서는 스스로 띠를 띠고 네가 가고 싶은 곳을 다녔으나, 네가 늙어서는 남들이 네 팔을 벌릴 것이고, 너를 묶어서 네가 바라지 않는 곳으로 너를 끌고 갈 것이다.(요한복음 21:18)

예레미야는 하나님의 말씀을 전파하다가 겪은 온갖 시련을 떠올리며 하나님께 원망의 말을 던집니다.

주님, 주님께서 나를 속이셨으므로, 내가 주님께 속았습니다. 주님께서는 나보다 더 강하셔서 나를 이기셨으므로, 내가 조롱거리가 되니, 사람들이 날마다 나를 조롱합니다.(예레미야 20:7)

오죽하면 이런 탄식을 하겠습니까? 사람들은 하나님의 말씀을 '부담이 되는 말씀'(예레미야 23:33)이라고 말합니다. 자기들을 불편하게 하는 말씀이기 때문입니다. 자기 속으로 구부러진 존재인 우리는 욕망을 따라 살고 싶어하지만 하나님은 그래서는 안 된다고 말씀하십니다. 늘 이웃들을 배려하며 살라 하십니다. 사람들이 듣고 싶은 말을 하는 것은 쉽습니다. 그러나 듣기 싫어하는 말을 하기란 여간 어려운 것이 아닙니다. 그래서 하나님의 부르심을 받은 이들은 마지못해 그 일을 받아들였습니다. '마지못해 소명을 받아들인 예언자'(reluctant prophet)라는 말은 불경한 듯하지만 정직한 말입니다.

다시 생각하기

타락한 중세 가톨릭교회의 실상을 폭로했던 마르틴 루터를 보고 사람들은 '주님의 포도밭을 허무는 멧돼지'라고 비난했습니다. 루터가 분란을 일으켜 사회통합을 깨치고 있다는 것이었습니다. 그는 보름스에서 열린 제국 의회에 소환되었고, 그곳에서 지금까지의 발언과 신학적 입장을 철회하라는 명령을 받습니다. 거절할 경우 목숨을 부지하기 어려운 상황이었습니다. 고민에 빠진 루터는 며칠간의 말미를 달라고 했습니다. 전전반측(輾轉反側)하며 번민하던 그는 마침내 의회 앞에 나와 이렇게 말했습니다.

"저의 양심은 하나님의 말씀에 사로잡혀 있습니다. 저는 아무것도 취소할 수 없고 하지도 않겠습니다. 왜냐하면 양심에 어긋난 행동을 한다는 것은 옳지 않을 뿐 아니라 안전하지도 않기 때문입니다. ('여기 제가 확고부동하게 서 있습니다. 저는 달리 어찌할 도리가 없습니다.') 하나님이여, 이 몸을 도우소서. 아멘."

이 말을 함으로 루터는 생과 사의 경계를 넘어섰습니다. 그는 더 이상 자기 행동이 안전한지, 그것이 이익이 되는지를 물으며 행동하는 사람이 아니었습니다. 오직 하나님의 말씀에 매인 사람이 되어 살 수밖에 없었습니다. 오류가 없는 사람이었다는 말이 아닙니다. 그도 사는 동안 수많은 오류를 범하며 살았습니다. 어떤 사람도 모든 시대에 통용될 수 있는 영원의 철학을 가지고 살 수 없습니다. 자기도 오류를 범할 수 있다는 사실을 인정하는 것이 계몽된 사람의 특색입니다.

롤런드 베인턴은 미국에서 공산주의를 색출하는 맥카시 선풍이 불던 시기에 《마르틴 루터》라는 기념비적인 책을 썼습니다. 맥카시 선풍은 나는 옳고 너는 그르다는 근본주의적 신념을 바탕으로 하여 나타난 현상입니다. 롤런드는 그 책에서 마르틴 루터가 그의 마음을 끈 것이 두 가지라고 말합니다. 하나는 루터가 이성과 양심의 이름으로 교회와 국가에 도전한 일입니다. 다른 하나는 그가 자신의 입장을 밝힌 다음에도 그것을 얼마든지 다시 생각해 보려 했다는 점을 들고 있습니다. 결단을 요하는 순간에는 단호한 입장을 취하면서도 그 문제를 전적으로 재검토해서 자신이 납득하도록 했다는 것입니다. 이것이 성숙한 사람의 태도가 아닐까요? 과도한 자기 확신에 사로잡힌 사람은 참 위험한 사람입니다. 그들은 제동장치가 작동하지 않는 기차와 같습니다.

멈추어 서야 할 때

하나님의 마음에서 멀어진 채 자기 좋을 대로 살던 백성들에게 하나님이 말씀하십니다.

> 나 주가 말한다. 나는 너희에게 일렀다. 가던 길을 멈추어서 살펴보고, 옛길이 어딘지, 가장 좋은 길이 어딘지 물어 보고, 그 길로 가라고 하였다.(예레미야 6:16a)

멈출 줄 모르는 것이 삶의 병통입니다. 멈추는 순간 누군가 나를 추월하여 갈지 모른다는 강박관념 때문에 우리는 지쳤으면서도 내처 달려갑니다. 육상 경기라면 그게 맞을지 몰라도 삶의 여정에 관련된 문제라면 상황이 다릅니다. 히브리의 지혜자인 코헬렛은 "빠르다고 해서 달리기에서 이기는 것은 아니며, 용사라고 해서 전쟁에서 이기는 것도 아니더라."(전도서 9:11a)고 말했습니다.

빠르기보다 더 중요한 것은 방향입니다. 지향을 잃어버리면 빠름은 오히려 독이 됩니다. 높은 산에 올라가 본 적이 있는 이들은 다 압니다. 멀리서 바라보면 오르려는 산봉우리가 뚜렷하게 보이지만, 계곡에 들어서면 정상이 시야에서 사라지곤 합니다. 낮은 봉우리가 시선을 차단하기 때문입니다. 그렇기에 가끔은 멈춰 서서 방향을 가늠해야 합니다. 지도와 나침반이 아주 유용합니다. 인생의 과정 또한 똑같습니다. 가던 길을 멈추어서 잘 살펴보고, 가장 좋은 길이 어딘지 묻고 또 물어야 합니다. 우리가 예배를 드리는 것은 하나님께 마땅히 걸어야 할 길을 여쭈어보는 반복적 과정입니다. 그러나 사람들은 하나님이 가리키시는 방향을 내다보면서도 그 길을 걸으려 하지 않습니다. 다른 길이 그 길보다 더 매력적으로 보이기 때문입니다.

하나님은 파수꾼을 세워 경고의 나팔을 울리도록 하셨습니다. 그러나 사람들은 그 소리조차 무시했습니다. 그 소리를 귀담아 들으라 이르셨지만 '귀담아 듣지 않겠다.'고 작정한 것입니다. 그 소리를 무시한 것은 자기 욕망을 거스르는 소리였기 때문입니다. 그런 이들이 드러내는 삶의 모습을 예레미야는 적나라하게 폭로합니다.

힘 있는 자든 힘 없는 자든, 모두가 자기 잇속만을 채우며, 사기를 쳐서 재산을 모았다. 예언자와 제사장까지도 모두 한결같이 백성을 속였다. 백성이 상처를 입어 앓고 있을 때에, '괜찮다! 괜찮다!' 하고 말하지만, 괜찮기는 어디가 괜찮으냐?(예레미야 6:13-14)

하나님의 말씀도 귀담아 듣지 않고 율법도 무시하는 이들을 기다리고 있는 것은 재앙입니다. 하나님은 선민이라는 자부심을 품고 살면서도 한사코 하나님의 뜻을 밀쳐내는 이들을 벌하십니다. 하나님은 스바에서 들여 오는 향이나 먼 땅에서 가져 오는 향료에 마음을 빼앗기지 않으십니다. 사람들이 바치는 번제물이나 온갖 희생제물을 싫어하십니다. 저는 말라기를 통해 주시는 말씀을 두려움으로 떠올리곤 합니다.

> 너희 가운데서라도 누가 성전 문을 닫아 걸어서, 너희들이 내 제단에 헛된 불을 피우지 못하게 하면 좋겠다! 나는 너희들이 싫다. 나 만군의 주가 말한다. 너희가 바치는 제물도 이제 나는 받지 않겠다.(말라기 1:10)

종교가 타락할 때 악취가 납니다. 코로나19 이후 시대의 교회에 대한 논의가 활발합니다. 교회를 회복하는 일도 중요하지만, 교회가 그리스도의 몸이라는 근본적 사실을 잊지 않는 게 더 중요합니다. 코로나19는 하나님께서 우리 앞에 밝히신 멈춤 신호라는 생각이 들 때가 많습니다. 비탈길을 내리달리는 돼지떼처럼 몰락을 향해 질주하는 인간 문명에 대한 멈춤 신호인 동시에 십자가정신을 잃어버린 채 자본주의 세상에 동화되어버린 것처럼 보이는 교회에 대한 멈춤 신호 말입니다. 지금은 정말 질주를 멈추고 깊이 성찰하고, 가장 좋은 길이 어딘지를 여쭤보고 단호하게 그 길을 택해야 할 때입니다. 이 기회마저 놓친다면 하나님께서 촛대를 영원히 옮기실지도(요한계시록 2:5b) 모르겠습니다.

예수의 새로움

종교개혁주일을 맞으면서 저는 예수님이야말로 진정한 개혁자라는 생각을 했습니다. 주님은 경직된 율법주의가 사람들의 삶을 옭죄고 있던 상황 속에서 하나님의 마음과 접속된 채 산다는 것이 무엇인지를 삶으로 보여주셨습니다. 거룩함이라는 척도를 가지고 사람들을 가르고 차별하는 종교인들의 위선을 꾸짖으셨고, 자비의 눈으로 이웃을 바라보셨습니다. 옳고 그름의 척도를 가지고 사람들을 평가하는 대신, 사람들이 겪고 있는 아픔 속으로 풍덩 뛰어드셨고, 그들이 생명의 기쁨을 누리며 살 수 있도록 도우셨습니다. 예수님의 삶은 아낌, 존중, 돌봄, 사랑이라는 말로 요약될 수 있습니다. 이마음이 우리 행동과 말 속에서 묻어난다면 우리는 그리스도에 잇댄 존재라 할 수 있습니다. 이 마음이 없다면 교회 직분이 무엇이든, 교회에 다닌 세월이 얼마이든 우리는 그리스도와 무관한 존재라 할수 있습니다.

신앙의 깊어짐이란 옛 사람이 죽고 새로운 존재로 거듭나는 것입니다. 제도로서의 종교를 개혁하는 일은 물론 중요하지만 우리들 각자의 지향과 마음이 바뀌지 않는다면 무슨 소용이겠습니까? 히브리서는 예수님을 가리켜 멜기세덱의 계통을 따르는 제사장으로서, 우리 죄를 사하기 위해 단 한 번의 영원히 유효한 제사를 드리셨다고 말합니다.(히브리서 10:12) 주님은 자신을 제물로 바친 제사장이십니다. 다른 이들의 생명을 풍성하게 하기 위해 자기를 희생하셨다는 말입니다. 누구에게도 쉬운 일이 아닙니다. 그러나 우리는 주님의 그런 사랑 덕분에 구원받은 사람이 되었습니다.

문제는 예수를 믿는 이들에게서 그런 삶이 보이지 않는다는 데 있습니다. 예수의 이름을 전하면서도 스스로 권력에 도취된 이들이 많습니다. 많은 사람이 추종하고, 언제든 필요한 돈을 쓸 수 있는 자리에 있는 이들은 자기를 과대평가하기 쉽습니다. 대접 받는 것을 당연하게 여기고, 자기가 기대한 대접을 받지 못하면 화를 내는 이들을 종종 봅니다. 주님은 제자들에게 '랍비, 지도자, 아버지'라는 호칭을 듣지 말라고(마태복음 23:8-10) 이르셨습니다. 어쩔 수 없이 사람들의 시선에 자주 노출되는 사람일수록 자기 본분을 잊지 않기 위해 정신을 차려야 합니다. 주님은 당신을 붙잡아 왕으로 삼으려는 사람들을 피해 한적한 곳으로 가곤 하셨습니다. 대중들의 청찬이 때로는 독이 되기도 하는 법입니다.

앞서도 말씀드린 것처럼 마르틴 루터는 필요할 때 확고한 의지를 가지고 결단하고 또 과감하게 행동했지만 늘 돌이켜 생각해 보곤 했습니다. 어떤 경우에도 오류에 빠지지 않는 사람은 없습니다. 그렇기에 우리는 늘 조심해야 합니다. 겸손하게 주님의 뜻을 여쭈어 보아야 합니다. 주님은 이 땅에 사시는 동안 장벽 철폐자로 사셨습니다. 사람들을 가르는 담을 무너뜨려 이전에는 만날 수 없던 사람들을 만나게 하셨습니다. 담을 쌓아 올리고, 담 저편의 사람들을 혐오하면서 주님을 사랑한다고 말하는 것은 기만일 뿐입니다. 한국교회에 희망이 있냐고 묻는 이들이 많습니다. 희망은 발이 없어서 누군가가 어깨로 메고 와야 올 수 있습니다. 희망은 예수의 마음으로 사람과 세상을 대하는 이들을 통해 이 세상에 유입됩니다. 미국의 어느 교회 앞에 적힌 글을 보았습니다.

"교회가 된다는 것; 가난한 사람 돌보기, 다양성 받아들이기, 인종주의에 저항, 기후 위기와 맞서 싸우기, 자주 용서하기, 하나님 사랑, 무력한 이들 속에 힘을 불어넣기, 자원 나누기, 이 생을 즐기기."

이 목표가 우리의 목표가 될 수 있기를 빕니다.

예레미야애가

1장 7-14절

이 일이 그대들과는 관계가 없는가?

예루살렘이 고통과 고난을 겪는 날에, 지난날의 그 모든 찬란함을 생각하는구나. 백성이 대적의 손에 잡혀도 돕는 사람이 없고, 대적은 그가 망하는 것을 보며 좋아한다. 예루살렘이 그렇게 죄를 짓더니, 마침내 조롱거리가 되었구나. 그를 떠받들던 자가 모두 그 벌거벗은 모습을 보고서 그를 업신여기니, 이제 한숨지으며 얼굴을 들지 못한다. 그의 더러움이 치마 속에 있으나, 자기의 앞날을 생각하지 않는다. 그렇게 비참해져도 아무도 위로하는 이가 없다. "주님, 원수들이 우쭐댑니다. 나의 이 고통을 살펴 주십시오. 대적들이 손을 뻗어 보물을 빼앗습니다. 이방인이 주님의 공회에 들어오지 못하도록 주님께서 이미 금하셨으나, 그들이 성소에 침입하는 것을 예루살렘이 보았습니다. 예루살렘 온 백성이 탄식하며, 먹거리를 찾습니다. 목숨을 이으려고, 패물을 주고서 먹거리를 바꿉니다. 주님, 이 비천한 신세를 살펴 주십시오." 길 가는 모든 나그네들이여, 이 일이 그대들과는 관계가 없는가? 주님께서 분노하신 날에 내리신 이 슬픔, 내가 겪은 이러한 슬픔이, 어디에 또 있단 말인가! 주님께서 저 높은 곳에서 불을 보내셔서 내 뼛속 깊이 들어가게 하시고, 내 발 앞에 덫을 놓아서 걸려 넘어지게 하셨으며, 나를 폐인으로 만드셔서 온 종일 힘이 없게 하셨다. 주님께서 내가 지은 죄를 묶고 얽어서 멍에를 만드시고, 그것을 내 목에 얹어서 힘을 쓸 수 없게 하셨다. 주님께서 나를 내가 당할 수 없는 사람의 손에 넘기셨다.

역사의 전환점

주님의 은총과 평화가 우리 가운데 함께 하시기를 빕니다. 오늘은 5·18 광주민주화항쟁 34주년 기념일입니다. 벌써 세월이 이렇게 흘렀습니다. 그날 사람이 사람답게 살 수 있는 세상을 꿈꾸었던 이들은 무참하게 짓밟혔지만 그들의 희생을 통해 우리는 조금은 더 자유로운 나라에서 살게 되었습니다. 3·1운동이나 4·19혁명, 5·18 광주민주화항쟁은 참으로 자랑스러운 전통입니다. 젊은 시절 우리는 "무릎을 꿇고 사느니보다는 서서 죽기를 원하노라." 하고 목이 터져라 외치곤 했습니다. 그런데 그 장하던 결기가 어느 결에 풀어지고 안락에 길들여진 사람이 되고 말았습니다. 우리는 선진국 대열에 접어들었다고 기뻐했고, 무역 강국임을 내세웠고, 세계 초일류 기업을 자랑했습니다. 그런데 지금 우리 현실은 참담합니다. 외국인들은 세월호 참사를 보면서 어떻게 당신 나라에서 그런 일들이 벌어질 수 있느냐고 묻습니다.

나라의 주인은 국민입니다. 국민의 종복으로 세움을 입은 이들은 국민들을 지키고 돌보기 위해 최선을 다해야 합니다. 나라 '국(國)'

자는 '입 구(口)' 안에 '혹 혹(或)' 자가 들어있는 글자입니다. '구' 자
는 성곽을 의미하는 것이고, '혹' 자 속에는 '창 과(戈)' 자가 들어 있
습니다. 그러니까 '혹'은 창을 들고 일정한 구역을 지키는 것을 나타
냅니다. 국민들이 안심하고 살도록 지키는 것이 국가 본연의 임무
임을 알 수 있습니다. 5·18은 국민을 지켜야 할 책임을 진 군인들
이 국민을 적으로 대했기 때문에 충격적이고, 세월호 참사는 눈앞
에서 죽어가는 사람들을 보면서도 국가가 아무런 조치를 취하지 않
았기 때문에 충격적입니다.

　중국의 역사서인 《십팔사략十八史略》에 나오는 이야기입니다. 은
나라에 7년간 큰 가뭄이 들었습니다. 나라의 법규 기록을 맡은 관
리인 태사(太史)가 탕왕에게 하늘에 기우제를 지내면서 인신공희(人
身供犧)를 건의하였습니다. 그러나 탕왕은 이를 거부하면서 "하늘에
빌려는 대상이 백성인데 어찌 사람을 죽일 수 있는가? 내가 희생이
되어야 한다."고 말하였습니다. 그런 다음 스스로 목욕재계한 뒤 흰
띠를 몸에 두르고 상림(桑林)의 들에 나아가 하늘에 여섯 가지 자책
을 하며 기도를 올렸습니다. 기도가 채 끝나기도 전에 하늘에서 큰
비가 내리기 시작했다고 합니다. 탕왕의 여섯 가지 자책은 다음과
같습니다.

　　"정치가 알맞게 조절되지 않았는가(政不節歟정부절여)

　　백성들이 직업을 잃고 있지 않은가(民失職歟민실직여)

　　궁실이 화려한가(宮室崇歟궁실숭여)

　　여자들의 치맛바람이 심한가(女謁盛歟여알성여)

뇌물이 성행하는가(苞苴行歟포저행여)

아첨하는 사람이 들끓는가(讒夫昌歟참부창여)"

슬픔의 노래

지도자란 모름지기 남을 탓할 것이 아니라 자기를 돌아보아야 합니다. 오늘 우리가 묵상하게 될 책은 예레미야애가입니다. 사람들은 흔히 이 책의 저자가 예레미야라고 생각합니다. 그 이름으로 불리고 있기 때문입니다. 하지만 꼭 그가 저자라고 볼 근거는 없습니다. 다만 몇 가지 점에서 이 책의 저자는 예레미야와 비슷한 역사 인식을 보여주고 있습니다. 책 전반에 배어있는 것은 바빌로니아라는 초강대국에 의해 나라가 멸망한 사실에 대한 슬픔입니다. 또 나라가 그 지경이 된 까닭에 대한 분석도 유사합니다. 즉 하나님보다 외세에 의존하려 했던 왕과 지도자들의 무능, 사람들에게 거짓 평안을 외친 선지자들과 탐욕스러운 제사장들, 그리고 하나님의 뜻을 무시하며 살아온 백성들의 죄 때문에 나라가 망했다는 것이지요. 정치와 종교가 타락하자 국민들의 정신도 썩어버리고 만 것입니다. 그러면 나라가 망하는 것은 정해진 이치입니다.

이 책의 제목인 예레미야애가는 1, 2, 4장의 맨 앞에 나오는 히브리어 단어 '에카'에서 유래된 것입니다. 그것은 '어떻게?'라는 뜻입니다. 도저히 믿어지지 않는 현실 속에서 우리도 종종 이런 말을 내뱉습니다. 그러니까 이 단어 속에는 '이럴 수는 없다.'는 뜻이 담겨있다고 할 수 있습니다. 새번역은 그것을 '아, 슬프다.'로 옮겨놓았습니다. 예레미야애가는 이스라엘 사람들이 절기 때 낭송하는 다섯 두루마리 가운데 하나입니다. 사람들은 이 책을 유대력으로 아브월 9일, 즉 성전파괴를 아프게 기억하는 날 낭독했습니다. 두루마리 책자를 낭독하는 동안 회중들은 고통스러웠던 기억을 되새기고, 또 자기들의 죄를 깊이 자각하고 슬퍼했습니다. 깊은 슬픔이야말로 새로운 삶의 출발점입니다. 슬픔은 분노의 파도가 될 때도 있지만, 우리 속에 있는 격정과 두려움을 순화시켜주기도 합니다. 아리스토텔레스는 《시학》이라는 책에서 그것을 카타르시스(catharsis)라 일렀습니다. 관객들은 배우들이 재현하는 어떤 사건, 혹은 두려움과 연민을 자아내는 현실을 지켜보는 동안 자기 속에 있는 격정과 감정이 순화되는 것을 느낀다는 것이지요.

이 책에는 낭독과 기억을 위한 장치가 있습니다. 1, 2장과 4장은 각각 22개의 절로 구성되어 있는데, 그것은 히브리어 알파벳 숫자와 일치합니다. 애가의 저자는 각 절의 첫 단어를 히브리어 알파벳 순서에 따라 정교하게 선택했습니다. 사람들은 그 알파벳 순서에 따라 각 구절을 암송하거나 떠올렸을 겁니다. 물론 그 순서가 뒤바뀐 경우가 없지는 않습니다.

벌거벗은 우리

예레미야애가는 예기치 않은 순간에 찾아온 고난을 노래하고 있습니다. 사람들은 뭔가 심상찮다는 느낌을 받기도 하지만 '설마 무슨 일이 일어나겠어?' 하면서 현실을 외면하곤 합니다. 어느 시대든 참 예언자들은 '어서 깨어나라.'고, 이대로 가다가는 우리 문명 자체가 종언을 고할 수도 있다고 경종을 울리지만 그들의 말은 경청되지 않습니다. 그에 비해 사람들의 안일한 낙관론에 힘을 보태주는 거짓 예언자들은 인기가 높습니다. 하지만 그들의 낙관적 예언은 오히려 재앙을 더 크게 만들 뿐입니다.

바빌로니아의 침공으로 하나님의 도성인 예루살렘이 무너지고, 영혼의 고향인 성전까지 무너지자 이스라엘 백성들은 공황상태에 빠졌습니다. 폐허로 변한 도시는 괴괴하기 이를 데 없었고, 사로잡 힘을 면한 사람들의 얼굴은 잿빛이었습니다. 순례의 명절이 되어도 거리는 인적을 찾아보기 어려웠습니다. 그제서야 제사장들은 탄식 하고, 처녀들은 슬픔에 잠겼습니다. 지도자연하던 이들은 다 잡혀 가거나 도망갔고, 악인들은 때를 만났다고 거들먹거립니다. 찬란했 던 지난날을 돌아보지만 부질없을 뿐입니다. 사람들이 잡혀가도 저 항하는 사람조차 없습니다. 하나님의 도성인 예루살렘은 뭇 민족의 조롱거리가 되고 말았습니다. 예레미야애가의 저자는 자기들의 처 지를 '벌거벗김'이라는 말로 요약합니다. 원수들에게 능욕을 당한 겁니다. 만해 한용운도 일제 치하에 이런 느낌이었던 모양입니다. 〈 당신을 보았습니다〉라는 시에서 그는 황국신민이기를 거절한 자기 처지를 이렇게 노래합니다.

"나는 집이 없고 다른 까닭을 겸하여

민적(民籍)이 없습니다

'민적이 없는 자는 인권(人權)이 없다

인권이 없는 너에게 무슨 정조냐' 하고

능욕(凌辱)하려는 장군이 있었습니다

그를 항거(抗拒)한 뒤에 남에게 대한

격분이 스스로의 슬픔으로 화하는

찰나에 당신을 보았습니다.”

능욕하려는 장군은 어디에나 있는 법입니다. 한용운은 결기라도 있어서 장군에게 항거라도 하지만 그러지 못하고 고스란히 능욕을 받아들이는 사람들이 대부분입니다. 선민이라는 자부심은 무참하게 무너지고, 그저 살아남기 위해 안간힘을 다 쓸 뿐입니다. 먹을거리를 구하느라 소중히 여둬두었던 것을 다 팔아야 하고, 조롱하고 무시하는 이들의 그 의기양양한 눈빛과 마주쳐야 합니다. 이방인들이 성소에 들어가 성전 기물까지 약탈했습니다. 기가 막히지만 그런 만행을 그저 바라볼 뿐입니다.

만해는 '격분이 스스로의 슬픔으로 화하는/찰나에 당신을 보았습니다'라고 노래합니다. 하나님에 대한 눈뜸은 격분이 슬픔으로 바뀌는 그 '사이'에서 발생합니다. 격분이나 슬픔이 타자에 대한 미움이나 자기 연민에 그친다면 그처럼 허망한 것이 없습니다. 미움과 자기 연민을 넘어 더 나은 세상을 열어가야 합니다. 분노하고 저항하되 자기 파괴적인 감정에 사로잡히지 말아야 합니다. 그것이 역사 속에서 시련을 겪는 이들에게 주어진 실존적 과제입니다.

슬픔을 넘어

예레미야애가의 저자는 막연한 슬픔 속에 잠겨 있지 않습니다. 그들이 겪고 있는 고난의 현실을 극복하기 위해서는 현실을 있는 그대로 보아야 한다는 사실을 그는 잘 알고 있습니다. 그래서 사람들에게 외칩니다.

> 길 가는 모든 나그네들이여, 이 일이 그대들과는 관계가 없는가? 주님께서 분노하신 날에 내리신 이 슬픔, 내가 겪은 이러한 슬픔이, 어디에 또 있단 말인가!(예레미야애가 1:12)

몇 해 전 용산참사가 난 그 다음 다음 날 저는 남일당 골목길에서 열린 기도회에 참석하고 있었습니다. 제 순서가 되어 앞으로 나간 저는 흘낏거리며 그 사건의 현장을 바라보고 지나가는 이들을 향해 바로 위의 구절을 인용해서 크게 외쳤습니다. "길 가는 모든 나그네들이여, 이 일이 그대들과는 관계가 없는가?" 저도 모르게 터져나온 외침이었습니다. 그런데 우리는 똑같은 일을 또 다시 반복하고 있습니다. 무고하게 죽어간 이들은 우리의 죄를 지고 세상을 떠났습니다. 죽어간 이들 곁에는 세상의 모든 죄를 짊어지신 주님이 계셨습니다.

예레미야애가의 저자는 자기가 겪는 고통을 억울하게 여기지 않습니다. 주님께서 높은 곳에서 불을 보내셔서 자기 뼈 깊이 들어가게 하셨다고 말합니다. 하나님께서 자기 발 앞에 덫을 놓아서 걸려 넘어지게 하셨고, 폐인이 되게 하셨다고도 말합니다.

> 주님께서 내가 지은 죄를 묶고 얽어서 멍에를 만드시고, 그것을 내 목에 얹어서 힘을 쓸 수 없게 하셨다.(예레미야애가 1:14)

무섭도록 정확한 자기 응시입니다. 습관이 되어버린 죄는 서로 얽혀 멍에가 되고, 목에 얹힌 그 멍에는 천근만근의 무게로 우리를 짓누릅니다. 그래서 사랑할 능력도 잃어버리고, 이웃을 돕기 위해 달려가지도 못하고, 진심으로 삶을 경축하지도 못합니다. 비참합니다. 그는 아프게 하나님을 찾습니다.

주님, 나의 절망을 살펴 주십시오. 애간장이 다 녹습니다. 내가 주님을 얼마나 자주 거역하였던가를 생각하면, 심장이 터질 것 같이 아픕니다. 거리에는 칼의 살육이 있고, 집안에는 사망이 있습니다.(예레미야애가 1:20)

이게 우리의 기도가 되어야 합니다. 한사코 하나님을 외면하며 살았던 삶에서 돌아서야 합니다. 이웃들의 신음소리에 귀를 막고 살았던 삶에서 벗어나야 합니다. '더 많이, 더 편리하게'라는 주술에서 벗어나지 않는 한 세상은 더욱 위험한 곳으로 바뀔 겁니다. 이제는 더 이상 마치 아무 일도 없었던 것처럼 옛날로 돌아갈 수는 없습니다. 새 세상을 열기 위해 땀 흘려야 합니다. 국민의 권리를 위임받은 이들이 다시는 자기 욕망에만 충실히 복무할 수 없도록 만들어야 합니다.

에스겔은 지도자들의 역할을 목자에 비겨 말했습니다. 그 역할은 '헤매는 것은 찾아오고, 길 잃은 것은 도로 데려오며, 다리가 부러지고 상한 것은 싸매어 주며, 약한 것은 튼튼하게 만드는 것'(에스겔 34:16)입니다. 그게 아니고 양 떼를 강압과 폭력으로 다스리고 제 배만 불리는 지도자들은 하나님의 심판을 모면할 수 없을 것입니다.

3·1절과 4·19혁명 그리고 5·18 광주민주화항쟁에서 죽어간 이들이 세월호에서 죽어간 이들을 위로하고 있습니다. 그들의 넋이 이 나라가 어디로 가고 있는지를 지켜보고 있습니다. 격분과 슬픔 사이에서 하나님의 얼굴을 뵐 수 있기를 바랍니다. 부디 모퉁잇돌이신 주님과 잇댄 채 새로운 나라를 향해 부단히 걸어가는 우리가 되기를 기원합니다.

울림의 감화력, 성스러운 반역자

김응교/숙명여대 교수, 문학평론가

강연을 듣는 이들 중 누군가 존다면, 강연의 내용이 빈약하거나 흥미를 끌지 못하기 때문이다. 내용이 유익하다면 졸음도 깨운다. 설교를 들을 때 졸음이 오면 설교자의 책임이 아닐까. 졸립게 했으니 졸 수밖에 없다. 반대로 설교를 들을 때 깨달음을 얻고 행복한 것도 설교자의 선물이다. 깨닫게 하니 행복할 수밖에 없다.

김기석 목사님의 설교를 나는 많이 들었다. 목사님의 메시지를 들을 때 행복했다. 그의 이름을 호명하고 글로 쓸 때 목사'님'자를 뺀 적이 없다. 인생의 선배이기도 하지만, 김 목사님의 삶과 메시지를 신뢰하는 까닭이다. 다만 이 글을 읽는 독자의 입장은 다르기에, 김기석 목사라고 쓰겠으나, 내 마음이 그러하다는 점을 밝힌다.

파레시아의 예언자

미셸 푸코(Michel Foucault)는 《담론과 진실》에서, 진정성의 언어를 파레시아(παρρησία, parrhesia)라는 단어로 표현한다. 고대 그리스 철학자들이 삶의 원칙으로 삼았던 파레시아는 '솔직하게 말하기'라는 의미다. 고대 그리스 단어 '파레시아'는 '모든'을 뜻하는 'pan'과 '말'을 의미하는 'rhesis'가 결합해서 만들어졌다. 푸코는 플라톤의 '대화편'들에서 발견하는 소크라테스적 삶의 태도와 플라톤적 지적 수련의 방법을 '파레시아' 개념으로 해석한다.

성서에서도 파레시아가 나타난다. 성서에 나오는 예언자라는 번역은 사실 오해를 살 수 있는 번역이다. 정확히 말하면 신의 말을 대신하는 대변인 곧 대언자(代言者)라는 번역이 더 좋겠다. 성경에서 파레시아는 자신의 손해를 무릅쓰고 절대자의 말을 '담대하게' 선포하는 대언자를 뜻한다.

푸코의 파레시아는 절대자의 말을 대언하는 것이 아니라, 바른 사회를 향해 비판적 실천으로서의 파레시아다. 파레시아는 권력자 앞에서 담대하게 진실을 말할 수 있는 용기다. 그리스 사상이든 성경이든 파레시아(parrhesia)에서 '담대함'(boldness)이 중요하다.

청파교회 홈페이지에 들어가면 지난 놀라운 설교들을 들을 수 있다. 나는 청파교회 홈페이지에서 김 목사의 파레시아를 여러 번 들었다. 듣고나면 한 나절을 망치로 맞은 듯, 혹은 벌 서듯 성찰하는 시간에 머문다. 부산 근처에서 열린 독서 모임 강사로 함께 가서 목사님은 아침 묵상 메시지를 전하고, 나는 문학 강연을 한 적도 있다.

고속도로를 운전하면서도 그의 설교를 듣다가 메모하려고 휴게소에 차를 세운 적이 여러 번 있다. 유튜브를 검색하면 CBS TV 성서학당에서 김 목사가 강연한 시리즈 설교가 많다. CBS TV에서 그는 2013년 3월 26일부터 2023년 2월 28일 현재까지 10년 동안 장기 성서학당을 하고 있다.

〈십계명〉 12강, 〈주기도문〉 10강으로 시작한 이 성서학당은 구약에서 〈사사기〉 28강, 〈룻기〉 9강, 〈욥기〉 21강, 〈시편〉 100강, 〈잠언〉 64강, 〈전도서〉 24강, 〈예레미야〉 62강, 〈요엘〉 5강, 〈아모스〉 11강, 〈오바댜〉 3강, 〈요나〉 6강, 〈미가〉 12강, 〈나훔〉 5강, 〈하박국〉 6강, 〈스바냐〉 6강, 〈학개〉 4강, 〈스가랴〉 18강, 〈말라기〉 8강으로 이어졌다. 또한 신약성서는 〈요한복음〉 64강, 〈사도행전〉 18강, 〈빌립보서〉 13강, 〈에베소서〉 20강으로 진행되었다.

지금까지 강연된 내용을 보면 주목되는 점이 있다. 대예언서라고 불리는 예레미야와 더불어 소예언서로 불리는 요엘, 아모스, 오바댜, 요나, 미가, 나훔, 하박국, 스바냐, 학개, 스가랴, 말라기를 집중해서 강연했다는 사실이다. 물론 신약성서를 설교해도 파레시아가 무겁게 스며 있다.

김기석 목사는 왜 CBS TV를 통해 '예언서'를 많이 강연했을까. 이유는 간단하다. 이 시대에 김 목사가 전하고 싶은 메시지가 바로 예언자들의 메시지인 까닭이다. 그 메시지는 CBS TV 강의보다는 청파교회 강단에서 행한 설교가 더욱 직설적이다. 그의 설교에는 어떤 특징이 있는가.

철저한 상황 텍스트주의

첫째, 김 목사는 철저히 성경 말씀에 근거하여 메시지를 전한다. 그의 설교 시리즈를 보면 주제설교보다 성경 말씀 해석에 집중하는 본문설교를 중시하는 것을 볼 수 있다. 주제설교는 설교자가 하고 싶은 말을 침소봉대하여 인용할 수 있는데, 김 목사는 자신의 판단보다 철저히 성경 본문에 의지한다. 그 말씀이 나온 역사적 배경을 설명하고, 그 과거 역사에 맞는 현재 상황에 대입시킨다.

"주전 597년, 바빌로니아 왕 느부갓네살은 유다의 왕 여호야긴을 굴복시키고, 그의 삼촌 시드기야를 꼭두각시 임금으로 세웁니다. 그리고는 유다 사회의 상류층 대부분을 바빌로니아로 사로잡아 갑니다."(「너희는 사람이다」)

"주전 2세기 중엽, 이스라엘은 셀류쿠스 왕조의 임금 안토니우스 에피파네스 4세 치하에 큰 시련을 당했습니다. 그는 유대인들의 정신을 무너뜨리기 위해 강력한 종교탄압정책을 펼쳤습니다. 율법 두루마리를 읽거나 소지하는 것을 금했고, 안식일을 지키지 못하게 했으며, 할례도 금지했습니다. 유대인들의 정체성의 근간을 이루고 있던 것들을 다 금지한 것입니다."(「화덕 속을 걷는 사람들」)

"호세아는 주전 8세기의 예언자입니다. 당시 이스라엘은 큰 위기에 직면하고 있었습니다. 동방의 강자인 앗시리아가 그 막강한 군사력을 앞세워 근동 지역을 전쟁으로 몰아넣고 있었던 것입니다. 특히 디글랏빌레셀 3세가 통치하던 시기는 최악이었습니다."(「애써 주님을 알자」)

"요엘 선지자가 어느 시대에 활동했는지는 정확히 알기 어렵습니다. 다만 본문 가운데 드러난 여러 정황들을 종합해 볼 때 바빌로니아

포로기 이후로 보아야 할 것 같습니다. 귀환한 공동체는 모든 것을 새롭게 시작하지 않을 수 없었습니다. 도시는 무참할 정도로 무너졌고, 전답은 황폐하게 변해 있었습니다. 게다가 귀환 공동체를 환영하는 분위기도 아니었습니다. 그 땅에 살고 있던 이들은 적대감을 가지고 그들을 대했습니다."(『다시는 수치를 당하지 않을 것이다』)

"아모스는 예루살렘에서 약 15km 남쪽에 있는 소읍 드고아에서 목자로 살던 사람입니다. 그는 자기를 "집짐승을 먹이며, 돌무화과를 가꾸는 사람"(아모스 7:14)이었다고 소개했습니다. 그가 부름을 받았을 때 유다의 왕은 웃시야(주전 787-736)였고, 이스라엘의 왕은 요아스의 아들 여로보암(주전 787-747)이었습니다. 아모스는 남왕국 출신이지만 북왕국 이스라엘에서 활동했습니다. 여로보암 2세 시대는 이스라엘 역사의 중흥기라 말할 수 있습니다."(『용서받을 수 없는 죄』)

정확하지 않은 요엘서의 역사적 배경도 상세하게 설명한다. "역사란 과거와 현재 사이의 대화"라는 역사학자 E·H·카아의 정언(正言)은 김 목사의 설교에 바둑돌 놓듯 한 수 두 수 정확히 놓여 있다.

말씀을 해석할 때, 당시 역사와 문건들을 입체적으로 비교하여, 상투적인 해석이 아니라, 전혀 새로운 마치 처음 듣는 듯한 말씀으로 가공하여 전한다. 죽은 말씀이 아니라, 마치 오늘의 뉴스를 보듯이 생생하게 살려낸다. 최대한 보편성과 객관적인 방식으로 전하려 하니 김기석이라는 '나'는 생략된다. 그는 최대한 자신을 숨기고, 과거와 현재 사이에 실천을 계시하는 하나님 말씀에만 신경을 모으도록 파레시아를 전한다.

진정한 예배의 회복

둘째, 김 목사의 설교는 진정한 예배의 회복을 제시한다. 하나님을 기쁘게 하는 일의 방향성을 깨닫게 한다. 경배와 찬양으로 소리질러 하나님을 부르는 것만이 예배가 아니라는 사실을 가르친다. 그는 너무도 정확하게 예배의 근본을 전한다.

"'이제 주님께로 돌아가자.' 간결하지만 강력한 메시지입니다. 주님께로 돌아가려면 어떻게 해야 할까요? 교회생활을 열심히 하면 될까요? 일상의 삶을 중단하고 산 기도에 매진해야 할까요? 그렇지 않습니다. 하늘의 길은 땅의 길과 연결되어 있습니다. 땅의 현실에 충실하지 못한 사람은 하늘에 이를 수 없습니다. 저 높은 곳에 이르려면 저 낮은 곳을 향해야 합니다. 호세아의 메시지는 명확합니다. '정의를 뿌리고 사랑의 열매를 거두어라. 지금은 너희가 주를 찾을 때이다. 묵은 땅을 갈아 엎어라. 나 주가 너희에게 정의를 비처럼 내려 주겠다.'"(「애써 주님을 알자」)

지하철에서 예수천당 불신지옥을 부르짖고, 온갖 악기로 예수님 찬양을 외칠지라도 그 핵심에는 '정의'와 '사랑'이 놓여있는지 확인해야 할 일이다. 정의를 뿌리고 사랑의 열매를 거두는 것이야말로 주님께로 돌아가는 길이라고 김 목사는 강조한다. 이어서 정의만 외치면서 정작 사랑을 잃어버리거나, 사랑을 말하면서 정의를 소홀히 하는 균형 없는 복음도 지적한다. "하나님을 두려워하는 사람은 극단을 피한다."(전도서 7:18)라는 말씀을 정확히 이어 붙인다. 그가 강조하는 예배는 호세아가 말한 대로 시멘트 건물에 갇힌 찬양을 넘어, 일상 속에서 정의와 사랑을 나누는 섬김의 예배다. 청파교회는 그 정의와 사랑을 위해 캄보디아와 몽골로도 그 마음을 나눈다.

"우리는 캄보디아에 우물을 파주는 일에 힘을 모았습니다. 이제는 그 방향을 조금 돌리려고 합니다. 지금까지 많은 이들이 생일이나 기념일이 되면 우물 헌금을 봉헌했습니다. 이제부터는 제3세계 어린이들이 안심하고 공부할 수 있도록 학비를 지원하는 일과 몽골·중국·인도의 황량한 땅에 나무를 심는 일에 적극적으로 참여해주십시오. 나는 이것을 '푸른 희망을 심는 일'이라 생각합니다. 우리 교인들의 정성으로 저 가난한 나라의 어린이들이 좋은 교육을 받을 수 있다면, 그리고 척박한 땅이 초록빛으로 변할 수 있다면 그 얼마나 고마운 일입니까? 사나운 짐승, 해로운 짐승에게 받혀 쓰러진 이들을 일으키는 일이야말로 주님이 우리에게 맡기신 소명이 아니겠습니까?"(「너희는 사람이다」)

청파교회는 실제로 캄보디아에 우물 파는 일을 해왔다. 몽골·인도·중국에 나무 심는 일에 오랫동안 참여해 왔다. 나의 죄를 깨닫고 마음을 찢을 때, 약자와 빈자들과 함께할 때 그 실천으로 인해 하나님이 기뻐하신다는 것을 설교한다.

교회를 살리는 메시지

셋째, 처참하게 윤리적으로 신앙적으로 실패한 '개독교'를 김 목사는 우회하여 비판한다. 정면으로 비판하지 않고 가야 할 방향을 가리키며 비판한다. 키에르케고르가 교회 안에 제사장인 척하는 이방인들을 비판했듯이, 예언자들처럼 김 목사는 사제주의를 극복하려 한다. 김 목사는 예언자의 메시지를 빌려 한국교회를 망치는 당회장 목사의 교황에 버금가는 교회정치를 간접적으로 지적한다. 당회장이라는 말도 안 되는 명예 아래 신도들을 우민화시키는 저질 브랜드를 비판하는 것이다.

> 너희는 택하신 족속이요 왕 같은 제사장들이요 거룩한 나라요 그의 소유가 된 백성이니 이는 너희를 어두운 데서 불러내어 그의 기이한 빛에 들어가게 하신 이의 아름다운 덕을 선포하게 하려 하심이라.(베드로전서 2:9)

예언자들은 민초들을 하나님 마음으로 향하게 하려 했다. 김 목사는 예언자의 메시지를 빌려 노예근성에 빠지지 않도록 마비된 민초들을 흔들어 깨운다. 김 목사는 평신도들에게 생태계와 인권과 노동을 존중하는 사회적 영성신학의 의미를 되살려 준다. 곧 종교개혁의 뜻인 만인제사장 정신을 일상에서 깨닫도록 안내한다. 마침내 교회는 시멘트 건물이 아니라, 우리가 살아가는 일상의 공간이 성소(聖所)임을 그의 설교는 자각하게 한다.

풍부한 인문학 가치

넷째, 김 목사의 설교에는 보편적인 인문학적 가치가 풍부히 녹아 있다. 그저 장식으로 인문 정보를 끼워넣는 설교가 아니다. 정확한 자료를 채택하여 설교자 자신의 언어로 완전히 재해석하여 성경 본문과 일치되는 예화를 넣는다.

"노벨 문학상을 수상한 귄터 그라스의 소설 《양철북》을 영화화한 동명의 영화 한 장면이 떠오릅니다. 오스카는 음란하고 광기에 찬 세상의 실상을 엿보고는 더 이상 자라고 싶지 않아 3살에 성장이 멈춘 아이입니다. 오스카의 유일한 기쁨은 양철북을 두드리는 것입니다. 그는 어느 날 자기의 분신과도 같은 양철북을 메고 아버지가 참여하고 있던 나치의 집회장에 숨어듭니다. 사람들은 군악대의 연주에 맞추어 그야말로 일사불란하게 열을 지어 행진합니다. 연단 밑에 숨어서 그 광경을 보고 있던 오스카는 흥분을 참지 못하고 자기 양철북을 치기 시작합니다. 그러자 사람들은 어디선가 들려오는 다른 북소리로 인해 박자를 놓치고 허둥거립니다. 발이 엇나가며 열이 엉망이 되어버렸습니다. 다음 순간 작가의 빛나는 상상력이 작동됩니다. 나치의 선동장은 갑자기 무도회장으로 변합니다. 사람들이 오스카의 북소리에 맞춰 왈츠를 추기 시작했던 것입니다. 비록 영화이기는 하지만 광기의 자리를 친교의 춤판으로 바꾼 오스카의 북소리를 저는 두고두고 잊을 수가 없습니다. 어느 시대이든 기독교인의 책임은 하늘 북소리를 울려 광기에 사로잡힌 이들이 본래의 선하고 따뜻한 사람으로 회복시키는 일이라는 생각이 듭니다."(『화덕 속을 걷는 사람들』)

귄터 그라스 소설 《양철북》을 느부갓네살 왕의 독재적 개인우상화와 비교한 설교가 있었던가. 그저 노벨문학상 작품을 인용하는 수준이 아니라, 오스카의 북소리로 인해 국가주의의 선전장이 무도장이 되는 것처럼, 다니엘과 그 친구들의 결단으로 인해 비극으로 끝날 사형장이 오히려 국가주의에 균열이 생기는 현장으로 바뀌는 것을 비교한 것이다.

널리 알려진 인문학적 정보가 성서의 최고 정점에서 만나는 현장이다. 인문학을 신본주의와 대립시키는 편협한 사고를 그의 설교에서 찾아보기는 어렵다. 그는 오히려 인문학에서 숨은 신(Hidden God)의 모습을 찾아낸다. 또한 인문학이 중시하는 에콜로지, 인권과 민주주의의 열정을 그는 예언자와 예수의 하나님 나라 운동과 비견시키며, 입체적으로 이 세상을 성찰하게 한다. 그의 성서 해석의 탄착점은 인문학이라는 화약의 도움을 얻어 교회 안에 머물지 않고, 교회 밖으로도 멀리 날아간다. 그래서 김 목사의 설교는 교회를 떠난 사람, 교인이 아닌 사람에게도 울림을 준다.

생태 문제에 대한 성스러운 반역자

다섯째, 그의 메시지에 따르는 감동은 그의 신실한 삶을 알 때 더욱 증폭된다. 그는 자신이 설교하는 그대로 그 문장대로 살아간다.

"지금 주님은 생태적 삶으로 개종하는 사람들을 찾고 계십니다. 그들은 가급적이면 자가용 대신 버스나 전철 혹은 자전거를 탑니다. 웬만한 거리는 걷습니다. 어떤 물건을 구입하면 끝까지 사용합니다. 육류에 대한 소비를 줄여 나갑니다. 환경을 심하게 파괴하는 기업의 물건을 사지 않습니다. 반생명적이고 반환경적인 정책에 대해 반대합니다. 이렇게 사는 사람들, 스스로 욕망의 멍에를 벗어버리기 위해 투쟁하는 사람들은 성스러운 반역자들입니다. 그들이야말로 과도한 욕망 위에 세워진 세상 질서에 틈을 내는 사람들입니다. 짙은 욕망의 구름을 찢고, 하늘의 빛을 세상에 끌어들이는 이들입니다."(「너희는 사람이다」)

설교와 삶이 다른 사람들이 있다. 삶이 설교를 배신할 때 그 설교는 신용할 수 없다. '세습'을 선택한 목사 아들이 아무리 설교해도 진정성이 안 느껴지는 것이 그 까닭이다. 설교문 그대로 그는 자전거를 타고 다닌다. 집에서 교회까지 걸어서 다닌다. 그는 빈 손으로 산책하듯 걷든지, 아니면 작은 배낭을 매고 다닌다. '성스러운 반역자'로서 살아가려 한다. 그의 인격에는 세습을 한다든지 무엇인가 꼬불친다든지 지저분한 후일담이 없다. 진실한 삶의 뒷받침이 없는 설교는 얼마나 공허한가. 많은 설교자들이 인격적으로 성숙한지, 성찰해보면 그리 자유롭지 못하다.

국가주의를 넘어서는 메시지

여섯째, 김 목사는 국가주의가 어떻게 개인을 도구화 하는지 깨닫게 한다. 독재정권과 개인우상화가 얼마나 신앙에 위배되는지 선포한다. 대표적인 설교는 다니엘 3장 19-25절의 「화덕 속을 걷는 사람들」이라는 당당한 설교다. 보통 다니엘 3장 설교는 신앙을 지킨 친구들에 주목하는데 김 목사는 개인우상화 문제에 초점을 모은다.

"바빌로니아 왕 느부갓네살은 뭔가 안전조치가 필요하다고 생각했습니다. 그는 민족과 언어가 다른 이들이 뒤섞인 제국의 통합을 위해 백성들에게 국가숭배 의식을 강요하기로 작정하고는 거대한 금신상을 세웠습니다. 높이가 예순 자, 너비가 여섯 자였다고 합니다. 대략 높이 27미터에 너비 2.7미터의 신상이라고 생각하면 됩니다. 왕은 신상 제막식에 제국의 관료들을 다 불러 모읍니다. 왕의 위엄을 과시하고 반역의 싹을 미리 자르려는 의도였을 겁니다. 그는 나팔과 피리를 비롯한 각종 악기 소리가 나면, 지위고하를 막론하고 신상 앞에 절을 하라는 포고령을 내렸습니다. 엎드려 절하지 않는 자는 즉시 불타는 화덕 속에 던져 넣겠다는 위협도 빠뜨리지 않았습니다."(『화덕 속을 걷는 사람들』)

여기까지 들으면 기존의 설교와 별 다를 바 없이 느껴진다. 주의해야 할 점은 이 설교가 선포된 시점이다. 이 설교는 2013년 11월 17일 주일 설교인데, 그해 2월 25일 박근혜가 제18대 대통령이 되고, 곧바로 자신의 아버지 박정희에 대한 개인우상화를 가동시켰던 시기다. 2013년 교학사 국정교과서를 통해 '5·16은 혁명, 5·18은 폭동'이라는 식의 내용이 횡행하고, 이승만 특히 박정희 시대를 드높이는 국정교과서를 획책하고 있는 시기였다.

교학사 교과서는 5·16 군사쿠데타를 서술하며 "대통령 윤보선은 쿠데타를 인정하였다. 육사 생도도 지지 시위를 하였다." 등 쿠데타를 긍정하고, 국정교과서 261쪽에서 "박정희를 중심으로 한 일부 군인들이 정변을 일으켜 주요 인사들을 체포하고 방송국을 비롯한 주요 시설들을 장악하였다. 그들은 사회적 혼란과 장면 정부의 무능, 공산화 위협 등을 정변의 명분으로 내세웠다."라고만 기술하여, 5·16 쿠데타가 혼돈의 나라를 바로 잡은 양 기술했다. 바로 이 시기에 김 목사는 개인우상화와 독재의 문제를 지적한다.

"독재자들이 가장 좋아하는 단어는 무엇일까요? 일사불란(一絲不亂)이 아닐까요? 독재자라는 말 속에 들어 있는 '홀로 독(獨)' 자가 가리키듯 그는 자기 뜻을 거스르는 이들을 견디지 못합니다. 독재자 곁에 아첨꾼들만 남게 되는 것은 그 때문입니다. 국가주의가 작동하기 시작하면 개인의 자유나 양심은 고려 사항이 되지 못합니다. … 형태는 다를지 몰라도 지금 우리 앞에도 금 신상이 놓여 있습니다. 그 신상은 숭배를 요구합니다. 그 신상은 어떤 때는 개인의 양심을 고려하지 않고 사람들을 몰아가는 국가주의로 나타나기도 하고, 욕망의 길로 우리를 몰아넣는 신자유주의 경제질서로 나타나기도 하고, 개인에 대한 우상화로 나타나기도 합니다. 한국 기독교가 무력해진 것은 그 신상 앞에 지레 넙죽 엎드린 데 있습니다. 권력에 아부하고, 물질이 주는 단맛에 취해 '아니오'라고 말할 수 있는 능력을 잃어버리는 순간 기독교는 낡은 종교로 전락하게 됩니다."(「화덕 속을 걷는 사람들」)

김 목사의 설교는 우리를 독재의 노예가 아니라, 거대한 단독자로 서게 한다. 우리 자신이 하나님의 은혜가 되어 살도록, 두려워 말고 화덕 속으로 들어가도록, 실천을 강권한다. 화덕 속을 피하지 않는 삶이 오히려 축복된 삶이라고 강권한다. 김 목사의 설교를 들으면 신학계에서 말하는 공공신학(public theology)이라는 것이 얼마나 관념적이고 허세적인지 부끄러워진다. 결국은 사사로운 신학(private theology)에 불과하다는 것을 깨닫기에 이른다.

울림의 감화력, 성스러운 반역자

마지막 일곱째 그는 말재주를 부리지 않는다. 약장수의 쉰 목소리로 은혜로운 척을 한다든지, 갑자기 소리를 지르고 폭력적인 언변을 구사한다든지 흥분시키는 일이 없다. 그는 무엇보다도 메시지 자체에 집중하도록 한다. 바라건대 김 목사의 설교문을 읽는 것도 중요하지만, 반드시 목소리를 들으며 묵상하기를 권한다. 그의 목소리에는 마조히즘적 폭력이 없다. 겸손하고 낮으며 느릿느릿한 그의 목소리이지만 강조할 때는 목소리가 커지기보다는 오히려 느려지고 또박또박 문장을 읽듯이 강조하여 큰 울림의 감화력을 발동시킨다.

그가 에스겔, 다니엘, 호세아, 요엘, 아모스를 호명하는 이유는 이 시대가 이 소예언자들의 절규가 필요할만치 긴급하기 때문이다. 이제 나는 저 예언자들의 이름 뒤에 김기석이라는 고마운 이름 석 자를 이어 놓는다.

너희는 사람이다

내가 그들과 평화의 언약을 세우고, 그 땅에서 해로운 짐승들을 없 애 버리겠다. 그래야 그들이 광야에서도 평안히 살고, 숲 속에서도 안심하고 잠들 수 있을 것이다. 내가 그들과 내 산 사방에 복을 내려 주겠다. 내가 때를 따라 비를 내릴 것이니, 복된 소나기가 내릴 것이 다. 들의 나무가 열매를 맺고, 땅은 그 소산을 내어 줄 것이다. 그들 이 자기들의 땅에서 평안히 살 것이다. 그들이 멘 멍에의 나무를 내 가 부러뜨리고, 그들을 노예로 삼은 사람들의 손에서 그들을 구하 여 주면, 그때에야 비로소 그들이, 내가 주인 줄 알게 될 것이다. 그 들이 다시는 다른 나라에게 약탈을 당하지 않으며, 그 땅의 짐승들 에게 잡혀 먹히지도 않을 것이다. 그들이 평안히 살고, 놀랄 일이 전 혀 없을 것이다. 내가 그들에게 기름진 옥토를 마련하여 줄 것이니, 그들이 다시는 그 땅에서 흉년으로 몰살을 당하지도 않고, 다른 나 라에게 다시 수모를 당하지도 않을 것이다. 그때에야 비로소 그들 이 나 주 그들의 하나님이 그들과 함께 있다는 것과, 그들이 내 백 성 이스라엘 족속이라는 것을 알게 될 것이다. 나 주 하나님의 말이다. 너희는 내 양 떼요, 내 목장의 양 떼다. 너희는 사람이요, 나는 너희의 하나님이다. 나 주 하나님의 말이다.

뒤집힌 세상

주전 597년, 바빌로니아 왕 느부갓네살은 유다의 왕 여호야긴을 굴복시키고, 그의 삼촌 시드기야를 꼭두각시 임금으로 세웁니다. 그리고는 유다 사회의 상류층 대부분을 바빌로니아로 사로잡아 갑니다. 에스겔은 그때 사로잡혀간 사람 가운데 한 사람입니다. 그발 강가에 정착한 유대인 디아스포라는 이제 곧 하나님이 개입하셔서 자기들을 꿈에도 그리는 고국으로 인도할 것이라고 믿었습니다. 지푸라기라도 잡는 심정이었을 것입니다. 하지만 에스겔은 그건 헛된 희망에 지나지 않는다면서, 그들이 그리워하는 예루살렘은 그 죄로 인해 곧 망할 것이라고 예고합니다. 자연히 그는 사람들의 꺼림의 대상이 되었습니다. 사람은 헛된 희망이라도 있어야 살 수 있기 때문입니다.

과연 그들이 잡혀간 지 12년이 지났을 때 예루살렘은 느부갓네살에 의해 철저하게 파괴되고 유다의 역사는 막을 내리게 되었습니다. 그발 강가에 있는 유대인 디아스포라에게 그것은 청천벽력과도 같은 소식이었습니다. 이 소식을 전해 듣는 순간부터 에스겔은 희망의 예언자로 탈바꿈합니다. 하나님의 심판은 역사를 새롭게 하시려는 하나님의 섭리 안에서 일어난 사건이라는 것입니다. 예언자는 이스라엘의 목자로 세움을 입었던 이들의 죄를 고발합니다. 그들은

'자기 자신만을 돌보는 이스라엘의 목자들'(에스겔 34:2)이었습니다. 선한 목자는 양들을 위해 목숨을 바치지만, 악한 목자들은 자기를 위해 양을 희생시킵니다. 살진 양을 잡아 기름진 것을 먹고, 양털로 옷을 해 입으면서도, 양 떼를 먹이지는 않습니다. 약한 양들을 튼튼하게 키워 주지 않고, 병든 것을 고쳐주지도 않고, 다리가 부러지고 상한 것을 싸매어주지도 않고, 흩어진 것을 모으지도 않고, 잃어버린 것을 찾지도 않습니다.

강도로 변한 목자들로 인해 양 떼는 흩어지고, 온갖 들짐승의 먹이가 되었습니다. 예언자의 말을 듣는 백성들의 마음이 착잡했을 겁니다. 그런 지도자들을 믿고 살아온 지난날의 회한 때문이었겠지요. 이제 해방의 꿈은 버려야 할 때가 된 것인지도 모릅니다. 그런데 에스겔은 이제 하나님께서 손수 양 떼를 찾아서 돌보실 것이라고 예고합니다.

헤매는 것은 찾아오고, 길 잃은 것은 도로 데려오며, 다리가 부러지고 상한 것은 싸매어 주며, 약한 것은 튼튼하게 만들겠다. 그러나 살진 것들과 힘센 것들은, 내가 멸하겠다. 내가 이렇게 그것들을 공평하게 먹이겠다.(에스겔 34:16)

하나님은 자기 자신만을 돌보는 지도자들 뿐만 아니라, 전쟁의 참화로 나라가 잿더미로 변한 상황에서도 제 잇속이나 차리는 힘센 자들을 미워하십니다. '살진 양들'로 지칭되는 그들의 행태는 이렇습니다. 초원에서 풀을 배불리 뜯어 먹고는 남은 풀을 발로 짓밟아

남들이 먹지 못하게 하고, 맑은 물을 맘껏 마시고는 남은 물을 발로 더럽혀 놓습니다. 병든 것들을 옆구리와 어깨로 밀어내고, 뿔로 받아서 그것들을 바깥으로 내보내어 흩어지게 합니다. 그림이 그려지시지요? 이 말씀을 듣는 순간 제 눈에는 일터에서 쫓겨난 비정규직 노동자들의 모습이 보이고, 서민들의 삶을 더욱 막막하게 만들 각종 정책들이 떠오르고, 약소국가들의 등골을 빼먹는 강대국들의 파렴치가 떠올랐습니다. 이런 상황에서 희망을 갖는 것이 가능할까요?

두려움 없는 세상의 꿈

에스겔의 대답은 아주 간명합니다. "희망은 위로부터 온다." 하나님은 자신에게 위임된 권력을 자의적으로 사용하지 않는 임금, 다윗 왕과 같은 새로운 목자를 보내실 것이라는 말입니다. 그는 해로운 짐승과 사나운 짐승을 없앨 것입니다. 그는 힘이 아니라 사랑이, 미움이 아니라 연민이 지배하는 세상으로 그들을 인도할 것입니다. 백성들은 그때 비로소 광야에서도 평안히 살고, 숲 속에서도 안심하고 잠을 잘 수 있을 것입니다. 샬롬의 세상이 열리는 겁니다.

삶을 돌아보십시오. 불안과 두려움이 우리를 짓누릅니다. 어떤 사나운 짐승이 위협하기에 우리 마음에 이토록 안식이 없는 것일까요? 사회학자인 울리히 벡(Ulrich Beck)은 근대화 이후 사회를 '위험사회'라는 말로 요약했습니다. 산업화를 통해 기술문명이 도래했습니다. 그에 따라 우리는 물질적인 풍요를 누리게 되었지요. 하지만 내재된 위험도 그만큼 커지게 되었습니다. 핵전쟁의 위협이나 환경

파괴, 다중이 이용하는 시설을 향한 무차별 테러, 실업의 증가, 교통사고, 납치와 유괴… 우리 마음을 뒤흔드는 일들이 너무도 많습니다. '안심' 혹은 '평안'이라는 이 소박한 단어가 새삼스럽게 들리는 까닭이 여기에 있습니다.

그런데 생각해보면 우리가 두려워해야 할 사나운 짐승과 해로운 짐승이 꼭 우리 외부에만 있는 것은 아닙니다. 우리가 정작 무서워해야 할 사나운 짐승은 우리 속에 있습니다. 병약한 양들을 어깨로 밀치고 뿔로 받고, 남이 먹어야 할 풀을 짓밟고, 물을 더럽히는 것은 바로 우리들이 아닌지요? 위험 사회에서 살아가면서 우리 마음도 점점 모질어지고 있습니다. 누구를 대하든 경계심을 가지고 대합니다. 우정이나 사랑보다는 경쟁의식이 우리를 지배합니다. 눈빛이 가파른 사람, 목소리가 거친 사람들 속에서 우리는 스스로를 지키기 위해 안간힘을 다합니다. 믿을 것은 나 밖에 없다는 생각 때문에 점점 우리 삶은 일그러집니다. 느긋한 평안을 누리고 싶지만 그것은 언제나 연기된 꿈일 뿐입니다.

모두가 안심하고 살 수 있는 세상, 두려움 없는 세상의 꿈은 그저 꿈일 뿐 결코 실현될 수 없는 이상에 지나지 않는 것일까요? 만일 그렇다고 말한다면 삶이 너무 각박해집니다. 우리는 두려움 없는 세상을 바라봅니다. 두려움 없는 세상은 어떤 곳일까요? 모두가 친구인 세상, 모두가 가족인 세상이 아닐까요? 원수조차 사랑하기로 작정한다면 그는 더 이상 두려움의 대상이 아닙니다. 죽음을 친구로 삼으면 죽음의 쏘는 가시는 사라지고 맙니다. 우리의 선한 목자이신 예수님은 바로 그런 세상이 가능하다는 것을 온몸으로 보여

주셨습니다. 우리 마음속에 사랑과 용서, 그리고 긍휼히 여기는 마음이 넘치는 한 우리 속에 있는 사나운 짐승은 머물 곳이 없게 됩니다. 예수의 마음이 아니고서는 평화의 세상을 누릴 수 없습니다.

욕망으로부터의 해방

소망이 절실하다면 하나님은 분명 우리의 기도를 들어주실 것입니다. 주님은 우리를 부자유하게 하는 멍에를 부러뜨리고, 우리를 노예로 만들려는 이들의 계획을 무산시키실 것입니다. 이런 믿음이 우리 소망의 근거입니다. 그런데 참 중요한 것이 있습니다. 기도(祈禱)는 기도(冀圖, 어떤 일을 이루기 위해 계획을 세우거나 그 계획의 실현을 도모함)입니다. 즉 바라는 것이 있으면 그것을 이루기 위해 노력해야 한다는 말입니다. 궁극적으로 우리를 부자유하게 하는 멍에를 벗겨주실 분은 주님이시지만, 우리도 그 멍에를 벗기 위해 노력해야 합니다. 우리의 멍에는 무엇입니까?

그것은 과도한 욕망이 아닐까요? 과도한 욕망이 우리를 종으로 만듭니다. 풍요로운 삶, 안락한 삶의 꿈은 신기루와 같아서 우리를 더욱 목마르게 하고, 지치게 만들 뿐입니다. 지금 우리가 사는 위험사회는 바로 우리의 욕망이 만든 것입니다. 우리가 풍요로움과 편리함에 중독되어 살아가는 동안 초록별 지구는 중병에 걸리고 말았습니다. 지구 온난화가 야기하는 기상 이변은 그 빈도와 규모가 날로 확대되어가고 있습니다. 지구의 한편에서는 엄청난 홍수로 피해를 입고, 다른 편에서는 가뭄으로 땅이 사막으로 변해갑니다. 엄청난 규모의 싸이클론은 마치 아이들이 개미집을 허물어버리는 것처럼 가난한 이들의 생존의 터전을 순식간에 허물어 버립니다. 지구의 허파라는 열대우림 지역은 사료용 곡물을 재배하기 위해 파괴되고, 광우병·조류 인플루엔자는 지구촌을 불안에 몰아넣고 있습니다. 지구의 부존자원, 그 중에서도 화석연료는 고갈을 앞두고 있습니다. 그런데도 우리는 풍요의 환상에서 깨어나지 못하고 있습니다. 이 멍에로부터 해방되어야 합니다.

지금 주님은 생태적 삶으로 개종하는 사람들을 찾고 계십니다. 그들은 가급적이면 자가용 대신 버스나 전철 혹은 자전거를 탑니다. 웬만한 거리는 걷습니다. 어떤 물건을 구입하면 끝까지 사용합니다. 육류에 대한 소비를 줄여 나갑니다. 환경을 심하게 파괴하는 기업의 물건을 사지 않습니다. 반생명적이고 반환경적인 정책에 대해 반대합니다. 이렇게 사는 사람들, 스스로 욕망의 멍에를 벗어버리기 위해 투쟁하는 사람들은 성스러운 반역자들입니다. 그들이야말로 과도한 욕망 위에 세워진 세상 질서에 틈을 내는 사람들입니다. 짙은 욕망의 구름을 찢고, 하늘의 빛을 세상에 끌어들이는 이들입니다.

지금까지 우리는 캄보디아에 우물을 파주는 일에 힘을 모았습니다. 이제는 그 방향을 조금 돌리려고 합니다. 지금까지 많은 이들이 생일이나 기념일이 되면 우물 헌금을 봉헌했습니다. 이제부터는 제 3세계 어린이들이 안심하고 공부할 수 있도록 학비를 지원하는 일과 몽골·중국·인도의 황량한 땅에 나무를 심는 일에 적극적으로 참여해주십시오. 저는 이것을 '푸른 희망을 심는 일'이라 생각합니다. 우리 교인들의 정성으로 저 가난한 나라의 어린이들이 좋은 교육을 받을 수 있다면, 그리고 척박한 땅이 초록빛으로 변할 수 있다면 그 얼마나 고마운 일입니까? 사나운 짐승, 해로운 짐승에게 받혀 쓰러진 이들을 일으키는 일이야말로 주님이 우리에게 맡기신 소명이 아니겠습니까?

은혜의 복된 비

에스겔은 때를 따라 비를 내려주시고 복된 소나기를 내려주시는 하나님의 은총을 예고하고 있습니다. 복된 소나기가 내리면 들의 나무가 열매를 맺고, 땅은 그 소산을 내고, 그 땅에 의지하여 살아가는 이들은 평안히 살게 될 것입니다. 얼마나 위안이 되는 말씀입니까? 우리는 하나님의 은혜로 삽니다. 그런데 하나님이 주시는 복된 소나기가 뭘까요? 여러분은 어떤 소나기를 기대하십니까? 돈 벼락? 출세? 뭐, 잘만 활용한다면 그것도 나쁠 것은 없지요. 묵상 중에 문득 우리가 맞아야 할 소나기는 눈물이 아닌가 하는 생각이 들었습니다. 우리는 너무 메말랐습니다. 연속극을 보면서는 울지만, 다른 이들의 구체적인 아픔은 외면해 버리고 맙니다. 그들과 연루되는 것이 싫기 때문입니다. 하지만 누군가와 연루되기를 꺼리는 순간 우리는 참 사람이 될 기회를 잃게 됩니다. 세상의 고통을 보며 울어 보셨습니까?

저는 6월 10일 자 〈한겨레 21〉에서 오태양 씨의 이야기를 읽었습니다. 그는 얼마 전까지 인도 동북부에 있는 둥게스와리에 있는 달리트 마을에서, 40도가 넘는 더위를 견디며 2년 가까이 우물을 파고 마을길을 닦아주다가 돌아왔습니다. 그는 지금 긴급구호가 필요한 여러 나라를 돕기 위해 동분서주하고 있는데, 특히 그가 애를 태우는 것은 북한입니다. 여러분도 아시는 바와 같이 북한의 식량난은 아주 심각합니다. 지난해 추수해서 비축해둔 식량은 이미 다 떨어졌고, 씨감자 등은 7~8월이나 되어야 수확을 하게 되는데 벌써 굶어 죽어가는 사람들이 나타나고 있습니다. 그는 "요즘 가슴이 많이 아프다. 시도 때도 없이 눈물도 난다."고 말합니다. 그가 북한의 실상에 처음 접한 것은 1996년 대학 3학년 때였다고 하는데, 그는 북한의 실상을 전하는 기사를 보면서 거의 매일 울었다고 합니다. 어떤 날은 신문을 보다가 너무 눈물이 나서, 타고 가던 지하철에서 내려 역 벤치에 앉아 한참을 혼자 울기도 했답니다. 그러다가 친구·선후배와 함께 모금운동에 참여했습니다. 내가 한 끼 줄이고 한 숨덜 자면서 한 사람이라도 더 만나면, 동포 한 사람의 목숨을 살릴 수 있다는 마음이었습니다. 10년이 지난 지금도 그 형편이 달라지지 않았다는 게 참 마음이 아픕니다.

그는 지금 일부러 거칠기 이를 데 없는 음식을 먹으며 구호사업을 하고 있습니다. 고통에 동참하기 위해서입니다. 타인의 고통 때문에 눈물을 흘리는 사람들, 그들의 고통을 덜어주려고 애태우는 사람들, 어쩌면 그들은 은혜의 소나기를 맞은 사람들인지도 모르겠습니다. 아니 어쩌면 그들이 곧 세상에 내리는 은혜의 소나기인지도 모르겠습니다. 하나님의 사람은 누구입니까? 하나님이 살아계심을 삶으로 드러내는 이들입니다. 주님은 "너희는 사람이요, 나는 너희의 하나님"이라고 말씀하십니다. 역사의 주인은 하나님이십니다. 우리가 할 수 있는 일은 아주 적습니다. 그럼에도 불구하고 이 말을 듣는 순간 마음이 편안해졌습니다. 일을 계획하고 추진하시는 분은 하나님이십니다. 우리는 그 뜻을 받들기만 하면 됩니다. 테레사 수녀는 자신을 하나님의 몽당연필이라 했습니다. 우리는 무능합니다. 하지만 하나님이 붙드시면 우리도 이 척박한 세상에 복된 소나기가 될 수 있습니다. 하나님의 손에 붙들리는 순간 우리는 이미 성스러운 반역자들입니다. 우리 모두 세태를 거스르며 나아가는 하나님 나라의 순례자들이 되기를 기원합니다.

다니엘

3장 19-25절

화덕 속을 걷는 사람들

그러자 느부갓네살 왕은 잔뜩 화가 나서, 사드락과 메삭과 아벳느고를 보고 얼굴빛이 달라져, 화덕을 보통 때보다 일곱 배나 더 뜨겁게 하라고 명령하였다. 그리고 그의 군대에서 힘센 군인 몇 사람에게, 사드락과 메삭과 아벳느고를 묶어서 불타는 화덕 속에 던져 넣으라고 명령하였다. 그러자 사람들은 그들을, 바지와 속옷 등 옷을 입고 관을 쓴 채로 묶어서, 불타는 화덕 속에 던졌다. 왕의 명령이 그만큼 급하였다. 화덕은 매우 뜨거웠으므로, 사드락과 메삭과 아벳느고를 붙든 사람들도 그 불꽃에 타서 죽었다. 사드락과 메삭과 아벳느고 세 사람은 묶인 채로, 맹렬히 타는 화덕 속으로 떨어졌다. 그때에 느부갓네살 왕이 놀라서 급히 일어나, 모사들에게 물었다. "우리가 묶어서 화덕 불 속에 던진 사람은, 셋이 아니더냐?" 그들이 왕에게 대답하였다. "그러합니다. 임금님." 왕이 말을 이었다. "보아라, 내가 보기에는 네 사람이다. 모두 결박이 풀린 채로 화덕 안에서 걷고 있고, 그들에게 아무런 상처도 없다! 더욱이 넷째 사람의 모습은 신의 아들과 같다!"

좀비들의 거리

주님의 은총이 우리 가운데 함께 하시기를 빕니다. 그리고 태풍 하이옌으로 인해 큰 피해를 입은 필리핀의 형제자매들과도 함께 하시기를 빕니다. 자연재해의 규모가 점점 커지고 빈도수도 늘어나는 것을 두려움으로 지켜보면서 '바람을 심어 광풍을 거둔다.'(호세아 8:7)는 말을 떠올리지 않을 수 없었습니다. 인간의 편리함을 위한 대량소비가 자연의 반란을 불러왔습니다. 사람다움이 무엇인지를 자꾸 묻지 않을 수 없는 나날입니다. 요즘은 얼이 죽어버린 이들이 너무 많은 것 같아 우울합니다. 영혼 없는 좀비들(zombies)이 활개를 치고 있습니다. 어느 전직대통령에 대한 신화화가 도처에서 진행되고 있습니다. 영남권의 어느 현직 시장은 그분을 일러 반인반신적 존재라고 말했다는 보도를 보았습니다. 그런 행태에 대해 논평하고 싶은 생각은 없습니다만 그것이 우리 시대가 처한 위기의 징조인 것은 분명합니다. 어떤 사람을 좋아하고 찬탄하는 거야 누가 뭐라 하겠습니까? 하지만 누군가를 우상으로 만드는 일은 정말 큰 일이 아닐 수 없습니다. 제게는 지금 우리 사회의 정신의 등뼈가 무너지는 소리가 들려옵니다. 정신을 똑바로 차려야 할 때입니다.

주전 2세기 중엽, 이스라엘은 셀류쿠스 왕조의 임금 안토니우스 에피파네스 4세 치하에 큰 시련을 당했습니다. 그는 유대인들의 정신을 무너뜨리기 위해 강력한 종교탄압정책을 펼쳤습니다. 율법 두루마리를 읽거나 소지하는 것을 금했고, 안식일을 지키지 못하게 했으며, 할례도 금지했습니다. 유대인들의 정체성의 근간을 이루고 있던 것들을 다 금지한 것입니다. 위반하는 이를 기다리는 것은 죽음이었습니다. 그는 심지어 성전의 제단 위에서 유대인들이 불결하게 여기는 돼지를 잡아 제우스 신에게 바치기도 했습니다. 엄혹한 시절이었습니다. 바로 그 무렵에 등장한 것이 다니엘서입니다. 다니엘서가 배경으로 삼고 있는 시대는 바빌로니아와 그 뒤를 이은 메대 페르시아이지만, 다니엘서의 잠정적 독자들은 위기를 겪고 있던 주전 2세기의 사람들이었습니다. 다니엘서의 저자는 포로로 잡혀가 제국의 관료로 살아가야 했던 다니엘과 그의 세 친구를 등장시켜 그들이 얼마나 굳건한 의지로 자기 신앙을 지켰는지를 감동적인 이야기로 들려줌으로써 자기 시대의 사람들에게 신앙을 굳건히 지키라고 독려하고 있습니다.

신상을 만드는 사람들

하나님이 보내신 꿈을 통해 제국이 무너질지도 모른다는 두려움에 사로잡힌 바빌로니아 왕 느부갓네살은 뭔가 안전조치가 필요하다고 생각했습니다. 그는 민족과 언어가 다른 이들이 뒤섞인 제국의 통합을 위해 백성들에게 국가숭배 의식을 강요하기로 작정하고는 거대한 금신상을 세웠습니다. 높이가 예순 자, 너비가 여섯 자였다고 합니다. 대략 높이 27미터에 너비 2.7미터의 신상이라고 생각하면 됩니다. 왕은 신상 제막식에 제국의 관료들을 다 불러 모읍니다. 왕의 위엄을 과시하고 반역의 싹을 미리 자르려는 의도였을 겁니다. 그는 나팔과 피리를 비롯한 각종 악기 소리가 나면, 지위고하를 막론하고 신상 앞에 절을 하라는 포고령을 내렸습니다. 엎드려 절하지 않는 자는 즉시 불타는 화덕 속에 던져 넣겠다는 위협도 빠뜨리지 않았습니다.

독재자들이 가장 좋아하는 단어는 무엇일까요? 일사불란(一絲不亂)이 아닐까요? 독재자라는 말 속에 들어 있는 '홀로 독(獨)' 자가 가리키듯 그는 자기 뜻을 거스르는 이들을 견디지 못합니다. 독재자 곁에 아첨꾼들만 남게 되는 것은 그 때문입니다. 국가주의가 작동하기 시작하면 개인의 자유나 양심은 고려 사항이 되지 못합니다. 집단의 논리는 맹목적일 때가 많습니다. 다른 견해를 가진 사람, 다른 목소리를 내는 사람은 불온한 사람으로 여겨집니다. 그래서 그들에게 조직의 쓴맛(?)을 안겨줍니다. 집단주의의 광풍이 불어올 때 뜻있는 사람들은 세상을 떠나 은둔하거나, 그 시대와 맞서다가 희생을 당하기도 합니다.

노벨 문학상을 수상한 귄터 그라스의 소설《양철북》을 영화화한 동명의 영화 한 장면이 떠오릅니다. 오스카는 음란하고 광기에 찬 세상의 실상을 엿보고는 더 이상 자라고 싶지 않아 세 살에 성장이 멈춘 아이입니다. 오스카의 유일한 기쁨은 양철북을 두드리는 것입니다. 그는 어느 날 자기의 분신과도 같은 양철북을 메고 아버지가 참여하고 있던 나치의 집회장에 숨어듭니다. 사람들은 군악대의 연주에 맞추어 그야말로 일사불란하게 열을 지어 행진합니다. 연단 밑에 숨어서 그 광경을 보고 있던 오스카는 흥분을 참지 못하고 자기 양철북을 치기 시작합니다. 그러자 사람들은 어디선가 들려오는 다른 북소리로 인해 박자를 놓치고 허둥거립니다. 발이 엇나가며 열이 엉망이 되어버렸습니다. 다음 순간 작가의 빛나는 상상력이 작동됩니다. 나치의 선동장은 갑자기 무도회장으로 변합니다. 사람들이 오스카의 북소리에 맞춰 왈츠를 추기 시작했던 것입니다. 비록 영화이기는 하지만 광기의 자리를 친교의 춤판으로 바꾼 오스카의 북소리를 저는 두고두고 잊을 수가 없습니다. 어느 시대이든 기독교인의 책임은 하늘 북소리를 울려 광기에 사로잡힌 이들이 본래의 선하고 따뜻한 사람으로 회복시키는 일이라는 생각이 듭니다.

신앙 양심을 지키기 위해

오늘의 본문은 오스카의 북소리처럼 국가주의의 선전장을 하나님의 영광이 드러나는 자리로 바꾼 사람들을 소개하고 있습니다. 바빌로니아 제국에 포로로 잡혀와서 살고 있던 유대인 청년들입니다. 그들의 히브리식 이름은 하나냐, 미사엘, 아사랴였지만 우리는 그들의 바빌로니아식 이름인 사드락, 메삭, 아벳느고를 더 익숙하게 기억하고 있습니다. 왕으로부터 능력을 인정받아 지방 행정 관료로 일하고 있던 그들도 신상 낙성식에 참여했던 것 같습니다. 하지만 그들은 차마 그 신상 앞에 절할 수 없었습니다. 현실 권력가인 왕의 지배는 인정하지만 그를 신적 존재로 인정할 수는 없었던 것입니다. 그것은 그들의 신앙 양심에 어긋나는 일이었습니다.

그들의 태도는 국가주의를 금과옥조로 여기는 이들의 눈 밖에 날 수밖에 없었습니다. 그렇지 않아도 출세가도를 달리는 그들이 눈에 들어간 가시처럼 불편했는데, 그들을 제거할 절호의 기회가 찾아왔습니다. 점성가들이 나서서 그들을 고발합니다. 왕은 소환된 그 세 젊은이들을 친히 심문합니다. 왕의 신을 섬기지도 않고, 금 신상에게 절을 하지 않은 것이 사실이냐고 묻습니다. '그렇다'는 대답이 돌아오자 그는 번민합니다. 없애버리기는 아깝고, 그냥 두자니 왕의 체통이 말이 아니었습니다. 그래서 그는 그들을 설득해보려고 합니다. 지금이라도 악기 소리가 들리면 엎드려 절하라는 것이었습니다. 돌이킬 수 있는 기회를 주었는데도 불구하고 거절한다면 죽음을 면할 수 없다면서 세상의 어떤 것도 그들을 구해낼 수 없다는 말까지 덧붙입니다.

사드락, 메삭, 아벳느고는 이제 양자택일을 해야 할 상황입니다. 신앙 양심에 반하는 선택을 하든지, 아니면 죽든지. 절체절명의 자리입니다. 왕은 그들이 자기 호의를 받아들여 신상 앞에 절을 할 거라고 생각했을 겁니다. 무소불위의 권력을 휘두르던 사람이니 그렇게 생각하는 게 당연합니다. 그런데 그는 전혀 뜻밖의 말을 듣습니다. 세 사람은 그 일을 두고는 왕 앞에 대답할 필요조차 없다면서 이렇게 말합니다.

> 불 속에 던져져도, 임금님, 우리를 지키시는 우리 하나님이 우리를 활활 타는 화덕 속에서 구해 주시고, 임금님의 손에서도 구해 주실 것입니다.(다니엘 3:17)

'우리'라는 단어가 세 번 반복되고 있습니다. 그 단어는 마치 그들이 서로 어깨를 단단히 겯고 있는 듯한 느낌을 자아냅니다. 이 말 속에 담겨 있는 뜻은 무엇입니까? 세상에는 왕의 권세보다 더 높은 통치자가 있다는 것입니다. 어리벙벙한 느부갓네살 왕에게 들려온 그 다음 말은 더욱 치명적입니다.

비록 그렇게 되지 않더라도, 우리는 임금님의 신들은 섬기지도 않고, 임금님이 세우신 금 신상에게 절을 하지도 않을 것입니다. 굽어살펴 주십시오.(다니엘 3:18)

말은 정중하지만 그들은 마치 왕보다 큰 사람처럼 보입니다. 우리는 이들에게서 신앙인의 본보기를 봅니다. 하나님을 믿는 이들의 정신이 이러해야 하지 않겠습니까? 문득 산헤드린 앞에 끌려가 심문을 받던 베드로와 요한이 다시는 예수의 이름으로 말하지도 말고 가르치지도 말라는 명령을 듣고 했던 말이 떠오릅니다.

하나님의 말씀을 듣는 것보다, 당신들의 말을 듣는 것이, 하나님 보시기에 옳은 일인가를 판단해 보십시오. 우리는 보고 들은 것을 말하지 않을 수 없습니다.(사도행전 4:19-20)

신앙은 이처럼 장엄합니다. 한 존재를 태산보다 크게 만듭니다. 그런데 우리 시대는 이런 신앙을 너무나 사소하게 만들어버렸습니다. 사람들은 신앙을 마치 개인의 욕망을 충족시켜주는 요술방망이처럼 여깁니다. 타락한 종교는 맛 잃은 소금처럼 밖에 버려져 오고 가는 이들의 발에 짓밟힐 수밖에 없습니다. 며칠 전 세계 최대를 자랑하던 교회 목사의 범죄 혐의가 매스컴에 대서특필 되었습니다. 이게 다 신앙을 사적 욕망의 수단으로 삼은 결과입니다.

우리 곁을 걷는 이

화덕 속에 던져지는 한이 있더라도 신앙 양심을 버릴 수 없다고 말했던 사드락, 메삭, 아벳느고는 어떻게 되었을까요? 결국 그들은 왕의 진노를 사서 더 뜨겁게 달궈진 화덕 속에 던져졌습니다. 그들을 화덕 속으로 밀어 넣던 이들이 타 죽었을 정도였다고 하니 왕의 분노가 얼마나 컸는지를 알 수 있습니다. 그런데 느부갓네살은 자리를 떠나지 않고 멀찌감치 서서 화덕 속을 들여다봅니다. 그의 내면에 깃든 불안함이 엿보입니다. 어쩌면 그들이 죽지 않았을지도 모른다는 생각이 들었던 것일까요? 어느 순간 왕은 깜짝 놀라 모사들에게 묻습니다. "우리가 묶어서 화덕 불 속에 던진 사람은, 셋이 아니더냐?" 그들이 그렇다고 말하자 왕이 말을 잇습니다.

> 보아라, 내가 보기에는 네 사람이다. 모두 결박이 풀린 채로 화덕 안에서 걷고 있고, 그들에게 아무런 상처도 없다! 더욱이 넷째 사람의 모습은 신의 아들과 같다.(다니엘 3:25)

이 놀라운 장면을 보면서 저는 떨기나무 불꽃 속에서 당신을 드러내신 야훼 하나님을 떠올립니다. 화덕은 다니엘서가 기록되던 당시 민중들이 겪던 현실 상황을 나타내는 것일 겁니다. 믿음을 지키기 위해서는 화덕 속에 던져지는 것 같은 희생을 각오해야 했습니다. 그것은 가시밭 위를 맨발로 걷는 것과 같은 경험이었을 겁니다. 그런데 성경은 이방인 압제자의 입을 통하여 놀라운 증언을 하고 있습니다. 화덕 속을 걷는 또 다른 존재가 있다는 것입니다. 그들의 결박은 풀렸고 상처 하나 없더라는 것입니다. 더욱 놀라운 것은 그 다른 존재의 모습이 신의 아들과 같았다는 사실입니다.

다니엘서가 들려주는 이야기는 명백합니다. 화덕 속을 걷는 것 같은 현실이지만 하나님은 그들을 버리기는커녕 그들 곁에서 함께 걸으며 당신의 백성들을 지키신다는 것입니다. 일찍이 하나님은 떨기나무 불꽃 속에서 모세와 만나셨습니다. 보잘 것 없는 떨기나무 한 그루와 같은 밑바닥 인생들 가운데 오셔서 그들을 두려움에 떨게 하는 것이 아니라, 그들을 환히 빛나게 하시는 하나님을 우리는 다니엘서를 통해서 다시 한번 만나게 됩니다.

이 이야기의 종결부는 놀라운 반전을 보여줍니다. 바빌로니아 왕 느부갓네살은 신하들에게 사드락과 메삭과 아벳느고를 돌보신 하나님을 찬송하라고 명령합니다. 왕의 명령을 거역하면서까지 당신을 섬기려 한 이들을 보호하고 또 구원하시는 야훼 하나님에 대해 경솔히 말하는 일이 없도록 하라는 명령도 내립니다. 마지막 대목이 압권입니다.

이와 같이 자기를 믿는 사람을 구원할 수 있는 신은 다시 없을 것이다.(다니엘 3:29c)

압제자들 역시 인정하지 않을 수 없는 하나님, 그 하나님은 목숨을 걸고 그를 믿는 이들을 통해 영광을 받으십니다. 형태는 다를지 몰라도 지금 우리 앞에도 금 신상이 놓여 있습니다. 그 신상은 숭배를 요구합니다. 그 신상은 어떤 때는 개인의 양심을 고려하지 않고 사람들을 몰아가는 국가주의로 나타나기도 하고, 욕망의 길로 우리를 몰아넣는 신자유주의 경제질서로 나타나기도 하고, 개인에 대한 우상화로 나타나기도 합니다. 한국 기독교가 무력해진 것은 그 신상 앞에 지레 넙죽 엎드린 데 있습니다. 권력에 아부하고, 물질이 주는 단맛에 취해 '아니오'라고 말할 수 있는 능력을 잃어버리는 순간 기독교는 낡은 종교로 전락하게 됩니다.

우리는 평안함, 세속적인 성공, 건강을 위해서 믿는 것이 아닙니다. 우리는 하나님이 살아 계시다는 사실을 몸으로 증언하도록 부름 받은 사람들입니다. 화덕 속으로 기꺼이 던져질 각오가 없어 기독교는 힘을 잃었습니다. 우리는 다만 귀신 들린 아이 아버지가 주님께 아뢴 것처럼 이렇게 기도할 수밖에 없습니다.

내가 믿습니다. 믿음 없는 나를 도와주십시오.(마가복음 9:24)

초겨울의 문턱을 넘고 있습니다. 너무 늦기 전에 우리 믿음이 진실한지 돌아보십시오. 그리고 믿음의 본을 보인 사람들을 자꾸만 묵상하며 우리 삶도 그들을 닮게 해 달라고 기도하십시오. 주님의 도우심으로 우리 믿음의 싹이 다시금 돋아나기를 기원합니다.

호세아

6장 1-6절

애써 주님을 알자

이제 주님께로 돌아가자. 주님께서 우리를 찢으셨으나 다시 싸매어 주시고, 우리에게 상처를 내셨으나 다시 아물게 하신다. 이틀 뒤에 우리를 다시 살려 주시고, 사흘 만에 우리를 다시 일으켜 세우실 것이니, 우리가 주님 앞에서 살 것이다. 우리가 주님을 알자. 애써 주님을 알자. 새벽마다 여명이 오듯이 주님께서도 그처럼 어김없이 오시고, 해마다 쏟아지는 가을비처럼 오시고, 땅을 적시는 봄비처럼 오신다. "에브라임아, 내가 너를 어떻게 하면 좋겠느냐? 유다야, 내가 너를 어떻게 하면 좋겠느냐? 나를 사랑하는 너희의 마음은 아침 안개와 같고, 덧없이 사라지는 이슬과 같구나. 그래서 내가 예언자들을 보내어 너희를 산산조각 나게 하였으며, 나의 입에서 나오는 모든 말로 너희를 죽였고, 나의 심판이 너희 위에서 번개처럼 빛났다. 내가 바라는 것은 변함없는 사랑이지, 제사가 아니다. 불살라 바치는 제사보다는 너희가 나 하나님을 알기를 더 바란다."

인간과 하나님의 숨바꼭질

주님의 은총과 평화가 우리 가운데 임하시기를 빕니다. 오늘은 사순절 직전 주일로 통상 변화주일로 지키는 날입니다. 교회는 오랫동안 주님이 높은 산에 올라가셔서 그 모습이 해처럼 환하게 변화되셨던 사건을 기념해 왔습니다. 수난의 깊은 골짜기로 들어가기 전 마치 심호흡을 하듯 주님은 제자들을 빛의 세계로 인도하셨던 것입니다. 현장에 있던 세 제자는 그때 비로소 스승으로 모셨던 예수님이 어떤 존재인지를 깨달았습니다. 모든 사람에게는 저마다의 빛이 있습니다. 사람은 누구나 하나님의 형상이기 때문입니다. 밝고 덜 밝은 차이는 있지만 빛이 없는 사람은 없습니다. 인생의 과제가 있다면 어두워진 우리 존재를 닦고 또 닦아 맑아지는 것일 겁니다. 예수님은 더러움과 어둠이 없었기에 빛 그 자체셨습니다. 예수님은 제자들을 향해 "너희는 빛이라." 이르시면서 "이와 같이, 너희 빛을 사람에게 비추어서, 그들이 너희의 착한 행실을 보고, 하늘에 계신 너희 아버지께 영광을 돌리게 하여라."(마태복음 5:16) 하고 말씀하셨습니다. 사도 바울도 같은 취지의 말씀을 하셨습니다.

> 여러분이 전에는 어둠이었으나, 지금은 주님 안에서 빛입니다. 빛의 자녀답게 사십시오.(에베소서 5:8)

그렇다면 지금 우리는 어떻습니까? 빛의 자녀답게 살고 있습니까? 여전히 어둠 속에서 비틀거리고 있지는 않습니까? 삶으로 하나님의 현존을 세상 앞에 드러내고 있습니까? 이런 질문 앞에 설 때마다 부끄러울 뿐입니다. 우리는 거룩함을 향한 순례자라는 사실을 까맣게 잊고 살고 있다는 생각이 들기 때문입니다. 땅의 현실에 붙들려 하늘을 보지 못하고 삽니다. 우리 영혼의 뜨락에는 이런저런 허접스레기들이 가득 차 있고, 거미줄 또한 잔뜩 쳐져 있습니다. 바쁘다는 핑계로, 고단하다는 핑계로 하루 이틀 청소를 게을리 한 결과 우리는 불투명한 존재가 되고 말았습니다. 그래서 하나님을 드러내지 못합니다.

예배는 이제는 돌아오라는 주님의 부름과 인간의 응답이 아름답게 만날 때 이루어집니다. 예언서를 읽다보면 '하나님께로 돌아오라.'는 부름과 자주 마주칩니다. 인류의 첫 사람들이 하나님의 얼굴을 피하여 나무 뒤로 몸을 숨긴 이후, 인간은 버릇처럼 하나님을 등지고 살아왔습니다. 인류의 역사는 하나님으로부터 달아나려는 인간과 그럼에도 불구하고 그런 인간을 찾아오시는 하나님의 숨바꼭질인지도 모르겠습니다. 인간의 죄의 역사는 곧 하나님의 은총의 역사이기도 한 것은 그 때문입니다.

오늘 본문도 "이제 주님께로 돌아가자."는 권고로 시작됩니다. 돌아간다는 것은 떠났음을 전제로 합니다. 떠나지 않은 자는 돌아갈 수 없는 법입니다. 우리가 참 사람이 되기 위해서는 하나님께로부터 멀어진 마음을 거두어 자꾸만 주님께 바쳐야 합니다. 문제는 자기가 떠난 줄도 모르고 산다는 데 있습니다. 떠난 줄 모르니 돌아갈 생각조차 없습니다. 이것은 개인의 문제이기도 하지만 공동체의 문제이기도 합니다. 하나님을 등진 문화, 종교, 정치, 경제도 있는 법입니다.

어두운 시절

호세아는 주전 8세기의 예언자입니다. 당시 이스라엘은 큰 위기에 직면하고 있었습니다. 동방의 강자인 앗시리아가 그 막강한 군사력을 앞세워 근동 지역을 전쟁으로 몰아넣고 있었던 것입니다. 특히 디글랏빌레셀 3세가 통치하던 시기는 최악이었습니다. 그는 끊임없는 전쟁을 통해 민족과 나라들을 굴복시키고 봉신(封臣)으로 삼았습니다. 그는 막대한 양의 전리품과 노예를 획득하고, 조공을 강요함으로써 앗시리아의 배를 불렸습니다. 또한 반란의 가능성을 차단하기 위해 이주 정책을 시행했습니다. 수많은 사람들이 정들었던 땅을 떠나 낯선 곳으로 옮겨가서 살아야 했습니다.

그런 위기 상황이었음에도 불구하고 북왕국은 하나가 되지 못했습니다. 군사적 반란이 끊이지 않았고, 왕들이 쫓겨나는 일이 다반사가 되었습니다. 호세아는 각자 자기 마음에 맞는 왕을 세우려는 자들의 달아오른 마음을 빵 굽는 화덕에 빗대기도 했습니다.(호세아 7:6) 아무도 서로를 믿지 못하는 시대였습니다. 음모와 술책, 속임수와 폭력이 일상화 되었습니다. 호세아는 길르앗이 폭력배의 성읍이 되었고, 사람들의 발자국마다 핏자국이 뚜렷하다고 자기 시대를 고발합니다. 제사장 무리들은 세겜으로 가는 길목에 숨어 있다가 사람들을 살해하는가 하면, 사람들은 서로 속이고 도둑질하고 떼 지어 몰려다니며 가난하고 힘없는 이들을 약탈(호세아 6:8-7:2)했습니다.

권력에 눈이 먼 이들은 애굽이나 앗시리아에게 빌붙어 권력을 차지하거나 유지하려 했습니다. 나라를 위한다는 명분을 내세웠지만 그들의 관심은 오직 자기들의 밥그릇을 지키는 일 뿐이었습니다.

> 에브라임은 어리석고, 줏대 없는 비둘기이다. 이집트를 보고 도와 달
> 라고 호소하더니, 어느새 앗시리아에게 달려간다.(호세아 7:11)

호세아는 권세자들의 그런 마음을 꿰뚫어 보고 있습니다. 사심 없
는 마음으로 바라보면 다 보이는 것을 정작 당사자들만 모르는 경우
가 참 많습니다. 내남없이 타락한 그 시대, 신뢰도 이웃 사랑도 다 사
라진 그 시대를 향해 호세아는 엄중한 경고의 메시지를 던집니다.

> 이스라엘이 바람을 심었으니, 광풍을 거둘 것이다. 곡식 줄기가 자라
> 지 못하니, 알곡이 생길 리 없다. 여문다고 하여도, 남의 나라 사람들
> 이 거두어 먹을 것이다.(호세아 8:7)

바람을 심고 광풍을 거두는 것이 인간의 어리석음입니다. 죄는
자기중심성과 밀접하게 연결되어 있습니다. 죄는 자기를 세상의 중
심에 놓고 사고하게 만듭니다. 남의 사정 따위는 아랑곳하지 않습
니다. 죄인을 가리켜 자기 속으로 구부러진 인간이라 말하는 것은
그 때문입니다. 죄에 사로잡히는 순간 사랑의 능력은 상실됩니다.
사랑은 자기 초월의 능력이기 때문입니다. 사랑에 빠진 이들은 더
이상 자기 좋을 대로 살지 않습니다. 사랑하는 이를 위해 자기의 안
일한 평안을 포기합니다. 호세아는 입으로는 하나님을 사랑한다고
말하면서도 실제로는 오로지 자기 안위에만 마음을 쓰는 이들을 향

해 이렇게 말합니다.

> 나를 사랑하는 너희의 마음은 아침 안개와 같고, 덧없이 사라지는 이
> 슬과 같구나.(호세아 6:4b)

이렇게 사랑의 무능력자가 된 까닭은 무엇일까요? 절박함이 사라
졌기 때문입니다. 의식적으로든 무의식적으로든 하나님의 도움 없
이도 살 수 있다는 생각에 사로잡혔기 때문입니다. 하나님은 더 이
상 궁극적 관심이 아니라 부차적 관심이 되었습니다. 하나님은 잊
혀졌습니다. 호세아는 이것을 이렇게 정리합니다.

> 나는 저 광야에서, 그 메마른 땅에서, 너희를 먹이고 살렸다. 그들을
> 잘 먹였더니 먹는 대로 배가 불렀고, 배가 부를수록 마음이 교만해지
> 더니, 마침내 나를 잊었다.(호세아 13:5-6)

> 이스라엘이 궁궐들을 지었지만, 자기들을 지은 창조주를 잊었다.(호
> 세아 8:14a)

하나님을 기억한다는 것은 조금 불편한 일입니다. 하나님은 우리
에게 본능을 거슬러 타자들의 마음을 살피라고 말씀하시기 때문입
니다. 그렇기에 우리는 짐짓 하나님을 잊으려 합니다. 그 결과는 무
엇일까요? 이웃과의 연대에서 비롯되는 생명의 따스함이 사라지는
동시에 세상이 점점 살벌하게 변합니다. 음모와 술책과 폭력이 일

상이 된 세상은 그렇게 도래하는 것입니다.

어떻게 돌아가야 할까?

"이제 주님께로 돌아가자." 간결하지만 강력한 메시지입니다. 주님께로 돌아가려면 어떻게 해야 할까요? 교회생활을 열심히 하면 될까요? 일상의 삶을 중단하고 산 기도에 매진해야 할까요? 그렇지 않습니다. 하늘의 길은 땅의 길과 연결되어 있습니다. 땅의 현실에 충실하지 못한 사람은 하늘에 이를 수 없습니다. 저 높은 곳에 이르려면 저 낮은 곳을 향해야 합니다. 호세아의 메시지는 명확합니다.

> 정의를 뿌리고 사랑의 열매를 거두어라. 지금은 너희가 주를 찾을 때이다. 묵은 땅을 갈아 엎어라. 나 주가 너희에게 가서 정의를 비처럼 내려주겠다.(호세아 10:12)

정의를 뿌리고 사랑의 열매를 거두는 것이야말로 주님께로 돌아가는 길입니다. 정의만 외치면서 정작 사랑을 잃어버리거나, 사랑을 말하면서 정의를 소홀히 하는 것은 다 잘못입니다. 이스라엘의 전도자는 말합니다.

> 너무 의롭게 살지도 말고, 너무 슬기롭게 살지도 말아라. 왜 스스로를 망치려 하는가?(전도서 7:16)

그러면서 그는 "하나를 붙잡되, 다른 것도 놓치지 않는 것이 좋다. 하나님을 두려워하는 사람은 극단을 피한다."(전도서 7:18)고 말합니다. 이건 어중간한 중간을 취하라는 말이 아닙니다. 적당히 좋은 게 좋은 거지 하고 살라는 말이 아닙니다. 균형을 잘 잡고 살아야 한다는 말입니다. 옛사람은 때에 맞춰 사는 것이 군자의 중용이라 말합니다. 경거망동하지 않는 것입니다. 고집부리지 않는 것입니다. 그것을 일러 시중(時中)이라 합니다. 그에 비해 소인의 중용은 거리낌 없이 사는 것(소인지중용야小人之中庸也 소인이무기탄야小人而無忌憚也,《중용》2장)입니다. 남을 배려하지 않는 것입니다.

정의를 뿌리고 사랑의 열매를 거두는 것이야말로 주님께로 돌아가는 길임을 잊지 마십시오. 그런데 하나님께로 돌아간다는 말 속에 담긴 또 다른 의미가 있습니다.

그러니 너희는 하나님께로 돌아오너라. 사랑과 정의를 지키며, 너희 하나님에게만 희망을 두고 살아라.(호세아 12:6)

사랑과 정의를 지키는 것은 물론이고, 하나님께만 희망을 두는 것이야말로 하나님께로 돌아감입니다. 우리의 가능성에 의지할 때 낙심하기 쉽습니다. 하나님의 사랑을 믿고, 하나님의 능력을 굳게 신뢰하는 것이 하나님께로 돌아감입니다.

땅을 적시는 봄비처럼 오시는 주님

호세아에게 하나님은 "우리를 찢으셨으나 다시 싸매어 주시고, 우리에게 상처를 내셨으나 다시 아물게" 하시는 분이십니다. 우리

말에 '괴다'라는 단어가 있습니다. 이 단어의 일차적 의미는 "밑을 받쳐 안정하게 하다"라는 뜻이지만 "유난히 귀엽게 사랑하다."는 뜻도 있습니다. 얼마 전에 우리 교우인 임자헌 선생이 《명銘, 사물에 새긴 선비들의 마음》이라는 책을 냈습니다. 명(銘)이란 사람들 곁에 머물면서 삶을 함께한 물건을 노래한 글을 일컫는다고 합니다. 이를테면 15세기 사람 어세겸이 쓴 걸상에 대한 명(銘)이 있습니다.

"몸이 기대는 곳/너는 고이 받들라/기울지도 비스듬하지도 말아/내가 올라앉게 하라."

임 선생은 해설을 통해 "걸상의 주 임무는 사람이 편안히 앉을 수 있도록 사람을 괴어 받쳐 주는 것"이라고 말하면서 이렇게 묻고 대답합니다.

"'괴다'에 왜 사랑한다는 뜻이 있는 것일까? 무언가를 괴어 주는 것은 그 대상을 내가 품어 편안하고 안정감 있게 자리할 수 있도록 받쳐 주는 것이기 때문이다. 괴어 주는 것은 나를 위해서가 아니라 상대를 위해서 나의 공간을 내놓는 행위이다."(임자헌,《명銘, 사물에 새긴 선비들의 마음》, 한국고전번역원, 25쪽)

이 글을 읽다가 문득 우리를 괴어 받쳐주는 하나님의 지극한 사랑이 떠올라 가슴이 먹먹해졌습니다. 상처 입은 새처럼 연약한 이들을 품어 안으시고, 그들을 괴어 받쳐주시는 그 사랑, 하늘 보좌를 버리고 인간이 되어 우리에게 다가오신 그 사랑이 우리를 살게 합니다. 넘어지고 일어서기를 반복하는 우리들, 때로 불의에 눈 감기도 하고 불의에 가담하기도 하는 우리를 내치지 않으시는 하나님의 사랑이 우리 희망의 근거입니다.

새벽마다 여명이 오듯이 주님께서도 그처럼 어김없이 오시고, 해마다 쏟아지는 가을비처럼 오시고, 땅을 적시는 봄비처럼 오신다.(호세아 6:3)

이 단호하고도 확고한 사랑 덕분에 우리는 삽니다. 하나님이 어떤 분인지 우리는 어떤 언어로도 표현하기 어렵습니다. 그렇기에 호세아는 그분의 오심을 '여명(黎明)'에 빗대고, 쏟아지는 가을비와 땅을 적시는 봄비에 빗대 말하고 있습니다. 주님은 이렇게 우리 삶에 오고 계십니다. 오시는 그분에게 돌아가는 것이 바로 우리가 할 일입니다. 돌아간다는 것은 우리 또한 누군가를 괴어 주고, 누군가를 위해 우리의 공간을 내어주는 일입니다.

안팎으로 어려운 일들이 많이 일어나고 있습니다. 도의의 시대가 가고 힘의 시대가 도래한 것 같습니다. 폭력과 사기가 거리낌 없이 자행되는 시대입니다. 이러한 때일수록 하나님을 깊이 알아야 합니다. 그리고 하나님께로 자꾸 돌아가야 합니다. 그런 이들이 하나 둘 늘어날 때 불의의 어둠도 물러갈 것입니다. 우리는 하나님께 희망을 두고 사는 사람들입니다. 이제 낙심하지 말고 정의의 씨앗을 뿌리고 사랑의 열매를 거두십시오. 변함없는 사랑으로 이 냉랭한 세상에 봄소식을 전하는 이들이 되십시오.

다시는 수치를 당하지 않을 것이다

그때에 주님께서 땅이 당한 일로 마음 아파하시고, 당신의 백성을 불쌍히 여기셨다. 주님께서 백성에게 대답하셨다. "내가 너희에게 곡식과 포도주와 올리브 기름을 주어서 아쉬움이 없도록 하겠다. 다시는 다른 나라가 너희를 조롱거리로 만들지 못하게 하겠다. 북쪽에서 온 메뚜기 군대를 멀리 쫓아 버리겠다. 메마르고 황량한 땅으로 몰아내겠다. 전위부대는 사해에 몰아넣고 후위부대는 지중해에 몰아넣겠다. 시체 썩는 냄새, 그 악취가 코를 찌를 것이다." 주님께서 큰 일을 하셨다! 땅아, 두려워하지 말아라. 기뻐하고 즐거워하여라. 주님께서 큰 일을 하셨다. 들짐승들아, 두려워하지 말아라. 이제 광야에 풀이 무성할 것이다. 나무마다 열매를 맺고, 무화과나무와 포도나무도 저마다 열매를 맺을 것이다. 시온에 사는 사람들아, 주 너희의 하나님과 더불어 기뻐하고 즐거워하여라. 주님께서 너희를 변호하여 가을비를 내리셨다. 비를 흡족하게 내려주셨으니, 옛날처럼 가을비와 봄비를 내려주셨다. 이제 타작 마당에는 곡식이 가득 쌓이고, 포도주와 올리브 기름을 짜는 틀마다 포도주와 기름이 넘칠 것이다. "메뚜기와 누리가 썰어 먹고 황충과 풀무치가 삼켜버린 그 여러 해의 손해를, 내가 너희에게 보상해주겠다. 그 엄청난 메뚜기 군대를 너희에게 보내어 공격하게 한 것은 바로 나다. 이제 너희가 마음껏 먹고, 배부를 것이다. 너희에게 놀라운 일을 한 주 너희의 하나님의 이름을 너희가 찬양할 것이다. 나의 백성이 다시는 수치를 당하지 않을 것이다. 이스라엘아, 이제 너희는 알게 될 것이다. 내가 너희 가운데 있다는 것과, 내가 주 너희의 하나님이라는 것과, 나 말고는 다른 신이 없다는 것을 깨닫게 될 것이다. 나의 백성이 다시는 수치를 당하지 않을 것이다."

평안 없는 세상

주님의 은총과 평강이 우리 가운데 함께 하시기를 빕니다. 조금 잦아드는 것 같기는 하지만 중동호흡기증후군의 여파가 심상치 않은 나날입니다. 이 병은 외로움을 동반합니다. 가장 가까운 가족들조차 환자 곁에 머물 수 없기 때문입니다. 코호트 격리병상에서 투병하던 아내의 임종이 가까웠다는 소식을 들은 남편이 간호사를 통해 임종편지를 낭독해 주었다는 소식을 들었습니다. 38년을 함께 산 아내의 손을 잡아줄 수도, 함께 지내온 세월이 참 고마웠다고 말할 수도 없는 그분의 마음이 느껴져 가슴 아팠습니다. 이제 속히 이 고통의 시간이 지나가게 해 달라고 기도하지 않을 수 없습니다. 봄 가뭄이 심각했는데, 그제와 어제 내린 비로 이제 조금 해갈이 되었나요? 강원도에는 별로 비가 내리지 않았다더군요. 극심한 가뭄에 논밭의 작물들도, 농부의 가슴도 바짝 타올랐습니다. 오죽하면 기우제까지 지냈겠습니까? 우리 삶의 토대는 이렇게 어처구니없을 정도로 부실합니다. 이럴 때일수록 삶의 근본을 자꾸 돌아보아야 합니다. 오늘은 요엘 선지자를 통해 위태로운 삶 속에서 희망을 모색해보고 싶습니다.

요엘 선지자가 어느 시대에 활동했는지는 정확히 알기 어렵습니다. 다만 본문 가운데 드러난 여러 정황들을 종합해 볼 때 바빌로니아 포로기 이후로 보아야 할 것 같습니다. 귀환한 공동체는 모든 것을 새롭게 시작하지 않을 수 없었습니다. 도시는 무참할 정도로 무너졌고, 전답은 황폐하게 변해 있었습니다. 게다가 귀환 공동체를 환영하는 분위기도 아니었습니다. 그 땅에 살고 있던 이들은 적대감을 가지고 그들을 대했습니다. 그러니 한 손에는 무기를 들고 다른 손으로는 삶의 토대를 복구하는 고단한 나날이었습니다. 얼마나 힘들었을까요? 느헤미야는 성벽을 쌓다가 지친 사람들 사이에 이런 노래가 퍼지고 있었다고 전합니다.

흙더미는 아직도 산더미 같은데, 짊어지고 나르다 힘이 다 빠졌으니, 우리 힘으로는 이 성벽 다 쌓지 못하리.(느헤미야 4:10)

이런 상황만도 어려운데, 그들의 가련한 삶에 더 큰 타격을 입힌 것은 메뚜기 떼의 급습과 가뭄이었습니다. 이상 기후로 인해 발생한 메뚜기 떼가 한번 휩쓸고 지나가면 지상에 녹색이 다 사라진 것처럼 보였다고 합니다. 요엘은 메뚜기 떼가 다가오는 모습을 생생하게 묘사합니다.

> 마치 어둠이 산등성이를 넘어오듯이 새까맣게 다가온다.(요엘 2:2b)

메뚜기 떼는 포도나무를 망쳐 놓고 무화과나무도 그루터기만 남겼습니다. 나무 껍질까지 다 벗겨져 줄기가 모두 하얗게 말랐습니다.(요엘 1:7) 그로 인해 성전에 바치는 곡식 제물도 동나고, 부어드리는 제물도 떨어져 제사장들은 그저 탄식만 할 뿐이었습니다. 밭이 그처럼 황폐해지자 땅이 통곡했고, 땅이 울자 들짐승들도 부르짖었습니다. 전쟁을 겪은 이들에게 이런 광경은 낯설지 않을 것입니다.

주님의 날이 오고 있다

요엘은 그런 상황에서 사람들에게 함께 울자고 외칩니다. 술을 즐기는 자들, 백성들, 농부들, 제사장 할 것 없이 모두 금식을 선포하고 성회를 열어 목놓아 울자는 것입니다. 이런 시련이 혹시 하나님께 신실하지 못한 그 백성들에 대한 진노가 아닌지 돌아보자는 것입니다. 예언자는 가장 어려운 시절에 하나님의 눈으로 세상을 볼 줄 아는 사람입니다. 요엘에게 그런 자연재해는 우연히 닥쳐온 불운이 아니라 세계 심판의 징조였습니다. 요엘은 '주님의 날'이 다가오고 있음을 느낍니다. 그날은 심판의 날입니다. 그동안의 삶의 방식에 대한 엄정한 심판이 이루어질 것입니다. 하지만 그날은 구원의 날일 수도 있습니다. 심판의 날을 구원의 날로 전환시키는 것은 회개입니다. 그렇기에 그는 백성들을 향해 진심으로 회개하라고 외칩니다. 하나님의 심정에 사로잡힌 요엘은 이렇게 외칩니다.

금식하고 통곡하고 슬퍼하면서, 나에게로 돌아오너라. (요엘 2:12)

'돌아오라'는 말은 '떠남' 혹은 '벗어남'을 전제로 하는 말입니다. 물론 그 떠남은 공간의 이동이 아니라 마음의 멀어짐, 또 거기서 빚어지는 삶의 방식의 변화를 의미합니다. 사실 모든 예언자들의 메시지는 '하나님께로 돌아오라.'는 음성의 다양한 변주입니다. 하나님께 돌아간다는 것은 무슨 뜻일까요? 간단합니다. 우리 삶의 한계를 겸허히 인정하고 하나님을 우리 삶의 중심으로 모시는 것입니다. 그리고 더불어 살아가는 이웃들을 하나님이 보내주신 선물로 인식하며 사는 것입니다. 그런 이들의 삶의 특색은 '배려'와 '연민'이 아닐까요? 19세기 러시아 소설가인 레스코프가 들려주는 어머니 이야기는 참 감동적입니다.

"그녀는 영혼이 선하여 어떤 인간에게도 고통을 줄 수 없었지요. 심지어 동물에게도 말이지요. 그녀는 고기도 생선도 먹지 않았는데, 그것은 살아 있는 것들에 연민을 가졌기 때문이에요. 아버지는 그 때문에 어머니를 타박하곤 했어요… 그렇지만 엄마는 이렇게 대답했죠. '나는 이 동물 새끼들을 손수 키웠고, 그래서 그것들은 내 아이들이나 다름없어요. 내 자식을 먹을 수 없잖아요!' 이웃집에 가서도 그녀는 고기를 먹지 않았다. 그녀는 말하길, '난 이 동물들이 살아 있을

때 본 걸요. 그것들은 내 친척이지요. 내 친척들을 잡아먹을 수는 없

어요.'"(문광훈, 《가면들의 병기창》, 749쪽에서 재인용)

레스코프는 짜르 체제 하에서 점점 거칠어져 가는 사람들의 심성을 보며 깊은 절망감을 느꼈던 것 같습니다. 그리고 어머니의 소박한 믿음과 고운 심성을 그 시대의 치료제로 제시하고 있는 것입니다. 사람들은 물론이고 생명이 있는 모든 것에 대한 연민의 마음이야말로 하나님이 기뻐하시는 마음이 아닐까요? 요엘은 "옷을 찢지 말고, 마음을 찢어라."(요엘 2:13a) 하고 말합니다. '마음을 찢는다.'는 말이 강력합니다. 에스겔은 하나님께서 우상들을 섬긴 모든 더러움에서 그 백성을 깨끗하게 씻어주시고, 그들 속에 새로운 영을 넣어주실 것이라고 말합니다. 그 메시지 가운데 가장 인상깊게 다가오는 것은 "너희 몸에서 돌 같이 굳은 마음(stony heart)을 없애고 살갗처럼 부드러운 마음을"(에스겔 36:26) 줄 것이라는 대목입니다. 돌 같이 굳은 마음은 세상의 아픔에 예민하지 않습니다. 은총 안에서 회복된 사람은 세상의 아픔을 자기 아픔으로 인식하게 마련입니다. 아파하지 않는다는 것, 바로 그것이 타락한 영혼의 징표입니다.

마음 아파하시는 하나님

요엘이 철저한 회개를 요청한 것은 하나님의 마음 아파하심을 너무나 잘 알고 있었기 때문입니다. 하나님은 땅이 당한 일로 마음 아파하시고, 당신의 백성들이 겪는 고통 때문에 속을 끓이시는 분입니다. 일본 신학자인 기타모리 가조는 제2차 세계대전 종전 후 폐허

로 변한 일본을 바라보며《하나님의 아픔의 신학》이라는 책을 저술했습니다. 그를 사로잡은 말씀은 예레미야의 한 대목이었습니다.

> 에브라임은 나의 귀한 아들이다. 내가 가장 사랑하는 자식이다. 그를 책망할 때마다 더욱 생각나서, 측은한 마음이 들어 불쌍히 여기지 않을 수 없었다. 나 주의 말이다.(예레미야 31:20)

기타모리는 인간에 대한 사랑과 그들의 죄에 대한 분노 사이에 놓인 하나님의 마음 아픔을 유려한 언어로 표현하여 서구 신학계에 신선한 충격을 던졌습니다. 자기 자식을 차마 포기하지 못하는 부모의 마음처럼 하나님의 마음은 찢기워 있습니다. 성서의 하나님은 뜻을 돌이키시는 분이십니다. 재앙을 예비했다가도 백성들이 참회하면 복을 내리시는 분입니다. 그 사랑에 대한 신뢰가 우리 삶의 든든한 토대입니다.

요엘은 메뚜기 군대를 보내신 분이 하나님이라고 말합니다.(요엘 2:25) 이 말은 매우 조심스럽게 다뤄져야 합니다. 이 말 속에는 아픔과 삶에 대한 성찰이 담겨 있습니다. 고통스러운 현실을 거울로 삼아 스스로를 돌아보자는 초대입니다. 하지만 이런 논의를 교리화하여 타자들을 배제하는 논리로 사용하려는 이들이 있습니다. 참 위험합니다. 이번 메르스 사태만 보아도 그렇습니다. 이 병의 뿌리는 자연을 마구 훼손해 온 인간의 삶의 방식이고, 그 확산은 부실한 대응에 있습니다. 그런데 기독교 일각에서는 이 병이 '동성애자들'과 '무슬림'에 대한 하나님의 경고라고 말하는 이들이 있습니다. 그들은 자신들의 편견을 입증하기 위해 하나님을 동원하고 있습니다. 하나님의 이름을 망령되이 일컫는다는 게 바로 이런 것입니다. 왜곡된 신학처럼 위험한 게 없습니다. 그것은 곧바로 타자에 대한 배제의 논리가 되거나 폭력이 되기 때문입니다.

땅이 당한 일로 마음 아파하시고, 당신의 백성들을 불쌍히 여기시는 하나님은 그들의 회복을 약속해주십니다. 곡식과 포도주와 올리브 기름을 주어서 아쉬움이 없도록 할 것이라고 말씀하십니다. 풍요로움이나 사치스러운 삶의 약속이 아닙니다. 필요한 만큼 주시겠다는 것입니다. 제 신학교 동기인 이진희 목사의 책을 읽다가 광야에서는 이슬조차도 은총이라는 구절과 만났습니다. 옳습니다. 가뭄을 일거에 해소하는 큰 비처럼 내리지 않아도 일상 속에서 이슬처럼 조용히 주어지는 은총에 눈을 뜬 사람은 아쉬움이 없도록 해주겠다는 말씀이 얼마나 큰 위안인지를 알 것입니다.

하나님은 북쪽에서 온 메뚜기 군대를 멀리 쫓아내심으로 더 이상 다른 나라가 그 백성을 조롱거리로 만들지 못하게 하시겠다고 약속하십니다. 요엘은 그래서 땅과 들짐승과 시온에 사는 사람들을 향해 기뻐하고 즐거워하라고 외칩니다. 느헤미야의 말이 떠오릅니다.

주님 앞에서 기뻐하면 힘이 생기는 법이니, 슬퍼하지들 마십시오.(느헤미야 8:10)

저는 이 말씀 속에 튼실한 삶의 비결이 있다고 믿습니다.

수치를 당하지 않게 하심

고통과 수치와 시련의 시간은 지나갈 것입니다. 저절로 그리 되는 것이 아닙니다. 먼저 옷이 아니라 마음을 찢고 하나님께로 돌아가야 합니다. 돌아온 탕자를 있는 모습 그대로 받아들인 누가복음 15장의 그 아버지처럼 하나님이 우리를 긍휼히 여기실 것입니다.

> 이제 너희가 마음껏 먹고, 배부를 것이다. 너희에게 놀라운 일을 한
> 주 너희의 하나님의 이름을 너희가 찬양할 것이다. 나의 백성이 다시
> 는 수치를 당하지 않을 것이다.(요엘 2:26)

하나님의 백성이 겪는 수치란 어떤 것입니까? 먼저 이방 민족들에게 억눌리고 착취 당하고 모욕 당하는 모습이 떠오릅니다. 인간다운 삶을 누릴 수 없을 정도의 가난도 떠오릅니다. 하나님은 이제 그런 수치를 없애시겠다고 말씀하십니다. 마음껏 먹고, 배부르게 될 것이라는 것이지요. 하지만 여기에 그쳐서는 안 됩니다. 우리 존재를 안으로부터 허무는 수치의 감정은 자기답게 살지 못한다는 자책으로부터 발생합니다. 하나님은 시내 산에서 그 백성과 계약을 맺을 때에 그들을 '제사장 나라'와 '거룩한 백성'으로 삼겠다고 하셨습니다. 이 말은 사람다운 사람이 된다는 것이 무엇인지를 세상 앞에 드러내 보여주는 기표가 되라는 말이 아닐까요? 계약법전이나 정결법전은 하나님의 백성으로 살아간다는 것이 무엇인지를 세세히 가르쳐줍니다. 그것을 간결하게 요약하자면 '약자들에 대한 우선적 관심'입니다. 그 마음을 잃어버리는 순간 하나님의 형상으로

서의 인간은 사라지고 본능에 따라 살아가는 타락한 존재만 남게 됩니다. 수치스럽다는 것은 바로 이런 것입니다. "나의 백성이 다시는 수치를 당하지 않을 것이다." 이것은 백성들을 아끼시는 하나님의 다짐이지만, 우리들에게 주어진 새로운 과제이기도 합니다.

> 이스라엘아, 이제 너희는 알게 될 것이다. 내가 너희 가운데 있다는 것과, 내가 주 너희의 하나님이라는 것과, 나 말고는 다른 신이 없다는 것을 깨닫게 될 것이다. 나의 백성이 다시는 수치를 당하지 않을 것이다.(요엘 2:27)

진정한 회복은 우리의 일상 속에서 하나님의 현존을 생생하게 느낄 때 이루어질 것입니다. 주님은 지금도 우리 가운데 계시면서 우리에게 드리운 그늘을 걷어내시고, 우리가 빠져들고 있는 수치의 늪으로부터 우리를 건지려 하십니다. 단지 우리 눈이 어두워 보지 못할 뿐입니다. 하나님은 세상의 연약한 이들, 좌초한 이들, 소멸하기 쉬운 것 속에 머물면서 그들 속에 새로운 희망을 만들고 계십니다. 그렇다면 우리도 그런 그들 곁으로 다가서야 합니다. 풍요와 거짓된 안전을 약속하는 우상들을 따라다니느라 우리는 지쳤습니다.

옛사람은 말을 달려 사냥하는 것을 즐기다 보면 마음이 미치게 되고, 얻기 힘든 보화가 사람의 행동을 그르친다(치빙전렵馳騁田獵 영인심발광令人心發狂 난득지화難得之貨 영인행방令人行妨,《도덕경》12장)고 말했습니다. 옳은 말입니다. 이제 질주를 멈추어야 합니다. 그래야 하나님의 마음이 느껴지고, 이웃들의 모습이 보입니다. 주님은 지금 우리 곁에 머물며 희망을 창조하고 계십니다. 이 희망을 현실로 만드는 것은 우리의 몫입니다. 하나님의 백성이라는 사실이 수치스럽지 않도록 다시 한번 일어서야 합니다. 이제 내일이면 하지(夏至)입니다. 무더위 속에서도 하나님의 마음을 시원케 해드리고, 이웃들의 마음에 선선한 그늘을 마련해주는 우리가 되기를 기원합니다.

아모스

1장 3-11절

용서받을 수 없는 죄

"나 주가 선고한다. 다마스쿠스가 지은 서너 가지 죄를, 내가 용서하지 않겠다. 그들이 쇠도리깨로 타작하듯이, 길르앗을 타작하였기 때문이다. 그러므로 내가 하사엘의 집에 불을 보내겠다. 그 불이 벤하닷의 요새들을 삼킬 것이다. 내가 다마스쿠스의 성문 빗장을 부러뜨리고, 아웬 평야에서는 그 주민을 멸하고, 벳에덴에서는 왕권 잡은 자를 멸하겠다. 아람 백성은 기르로 끌려갈 것이다." 주님께서 말씀하신다. "나 주가 선고한다. 가사가 지은 서너 가지 죄를, 내가 용서하지 않겠다. 그들이 사로잡은 사람들을 모두 끌어다가, 에돔에 넘겨 주었기 때문이다. 그러므로 내가 가사 성에 불을 보내겠다. 그 불이 요새들을 삼킬 것이다. 내가 아스돗에서 그 주민을 멸하고, 아스글론에서 왕권 잡은 자를 멸하고, 손을 돌이켜 에그론을 치고, 블레셋 족속 가운데서 남은 자를 모조리 멸하겠다." 주 하나님이 말씀하신다. "나 주가 선고한다. 두로가 지은 서너 가지 죄를, 내가 용서하지 않겠다. 그들이 형제의 언약을 기억하지 않고 사로잡은 사람들을 모두 끌어다가, 에돔에 넘겨 주었기 때문이다. 그러므로 내

가인의 후예들

주님의 은총과 평화가 우리 가운데 임하시기를 빕니다. 현충일입
니다. 역사의 격랑 속에 내몰려 나라를 지키기 위해 목숨을 바친 이
들을 기리자는 뜻에서 제정된 날입니다. 한가로운 평화는 모두가
꿈꾸는 이상일 것입니다. 그러나 전쟁은 그러한 꿈을 깨뜨리고 모
든 생명을 위험 속으로 몰아갑니다. 우리의 오늘은 나라를 지키기
위해 목숨을 바친 이들 덕분에 가능해졌습니다. 그렇기에 그들을
고마움으로 기억하는 것은 우리들의 의무입니다.

전쟁의 세기라 할 수 있는 20세기, 세계 1, 2차 대전을 다 겪었던
앨버트 슈바이처는 '생명에 대한 외경'을 자기 삶의 알짬으로 삼았
습니다. "나는 살려고 하는 생명에 둘러싸인, 살려고 하는 생명이
다." 단순하지만 심오한 말입니다. 내 생명이 소중한 것처럼 다른
생명도 소중히 여기는 것이 인간의 과제입니다. '다른 생명'은 비단
인간만이 아니라, 세상에 존재하는 모든 생명을 가리키는 말입니다.
그 중에서도 인간은 각별합니다. 자기 의식을 가지고 있기 때문입
니다. 초식 동물들을 보면 자기 동족들이 육식 동물의 공격을 받아
잡아먹히는데도 멀뚱멀뚱 바라만 보고 있는 경우가 대부분입니다.

무리를 지어 다니기는 하지만 그들은 개별화되어 있습니다. 그러나 인간은 그렇지 않습니다. 어려운 이들을 보면 연민을 느끼고, 위험에 처한 사람을 보면 스스로 위험 속으로 뛰어들어 그들을 구해내려 합니다. 인간의 아름다움은 누군가의 신음소리에 반응할 줄 아는 데 있다 하겠습니다.

하지만 세상은 여전히 전쟁과 테러의 공포로부터 자유롭지 않습니다. 인간성에 반하는 일들이 자주 벌어집니다. 칼을 쳐서 보습을 만들고, 창을 쳐서 낫을 만들고, 나라와 나라 사이에 전쟁이 사라지고, 군사연습도 하지 않는 세상을 꿈꾸지만(이사야 2:4, 요엘 3:10, 미가 4:3) 현실은 그렇지 못합니다. 우리는 얼마 전까지 지속되던 이스라엘과 팔레스타인 간의 전투를 목격했습니다. 우리가 보아야 할 것은 팔레스타인의 미사일 공격을 막아낸 '아이언 돔'의 위력이 아닙니다. 그 싸움 과정 가운데 죽어간 사람들과 그 가족들의 아픔입니다.

나희덕 시인의 신작《예술의 주름들》을 읽다가 케테 콜비츠의 조각 '부모'(1932년)와 만났습니다. 전쟁 중에 죽은 아들 페터를 떠올리며 만든 작품입니다. 자식을 앞세우고 남겨진 부모의 아픔이 절절하게 형상화되어 있습니다. 나희덕 시인은 그 작품을 보며 이렇게 말합니다.

"두 팔을 품에 숨겨 넣고 무릎 꿇은 아버지와 몸을 앞으로 숙인 채 두 손을 모은 어머니의 모습에서 우리는 종교적인 느낌을 받게 된다."(나희덕,《예술의 주름들》, 마음산책, 94쪽)

이런 아픔이 없는 세상을 우리는 꿈꿉니다. 전쟁만 사람을 사지로 몰아넣지는 않습니다. 일터에 나갔다가 불의의 사고를 만나 귀가하지 못하는 이들이 늘고 있습니다. 그 가족들의 절통한 사연을 외면한다면 역사는 발전할 수 없습니다.

풍요로운 시대의 이면

오늘은 아모스를 통해 하나님의 마음을 배워보려 합니다. 아모스는 예루살렘에서 약 15km 남쪽에 있는 소읍 드고아에서 목자로 살던 사람입니다. 그는 자기를 "집짐승을 먹이며, 돌무화과를 가꾸는 사람"(아모스 7:14)이었다고 소개했습니다. 그가 부름을 받았을 때 유다의 왕은 웃시야(주전 787-736)였고, 이스라엘의 왕은 요아스의 아들 여로보암(주전 787-747)이었습니다. 아모스는 남왕국 출신이지만 북왕국 이스라엘에서 활동했습니다. 여로보암 2세 시대는 이스라엘 역사의 중흥기라 말할 수 있습니다. 앗시리아가 등장하면서 오랫동안 이스라엘을 괴롭히던 시리아의 세력이 약화되었습니다. 잠시 힘의 공백 상태가 생겼고, 이스라엘은 그때를 틈 타 상대적인 번영을 누릴 수 있었습니다. 아람과의 전쟁에서 승리를 거두어 요단강 동편 지역을 확보했습니다. 다윗 시대에 버금가는 영토를 확보한 셈입니다. 전쟁 특수로 말미암아 경제적 풍요의 시대가 열렸습니다.

문제는, 풍요는 언제나 그림자를 낳는다는 데 있습니다. 부유층들은 사치를 일삼았고, 사회적 약자들의 신세는 늘 그렇듯 위태로웠습니다. 낙수효과(trickle-down effect)라는 용어가 한동안 유행했습니다. 대기업에 투자가 확대되어 경제가 회복되면 그 혜택이 저소득

층까지 미치게 된다는 뜻이지만, 현실은 그것과 사뭇 다릅니다. 어느 시대든 부가 공평하게 분배되는 경우는 별로 없습니다. 아모스 시대에 풍요를 누리는 사람들은 여름 별장, 겨울 별장을 지어놓고, 대접으로 포도주를 퍼마시고, 가장 좋은 향유를 몸에 바르고, 상아 침상에 눕고, 하프 소리에 맞추어 헛된 노래를 흥얼거리며 살았습니다. 가난한 사람들의 고통 따위는 거들떠 보지도 않았습니다. 오히려 "돈을 받고 의로운 사람을 팔고, 신 한 켤레 값에 빈민을 팔았습니다."(아모스 2:6) 경제적으로 예속된 사람들에게 폭력을 휘두르고, 성적으로 유린하기까지 했습니다.

종교 또한 번성했습니다. 사람들은 베델로 몰려가고, 길갈로 달려가며 자원 예물을 풍족하게 바치기도 했지만 그들은 더 이상 언약 백성답게 살지 않았습니다. 이웃들을 배려하고 돌보고 사랑하지 않는 종교는 아무리 장엄한 의식과 화려한 치장을 한다 해도 하나님 께는 역겨운 것입니다. 아모스의 말은 우리에게 큰 충격을 줍니다.

나는, 너희가 벌이는 절기 행사들이 싫다. 역겹다. 너희가 성회로 모여도 도무지 기쁘지 않다. 너희가 나에게 번제물이나 곡식제물을 바친다 해도, 내가 그 제물을 받지 않겠다. 너희가 화목제로 바치는 살진 짐승도 거들떠보지 않겠다. 시끄러운 너의 노랫소리를 나의 앞에서 집어치워라! 너의 거문고 소리도 나는 듣지 않겠다.(아모스 5:21-23)

이 구절 이후에 아모스 하면 누구나 떠올리는 바로 그 문장이 등장합니다.

너희는, 다만 공의가 물처럼 흐르게 하고, 정의가 마르지 않는 강처럼 흐르게 하여라.(아모스 5:24)

사자의 포효처럼 들립니다. 아모스의 예언활동은 1년 정도 지속되었던 것으로 보이지만 갑작스럽게 막을 내립니다. 추방을 당한 것인지, 유배를 당한 것인지, 죽임을 당한 것인지는 알 수 없습니다.

민족들에 대한 심판 예고

아모스서가 다른 예언서들과 구별되는 점은 다른 민족들에 대한 심판 이야기로 시작한다는 것입니다. 이스라엘의 심판에 대한 경고에 뒤이어 다른 나라에 대한 심판을 예고하는 다른 예언서와는 배치가 다릅니다. 아모스서에서 다른 민족에 대한 심판이 첫 머리에 등장한 까닭은 무엇일까요? 이스라엘의 죄가 그들의 죄를 능가한다는 사실을 지적하기 위함입니다. 아모스의 예언을 듣는 사람들은 내심 다른 나라에 대한 심판 예고에 열광했을지도 모르겠습니다. 늘 분쟁 가운데 있던 나라에 하나님의 심판이 이루어질 것이라는 예언은 이스라엘 사람들의 감정에 딱 부합했을 것입니다. 그러나 그것은 전조에 불과했습니다. 앞서도 언급했던 것처럼 아모스는 이스라엘의 죄를 준엄하게 꾸짖습니다. 그들의 죄가 다른 민족의 죄를 능가한다는 것을 나타내기 위해 아모스는 그런 수사의 전략을 사용한 것입니다. 일종의 수사학적 바림(gradation)이라 할 수 있습니다. 바림은 색을 칠할 때 한쪽을 엷게 하고, 다른 쪽으로 갈수록 차차 진하게 칠하는 일을 가리키는 말입니다.

다른 민족들의 죄에 대한 하나님의 심판을 예고할 때 아모스는 동일한 문장을 거듭 사용합니다. "~~가 지은 서너 가지 죄를, 내가 용서하지 않겠다."라는 형태로 나타납니다. 세 가지면 세 가지지 왜 서너 가지일까요? 'x+1'의 형태는 죄의 심각성 혹은 확장성을 나타내기 위한 의도를 내포하고 있습니다. 죄는 또 다른 죄를 부릅니다. 죄는 사람들을 무감각하게 만들기 때문입니다. 서너 가지라 하여 아모스가 각 민족의 죄를 그 숫자에 맞추어 언급하지 않는 것을 보면 알 수 있습니다. 여기서 '죄'는 반역이라는 뜻에 가깝습니다. 종주국에 대한 제후국의 반역 혹은 하나님에 대한 반역을 나타내는 말입니다. 죄에는 벌이 따른다는 것이 성경의 가르침입니다. 오늘의 본문에는 '용서하지 않겠다.'는 말씀이 반복되고 있습니다.

사납고 난폭한 세상

다마스쿠스의 죄는 잔인함입니다. 아람은 오랫동안 북왕국과 크고 작은 전쟁을 벌인 나라입니다. 요단강 동쪽, 특히 '길르앗' 지역의 주도권을 쥐기 위한 싸움이 치열했습니다. 길르앗은 화석암이 뒤덮인 지대였기 때문에 농사에는 부적절했지만, 목축에는 아주 좋은 환경이었습니다. 샘이 많고 겨울에 비가 풍부하고, 여름에 이슬 또한 풍성히 내려 숲이 발달했고, 치료효과가 뛰어난 유향(발삼)이 나는 곳(예레미야 8:22, 46:11)으로 유명했습니다. 다마스쿠스는 어찌하든지 그 땅을 차지하려고 애썼습니다. 그런 다마스쿠스가 하나님의 심판을 받은 까닭은 무엇입니까?

그들이 쇠도리깨로 타작하듯이, 길르앗을 타작하였기 때문이다.(아모스 1:3b)

적대 관계가 오래 계속되면서 서로에 대한 원한 감정이 깊었기 때문일까요? 그들은 필요 이상으로 잔인했습니다.

다음으로 '가사'로 대표되는 블레셋에 대한 심판 이야기가 나옵니다. 아시다시피 블레셋은 이스라엘과 국경을 맞대고 있어 수시로 갈등을 빚어온 부족 연맹체입니다. 그들의 죄는 전쟁을 통해 사로잡은 사람들을 에돔에 넘긴 것입니다. 그들은 분쟁의 시기에 피난처를 찾아 나선 이들을 품어 안기는커녕 그들을 적성 국가에 노예로 팔아넘겼던 것입니다. 인간성에 반하는 죄입니다.

'두로'는 지금의 레바논에 속하는 지역입니다. 두로는 지중해 무역에서 독보적인 위치를 차지하고 있었습니다. 무역을 통해 부유해지자 교만해졌습니다. 에스겔은 두로의 죄를 "물건을 사고 파는 일이 커지고 바빠지면서 너는 폭력과 사기를 서슴지 않았다."(에스겔 28:16)고 지적했습니다. 두로는 다윗과 솔로몬 시대에 맺은 평화조약을 헌신짝처럼 버렸습니다. '형제의 언약을 기억하지 않았다.'는 말은 바로 그것을 가리킵니다. 영원한 우방도 적도 없다는 말이 실감나는 현실입니다. 그들은 상황이 달라지자 이스라엘 사람들을 끌어다가 에돔에 넘겨주었습니다.

에돔의 죄는 더 심각합니다. 에돔은 에서에게서 유래된 나라입니다. 아모스는 에돔의 죄를 칼을 들고서 제 형제를 뒤쫓고, 형제 사이의 정마저 끊고, 늘 화를 내며, 끊임없이 분노를 품고 있다고 지적합니다.(아모스 1:11) 특이한 것은 다른 나라의 죄는 과거형으로 기술되어 있는데 반해 에돔의 죄는 현재형으로 서술되고 있다는 점입니다. 에돔은 나중에 예루살렘이 바빌로니아에 의해 멸망당할 때도 잔인하게 처신했습니다. 그들은 강대국의 폭력을 방조했고, 심지어 곤경에 처한 이들의 집을 약탈했고, 피난길에 나선 이들을 가로막고, 그들을 적에게 넘기기까지 했습니다.

오늘 읽지는 않았지만 '암몬'과 '모압'의 죄에 대한 지적과 심판이 2장 3절까지 이어집니다. 암몬은 길르앗에 쳐들어가서 아이 밴 여인의 배를 가르기까지 했습니다. 모압은 에돔 왕의 뼈를 불태워 재로 만들었습니다. 국제 관계가 냉혹하다는 사실을 모르지는 않지만 인간성에 반하는 죄를 저지르는 일까지 정당화될 수는 없습니다. 하나님은 이러한 잔인한 일들을 인간성에 대한 반역만이 아니라, 하나님에 대한 도전으로 간주하십니다.

인류 역사에 분쟁이 그칠 사이가 없습니다. 그렇다고 하여 모든 일들이 정당화될 수는 없습니다. 곤경에 처한 이들을 그 큰 어려움 속으로 내몬다든지, 필요 이상으로 잔인하게 대하는 일은 스스로 심판을 자초하는 일이라 할 수 있습니다. 성경은 난민이 되어 떠도는 이들에 대하여 깊은 관심을 가질 것을 요청합니다.

너희는 너희에게 몸붙여 사는 나그네를 학대하거나 억압해서는 안 된다. 너희도 이집트 땅에서 몸붙여 살던 나그네였다.(출애굽기 22:21)

벼랑 끝에 내몰린듯 위태로운 지경에 처한 사람의 설 땅이 되어

주는 일은 하나님을 공경하는 일이기도 합니다.

국가 간의 분쟁만 문제겠습니까? 이해관계가 모든 가치의 척도가된 세상입니다. 이익과 손해를 따지지 않을 수 없지만, 평화로운 공존과 사랑에 위배되는 일이라면 기꺼이 손해를 감수하려는 마음은 낭만주의에 지나지 않는 것일까요? 우리는 적어도 그런 일을 위해부름 받은 사람들이 아닐까요?

바리새파 사람들이 하나님의 나라가 언제 오느냐고 물었을 때 주님은 "하나님의 나라는 눈으로 볼 수 있는 모습으로 오지 않는다. 또 '보아라, 여기에 있다.' 또는 '저기에 있다.' 하고 말할 수도 없다. 보아라, 하나님의 나라는 너희 가운데에 있다."(누가복음 17:20-21)고 대답하셨습니다.

우리 가운데 임하는 하나님의 나라, 그것은 사랑과 존중과 이해와 더불어 임합니다. 약자들을 돌보고, 그들의 설 땅이 되어주려는마음과 더불어 임합니다. 세상이 아무리 냉혹해도 그런 삶을 능동적으로 선택하는 사람들이 바로 하나님 나라의 표징이라 할 수 있습니다. 우리가 누리고 있는 것들이 다른 이들이 수고한 덕분인 것처럼, 우리 또한 누군가 거둘 생명과 평화의 씨를 뿌리며 살아야합니다. 주님의 은총 가운데 그런 소명을 잘 감당하시기를 기원합니다.

사랑의 다른 이름, 설교

장동석/출판도시문화재단, 출판평론가

말과 글을 다루는 사람으로, 그걸 자유자재로 다루는 사람들을 만나면 마음 한켠에서 적잖은 부러움과 시기심이 올라온다. 남들은 듣고(혹은 읽고) 대수롭지 않게 여기는 몇몇 표현들, 글맛을 한껏 살려주는 순우리말들, 문장의 사이사이를 파고들며 이야기의 핵심으로 치닫는 문장의 힘을 대하고 있노라면 절로 고개가 숙여질 때가 있다. 그 마음은 꾹꾹 눌러 담고, 종종 그의 말과 글을 흉내 내며 어쭙잖은 내 글에 녹여낼 때가 어디 한두 번이었으랴. 내게는 김기석 목사의 말과 글이 그러하다.

흔들림 없는 말과 글

사족 같은 이야기로 글을 시작한다. 제도권(?) 교회에 나가지 않은지 오래다. 선후배 20여 명과 목회자 없는 교회를 8년째 이어오고 있지만, 그곳마저도 출석이 시들하다. 당연히, 누군가의 설교를 들은 지 오래다. 한때지만 열심히 설교를 찾아들었다. 나름 이름 있는(?) 교회에서 20~30대를 보내면서, 수련회 등에 강사로 오는, 역시나 나름 이름 있는(?) 목사들의 설교를 자주 듣곤 했다. 그것도 모자라, 거짓말 조금 보태면, 서울과 수도권에 있는 교회 500곳 정도는 찾아갔었다. 허기진 마음을 달래줄 설교를 찾아 무던히 애쓰던 때였고, 그만큼 설교를 중시 여기던 때였다. 수많은 설교자들의 설교를 찾아들었다는 말을 길게도 했다.

그렇게 오랫동안 목사들의 설교를 좇았지만 남는 건 얼마간의 허무함이었다. 이제와 생각해 보면, 이유는 간단했다. 우선, 말로서 조리에 맞지 않는 말들을 설교랍시고 하는 설교자들이 많았다. 요즘 말로 '아무 말 대잔치'를 하는 설교자들이 많았다. 내 생각에, 말과 글을 다루는 사람의 기초는 주어와 술어를 일치시키는 것인데, 그 간단한 원리를 충족시키는 설교자는 흔치 않았다. 성서 혹은 그것이 품은 작은 세계에만 갇힌 설교를 사자후처럼 뿜어내는 설교자는 더 많았다. 아니 대부분이었다. 온 세상이 하나님의 것이라고 이야기하면서도 그들은 하나님을 성서 속에만 가둬 두었다. 철학이, 문학이, 현대의 과학이 밝혀낸 세계의 비밀이 하나둘이 아닌데, 교회에서는 여전히 공공연한 비밀로 두려한 듯, 많은 설교자들의 설교에 철학과 문학, 과학의 자리는 없다.

교회를 멀리하면서도 김기석 목사의 설교를 찾아 듣고, 그이의 글을 찾아 읽는 건 이런 이유들 때문이다. 한국교회, 아니 전 세계 교회 중에 목사의 설교를 텍스트의 형태로 게시하는 곳은 흔치 않다. 이미지의 시대이자 영상의 시대인 이때, 교회들은 규모에 상관없이 담임목사의 설교를 홈페이지는 물론 유튜브에까지 올린다. 하지만 청파교회는 그 흔한 영상 하나 없이, 설교 텍스트를 (음성 파일과 함께) 올릴 뿐이다. 가만히 그 텍스트들 중 하나를 읽어본다. 언젠가 오바댜 1장 10-14절을 본문 삼아 「방관의 죄」라는 제목으로 설교한 내용이다.

> "인간은 자꾸만 멈추어 서서 하나님의 마음에 따라 자기 마음을 조율해야 인간다워집니다. 우리 마음은 뒤틀린 목재처럼 자기 속으로 자꾸만 구부러지곤 합니다. 그 마음들이 빚어내는 것이 갈등과 분열입니다. 물론 세상의 모든 문제를 개인의 덕성으로만 설명할 수는 없습니다. 착하게 살고 싶어도 그럴 수 없도록 만드는 구조적 문제가 심각합니다. 세상에 만연한 악을 외면하면서 늘 자기 반성만 하고 살면 안 됩니다. 그러다 보면 악인들에게 이용당하기 쉽습니다. 눈을 똑바로 뜨고 자기 마음을 살피고, 구조적인 악도 살펴야 합니다. 나도 모르는 사이에 죄의 공모자가 되기 쉽기 때문입니다."

김기석 목사의 말과 글은 이처럼, 고갱이를 향해 치고 들어가면서도 주어와 술어를 일치시키는 일에 흔들림이 없다. 소박한 문장처럼 보이지만, 말과 글을 이렇게 구사할 수 있는 사람은 흔치 않다. 김기석 목사는 그 어려운 걸 지난 세월 동안 강단에서 선포했다. 요나 2장 1-10절을 본문으로 「물고기 배 속에서」라는 제목으로 행한 설교에서는 그는 이렇게 말했다.

> "어느 냉소주의자는 지옥은 한순간도 자기를 잊을 수 없는 곳이라고 말했습니다. 그러나 지옥은 하나님의 부재 경험입니다. 하나님은 우

리가 아무리 멀어지려 해도 떨쳐버릴 수 없는 분이십니다. … 지중해에 사람을 쉽게 삼킬 수 있는 그런 물고기가 있는지를 따지는 것은 부질없는 일입니다. '물고기 배 속'이라는 말은 많은 이들의 문학적 상상력을 자극합니다. 암담하고 절망스러운 상태를 나타내기에 그보다 좋은 은유가 없는 것 같기 때문입니다. 후텁지근하고, 캄캄하고, 악취가 진동하고, 뭔가 왈칵왈칵 넘어오는데 도무지 피할 곳이 없는 곳이 바로 물고기 배 속입니다. 요나가 처한 상황이 그러했습니다."

세상 다양한 텍스트가 곧 성서

말과 글의 단정함은 성품에서 기인하는 경우가 많은데, 그보다 더 큰 영향은 습득한 텍스트의 양에서 비롯되기도 한다. 개인적으로 김기석 목사의 설교와 글을 '애정'하는 이유다. 대개의 설교자들은 성서에 기반해 성서를 말한다. 흔하게는 자기 말을 덧붙여 성서의 말인 양 포장한다. 온 세상이 하나님의 것이라고 말하면서 설교는 한사코 작은 세상의 일만 말하려고 한다. 아, 자기가 하나님이 되고자 하는 설교자는 또 얼마나 많은가.

김기석 목사의 설교에는 항상 철학자와 시인, 소설가, 그 외에도 다양한 저술가들의 텍스트가 등장한다. 미가 3장 8-12절이 본문인 「꾸짖을 용기」에는 일제강점기 문필가 민태원의 수필 〈청춘예찬〉이 언급된다. "주님의 은총과 평화가 우리 가운데 임하시기를 빕니다. 척박한 광야 같은 현실 가운데서 희망의 빛을 찾아 헤매는 이 땅의 젊은이들과도 함께 하시기를 빕니다."라고 설교의 문을 연 김기석 목사가 인용한 〈청춘예찬〉의 한 대목은 이렇다.

"청춘! 이는 듣기만 하여도 가슴이 설레는 말이다. 청춘! 너의 두 손을 가슴에 대고 물방아 같은 심장의 고동을 들어 보라. 청춘의 피는 끓는다."

하지만 민태원이 예찬한 청춘은 이제 없다. 김 목사는 "청년의 꿈을 왜소하게 만드는 시대"라고 규정한다. "먹고 사는 문제"에 매몰된 고도의 소비주의 사회에 청춘의 자리는 없다. "누군가가 만들어 놓은 욕망의 문법"에 따라 사는 세상에서 청춘은 늘 소외된다. 그럼에도 김기석 목사는, 비록 낡았으되 윤기 있는 청춘을 다시 소환하여 "다른 삶을 상상하는 능력"을 함께 키워 나가자고 말한다.

"이제 다른 삶을 상상해야 합니다. 지금까지 추구하던 것을 다 작파하고 새로운 길을 걷자는 말이 아닙니다. 우리가 길을 잘못 든 것이 아닌지 조심스럽게 돌아보면서 나답게, 하나님을 믿는 사람답게 사는 삶의 방식을 발견해야 한다는 말입니다. … 세상에 문제가 있다고 느끼는 이들이 새로운 세상을 시작해야 합니다. 예수님은 사람들이 로마 제국의 지배를 당연한 것으로 여기는 세상에서 하나님 나라를 시작하였습니다. 믿음의 길은 그런 것입니다."

나훔 1장 9-15절이 본문인 「멍에는 꺾고 사슬은 끊으시는 하나님」이라는 제목의 설교에서는 알베르 카뮈를 소환한다. 주전 7세기의 예언자 나훔은 불같은 예언을 쏟아냈다. "포로들의 코에 구멍을 뚫고 쇠사슬로 묶어 끌고 가는 일이 다반사"였던 앗시리아 제국의 수도 니느웨. 그곳을 향해 나훔은 "주님 앞에서 산들이 진동하고, 언덕들은 녹아내린다. 그의 앞에서 땅은 뒤집히고, 세상과 그 안에 있는 모든 것은 곤두박질한다."고 목소리를 높였다. 질투하시는 하나님, 원수를 갚으시는 하나님은 "오만에 빠진 권력을 심판하시는 분"이라고 김기석 목사는 강조한다.

여기서 인용된 알베르 카뮈의 책은 《결혼·여름》이다. 삶과 죽음, 그 사이에 담긴 인생의 함의가 온갖 명문장들로 표현된 이 책에서 김기석 목사는 "그들 문명의 폐허가 그들 이상(理想)의 부정 바로 그 것"이라는 한 문장을 인용한다. 기억이 맞다면, 카뮈가 이 생각을 떠올린 곳은 알제리의 로마 유적이다. 보통은 정복한 땅의 넓이로 제국의 위대함을 가늠한다. 하지만 그 도시들은 이제 잔해로만 기억될 뿐이고, 카뮈의 말마따나 "졸병(卒兵)급 문명의 자취"만을 찍어 놓았을 뿐이다. 나훔의 시절 앗시리아도 마찬가지였다.

어디 그 시절 그때 뿐일까. 오늘날의 권력은 또 얼마나 허망한 것이며, 그들이 꾸미는 음모 또한 얼마나 치졸한 것인가. 그런 점에서 본다면, 모든 예언자적 설교들이 그러하겠지만, 김기석 목사는 설교를 통해 과거를 밝히 드러냄으로써 오늘 우리 시대를 질타하고 있는 셈이다. 질타를 위한 질타가 아닌 것은, 그의 설교를 익히 들어본 사람이라면 다들 안다. 그 안에 담긴, 우리 시대를 향한 김기석 목사의 관심과 애정은 이루 말로 다 할 수 없다. 성서, 그 너머에 있는 텍스트를 찾는 김기석 목사의 열심이 그것을 소리 없이 웅변해준다.

부조리를 향해 얼버무리지 않는 단호함

김기석 목사의 설교를 애정하는 또 다른 이유는 '단호함'에 있다. 그의 말과 글에는 다양한 문학작품과 철학자 등이 인용되지만, 하여 누군가에게는 하나의 문학적 수사처럼 느껴질 수도 있지만, 김기석 목사의 말과 글은 단도직입적이다. 그의 설교의 핵심은 늘 하나님 나라를 향해 있고, 그것을 온몸으로 살아내기 위한 우리의 몸부림이 어떠해야 하는지 실로 처절하게 보여준다. 앞서 언급한 오바댜 본문의 설교 "방관의 죄"에서 김기석 목사는 해녀들의 '숨비'를 언급한다.

해녀들이 물속에서 숨을 참다 끊어지기 직전 수면 위로 올라와 길게 내는, 마치 휘파람소리와도 닮은 숨비는 해녀들을 살리는 소리다. 하지만 해녀들의 금기어인 '물숨'은 해녀들에게는 죽음을 불러오는 숨이다. "좋은 '물건'을 발견했을 때 내는 마음의 숨"인 물숨은 "그 숨을 내쉬지 못하고 삼키는 순간 곧 죽음에 이른다."고 한다. 김기석 목사는 2015년 한 신문의 "해녀들의 금기어 '물숨' 의미를 깨닫기까지 꼬박 6년"이라는 제목의 기사를 인용해 다음과 같이 말한다. "욕심을 내지 말고 숨만큼만 따. 눈이 욕심이야. 욕심을 잘 다스려야 해." 김기석 목사의 설교가 이어진다.

"숨만큼만 따면 되는데, 그러지 못해 위험에 빠집니다. 이게 어쩌면 인간의 우매함인지도 모르겠습니다. 남이 더 좋은 것을 가질세라 서두르다 보면 자기 숨을 잃게 마련입니다. 그래서 우리는 늘 숨을 헐떡이며 삽니다."

이 정도의 설교는 누구나 하고 있지 않냐고? 물론 그렇다. 말 혹은 글로는 누구든 그렇게 한다. 하지만 거기까지다. 대개는 그럼 우리는 어떤 삶을 '살아내야' 하는지에 대해서 소략하고 만다. 하나님을 더 신뢰해야 한다느니, 기도를 더 열심히 해야 한다느니, 이런 말들로 얼버무리곤 한다. 하지만 김기석 목사는 단도직입적으로 말한다. "방관과 조롱, 약탈, 강자와 동조, 인신 매매"가 범람하는 사회를 '방관하지 말라'고 말이다. 그것이야말로 죄이기 때문이다. "자기 일이 아니라고 여기는 무책임성과 복잡한 일에 연루되고 싶지 않다는 자기 방어 본능 때문"에 골치 아픈 일을 회피하는 순간, 우리는 방관의 죄를 짓고 만다. 김기석 목사는 작센하우젠 수용소에서 나치의 만행을 온몸으로 겪은 마르틴 니묄러의 시 〈처음 그들이 왔을 때〉를 통해 방관의 죄가 어떻게 우리에게 돌아오는지 보여준다.

"그들이 공산주의자를 잡아갔을 때/나는 아무 말도 하지 않았다/나는 공산주의자가 아니었으니까//그들이 사민주의자를 가두었을 때/나는 침묵했다/나는 사민주의자가 아니었으니까//그들이 노동조합원들을 체포했을 때/나는 항의하지 않았다/나는 노동조합원이 아니었으니까//그들이 유대인을 잡아갔을 때/나는 방관했다/나는 유대인이 아니었으니까//그들이 내게 왔을 때/더 이상 나를 위해 나서줄 사람은 없었다"

미가 본문의 설교 「꾸짖을 용기」에서도 마찬가지다. "지금 우리가 하나님께 청해야 할 것은 불의를 꾸짖을 수 있는 용기"라고 규정한 김기석 목사는 너나 할 것이 없이 예언자가 되어야 한다고 강조한다. 아브라함 요수아 헤셸의 《예언자들》에 따르면 예언자는 "인간의 마음을 습격하는 자"이다. 세상의 부조리에 장탄식만을 늘어놓을 것이 아니라 불의를 꾸짖는 사람이 되어 사람들의 마음을 습격하는 일을 믿는 사람들이 감당해야 한다. 그 길을 가고자 하되 망설이는 사람들에게 전하는 김기석 목사의 당부는 이렇다.

"외롭기로 작정하면 됩니다. 가기로 목숨 걸면 됩니다. 믿음의 길은 그러합니다. 좁은 길입니다."

외롭기로 작정하였으되 외롭지는 않을 것이다. 예언자라고는 자신밖에 남지 않았다는 엘리야의 탄식에 "바알에게 무릎 꿇지 않은 선지자 칠천 명"을 남겨 두신 것처럼, "마주잡을 손 하나"가 어디선가 우리에게 손을 내밀 것이기에 그렇다. 그들은 멀리 있지 않다.

"그렇습니다. 마주잡을 손이 있습니다. 지금 우리 곁에 있는 이들이 바로 그들입니다. 그리고 그 손들은 세상 도처에서 우리에게 내밀어져 있습니다. 그 손을 잡을 때 우리는 더욱 커질 것입니다. 하나님의 나라는 그렇게 확장되는 법입니다. 불의를 꾸짖고, 선한 뜻은 부추기려 애쓸 때, 우리 속에는 바람에 흔들리지 않는 기둥 하나가 우뚝 설 것입니다."

사랑의 다른 이름, 설교

"내가 인간의 몸을 하고 있었을 때 살아남은 것은 나 자신에 대해 곰곰이 생각했기 때문이 아니라 지나가던 남자와 그 아내 안에 사랑이 있었고, 그들이 나를 불쌍히 여기고 사랑했기 때문이다."

톨스토이가 1881년 발표한 단편 《사람은 무엇으로 사는가》 결말 즈음에 남긴 문장이다. 김기석 목사의 말과 글에는 '사랑'이 있다. 미하일의 곁을 그냥 지나치지 못해 외투와 장화를 벗어 집에까지 데려온 세묜의 사랑, 그런 남편을 타박하지만 또한 낯선 사내에게 이내 따뜻한 음식을 내놓은 마트료나의 사랑이 없었다면 하나님의 천사는 온전한 깨달음을 얻지 못했을 것이다. 우리는 때로 미하일이 될 수도 있을 것이며, 흔치 않게 세묜과 마트료나가 될지도 모를 일이다. 그들을 살게 한 것은 사랑이다. 사랑 없으면 우리는 살 수 없는 존재라는 걸, 김기석 목사의 단호하지만 따뜻한 설교에서 발견할 때마다 기쁨이 일어난다. 그의 설교를 좀더 오래, 더 깊이 들을 수 있기를 기대하며 어설픈 글을 마친다.

오바댜

1장 10-14절

방관의 죄

네 아우 야곱에게 저지른 그 폭행 때문에 네가 치욕을 당할 것이며, 아주 망할 것이다. 네가 멀리 서서 구경만 하던 그날, 이방인이 야곱의 재물을 늑탈하며 외적들이 그의 문들로 들어와서 제비를 뽑아 예루살렘을 나누어 가질 때에, 너도 그들과 한 패였다. 네 형제의 날, 그가 재앙을 받던 날에, 너는 방관하지 않았어야 했다. 유다 자손이 몰락하던 그날, 너는 그들을 보면서 기뻐하지 않았어야 했다. 그가 고난받던 그날, 너는 입을 크게 벌리고 웃지 않았어야 했다. 나의 백성이 패망하던 그날, 너는 내 백성의 성문 안으로 들어가지 않았어야 했다. 나의 백성이 패망하던 그날, 너만은 그 재앙을 보며 방관하지 않았어야 했다. 나의 백성이 패망하던 그날, 너는 그 재산에 손을 대지 않았어야 했다. 도망가는 이들을 죽이려고, 갈라지는 길목을 지키고 있지 않았어야 했다. 그가 고난받던 그날, 너는 살아 남은 사람들을 원수의 손에 넘겨 주지 않았어야 했다.

물숨을 피하려면

주님의 은총과 평화가 우리 가운데 함께 하시기를 빕니다. 프랑스 니스에서 벌어진 테러 사건으로 희생 당한 이들과 그 가족들, 사드 배치가 발표되면서 분노에 사로잡힌 성주 군민들에게도 주님의 도우심과 위로가 함께 하시기를 빕니다. 지구촌 곳곳에서 악몽같은 일들이 하루가 멀다 하고 벌어지고 있습니다. 마음을 가라앉히고 우리 삶이 어떠했는지 자꾸 돌아보아야 할 때입니다. 떼제 찬양 가운데 '생명의 샘물'이라는 곡이 있습니다.

"생명의 샘물 찾아서 어둔 밤중에 떠나리
오직 목마름 따라 오직 목마름 따라."

우리는 지금 무엇에 목마른 사람입니까? 이 곡을 반복하여 부르는 동안 폭력이 지양된 세상의 꿈은 우리의 꿈인 동시에 하나님의 꿈이라는 생각이 깊어졌습니다. 세상이 아무리 어두워도 우리는 생명의 샘물을 찾아 가는 사람임을 잊지 말아야 하겠습니다.

소서를 지나 대서를 향하고 있는 오늘은 초복입니다. 무더위가 심한 때니 활동을 좀 줄이고 조용히 지내야 할 때입니다. '물숨'이라는 단어를 들어보신 적이 있으신지요? '제주 해녀'의 삶을 기록한 다큐멘터리 감독 고희영은 해녀들의 금기어인 이 단어의 의미를 알기까지 꼬박 6년이 걸렸다고 말합니다. 해녀들이 물속에서 숨을 참다 끊어지기 직전 수면 위로 올라와 길게 내는 휘파람소리처럼 "호이~ 호이~"소리는 '숨비'라고 합니다. '물숨'은 해녀들이 물속에서

'좋은 물건'을 발견했을 때 내는 마음의 숨인데, 그 숨을 내쉬지 못하고 삼키는 순간 곧 죽음에 이른다고 합니다. 물숨을 피하기 위해서 해녀들이 딸에게 주는 교훈이 있습니다.

> "욕심을 내지 말고 숨만큼만 따. 눈이 욕심이야. 욕심을 잘 다스려야 해."(이길우 선임기자, "해녀들의 금기어 '물숨' 의미 깨닫기까지 꼬박 6년", 한겨레신문, 2015년 6월 1일)

숨만큼만 따면 되는데, 그러지 못해 위험에 빠집니다. 이게 어쩌면 인간의 우매함인지도 모르겠습니다. 남이 더 좋은 것을 가질세라 서두르다 보면 자기 숨을 잃게 마련입니다. 그래서 우리는 늘 숨을 헐떡이며 삽니다. 이사야는 행복을 바라면서 행복을 피하는 어리석은 삶을 이렇게 표현합니다.

> 신들을 찾아 나선 여행길이 고되어서 지쳤으면서도, 너는 '헛수고'라고 말하지 않는구나. 오히려 너는 우상들이 너에게 새 힘을 주어서 지치지 않았다고 생각하는구나.(이사야 57:10)

가끔은 멈추어 서서 자기가 걸어온 길을 돌아봐야 합니다. 아메리카 인디언들은 말을 타고 달리다가도 가끔 멈추어 섰다고 합니다. 자기 영혼이 따라오길 기다리는 것입니다. 정말인지는 모르겠지만 이 말은 노자의 말을 연상시킵니다. '다섯 가지 색이 눈을 멀게 한다.'(오색영 인목맹五色令 人目盲)는 구절이 나오는 장(12장)에서 그는 치빙전렵 영인심발광(馳騁畋獵 令人心發狂)이라 말합니다. 말을 몰아 사냥질하는 것이 사람 마음을 미치게 만든다는 뜻입니다.

인간은 자꾸만 멈추어 서서 하나님의 마음에 따라 자기 마음을 조율해야 인간다워집니다. 우리 마음은 뒤틀린 목재처럼 자기 속으로 자꾸만 구부러지곤 합니다. 그 마음들이 빚어내는 것이 갈등과 분쟁입니다. 물론 세상의 모든 문제를 개인의 덕성으로만 설명할 수는 없습니다. 착하게 살고 싶어도 그럴 수 없도록 만드는 구조적 문제가 심각합니다. 세상에 만연한 악을 외면하면서 늘 자기 반성만 하고 살면 안 됩니다. 그러다 보면 악인들에게 이용당하기 쉽습니다. 눈을 똑바로 뜨고 자기 마음도 살피고, 구조적인 악도 살펴야 합니다. 나도 모르는 사이에 죄에 공모자가 되기 쉽기 때문입니다.

너의 교만이 너를 속인다

오늘의 본문인 오바댜는 한 장 밖에 되지 않는 짧막한 책이지만 그 속에 담긴 메시지는 결코 가볍지 않습니다. 오바댜는 에돔의 죄와 그에 따른 심판을 예고하는데 온통 할애되고 있습니다. 에돔은 사해의 동쪽에 있으면서 고대 이스라엘과 국경을 접하고 있었습니다. 국경을 맞대고 있는 나라들이 평화롭게 공존하기란 여간 어려운 일이 아닙니다. 늘 크고 작은 분쟁을 겪을 수밖에 없습니다. 성경은 에돔인들의 조상이 에서라고 말합니다. 에서는 야곱의 쌍둥이 형인데, 둘은 어머니 리브가의 태에서부터 싸웠다고 합니다. 리브가가 괴로워하면서 주님을 찾아가자 주님이 이렇게 말씀하셨습니다.

두 민족이 너의 태 안에 들어 있다. 너의 태 안에서 두 백성이 나뉠 것이다. 한 백성이 다른 백성보다 강할 것이다. 형이 동생을 섬길 것이다.(창세기 25:23)

유대인들은 이 구절을 근거로 삼아 에돔을 지배하는 것이 하나님의 섭리라고 주장했습니다. 에돔 사람들은 이것을 유대인들이 만들어낸 허구의 신화로 여겨 불쾌하게 생각했을 겁니다. 그런데 이 구절을 좀 새롭게 해석할 수는 없을까요? 이스라엘의 에돔 지배가 하나님의 뜻이라고 거듭 주장하기보다는, 두 나라가 비록 갈등 관계 속에 있기는 하지만 뿌리로 거슬러 올라가면 한 어머니에게서 나온 형제 국가임을 상기하는 것이지요. 그러면 평화로운 공존도 가능하지 않았을까요? 그러나 현실은 정반대입니다.

고대 국가인 에돔은 요르단의 남부에 해당되는 지역입니다. 에돔의 중심지였던 '페트라'는 지금도 수많은 관광객들이 찾는 명소입니다. 깎아지른 듯한 붉은색 사암이 좌우로 늘어서 있고 그 사이로 난 좁은 소롯길을 따라 걷다보면 그곳이 천혜의 요새임을 누구나 느낄 수 있습니다. 그 길을 따라 2km쯤 걷다보면 소롯길이 끝나면서 넓은 광장이 나오는데, 사람들은 그곳에서 "아!" 하는 짧은 탄성을 발하곤 합니다. 붉은색 바위를 파서 만든 거대한 구조물이 그들의 시선을 사로잡기 때문입니다. 그것은 신전처럼 보이지만 실은 무덤입니다. 그걸 시작으로 하여 이곳저곳에 흩어져 있는 고대 문명의 찬란한 흔적들을 보면 누구나 감탄하지 않을 수 없습니다. 오바댜는 찬란한 문명을 만들었던 그 국가에 닥칠 심판을 예고하고 있습니다. 하나님은 에돔을 여러 민족 가운데서 가장 보잘것없이 만들어 모든 민족의 경멸을 받게 하겠다 이르십니다.

> 네가 바위 틈에 둥지를 틀고, 높은 곳에 집을 지어 놓고는, '누가 나를 땅바닥으로 끌어내릴 수 있으랴' 하고 마음속으로 말하지만, 너의 교만이 너를 속이고 있다.(오바댜 1:3)

독수리처럼 그의 보금자리를 높은 곳에 마련해도, 별들 사이에 둥지를 튼다 해도 하나님은 에돔을 거기서 끌어내리시겠다고 말씀하십니다. 에돔과 동맹을 맺었던 나라들도 등을 돌릴 것이고, 평화조약을 맺었던 나라도 돌변하여 에돔을 정복하게 될 것이라는 것이었습니다. 하나님은 왜 이렇게 에돔에게 화가 나신 것일까요? 그것은 바빌로니아가 유다를 침공했을 때 보여준 에돔의 태도 때문입니다.

불행을 당하는 이웃을 바라보는 시선

에돔은 오랜 갈등 관계에 있던 유다가 바빌로니아에 의해 속절없이 유린당하는 모습을 지켜보면서 쾌재를 불렀습니다. 이웃에게 닥친 불행을 기뻐하는 것처럼 비인간적인 일이 또 있을까 싶지만 그게 또한 인간 현실입니다. 임마누엘 칸트는 "인간이라는 뒤틀린 목재에서 곧은 것이라고는 그 어떤 것도 만들 수 없다."고 말했습니다. 너무 비관적으로 들리지요?

네 아우 야곱에게 저지른 그 폭행 때문에 네가 치욕을 당할 것이며,

아주 망할 것이다. 네가 멀리 서서 구경만 하던 그날, 이방인이 야곱의 재물을 늑탈하며 외적들이 그의 문들로 들어와서 제비를 뽑아 예루살렘을 나누어 가질 때에, 너도 그들과 한 패였다.(오바댜 1:10-11)

에돔은 '멀리 서서' 유다의 멸망을 구경했습니다. 그러나 그들은 구경만 한 것은 아닙니다. 유다가 회생하기 어려운 지경에 처하게 되자 에돔도 유다 때리기에 나섰습니다. 참으로 비열한 일입니다. 12절부터 14절까지는 에돔이 하지 말았어야 하는 행동이 죽 열거되어 있습니다. "~한 날, 너는 ~하지 않았어야 했다."로 구조화된 지적이 8번 반복되고 있습니다. 겹치는 부분도 있습니다만 에돔의 죄는 명확합니다. 형제 국가인 유다가 패망하는 날 그들이 하지 말았어야 할 것은 다음과 같습니다.

1) 방관하지 않았어야 했다.
2) 기뻐하지 않았어야 했다.
3) 입을 크게 벌리고 웃지 않았어야 했다.(조롱)
4) 내 백성의 성문 안으로 들어가지 않았어야 했다.
5) 재앙을 보며 방관하지 않았어야 했다.
6) 그 재산에 손을 대지 않았어야 했다.
7) 도망가는 이들을 죽이려고, 갈라지는 길목을 지키고 있지 않았어야 했다.
8) 살아 남은 사람들을 원수의 손에 넘겨 주지 않았어야 했다.

요약하자면 '방관, 조롱, 약탈, 강자와 동조, 인신매매'가 될 것입니다. 두 번이나 강조되고 있는 것이 방관죄입니다. 나 몰라라 하는 것이지요. 방관하는 까닭은 뭘까요? 자기 일이 아니라고 여기는 무책임성과 복잡한 일에 연루되고 싶지 않다는 자기 방어 본능 때문일 겁니다. 여리고로 내려가는 길에서 강도 만난 사람을 보면서도 그냥 지나쳐 간 제사장과 레위인이야말로 방관자들이었습니다. 그들은 인간의 법정에서는 무죄일지 모르지만 하나님의 법정에서는 유죄입니다.

처음 그들이 왔을 때

몇 해 전 베를린에서 집회를 인도한 적이 있습니다. 잠시 시간을 내어 자동차로 30분 거리에 있는 작센하우젠 수용소에 들렀습니다. 작센하우젠으로 가는 길은 아름다웠습니다. 길가에는 아름드리 나무가 터널을 이루고, 강에는 작은 배들이 떠 있어 한가로워 보였습니다. 국도변의 집들은 깨끗했고, 햇살을 뚫고 달리는 자전거 라이더들에서 건강함을 느낄 수 있었습니다. 1936년 평화의 제전인 베를린 올림픽이 열려 전 세계의 젊은이들이 실력을 겨루기 위해 집결하던 바로 그때, 나찌는 작센하우젠에 정치범들과 양심수들, 사회 부적응자들, 전과자들, 동성애자들, 여호와의 증인, 집시 등을 가두기 위해 대규모 수용소를 만들었습니다. 1938년 이후에는 독일에 살던 유대인이 잡혀왔고, 전쟁 포로들도 많이 이송되어 왔습니다. 점차 그곳은 살육의 현장으로 변해갔습니다. 수많은 유대인들이 용광로 속에서 한 줌 재로 변했고, 전쟁 포로들은 학살당했습니다.

그 참혹한 현장을 둘러보다가 나찌 친위대가 운영하던 감옥에 당도했습니다. 감옥 밖에는 세 개의 나무 기둥이 서 있었는데, 그것은 죄수들을 거꾸로 매달고 고문을 가하던 도구였습니다. 감옥 창문은 나무 가리개로 가려져 있어 죄수들은 햇빛조차 누릴 수 없었습니다. 비감한 마음으로 감방을 둘러보았습니다. 각 방마다 그곳에서 수감생활을 했던 대표적인 인물들의 사진이 놓여 있었습니다. 한 방에서 저는 마르틴 니묄러의 강고한 얼굴과 마주쳤습니다. 그는 독일의 기독교인들이 나찌에 부역하고 있을 때 나찌에 협력하기를 거부하고 바른 믿음을 견지하려고 했던 고백교회의 지도자 가운데 한 분입니다. 그의 형형한 눈빛은 제게 바른 믿음을 지키기 위해 고난을 받을 수 있냐고 묻고 있는 듯했습니다. 그때 그의 시 〈처음 그들이 왔을 때〉가 떠올랐습니다.

"그들이 공산주의자를 잡아갔을 때
나는 아무 말도 하지 않았다.
나는 공산주의자가 아니었으니까.
그들이 사민주의자를 가두었을 때 나는 침묵했다.
나는 사민주의자가 아니었으니까.
그들이 노동조합원들을 체포했을 때
나는 항의하지 않았다.
나는 노동조합원이 아니었으니까.
그들이 유대인을 잡아갔을 때
나는 방관했다.

나는 유대인이 아니었으니까

그들이 내게 왔을 때

더 이상 나를 위해 나서 줄 사람은 없었다."

불의에 침묵한 죄, 항의하지 않은 죄, 방관한 죄가 결국에는 자기에게까지 미치더라는 이야기입니다. 이 시는 방관의 죄가 얼마나 무거운지를 일깨워줍니다. 지금 억울한 일을 당해 울고 있는 이들을 보고도 함께 아파하지 않고, 그들 편에 서기는커녕 그들의 입을 막으려고 하는 이들이 있습니다. 자기들은 언제나 안전지대에 있다고 믿기 때문일 겁니다. 하지만 그걸 누가 장담할 수 있단 말입니까? 남의 곤고한 처지를 강 건너 불구경하듯 하는 이들은 하나님의 분노를 살 수밖에 없습니다. 에돔의 가장 큰 죄는 방관죄였습니다. 20세기의 위대한 신학자인 칼 바르트는 나찌 치하에서 기독교인들이 어떻게 살아야 하는지를 이렇게 밝혔습니다.

"그리스도교 공동체는 너무 조금 일하기보다는 연약한 자들을 위해 세 배는 더 열심히 일해야 한다. 권리와 자유가 위협당하는 곳에서는 편안한 침묵보다는 차라리 불편하더라도 목소리를 높여야 한다."(프랑크 엘레,《편안한 침묵보다는 불편한 외침을》, 이용주 옮김, 새물결플러스, 138-139쪽에서 재인용)

방관은 그저 방관으로 끝나지 않습니다. 에돔은 유다의 시련을 틈 타 자기 이익을 극대화하기 위해 동분서주했습니다. 약탈을 서

습지 않았고, 심지어는 전란을 피해 달아나는 사람들을 붙잡아 팔아먹기도 했습니다. 죄는 이렇게 인간의 탐욕에 깃들여 자기 몸집을 불려갑니다. 하나님은 그런 에돔의 파멸을 선언하십니다. 정의가 아니라 탐욕이 사람들의 마음을 지배할 때, 한 사회는 멸망을 앞두고 있다고 말할 수 있습니다.

좋은 물건에 대한 욕심에 이끌려 물숨을 내쉬지 못하고 그것을 삼키면 죽음에 이를 수밖에 없다고 가르쳤던 제주 해녀들의 가르침이 새삼스럽게 다가오는 나날입니다. 불의한 세상을 보며 편안한 침묵을 선택하는 이들이 늘어날 때 세상은 위험한 곳으로 변합니다. 불편하더라도 목소리를 높일 때 우리도 살고 다른 이들도 살게 됩니다. 휴가철이 다가옵니다. 분주하게 지내느라 잊고 있었던 것이 없는지 돌아보는 계기가 되었으면 좋겠습니다. 사람은 누군가의 이웃이 됨으로 참 사람이 될 수 있습니다. 그 사실 하나만 가슴에 담고 살아도 우리 삶은 맑아질 것입니다. 주님의 도우심으로 이 계절 더욱 깊어지는 나날이 되기를 빕니다.

요나

2장 1-10절

물고기 배 속에서

요나가 물고기 배 속에서 주 하나님께 기도드리며 아뢰었다. "내가 고통스러울 때 주님께 불러 아뢰었더니, 주님께서 내게 응답하셨습니다. 내가 스올 한가운데서 살려 달라고 외쳤더니, 주님께서 나의 호소를 들어주셨습니다. 주님께서 나를 바다 한가운데, 깊음 속으로 던지셨으므로, 큰 물결이 나를 에워싸고, 주님의 파도와 큰 물결이 내 위에 넘쳤습니다. 내가 주님께 아뢰기를 '주님의 눈 앞에서 쫓겨났어도, 내가 반드시 주님 계신 성전을 다시 바라보겠습니다' 하였습니다. 물이 나를 두르기를 영혼까지 하였으며, 깊음이 나를 에워쌌고, 바다풀이 내 머리를 휘감았습니다. 나는 땅 속 멧부리까지 내려갔습니다. 땅이 빗장을 질러 나를 영영 가두어 놓으려 했습니다만, 주 나의 하나님, 주님께서 그 구덩이 속에서 내 생명을 건져 주셨습니다. 내 목숨이 힘없이 꺼져 갈 때에, 내가 주님을 기억하였더니, 나의 기도가 주님께 이르렀으며, 주님 계신 성전에까지 이르렀습니다. 헛된 우상을 섬기는 자들은, 주님께서 베풀어 주신 은혜를 저버립니다. 그러나 나는 감사의 노래를 부르며, 주님께 희생제물을 바치겠습니다. 서원한 것은 무엇이든지 지키겠습니다. 구원은 오직 주님에게서만 옵니다." 주님께서 그 물고기에게 명하시니, 물고기가 요나를 뭍에다가 뱉어 냈다.

한 걸음씩 앞으로

주님의 은혜와 평화가 우리 가운데 임하시기를 빕니다. 우리 마음의 비밀을 아시는 주님께서 예배에 동참한 모든 이들의 상처를 치유하시고, 지친 이들의 마음에 하늘의 숨을 불어넣어주시기를 빕니다. 지금 우리는 아주 조심스럽게 일상의 회복을 향해 발걸음을 내딛고 있습니다. 지난 주에는 우리 교회가 수용할 수 있는 최대치의 성도들이 모여 예배를 드렸습니다. 감동적인 순간이었습니다.

문득 빅터 프랭클이 《죽음의 수용소에서》라는 책에서 들려준 이야기가 떠올랐습니다. 제2차 세계 대전이 끝나고 나치의 수용소에 갇혔던 사람들은 느닷없이 찾아온 그 해방을 실감하기 어려웠다고 합니다. 주저하던 죄수들이 수용소 밖으로 조심스럽게 발걸음을 옮겼습니다. 그런데 아무런 일도 일어나지 않았습니다. 감시병들의 고함소리도, 발길질도 없었습니다. 마침내 그들은 수용소 밖으로 쭉 뻗어있는 길을 따라 천천히 걸었습니다. 기운이 없어 절뚝거리긴 했지만 주저앉을 수는 없었습니다. 그는 '자유'라는 말을 되뇌어 보았습니다. 지난 수년간 꿈속에서도 잊을 수 없었던 그 한 마디였지만 현실감 있게 다가오지 않았습니다.

며칠이 지난 어느 날 빅터 프랭클은 홀로 꽃이 만발한 꽃밭을 지나 시골의 들판을 가로지르며 걷고 있었습니다. 종달새가 하늘로 날아올랐습니다. 주위에 수 마일 내에는 아무도 없는 것 같았습니다. 그는 사방을 두리번거리다가 하늘을 우러러보았습니다. 그러다가 갑자기 무릎을 털썩 꿇었습니다. 그의 입에서 이런 소리가 터져 나왔습니다.

"저는 저의 비좁은 감방에서 주님을 불렀나이다. 그리고 주님은 공간의 자유 속에서 저에게 응답을 하셨나이다."

빅터 프랭클은 그날 얼마나 오랜 시간을 거기서 무릎을 꿇고 있었는지 기억할 수 없지만 한 가지 분명한 사실은 그 시간부터 자기의 새로운 삶이 시작되었다고 고백합니다.

"나는 다시 인간이 될 때까지 한 걸음 또 한 걸음 앞으로 나아가게 될 것이다."

저는 이 대목을 떠올릴 때마다 감동합니다. 한 걸음씩만 앞으로 나아가면 됩니다. 조금 더 나은 사람이 되기 위해, 조금 더 평화롭고 생명이 존중되는 세상을 향해. 한달음에 목표에 도달할 수는 없더라도 조금씩 인내하며 나아가면 됩니다.

절망의 심연에서

요나 이야기는 어른 아이 할 것 없이 모두 좋아하는 이야기입니다. 짧은 책이지만 그 속에는 온갖 드라마적 요소가 다 담겨 있습니다. 요나의 성격도 확실합니다. 요나는 "너는 어서 저 큰 성읍 니느웨로 가서, 그 성읍에 대고 외쳐라. 그들의 죄악이 내 앞에까지 이르렀다."(요나 1:2)는 하나님의 명령을 받자마자 스페인으로 도망가려고, 욥바로 내려갔습니다. 성경은 다만 그의 행동의 동기를 '주님의 낯을 피하여'라는 말로 갈무리하고 있습니다. 이 구절은 선악과를 따먹고 나무 뒤에 숨었던 아담의 행동을 표현할 때도 등장합니다. 주님의 낯을 피한 삶의 결과는 하강 곧 낮아짐입니다. 요나의 행적을 보면 알 수 있습니다. 그는 욥바로 내려가고, 배 밑창으로 내려가고, 바다 속에 던져지고, 급기야는 물고기 배 속에 삼켜집니다. 그는 하나님의 낯을 피하려고 했지만 하나님을 피할 장소는 세상 어디에도 없습니다. 시편 139편 시인은 주님의 영을 피해서 달아날 곳이 없다며 이렇게 고백합니다.

> 내가 하늘로 올라가더라도 주님께서는 거기에 계시고, 스올에다 자리를 펴더라도 주님은 거기에도 계십니다. 내가 저 동녘 너머로 날아가거나, 바다 끝 서쪽으로 가서 거기에 머무를지라도, 거기에서도 주님의 손이 나를 인도하여 주시고, 주님의 오른손이 나를 힘있게 붙들어 주십니다.(시편 139:8-10)

어느 냉소주의자는 지옥은 한 순간도 자기를 잊을 수 없는 곳이라고 말했습니다. 그러나 지옥은 하나님의 부재 경험입니다. 하나님은 우리가 아무리 멀어지려 해도 떨쳐버릴 수 없는 분이십니다. 요나가 아무리 낮아져도 하나님의 은총의 손을 벗어날 수 없었습니다. 하나님은 큰 물고기 한 마리를 마련하여 두셨다가, 그를 삼키게 하셨습니다. 지중해에 사람을 쉽게 삼킬 수 있는 그런 물고기가 있는지를 따지는 것은 부질없는 일입니다. '물고기 배 속'이라는 말은 많은 이들의 문학적 상상력을 자극합니다. 암담하고 절망스런 상태를 나타내기에 그보다 좋은 은유가 없는 것 같기 때문입니다. 후텁지근하고, 캄캄하고, 악취가 진동하고, 뭔가 왈칵왈칵 넘어오는데 도무지 피할 수 없는 곳이 바로 물고기 배 속입니다. 요나가 처한 상황이 그러했습니다.

여기서 한 가지를 더 짚고 넘어가야 합니다. 사실 커다란 물고기는 앗시리아 사람들이 섬기던 다곤 신을 암시한다고도 볼 수 있습니다. 다곤은 메소포타미아 문명권에서 섬김을 받던 어업의 신입니다. 물고기 배 속에 갇힌 요나의 상황은 어쩌면 앗시리아의 억압을 받던 이스라엘의 상황을 나타내는 것일 수도 있습니다. 요나는 물고기 배 속에서 사흘 밤낮을 갇혀 지냈습니다. 사람이 물고기 배 속에서 사흘을 버틸 수 있는지 따지는 것도 무의미한 일입니다. 사흘은 수메르 신화에서 지하 세계인 스올에서 산 자의 땅으로 귀환하는 시간을 가리키는 말입니다. 요나서는 수메르 신화를 차용하여 더 놀라운 메시지를 전하려 합니다.

성경에서 사흘은 변화의 시간입니다. 아브라함이 아들 이삭을 번제로 바치기 위해 모리아 산까지 걸어간 시간이고(창세기 22:4), 요셉이 식량을 사려고 애굽에 내려온 형들에게 간첩죄를 씌워 감옥에 가둔 시간이고(창세기 42:17), 출애굽 당시에 이집트 온 땅이 어둠에 간혔던 시간이고(출애굽기 10:22), 희생제물의 남은 고기를 처리해야 하는 시간이고(레위기 7:17), 십자가 처형을 당하신 주님이 부활하시기까지 걸린 시간이기도 합니다.

낮춰주시는 은혜

물고기 배 속에 갇힌 요나는 할 수 있는 일이 아무것도 없었습니다. 그때 비로소 그는 하나님께 기도를 바칩니다. 2절부터 9절에 이르는 이 기도는 출애굽기 15장에 나오는 감사 기도와 매우 유사합니다. 홍해를 건넌 모세와 이스라엘 자손은 바로의 병거와 그 군대를 바다에 던지시고, 당신의 백성들을 구원해주신 하나님께 감사의 노래를 불렀습니다. 요나서 2장이 이 책의 종교적 가치를 강조하기 위해 삽입한 시편이라고 말하는 이들도 있습니다.

요나는 물고기 배 속에서 하나님께 기도를 올립니다. 사람은 절박할 때 기도합니다. 곤경에서 벗어나게 해 달라고 기도하고, 사랑하는 사람들이 무사하기를 기도하고, 바라는 바가 이루어지게 해 달라고 기도합니다. 하나님은 땅에서 들려오는 신음소리조차 기도로 들으시는 분이십니다. 아벨의 피가 흐른 땅의 외침을 하나님은 외면하지 않으셨습니다. 요나는 삶의 가능성이 다 끊어진 것 같은 상황 속에서 하나님을 바라보았습니다. 어쩌면 인간의 한계상황은 구원의 입구인지도 모르겠습니다. 한계상황이란 유한함에 대한 자각, 무력감, 공허, 질병, 죽음, 죄책 등 우리가 아무것도 해볼 것이 없는 상황을 이르는 말입니다.

철학자 칼 야스퍼스는 인간은 한계상황에 직면할 때 비로소 본래적 실존으로의 비약이 일어난다고 말했습니다. 쉬운 말로 하자면 그동안 집착하고 소중하게 여기던 것들로부터 놓여나 새로운 삶을 시작한다는 말입니다. 한계상황은 돈, 출세, 명예, 권력 따위에 집착하던 삶에서 벗어나 사랑, 우정, 나눔, 돌봄, 아낌, 섬김의 삶을 능동적으로 선택하는 계기가 될 수 있습니다. 요나는 물고기 배 속에서 하나님께 부르짖었습니다.

> 내가 고통스러울 때, 주님께 불러 아뢰었더니, 주님께서 내게 응답하셨습니다. 내가 스올 한가운데서 살려 달라고 외쳤더니, 주님께서 나의 호소를 들어주셨습니다.(요나 2:2)

그는 이미 기도의 응답을 받은 자로서 기도하고 있습니다. 요나는 자기가 겪은 모든 일이 하나님의 낯을 피하여 달아난 삶의 결과임을 자각하고 있습니다. 바다풀이 머리를 휘감고, 깊음이 에워싸고, 영혼까지 물에 잠긴 것 같고, 마치 땅이 빗장을 질러 자기를 가둔 것 같았지만, 이제는 하나님께서 자기 기도를 들어주셨다는 것입니다. 하나님은 우리가 오만에 빠져 있을 때, 그 고질병으로부터 벗어날 기미가 보이지 않을 때, 우리를 깊은 바다 가운데로 던지기도 하십니다. 고통의 심연 속에서 자기의 실상을 보도록 하기 위한 것입니다.

사람은 스스로 낮아지기 어려운 존재입니다. 성경은 그리스도의 강생의 신비를 전해줍니다. 우리는 자기를 비워 종의 몸을 입고 오신 하나님의 아들을 믿습니다. 그런데도 우리는 낮아질 생각이 없습니다. 사소한 일에도 화를 내고, 작은 손해를 참지 못하고, 차별을 받는다고 속상해 합니다. 하나님은 때때로 가장 사랑하는 이들을 낮춰주십니다. 낮춰진다는 것은 쓰라린 일이고 회피하고 싶은 일입니다. 그러나 낮은 자리에 설 때 비로소 보이는 것들이 있습니다. 구원의 문은 몸을 낮추지 않으면 찾기 어렵습니다. 좁은 문을 통과하지 않으면 더 넓은 세계에 이를 수 없습니다. 이런 경험을 평화노래꾼인 홍순관은 이렇게 표현했습니다.

"낙타를 따라 바늘구멍으로 들어가 봅니다.

따라 들어가 보니 그렇게 넓을 수가 없습니다.

들어가고도 남음이 있어 춤을 추고도 넉넉합니다."

(홍순관, 《네가 걸으면 하나님도 걸어》, 살림, 118쪽)

본분에 대한 자각

가장 낮은 자리, 절망의 심연에서 요나는 하나님의 은혜를 기억합니다.

주님의 눈 앞에서 쫓겨났어도, 내가 반드시 주님 계신 성전을 다시 바라보겠습니다.(요나 2:4)

이 구절은 솔로몬의 성전 봉헌 기도를 떠올리게 합니다. 솔로몬은 그의 백성들이 처한 삶의 자리에서 성전을 기억하며 기도할 때 응답해 달라고 청합니다.

또 그들이 사로잡혀 간 원수의 땅에서라도, 마음을 다하고 정성을 다하여 주님께 회개하고, 주님께서 그들의 조상에게 주신 땅과 주님께서 선택하신 이 도성과 내가 주님의 이름을 기리려고 지은 이 성전을 바라보면서 기도하거든, 주님께서는, 주님께서 계시는 곳인 하늘에서, 그들의 기도와 간구를 들으시고, 그들의 사정을 살펴 보아 주십시오.(열왕기상 8:48-49)

성전을 바라본다는 것은 참회한다는 뜻을 내포합니다. 하나님으로부터 멀어졌던 자기 마음을 제자리로 돌려놓는다는 뜻입니다.

내 목숨이 힘없이 꺼져 갈 때에, 내가 주님을 기억하였더니, 나의 기도가 주님께 이르렀으며, 주님 계신 성전에까지 이르렀습니다.(요나 2:7)

하나님에 대한 기억이 회복되는 순간, 절망의 어둠은 희망의 빛으로 바뀝니다. 목숨은 '네페쉬'(nephesh)의 번역어인데, 정말 다양한 의미를 내포하고 있는 단어입니다. 숨 쉬는 존재, 영혼, 감정과 열정의 자리 등을 나타낼 때 두루 쓰입니다. 요나는 자기 목숨이 경각에 달린 것은 물론이고 살 희망조차 잃어버려 의욕도 다 사라진 상태 속에서 비로소 하나님을 기억하였다고 말합니다. 절망의 자리가 희망의 문이라는 말이 과언이 아닙니다. 기도를 들으시는 주님은 우리 아픔을 함께 아파하시는 분이십니다. 그래서 요나는 고백합니다.

구원은 오직 주님에게서만 옵니다.(요나 2:9b)

이 고백에 이르기까지 요나는 땅 속 멧부리까지 내려가야 했던 것인지도 모르겠습니다. 그는 빗장을 지른 땅 속에 갇힌 채 힘없이 꺼져 들어가는 상황에 직면해서야 비로소 은혜의 신비 앞에 섰습니다. 그 덕분에 그는 헛된 우상의 길에서 확고하게 벗어나, 베풀어 주신 은혜를 찬양하는 사람이 되었습니다. 마침내 하나님은 물고기에게 명하시어 그를 뭍에다가 뱉게 하셨습니다. 그리고 그를 또다시 파송하십니다.

너는 어서 저 큰 성읍 니느웨로 가서, 이제 내가 너에게 한 말을 그 성읍에 외쳐라.(요나 3:2)

3장의 요나는 1장의 요나와는 다른 사람입니다. 절망의 심연을 맛보았기 때문입니다. 하지만 인간의 어리석음은 한 번에 벗겨지지 않습니다. 요나는 주님의 명령대로 니느웨에 가서 "사십일만 지나면 니느웨가 무너진다!"고 외칩니다. 그러나 그 외침에는 니느웨 사람들에 대한 연민이 느껴지지 않습니다. 여전히 그는 편협한 민족주의적 감정에서 벗어나지 못했던 것입니다. 요나서는 니느웨 사람들과 임금 그리고 짐승까지도 굵은 베옷을 입고 참회하고, 나쁜 길에서 돌이키고, 폭력을 그쳤기에 심판을 면하게 되었다고 말합니다. 한 민족의 이런 총체적 변화가 과연 가능한 것일까요? 이런 질문을 던지면서도 우리가 잊지 말아야 할 것이 하나 있습니다. 하나님은 이 과정을 통해 요나의 편협한 생각을 고치고 계셨습니다. 요나는 원수의 나라가 망하기를 바랐지만 하나님은 그들까지도 아끼시는 분임을 일깨워주셨습니다. 요나서가 의문문으로 끝난다는 사실은 매우 의미심장합니다. "좌우를 가릴 줄 모르는 사람들이 십이만 명도 더 되고 짐승들도 수없이 많은 이 큰 성읍 니느웨를, 어찌 내가 아끼지 않겠느냐?"(요나 4:11) 하나님의 이 마음을 알아차려야 합니다. 믿음의 사람이 된다는 것은 편협함에서 벗어나 하나님의 큰 마음에 접속되는 과정입니다. 코로나19로 우리들은 그동안 쌓아올린 문명이 물고기 배 속에 갇힌 것과 같은 충격을 경험했습니다. 이제는 새로워져야 할 때입니다. 어리석음, 편협함, 이기주의의 옛 생활에서 벗어나 생명 중심의 삶으로 거듭나야 합니다. 우리에게 주신 이러한 소명에 삶으로 응답할 수 있기를 빕니다.

> * 본문에서는 '물고기 뱃속'이라고 표기되어 있지만, '뱃속'은 마음을 속되게 이르는 말입니다. '뱃속을 들여다보다', '뱃속을 채우다'라는 용례를 보아도 알 수 있습니다. '배의 안쪽 부분'을 이르는 경우에는 '배 속'으로 쓰는 것이 옳습니다.

미가

3장 8-12절

꾸짖을 용기

그러나 나에게는, 주님께서 주님의 영과 능력을 채워 주시고, 정의 감과 함께, 야곱에게 그의 죄를 꾸짖고 이스라엘에게 그의 범죄를 꾸짖을 용기를 주셨다. 야곱 집의 지도자들아, 이스라엘 집의 지도 자들아, 곧 정의를 미워하고, 올바른 것을 모두 그릇되게 하는 자들 아, 나의 말을 들어라. 너희는 백성을 죽이고서, 그 위에 시온을 세 우고, 죄악으로 터를 닦고서, 그 위에 예루살렘을 세웠다. 이 도성 의 지도자들은 뇌물을 받고서야 다스리며, 제사장들은 삯을 받고서 야 율법을 가르치며, 예언자들은 돈을 받고서야 계시를 밝힌다. 그 러면서도, 이런 자들은 하나같이 주님께서 자기들과 함께 계신다고 큰소리를 친다. '주님께서 우리와 함께 계시니, 우리에게 재앙이 닥 치지 않는다.'고 말한다. 그러므로 바로 너희 때문에 시온이 밭 갈듯 뒤엎어질 것이며, 예루살렘이 폐허더미가 되고, 성전이 서 있는 이 산은 수풀만이 무성한 언덕이 되고 말 것이다.

작은 치어들

주님의 은총과 평화가 우리 가운데 임하시기를 빕니다. 척박한 광야 같은 현실 가운데서 희망의 빛을 찾아 헤매는 이 땅의 젊은이 들과도 함께 하시기를 빕니다. 새삼스럽게 민태원 선생님의 《청춘 예찬》을 찾아 읽어봤습니다.

"청춘! 이는 듣기만 하여도 가슴이 설레는 말이다. 청춘! 너의 두 손 을 가슴에 대고 물방아 같은 심장의 고동을 들어 보라. 청춘의 피는 끓는다.", "청춘의 끓는 피가 아니더면 인간이 얼마나 쓸쓸하랴?"

참 멋진 구절입니다만 많은 젊은이들에게 그 구절은 참 공허하 게 들릴 것 같습니다. 오늘의 청춘들은 아무리 두드려도 열리지 않 는 현실의 장벽 앞에서 화를 끓이며 지내거나 이미 식어버린 가슴 의 허전함을 어루만지며 지냅니다. 청년들의 꿈을 왜소하게 만드는 시대처럼 슬픈 시대가 또 있을까요? 먹고 사는 문제는 매우 중요하 지만 젊은이들의 마음이 온통 그 문제에만 집중하도록 만드는 세태 가 통탄스럽습니다. 소수의 사람들만 자기 꿈을 이룰 수 있고, 나머 지는 루저로 전락하도록 만드는 세상은 영혼 없는 이들을 양산해내 게 마련입니다.

고도의 소비주의 사회가 우리에게서 빼앗아 가는 가장 중요한 능 력은 무엇일까요? '다른 삶을 상상하는 능력'입니다. 누군가가 이 미 만들어놓은 욕망의 문법에 따라 사는 사람들은 우리 앞에 열린 다른 삶의 가능성을 보지 못합니다. 말이나 가금류의 눈 옆에 가림막을 달아놓은 것을 본 적이 있습니다. 시선을 차단하여 앞만 보도록 하기 위함입니다. 지금 우리 눈 옆에도 가림막이 달려 있는 것은 아닌지 돌아보십시오. 욕망의 사다리 윗단에 올라서기 위해 우리는 치열하게 경쟁합니다. 세상은 여러 가지 방식으로 '다른 길'은 없다고 말합니다. 욕망과 성취 사이의 시간이 짧을수록 좋다고 가르칩니다. 기다림과 절제는 더 이상 미덕이 아닙니다. 그렇게 길들여지다 보니 그런 것도 같습니다. 그래서 힘들지만, 숨이 가쁘지만, 그 길로 내쳐 달립니다. 가슴 가득 공허감이 밀려들 때도 있습니다.

이제 다른 삶을 상상해야 합니다. 지금까지 추구하던 것을 다 작파하고 새로운 길을 걷자는 말이 아닙니다. 우리가 길을 잘못 든 것이 아닌지 조심스럽게 돌아보면서 나답게, 하나님을 믿는 사람답게 사는 삶의 방식을 발견해야 한다는 말입니다. 단테의《신곡》첫 대목은 인생길 절반을 걷고 돌아보니 어두운 숲에서 길을 잃었다는 고백이 나옵니다. 우리도 그런 것은 아닌지요? 목 마른 사람이 우물을 판다는 말이 있습니다. 세상에 문제가 있다고 느끼는 이들이 새로운 세상을 시작해야 합니다. 예수님은 사람들이 로마 제국의 지배를 당연한 것으로 여기는 세상에서 하나님 나라를 시작하셨습니다. 믿음의 길은 그런 것입니다.

소설가 김재영의 단편 '치어들의 꿈'에서 주인공의 아버지는 이런 이야기를 들려줍니다.

"연어는 말이다, 강가에 남지 않고 멀리 드넓은 바다로 떠난 연어들은, 가장 몸집이 작은 치어들이었단다. 이상하지? 거친 파도를 이기려면 영양상태가 좋아 몸집이 크고 튼튼한 놈들이어야 할 텐데 말이야. 하지만 등에 기름이 낀 치어들은 민물에 남아 안주하는 법이란다. 더 절박하고 더 많이 갈구하는 치어들만이 새로운 삶의 터전을 찾아 떠나지."(김재영,《코끼리》, 도서출판 아시아, 142-143쪽)

불의한 현실

등에 기름이 낀 치어들은 떠날 줄 모르고 안주합니다. 세상의 변화는 늘 절박한 사람들을 통해 일어나는 법입니다. 지금 이 땅에서 하나님을 믿는 이로 산다는 것, 예수님을 주님으로 모시고 산다는 것은 새로운 세상을 꿈꾸고, 그 꿈을 이루기 위해 땀흘리는 것이 아니겠습니까? 종종 떠올리는 이야기입니다만 알래스데어 매킨타이어는 "'나는 무엇을 해야 하는가?'라는 질문은 '나는 어떤 이야기, 혹은 어떤 이야기들의 일부로 존재하는가?'라는 보다 앞선 질문이 해명될 때에만 비로소 대답될 수 있다."고 말했습니다. 인간은 이야기를 짓는 존재인 동시에 더 큰 이야기의 일부이기도 합니다. 믿는 이들은 하나님의 구원 이야기의 일부가 되어야 합니다.

주전 8세기의 농민 예언자인 미가는 중앙정치 무대에서 으스대며 사는 권력자들의 위선과 비리를 신랄하게 비판했습니다. 다른 예언자들은 대개 회개를 요구하지만 미가는 그럴 여유조차 없었는지 하나님을 등지고 살아가는 이들에게 내릴 무서운 심판에 대해서만 말했습니다.

악한 궁리나 하는 자들, 잠자리에 누워서도 음모를 꾸미는 자들은 망한다! 그들은 권력을 쥐었다고 해서, 날이 새자마자 음모대로 해치우고 마는 자들이다. 탐나는 밭을 빼앗고, 탐나는 집을 제것으로 만든다. 집 임자를 속여서 집을 빼앗고, 주인에게 딸린 사람들과 유산으로 받은 밭을 제 것으로 만든다.(미가 2:1-2)

양심에 화인 맞은 자들이 사는 방식은 어느 시대에나 마찬가지인 모양입니다. 요즘 우리들의 눈과 귀를 사로잡고 있는 'K스포츠'니 '미르 재단'이니 하는 것도 별반 다르지 않을 것입니다. 채 20일도 되지 않는 기간 동안 수 백억을 모금했다고 하지요? 그저 '그들이 사는 법'이라고 혀를 차고 말기에는 석연치 않은 구석이 참 많습니다. 권력에 중독된 이들은 자기들이 하는 일을 어떻게든 정당화하려고 합니다. 이러니저러니 변명이 많지만 그 모금에 권력이 작동하지 않았다고 믿을 사람은 아마 없을 것입니다. 하루하루 힘겹게 살아가는 국민들은 그런 뉴스를 들으면 허탈한 심정을 숨길 수 없습니다.

하나님은 미가를 통해 정의에 관심을 가져야 할 지도자들이 선한 것을 미워하고, 악한 것을 사랑하는 현실, 백성들의 가죽을 벗기고, 뼈를 산산조각 바수고, 고기를 삶듯이 백성을 삶아내는 현실을 보며 그들이 심판받을 날이 다가온다고 선포하셨습니다. 예언자라는 이들은 불의한 현실을 보고도 입을 굳게 다물었습니다. 그러나 미가는 그럴 수 없었습니다. 하나님의 심정에 사로잡혔기 때문입니다.

그러나 나에게는, 주님께서 주님의 영과 능력을 채워 주시고, 정의감

과 함께, 야곱에게 그의 죄를 꾸짖고 이스라엘에게 그의 범죄를 꾸짖을 용기를 주셨다.(미가 3:8)

그 이름, 예언자

어느 시대에나 하나님의 영에 사로잡힌 사람은 있게 마련입니다. 그들은 자기들의 의기에 입각하여 말하는 것이 아니라, 하나님의 영에 감화되어 힘 있는 이들의 죄를 준엄하게 꾸짖습니다. '꾸짖을 용기'는 하나님으로부터 옵니다. 불의를 보고도 꾸짖지 못하는 것은 하나님의 영에 사로잡히지 않았기 때문입니다. 아브라함 요수아 헤셸은 예언자가 어떤 사람인지를 참 간명하게 들려줍니다.

> "예언자는 철저하게 느끼는 사람이다. 하나님은 그의 영혼에 무거운 짐을 지워주셨고 그는 고개를 숙여 인간의 무모한 탐욕에 망연자실해 있다.", "하나님은 예언자의 말을 통하여 분노하신다.", "예언자들의 주장은 하나님과 인간 사이에서 엉거주춤하여 알쏭달쏭한 법이 없다. 그것은 마치 하나님의 가슴에서 쏟아져나와 인간의 가슴속으로 뚫고 들어가려는 듯 강요하고 앞으로 밀어붙인다."(아브라함 요수아 헤셸, 《예언자들》, 이현주 옮김, 삼인, 37-38쪽)

예언자는 한 마디로 '인간의 마음을 습격하는 자'(같은 책 44쪽)입니다. 미가는 주님이 주신 '꾸짖을 용기'를 가지고 위선적이고 탐욕스러운 사람들과 맞섭니다. 그는 야곱 집의 지도자들, 이스라엘 집의 지도자들을 가리켜 "정의를 미워하고, 올바른 것을 모두 그릇되게 하는 자들"(미가 3:9)이라고 말합니다. 그들은 백성을 죽이고서, 그 위에 시온을 세우고, 죄악으로 터를 닦고, 그 위에 예루살렘을 세웠다는 것입니다. 미가는 유대인들의 마음의 고향이요, 영원한 성소를 백성들의 피가 흐른 땅, 죄로 터 닦인 곳이라 말합니다. 불경하기 이를 데 없습니다. 하지만 그는 사람들이 대면하기 싫어하는 진실을 유보 없이 폭로합니다. 그는 시온은 이제 밭 갈듯 뒤엎어질 것이고 성전이 서 있는 산은 수풀만이 무성한 언덕이 될 것(미가 3:12)이라고 말합니다. 시온에 임할 심판은 바로 지도자들의 죄 때문입니다.

> 이 도성의 지도자들은 뇌물을 받고서야 다스리며, 제사장들은 삯을 받고서야 율법을 가르치며, 예언자들은 돈을 받고서야 계시를 밝힌다. 그러면서도, 이런 자들은 하나같이 주님께서 자기들과 함께 계신다고 큰소리를 친다. '주님께서 우리와 함께 계시니, 우리에게 재앙이 닥치지 않는다'고 말한다.(미가 3:11)

'주님께서 우리와 함께 계신다.'는 말은 가슴 벅찬 말입니다만 이 말은 정말 오용되기 쉬운 말입니다. 제 배를 불리기 위해 온갖 불의한 일을 다 자행하는 이들이 이런 말을 하는 경우가 참 많습니다. 참 편리한 신앙이기는 합니다만 이 말을 가장 미워하시는 분이 하나님이십니다. 하나님의 이름을 빙자한 자기 욕망 추구, 바로 그것이 하나님의 이름을 망령되이 일컫는 것이 아니고 무엇이겠습니까? 뇌물을 받고 다스리고, 삯을 받고야 율법을 가르치고, 돈을 받고야 계시를 밝히는 지도자들, 그들이 섬기는 것은 '돈'이지 하나님이 아닙니다.

주전 8세기의 현실입니다만 마치 오늘의 현실을 보고 그린 듯 생생하지 않습니까? 정치계, 종교계, 법조계, 교육계, 언론계, 재계 할 것 없이 구석구석 악취가 안 나는 곳이 없습니다. 그 가운데서도 깨끗하게 살려고 몸부림치는 이들도 있지만 그 더러운 흐름을 거스르는 일은 늘 힘에 부칩니다. 돈이 주인 노릇하는 세상에 투항한 이들은 모두 하나님을 등지고 살아간다고 말할 수 있습니다. 염치도 부끄러움도 다 사라졌습니다. 이전에는 자신들의 파렴치한 민낯이 드러나면 부끄러워할 줄은 알았습니다. 하지만 이제는 부끄러움을 지우고 사는 묘법을 터득한 것처럼 사람들이 뻔뻔해졌습니다. 박완서 선생의 말처럼 이제는 부끄러움을 가르치는 학원이 등장해야 할지도 모르겠습니다.

마주잡을 손 하나

지금 우리가 하나님께 청해야 할 것은 불의를 꾸짖을 수 있는 용기입니다. 사람들의 마음을 습격하는 자로 살아갈 용기 말입니다. 믿음의 사람은 자기가 살고 싶은 세상을 지금 시작해야 합니다. 암담한 현실을 바라보며 탄식을 한다고 세상은 달라지지 않습니다. 우리가 잊지 말아야 할 것은 세상 도처에 같은 꿈을 품고 살아가는 이들이 많다는 사실입니다. 아합과 이세벨의 공포정치에서 살아남은 예언자라곤 나 혼자 뿐이라고 탄식하는 엘리야에게 하나님은 바알에게 무릎 꿇지 않은 선지자 칠천 명을 남겨두셨다 하셨습니다. 저는 이 말이 진실임을 굳게 믿습니다. 이곳저곳에서 아름다운 세상을 만들기 위해 분투하는 이들이 참 많습니다. 그들의 목소리는 세상의 요란스러운 소음에 묻혀 잘 들리지 않지만, 그들이 만들어가는 화음이 소음을 뚫고 영롱하게 들려올 날이 올 겁니다. 지리산 뱀사골에서 세상과 작별한 시인 고정희는 〈상한 영혼을 위하여〉라는 시에서 고통과 시련의 세월 속에서도 낙심하지 말자면서 이렇게 노래합니다.

"이 세상 어디서나 개울은 흐르고
이 세상 어디서나 등불은 켜지듯
가자 고통이여 살 맞대고 가자
외롭기로 작정하면 어딘들 못 가랴
가기로 목숨 걸면 지는 해가 문제랴"

외롭기로 작정하면 됩니다. 가기로 목숨 걸면 됩니다. 믿음의 길은 그러합니다. 좁은 길입니다. 하지만 시인은 마지막 연에서 아스라한 희망을 암시합니다. "캄캄한 밤이라도 하늘 아래선/마주잡을 손 하나 오고 있거니." 그렇습니다. 마주잡을 손이 있습니다. 지금 우리 곁에 있는 이들이 바로 그들입니다. 그리고 그 손들은 세상 도처에서 우리에게 내밀어져 있습니다. 그 손을 잡을 때 우리는 더욱 커질 것입니다. 하나님의 나라는 그렇게 확장되는 법입니다. 불의는 꾸짖고, 선한 뜻은 부추기려 애쓸 때, 우리 속에는 바람에 흔들리지 않는 기둥 하나가 우뚝 설 것입니다. 주님의 도우심으로 우리가 절망의 땅에서 벗어나 희망의 노래를 부를 수 있기를 기원합니다.

나훔

1장 9-15절

멍에는 꺾고 사슬은 끊으시는 하나님

그들이 아무리 주님을 거역하여 음모를 꾸며도 주님께서는 그들을 단번에 없애 버리실 것이니, 두 번까지 수고하지도 않으실 것이다. 그들은 가시덤불처럼 엉클어지고, 술고래처럼 곯아떨어져서, 마른 검불처럼 다 타 버릴 것이다. 주님을 거역하며 음모를 꾸미는 자, 흉악한 일을 부추기는 자가, 바로 너 니느웨에게서 나오지 않았느냐? "나 주가 말한다. 그들의 힘이 막강하고 수가 많을지라도, 잘려서 없어지고 말 것이다. 비록 내가 너를 괴롭혔으나, 다시는 너를 더 괴롭히지 않겠다. 나 이제 너에게서 그들의 멍에를 꺾어 버리고, 너를 묶은 사슬을 끊겠다." 주님께서 너를 두고 명하신 것이 있다. "너에게서는 이제, 네 이름을 이을 자손이 나지 않을 것이다. 네 산당에서 새겨 만든 신상과 부어 만든 우상을 다 부수어 버리며, 네가 쓸모 없게 되었으니, 내가 이제 네 무덤을 파 놓겠다." 보아라, 좋은 소식을 전하는 사람, 평화를 알리는 사람이 산을 넘어서 달려온다. 유다야, 네 절기를 지키고, 네 서원을 갚아라. 악한 자들이 완전히 사라졌으니, 다시는 너를 치러 오지 못한다.

흔들리지 않는 토대

산상변모 주일인 오늘 우리 마음 깊은 곳에 주님의 은총의 빛이 스며들기를 빕니다. 주님은 예루살렘으로 올라가시기 전에 높은 산에 올라가셨습니다. 베드로와 야고보와 요한은 그곳에서 해와 같이 빛나는 주님의 얼굴을 보았습니다. 그 신비한 빛은 하나님의 현존을 암시하는 동시에 주님의 정체를 드러내는 단서였습니다. 주님의 빛나는 얼굴은 모세를 떠올리게 만듭니다. 성경은 시내 산에서 한동안 하나님과 대면한 후 증거판을 손에 들고 내려오는 모세의 얼굴에서 빛이 났다.(출애굽기 34:29)고 말합니다. 성경은 그 빛이 '주님과 함께 말씀을 나누었기' 때문이라고 말합니다.

주님의 변모는 제자들의 삶에 어떤 영향을 주었을까요? 그 놀라운 순간은 마치 섬광처럼 다가와 그들의 가슴에 지울 수 없는 기억을 새겨놓았을 것입니다. 그 사건 이후에 주님과 제자들이 직면해야 했던 현실은 암담했습니다. 기득권의 토대를 뒤흔드는 예수에 대한 제사장들과 율법학자들의 증오심, 정치적 메시야를 기대하던 군중들의 기대, 그 기대가 무너졌을 때 사람들이 예수에게 보인 적개심⋯. 세 사람의 제자들은 마치 예기치 않은 폭풍을 만난듯 혼돈 상황에 직면하여 비틀거리다가도 눈부시게 변모되셨던 주님에 대한 기억 때문에 절망에 빠지지 않았을 것입니다. 그 기억은 저 멀리서 깜박이는 등대의 불빛처럼 그들을 지켜주는 힘이었습니다.

이 사건을 기억할 때마다 저는 요한계시록의 비전을 떠올립니다. 이 땅에 닥쳐올 심판의 메시지를 전하기 전에 계시록은 하늘의 장엄한 광경을 보여줍니다. 보좌에 앉으신 하나님, 흰옷을 입은 스물

네 명의 장로들, 앞 뒤에 눈이 가득 달린 네 생물, 그리고 그들 가운데 앉은 어린 양의 비전이 그것입니다. 스물 네 장로의 찬양에 화답하듯 이어진 수많은 천사들의 찬양, 그 찬양을 이어받아 세상의 모든 피조물과 만물들의 찬양이 물결치듯 번져가는 모습을 상상하는 것만으로도 가슴이 벅차오릅니다.(요한계시록 4, 5장) 이 비전은 환난의 시간을 맞이할 모든 성도들에게 흔들리지 않는 토대가 되어주었을 것입니다. 주님의 산상변모 사건을 저는 그렇게 받아들입니다. 우리는 일쑤 주님의 고난이 인류의 구속을 위해 예정된 것이었다고 말합니다. 그러나 주님이 당하신 고난은 불가피한 것도, 당연한 것도 아닙니다. 그것은 비장한 결단이었습니다. 수난 그 자체를 미화하거나 신비화하면 안 됩니다. 주님의 고난은 불의한 세상의 권력이 자기들을 지키기 위해 얼마나 악마적일 수 있는지를 폭로합니다. 주님은 세상의 모든 모순과 어둠, 슬픔과 아픔을 다 짊어진 채 고난의 언덕을 오르셨습니다. 주님이 겪으신 고난은 힘과 폭력 앞에서도 무너지지 않는 영혼의 숭고함을 고스란히 보여줍니다. 주님은 죽음을 받아들이는 가없는 사랑으로 죽음을 극복하셨습니다. 하나님의 사랑은 이렇게 역설적으로 드러납니다.

엄위하신 하나님

선지자 나훔이 전하는 메시지도 같은 지점을 가리킵니다. 나훔은 주전 7세기의 예언자입니다. 그는 요나 이야기를 통해 우리에게 친숙한 앗시리아 제국의 수도인 니느웨의 몰락과 유다의 구원을 예고합니다. 앗시리아는 아주 긴 역사를 자랑하는 나라였습니다. 그 가운데 주전 911-612년까지의 시기를 사람들은 신앗시리아라고 분류합니다. 그 시기의 앗시리아는 강을 통한 원거리 무역으로 국가의 부가 폭발적으로 증가했고, 잘 훈련된 군대와 완비된 역마 제도로 주변 세계를 압도했습니다. 지금도 그 시기에 만들어진 부조물이 남아 있는데 앗시리아의 통치가 매우 잔인했음을 보여줍니다. 포로들의 코에 구멍을 뚫고 쇠사슬로 묶어 끌고 가는 일이 다반사였고, 사람들을 강제 이주시킴으로 반란의 싹을 자르려 했습니다. 이주에 방해가 되는 아기들을 돌에 메어쳐 죽이기까지 했습니다.

　나훔서에서 니느웨와 연관되어 등장하는 단어만 보더라도 앗시리아의 통치가 얼마나 폭력적이었던지를 알 수 있습니다. 멍에, 사슬, 거짓말, 강도, 노략질, 음행, 마술 등이 그것입니다. 앗시리아 인들은 스스로를 가리켜 '사자'라고 자부했습니다.(나훔 2:11, 12) 그들은 군사력으로 바벨탑을 쌓으려던 이들이라 해도 과언이 아닐 것입니다. 모두가 그 힘 앞에서 고개를 들지 못할 때 하나님은 나훔을 통해 니느웨에 대한 심판의 메시지를 전하십니다. 최고 전성기에 전해진 파멸의 메시지는 통렬하기 이를 데 없습니다. 예언의 첫 대목은 매우 강력합니다.

　　주님은 질투하시며 원수를 갚으시는 하나님이시다. 주님은 원수를 갚으시고 진노하시되, 당신을 거스르는 자에게 원수를 갚으시며, 당신을 대적하는 자에게 진노하신다.(나훔 1:2)

인자하고 긍휼이 많으신 하나님에게만 익숙한 이들에게 '질투하시는 하나님', '원수를 갚으시는 하나님'의 이미지는 낯설 수도 있습니다. 하지만 하나님의 분노를 모르면 하나님을 제대로 안다 할 수 없습니다. 하나님은 당신의 창조 질서를 파괴하는 세력들을 미워하십니다. 당신의 형상대로 창조된 인간을 함부로 대하고 파괴하는 힘들을 그냥 두시지 않는 분이십니다. 나훔은 "주님은 절대로, 죄를 벌하지 않은 채 내버려 두지는 않으신다."(나훔 1:3)고 말합니다. 그것은 하나님이 세우신 질서에 대한 침해이기 때문입니다.

나훔은 창조주 하나님의 위엄을 노래합니다. 하나님은 회오리바람과 폭풍을 길로 삼으시고, 바다와 강을 꾸짖어 말리시고, 바산과 갈멜의 숲을 시들게 하시고, 레바논의 꽃을 이울게 하시는 분이십니다.

주님 앞에서 산들은 진동하고, 언덕들은 녹아 내린다. 그의 앞에서 땅은 뒤집히고, 세상과 그 안에 있는 모든 것은 곤두박질한다.(나훔 1:5)

장대한 비전입니다. 하나님 앞에서 우리는 얼마나 미소한 존재입니까? 여기서 말하는 '산들'과 '언덕들'은 세상에서 제 힘만 믿고 설치는 이들을 가리키는 말이 아닐까요? 그들이 자랑하는 힘은 일시에 스러질 수 있습니다. 그러나 하나님은 선하시기에 환난을 당하는 이들의 피난처가 되어 주십니다. 하나님은 거대한 역사의 수레바퀴 밑에 깔려 으깨지는 이들에 대해 관심이 많으십니다. 세상에서 들려오는 신음소리를 '당신의 나라가 임하소서'라는 기도로 들으시는 분이시기 때문입니다.

한계를 모르는 권력의 오만을 징계하심

하나님은 오만에 빠진 권력을 심판하시는 분이십니다. 하나님이 한 번 손을 드시면 인간들이 꾸민 음모는 다 분쇄되고 맙니다. 허망한 말처럼 들릴지 모르겠지만 역사상에 등장한 모든 제국들의 운명을 보면 이 말이 실감날 것입니다. 알베르 카뮈는 무너진 제국의 폐허를 거닐다가 문득 "그들 문명의 폐허가 그들 이상(理想)의 부정 바로 그것"(알베르 카뮈, 《결혼·여름》, 김화영 옮김, 32쪽)이라고 말했습니다. 하나님의 뜻을 거역하여 일어난 세력은 "가시덤불처럼 엉클어지고, 술고래처럼 곯아떨어져서, 마른 검불처럼 다 타 버릴 것"(나훔 1:10) 입니다. 문학적 표현이지만 이 속에 역사에 대한 심오한 통찰이 담겨 있습니다. 이해관계가 엇갈리면서 자중지란에 빠질 것이고, 권력에 도취되어 술에 취한 듯 현실 인식이 흐려질 것이고, 마침내 순식간에 소멸될 것이라는 말입니다. 나훔은 앗시리아의 왕을 가리켜 '주님을 거역하며 음모를 꾸미는 자', '흉악한 일을 부추기는 자'라고 말합니다. 열왕기서를 보면 이 말의 배경을 알 수 있습니다. 이스라엘을 침공한 산헤립은 랍사게를 보내 끝까지 저항하려는 히스기야를 말로 위협합니다.

네가 무엇을 믿고 이렇게 자신만만하냐? 전쟁을 할 전술도 없고, 군사력도 없으면서 입으로만 전쟁을 할 수 있다고 생각하느냐? 네가 지금 누구를 믿고 나에게 반역하느냐?(열왕기하 18: 19b-20)

뭇 민족의 신들 가운데서 어느 신이 앗시리아 왕의 손에서 자기 땅
을 구원한 일이 있느냐?(열왕기하 18:33)

참람하기 이를 데 없는 말입니다. 하지만 자기 한계를 모르는 오
만한 권력은 반드시 무너진다는 것이 성경의 증언입니다. 뱀이 하
와를 유혹할 때 했던 말을 기억합니다. '하나님처럼 되리라.'(창세
기 3:5) 하나님의 자리를 차지하고자 하는 욕망이 우리 속에 깃들어
있습니다. 스스로 신이 된 사람들은 세상에 존재하는 모든 것이 자
기 욕망을 이루기 위한 수단이라고 생각합니다. 목적으로 존중되어
야 할 인간을 수단으로 삼는 것은 그를 지으신 하나님에 대한 모독
입니다. 마침내 오만한 앗시리아인들에 대한 하나님의 심판이 선고
됩니다.

나 주가 말한다. 그들의 힘이 막강하고 수가 많을지라도, 잘려서 없
어지고 말 것이다.(나훔 1:12a)

제 힘만 믿고 설치는 이들이 새겨들어야 할 말씀입니다. 강자들
에 대한 심판은 약자들의 회복에 대한 약속과 맞물려 있습니다. 하
나님은 앗시리아의 멍에를 꺾으시고, 하나님의 백성을 묶은 사슬
을 끊으시겠다고 말씀하십니다. 성경이 증언하는 하나님은 해방자
이십니다. 예수님의 삶도 그러합니다. 공생애를 시작하면서 주님은
나사렛 회당에 들어가 이사야의 두루마리를 건네 받아서 한 대목을
읽으셨습니다.

주님의 영이 내게 내리셨다. 주님께서 내게 기름을 부으셔서, 가난한 사람에게 기쁜 소식을 전하게 하셨다. 주님께서 나를 보내셔서, 포로된 사람들에게 해방을 선포하고, 눈먼 사람들에게 눈 뜸을 선포하고, 억눌린 사람들을 풀어 주고, 주님의 은혜의 해를 선포하게 하셨다.(누가복음 4:18-19)

주님의 사명 선언이라 할 이 말씀은 사람들을 부자유하게 하는 일체의 억압으로부터 사람들을 해방하라는 말로 요약될 수 있습니다. 이것은 선포만으로 이룩될 수 있는 비전이 아닙니다. 사랑과 수고가 동반되어야 합니다. 하나님의 사람들은 이러한 비전을 품고 사는 사람입니다.

새로운 질서의 시작

하나님은 앗시리아의 패망이 철저할 것이라고 말씀하십니다. 그들의 이름을 이을 자식도 태어나지 않을 것이고, 그들이 애지중지하던 신상과 우상들은 다 파괴되고, 무덤만이 즐비하게 될 것이라는 것입니다. 앗시리아가 세력의 정점에 있을 때 하나님은 예언자로 하여금 그들의 철저한 무너짐을 보게 하십니다. 이것은 한 나라의 운명에 관한 이야기이지만, 우리들 개인의 경우에도 그대로 적용됩니다. 과학자들이 지구에서 적용되는 법칙이 우주에서도 적용된다는 사실을 수학적으로, 과학적으로 밝혀낸 것과 같은 이치입니다. 하나님은 오만에 빠진 이들을 치시는 분이십니다. 고대 그리스 철학자 헤라클레이토스는 '지나침이란 일종의 화재(火災)'라고 말했습니다. 불은 오만한 자 자신을 태우기도 하는 법입니다. 인간의 우매함은 많은 고통을 겪은 후에야 자기가 얼마나 미소한 존재인지를 깨닫는다는 데 있습니다.

믿음의 사람들은 하나님의 통치를 신뢰하는 사람들입니다. 악인들이 사라진 세상을 미리 보는 사람들입니다. 평화를 알리는 사람이 산을 넘어서 달려오고 있음을 기뻐하는 사람입니다. 절망의 땅에서 희망의 노래를 부르는 사람입니다. 시편 시인은 "축제의 함성을 외칠 줄 아는 백성은 복이 있습니다. 주님, 그들은 주님의 빛나는 얼굴에서 나오는 은총으로 살아갈 것입니다."(시편 89:15)라고 노래합니다. 삶이 아무리 힘겨워도 그 무게에 짓눌리지 않을 수 있는 힘은 하나님에 대한 신뢰로부터 나옵니다. 하나님 나라의 비전이 역사의 무게를 견디게 합니다. 베드로와 야고보와 요한이 변화산에서 보았던 그 놀라운 광경은 고난의 어둠 속에서 살아가야 했던 그들을 밑에서부터 떠받쳐주는 든든한 토대가 되었을 것입니다. 어려운 시절을 사는 동안 우리 내면에 켜켜이 쌓인 어둠이 있습니다. 빛이신 주님을 우리 속에 맞아들여야 합니다. 시편 시인의 고백을 우리의 고백으로 삼았으면 좋겠습니다.

생명의 샘이 주님께 있습니다. 우리는 주님의 빛을 받아 환히 열린 미래를 봅니다.(시편 36:9)

김기석의 질문, 성서의 응답
- 들음의 신학이 주는 힘

한종호/꽃자리출판사 대표

　김기석 목사의 설교는 현실과 성서의 맥락이 서로 만나게 하는
진품 설교다. 그래서 깊고 분명하다. 성서에 충실하면 현실과 멀어
지고 현실에만 집중하면 성서적 메시지가 사라질 수 있는 긴장의
중심에서 말씀의 핵심을 잡는다. 그의 설교는 자신이 직면하고 있
는 고통의 깊이에서 하나님의 음성을 듣고자 하는 이들에게 성서의
길을 열어준다.

　사실 신앙이란 언제나 믿음의 위기를 초래한다. 현실은 비관적인
경우가 훨씬 많고 감사하기보다는 탄식해야 하는 때가 더 많기 때
문이다. 그 비관주의에서 우리를 구해주는 것이 곧 신앙이지만 자
칫 그것은 이른바 '희망 고문'이 될 가능성이 농후해진다. 이런 때
오랜 세월 동안 삭히고 삭혀진 말씀의 텍스트로 들어가 거기에 담
긴 아우성과 희망의 목소리를 만난다면 우리는 우리 믿음의 경박함
을 다스리면서 현실에 보다 강력한 의지로 개입해 들어갈 수 있지
않을까?

고통의 아우성 앞에서

하박국 1장 1-4절을 본문으로 삼아 「언제까지 그러실 겁니까?」라는 제목을 단 이 설교의 문제의식은 다음과 같은 현실과 그 대응의 한계에서 시작하고 있다.

"며칠 전 우리는 송파구 석촌동에서 벌어진 세 모녀의 죽음 소식을 접했습니다. 그들은 집 주인에게 집세와 공과금 등으로 70만 원을 남겨두고 함께 목숨을 끊었습니다. 절대적 빈곤층은 아니었다지만 다달이 벌어먹고 살 수밖에 없는 처지였고, 그나마 몸을 다쳐 일할 수 없게 되자 그들은 극단적인 선택을 한 것 같습니다. 참 슬픕니다. 기초생활보장제도의 혜택을 받을 수 있었다지만 그들은 그것을 몰랐던 것 같습니다. 사회적 안전망이 제대로 작동되지 않기에 발생되는 일입니다. 그들이 남긴 말은 '죄송합니다.'였지만, 사실 죄송한 것은 우리입니다. 그들이 남긴 '죄송합니다.'라는 말 속에서 저는 하박국의 외침을 듣습니다."

이제는 우리 사회가 잘 알게 된 비극의 한 장면이다. 그러나 이는 여전히 비극의 사건으로 고착되고 있는 중이다. 사회적 약자들의 세계는 이렇게 잠깐 조명되다가 만다. 그러니 기독교인으로서의 양심은 스스로도 질타의 대상이 되고 만다. 하나님은 과연 계시는 걸까? 김기석 목사는 여기서 하박국의 하소연을 듣게 된다고 말한다. 그 하박국은 어떤 인물이었던가?

"하박국 역시 평화를 애타게 기다리던 사람입니다. 그가 활동한 시기를 특정하여 말하기는 어렵습니다. 하박국서는 단일한 저자가 쓴 책이 아니라 수세기에 걸쳐 형성된 책으로 보는 게 대체적인 견해입니다. … 시대가 언제이든 하박국이 맞닥뜨리고 있던 상황은 전형적입니다."

하박국은 자신이 살고 있는 현실이 너무나 부당하게 여겨진다. 그는 이렇게 부르짖는다.

살려 달라고 부르짖어도 듣지 않으시고, '폭력이다!' 하고 외쳐도 구해주지 않으시니, 주님, 언제까지 그러실 겁니까?(하박국 1:2)

여기서 이어지는 김기석 목사의 고백은 이렇게 되어 있다.

"그런데 하박국의 이 절박한 부르짖음 속에서 저는 주님의 슬픈 음성을 듣습니다."

반전이다. 하박국의 목소리를 조명할 줄 알았더니 하나님의 목소리를 들으라고 한다. 고통의 아우성 앞에 계신 하나님이 우리에게 하시는 응답은 우리 자신이 그 답이 되라는 것이다.

"나는 그 소리를 이미 듣고 있단다. 그리고 그 소리에 응답하라고 너희를 부르고 있건만 너희는 들은 척도 하지 않는구나. 나는 너희들과 함께 새로운 세상을 열고 싶은데, 너희는 내가 그 세상을 열어야 한다고 말하는구나. 나는 너희가 나의 귀가 되고, 나의 입이 되고, 나의 손과 발이 되어주기를 기다리고 있단다.' 제게는 이 소리가 아프게 들려옵니다. 세상의 모든 문제에 다 응답할 수는 없습니다. 하지만 그렇다고 하여 아무 일도 하지 않는다면 그것은 태만죄입니다. 우리의 믿음이 어디에 이르렀든지 우리는 그 분량만큼 하나님의 일을 해야 합니다."

하지만 말하기 쉬워서 그렇지 어디 이게 마음대로 되는 건가?

"그러나 정말 우리가 세상을 바꿀 수 있을까요? 어느 때부터인지 모르지만 우리는 비관주의자들이 되었습니다. 아무리 애를 써보아도 세상은 바뀌지 않는다고 확신합니다. 사실 그래 보이는 게 사실입니다. 하지만 그러한 비관주의는 하나님께서 역사의 주인이라는 사실에 대한 불신에서 나온 것입니다. 스가랴에게 주신 비전을 굳게 붙들어야 합니다. '힘으로도 되지 않고, 권력으로도 되지 않으며, 오직 나의 영으로만 될 것이다.'"(스가랴 4:6)

김기석 목사는 전도서의 말씀으로 우리를 일깨운다.

"바람이 그치기를 기다리다가는, 씨를 뿌리지 못한다. 구름이 걷히기를 기다리다가는, 거두어들이지 못한다."(전도서 11:4) "아침에 씨를 뿌리고, 저녁에도 부지런히 일하여라. 어떤 것이 잘 될지, 이것이 잘 될

지 저것이 잘 될지, 아니면 둘 다 잘 될지를, 알 수 없기 때문이다."(전
도서 11:6)

이런 방식이 그의 설교가 가진 설득력이다. 김기석 목사가 설교
의 머리에서 인용한 김교신 선생의 개구리의 죽음을 슬퍼함이라는
뜻의 '조와(弔蛙)'라는 글은 이 모든 현실 앞에서 우리가 가져야 할
믿음의 힘을 일깨우고 있다.

"일제강점기에 〈성서조선〉을 발간하면서 가물가물 잠 속에 빠져들
던 이 땅 사람들을 깨웠던 김교신 선생님의 '조와'(弔蛙)라는 글이 떠
오릅니다. 개구리의 죽음을 애도하는 글입니다. 선생은 늘 층암이 병
풍처럼 둘러싸고 있는 산, 가느다란 폭포 아래에 형성된 작은 담(潭,
물웅덩이) 옆에 있는 평평한 바위를 기도처로 삼고 있었다고 합니다.
기도를 올리다보면 개구리 몇 마리가 엉금엉금 기어오르곤 했습니
다. 그러다가 늦가을이 되어 엷은 얼음이 얼기 시작하면 개구리의 기
동이 완만해지고, 마침내 두꺼운 얼음이 얼면 기도 소리, 찬송 소리
가 들려도 개구리는 기척조차 없었습니다. 이듬해 봄, 봄비가 쏟아
지던 새벽에 선생은 개구리의 안부가 궁금하여 허리를 굽혀 담 속을
들여다보았습니다. 개구리 사체 몇 개가 보였습니다. 지난 겨울 혹독
한 추위에 담의 밑바닥까지 얼어붙어 개구리까지 얼리고 말았던 것
입니다."

이야기는 여기서 끝나지 않는다.

"선생은 개구리 사체를 수습하여 땅에 묻어주고 혹시 살아남은 게 없나 싶어 자세히 담 안을 들여다보았습니다. 놀랍게도 개구리 몇 마리가 살아 있었습니다. 선생은 가볍지 않은 영탄으로 이야기를 마칩니다. "아, 전멸은 면했나 보다!" 이 글이 〈성서조선〉에 실린 것은 1942년 3월호였고, 이 책을 마지막으로 〈성서조선〉은 폐간되고 맙니다. 혹독한 추위 속에서도 기어코 살아남아 봄을 맞이하는 개구리가 가리키는 바를 일제는 너무나 잘 알고 있었던 것입니다."

희망은 애도의 대상이 아니다. 전멸했다고 여길만한 현실에서도 다시 일어나는 힘이 희망이다. 그게 하나님께서 우리에게 맡기신 일이 아니겠는가. 김기석 목사의 설교는 이래서 이야기 안에 이야기를 새로 담는다. 이어지는 이야기는 우리가 쓸 차례인 것이다.

새로운 삶을 갈망하는 슬픔의 눈물

스가랴 12장 9-14절을 본문으로, 「슬퍼하는 자는 복이 있나니」를 제목으로 하는 설교는 슬퍼할 줄 모르는 세대에 대한 일격이다. 슬픔은 정의로움을 향한 뜨거운 분루(憤淚)이기 때문이다. 사순절에 우리가 지녀야 할 신앙적 각성에 대한 김기석 목사의 육성은 절절하다. 스가랴의 본문은 사실 기이한 내용이다. 김기석 목사가 본문으로 사용한 이 대목을 먼저 직접 읽어보았으면 한다.

그날이 오면, 내가, 예루살렘을 치러 오는 모든 이방 나라를 멸망시키고 말겠다. 그러나 내가, 다윗 집안과 예루살렘에 사는 사람들에게 '은혜를 구하는 영'과 '용서를 비는 영'을 부어 주겠다. 그러면 그들은, 나 곧 그들이 찔러 죽인 그를 바라보고서, 외아들을 잃고 슬피 울듯이 슬피 울며, 맏아들을 잃고 슬퍼하듯이 슬퍼할 것이다. 그날이 오면, 예루살렘에서 슬프게 울 것이니, 므깃도 벌판 하다드 림몬에서 슬퍼한 것처럼 기막히게 울 것이다. 온 나라가 슬피 울 것이다. 다윗 집안의 가족들도 따로 슬피 울 것이며, 그 집안 여인들도 따로 슬피 울 것이다. 나단 집안의 가족들도 따로 슬피 울 것이며, 그 집안의 여인들도 따로 슬피 울 것이다. 레위 집안의 가족들이 따로 슬피 울 것이며, 시므이 집안의 가족들이 따로 슬피 울 것이며, 그 집안 여인들도 따로 슬피 울 것이다. 그 밖에 남아 있는 모든 집안의 가족들도 따로 슬피 울 것이며, 각 집안의 여인들도 따로 슬피 울 것이다.(스가랴 12:9-14)

"그날이 오면"이라는 표현은 하나님의 정의와 평화가 이루어지는 날을 뜻하는 상용구적 의미를 담고 있는 건 잘 알려진 바다. 예루살렘을 노략질하려는 자들을 모두 멸망시키겠다고 하시는데 그렇다면 기뻐해야 할 일이지 어찌해서 "슬피 울게 될 것"이라고 하는가? 이 설교는 바로 이 질문에 대한 대답이 된다.

스가랴는 누구인가?

"스가랴는 학개와 더불어서 바빌로니아에서 돌아와 예루살렘에 살고 있던 유다인들 가운데서 활동하던 예언자입니다. … 그의 이름 스가랴는 '여호와께서 기억하신다'는 뜻입니다. 그는 수십 년 만에 고국으로 귀환했지만 황폐하게 변한 조국의 모습에 낙담한 백성들에게 희망의 메시지를 전했습니다. 그는 이제 하나님이 개입하셔서 그들의 운명에 큰 변화가 일어날 것을 예고하면서 모든 불의로부터 돌아서라고 외쳤습니다."

황폐해진 땅의 암담함을 넘어 새로운 내일이 올 것을 예언하고 있다. 대체 어떤 일이 벌어지게 되기 때문일까? 전란과 침략, 약탈과 고난의 시대가 종결된다는 것이다.

내가 에브라임에서 병거를 없애고, 예루살렘에서 군마를 없애며, 전쟁할 때에 쓰는 활도 꺾으려 한다. 그 왕은 이방 민족들에게 평화를 선포할 것이며, 그의 다스림이 이 바다에서 저 바다까지, 유프라테스 강에서 땅 끝까지 이를 것이다.(스가랴 9:10)

여기서 핵심은 평화의 위력이다. 하지만 전쟁의 오랜 역사와 힘으로 군림하는 자들의 통치가 끊임없이 이어지는 것을 경험한 이들에게 이런 비전의 제시가 들어먹힐 일이었을까? 김기석 목사 역시도 이런 평화의 꿈이 가진 비현실성에 대해 부인하지 않는다.

"힘을 숭상하던 이들에게 이런 비전은 너무 낭만적인 것으로 보였을 가능성이 많습니다."

그리고는 현실을 그대로 보인다.

"평화의 임금은 군국주의자들에 의해 배척받고 제거된 것으로 보입니다. 이것은 세상에서 자주 일어나는 일입니다. 비폭력 저항을 통해 사회를 변혁할 수 있다는 꿈을 인류에게 심어주었던 모한다스 간디도 살해당했습니다. 비폭력 저항운동을 이끌며 사랑의 승리를 믿어 의심치 않았던 마르틴 루터 킹 주니어 목사도 살해당했습니다. 오직 고통받는 민중들의 목자가 되기 위해 애썼던 엘살바도르의 오스카 로메로 대주교도 성찬식을 집전하던 중에 저격병에 의해 제거되었습니다."

이런 현실 앞에서 인간은 피할 수 없는 질문과 직면하게 된다.

"그들의 꿈은 어리석었던 것일까요? '인간은 인간에 대해 늑대'라고 말했던 홉스가 옳은 것일까요? 사랑이나 돌봄 혹은 섬김이라는 것은 약자들의 윤리일 뿐입니까? 실제로 세상은 강자들의 편익에 의해 좌지우지되는 것으로 보입니다."

그렇다면 우리가 구할 것은 어떤 구세주일까? 힘을 위주로 나서는 이들이 정치적 위세를 과시하면서 희망의 실체처럼 되고 말 수 있게 된다. 그러나 김기석 목사는 이들이 가짜임을 스가랴를 통해 폭로한다.

그는 양을 잃어버리고도 안타까워하지 않으며, 길 잃은 양을 찾지도 않으며, 상처받은 양을 고쳐 주지도 않으며, 튼튼한 양을 먹이지 않아서 야위게 하며, 살진 양을 골라서 살을 발라 먹고, 발굽까지 갉아 먹을 것이다.(스가랴 11:16)

이걸 깨우치는 순간, "자기들이 한 일이 결국은 하나님의 마음을 아프게 한 일임을 알기 때문에 평화의 임금을 억압하고 박해하고 결국은 죽음에 이르게 한 자기들의 죄가 떠올라 그들은 슬피" 울게 된다는 것이다. 이것은 김기석 목사의 해석대로 "참회의 슬픔이요, 새로운 삶을 갈망하는 슬픔의 눈물"이 된다. 이 눈물이 있는 곳에서 폭력을 거부하고 평화의 길이 열릴 것이다.

누군가에게 봄바람이 될 수 있다면

추운 시절이다. 이 세상이 우리에게 모닥불 하나 쬐게 해주지 않으려는 기세로 우리 앞에 있다. '무한경쟁'이라는 슬로건에 치여 사람과 사람 사이에 벽은 높게만 쌓여가고 있다. 마음과 마음 사이에는 문이 잠겨 있다. 그 어디에도 치자꽃 향기 풍기지 않고, 혈관 속에 별이 운행하는 것은 꿈도 꿀 수 없다. 우리의 마음 하나 제대로 움직이지 못하는 몸짓만이 널려 있고. 그윽한 기쁨이 아니라 경박한 쾌락이 범람하며 이윽한 진실이 아니라 포장된 위선이 득세를 하고 있는 오늘 「살아온 날을 돌이켜 보라」는 학개 1장 1-6절의 설교에서 김기석 목사는 무한경쟁에 휩싸여 공동체적인 삶에 아무런 관심을 갖지 않는 영혼의 활력을 잃어버린 '나태함'에 대해 언급하면서 우리 영적 상태를 지적한다.

"사람들은 누구나 좋은 사람이라는 평판을 듣고 싶어합니다. 어려움에 처한 이들을 도우며 살고 싶다고도 말합니다. 다만 조건이 있습니다. '여건이 허락하면…'. 이 말의 속뜻은 지금은 그렇게 살 형편이 되지 못한다는 말입니다. 이런 이들은 늘 아름다운 삶을 유보하며 삽니다. 자기만족을 구하는 욕망이 선하게 살고 싶은 마음을 압도하는 것입니다. 욕망은 충족되는 순간 또 다른 욕망을 낳습니다. 욕망이라는 이름의 전차에 탑승한 이들은 '지금, 여기'(here and now)에 임하는 하나님 나라를 맛보지 못합니다."

그러면서 실로 무엇을 하건 언제나 돌이켜 성찰해야 할 바는 본래의 출발점임을 역설한다.

"'나 만군의 주가 말한다. 너희는 살아온 지난날을 곰곰이 돌이켜 보아라.'(1:5) 위기가 닥쳐올 때마다 우리는 잠시 멈춰 서서 자기 삶을 돌아보아야 합니다. 학개에는 동일한 구절이 표현을 조금 달리하면서 여러 차례 반복되고 있습니다.(1:7, 2:15, 18) 돌이켜 생각함 속에 길이 있습니다."

이어, 역시 김기석 목사는 현실을 외면하지 않는다.

"남이야 어찌 되든 말든 마음의 평안이나 가족의 안위에만 마음을 쓰는 이들은 나쁜 사람은 아니어도 좋은 시민이라 할 수는 없습니다. 시민이란 자기가 속해 있는 사회가 나아가야 할 방향에 책임을 느끼는 사람이기 때문입니다. 믿음의 사람들은 '본향을 찾는 나그네'이고 '하늘의 시민권을 가진 사람'이지만, 그렇다고 하여 이 땅의 현실과 무관한 삶을 살 수는 없습니다. 우리는 이 칙칙한 일상 속에 하나님 나라의 빛과 사랑을 전하는 통로로 택함을 받았기 때문입니다."

한마디로 사람의 존재 내면에 타자에게 나누어줄 만한 인격적, 영적, 정신적 힘이 얼마나 있는가가 더 중요한 내용이라는 것이다. 아무리 지위가 높아도 그 마음이 교만하고 편협하면 그 지위는 오욕의 현장이 된다. 아무리 성취가 대단해도 그 영적 내용물이 천박하면 그는 헛살았다고 할 수 있다.

그는 힘겨운 현실 앞에서도 하나님 나라에 대한 꿈을 접지 않는다. 냉혹함을 직시하면서도 그 현실을 넘어선 자리에 있는 하나님 나라의 진정한 일꾼을 우리에게 보여준다.

"세상의 아픔을 치유하는 일, 냉랭한 세상에 온기를 불어넣는 일, 불의한 일에 저항하는 일이야말로 이 땅에서 하나님 나라를 맛보는 일임을 잊지 마십시오. 우리가 누군가에게 봄바람이 될 수 있다면, 그래서 우리와 만난 이들이 삶의 꽃을 피울 수 있도록 도울 수 있다면 우리 삶은 헛되지 않을 것입니다. 주님의 은혜가 우리를 통해 이 척박한 세상에 스며들기를 기원합니다."

상처 받아 신음하고 있는 자를 위해 그가 얼마나 위로와 치유의 능력이 있는가, 절망의 나락에 빠진 이에게 뜨겁고도 실질적인 희망을 제시할 수 있는 힘이 있는가, 앞을 가늠하지 못하는 상황에서 빛이 되는 지혜를 내어놓을 수 있는 사람인가, 미움과 대결의 현실에서 용서와 화해, 그리고 사랑의 능력을 발휘할 수 있는가, 인간의 마음을 한없이 겸허하게 그리고 온유하게 만드는 성품을 가지고 있는가, 열정이 다 식어버린 곳에 다시금 재기의 열망을 불어넣는 영적 강렬함이 있는가, 재빠른 계산과 이익에 눈이 어두운 현실에서 굳건한 양심과 순결한 의지를 가지고 세상을 감동시킬 수 있는 자세를 가지고 있는가, 그가 나타나면 갈라졌던 이들의 사이가 하나가 되고, 그가 나타나면 침울했던 자리에 활기가 돌고 그가 나타나면 답답했던 심정이 뻥하고 뚫릴 것만 같은 느낌을 주는, '누군가에게 봄바람이 될 수 있는' 그런 멋진 신앙인이 될 수 있음을 '울렁울렁' 보여준다.

하나님의 가슴에서 태어난 목소리

스바냐 3장 9-13절을 본문으로 「그루터기」라는 제목의 설교는 새로운 세상을 갈구하는 이들이 빠지기 쉬운 함정을 경고하면서 그와 더불어 그 주체의 가치를 밝히고 있다. 겸손하고 의로운 이들의 세상이 어떻게 만들어지게 될 것인지에 대한 깊은 일깨움이 여기에 담겨 있다. 그런데 그가 본문으로 든 스바냐는 사실 그리 잘 알려진 예언자도 아니고 많이 거론되는 성서의 인물 또한 아니다. 낯설다. 그는 누구인가?

"스바냐는 주전 7세기, 유다 왕 요시야 때 활동한 예언자입니다. 북방의 강자였던 앗시리아는 멸망을 앞두고 있었고, 바빌로니아는 아직 역사의 무대에서 큰 역할을 하지 못할 때였습니다. 스바냐라는 이름은 '여호와께서 숨기셨다.'는 뜻입니다. 그는 인간이 마련한 안전장치가 무용지물이 되는 하나님의 심판의 날을 선포했습니다."

그런데 스바냐에게는 매우 특이한 말씀이 전해진다. 설교 본문의 내용은 이렇다.

> 그때에는 내가 뭇 백성의 입술을 깨끗하게 하여, 그들이 다 나 주의 이름을 부르며 어깨를 나란히 하고 나를 섬기게 할 것이다. … 그때에 내가 거만을 떨며 자랑을 일삼던 자를 이 도성에서 없애 버리겠다. 네가 다시는 나의 거룩한 산에서 거만을 떨지 않을 것이다. 그러나 내가 이 도성 안에 주의 이름을 의지하는 온순하고 겸손한 사람들을 남길 것이다. 이스라엘에 살아남은 자는 나쁜 일을 하지 않고, 거짓말도 하지 않고, 간사한 혀로 입을 놀리지도 않을 것이다.(스바냐 3:9, 11-13)

입술이 문제였던 것이다. 그 입에서 나오는 말들이 세상을 추하게도 거룩하게도 하는 것이다. 그 하는 말이 세상을 구하기도 하고 멸망하게 하기도 한다.

"불로 역사를 정화하신 하나님은 사람들의 입술을 깨끗하게 하십니다. … 말이 살아야 역사가 삽니다. 말이 혼탁할 때 사회의 토대인 신뢰는 허물어집니다. … 하나님은 역사의 회복을 말의 신실함을 회복하는 일에서부터 시작하십니다. 말을 다루는 직업인들, 즉 종교인, 언론인, 교사, 작가들의 역할이 매우 중요합니다."

그런데 김기석 목사는 이 당연한 말을 왜 하는 것일까? 무엇을 그토록 경계하기에 이런 일깨움의 중요성을 강조하고 나서는 걸까?

"수직의 중심이 무너지면 인간 세상은 전장으로 변하게 마련입니다. 지도자들은 으르렁거리는 사자였고, 재판관들은 저녁 이리 떼와 다를 바 없었습니다. 예언자들은 거만했고, 제사장들은 성소를 더럽혔습니다. 총체적 난관입니다. 어디서부터 손을 대야 할지 모를 정도입니다. 나라가 온통 쓰레기더미로 변했습니다. 사방에서 악취가 풍겨 나옵니다. 개선의 여지가 없는 것처럼 보입니다. 이럴 때면 사람들은 판을 갈고 싶다는 생각에 사로잡힙니다."

여기까지는 정당성을 가지는 역사의 흐름이 된다. 그래서 혁명은 절실해지고 타당하다. 그러나 그 순간, 정신을 바짝 차리지 않으면 그 혁명은 타락과 새로운 억압이 될 수 있다.

"혁명의 꿈은 그렇게 잉태되는 법입니다. 그러나 지도자들의 얼굴만 바꾸는 혁명은 타락하게 마련입니다. 혁명의 열기가 환멸로 바뀌기까지는 긴 시간이 필요하지 않습니다."

그렇다면 어찌하면 되겠는가? 여기에 김기석 목사가 조준하는 하나님 말씀이 있다.

"스바냐는 하나님으로부터 시작되는 희망을 이야기합니다. 엉킨 실타래를 풀 듯 하나님은 하나하나 무너진 역사를 바로 세우는 작업에 착수하십니다. 먼저 하나님은 당신의 뜻을 거역하는 나라들, 공의와 자비를 버리고 힘의 논리와 폭력으로 자기 이익을 추구하는 이들에게 당신의 분노를 쏟으십니다."

그래서 이어지는 경고는 사뭇 엄중하다.

"잊지 마십시오. 하나님은 교만하여 자랑을 일삼는 이들을 제거하십니다. 자기 힘에 도취되어 들떠서 사람들을 함부로 대하고, 아낄 줄 모르던 이들의 입을 다물게 하십니다. 하나님은 악과 허물과 죄를 용서하시는 분이시지만 죄를 벌하지 않은 채 그냥 넘기지는 않으십니다."

하지만 이렇게만 하는 것은 두려움만 남기게 된다. 그 다음의 이야기가 이어진다.

"불이 지나간 자리에서 돋아나는 새싹처럼 하나님은 새로운 역사를 준비하고 계십니다. … 하나님께서 새로운 세상의 단초로 그루터기처럼 남겨두신 이들은 백향목처럼 우뚝한 사람들이 아닙니다. '온순하고 겸손한 백성'입니다. 사실 이 번역은 조금 유감입니다. 어떤 사람의 품성을 나타내는 말처럼 들리기 때문입니다. 하나님이 남겨 두시는 사람으로 소개되고 있는 이들은 '가난하고 약한 사람'(아니이 〔aniy〕)과 '비참한 사람들'(델〔dal〕)입니다. 그들은 하나님의 이름을 의지하여 살 수밖에 없는 사람들입니다. 민초들, 즉 뽑히고 또 뽑혀도 기어코 다시 몸을 일으키는 잡초와 같은 사람들 말입니다. 그들은 경제적으로 곤궁했고, 법적 보호도 받지 못했고, 착취와 억압의 희생양이 되곤 했지만, 하나님은 그들과 더불어 새로운 일을 시작하십니다."

더 해설할 바가 없다. 김기석 목사의 설교는 민중을 내세우지 않으면서도 민중과 함께 있다. 그건 어떤 이념이나 가치로부터 출발하는 것이 아니라 하나님의 가슴에서 태어난 목소리다.

우리 영혼의 거처는 하나님의 마음

구약성서 마지막 편인 말라기 1장 9-11절을 본문으로 하고 「헛된 불을 피우지 말라」라는 제목의 설교는 종교개혁주일에 했던 것으로 변질되지 않는 본질에 대한 깨우침에 관한 메시지다. 그렇다면 그의 문제의식은 어디에서 출발하는가?

"오늘 우리가 종교개혁주일을 기념하는 것은 단순히 루터의 용기를 기리기 위한 것이 아닙니다. 우리가 잃어버린 근본을 되찾기 위해서입니다. '아드 폰테스'(Ad Fontes), 요즘은 여기저기서 사용되는 말입니다. 근본 혹은 원천으로 돌아가자는 말입니다."

한국교회의 현실과 관련된 문제의식이다.

"한국교회는 어느 사이엔가 역사 발전의 걸림돌처럼 인식되고 있습니다. 역사를 초월의 방향으로 이끌어야 하는 교회가 오히려 반사회적인 집단처럼, 몰상식한 집단처럼 인식되고 있습니다. 개신교회 하면 떠오르는 단어가 뭐냐는 질문에 나오는 대답은 대개 부정적인 것들입니다. 헌금 강요, 배타성, 편협함, 거리의 전도자들, 광신적 믿음, 타락한 성직자들, 교회 세습…. 부정할 수 없는 우리의 현실입니다. 성전 문을 닫아 걸었으면 좋겠다는 하나님의 탄식이 오늘처럼 크게 들려올 때가 없습니다."

선교의 영광은 바랬고, 그걸 낡은 필름 돌리듯 돌려 개혁과는 전혀 관련없는 기득권 놀이에 빠진 한국교회를 그는 탄식하고 있다. 바로 이 심정으로 그가 본문으로 쓴 말라기의 이 대목을 읽는 순간, 아, 하고 김기석 목사의 설교가 이르고자 하는 지점에 대해 깨닫는다.

"제사장들아, 이제 너희가 하나님께 '우리에게 은혜를 베풀어 주십시오!' 하고 간구하여 보아라. 이것이 너희가 으레 하는 일이지만, 하나님이 너희를 좋게 보시겠느냐? 나 만군의 주가 말한다. 너희 가운데서라도 누가 성전 문을 닫아 걸어서, 너희들이 내 제단에 헛된 불을 피우지 못하게 하면 좋겠다! 나는 너희들이 싫다. 나 만군의 주가 말한다. 너희가 바치는 제물도 이제 나는 받지 않겠다."

한국교회가 한국사회의 비난을 받아온 지는 이미 꽤 되었다. 하나님의 시선 안에서는 어떤 형편일까? 말라기의 증언대로이지 않을까? 그 시작이 제아무리 대단하다 해도 중도에서 변질될 가능성과 기회는 숱하다. 그걸 스스로 꿰뚫어보고 본래의 자리로 돌아가 시작하지 않으면 그건 이미 고사(枯死)한 존재이면서 현존의 위세를 부리는 것과 다를 바 없다. 하여 김기석 목사는 이렇게 말하고 있다.

"세상의 모든 것이 낡아집니다. 그렇게 무성하던 나뭇잎들이 낙엽이 되어 떨어집니다. 그렇게 곱던 얼굴에 검버섯이 피어납니다. 문명도 나타났다가 사라집니다. 모든 것이 헛됨에 종속되어 있습니다. 우리를 뜨겁게 만들었던 종교 체험도 시간이 지나면 시들하게 변합니다. 한때 우리를 달뜨게 만들던 사랑의 감정도 어느 순간 가라앉게 마련입니다. 남는 것은 기억뿐입니다. 그 기억을 반추하며 미래를 기획하는 것이 인생인지도 모르겠습니다."

그러니 어쩌라는 것인가?

"그러나 새로움을 만들어갈 용기가 없는 이들은 과거의 기억에만 붙들려 살아갑니다. 전통은 아름답지만 전통주의에 빠지는 순간 고루해집니다. 하나님의 은총에 대한 생생한 기억에서 출발한 종교가 때로는 사람들을 억압하는 도구로 변질되기도 합니다. 예수님 당시의 유대교가 그러했습니다."

종교개혁은 이 깨우침으로 돌아가자는 것이었고, 그 종교개혁마저 타락하는 모순에 처한다. 그러니 신앙은 "하나님 안에서 영구혁명"이다. 그 혁명이 도달해야 할 마음은 이런 모습이다.

"지금 강도 만난 이들의 좋은 이웃이 될 생각이 없다면 우리 믿음이 대체 무엇이겠습니까?"

그의 결론은 이렇다.

"지금은 울면서 씨를 뿌려야 할 때입니다. 흥성했던 과거의 기억에만 붙들릴 여유가 없습니다. 작은 것부터 시작해야 합니다. … 근본을 붙드는 이들이 늘어날 때 제도로서의 교회도 새로워질 것입니다. 비록 더디더라도 보이지 않는 보폭으로 담을 넘는 담쟁이처럼 끈질기게 하나님의 마음을 품고 살 때 우리는 비로소 그리스도의 몸이 될 것입니다."

결국 언제나 돌아갈 우리 영혼의 거처는 하나님의 마음이다. 그 어떤 교리나 주장, 또는 신학을 넘는 자리에 존재하는 하나님의 마음, 거기서 우리는 겸손과 사랑 그리고 투명한 자신이 되는 길에 눈뜨게 될 것이다. 그런 이들의 제사를 하나님께서 기꺼이 받으시지 않겠는가.

구약성서의 예언자들을 성서 본문으로 삼는 경우는 한국교회에서 드물다. 그 까닭은 예언서에 대한 학습에 부족함이 있기도 하지만, 그 내용들이 우리 자신에 대한 거리낌없는 질타가 주가 되고 있기 때문이다. 한국교회의 현실을 이 말씀들과 비춰본다면 그 질타를 이겨낼 교회와 신앙인이 얼마나 될까.

그런 차원에서도 김기석 목사의 설교는 우선 용기 있는 설교다. 그에 더하여 주장을 펴는 것이 아니라 듣게 한다. 하나님의 음성을. 설교자란 바로 이런 임무에 충실한 존재가 아니겠는가? 무수한 설교학이 존재하고 방법론이 설파되지만 정작 우리에게 가장 절실한 것은 "귀 있는 자의 귀"다. 그것이 열려야 "입"이 제대로 열리고 눈이 뜨인다. 말하기에 앞서 들음의 겸손, 그것이 그의 설교가 지닌 비밀이다. 이것이 김기석의 메시지가 갖는 힘이다. 그것은 눈으로 읽는 것이 아니라, 마음에서 뭔가 새로운 것이 태어나는 경험을 우리에게 나누어 주며 그래서 우리 자신이 간절하게 바라는 그 생명의 영성이 몸이 되어 가는 과정을 겪게 해준다. 왜 그럴까? 당연하다. 그는 일상의 세계 속에 담겨 있는 하늘을 우리에게 보게 하기 때문이다. 그건 철저하게 예수의 방식이다. 예수는 풀 한 포기, 겨자씨 하나에서도 하늘을 보게 하시지 않았던가?

우리의 삶이 갈수록 팍팍하고, 자본의 논리가 인간을 자본의 노예로 만들고 있는 현실에서 우리는 자기도 모르게 자신의 인간성을 상실하고 이웃과 모르는 사람, 또는 원수로 지내는 것을 당연하게 여기는 사회로 빠져들고 있다. 탐욕은 이미 하나의 정상적인 윤리처럼 군림하고, 출세하는 것이 목표가 된 교육에서 이상한 괴물들이 양산되고 있는 판국이다. 풀 한 포기, 나무 한 그루, 별 하나에서 하늘의 마음을 읽는 이는 드물어 가고 제 욕심 차리기 바쁜 세상이 되었다.

그런 세상을 이겨낼 수 있을까? 김기석은 그렇다고 말한다. 반디는 폭풍이 불어도 빛을 잃지 않으니 말이다. 김기석의 설교는 이 시대를 위한 위로다. 아니, 그 이상이다. 험악한 세상을 아름답게 열어갈 수 있는 길이 어디에 있는지 우리에게 보여 주는 한 수행자의 안내다. 그의 손을 잡고 함께 산길에 접어들고 강을 따라 걷다 보면 우리는 그것이 바로 우리에게 영혼을 위한 순례가 되는 것을 깨닫게될 것이다. '김기석'이라는 존재 자체가 이 암울한 시대에 고맙기만하다.

하박국

1장 1-4절

언제까지 그러실 겁니까?

> 이것은 예언자 하박국이 묵시로 받은 말씀이다. 살려 달라고 부르짖어도 듣지 않으시고, "폭력이다!" 하고 외쳐도 구해주지 않으시니, 주님, 언제까지 그러실 겁니까? 어찌하여 나로 불의를 보게 하십니까? 어찌하여 악을 그대로 보기만 하십니까? 약탈과 폭력이 제 앞에서 벌어지고, 다툼과 시비가 그칠 사이가 없습니다. 율법이 해이하고, 공의가 아주 시행되지 못합니다. 악인이 의인을 협박하니, 공의가 왜곡되고 말았습니다.

오늘, 우리의 현실

주님의 은총과 평화가 우리 가운데 함께 하시기를 빕니다. 재의 수요일(Ash Wednesday)을 앞둔 이번 주일은 주님의 산상변화주일입니다. 수난의 길을 떠나시기 전, 주님은 세 명의 제자와 함께 산에 올라가 빛 가운데 머무시는 당신의 모습을 보여주셨습니다. 그것은 이후에 제자들이 맞이하게 될 긴 영혼의 밤을 밝히는 빛이었습니다. 그리고 오늘 우리는 95년 전 이 땅에서 일어났던 3·1독립운동을 떠올리지 않을 수 없습니다. 봄의 길목에서 맞는 3·1절은, 겨울 추위 속에서도 역사의 봄을 꿈꾸는 우리 민족의 검질긴 생명력을 상기시켜주는 자랑스러운 날입니다.

일제강점기에 〈성서조선〉을 발간하면서 가물가물 잠 속에 빠져들던 이 땅 사람들을 깨웠던 김교신 선생님의 '조와(弔蛙)'라는 글이 떠오릅니다. 개구리의 죽음을 애도하는 글입니다. 선생은 늘 층암이 병풍처럼 둘러싸고 있는 산, 가느다란 폭포 아래에 형성된 작은 담(潭, 물웅덩이) 옆에 있는 평평한 바위를 기도처로 삼고 있었다고 합니다. 기도를 올리다보면 개구리 몇 마리가 엉금엉금 기어오르곤 했습니다. 그러다가 늦가을이 되어 엷은 얼음이 얼기 시작하면 개구리의 기동이 완만해지고, 마침내 두꺼운 얼음이 얼면 기도 소리, 찬송 소리가 들려도 개구리는 기척조차 없었습니다. 이듬해 봄, 봄비가 쏟아지던 새벽에 선생은 개구리의 안부가 궁금하여 허리를 굽혀 담 속을 들여다보았습니다. 개구리 사체 몇 개가 보였습니다. 지난 겨울 혹독한 추위에 담의 밑바닥까지 얼어붙어 개구리까지 얼리고 말았던 것입니다. 선생은 개구리 사체를 수습하여 땅에 묻어주고 혹시 살아남은 게 없나 싶어 자세히 담 안을 들여다보았습니다. 놀랍게도 개구리 몇 마리가 살아 있었습니다. 선생은 가볍지 않은 영탄으로 이야기를 마칩니다. "아, 전멸은 면했나 보다!" 이 글이 〈성서조선〉에 실린 것은 1942년 3월호였고, 이 책을 마지막으로 〈성서조선〉은 폐간되고 맙니다. 혹독한 추위 속에서도 기어코 살아남아 봄을 맞이하는 개구리가 가리키는 바를 일제는 너무나 잘 알고 있었던 것입니다.

오랜 세월이 흘러 일본은 경제적으로는 세계의 초일류 국가가 되었지만 여전히 제국주의의 망령을 온전히 떨쳐버리지 못한 것 같습니다. 일본의 우경화는 심각할 정도에 이르렀습니다. 일본 극우단체들은 혐한류(嫌韓流)를 의도적으로 조성하고 있고, 총리는 전쟁범죄자들이 합사된 야스쿠니 신사를 참배하고, 고위 관료들은 위안부는 없었고 다만 자발적으로 군대를 따라다닌 여성들만 있었다고 말함으로써 동아시아인들의 분노를 자아내고 있습니다. 명백히 밝혀진 남경대학살도 없었다고 부인하여 중국인들의 분노를 사고 있습니다.

　몇 해 전 베를린 집회에 갔을 때의 일입니다. 한가한 낮 시간에 베를린 시내를 어슬렁어슬렁 걸어 다니다가 어느 관청 건물의 게시판에 붙어 있던 한 장의 흑백 사진 앞에 오래 머물렀던 적이 있습니다. 사진은 어떤 구조물 앞에 무릎을 꿇고 있는 한 사람과 그를 지켜보는 많은 사람들을 담고 있었습니다. 그는 냉전 시대 서독의 총리였던 빌리 브란트였습니다. 그는 공산주의 국가들과 적극적인 대화를 모색하는 등 동방정책을 추진했습니다. 그러다가 1970년에 폴란드를 방문했습니다. 국경을 맞대고 있는 폴란드와 독일은 오랫동안 앙숙이었습니다. 빌리 브란트는 나치에 의해 죽임을 당한 이들을 추모하기 위해 세운 바르샤바 전쟁 희생자 위령탑을 방문했습니다. 그날은 추적추적 비가 내리고 있었습니다. 그는 우산조차 물리치고 내리는 비를 다 맞았습니다. 깊은 생각에 잠겨 있던 그는 문득 비에 젖은 위령탑 앞에 털썩 무릎을 꿇었습니다. 누구도 예상치 못한 일이었습니다. 그 장면을 담은 사진이 세계 각지에 전송되었습니다. 그 한 장의 사진은 수많은 사람들의 응어리진 가슴을 쓸어 내려주었습니다. 전쟁을 일으킨 책임을 진심으로 참회하는 그의 몸짓 하나가 양국간의 오랜 반목을 그치게 만드는 단초가 되었던 것입니다. 독일은 제3제국 시절 희생된 유대인들을 추모하기 위해 〈홀로코스트 추모관〉을 베를린의 요지에 조성해놓았습니다. 베를린에 가 본 이들이라면 누구나 이웃나라 일본에 대해 다시 생각하지 않을 수 없습니다.

근 한 주간 이상을 중국발 미세 먼지가 한반도를 뒤덮었습니다. 목은 칼칼하고, 시계(視界)는 흐릿하고, 마음은 울적했습니다. 마치 한 치 앞도 내다볼 수 없는 동아시아의 상황을 보는 듯했습니다. 그래서일까요? 저는 주전 8세기의 예언자 이사야의 꿈을 떠올리지 않을 수 없었습니다. 그는 제국과 제국이 충돌하는 전쟁의 세기에 주님에 대한 경외심이 확산되면서 세상에 평화가 정착하는 꿈을 꾸었습니다.

> 그날이 오면, 이집트에서 앗시리아로 통하는 큰길이 생겨, 앗시리아 사람은 이집트로 가고 이집트 사람은 앗시리아로 갈 것이며, 이집트 사람이 앗시리아 사람과 함께 주님을 경배할 것이다.(이사야 19:23)

불의한 세상

하박국 역시 평화를 애타게 기다리던 사람입니다. 그가 활동한 시기를 특정하여 말하기는 어렵습니다. 하박국서는 단일한 저자가 쓴 책이 아니라 수세기에 걸쳐 형성된 책으로 보는 게 대체적인 견해입니다. 예언의 앞부분은 주전 600년 무렵을 반영하고 있고, 뒷부분은 바빌로니아 포로기 이후의 상황을 반영한다는 것입니다. 그러나 시대가 언제이든 하박국이 맞닥뜨리고 있던 상황은 전형적입니다. "이것은 예언자 하박국이 묵시로 받은 말씀이다."(하박국 1:1)라는 서언이 나온 이후 다짜고짜 탄식이 터져 나옵니다.

> 살려 달라고 부르짖어도 듣지 않으시고, '폭력이다!' 하고 외쳐도 구해 주지 않으시니, 주님, 언제까지 그러실 겁니까?(하박국 1:2)

하박국은 지금 하나님이 원망스럽습니다. '듣지 않으시고'라는 구절과 '구해 주지 않으시니'라는 구절이 예언자의 절박한 심정을 고스란히 드러내고 있습니다. 살려 달라는 부르짖음이 넘치는 세상, 더 나아가 '폭력이다' 하고 외칠 수밖에 없는 세상입니다. '폭력'은 '하마스'의 번역어인데, 그것은 한 사회에서 벌어지는 불의한 현실을 요약하는 말입니다. 기득권자들은 자기들의 이익을 지키고 확대하는 일에만 열심이고, 사회적 약자들의 처지에 대해서는 전혀 관심을 갖지 않습니다. 약탈과 폭력, 다툼과 시비가 그칠 새 없습니다. 하나님은 애굽에서 종살이하던 이들을 구원하신 후 사회적 약자들을 세심하게 돌보는 나라의 꿈을 심어주셨습니다. 병약하다고 하여 버림받지 않고, 가진 것이 없다 하여 천대받거나 모욕당하지 않고, 보호해 줄 사람이 없다 하여 착취당하지 않는 사회 말입니다. 고아와 과부와 나그네를 잘 돌보라는 말이나, 추수할 때 밭의 한 모퉁이는 그들의 몫으로 남겨두라는 말씀은 그러한 세상을 열기 위한 최소의 장치였습니다. 밭의 한 모퉁이를 남겨두는 것은 가진 자들의 자선행위가 아니라 의무였습니다. 땅의 주인은 하나님이시기 때문입니다. 하지만 현실 속에서 이 규정은 잘 지켜지지 않았습니다. 약탈과 폭력, 다툼과 시비가 뒤따르는 것은 당연한 일입니다. 하박국은 이것을 세 가지 다른 표현으로 설명하고 있습니다. '율법이 해이해졌다.', '공의가 시행되지 않는다.', '악인이 의인을 협박한다.'

며칠 전 우리는 송파구 석촌동에서 벌어진 세 모녀의 죽음 소식을 접했습니다. 그들은 집 주인에게 집세와 공과금 등으로 70만 원을 남겨두고 함께 목숨을 끊었습니다. 절대적 빈곤층은 아니었다지만 다달이 벌어먹고 살 수밖에 없는 처지였고, 그나마 몸을 다쳐 일할 수 없게 되자 그들은 극단적인 선택을 한 것 같습니다. 참 슬픕니다. 기초생활보장제도의 혜택을 받을 수 있었다지만 그들은 그것을 몰랐던 것 같습니다. 사회적 안전망이 제대로 작동되지 않기에 발생되는 일입니다. 그들이 남긴 말은 '죄송합니다.'였지만, 사실 죄송한 것은 우리입니다. 그들이 남긴 '죄송합니다.'라는 말 속에서 저는 하박국의 외침을 듣습니다.

살려 달라고 부르짖어도 듣지 않으시고, '폭력이다!' 하고 외쳐도 구해주지 않으시니, 주님, 언제까지 그러실 겁니까?(하박국 1:2)

그런데 하박국의 이 절박한 부르짖음 속에서 저는 주님의 슬픈 음성을 듣습니다.

"나는 그 소리를 이미 듣고 있단다. 그리고 그 소리에 응답하라고 너희를 부르고 있건만 너희는 들은 척도 하지 않는구나. 나는 너희들과 함께 새로운 세상을 열고 싶은데, 너희는 내가 그 세상을 열어야 한다고 말하는구나. 나는 너희가 나의 귀가 되고, 나의 입이 되고, 나의 손과 발이 되어주기를 기다리고 있단다."

제게는 이 소리가 아프게 들려옵니다. 세상의 모든 문제에 다 응답할 수는 없습니다. 하지만 그렇다고 하여 아무 일도 하지 않는다면 그것은 태만죄입니다. 우리의 믿음이 어디에 이르렀든지 우리는 그 분량만큼 하나님의 일을 해야 합니다.

더디더라도 기다려라

그러나 정말 우리가 세상을 바꿀 수 있을까요? 어느 때부터인지 모르지만 우리는 비관주의자들이 되었습니다. 아무리 애를 써보아도 세상은 바뀌지 않는다고 확신합니다. 사실 그래 보이는 게 사실입니다. 하지만 그러한 비관주의는 하나님께서 역사의 주인이라는 사실에 대한 불신에서 나온 것입니다. 스가랴에게 주신 비전을 굳게 붙들어야 합니다.

힘으로도 되지 않고, 권력으로도 되지 않으며, 오직 나의 영으로만 될 것이다.(스가랴 4:6)

우리가 할 수 있는 일은 아주 작습니다. 하지만 하나님이 함께 하시면 새로운 세상은 옵니다. 예수님은 겨자씨처럼 보잘 것 없는 것들 속에서 하나님 나라의 단초를 보셨습니다. 보리떡 다섯 덩이와 생선 두 마리로 굶주린 무리를 먹이셨습니다.

할 수 있는 일이 적다고 하여 아무 일도 하지 않는다면 우리는 하나님의 가능성을 제한하는 죄를 짓는 것입니다. 하나님 나라를 소망하는 사람은 당장 결과가 눈앞에 보이지 않아도 씨를 심는 일을 멈추지 않습니다. 전도서 기자도 같은 말을 합니다.

바람이 그치기를 기다리다가는, 씨를 뿌리지 못한다. 구름이 걷히기를 기다리다가는, 거두어들이지 못한다.(전도서 11:4)

아침에 씨를 뿌리고, 저녁에도 부지런히 일하여라. 어떤 것이 잘 될지, 이것이 잘 될지 저것이 잘 될지, 아니면 둘 다 잘 될지를, 알 수 없기 때문이다.(전도서 11:6)

바울 사도도 이러한 사실을 가슴 깊이 명심하고 살았습니다. 그래서 그는 자신은 심었고, 아볼로는 물을 주었지만, 오직 자라게 하시는 분은 하나님(고린도전서 3:6)이라고 하셨던 것입니다. 더디더라도 그때는 반드시 옵니다. '언제까지 그러실 겁니까?' 하고 하나님께 대들던 하박국은 마음이 한껏 부푼 자들의 결말을 내다보면서 "의인은 믿음으로 산다."(하박국 2:4)고 말했던 것입니다.

역사에 대한 전망이 불투명하고, 모두가 각자에게 품부된 삶을 한껏 살아낼 수 있는 세상은 아직 요원한 듯 보이지만, 하나님의 시간은 다가오고 있습니다. 우리는 무심한 듯 보이는 하나님께 '언제까지 그러실 겁니까?' 하고 불퉁거리지만, 하나님은 우리를 향해 '너희는 언제까지 그럴 거냐?'고 묻고 계십니다. 이제는 절망의 자리를 박차고 일어나 희망을 심어야 합니다. 아름다운 세상을 만들기 위해 땀을 흘려야 합니다. 이제 곧 경칩(驚蟄)입니다. 농부들은 이미 봄 농사 채비를 시작했습니다. 우리도 하나님의 통치를 확장하기 위해 애써야 합니다. 주님의 은총이 그러한 우리의 실천 위에 늘 함께 하시기를 축원합니다.

스바냐

3장 9-13절

그루터기

그때에는 내가 뭇 백성의 입술을 깨끗하게 하여, 그들이 다 나 주의 이름을 부르며 어깨를 나란히 하고 나를 섬기게 할 것이다. 에티오피아 강 저너머에서 나를 섬기는 사람들, 내가 흩어 보낸 사람들이, 나에게 예물을 가지고 올 것이다. 그날이 오면, 너는 나를 거역한 온갖 잘못을 부끄러워하지 않아도 될 것이다. 그때에 내가 거만을 떨며 자랑을 일삼던 자를 이 도성에서 없애 버리겠다. 네가 다시는 나의 거룩한 산에서 거만을 떨지 않을 것이다. 그러나 내가 이 도성 안에 주의 이름을 의지하는 온순하고 겸손한 사람들을 남길 것이다. 이스라엘에 살아 남은 자는 나쁜 일을 하지 않고, 거짓말도 하지 않고, 간사한 혀로 입을 놀리지도 않을 것이다. 그들이 잘 먹고 편히 쉴 것이니, 아무도 그들을 위협하지 못할 것이다.

하나님으로부터 시작되는 희망

주님의 은총과 평화가 우리 가운데 임하시기를 빕니다. 스바냐는 주전 7세기, 유다 왕 요시야 때 활동한 예언자입니다. 북방의 강자였던 앗시리아는 멸망을 앞두고 있었고, 바빌로니아는 아직 역사의 무대에서 큰 역할을 하지 못할 때였습니다. 스바냐라는 이름은 '여호와께서 숨기셨다.'는 뜻입니다. 그는 인간이 마련한 안전장치가 무용지물이 되는 하나님의 심판의 날을 선포했습니다. 공의와 정의가 무너진 세상에서 사람들은 역사 허무주의에 사로잡혀 있었습니다. "주는 복도 내리지 않고, 화도 내리지 않는다."(스바냐 1:12)고 말하는 이들이 많았습니다. 주님의 충고를 들을 생각도 없고, 주님을 의지하지도 않는 이들이 늘어났습니다.

수직의 중심이 무너지면 인간 세상은 전장으로 변하게 마련입니다. 지도자들은 으르렁거리는 사자였고, 재판관들은 저녁 이리 떼와 다를 바 없었습니다. 예언자들은 거만했고, 제사장들은 성소를 더럽혔습니다. 총체적 난관입니다. 어디서부터 손을 대야 할지 모를 정도입니다. 나라가 온통 쓰레기더미로 변했습니다. 사방에서 악취가 풍겨 나옵니다. 개선의 여지가 없는 것처럼 보입니다. 이럴 때면 사람들은 판을 갈고 싶다는 생각에 사로잡힙니다. 혁명의 꿈은 그렇게 잉태되는 법입니다. 그러나 지도자들의 얼굴만 바꾸는 혁명은 타락하게 마련입니다. 혁명의 열기가 환멸로 바뀌기까지는 긴 시간이 필요하지 않습니다.

그런데 스바냐는 하나님으로부터 시작되는 희망을 이야기합니다. 엉킨 실타래를 풀 듯 하나님은 하나하나 무너진 역사를 바로 세우는 작업에 착수하십니다. 먼저 하나님은 당신의 뜻을 거역하는 나라들, 공의와 자비를 버리고 힘의 논리와 폭력으로 자기 이익을 추구하는 이들에게 당신의 분노를 쏟으십니다. 스바냐는 그날 온 땅에 불이 붙는 것 같을 것이라고 말합니다. 그날은 악한 이들은 물론이고 선한 사람들도 고통을 겪습니다. 그 불은 파괴하는 불이기도 하지만, 정화하는 불이기도 합니다. 마치 용광로가 불순물을 걸러주는 것과 같습니다. 고통스러운 일을 겪을 때 사람은 비로소 자신이 한낱 인간에 지나지 않는다는 사실을 자각합니다. 함께 어려움을 겪을 때 우리 속에 잠들어 있던 인간애가 깨어나기도 합니다. 고통은 자기 초월의 문이 될 수도 있다는 말입니다. 하나님의 심판이 희망인 것은 그 때문입니다. 예언자는 하나님의 심판 속에 깃든 빛을 봅니다.

말의 회복

불로 역사를 정화하신 하나님은 사람들의 입술을 깨끗하게 하십니다.

> 그때에는 내가 뭇 백성의 입술을 깨끗하게 하여, 그들이 다 나 주의 이름을 부르며 어깨를 나란히 하고 나를 섬기게 할 것이다.(스바냐 3:9)

말이 살아야 역사가 삽니다. 말이 혼탁할 때 사회의 토대인 신뢰는 허물어집니다. 불교도 인간이 말로 짓는 죄가 중하다는 사실을 가르칩니다. 입으로 짓는 죄를 '구업'(口業)이라 하는데, 거짓말과 조작 그리고 허언을 일삼는 망어(妄語), 남을 비방하거나 이간질하는 말인 악구(惡口), 달콤하고 듣기 좋지만 실은 상대방의 마음을 해치거나 명예를 손상시키는 말인 기어(綺語)가 그것입니다. 하나님은 역사의 회복을 말의 신실함을 회복하는 일에서부터 시작하십니다. 말을 다루는 직업인들, 즉 종교인, 언론인, 교사, 작가들의 역할이 매우 중요합니다. 올바른 말, 살리는 말, 참된 말이 통용되지 않는 세상, 어떤 이들이 한 말을 '팩트 체크' 하지 않을 수 없는 세상은 참 우울한 세상입니다.

하지만 입술이 깨끗해진 이들은 주의 이름을 부르며 어깨를 나란히 하고 하나님을 섬기게 됩니다. 이 말은 그들이 더 이상 제국의 노예가 아니라 하나님의 통치를 받아들인다는 말입니다. 하나님의 통치는 강제, 지배, 독점이 아닙니다. 자비롭고 은혜로우시며, 노하기를 더디하고, 한결같은 사랑을 베푸시는 하나님의 마음을 품고 살아가는 것입니다. 우리가 은혜 안에서 살아간다는 것은 어떤 것일까요? 이전에 무심히 불렀던 찬양이 새롭게 다가옵니다.

"형제의 모습 속에 보이는/하나님 형상 아름다와라/존귀한 주의 자녀 됐으니/사랑하며 섬기리."

함께 살아가는 이들의 흉과 허물을 보기보다는 그들 속에 잠재된 아름다움을 보고, 그것을 호명해주고, 지지하는 이들이 있습니다. 예수님은 갈릴리 어부 시몬에게서 '반석' 곧 베드로를 보셨습니다. 냉소주의적이었던 나다나엘에게서 거짓이 없는 참 사람을 보셨습니다. 입술이 깨끗해진다는 말은 이런 것입니다.

잘못된 믿음의 길에 접어든 이들일수록 타인에 대해 냉혹하고,

비판적입니다. 자기 의가 강해서 남에게 상처를 입힙니다. 불의와 싸운다는 명분으로 늘 화를 내고, 성난 표정을 짓고, 부정적인 말을 일삼는 이들을 보면 안타깝습니다. 요즘 들어 예수님께서 위선적인 율법학자들과 바리새파 사람들을 보고 하신 말씀이 자꾸 떠오릅니다.

> 너희에게 화가 있다. 너희는 사람들이 들어오지 못하도록 하늘 나라의 문을 닫기 때문이다. 너희는 자기도 들어가지 않고, 들어가려고 하는 사람도 들어가지 못하게 하고 있다.(마태복음 23:13)

선교 신학자 호켄다이크는 "선교는 매력의 감염"이라고 말했습니다. '감염'이라는 단어는 '다른 풍습이 옮아서 물이 듦' 혹은 '병원체가 몸 안에 들어옴'을 뜻하는 말로 대개 부정적인 뉘앙스로 쓰이지만 '매력의 감염'이라는 말은 참 산뜻합니다. 주님을 믿는 이들은 주변 사람들에게 '나도 저렇게 살고 싶다.'는 마음이 들게 해야 합니다. 겉을 꾸민다고 될 일은 아닙니다. 일상 속에서 살아가는 우리 모습이 하나님의 현존을 상기시킬 때 매력의 감염이 일어납니다. 믿지 않는 많은 이들이 기독교인들을 보고 매력을 느끼기보다는 '저렇게 살지 말아야지.' 하는 생각을 품게 만든다면 참 딱한 노릇이 아닐 수 없습니다. 스바냐는 이렇게 매력적인 이들을 보며 세상 곳곳에 흩어졌던 사람들이 구스 강 건너편에서부터 예물을 가져와 하나님께 바칠 것이라고 말합니다.

위대한 평민

잊지 마십시오. 하나님은 교만하여 자랑을 일삼는 이들을 제거하십니다. 자기 힘에 도취되어 들떠서 사람들을 함부로 대하고, 아낄줄 모르던 이들의 입을 다물게 하십니다. 하나님은 악과 허물과 죄를 용서하시는 분이시지만 죄를 벌하지 않은 채 그냥 넘기지는 않으십니다.(출애굽기 34:7) 하지만 불이 지나간 자리에서 돋아나는 새싹처럼 하나님은 새로운 역사를 준비하고 계십니다. 만해 한용운은 〈알 수 없어요〉라는 시에서 '타고 남은 재가 다시 기름이 됩니다'라고 노래했습니다.

하나님께서 새로운 세상의 단초로 그루터기처럼 남겨두신 이들은 백향목처럼 우뚝한 사람들이 아닙니다. '온순하고 겸손한 백성'입니다. 사실 이 번역은 조금 유감입니다. 어떤 사람의 품성을 나타내는 말처럼 들리기 때문입니다. 하나님이 남겨두시는 사람으로 소개되고 있는 이들은 '가난하고 약한 사람'(아니이 aniy)과 '비참한 사람들'(델 dal)입니다. 그들은 하나님의 이름을 의지하여 살 수밖에 없는 사람들입니다. 민초들, 즉 뽑히고 또 뽑혀도 기어코 다시 몸을 일으키는 잡초와 같은 사람들 말입니다. 그들은 경제적으로 곤궁했고, 법적 보호도 받지 못했고, 착취와 억압의 희생양이 되곤 했지만, 하나님은 그들과 더불어 새로운 일을 시작하십니다.

출애굽 공동체를 떠올려 보십시오. 하나님은 애굽에서 종살이하던 이들에게 새로운 세상의 꿈을 심어주시면서 그들이 해야 할 일과 하지 말아야 할 일을 일러주셨습니다. 해야 할 일은 적극적으로 선을 행하는 것이었고, 하지 말아야 할 일은 남을 억울하게 하는 일이었습니다.

> 너희는 너희에게 몸붙여 사는 나그네를 학대하거나 억압해서는 안
> 된다. 너희도 이집트 땅에서 몸붙여 살던 나그네였다. 너희는 과부나
> 고아를 괴롭히면 안 된다.(출애굽기 22:21-22)

실패와 서러움을 겪어보지 않은 이들은 그들의 처지를 이해하기
어렵습니다. 하나님이 낮은 자리에 선 이들을 통해 새로운 역사를
여시는 것은 그 때문입니다.

충남 홍성에는 풀무학교가 있습니다. 그 학교는 '위대한 평민'을
길러내는 것을 목표로 합니다. 이현주 목사는 위대한 평민을 나름
대로 이렇게 정의합니다.

> "태산처럼 높은 뜻을 들판처럼 낮은 자리에서 삶으로 실현하는 사
> 람."(홍순명, 《들풀들이 들려주는 위대한 백성 이야기》 9쪽에 나오는 추천의 글 중
> 에서)

어떻게 보면 이것은 믿음의 사람들을 정의하는 말처럼 들립니다.
우리는 하나님의 마음을 가슴에 품고 땅의 현실을 변화시키기 위해
헌신하라고 부름 받은 이들입니다. 하나님의 마음을 가슴에 품는
이들은 누릴 것을 다 누리며 사는 사람이 아니라 하나님의 도우심
없이는 살아갈 수 없는 밑바닥 사람인 경우가 많습니다.

땅으로 쏟아지는 기도

이스라엘의 남은 자, 곧 새로운 세상의 그루터기로 부름받은 이들은 악을 멀리하고, 거짓을 말하지 않아야 합니다. 자기 이익을 위해 다른 이들을 수단으로 삼는 것이 악이고, 자기를 강화하기 위해 남을 속이는 것이 거짓입니다. 악과 거짓을 미워하는 이들이야말로 새로운 세상의 단초입니다. 요즘 우리는 국제질서의 냉혹함에 놀라고 있습니다. 한반도의 평화를 경계하는 세력이 있습니다. 그들은 분단을 고착화함으로 자기 이익을 극대화하려 합니다. 세상을 떠도는 난민들은 설 곳이 없습니다. 벼랑 끝으로 내몰리는 이들이 점점 늘어나고 있습니다. 이런 상황에서 우리가 하나님의 백성으로 부름을 받았다는 것은 어떤 의미일까요? 해함도 상함도 없는 세상의 꿈이 부질없어 보이는 세상에서 우리는 무엇을 해야 할까요?

평화로운 세상을 꿈꾸는 사람들은 기도 안에 머물러야 합니다. 평화를 만드시는 주님의 삶을 묵상하고, 하나님께 탄원해야 합니다. 진실하게 기도하는 이들은 하나님의 마음에 접속되는 법입니다. 문익환 목사님은 〈301호실〉이라는 시에서 이렇게 노래합니다.

"부서진 번개불/까맣게 속이 타는 빛의 씨알들/처럼//왜 자꾸만/기도가 하늘에서 쏟아질까/이 작은 방에//쓰리고 아픈 눈물에 젖은 기도들이/뼈 마디마디 울리는 기도들이/하늘도 되돌려주는 기도들이//이젠 세상으로 흩어질 밖에 없어라/어두워 오는 하늘 아래/파아란 횃불로 타오르려고."

탁월한 통찰입니다. 우리가 하늘을 향해 바치는 기도가 오히려 우리에게 쏟아진다니 말입니다. 하늘이 기도를 우리에게 되돌려줍니다. 우리가 바로 기도의 응답이 되어야 한다는 말이 아니겠습니까? 우리는 기도하면서 꿈꾸는 세상을 지금 여기서 시작해야 합니다.

기도하는 사람들은 죽음의 세력에 항거해야 합니다. 생명을 해치는 사람과 제도에 굴복하지 말아야 합니다. 그리고 평화의 표지를 일으켜 세워야 합니다. 교회는 더불어 사는 기쁨이 가능하다는 사실을 보여주는 표지가 되어야 합니다. 어두운 세상에서도 빛의 알갱이가 되어 사는 사람들이 있다는 사실을 확인할 때 우리는 용기를 낼 수 있습니다. 반딧불이 하나하나는 미약하지만 반딧불이들이 모여 크리스마스 전구처럼 반짝일 때 우리는 시원의 세계를 꿈꾸게 됩니다. 어두운 세상에 등불 하나를 밝히는 마음으로 살아갈 때 우리는 새로운 세상의 그루터기가 될 수 있습니다. 주님의 은총이 우리를 선한 길로 인도하시기를 기원합니다.

학개

1장 1-6절

살아온 날을 돌이켜 보라

다리우스 왕 이 년 여섯째 달, 그 달 초하루에, 학개 예언자가 주님의 말씀을 받아서, 스알디엘의 아들 스룹바벨 유다 총독과 여호사닥의 아들 여호수아 대제사장에게 전하였다. 만군의 주님께서 이렇게 말씀하신다. "이 백성이 말하기를 '때가 되지 않았다. 주님의 성전을 지을 때가 되지 않았다'고 한다." 학개 예언자가 주님의 말씀을 받아 전한다. "성전이 이렇게 무너져 있는데, 지금이 너희만 잘 꾸민 집에 살고 있을 때란 말이냐? 나 만군의 주가 말한다. 너희는 살아온 지난날을 곰곰이 돌이켜 보아라. 너희는 씨앗을 많이 뿌려도 얼마 거두지 못했으며, 먹어도 배부르지 못하며, 마셔도 만족하지 못하며, 입어도 따뜻하지 못하며, 품꾼이 품삯을 받아도, 구멍 난 주머니에 돈을 넣음이 되었다."

열정이 식은 후

주님의 은총과 평화가 우리 가운데 임하시기를 빕니다. 벌써 1월 중순을 지나고 있습니다. 정초에 세웠던 계획들을 잘 실천하고 계

학개　　479

신지요? 우리는 일상의 분주함을 핑계 삼아 세운 계획들을 계면쩍은 웃음과 함께 슬그머니 폐기처분하곤 합니다. 모든 것을 닳게 만드는 시간이 새롭게 살려는 우리 바람을 무찌르곤 합니다. 새로움을 갈망하면서도 우리는 익숙한 삶의 방식에서 벗어나지 못합니다. 오늘은 선지자 학개를 통해 그런 우리의 삶을 돌아보려 합니다.

학개는 조상들의 이름이 전혀 언급되지 않은 것으로 보아 그는 유력한 가문 출신이 아니었던 것 같습니다. 하지만 그는 하나님의 마음과 깊이 접속한 예언자였습니다. 그에게 하나님의 말씀이 임한 때는 다리우스 왕 이년 여섯째 달, 그 달 초하루입니다. 다리우스는 페르시아를 대제국으로 세운 고레스(주전 559년 즉위)와 이집트를 정복한 캄비세스에 이어 왕이 된 사람입니다. 주전 551년에 즉위한 그는 인더스 강 유역까지 제국의 영토를 확장했습니다. 페르시아는 이전의 다른 제국들과는 달리 각 민족의 문화적 다양성을 인정하는 정책을 펼쳤습니다. 페르시아는 다양한 언어, 문화, 습속, 경제, 사회 조직들의 용광로인 셈이었습니다.

고레스의 칙령으로 바빌로니아에 포로로 잡혀가 있던 유대인들은 조국 재건이라는 꿈을 품고 귀환했습니다. 돌아온 첫 해에 그들은 무너진 제단을 다시 만들어 세우고 초막절을 준수했습니다. 폐허 속에 세워진 제단은 그들의 희망찬 미래의 상징처럼 여겨졌을 것입니다. 총독 스룹바벨과 대제사장 여호수아의 주도하에 그들은 성전을 새롭게 세우기 위해 노력했습니다. 에스라서는 성전의 기초를 세우던 날의 감격을 이렇게 기록하고 있습니다.

그들은 서로 화답하면서 주님을 찬양하고, 감사의 찬송을 불렀다. '주님은 어지시다.' '언제나 한결같이 이스라엘을 사랑하신다.' 주님의 성전 기초가 놓인 것을 본 온 백성도, 목청껏 소리를 높여서 주님을 찬양하였다.(에스라 3:11)

그러나 일이 순조롭게 진행되지 않았습니다. 귀환자들은 이방 문화에 의해 더럽혀진 이들을 성전 건축이라는 거룩한 사업에 동참시킬 수 없다고 여겨, 팔레스타인 땅에 정착하여 살고 있던 이들을 배제시켰습니다. 앙심을 품은 그들은 다양한 방법으로 성전 건축을 방해했습니다. 노골적으로 위협을 가하기도 하고, 유대인들이 반역을 시도하고 있다고 왕에게 모함하기도 했습니다. 그 때문에 성전의 기초만 놓은 채 20년의 세월이 속절없이 흘러갔습니다. 초기의 열정은 싸늘하게 식었고, 성전 건축을 지속할 힘도 어느새 스러졌습니다. 황폐한 성읍을 일으켜 세우고 살아남기 위해 분투하는 동안 귀환의 감격은 어느새 잊혀졌습니다.

나태한 정신

성전을 건축해야 한다는 생각이 깨끗하게 지워진 것은 아닙니다. 그것은 마음 한 구석에 웅크리고 있으면서 때때로 그들을 압박했습니다. 그럴 때마다 백성들은 '때가 되지 않았다.', '주님의 성전을 지을 때가 되지 않았다.'는 핑계를 대곤 했습니다. 오늘 본문에서 만군의 주님은 학개의 입을 통해 백성들에게 자기들의 소행을 돌아보라 하십니다. 만군의 주님은 전사로서의 하나님, 즉 싸우는 분입니다.

악한 세력과 싸우고, 혼돈과 싸우고, 무기력과 싸우십니다. 만군의 주님의 싸움은 한편으로는 파괴이지만 다른 한편으로는 일으켜 세움입니다. 선한 세력을 일으켜 세우고, 혼돈 속에서 질서를 창조하시고, 무기력한 자들을 일으켜 세우십니다.

여러 해 전 아르메니아의 학살 기념관 뜰에서 만난 조형물 한 점이 떠오릅니다. '잿더미 속에서 일어서는 엄마'라는 작품이었습니다. 전쟁과 파괴로 인해 잿더미로 변한 땅에서 맨발의 엄마는 공포에 질린 아이를 품에 안은 채 심연처럼 자신을 잡아당기는 절망의 자리를 박차고 일어나 어딘가로 달려가고 있습니다. 엄마가 두려움과 절망을 떨치고 일어설 수 있었던 것은 기어코 돌보고 살려내야 할 생명이 있었기 때문입니다. 돌보아 주어야 할 여린 생명이 오히려 돌보는 이에게 살아갈 힘과 의지를 제공하는 역설, 이것이 생명의 기적입니다.

이스라엘 백성들은 아직 그 놀라운 신앙의 신비에 도달하지 못했습니다. 그들은 시급한 문제에 몰두하느라 정말 중요한 일에 마음을 쓰지 못했습니다. 먹고 사는 문제를 해결해야 했고, 자기와 가정을 지키기 위해 분투하는 동안 그들은 자기들이 언약 공동체라는 사실을 까맣게 잊고 말았습니다. 그들은 '때가 되지 않았다.'는 말로 성전 건축을 방치한 자기들의 나태함을 가리려 했습니다. 한번 용기가 꺾이면 어떤 일을 하지 못할 이유를 수백 가지 발견하는 게 인간입니다. 그들의 내면에 이런 소리가 들려오지 않았을까요?

'생존 자체가 힘든 상황이니 달리 어떻게 해 볼 수 없다.', '성전 재건이 페르시아인들에게 불필요한 오해를 불러일으킬 수도 있다.',

'삶이 이렇게 곤고한 것을 보면 하나님의 노여움이 아직 풀리지 않았다는 증거가 아닐까?'

이게 바로 나태함입니다. 나태를 뜻하는 영어 단어는 슬로스(sloth)인데 나무늘보를 뜻하는 말이기도 합니다. 나태는 몸이 느리고 굼뜬 것만이 아니라 영혼의 활력을 잃어버린 상태입니다. 나태에 사로잡힌 이들은 미래에 대한 불안과 염려에 사로잡혀서 창조적인 일을 하지도, 할 생각도 없습니다. 나태를 뜻하는 헬라어 '아케디아'(akedia)는 '관심'이라는 뜻의 'kedos'와 '없다'는 뜻의 'a'가 결합된 단어입니다. 나태한 이들은 공동체적인 삶에 아무런 관심을 갖지 않습니다.

사람들은 누구나 좋은 사람이라는 평판을 듣고 싶어합니다. 어려움에 처한 이들을 도우며 살고 싶다고도 말합니다. 다만 조건이 있습니다. '여건이 허락하면…'. 이 말의 속뜻은 지금은 그렇게 살 형편이 되지 못한다는 말입니다. 이런 이들은 늘 아름다운 삶을 유보하며 삽니다. 자기만족을 구하는 욕망이 선하게 살고 싶은 마음을 압도하는 것입니다. 욕망은 충족되는 순간 또 다른 욕망을 낳습니다. 욕망이라는 이름의 전차에 탑승한 이들은 '지금, 여기'(here and now)에 임하는 하나님 나라를 맛보지 못합니다. '지옥으로 가는 길은 선한 의도로 포장되어 있다.'는 말은 통렬하기 이를 데 없습니다.

공공의 문제에 무관심한 세태

하나님은 학개를 통해 이스라엘의 나태함을 준엄하게 꾸짖으십니다. "성전이 이렇게 무너져 있는데, 지금이 너희만 잘 꾸민 집에 살고 있을 때란 말이냐?"(1:4) '무너진 성전'과 '잘 꾸민 집'이 극명하게 대조되고 있습니다. 성전은 물론 하나님을 예배하기 위해 구별된 공간을 의미하지만 여기서 말하는 '무너진 성전'은 실은 언약 공동체의 지향을 상실한 그들의 영적 상태를 이르는 말일 수도 있습니다.

이스라엘은 하나님의 아름다우심을 가시적으로 드러내는 공동체로 부름 받았습니다. 그것은 우리도 마찬가지입니다. 택하심은 망가진 세상을 고치라는 하나님의 초대입니다. 홀로는 할 수 없는 일입니다. 세상을 고치기 위해 필요한 도구는 소외된 이들에 대한 관심, 이해, 연민입니다. 누군가의 요구에 응답할 때 비로소 우리는 자아로부터 해방되어 하나님의 질서 속에 들어갑니다. 자기일에만 몰두할 때 우리는 죄의 먹잇감이 되기 쉽습니다.

저는 고대 그리스 역사학자인 투키디데스의 《펠로폰네소스 전쟁사》에 나오는 페리클래스의 국장(國葬) 연설을 가끔 찾아 읽습니다. 스파르타와의 전쟁에서 전사한 이들을 기리기 위한 연설자로 선발된 페리클래스는 아테네의 정치와 문화에 대한 자부심 가득 찬 연설을 합니다. 그 가운데 나오는 한 대목이 참 인상적입니다.

"우리는 아름다움을 추구하면서도 사치로 흐르지 않고, 지(智)를 사랑하면서도 유약함에 빠지지 않는다."

이어서 그는 아테네인 가운데 부자는 부를 자랑하지 않고 가난한 사람은 가난한 것을 부끄러워하지 않는다면서, 오히려 해야 할 일을 하지 않는 것을 부끄럽게 여긴다며 이렇게 말합니다.

> "전사(戰士)도 정치에 소홀하지 않으며, 이에 참여하지 않는 자를 공명심이 없다고 보기보다는 쓸모없는 자로 생각하는 것은 우리뿐입니다."(투키디데스, 《펠로폰네소스 전쟁사 上》, 박광순 옮김, 범우사, 175쪽)

참여 민주주의는 이렇게 시작된 것입니다. 남이야 어찌 되든 말든 마음의 평안이나 가족의 안위에만 마음을 쓰는 이들은 나쁜 사람은 아니어도 좋은 시민이라 할 수는 없습니다. 시민이란 자기가 속해 있는 사회가 나아가야 할 방향에 책임을 느끼는 사람이기 때문입니다. 믿음의 사람들은 '본향을 찾는 나그네'이고 '하늘의 시민권을 가진 사람'이지만, 그렇다고 하여 이 땅의 현실과 무관한 삶을 살 수는 없습니다. 우리는 이 칙칙한 일상 속에 하나님 나라의 빛과 사랑을 전하는 통로로 택함을 받았기 때문입니다. 우리는 지금 위기의 시대를 살고 있습니다. 남북 간의 경색국면이 점점 강대강으로 치닫고 있어 전쟁의 위험이 증대되고 있습니다. 지구촌 전체는 기후 위기라는 심각한 재난 앞에 서 있습니다. 많은 이들이 문제가 심각하다는 데에는 동의하지만 그 문제 해결을 위해 헌신하려 하지 않습니다. 우리가 할 수 있는 일은 아무것도 없다는 비관론에 기대 자기들의 나태함을 감추려는 이들이 있습니다. 또 지금까지 그랬던 것처럼 누군가가 그 문제를 해결할 거라는 근거 없는 낙관론에 기대 자기의 무책임한 삶을 정당화하려는 이들도 있습니다.

거룩한 삶의 연습

이런 상황이기에 주님의 말씀이 더욱 무겁게 다가옵니다.

> 나 만군의 주가 말한다. 너희는 살아온 지난날을 곰곰이 돌이켜 보아
> 라.(학개 1:5)

위기가 닥쳐올 때마다 우리는 잠시 멈춰 서서 자기 삶을 돌아보
아야 합니다. 학개에는 동일한 구절이 표현을 조금 달리하면서 여
러 차례 반복되고 있습니다.(1:7, 2:15, 18) 돌이켜 생각함 속에 길이
있습니다.《논어》학이편 제4절에는 증자의 말이 나옵니다.

> "나는 날마다 세 가지로 내 몸을 살피노니, 남을 위하여 일을 꾀하면
> 서 진심을 다하지 않았는가, 벗과 사귀면서 진실하지 않았는가, 배운
> 것을 익히지 않았는가?"

이게 바로 우리 모두 잘 알고 있는 일일삼성(一日三省)이라는 고사
입니다. 돌이켜 보는 까닭은 바른 길을 가기 위함입니다. 우리는 예
수 그리스도께서 '길'이라고 고백합니다. 예수가 걸은 길은 십자가
의 길이고, 십자가는 남을 살리기 위해 자신을 희생하는 길입니다.
길의 존재 이유는 바라보기 위한 것이 아니라 걷기 위한 것입니다.
예수를 길이라 고백하면서도 예수가 걸으신 길은 한사코 외면한다
면 우리는 스스로를 기만하는 것입니다. 고통이나 소외감 속에서
몸부림치는 이들의 품이나 설 땅이 되어주려 할 때 우리는 비로소

'그 길'을 걷는 사람들이라 할 수 있습니다. 그 길의 보람은 무엇일까요? 속에서 솟아나오는 기쁨과 평안입니다. 기쁨과 평안을 누리며 사는 이들은 이미 행복한 사람들입니다. 우리는 행복의 길을 외면한 채 행복을 찾고 있지 않는 것은 아닌지요? 전도서 기자는 "눈은 보아도 만족하지 않으며 귀는 들어도 차지 않는다."(전도서 1:8b)고 말합니다. 학개는 이것을 조금 달리 표현합니다.

> 너희는 씨앗을 많이 뿌려도 얼마 거두지 못했으며, 먹어도 배부르지 못하며, 마셔도 만족하지 못하며, 입어도 따뜻하지 못하며, 품꾼이 품삯을 받아도, 구멍 난 주머니에 돈을 넣음이 되었다.(학개 1:6)

하나님과 이웃을 등진 채 자기 만족만을 구하는 삶이 이러합니다. 학개는 성전 건축을 독려하고 있습니다만, 오늘 우리는 그의 경고를 위기에 처한 우리 사회의 공적인 문제에 책임적으로 응답하라는 초대로 받아들여야 합니다. "성전이 이렇게 무너져 있는데, 지금이 너희만 잘 꾸민 집에 살고 있을 때란 말이냐?"라는 말씀이 우렁우렁 가슴에 울려옵니다. 세상의 아픔을 치유하는 일, 냉랭한 세상에 온기를 불어넣는 일, 불의한 일에 저항하는 일이야말로 이 땅에서 하나님 나라를 맛보는 일임을 잊지 마십시오. 우리가 누군가에게 봄바람이 될 수 있다면, 그래서 우리와 만난 이들이 삶의 꽃을 피울 수 있도록 도울 수 있다면 우리 삶은 헛되지 않을 것입니다. 주님의 은혜가 우리를 통해 이 척박한 세상에 스며들기를 기원합니다.

스가랴

12장 9-14절

슬퍼하는 자는 복이 있나니

그날이 오면, 내가, 예루살렘을 치러 오는 모든 이방 나라를 멸망시키고 말겠다. 그러나 내가, 다윗 집안과 예루살렘에 사는 사람들에게 '은혜를 구하는 영'과 '용서를 비는 영'을 부어 주겠다. 그러면 그들은, 나 곧 그들이 찔러 죽인 그를 바라보고서, 외아들을 잃고 슬피 울듯이 슬피 울며, 맏아들을 잃고 슬퍼하듯이 슬퍼할 것이다. 그날이 오면, 예루살렘에서 슬프게 울 것이니, 므깃도 벌판 하다드 림몬에서 슬퍼한 것처럼 기막히게 울 것이다. 온 나라가 슬피 울 것이다. 가족마다 따로따로 슬피 울 것이다. 다윗 집안의 가족들도 따로 슬피 울 것이며, 그 집안 여인들도 따로 슬피 울 것이다. 나단 집안의 가족들도 따로 슬피 울 것이며, 그 집안의 여인들도 따로 슬피 울 것이다. 레위 집안의 가족들이 따로 슬피 울 것이며, 시므이 집안의 가족들이 따로 슬피 울 것이며, 그 집안 여인들도 따로 슬피 울 것이다. 그 밖에 남아 있는 모든 집안의 가족들도 따로 슬피 울 것이며, 각 집안의 여인들도 따로 슬피 울 것이다.

어린 나귀를 타고 오실 왕

스가랴는 학개와 더불어서 바빌로니아에서 돌아와 예루살렘에 살고 있던 유다인들 가운데서 활동하던 예언자입니다. 그의 할아버지는 잇도인데 포로생활로부터 귀환한 한 제사장 가문의 우두머리입니다. 그의 아버지 베레가는 느헤미야서에 이름만 등장하는 것으로 보아 일찍 죽은 것으로 보입니다. 하나님의 말씀이 그에게 임한 때를 근거로 계산해 보면 그는 주전 520-518년경에 활동한 것 같습니다. 그의 이름 스가랴는 '여호와께서 기억하신다.'는 뜻입니다. 그는 수십 년 만에 고국으로 귀환했지만 황폐하게 변한 조국의 모습에 낙담한 백성들에게 희망의 메시지를 전했습니다. 그는 이제 하나님이 개입하셔서 그들의 운명에 큰 변화가 일어날 것을 예고하면서 모든 불의로부터 돌아서라고 외쳤습니다.

스가랴는 두 부분으로 나눌 수 있는데, 1장부터 8장까지는 포로 귀환 이후를 배경으로 하고 있고, 9장부터 14장까지는 주전 4세기에 있었던 알렉산더 대왕의 원정 이후의 상황을 배경으로 하고 있습니다. 그러니까 8장까지가 원래의 스가랴이고, 9장 이후의 부분은 후대에 덧붙인 것이라고 보면 되겠습니다. 뒷부분의 내용은 매우 복잡합니다. 사실 지금까지도 그 의미파악이 쉽지 않은 부분이 많습니다. 하지만 그 내용을 거칠게나마 요약하자면 하나님의 백성이 적들을 물리치리라는 것과, 앞으로 평화의 임금이 오시리라는 것입니다. 그 평화의 임금은 온순하여서 어린 나귀를 타고 오실 것이라고 말합니다. 우리는 고난주간이 되면 새끼 나귀를 타고 예루살렘에 입성하시는 예수님을 기억하게 되는데, 그 목가적이고 평화로운 모습은 스가랴에게서 가져간 것입니다. 오실 평화의 임금은 군사력으로 평화를 이룰 수 있다는 신화를 받아들이지 않습니다. 그는 공의를 베풀고, 사랑으로 은혜를 베풀 것입니다.

> 내가 에브라임에서 병거를 없애고, 예루살렘에서 군마를 없애며, 전쟁할 때에 쓰는 활도 꺾으려 한다. 그 왕은 이방 민족들에게 평화를 선포할 것이며, 그의 다스림이 이 바다에서 저 바다까지, 유프라테스 강에서 땅 끝까지 이를 것이다.(스가랴 9:10)

칼을 쳐서 보습을 만들고, 창을 쳐서 낫을 만들고, 나라와 나라가 칼을 들고 서로를 치지 않고, 군사 훈련도 하지 않는 세상, 모든 사람들이 자기 포도나무 아래 앉아서 평화롭게 살 게 되는 세상, 사람마다 아무런 위협을 받지 않으면서 사는 세상(미가 4:3-4)의 꿈은 인류의 오랜 꿈인 동시에 하나님의 꿈이기도 합니다.

거짓 목자의 운명

하지만 힘을 숭상하던 이들에게 이런 비전은 너무 낭만적인 것으로 보였을 가능성이 많습니다. 그 때문인가요? 그 평화의 임금은 군국주의자들에 의해 배척받고 제거된 것으로 보입니다. 이것은 세상에서 자주 일어나는 일입니다. 비폭력 저항을 통해 사회를 변혁할 수 있다는 꿈을 인류에게 심어주었던 모한다스 간디도 살해당했습니다. 비폭력 저항 운동을 이끌며 사랑의 승리를 믿어 의심치 않았던 마르틴 루터 킹 주니어 목사도 살해당했습니다. 오직 고통받는 민중들의 목자가 되기 위해 애썼던 엘 살바도르의 오스카 로메로 대주교도 성찬식을 집전하던 중에 저격병에 의해 제거되었습니다. 그들의 꿈은 어리석었던 것일까요? '인간은 인간에 대해 늑대'라고 말했던 홉스가 옳은 것일까요? 사랑이나 돌봄 혹은 섬김이라는 것은 약자들의 윤리일 뿐입니까? 실제로 세상은 강자들의 편익에 의해 좌지우지되는 것으로 보입니다.

평화의 임금이 제거된 후에 등장하는 지도자라는 이들은 백성을 불쌍히 여길 줄 모르고, 자기 이익만 추구하는 목자들, 예수님의 표현대로 하면 삯꾼 목자들이었습니다. 그들은 하나님을 등진 자들입니다. 그들의 마음은 무정합니다. 누구도 불쌍히 여기지 않습니다. 스가랴는 그런 지도자들의 모습을 이렇게 그려내고 있습니다.

> 그는 양을 잃어버리고도 안타까워하지 않으며, 길 잃은 양을 찾지도 않으며, 상처받은 양을 고쳐 주지도 않으며, 튼튼한 양을 먹이지 않아서 야위게 하며, 살진 양을 골라서 살을 발라 먹고, 발굽까지 갈아 먹을 것이다.(스가랴 11:16-17)

사실 역사의 과정을 보면 힘을 숭상하는 이들이 승리하는 것처럼 보입니다. 정말 그럴까요? 그렇다면 남은 것은 어떻게 하든지 힘을 얻든지, 아니면 힘 앞에 굴종하는 수밖에 없습니다. 하지만 세상을 지배하는 것은 '힘'이나 '권력'이 아닙니다. 하나님은 사랑으로 세상을 창조하셨습니다. 세상의 기본 원리는 사랑입니다. 그 원리를 깨뜨릴 힘은 없습니다. 가난하고 소외된 이들에 대한 끝없는 사랑을 품고 계신 하나님, 고통 받는 사람들의 신음소리를 기도로 들으시는 하나님이 계시기에 우리는 희망을 품을 수 있습니다. 스가랴는 양 떼를 버리는 쓸모없는 목자에게 닥쳐올 재앙을 예고하고 있습니다. 칼이 그의 팔과 눈을 상하게 할 것이라는 것입니다. 돌아가신 박정오 목사님은 가끔 욕심이 많은 목사들을 만날 때마다 농담처럼 말씀하셨습니다. "주님께서 '내 양을 먹이라.'고 하셨지 언제 '내 양을 먹으라.'고 했어?" 촌철살인의 말씀입니다.

용서를 비는 영

스가랴는 힘을 숭상하는 이들로부터 하나님의 백성들이 어떻게 구원받게 될 것인지를 예고하고 있습니다. 전쟁으로 하나님의 백성들을 굴복시키려는 강대국들의 시도를 하나님은 헛것으로 만드십니다.

> 그날에, 세상 모든 이방 민족이 예루살렘에 대항하여 집결할 때에, 내가 예루살렘을 바위가 되게 할 것이니, 모든 민족이 힘을 다하여 밀어도 꿈쩍도 하지 않을 것이다. 그 바위를 들어올리려고 하는 자는, 누구든지 상처를 입을 것이다.(스가랴 12:3)

이것은 유대인 스가랴가 본 민족적인 비전이지만 나는 이 본문의 '예루살렘'에 '성도'라는 단어를 넣어도 무방하리라 봅니다. 생명과 평화의 세상을 이루기 위해 노력하는 성도는 때로는 어려움을 겪겠지만, "모든 민족이 힘을 다하여 밀어도 꿈쩍도 하지 않을 것이다."

하나님이 주시는 든든함이 있기 때문입니다. '믿음'이란 '밑힘' 즉 저력입니다. 사랑은 가장 유약한 감정처럼 보이지만 사랑처럼 강한 것은 없습니다. 사랑과 믿음의 사람들, 소망의 사람들을 해칠 수 있는 세력은 없습니다.

그렇다고 예루살렘 백성이나 성도들이 흠 없는 사람들이 아닙니다. 맞지요? 우리는 너나할 것 없이 해서는 안 될 일을 참 많이도 하며 삽니다. 문제는 무감각입니다. 죄를 자꾸 저지르다 보면 잘못을 잘못으로 여기지 않게 됩니다. 그래서 나는 타락이란 영혼의 둔감함이라 생각합니다. 스가랴는 예루살렘 백성들이 저지른 큰 죄를 모르지 않습니다. 그들은 악한 자들과 공모하여 평화의 임금을 죽였습니다. 용서받기 어려운 죄입니다. 그러나 하나님은 그들을 처벌하시는 대신 새롭게 변화시키는 길을 택하십니다.

> 그러나 내가, 다윗 집안과 예루살렘에 사는 사람들에게 '은혜를 구하는 영'과 '용서를 비는 영'을 부어 주겠다.(스가랴 12:10)

이 영을 우리도 구해야 합니다. 주님께서 우리 속에 '은혜를 구하는 영'을 내려주실 때 우리는 영혼의 둔감함으로부터 깨어나 삶이 곧 은총임을 깨닫게 됩니다. 주님께서 우리 속에 '용서를 비는 영'을 내려주실 때 우리는 비로소 우리의 실상을 보게 됩니다. 우리가 한 일이 얼마나 하나님의 마음을 아프게 해드렸는지를 깨닫게 됩니다. 우리는 믿음조차도 우리의 공로가 아니라고 고백합니다. 하나님의 영이 우리 속에서 역사하지 않는다면 우리는 믿음도 가질 수 없고 회개도 할 수 없습니다.

본문의 10절에는 수수께끼 같은 표현이 나옵니다. 하나님이 용서를 비는 영을 내려주실 때 "그들이 그 찌른바 그를 바라보고"(개역)라는 표현이 그것입니다. 표준새번역은 이것을 "그러면 그들은, 나 곧 그들이 찔러 죽인 그를 바라보고서"라고 옮겼습니다. 공동번역은 "그들은 내 가슴을 찔러 아프게 한 일"이라고 옮겼습니다. 뭔가 복잡하지요? 그만큼 이 구절은 해석하기가 어렵다는 뜻일 겁니다. 그런데 저는 이 대목을 바르게 이해하려면 당신의 종들을 당신 자신과 동일시하시는 하나님의 사랑을 알아야 한다고 생각합니다. 하나님은 예루살렘 사람들이 찔러 죽인 평화의 임금과 자신을 동일시하고 있습니다. 그렇기에 평화를 깨뜨리는 일체의 행동은 하나님의 가슴을 찔러 아프게 하는 일인 것입니다.

눈물은 영혼의 부동액

용서를 비는 영을 받은 사람들은 슬피 울지 않을 수 없습니다. 자기들이 한 일이 결국은 하나님의 마음을 아프게 한 일임을 알기 때문입니다. 평화의 임금을 억압하고 박해하고 결국은 죽음에 이르게 한 자기들의 죄가 떠올라 그들은 슬피 웁니다. 10절 하반절부터 14절까지는 "~가 슬피 울 것이며"라는 표현이 반복되고 있습니다. 예언자는 예루살렘을 비롯한 온 나라가 하나님 앞에서 저지른 죄를 가슴 아파하며 슬피 우는 광경을 비전으로 보고 있습니다. 슬픔의 강이 온 나라를 에돌아 흐르고 있습니다. 1983년에 이산가족 찾기 방송을 보면서 흘렸던 우리나라 사람들의 눈물이 이런 것이었을까요? 이 눈물은 억울하고 원통해서 흘리는 것도 아니고, 기뻐서 흘리는 것도 아닙니다. 이것은 참회의 슬픔이요, 새로운 삶을 갈망하는 슬픔의 눈물입니다.

마종기 시인의 〈나무가 있는 풍경〉은 슬픔과 눈물이 우리 삶에서 어떤 역할을 하는지를 잘 보여줍니다. 사랑하는 동생을 잃은 시름에 겨워하던 시인은 어느 날 예배 중에 '두려워하지 마라, 내가 네 옆에 있다.'는 말씀을 듣습니다. 성긴 눈발이 내리는 날이었습니다. 그는 옷깃을 여민 채 주위를 둘러봅니다.

"누구요? 안 보이는 것은 아직도 안 보이고
잎과 열매 다 잃은 백양나무 하나가 울고 있습니다.
먼지 묻은 하느님의 사진을 닦고 있는 나무,
그래도 눈물은 영혼의 부동액이라구요?
눈물이 없으면 우리는 다 얼어버린다구요?
내가 몰입했던 단단한 뼈의 성문 열리고
울음 그치고 일어서는 내 백양나무 하나."

보이는 것이라고는 텅 빈 허공을 배경으로 노박이로 서 있는 나무 한 그루뿐입니다. 잎과 열매를 다 잃어버려 쓸쓸한 나무, 시인의 심상에 비친 나무는 울고 있습니다. 그런데 그 나무는 그저 울고 있는 게 아닙니다. 먼지 묻은 하느님의 사진, 눈에는 보이지 않는 그 사진을 눈물로 닦고 있는 것입니다. 놀라운 시적 도약이지요? 시인은 누구에게랄 것도 없이 묻습니다. '그래도 눈물은 영혼의 부동액이라구요?/눈물이 없으면 우리는 다 얼어버린다구요?' 이것은 물음이 아니라 진술이고 확인입니다. 이 깨달음이 그를 새롭게 세워줍니다. 절망을 딛고 일어서게 해줍니다. 하나님 안에서 슬퍼하는 것이 복인 까닭은 여기에 있습니다.

스가랴는 온 땅에 가득한 슬픔의 깊이를 설명하기 위해 "므깃도 벌판 하다드 림몬에서 슬퍼한 것처럼 기막히게 울 것"이라고 말합니다. 이게 참 재미있습니다. 하다드 림몬이라는 곳은 이스라엘에서 가장 비옥한 이스르엘 평원의 므깃도 골짜기를 일컫는 지명일 겁니다. 그곳에서 가나안의 농민들은 우기가 되면 다시 살아나기 위해 추수가 끝날 때에 죽는다고 여겨졌던 '생장의 신'을 공경하기 위해 벌판에 나와 슬피 울곤 했습니다. 스가랴는 이 풍습을 염두에 두고 죽임을 당한 평화의 임금이 다시 살아날 것임을 예고하고 있습니다.

사순절은 예수 그리스도의 고난과 죽으심을 돌아보며 스스로의 죄를 참회하는 절기입니다. 자기 죄에 대한 슬픔과 눈물이 없다면 치유도 구원도 없습니다. 사순절 순례의 여정을 계속하는 동안 주님께 '은혜를 구하는 영'과 '용서를 비는 영'을 구하십시오. 이 무정한 민족의 가슴에도 눈물을 달라고 구하십시오. 맛을 잃은 소금이 되어 버린 교회의 가슴에도 눈물이 흘러야 합니다. 정치와 경제와 문화와 종교의 한복판에 자신이 저지른 죄를 아파하며 가슴을 치는 참회의 눈물이 흐를 때 우리 역사는 새로워질 것입니다. 눈물로 갈아엎어진 마음, 눈물로 갈아엎어진 역사야말로 평화의 텃밭입니다. 사순절을 지나는 동안 우리 모두 평화의 새 사람으로 거듭나기를 기원합니다.

말라기

1장 9-11절

헛된 불을 피우지 말라

제사장들아, 이제 너희가 하나님께 "우리에게 은혜를 베풀어 주십시오" 하고 간구하여 보아라. 이것이 너희가 으레 하는 일이지만, 하나님이 너희를 좋게 보시겠느냐? 나 만군의 주가 말한다. 너희 가운데서라도 누가 성전 문을 닫아 걸어서, 너희들이 내 제단에 헛된 불을 피우지 못하게 하면 좋겠다! 나는 너희들이 싫다. 나 만군의 주가 말한다. 너희가 바치는 제물도 이제 나는 받지 않겠다. 해가 뜨는 곳으로부터 해가 지는 곳까지, 내 이름이 이방 민족들 가운데서 높임을 받을 것이다. 곳곳마다, 사람들이 내 이름으로 분향하며, 깨끗한 제물을 바칠 것이다. 내 이름이 이방 민족들 가운데서 높임을 받을 것이기 때문이다. 나 만군의 주가 말한다.

변질을 경계해야

자비로우신 주님의 은총과 평안이 우리 가운데 임하시기를 빕니다. 모처럼 교우들의 얼굴을 대하니 반갑고 기쁘고 감사합니다. 마치 전장에서 돌아온 가족을 보는 것 같은 심정입니다. 서리가 내린다는 상강(霜降) 절기에 접어들어서인지 날이 제법 쌀쌀합니다. 모든 때를 아름답게 하시는 주님의 은혜 안에서 기뻐하며 살 수 있으면 좋겠습니다. 10월의 마지막 주일인 오늘은 종교개혁기념주일입니다. 마르틴 루터가 면벌부(免罰符, indulgence) 판매를 비판하는 신학 논제를 비텐베르크 성 교회 문에 게시한 사건을 기념하는 날입니다. '면벌부'라는 용어가 다소 낯설지요? 하지만 우리에게 익숙한 '면죄부'보다는 '면벌부'라는 용어가 본래의 뜻에 더 부합합니다. 가톨릭은 오랫동안 사람이 자기 죄를 고백할 경우 하나님의 은총과 사제의 권한으로 용서받지만, 죄로 인해 생긴 후유증은 남는다고 가르쳤습니다. 그것을 일러 '잠벌'(暫罰, temporal punishment)이라고 합니다. 영원한 벌이 아니라 잠시 동안 받는 벌입니다. 참회자는 그 잠벌을 없애기 위해 노력해야 합니다. 금식, 기도문 암송, 성지 순례, 자선 행위 등이 그런 노력에 해당합니다.

중세 사람들은 죽음 이후의 세계에 대한 두려움이 컸습니다. 그들은 벌을 다 청산하지 못한 채 세상을 떠날 수도 있다는 생각에 전전긍긍했습니다. 남은 잠벌을 해결하는 방식으로 제시된 것이 바로 면벌부였습니다. 죽어서 정화의 장소인 연옥에서 고통 받는 이들도 면벌부를 통해 낙원에 이를 수 있다는 것이었습니다. 면벌부는 어떤 의미에서는 대중들의 요구에 교회가 응답한 것이라 할 수 있습니다. 그러나 나중에 이것이 교회의 치부 수단으로 변하면서 문제가 심각해진 것이라 할 수 있습니다.(최종원,《텍스트를 넘어 콘텍스트로》, 비아토르, 74쪽 참조).

며칠 전에 만난 분이 제게 사주팔자를 본 이야기를 들려주었습니다. 기독교인이 무슨 사주팔자 타령인가 싶었지만, 그분의 이야기를 들으며 인간의 연약함에 대해 새삼 생각하게 되었습니다. 삶의 무게에 짓눌릴 때마다 사람들은 '내 인생이 왜 이 모양이냐?' 하고 탄식합니다. 누구도 답할 수 없는 문제입니다. 화가 납니다. 그런데 '그렇게 사는 게 당신 팔자'라는 말을 듣는 순간 마음이 평안해지면서 자기 삶의 자리를 긍정하게 된다는 것이었습니다. 슬픈 자기 위안입니다. 믿음은 그런 숙명론을 뛰어넘는 것이지만 대부분의 사람들이 숙명을 뚫고 나가지 못합니다. 면벌부라도 사고 싶어하는 마음이 이해가 됩니다.

더 근원적인 것

세상의 모든 것이 낡아집니다. 그렇게 무성하던 나뭇잎들이 낙엽이 되어 떨어집니다. 그렇게 곱던 얼굴에 검버섯이 피어납니다. 문명도 나타났다가 사라집니다. 모든 것이 헛됨에 종속되어 있습니다. 우리를 뜨겁게 만들었던 종교 체험도 시간이 지나면 시들하게 변합니다. 한때 우리를 달뜨게 만들던 사랑의 감정도 어느 순간 가라앉게 마련입니다. 남는 것은 기억뿐입니다. 그 기억을 반추하며 미래를 기획하는 것이 인생인지도 모르겠습니다. 그러나 새로움을 만들어갈 용기가 없는 이들은 과거의 기억에만 붙들려 살아갑니다. 전통은 아름답지만 전통주의에 빠지는 순간 고루해집니다. 하나님의 은총에 대한 생생한 기억에서 출발한 종교가 때로는 사람들을 억압하는 도구로 변질되기도 합니다. 예수님 당시의 유대교가 그러했습니다. 성전체제를 통해 누릴 것을 다 누리며 살던 이들은 사람들이 겪고 있는 아픔과 슬픔에 주목하셨던 예수님을 배척했습니다. 자기들의 사고 체계에 들어맞지 않았기 때문입니다. 진리를 안다 하던 이들이 진리의 구현이신 분을 죽였습니다. 오늘 우리의 현실이라도 별반 다를 바 없습니다.

오늘 우리가 종교개혁주일을 기념하는 것은 단순히 루터의 용기를 기리기 위한 것이 아닙니다. 우리가 잃어버린 근본을 되찾기 위해서입니다. '아드 폰테스'(Ad Fontes), 요즘은 여기저기서 사용되는 말입니다. 근본 혹은 원천으로 돌아가자는 말입니다. 여러분은 자신을 꽤 괜찮은 신자라고 생각할지도 모르겠습니다. 그러나 성실한 교인들 가운데도 여전히 진정한 믿음에 당도하지 못한 이들이 많습니다. 핵심을 붙들지 못했기 때문입니다. 그 핵심은 하나님의 마음, 그리고 예수님의 마음입니다. 그 마음은 세상의 약자들을 향한 연민과 사랑으로 나타납니다. 그 마음에 접속되는 순간 이웃에게 보였던 불친절한 태도와 무뚝뚝함, 무정한 마음을 부끄러워하게 됩니다. 그리고 독점이 아니라 나눔, 고립이 아니라 연대, 적대감이 아니라 환대의 세상의 꿈이 우리 속에 들어옵니다. 주님은 그런 세계를 함께 만들자며 우리를 부르셨습니다. 세상이 만들어 놓은 담을 허물어 서로 소통하게 하고, 상대방 속에 있는 아름다움을 호명하는 일처럼 하나님이 기뻐하시는 일이 또 있을까요?

우리가 신앙생활을 하는 까닭은 남들과 구별되기 위해서도 아니고, 구원에 대한 배타적 특권을 누리기 위해서도 아닙니다. 사람다운 사람이 되기 위해서입니다. 하나님의 힘을 의지하여 우리의 욕망을 이루기 위해서가 아니라, 그 욕망의 종살이에서 해방되어 다른 이들과도 평화롭게 공존할 수 있는 마음을 얻기 위해서입니다. 지금 강도 만난 이들의 좋은 이웃이 될 생각이 없다면 우리 믿음이 대체 무엇이겠습니까? 몸을 가진 사람은 누구나 자기를 세상의 중심에 놓으려는 구심력의 지배를 받습니다. 그러나 신앙은 우리를 타자들의 세계와 하나님의 마음을 향해 나아가도록 이끌어주는 원심력입니다. 구심력이 중력이라면 원심력은 은총입니다. 그 은총의 세계에 들어갈 때 비로소 우리를 사로잡는 두려움에서 해방됩니다. 문제는 사람들을 잘못된 길로 인도하는 그릇된 목자들입니다. 믿는 이들의 분별력이 필요한 시대입니다.

제사장들의 죄

말라기서를 통해 오늘의 우리 현실을 가늠해보려고 합니다. 말라기는 '나의 사자'라는 뜻입니다. 고유명사인지 하나님의 말씀을 전하는 사람을 지칭하는 말인지는 분명하지 않습니다. 말라기에 사용된 용어들을 잘 살펴보면 이 책이 기록된 것은 이스라엘이 페르시아의 지배를 받고 있던 시절임을 알 수 있습니다. 포로생활에서 귀환한 공동체가 직면하고 있던 문제들이 이 책의 배경이라는 말입니다.

예언서를 보면 아시겠지만 예언서는 대개 "~가 전한 말", "~가 본 이상/환상", "~에게 주신 말씀"이라는 구절로 시작됩니다. 그런데 말라기서의 시작은 좀 다릅니다.

다음은 주님께서 말라기를 시켜 이스라엘 백성에게 경고하신 말씀이다.(말라기 1:1)

'경고하신 말씀'은 히브리어로 맷싸(massa)입니다. 그 기본적 의미는 '짐' 혹은 '부담'(load, burden)이라는 뜻입니다. 듣는 이들이 반드시 응답해야 한다는 뜻을 함축하고 있습니다. 말라기는 백성들의 죄를 준엄하게 꾸짖지만 누구보다 더 엄중한 경고를 듣는 것은 제사장들입니다. 제사장은 하나님 앞에서는 백성들을 대변하고 백성들을 향해서는 하나님의 뜻을 일깨워야 하는 사람입니다. 그러니까 그는 어느 쪽에도 속하지 못한 경계인이라는 말입니다. 제사장은 하나님 앞에 서기 위해 자신을 깨끗하게 유지해야 합니다. 몸과 마음이 두루 정결해야 한다는 말입니다. 그러나 하나님은 말라기의 입을 빌어 당시의 제사장들을 준엄하게 꾸짖습니다.

제사장들아, 너희가 바로 내 이름을 멸시하는 자들이다.(말라기 1:6)

예언자의 말은 칼날처럼 날카롭습니다. 결코 에두르지 않습니다. 마치 집도의의 칼처럼 예리합니다. 하나님의 이름을 멸시하는 제사장이라는 말은 둥근 네모꼴이라는 말처럼 일종의 형용모순입니다. 하나님의 이름을 멸시하면서 제사장이 될 수는 없는 일이니 말입니다. 그들은 제단에 더러운 빵을 바치고, 눈 멀거나 병든 짐승을 바치면서도 전혀 부끄러워하지 않습니다. 그들 속에 하나님에 대한 경외심이 사라졌기 때문입니다. 조선시대 선비들의 이상은 '거인욕(去

人欲) 존천리(存天理)'라는 말 속에 오롯이 담겨 있습니다. 자기를 닦아 삿된 욕심을 덜어내고 인간이 마땅히 지켜야 할 도리를 지키는 것이야말로 참 사람의 길이라는 뜻일 겁니다. 이 마음을 품는 사람은 함부로 살 수 없습니다. 하물며 하나님의 일을 하는 사람이라면 더 말해 무엇 하겠습니까?

책망을 들은 제사장들은 하나님을 멸시한 적이 없다고 항변합니다. 제사법에 따라 정당하게 제사를 집행했고, 하나님을 저주하거나 함부로 말하지 않았으니 그럴 만도 합니다. 누가 보더라도 경건한 사람처럼 보일 수도 있습니다. 하지만 그들은 겉은 깨끗이 하면서 속은 더러운 것이 가득 찬 사람들이었습니다. 사람들을 정신적으로 지배하고, 자기를 돋보이게 만드는 일을 하면서도 그것을 '하나님의 영광을 위하여'라고 포장했습니다. 그들은 신령한 척하지만 불신과 혐오, 냉소에 사로잡혀 있습니다. 그래서 교만하고, 사납고, 무모합니다. 말과 표정에 온기가 느껴지지 않습니다. 그것이 바로 하나님을 업신여기는 것입니다.

삶의 한복판에서

하나님을 업신여기는 사람도 상황이 급박하면 '우리를 불쌍히 여기소서.'라고 기도합니다. 그러나 하나님은 그런 기도에 응답하시지 않습니다. 하나님은 우리의 문제를 해결하기 위해 급할 때마다 불러낼 수 있는 존재가 아닙니다. '데우스 엑스 마키나'(Deus ex Machina)라는 용어가 있습니다. '기계장치로서의 신'이라는 뜻입니다. 고대 그리스 연극에서 사용되던 장치입니다. 주인공이 곤경에 빠져 도저히 그 위기에서 벗어날 수 없을 때 갑자기 등장하여 상황을 일거에 해결하는 장치를 일컫는 말입니다. 우리도 살면서 어려운 일을 만날 때마다 이런 하나님의 등장을 고대합니다. 이건 어쩔 수 없는 인간의 약함 때문입니다. 좋은 시절에는 하나님이 마치 안 계신 것처럼 맘대로 살다가, 곤경에 처하면 하나님께 절박하게 매달리는 것이 인간입니다. 그러나 믿음은 우리 생의 한복판에서 발현되어야 합니다. 힘들고 고통스러울 때만이 아니라 우리 삶이 두루 평안할 때에도 하나님의 뜻을 여쭙고 그 뜻을 따라 살기 위해 노력해야 합니다. 하나님의 마음과 깊은 일치를 이루기 위해 늘 겸손하게 엎드려야 합니다. 믿음은 삶의 방식이어야지 삶의 방편이 되어서는 안 됩니다.

오늘 본문에서 우리에게 가장 큰 충격을 주는 구절은 "너희 가운데서라도 누가 성전 문을 닫아 걸어서, 너희들이 내 제단에 헛된 불을 피우지 못하게 하면 좋겠다!"(말라기 1:10)라는 말씀입니다. 제단에 타오르는 불이 헛된 불일 수도 있다는 사실이 우리를 두렵게 합니다. 차라리 성전 문을 닫아 걸었으면 좋겠다는 말씀 속에 담긴 하나님의 분노가 느껴지지 않습니까?

하나님은 첫 사랑을 잃어버린 에베소 교회가 회개하지 않으면 "내가 가서 네 촛대를 그 자리에서 옮기겠다."(요한계시록 2:5b)고 말씀하셨습니다. 에스겔은 "주님의 영광이 그룹들에게서 떠올라 성전 문지방으로 옮겨"(에스겔 10:4)가는 광경을 비전 가운데 보았습니다. 교회가 그리스도의 몸 역할을 감당하지 못할 때 하나님은 교회 문을 닫으실 것입니다. 그것은 어쩌면 하나님의 무능력의 증거가 아니라 살아계심의 증거인지도 모릅니다.

한국교회는 어느 사이엔가 역사 발전의 걸림돌처럼 인식되고 있습니다. 역사를 초월의 방향으로 이끌어야 하는 교회가 오히려 반사회적인 집단처럼, 몰상식한 집단처럼 인식되고 있습니다. 개신교회 하면 떠오르는 단어가 뭐냐는 질문에 나오는 대답은 대개 부정적인 것들입니다. 헌금 강요, 배타성, 편협함, 거리의 전도자들, 광신적 믿음, 타락한 성직자들, 교회 세습…. 부정할 수 없는 우리의 현실입니다. 성전 문을 닫아 걸었으면 좋겠다는 하나님의 탄식이 오늘처럼 크게 들려올 때가 없습니다.

지금은 울면서 씨를 뿌려야 할 때입니다. 흥성했던 과거의 기억에만 붙들릴 여유가 없습니다. 작은 것부터 시작해야 합니다. 일단 나는 옳고 너는 그르다는 오만한 자부심을 내려놓아야 합니다. 브루더호프 공동체(Bruderhof Communities)의 웹 자보에서 이런 구절과 만났습니다.

"어찌하여 그렇게도 많은 우리 기독교인들이 우리가 옳다고 완벽하게 확신하는가? 하나님께서 우리에게 말씀하실 여지를 마련해야 하지 않겠는가? 그것이 설사 우리가 전혀 예상치 않은 장소 혹은 우리가 완전히 동의할 수 없는 사람들로부터 오는 것이라 해도."

하나님의 말씀은 다양한 통로를 통해 옵니다. 내가 그릇될 수도 있다는 사실을 겸허히 인정할 때 우리는 나와 다른 사람들을 친절하게 맞이할 수 있습니다. 지나친 확신이 오히려 우리를 오류 속으로 몰아넣을 수 있습니다. 예수님이 추구하셨던 것은 종교적인 올바름이 아니라 하나님 앞에서의 아름다운 삶이었습니다. 그것은 세상의 약자들과 연대하는 삶이었습니다. 이런 성숙한 마음을 회복할 때 교회는 회복될 것입니다.

> 해가 뜨는 곳으로부터 해가 지는 곳까지, 내 이름이 이방 민족들 가운데서 높임을 받을 것이다.(말라기 1:11a)

이 말씀이 그대로 실현되기를 빕니다. 헛된 불을 피우면서 그것이 하나님께 영광을 돌리는 것이라고 착각하지 말아야 합니다. 이웃에 대한 사랑과 존중 없는 신앙은 하나님을 멸시하는 것임을 잊지 마십시오. 이제 다시 시작합시다. 선지자 미가는 하나님께서 우리에게 요구하시는 것은 공의를 실천하는 것, 인자를 사랑하는 것, 겸손히 하나님과 함께 행하는 것(미가 6:8)이라 했습니다.

삶으로 이 요구에 응답할 때 우리는 비로소 하나님의 백성이라는 이름에 합당한 사람이 될 것입니다. 근본을 붙드는 이들이 늘어날 때 제도로서의 교회도 새로워질 것입니다. 비록 더디더라도 보이지 않는 보폭으로 담을 넘는 담쟁이처럼 끈질기게 하나님의 마음을 품고 살 때 우리는 비로소 그리스도의 몸이 될 것입니다. 주님, 우리를 인도하소서.

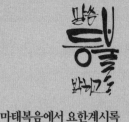

마태복음에서 요한계시록

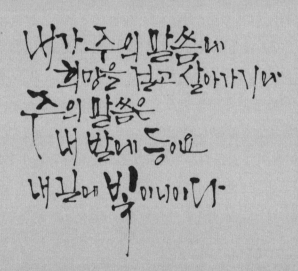

내가 주의 말씀에
희망을 걸고 살아가기에
주의 말씀은
내 발에 등이요
내 길에 빛이니이다

맑고 경건한 울림으로
세상을 일깨우는 소리

한종호/꽃자리출판사 대표

　김기석 목사에게 설교자의 길은 한마디로 넓은 길이 아니라 좁은 길을 가는 이의 발걸음이다. 그러기에 그의 설교는 오늘날 한국사회와 지구촌이 겪고 있는 고통을 마주하며 무엇을 어떻게 바라보며 어떤 자세로 실천의 길에 들어설 것인지 일깨우고 있다. 예수를 따르는 이의 순결한 마음과 진지한 성찰, 그리고 의로움을 저버리지 않는 외로운 결연함이 스며있다.

　그런데 이와 같은 김기석 목사의 설교는 대다수 교회의 대중들에게 사실상 환영받기 어려운 내용들이다. 그 일의 윤리적 평가는 도외시한 채 만사에 축복을 기대하고, 자기 욕심을 꿈으로 치장하며 예수라는 이름을 동원해서 욕망의 충족과 출세로 치닫도록 유혹하고 있는 교회들의 세뇌에 길들여진 마음이 이런 설교를 반기는 것은 쉽지 않다. 그저 기도하고 할렐루야만 외치면 만사형통이거나, 또는 목사의 권위에 머리를 숙이고 순종하는 것이 곧 신실한 믿음인 것처럼 다그치고 그리 생각하도록 만들고 있는 곳에서 김기석 목사의 설교는 어쩌면 몸에 박힌 가시일지도 모르겠다. 가난하고 억눌린 이들의 현실을 주시하고, 이들의 삶을 괴롭게 하고 있는 권력과 현실의 힘에 대한 분노를 드러내며 바로 그것이 예수의 마음임을 일깨우는 그의 설교는 그런 의미에서 한국교회에 깊숙이 박히고 있는 가시다.

그러나 그 가시는 진정 무엇 때문에 아파해야 하며, 무엇 때문에 눈물 흘려야 하며 무엇 때문에 기도하고 무엇 때문에 사랑해야 하는지 일깨우는 하나님의 음성으로 와 닿는다. 더군다나 최근 들어 더욱 난무하면서 대중들을 현혹하고 있는 저열한 입담들과는 달리, 그의 설교는 시종일관 진지하다. 하지만 그 진지함은 지루하거나 구태의연하지 않다. 그것은 무엇보다도 그의 설교가 갖는 성실함의 무게와, 성서 해석의 진실성, 그리고 현실에 대한 가슴 아픔이 깊이 깔려 있기 때문이다. 아파하는 자와 함께 아파하며, 웃는 자와 함께 웃는 마음이 곧 하나님의 마음이고, 억울한 고통에 시달려 우는 자의 눈물을 닦아주며 그들을 일으켜 세워주는 것이 다름 아닌 복음의 진정한 역할이다. 그런 까닭에 김기석 목사의 설교를 읽으면 우리가 서슴없이 직면해야 할 현실이 무엇인지, 그리고 그 현실과 외롭게 쟁투하고 있는 사람들과 우리가 어떻게 함께 해야 할 것인지 분명해진다.

하나님에게서 온 생각과 사탄에게서 온 생각의 차이는 인간의 생명과 존엄성을 지켜내는가 아닌가에 있다. 그 결과는 '함께 살아갈 것인가, 아니면 자신의 욕망을 독점적으로 누리려 하는가'로 갈라진다. 그것은 생명과 죽음의 대립이며 평화와 전쟁의 대결이고 사랑과 적대의 대치가 된다. 이렇게 김기석 목사는 단순하고 명쾌한 눈길로 하나님의 길을 드러내면서, 하나님의 이름으로 사실은 사탄의 생각을 불어넣고 있는 무수한 종교, 이데올로기, 정치, 문화, 사회의 진상을 폭로하고 있다. 이는 예언자적 설교이자 오늘의 현실에 대해 침묵하지 않고 예수의 길을 일깨우는 명징한 목소리다.

그의 이러한 설교는 앞서도 잠시 언급했던 것처럼 한국교회의 강단에서는 사실 이단자에 속한다. 그의 설교는 '정치적이다, 인본주의다, 다원주의다'라는 식의 비난에 직면할 수 있다. 그러나 그것은 본래 성서의 복음이 하나님 나라의 다스림에 대한 증언이요, 인간의 존엄성에 대한 하나님의 보증을 확인하는 것이며, 온 우주의 생명체가 가진 다채로움만큼이나 인간의 생각과 존재의 모습에 대한 존중을 담고 있음을 모르는 소치다. 그러하기에 교회는 하나님 나라를 선포한다면서 사탄의 욕망을 가르치고, 인간의 존엄성보다는 인간의 굴종을 유도하고 다채로운 생명의 아름다움보다는 단색의 획일주의를 내세운다. 이는 교회가 도리어 하나님 나라를 가난하게 만들고 파괴하고 있는 현실을 보여준다. 무변광대한 하나님의 넓고 깊은 마음보다는 독선과 교리적 위선으로 악을 정당화하는 쪽으로 치닫고 있는 상황이 그 안에 펼쳐져 있는 것이다. 바로 그런 현실 앞에서 김기석 목사는 예수께서 가신 길을 따르는 것이 과연 무엇인지 바위에 망치를 내리치듯 일깨우고 있는 것이다. 그런 점에서 보자면, 나사렛 예수께서도 이미 당대의 이단자로서 현실의 교회와 정면으로 마주하고 예언자적 육성을 낸 것은 당연했다.

그런데 이 예언자적 육성은 기본적으로 기존의 질서에서 쫓겨나고 밀려난 자의 삶과 맞닿아 있다. 그건 달리 말해, 독선과 교리에

묶여 있는 사람들이 밀어내어버린 존재들과 하나가 되어 하나님의 육성을 내는 소리다.

울타리 밖의 새로운 하나님 나라

「마음의 눈」이라는 제목의 설교에서 김기석 목사는 예수로부터 눈 고침을 받은 이가 회당에서 축출 당한 이후 예수와 다시 만난 장면에 대해 이렇게 말하고 있다.

"…여기서 우리는 참 어려운 진실과 만나게 됩니다. 그가 예수님을 주님으로 모신 자리는 기득권자들에게 쫓겨난 자리였습니다. 사드락, 메삭, 아벳느고는 풀무불 속에서 살아계신 하나님을 만났습니다. 다니엘은 사자굴 속에서 도우시는 하나님의 손길을 경험했습니다. 우리가 한 평생 교회에 출입하면서도 주님을 깊이 체험하지 못하는 까닭은 안주의 울타리를 조금도 벗어나지 않으려는 삶의 관성 때문인지도 모르겠습니다.… 예수님도 유대교와 로마 제국에 의해 울타리 밖으로 쫓겨나셨습니다. 히브리서 기자는 그래서 예수께서 자기의 백성을 거룩하게 하시려고 성문 밖에서 고난을 받으신 것처럼 우리도 진영 밖으로 나가 그에게로 나아가서 그가 겪으신 치욕을 짊어지자고 말합니다.… 새로운 세계는 중심이 아니라 변두리에서 시작되는 것인지도 모릅니다. 하나님은 지혜 있는 자들을 부끄럽게 하시려고 세상의 어리석은 것들을 택하시고, 강한 것들을 부끄럽게 하시려고 세상의 약한 것들을 택하십니다. 눈멀었던 사람, 이제는 공동체의 울타리 밖으로 쫓겨난 사람에게 주님은 당신의 소명이 무엇인지 알리십니다."

이렇게 김기석 목사는 기존의 독선과 안주로 인해 하나님의 길과 멀어지고 있는 이들에게 다시 편입되어 들어가려는 것이 아니라, 이와는 도리어 결별하고 쫓겨나고 밀려난 바로 그 울타리 밖이 새로운 하나님 나라의 중심이 되는 출발점이라는 점에 주목한다. 이는 예수 선교의 총체적 핵심을 그대로 압축시킨 내용이라고 하겠다. 바로 그 자리에서 비로소 우리는 이전에 보았던 것이 정작은 보지 못했던 것이며, 이전에 볼 수 없었던 것을 보게 되는 놀라움을 체험하게 되는 것이다. 이야말로 인식론적 혁명이 이루어지는 순간이다. 이로써, 예수의 손길에 의해 눈뜨게 된 장님은 바로 이 인식론적 혁명을 온몸으로 경험한 자가 된다. 사도 바울(사울) 역시 그런 체험의 전형이 된다.

"다마스커스로 가던 사울은 스스로 '본다'는 자부심에 가득찼던 사람입니다. 그런 그가 환한 빛 앞에서 소경이 된 것은 은총이었습니다. 자기의 눈멂을 자각할 때라야 비로소 눈을 뜰 수 있으니 말입니다."

이어 김기석 목사는 아주 인상 깊은 "인당수"론을 펼친다. 아버지의 눈이 뜨여지기를 바라고 심청이가 뛰어든 인당수를 영의 세계가 열리는 지점으로 주목한 것이었다.

"그들의 눈뜸의 시작은 바로 깊이를 알 수 없는 인당수였습니다. 아버지의 한을 풀어드리고 싶어 자기를 희생한 그 자리야말로 제3의 눈이 열리는 지점이었습니다. 그런 의미에서 저는 골고다 언덕에 세워진 예수 그리스도의 십자가야말로 인당수라고 생각합니다. 주님은 우리의 눈을 열어주려고 스스로 십자가를 지셨습니다. 십자가 아래 서 있던 백부장은 '이 사람은 정말 하나님의 아들이로구나'하고 고백했습니다. 눈이 열린 것입니다."

결국 문제는 욕망과 독선, 그리고 고정된 교리에 세뇌되어버린 마음이 진리로 해방되어야 하는 것이다. "진리가 너희를 자유롭게 하리라."고 하신 말씀대로다. 그것은 예수 자신에게도 매우 중대한 경험으로 압축되어 나타난다. 사탄의 시험을 이기고 하나님의 길로 들어서는 순간의 사건이 존재했던 것이다. 김기석 목사는 이 시험의 대목을 두고 이렇게 말한다.

"예수님께서 광야에서 당하신 시험은 육적인 욕망의 탈을 벗는 기회였습니다. 그 후로 예수님은 흔들리지 않는 바위처럼 당신의 길을 가셨습니다. 우리는 그 길이 생명의 길이라고 믿기에 그 길을 따르기로 한 사람들입니다. 물질과 허영심과 권력의 유혹을 물리치고 나면 우리 삶도 맑아질 것입니다. 예수님이 택하신 좁은 길을 통해 우리는 하늘에 이를 것입니다."

이렇게 그는 예수의 길이 무엇인지 명확하게 인식하면서 그 길로 따라 나서는 것이 곧 믿음임을 일깨우고 있다. 이러한 김기석 목사의 '믿음'에 대한 이해는, 예수의 길을 따르는 것이 아니라 예수의 이름을 앞에 내세워 "욕망을 채우는 길"을 신앙으로 포장하고 있는 한국교회 전체에 대한 질타와 도전이 된다. 사실 오늘날 한국교회는 이렇게 신학적 논전을 펼치지 않아도 이미 사회적으로 지탄의 대상이 되어온 지 오래다. 한국교회는 부와 명성과 권력의 산실처럼 여겨지고 있으며, 이로써 예수의 부활은 사라진 채 부활하신 예수조차 다시 자기들의 독선의 무덤에 묻어버리고 조작된 비명(碑銘)을 가지고 장사하기 바쁘다. 예수께서는 하나님과 돈을 함께 섬기지 못한다고 하셨는데, 예수께서도 하지 못한다고 하신 이 일을 한국교회는 할 수 있다고 선전하고 있으니 이를 어찌해야 할까?

예수 없는 예수교회

김기석 목사는 이러한 의미에서 「절대 신뢰」라는 제목의 설교를 통해, 인간의 비열한 욕망을 감싸주는 망토 역할을 하는 아모스의 예언을 이렇게 인용하고 있다.

"나는 너희가 벌이는 절기 행사들이 싫다. 역겹다. 너희가 성회로 모여도 도무지 기쁘지 않다. 너희가 나에게 번제물이나 곡식제물을 바친다고 해도 내가 그 제물을 받지 않겠다. 너희가 화목제로 바치는 살진 짐승도 거들떠보지 않겠다. 시끄러운 너의 노랫소리를 나의 앞에서 집어치워라! 너의 거문고 소리도 나는 듣지 않겠다. 너희는 다만 공의가 물처럼 흐르게 하고, 정의가 마르지 않는 강처럼 흐르게 하여라."

그리하여 그는 한국교회의 현실을 이렇게 비판한다.

"오늘의 한국교회는 개혁의 주체가 아니라 개혁의 대상이 되고 말았습니다. 소외된 이들의 음성이 되기보다는 기득권자들의 입이 되는 경우가 많습니다. 많은 목회자들이 거칠거칠한 복음을 사람의 기호에 따라 부드럽고 세련되게 갈아내어 제공합니다. 완악하고 거짓된 삶을 깨는 쇠망치여야 할 말씀이 사람들의 욕망을 자극하는 신제품으로 둔갑한 채 팔리고 있습니다. 선포되는 말씀이 사람들의 이성을 마비시키고 욕망을 부풀리고 있습니다. 너희는 만민의 기도하는 집을 강도의 굴혈로 바꾸었다고 책망하신 주님의 피끓는 음성이 들려오는 듯 합니다. 예수정신이 사라진 교회는 짓다만 건물처럼 괴기스럽게 보입니다."

바로 그러한 한국교회에 도리어 무수한 사람들이 몰려들고 물량적으로 성장하고 있으니 그 교회는 혹시 이미 "예수 없는 예수교회"가 아닌가? 그리하여 김기석 목사는 탄식하고 애통해 한다. 그러나 이 탄식과 애통함이 바로 말씀의 뜻을 바로 새기는 힘이 된다. 그렇지 않으면 그것은 한국교회가 잘 나가고 있다고 여길 것이기 때문이다. 용산참사 당시 침묵하고 있는 한국교회의 모습과는 달리, 그는 이 참사에 대해서도 발언하고 있다. 예수께서 가신 길을 따르지 않는 한국교회와는 다른 길을 걷는 그의 모습이 주목될 수밖에 없다.

"사람들은 이 사건의 책임이 누구에게 있는지를 가지고 왈가왈부하고 있습니다. 서 있는 자리에 따라 판단도 달라집니다. 하지만 우리는 어떤 판단을 내리기에 앞서 예수님의 마음을 헤아려야 합니다. 주님이시라면 삶의 벼랑으로 내몰린 사람들, 그리고 희생자들의 입장에서 이 사태를 바라보실 것이 분명합니다. 가난한 이들의 폭력도 문제지만, 그보다 압도적인 힘을 가지고 있는 공권력자의 폭력은 더 큰 문제입니다.… 개발주의의 악령은 인간세상을 전쟁터로 만듭니다. 주님은 이런 세상을 사랑과 섬김과 우애로 넘치는 곳으로 바꾸라고 우리를 부르셨습니다."

생명에 대한 소명을 철저하게 인식하는 것, 그것이 다름 아닌 교회가 갈 길이라고 외치는 그의 육성은 그의 설교 곳곳에 스며있다. 이는 어쩌면 이미 세상의 대세를 쥐고 있는 질서에 대한 역습과 전복(顚覆)이 된다.

탁류가 넘치는 강을 뚫고 솟아오르는 맑은 샘물

「겨자씨처럼」이라는 설교는 그런 의미에서 오늘날, 힘없이 현실의 위력에 무너지고 있는 이들에게 무한한 용기와 격려가 된다. 그는 "백향목 세상의 전복"이라는 개념을 통해, "겨자씨의 미래"를 꿈꾼다.

"백향목 세상은 몇몇 특권적인 사람에게만 천국이고 대다수의 사람들에게는 지옥인 세상입니다. 예수님은 사람들이 그런 세상에 눈뜨기 원하셨습니다.… 지배와 피지배가 아니라 모두가 저마다의 삶의 몫을 살아내는 세상을 꿈꾸셨던 것입니다. 그래서 주님은 척박한 땅에서도 억센 생명력으로 살아가는 겨자씨의 예를 들고 계십니다. 예수님이 가르치시는 하나님 나라는 잘난 사람들만 들어가는 곳이 아닙니다. 그곳은 잡초와 같은 사람들이 열어가는 현재 시제의 나라입니다.… 그런데 우리가 여기서 한 가지 유의해 보아야 할 것이 있습니다. 앞에서 말씀드린 대로 겨자씨는 번식력이 강하고 토양을 망가뜨리기 때문에 자기 밭이나 정원에 그것을 가져다가 심는 사람은 거의 없었습니다. 그런데도 예수님은 겨자씨가 저절로 퍼지는 것이라 하지 않으시고, 누군가가 심는 것으로 표현하고 있습니다. 이것은 하나님의 나라는 저절로 오는 것이 아니라 누군가의 의도적인 수고와 땀 흘림을 통해 오는 것이라는 것입니다."

말하자면, 보기 좋고 강하고 큰 것들이 주름잡고 있는 이 세상에서 남들이 보기에는 잡초처럼 여겨지는 이들의 가슴에 하나님 나라가 들어차면 세상은 뒤집어진다는 것이다. 희망이 없다고, 미래가 보이지 않는다고 그대로 주저앉거나 스스로를 초라하다고 여기지 말고 이제로부터 시작하면 된다는 것이다.

김기석 목사의 설교를 읽고 있으면 복음의 본래 가치가 회복되고 있음을 느끼게 된다. 오염되지 않고 맑고 경건한 울림으로 이 세상을 일깨우는 목소리를 듣게 되는 것이다. 복음을 빙자하여 현실에 눈감게 만들고 욕망의 노예 또는 포로가 되게 하고 있는 한국교회의 무수한 강단이 부르짖고 있는 지점과 전혀 다른 곳을 바라보게 한다. 그 눈길이 달라지면서 우리는 복음이 본래부터 가지고 있는 혁명적 전복성이 뚜렷해지는 것을 체험하게 되는 것이다. 이러한 김기석 목사의 설교는 그래서 고사위기에 처한 한국교회를 다시 일으켜 세우고 빛과 소금이 되게 하는 말씀의 전범(典範)이 될 만하다. 그건 탁류가 넘치는 강을 뚫고 솟아오르는 맑은 샘물줄기와 같다.

김기석 목사는 '바람 부는 날에는 압구정동에 가자'가 아니라, 역사의 한복판으로 가자고 이끈다. 그러면서 절망하지 않는 믿음의 헌신을 이렇게 표현하고 있다. "그래도 나는 씨를 뿌린다"의 한 대목이다. 농부가 이곳저곳에 뿌린 씨앗의 운명에 대한 비유와 관련된 이야기다.

"씨앗은 이렇게 보이지 않는 곳에서 자라고 있는 것입니다. 우리 삶이 제아무리 곤고하고, 역사가 제아무리 척박해도 모든 사람들이 사람다운 대접을 받고, 모든 피조물이 창조주 하나님의 은총을 노래하며 살기를 바라는 주님의 꿈은 그저 스러질 수 없습니다. 오늘 우리가 외치는 음성이 메아리조차 없이 흩어지는 것 같을지라도, 하나님의 뜻을 이길 힘은 세상에 없습니다. 하늘은 때때로 폭우를 쏟아서 가던 길을 멈추게 하기도 하고 다리를 끊어 되돌아가게도 합니다. 그래도 나는 씨를 뿌리렵니다. 지향이 분명하다면 우리는 견뎌낼 수 있습니다. 압도적인 힘으로 세상을 호령했던 로마 제국은 사라졌지만, 사랑의 힘으로 폭력에 맞섰던 예수의 꿈은 여전히 스러지지 않았습니다.… 주님은 우리를 씨 뿌리는 자로 부르십니다. 오늘도 내일도 이 부름에 응답하여 살아가십시오."

바람 부는 날에도 밭에 나가고 구름이 낀 날에도 들판에 나간다. 그것이 예수를 따르는 이의 갈 길이다. 이 암담하고 답답한 시대의 거리에서 바람 한 점 불지 않고 온통 열기에 지쳐가는가 했더니, 복음의 멋진 바람이 분다. 오롯이 자신의 삶에서 우러나오는 김기석 목사의 말과 글은 그렇게 우리의 삶에 새로운 용기와 기력을 부어줄 것이다. 물론, 그것이 김기석 목사의 헌신과 능력의 소산이겠지만, 그건 무엇보다도 그를 통해 이 세상에 들려주고 싶으신 하나님의 마음이 그득 담긴 말씀이기에 그렇다. 가난하고 굶주려가는 세상에서 영혼의 떡이 되는 말씀을 만나니 이토록 기쁘다.

절대 신뢰

예수께서 가버나움에 들어가시니, 한 백부장이 다가와서, 그에게 간청하여 말하였다. "주님, 내 종이 중풍으로 집에 누워서 몹시 괴로 워하고 있습니다." 예수께서 그에게 말씀하셨다. "내가 가서 고쳐 주 마." 백부장이 대답하였다. "주님, 나는 주님을 내 집에 모셔들일 만 한 자격이 없습니다. 그저 한 마디 말씀만 해주십시오. 그러면 내 종 이 나을 것입니다. 나도 상관을 모시는 사람이고, 내 밑에도 병사들 이 있어서, 내가 이 사람더러 가라고 하면 가고, 저 사람더러 오라고 하면 옵니다. 또 내 종더러 이것을 하라고 하면 합니다." 예수께서 이 말을 들으시고, 놀랍게 여기셔서, 따라오는 사람들에게 말씀하 셨다. "내가 진정으로 너희에게 말한다. 나는 지금까지 이스라엘 사 람 가운데서 아무에게서도 이런 믿음을 본 일이 없다. 내가 너희에 게 말한다. 많은 사람이 동과 서에서 와서, 하늘 나라에서 아브라함 과 이삭과 야곱과 함께 잔치 자리에 앉을 것이다. 그러나 이 나라의 시민들은 바깥 어두운 데로 쫓겨나서, 거기서 울며 이를 갈 것이다." 그리고 예수께서 백부장에게 "가거라. 네가 믿은 대로 될 것이다."

하고 말씀하셨다. 바로 그 시각에 그 종이 나았다.

예수님을 놀라게 한 사람들

한비야 씨는 하나님께 "애썼다"는 한 마디를 들을 수 있으면 족하다고 말했습니다. 내 꿈은 하나님을 기쁘시게 하는 것입니다. 아직 그 꿈은 이루어진 것 같지 않습니다. 여전히 저는 비틀거리고, 하나님께 근심거리일 거라는 생각이 드니 말입니다. 하지만 꿈은 이루어지게 마련이라니 그 말을 믿을 뿐입니다. 가끔 그 꿈을 잃어버릴 때 제 마음은 어두워지고, 사람들에 대해 공격적인 태도를 취하게 됩니다. 복음서를 읽다보면 깊은 믿음으로 예수님을 놀라게 한 사람들이 몇 있습니다. 그들은 대개 유대인이 아닌 국외자들입니다. 귀신 들린 딸을 고쳐달라고 주님 앞에 엎드렸던 가나안 여인이 그렇고(마태복음 15:28), 나병에서 해방된 후 주님께 돌아와 하나님께 영광을 돌린 사마리아 사람이 그렇고(누가복음 17:18), 오늘 본문의 주인공인 백부장이 그렇습니다.

어느 날 예수님이 가버나움에 들어가셨을 때 한 백부장이 그 앞에 나아와서 간곡하게 말합니다.

주님, 내 종이 중풍으로 집에 누워서 몹시 괴로워하고 있습니다.(마태복음 8:6)

마태는 그 상황에 대한 묘사를 극도로 절제하면서 예수님의 반응을 간결하게 드러냅니다.

내가 가서 고쳐 주마.(마태복음 8:7)

이 군더더기 없는 간결성은 우리에게 다음에 전개될 상황이 얼마나 중요한 것인지를 은연중에 드러내고 있습니다. 이어지는 백부장의 말은 다소 장황하다 싶게 소개되고 있습니다. 그는 먼저 자신은 주님을 집으로 모실 만한 자격이 없는 사람이라면서 그저 한 마디 말씀만 해주셔도 종이 나을 거라고 말합니다. 자기가 상관의 명령에 복종하고, 부하들이 자기 명령에 복종하는 것처럼, 주님의 명령이 떨어지면 종의 병이 물러갈 것이라고 말합니다. 어찌 보면 막무가내의 믿음입니다. 하지만 예수님은 그의 철저한 믿음에 놀라셨습니다. 주님은 그를 신앙의 전범(典範)으로 사람들 앞에 드러냅니다. 백부장의 믿음 앞에 설 때 타성적인 신앙에 길들여진 사람들은 부끄러움을 느끼지 않을 수 없습니다. 그렇다면 이 백부장은 대체 어떤 사람일까요?

공감의 사람

첫째로 그는 공감(sympathy, 동정)의 능력이 뛰어난 사람입니다. 공감이란 한 사람이 다른 사람 앞에 자기를 열어놓은 상태를 말합니다. 다른 사람의 상황에 서 보는 감정이입(empathy)과는 다릅니다. 상가(喪家)에 가서 서럽게 우는 사람들이 있습니다. 그들은 자기 슬픔에 겨워 우는 경우가 많습니다. 드라마를 보면서 우는 것도 마찬가지입니다. 감정이입입니다. 공감이란 다른 이들의 고통을 함께 아파한다는 점에서는 감정이입과 비슷하지만, 그의 고통을 덜어주기 위해 수고를 마다하지 않는다는 점에서 차이가 드러납니다. 감정이입은 쉽지만 공감은 쉽지 않습니다. 백부장은 공감의 사람입니다. 언젠가 성경공부를 하다가 "왜 이 백부장은 종의 병에 이렇게도 깊은 관심을 가질까?" 하고 묻자, 한 청년이 장난기어린 표정으로 "병이 나아야 빨리 부려먹을 수 있을 테니까요." 하고 말했습니다. 그래서 "세상 너무 각박하게 살아온 거 아냐?" 했더니 깔깔거리며 웃더군요. 이유 없는 친절이 불편한 사람들도 있습니다. 프랑스인들이 가장 존경하는 피에르 신부의 말은 새겨들을 만합니다.

> "인간에 대한 근본적인 구분은 '신자'와 '비신자' 사이에 있는 것이 아니다. 그 구분은 '홀로 족한 자'와 '공감하는 자' 사이에, 타인들의 고통 앞에서 등을 돌리는 자와 그 고통을 함께 나누기를 받아들이는 자 사이에 있다. 어떤 '신자'들은 '홀로 족한 자'이며, 어떤 '비신자'들은 '공감하는 자'이다."(아베 피에르,《단순한 기쁨》, 백선희 옮김, 마음산책, 65쪽)

백부장은 종의 고통을 나 몰라라 하지 않습니다. 그의 고통을 덜어주기 위해 할 수 있는 일을 다 합니다. 떠돌이 유랑 설교자 앞에 나아와 간청하는 일도 마다하지 않습니다. 그는 따뜻한 피를 가진 참 사람입니다. 타락한 인간이란 어떤 사람을 일컫는 말일까요? 도덕적으로 파탄 지경에 빠진 사람이 얼핏 생각납니다. 하지만 진짜 타락은 존재의 근원이신 하나님과의 관계를 잃어버림으로써, 동료들과의 결속 감정을 상실한 것입니다. 동료 뿐인가요? 해가 바뀌어도 시골에 홀로 계신 부모님에게 전화 한 통 하지 않는 이들이 많습니다. 핑계는 분주하다는 것이지만 실상은 다릅니다. 그들은 깊은 마음의 병을 앓고 있는 것입니다. '너는 너, 나는 나'라는 생각이 내면화되어 다른 이의 아픔에 다가서지 못하는 이들이 많습니다. 백부장의 행동은 참 많은 것을 생각하게 합니다.

단순한 믿음의 사람

둘째로 백부장은 단순하고 소박한 믿음의 사람입니다. 그는 예수님을 무한히 신뢰합니다. 어쩌면 그는 예수님에게서 인간이 되신 하나님을 본 것인지도 모릅니다. 고통받고 있는 사람들에 대한 예수님의 무한한 애정과 돌봄이야말로 그가 하나님의 아들이심을 드러내주는 증거가 아니겠습니까? 예수님이라면 종의 병을 외면하지 않으실 것이라고 확신했기에 그는 주님 앞에 엎드릴 수 있었습니다. 믿음은 51%의 가능성을 신뢰하는 것이 아닙니다. 우리 눈에는 가능성이 없어 보여도 하나님께는 모든 것이 가능합니다. 믿음은 한가한 확률놀이가 아닙니다. 마음에 절실함이 없다면 믿음도 없습니다.

무위당 장일순 선생님의 일화가 떠오릅니다. 이십여 년 전 어느 초겨울 저녁, 술 한잔을 걸쳐 약간 취기에 찬 선생님과 제자는 쌀쌀한 거리를 걷고 있었습니다. 갑자기 장 선생님이 어느 한 곳을 물끄러미 바라보았습니다. 다름 아닌 군고구마를 파는 포장마차였습니다. 이 양반이 고구마를 자시려는가 해서 "군고구마 자시겠어요?"

하고 여쭈었더니 "아니, 그게 아니고…" 하시더니 잠시 후 걸음을 멈추고 보고 계신 것에 대해 말씀하셨습니다. "저기 군고구마라고 쓰인 글을 보게. 초롱불에 쓰여진 저 글씨를 보게. 저 글씨를 보면 고구마가 머리에 떠오르고, 손에는 따신 고구마를 쥐고 싶어지고, 가슴에는 따뜻한 사람의 정감이 느껴지지 않나. 결국 저 글씨는 어설프게 보이지만 저게 진짜고 내가 쓴 것은 죽어 있는 글씨야. 즉 가짜란 말이야. 그러니까 내 글씨는 장난친 것밖에 아무것도 아니란 말이야."(《너를 보고 나는 부끄러웠네》 중에 나오는 김종철의 〈나락 한 알 속의 우주〉에서 재인용)

절실한 마음에서 진실이 나옵니다. 자식들을 데리고 살아야 하는 이가 절박한 심정으로 한 자 한 자 써 내려간 글씨에서 장 선생님은 삶의 진실을 보고 있습니다. 온갖 필법을 연마한 끝에 써 내려간 일필휘지보다도 군고구마 장사의 글씨야말로 사람의 마음을 움직입니다. 하나님은 신학자들의 정교한 이론을 통해 이해할 수 있는 분이 아니라, 정직하고 절실한 이들의 마음에 다가오시는 분이십니다. 하나님의 자비하심과 선하심에 온전히 의지하는 사람들이야말로 깊은 믿음의 사람들입니다.

나는 주님을 내 집으로 모셔들일 만한 자격이 없습니다. 그저 한 마디 말씀만 해주십시오. 그러면 내 종이 나을 것입니다.(마태복음 8:8)

기적의 모태는 이런 자기 겸비와 절대적 신뢰인 것입니다. 주님은 백부장의 그런 신뢰에 대해 명쾌한 말씀으로 응답하십니다.

가거라. 네가 믿은 대로 될 것이다.(마태복음 8:13)

성경은 바로 그 시각에 그 종이 나았다고 기록하고 있습니다. 이야기의 시작이 그러하듯이 마무리도 간결합니다.

익숙함의 위험

백부장의 깊은 믿음은 오늘, 우리의 영적 상황을 돌아볼 것을 요구하고 있습니다. 예수님은 "나는 지금까지 이스라엘 사람 가운데서 아무에게서도 이런 믿음을 본 일이 없다."고 말씀하셨습니다. 유대인들은 선민을 자처하는 사람들입니다. 그들은 유대교 신앙을 받아들이지 않은 사람들을 '이방인'이라는 경멸적인 이름으로 불렀습니다. 그들은 하나님으로부터 율법을 받은 백성이라는 자부심으로 살았습니다. 그런데 예수님은 이방인에 지나지 않는 백부장을 신앙의 모범으로 내세우고 있습니다. 이것만도 자존심이 상하는 일인데, 주님의 말씀은 거기에 그치지 않습니다.

많은 사람이 동과 서에서 와서, 하늘 나라에서 아브라함과 이삭과 야곱과 함께 잔치 자리에 앉을 것이다. 그러나 이 나라의 시민들은 바깥 어두운 데로 쫓겨나서, 거기서 울며 이를 갈 것이다.(마태복음 8:11-12)

이 말씀에는 예수님의 안타까운 마음이 반영되어 있습니다. 이것은 '보는 자'와 '보지 못하는 자'의 차이입니다. 하나님의 백성이라는 헛된 자부심이 백성들의 눈을 멀게 했습니다. 주님은 텅 빈 그들의 영혼을 보고 있습니다. 어쩌면 주님의 가슴에는 예언자의 음성이 고동치고 있었는지도 모르겠습니다.

> 나는 너희가 벌이는 절기 행사들이 싫다. 역겹다. 너희가 성회로 모여도 도무지 기쁘지 않다. 너희가 나에게 번제물이나 곡식제물을 바친다 해도, 내가 그 제물을 받지 않겠다. 너희가 화목제로 바치는 살진 짐승도 거들떠보지 않겠다. 시끄러운 너의 노랫소리를 나의 앞에서 집어치워라! 너의 거문고 소리도 나는 듣지 않겠다. 너희는 다만 공의가 물처럼 흐르게 하고, 정의가 마르지 않는 강처럼 흐르게 하여라.(아모스 5:21-24)

아모스는 인간의 비열한 욕망을 감싸주는 망토 역할을 하는 종교의식을 역겹다고 말합니다. 우리가 하나님 앞에서 산다는 것은 무엇일까요? 그것은 서른 개의 바퀴살이 바퀴의 중심에 연결되듯이, 우리 삶의 모든 일들을 하나님의 마음에 비춰보며 사는 것이 아니겠습니까. 중요한 것은 내가 얼마나 믿는 사람처럼 보이느냐가 아닙니다. 감동의 눈물을 흘리며 찬송가를 부르고, 하나님의 말씀을 제아무리 많이 암송한다 해도, 삶으로 하나님을 거역하고 있다면 무슨 소용입니까?

오늘의 한국교회는 개혁의 주체가 아니라 개혁의 대상이 되고 말았습니다. 소외된 이들의 음성이 되기보다는 기득권자들의 입이 되는 경우가 많습니다. 많은 목회자들이 거칠거칠한 복음을 사람들의 기호에 따라 부드럽고 세련되게 갈아내어 제공합니다. 완악하고 거짓된 삶을 깨는 쇠망치여야 할 말씀이 사람들의 욕망을 자극하는 신제품으로 둔갑한 채 팔리고 있습니다. 선포되는 말씀이 사람들의 이성을 마비시키고, 욕망을 부풀리고 있습니다. 너희는 만민의 기도하는 집을 강도의 굴혈로 바꾸었다고 책망하신 주님의 피끓는 음성이 들려오는 듯합니다. 예수정신이 사라진 교회는 짓다만 건물처럼 괴기스럽게 보입니다. 복음은 불편한 것입니다. 도무지 우리를 잠들지 못하게 만드니 말입니다. 거짓 예언자들은 "모든 것이 잘 될 것이다. 하나님이 함께 계시니 염려할 것 없다."고 말합니다. 하지만 참 예언자들은 "이대로 가다가는 다 망한다."고 외칩니다. 예수님은 나라의 본 자손들은 바깥 어두운데 쫓겨날 수도 있다고 경고하고 있습니다.

잘 믿는다는 자부심, 이만하면 됐다는 안도감이 우리 영혼을 병들게 만듭니다. 고통받는 이들에 대한 깊은 공감이 없는 신앙은 죽은 신앙입니다. 이웃들의 문제를 해결해주기 위해 우리 심정이 절박해질 때 하나님은 반드시 역사해주십니다. 무정한 시대입니다. 이시대에 하나님이 우리를 부르신 까닭은 사람과 사람 사이에 다리를 놓아 서로 소통하게 하고, 기쁨과 감사의 축제를 벌이라는 것이 아니겠습니까. 이 마음으로 사는 사람들이야말로 하나님을 기쁘시게 하는 사람일 것입니다. 이 벅찬 소명을 가슴에 품고 살아가는 우리가 되기를 기원합니다.

마가복음

4장 30-34절

겨자씨처럼

예수께서 또 말씀하셨다. "우리가 하나님의 나라를 어떻게 비길까? 또는 무슨 비유로 그것을 나타낼까? 겨자씨와 같으니, 그것은 땅에 심을 때에는 세상에 있는 어떤 씨보다도 더 작다. 그러나 심고 나면 자라서, 어떤 풀보다 더 큰 가지들을 뻗어, 공중의 새들이 그 그늘에 깃들일 수 있게 된다. 예수께서는, 그들이 알아들을 수 있는 정도로, 이와 같이 많은 비유로 말씀을 전하셨다. 비유가 아니면 말씀하지 않으셨으나, 제자들에게는 따로 모든 것을 설명해 주셨다.

비유점

우리가 하나님 나라를 어떻게 비길까? 또는 무슨 비유로 그것을 나타낼까?(마가복음 4:30)

예수님은 지금 사람들에게 하나님 나라를 가르치기 위해서 이 질문을 던져놓고 곰곰이 생각을 하고 계십니다. 그 광경을 머리에 그

려보시기 바랍니다. 어쩌면 예수님의 입가에 미소가 번지고 있었는
지도 모르겠습니다. 여러분 같으면 뭐라고 하시겠습니까? '하나님
나라' 하면 즉시 금은보화가 떠오르는 사람은 아직 속기(俗氣)를 벗
지 못한 사람일 겁니다. 바이킹들이 꿈꾸는 천국에는 낮에는 약탈
할 수 있는 배가 있고, 저녁에는 낮의 전투에서 입은 상처가 저절로
낫는 곳이어야 한답니다. 제 아내는 천국에는 '담배 연기가 없을 것
같다.'고 하더군요. 사람마다 생각하는 바가 다릅니다.

　여하튼 '하나님 나라는 이것이다.' 하고 총체적으로 그릴 수 있
는 언어는 없을 것입니다. 하나님의 은혜를 경험한 사람들은 자기
들의 체험을 담아낼 언어가 없기 때문에 은유적 표현을 사용했습니
다. '여호와는 나의 목자', '여호와는 나의 빛', '여호와는 나의 피난
처', '여호와는 나의 힘과 노래', '여호와는 나의 산업', '여호와는 나
의 분깃'…. 하나님에 대해서는 어떠한 서술도 묘사도 가능하지 않
습니다. 다만 우리가 경험한 것을 그림 언어로 표현할 수 있을 따름
입니다. 하나님 나라도 역시 마찬가지입니다.

　하나님 나라에 대한 예수님의 가르침은 비유로만 나타날 뿐 '서
술'이나 '묘사'가 없습니다. 그것은 객관적으로 설명할 수 없기 때
문입니다. 비유를 뜻하는 그리스어 '파라볼레'(parabole)는 옆에 던
져놓는다는 뜻의 '파라발로'(paraballo)에서 파생된 말입니다. 비유
는 어떤 현실을 설명하기 위해 그와 비슷한 다른 사물을 빌려 표현
하는 형식입니다. 예컨대 "그 사람은 곰이야" 하고 말한다면, 그가
사람의 탈을 쓰고 있지만 실제로는 곰이라는 말이 아닙니다. 생긴
게 곰같다는 말도 아닐 겁니다. 다만 그가 하는 짓이 이해타산에 빠

르기보다는 우직하다는 말일 겁니다. 경우에 따라서는 미련하다는 말도 되겠네요. 우리가 예수님의 비유를 볼 때 늘 명심해야 할 것은 '비유점'이 어디에 있나 하는 것입니다. 오늘 우리가 읽은 겨자씨의 비유는 하나님 나라가 어떠하다는 것을 설명하는 데 초점이 있는 것이 아니라, 하나님 나라가 실현되는 과정에서 어떤 일이 일어나는지를 부분적으로 보여주고 있을 뿐입니다.

왜 하필이면 겨자씨인가?

우리가 하나님의 나라를 어떻게 비길까? 또는 무슨 비유로 그것을 나타낼까?(마가복음 4:30)

잠시 생각에 잠겨 계시던 예수님께서 이윽고 말씀하십니다.

(하나님의 나라는) 겨자씨와 같으니, 그것은 땅에 심을 때에는 세상에 있는 어떤 씨보다도 더 작다. 그러나 심고 나면 자라서, 어떤 풀보다 더 큰 가지들을 뻗어, 공중의 새들이 그 그늘에 깃들일 수 있게 된다.(마가복음 4:31-32)

늘 듣던 말씀이니까 여러분은 이게 충격적인 비유라는 사실이 별로 실감이 안 날 겁니다. 하지만 예수님의 청중들에게는 매우 놀라운 비유였습니다. 하고많은 것들 가운데 하필이면 겨자씨라니요? 유대인들에게 겨자씨는 '작은 것', '변변치 못한 것'과 동의어로 쓰이고 있었습니다. 사람들의 수군거리는 소리가 들리는 듯합니다. 유대인들은 오랫동안 하나님 나라를 기다려왔습니다. 주님의 날이 오면 예루살렘이 세계 위에 우뚝 설 것이고, 다른 모든 나라들이 그 앞에 엎드리게 될 것이라고 그들은 믿고 있었습니다. 그래서 그들은 하나님이 다스리시는 나라를 백향목에 빗대기를 좋아했습니다.

주 하나님이 말한다. 내가 백향목 끝에 돋은 가지를 꺾어다가 심겠다. 내가 그 나무의 맨 꼭대기에 돋은 어린 가지들 가운데서 연한 가지를 하나 꺾어다가, 내가 직접 높이 우뚝 솟은 산 위에 심겠다. 이스라엘의 높은 산 위에 내가 그 가지를 심어 놓으면, 거기에서 가지가 뻗어 나오고, 열매를 맺으며, 아름다운 백향목이 될 것이다. 그때에는 온갖 새들이 그 나무에 깃들이고, 온갖 날짐승들이 그 가지 끝에서 보금자리를 만들 것이다.(에스겔 17:22-23)

구약에서 하나님 나라를 상징하는 것은 언제나 아름답고 위세 있는 백향목이었습니다. 백향목은 성전이나 제단, 궁전을 짓는 데만 사용하던 최고급의 나무였습니다. 척박한 땅에 사는 다른 나무들에 비해서 백향목은 그야말로 위풍당당 그 자체였습니다. 그런데 예수님은 백향목의 상징을 폐기하고 겨자씨의 상징을 사용하고 계십니다. 왠지 왜소해지는 듯한 느낌이 들 수도 있겠습니다. 겨우 겨자씨라니요? 사실 겨자씨는 크게 자라봐야 3m 정도입니다. 그러니 새들이 가지에 둥지를 틀 수도 없습니다. 게다가 겨자씨는 번식력이 좋아서 급속히 퍼질 뿐만 아니라, 토양을 망가뜨리기 때문에 농민들이 기피하던 식물입니다. 대체 예수님은 무슨 뜻으로 하나님 나라를 겨자씨에 비긴단 말입니까?

백향목 세상의 전복

여기서 우리는 예수님의 의도를 헤아려 보아야 합니다. 당시의 팔레스타인은 로마의 지배하에 있었습니다. 로마는 그야말로 위풍당당한 백향목과 같은 나라였습니다. 그 강력한 군사력은 물론이고 화려한 문화는 지금의 우리가 봐도 충격적일 정도입니다. 하지만 예수님은 그런 로마의 이면을 보고 계셨습니다. 가혹한 세금에 시달리는 피식민지 백성들, 귀족들의 사치스러운 삶을 뒷받침하기 위해서 노예로 전락한 사람들, 끊일 새 없는 전쟁…. 함석헌 선생님은 "전쟁은 사치 가운데 가장 큰 사치"라고 말씀하셨습니다. 사치란 분수에 지나치게 치레하는 짓을 말합니다. 그러니 생명을 살리는 데 써야 할 돈과 힘을 죽이고 파괴하는 데 사용하는 것이 사치가 아니고 무엇이겠습니까?

백향목 세상은 몇몇 특권적인 사람에게만 천국이고 대다수의 사람들에게는 지옥인 세상입니다. 예수님은 사람들이 그런 현실에 눈 뜨기 원하셨습니다. 사람들은 가혹한 식민 통치자들 아래서 신음하고 있습니다. 그런데 그들은 여전히 지배와 피지배의 도식을 가지고 역사를 바라봅니다. 지배의 주체가 바뀐다 해도 그 속에는 여전히 고통받는 사람들이 있게 마련입니다. 주님은 그런 백향목들의 세상을 전복시키기 원하셨습니다. 지배와 피지배가 아니라 모두가 저마다의 삶의 몫을 살아내는 세상을 꿈꾸셨던 것입니다. 그래서 주님은 척박한 땅에서도 억센 생명력으로 살아가는 겨자씨의 예를 들고 계십니다. 예수님이 가르치시는 하나님 나라는 잘난 사람들만 들어가는 곳이 아닙니다. 그곳은 잡초와 같은 사람들이 열어가는 현재 시제의 나라입니다. 지금 여기서 사랑하고, 지금 여기서 평화를 위해 땀 흘리고, 지금 여기서 따뜻한 세상을 만들기 위해 조금은 모자란 구석이 많은 우리가 함께 노력할 때 우리는 하나님 나라를 경험할 수 있다는 것입니다.

겨자씨를 뿌리는 사람들

그런데 우리가 여기서 한 가지 유의해 보아야 할 것이 있습니다. 앞에서 말씀드린 대로 겨자씨는 번식력이 강하고 토양을 망가뜨리기 때문에 자기 밭이나 정원에 그것을 가져다가 심는 사람은 거의 없었습니다. 그런데도 예수님은 겨자씨가 저절로 퍼지는 것이라 하지 않으시고, 누군가가 심는 것으로 표현하고 있습니다. 이것은 하나님의 나라는 저절로 오는 것이 아니라 누군가의 의도적인 수고와 땀 흘림을 통해 오는 것이라는 것입니다. 히브리의 시인은 이렇게 노래합니다.

눈물을 흘리며 씨를 뿌리는 사람은 기쁨으로 거둔다. 울며 씨를 뿌리러 나가는 사람은 정녕, 기쁨으로 단을 가지고 돌아온다.(시편 126:5-6)

비록 자기 이익에 발빠른 사람들이 세상을 가득 채우고 있는 것처럼 보여도 묵묵히 하나님의 뜻을 실천하는 이들이 있어 세상은 소망이 있습니다. 등불 하나를 밝히는 심정으로 나눔과 섬김과 치유와 사랑의 씨를 심는 사람들이 있어 하나님은 세상을 버리지 않으십니다. 크고 번듯하지 않으면 어떻습니까? 겨자씨처럼 우리가 척박한 토양에도 뿌리를 내리고 예수의 마음으로 산다면, 백향목 같은 사람들만 높임 받는 세상도 변화될 것입니다. 며칠 전 판화가인 이철수님의 글을 읽다가 이런 대목을 만났습니다.

"제가 좋아하는 글쟁이는 원고료가 너무 많으면 그렇게 많은 돈은 못 받는다고 사양하신다네요. 원고지 한 장 메꾸는 값이 양파 한 수레와 같으니 손끝을 까딱여 받는 수고비로는 용납하기 어렵다는 게 이유라고 했답니다."

"받아서 어려운 데 주지… 하시는 이도 계십니다. 일리 있는 말씀입니다. 정답을 찾기가 어려운 문제인 듯합니다."

"제 손으로 지은 쌀을 어려운 이들을 위한 시설에 보낸 일이 있습니다. 유기농 쌀을 시설에 보내게 된 일을 두고 누군가 물었습니다. '그 쌀을 팔아서 일반 쌀을 사주면 곱절은 보낼 수 있을 텐데….' 그럴 수 있지요. 터무니없는 말씀은 아닌 듯도 합니다. 하지만, 제 아내의 대꾸가 좀더 마음에 와 닿았습니다. '어려운 사람들은 좋은 쌀 좀 먹으면 안 되나요?' 해답은 없지만 마음은 통한 셈입니다. 그렇게, 살아보는 거지요, 뭐."(이철수,《자고 깨어나면 늘 아침》중에서 삼인)

그래요. 그렇게 한 번 살아보는 겁니다. 조금 미련해 보이고, 더뎌 보여도 그게 하나님 나라의 마음일 겁니다. 장일순 선생님은 '보듬어 안는 게 혁명'이라고 말씀하셨습니다. 네 편이니 내 편이니, 미우니 고우니 하고 사람들을 자꾸 가르지 말고 그저 긍휼히 여기는 마음으로 서로 보듬어 안을 때 세상은 달라질 겁니다. '하나님의 나라' 하면 거의 즉각적으로 백향목을 떠올리는 사람들에게 예수님은 겨자씨를 내세우고 있습니다.

어찌 보면 이것은 예수님의 유머입니다. 해학과 웃음으로 굳은 세상 질서를 전복시킬 수 있어야 합니다. 우리는 사랑의 공간을 넓혀가라고 부름 받은 사람들입니다. 우리가 만든 그 그늘 아래서 사람들이 편히 쉴 수 있다면 참 고마운 일입니다. 백향목이 되시면 우리는 열등감을 느끼지 않을 수 없습니다. 하지만 겨자씨 정도는 될 수도 있지 않겠습니까? 바로 지금부터 우리는 새로운 질서의 파종자입니다. 그 놀라운 소명에 기쁨으로 응답하는 우리가 되기를 기원합니다.

그래도 나는 씨를 뿌린다

무리가 많이 모여들고, 각 고을에서 사람들이 예수께로 나아오니, 예수께서 비유를 들어 말씀하셨다. "씨 뿌리는 사람이 씨를 뿌리러 나갔다. 그가 씨를 뿌리는데, 더러는 길가에 떨어지니, 발에 밟히기도 하고, 하늘의 새들이 쪼아 먹기도 하였다. 또 더러는 돌짝밭에 떨어지니, 싹이 돋아났다가 물기가 없어서 말라 버렸다. 또 더러는 가시덤불 속에 떨어지니, 가시덤불이 함께 자라서, 그 기운을 막았다. 그런데 더러는 좋은 땅에 떨어져서 자라나, 백 배의 열매를 맺었다." 이 말씀을 하시고, 예수께서는 "들을 귀가 있는 사람은 들어라" 하고 외치셨다.

아, 답답한 세상

소서, 대서가 다 지나 삼복더위 한복판을 걸어가고 있습니다. 이상하게도 아침저녁에는 선선합니다. 하지만 우리 마음은 마치 비를 잔뜩 머금은 구름처럼 무겁습니다. 그 마음 하나 부려 놓을 데 없어 전전긍긍하는 나날입니다. 민의를 반영해야 하는 국회에서는 활극이 벌어지고, 민주주의의 위기를 직감하는 이들은 거리에서 밤을 밝힙니다. 하루라도 마음 편한 날이 없습니다. 급할 것도 없는 미디어법을 여당이 그렇게도 무리한 방식으로 밀어붙여야 할 까닭이 있었는지 사람들은 의아해하고 있습니다. 그 절차가 적법했는지는 전문가들이 따져볼 문제이지만, 방송에 대기업이나 신문이 참여할 길이 열린다면 미디어의 공적 기능이 약화되리라는 것은 불문가지입니다. 영상이 돈벌이나 자기들의 이념을 전파하는 도구가 된다면 우리 사회의 도덕적, 문화적, 영적 수준은 지금보다 훨씬 더 천박하게 변하게 될 겁니다. 먹는 음식이 곧 그 사람이 되는 것처럼, 우리가 날마다 접하는 정보는 세상을 바라보고 해석하는 잣대가 됩니다. 현실은 복잡다기합니다. 그렇기에 다양한 관점들이 필요합니다. 나의 자리에서는 보이지 않는 것들이 다른 이의 자리에 서면 보이는 게 있습니다. 철학에서는 이것을 '시차'(視差, parallax)라는 개념으로 설명합니다. 시차를 인정할 때 우리는 서로를 통해 세상에 대해 더 잘 이해하게 됩니다. 미디어법이 우려를 자아내는 것은 미디어가 시장 논리에 내맡겨질 때 하나의 관점이 세상을 지배하게 될 가능성이 크기 때문입니다.

이런저런 일들로 마음이 심란한 이들을 보면서, 사람으로 살아간다는 게 참 쉽지 않은 일이구나 새삼스럽게 느낍니다. 자연은 말없이 제 몫의 생명을 살아낼 뿐인데, 사람들은 아우성을 치고 있습니다. 생명의 실상을 알지 못하는 까닭입니다. 따뜻한 노래가 따뜻한 세상을 만든다고 생각하는 이 시대의 노랫꾼 홍순관은 피고 지고를 반복하는 꽃들에 눈길을 던집니다.

"저만치 핀 꽃/피고 지고 피고 지고/저 혼자 세월을 삽니다.//눈에 띄는 꽃들은 이내 꺾여 짧은 생을 마감하지만/저만치 피는 꽃은 오랜 세월//산을 들판을 세상을 숨 쉬게 합니다."(홍순관,《네가 걸으면 하나님도 걸어》, 살림, 57쪽)

꽃들은 누가 알아주든 알아주지 않든 저 혼자 세월을 삽니다. 때가 되면 피어나고, 또 때가 되면 질뿐입니다. 억지가 없습니다. 무심히 피었다 지는 꽃들은 아무것도 하지 않는 것처럼 보이지만 사실은 산을, 들판을, 세상을 숨 쉬게 합니다. 놀라운 발상의 전환입니다. 이런 것을 가리켜 무위지위(無爲之爲), 즉 함이 없는 함이라 합니다. 이런 시를 읽고 나면 상처입고, 오그라들고, 은결든 마음이 조금은 펴지는 듯한 느낌이 듭니다. 사람이 망쳐놓은 세상 질서를 하나님은 바로잡아 가십니다. 우리의 희망은 여기에 있습니다.

로마의 복음 vs. 예수의 복음

1942년 25세의 청년 시인 윤동주는 일제의 억압에 몸서리를 치면서도 스스로를 곧추세우기 위한 노력을 게을리하지 않았습니다. 그는 "등불을 밝혀 어둠을 조금 내몰고,/시대처럼 올 아침을 기다리는 최후의 나"(《쉽게 쓰여진 시詩》)에게 손을 내민다고 노래합니다. 좋은 세상은 저절로 오는 게 아니라, 등불 하나를 밝히는 마음으로 사는 사람, 울면서라도 생명과 평화의 씨를 뿌리는 사람을 통해 옵니다. 예수님은 식민지 백성이 되어 살아가는 동족들에게 이런 꿈을 심어주기 위해 애쓰셨습니다. 예수님은 삶에 지치고, 시대에 치인 사람들에게 다가가 '복음'을 전하셨습니다. 마태복음은 예수님의 공생애를 아주 간결하게 요약하고 있습니다.

> 예수께서 온 갈릴리를 두루 다니시면서, 그들의 회당에서 가르치며, 하늘 나라의 복음을 선포하며, 백성 가운데서 모든 질병과 아픔을 고쳐 주셨다.(마태복음 4:23)

이 말씀이 얼마나 큰 위안이 되는지 모르겠습니다. 주님은 지금도 우리 곁에서 이런 일을 하고 계십니다. 무지하기에 가르쳐 깨닫게 하시고, 주저하기에 하나님 나라의 복음을 선포하여 결단을 독려하시고, 약하기에 고쳐 주시고 온전케 해주십니다. 예수님이 사시던 그 시절, 사람들은 로마의 평화(Pax Romana)에 기만당했고, 로마의 복음(Roman Euggelia)에 현혹당했습니다. 로마는 두 얼굴을 가지고 식민지 백성들을 다스렸습니다. 한 얼굴은 가공할 군사력입니다. 누구도 로마의 압도적인 무력에 저항할 수 없었습니다. 다른 한 얼굴은 자애로운 얼굴입니다. 로마는 평화를 지키고, 무질서한 세상에 질서를 부여하고, 사회의 기반시설을 건설하는 세력이라는 환상을 사람들에게 심어주었습니다.

로마는 여신으로 숭상되기도 했는데, 사람들은 로마를 아마조네스 전사의 모습으로 형상화했습니다. 그가 머리에 쓴 투구와 손에 든 무기는 로마의 군사력을 상징하고, 드러낸 한쪽 젖가슴은 자비롭게 먹이는 어머니 혹은 그 매력을 상징하는 것이었습니다. 강력한 로마는 두려움의 대상인 동시에 매혹의 대상이기도 했습니다.

하지만 팔레스타인 민중들의 삶은 비참했습니다. 그들은 성전세, 십일조, 첫 열매 제물과 같은 종교세와 조공, 토지세, 인두세와 같은 직접세, 소금세, 판매세 등의 간접세, 각종 관세, 각종 수수료와 강제 부역에 시달렸습니다. 그 체제 아래서는 조상으로부터 땅을 물려받은 사람들조차 소농, 소작인, 상인, 날품팔이, 어부, 목자, 과부, 고아, 창녀, 거지, 강도로 전락할 수밖에 없었습니다. 예수님의 제자들이 가진 것을 다 버리고 주님을 따랐다는 것은 유대 사회에서 가장 빈곤한 사람들의 운명에 동참하기로 작정했다는 것을 의미합니다. 이건 대단한 결단입니다. 예수님은 새로운 세상은 스스로 세계의 중심이라고 생각하는 사람들을 통해서가 아니라, 주변으로 내몰린 사람들을 통해서 열린다는 사실을 너무나 잘 알고 계셨습니다. 중심에 있는 사람들은 자기 것을 지키기에 급급하지만, 주변부로 내몰린 사람들은 다른 세상을 모색합니다. 그러나 정직하게 돌아보면 그들도 중심에 편입되기를 꿈꿀 때가 많습니다.

주님은 그들 속에 들어가 중심과 주변의 구별이 무너진 세계, 모두가 서로를 귀히 여기고 존중하는 세계, 지배가 아니라 섬김과 돌봄이 소중히 여겨지는 세상의 꿈을 심어주셨습니다. 하지만 이 꿈은 이상적이기는 하지만 현실적이지는 않은 것처럼 보입니다. 사람들은 슬그머니 이 꿈으로부터 돌아서곤 합니다. 이 꿈 하나 품고 살던 이들은 이런 현실의 난관 앞에서 낙심할 수밖에 없습니다. 바로 이런 상황 가운데서 주님은 제자들에게 오늘의 이야기를 들려주십니다.

허비된 씨앗

한 농부가 들판에 나가 씨앗을 뿌립니다. 그는 벌써 바람에 몸을 뒤채는 밀 이삭을 머리에 그리고 있는지도 모르겠습니다. 하지만 현실은 늘 기대에 못 미치게 마련입니다. 농부가 뿌린 씨는 길가에도 떨어지고, 돌짝밭에도 떨어지고, 가시덤불에도 떨어집니다. 길가에 떨어진 씨는 새들이 날아와 얼른 쪼아먹고, 돌짝밭에 떨어진 씨는 기껏 싹이 나도 뿌리를 깊게 내릴 수 없어 뜨거운 햇살에 그만 타버리고 맙니다. 가시덤불에 떨어진 씨도 어렵게 싹을 틔우지만 가시나무의 기운에 막혀 자라지 못합니다. 복음서의 기자들도 자기들 나름의 해석을 덧붙여 놓았습니다.

길가에 떨어진 것은 말씀을 듣기는 하였지만 그 뒤에 악마가 와서 그들의 마음에서 말씀을 빼앗아가므로, 믿지 못하고 구원을 받지 못하게 된 사람입니다. 도시의 분잡(紛雜) 속에 사는 동안 우리 마음은 자신도 모르는 사이에 아스팔트 바닥처럼 딱딱하게 굳어집니다. 이런저런 사람들과 만나 복닥거리며 살다보니 자꾸 상처를 받게 되고, 더 이상 상처를 받고 싶지 않다는 생각에 마음을 닫고 사는 이들이 많습니다. 갑각류처럼 자기 속에 갇혀 사는 이들은 새로운 삶을 향해 자기를 개방하지 못합니다. 길가에 떨어졌다는 것은 바로 이런 상황을 뜻하는 것일 겁니다.

돌짝밭에 떨어진 것들은, 들을 때에는 그 말씀을 기쁘게 받아들이지만, 뿌리가 없으므로 잠시 믿다가, 시련의 때가 오면 떨어져 나가는 사람들입니다. 나는 오랜 경험을 통해 이런 유형의 사람들을 잘 분별할 수 있습니다. 그들은 매우 열정적이고 헌신적입니다. 그들의 존재는 도드라집니다. 문제는 지속성입니다. 그런 열정은 지속되기가 매우 어렵습니다. 그들은 제풀에 지치거나, 작은 장애물을 만나면 마치 짚불이 사그라들듯 열정을 잃게 되는 경우가 많습니다. 열정을 잃는 순간 그는 책임을 다른 이들에게 전가시키고 싶어 합니다. 그래서 분란을 일으킵니다. 깊은 신앙은 과도한 열정을 경계해야 합니다. 신앙생활은 밭에서 돌 하나하나를 골라내는 농부처럼 꾸준해야 합니다.

누가는 가시덤불에 떨어졌다는 것을 두고 말씀을 들었으나 살아가는 동안에 근심과 재물과 인생의 향락에 사로잡혀서 열매를 맺는 데에 이르지 못하는 사람들이라고 해석합니다. 이들은 존 웨슬리 목사가 말하는 '명목상의 그리스도인'(almost christian)입니다. 그들도 하나님께 봉사하려는 열망을 가지고 있습니다. 그래서 악을 피하려고 애쓰고 깨끗한 양심을 간직하려고 노력합니다. 기회가 있을 때마다 선행을 하려고도 합니다. 하지만 현실적인 문제들이 닥치면 그는 얼른 신앙적 태도를 거두어들이고 맙니다. 웨슬리 목사는 우리에게 묻습니다.

"하나님의 사랑이 당신의 마음에 부어지고 퍼져 있습니까? 당신은 '나의 하나님, 나의 전부'라고 외칠 수 있습니까? 당신은 하나님 이외에 아무것도 바라지 않습니까? 당신은 하나님으로 행복합니까? 하나님이 당신의 영광, 환희, 기쁨의 면류관입니까? '하나님을 사랑하는 자는 형제를 사랑할지니라.'고 한 계명이 당신의 마음에 기록되어 있습니까? 그리고 당신은 당신의 이웃을 내 몸처럼 사랑합니까?

그뿐 아니라 당신은 하나님의 어린양이 당신의 죄를 거두어서 그것을 바다 깊숙이 돌처럼 던져 버리신 것을 믿습니까?"(웨슬리 설교전집1 설교2 〈명목상의 그리스도인〉, 44-45쪽)

이 물음 앞에 설 때마다 부끄럽습니다. 아직 '온전한 그리스도인'이 되지 못했다는 자괴감 때문입니다. 부끄럽지만 이게 우리의 실상입니다. 하지만 실상에 대한 자각은 새로운 삶을 향한 결단으로 나타나야 합니다. 웨슬리 목사가 말하는 그런 믿음을 지향하고, 또 구해야 합니다.

흰눈썹뜸부기

주님의 말씀을 듣고 있던 제자들은 자기 마음을 살피는 데서 그치지 않고, 그들이 겪어야 했던 여러 가지 일들을 떠올렸을 것입니다. 그 마음이 길가와 같았던 사람들, 돌짝밭과 같았던 사람들, 가시덤불과 같았던 사람들…. 허탈했을 겁니다. 하지만 아직 주님의 말씀은 끝나지 않았습니다. 주님은 씨앗들이 많이 허비된 것처럼 보이지만, 그래도 더러는 좋은 땅에 떨어진 것도 있다고 말씀하십니다. 누가는 "좋은 땅에 떨어진 것들은, 바르고 착한 마음으로 말씀을 듣고서, 그것을 굳게 간직하여 견디는 가운데 열매를 맺는 사람들"(누가복음 8:15)이라는 해석을 덧붙이고 있습니다. 이들은 흙이 그 부드러운 가슴으로 씨앗을 품듯 하나님의 말씀을 자기 존재의 깊은 곳에 받아들여 그것을 자기 삶 속에서 구현하며 사는 사람들입니다. 말씀을 통해 변화된 한 사람은 그의 주변으로부터 시작해서 세상을 변화시킵니다. 그것이 바로 백배의 결실입니다. 바울 사도는 예수 정신으로 다가가도 아무런 변화도 일어나지 않는 사람과 세상으로 인해 실망하는 성도들에게 말합니다.

> 선한 일을 하다가, 낙심하지 맙시다. 지쳐서 넘어지지 아니하면, 때가 이를 때에 거두게 될 것입니다.(갈라디아서 6:9)

언제부터인가 이 말씀이 제 가슴에 들어왔습니다. 저는 이 말씀을 문자 그대로 믿기로 작정했습니다. 오늘 내가 뿌리는 복음의 씨가 살아있다면 때가 되면 반드시 결실을 거둘 것임을 알기에 저는 조급해하지 않습니다.

일본의 작가인 오에 겐자부로는 노벨 문학상 수상 강연에서 자기 가정 이야기를 들려줍니다. 가정을 꾸린 후 태어난 첫 아이는 지적 발달 장애아였습니다. 오에는 그 아이에게 '빛'이라는 뜻의 히카리(光)라는 이름을 지어주었습니다. 어릴 때 그 아이는 들새가 지저귀는 소리에만 반응을 보이고, 사람의 음성이나 말에는 반응하지 않았습니다. 여섯 살 나던 해, 여름을 보내려고 찾아간 산간 마을 통나무집에서 숲 건너편 호수로부터 들려온 흰눈썹뜸부기 한 쌍의 울음소리를 들었을 때, 들새 울음을 녹음한 레코드 해설자의 악센트로 "흰눈썹뜸부기, 예요."라고 한 말이, 히카리가 처음 입 밖에 낸 인간의 언어였다고 합니다. 그것을 계기로 그 아이와 부모는 언어로 소통할 수 있게 되었습니다. 히카리는 지금 장애인을 위한 복지작업소에서 일하며 작곡을 하고 있습니다.

씨앗은 이렇게 보이지 않는 곳에서 자라고 있는 것입니다. 우리 삶이 제아무리 곤고하고, 역사가 제아무리 척박해도 모든 사람들이 사람다운 대접을 받고, 모든 피조물이 창조주 하나님의 은총을 노래하며 살기를 바라는 주님의 꿈은 그저 스러질 수 없습니다. 오늘 우리가 외치는 음성이 메아리조차 없이 흩어지는 것 같을지라도, 하나님의 뜻을 이길 힘은 세상에 없습니다. 하늘은 때때로 폭우를 쏟아 가던 길을 멈추게 하고, 다리를 끊어 되돌아가게도 합니다. 그래도 나는 씨를 뿌리렵니다. 지향이 분명하다면 우리는 견뎌낼 수 있습니다.

압도적인 힘으로 세상을 호령했던 로마 제국은 사라졌지만, 사랑의 힘으로 폭력에 맞섰던 예수의 꿈은 여전히 스러지지 않았습니다. 박기호 신부님은 "해가 넘어가 버린 땅에서 서산만 바라보면 무얼 하겠는가. 몸을 일으켜 동쪽을 바라보아야 여명을 맞을 수 있다."고 말합니다. 그렇습니다. 주님은 우리를 씨 뿌리는 자로 부르십니다. 오늘도 내일도 이 부름에 응답하여 살아가십시오.

요한복음

9장 35-41절

마음의 눈

바리새파 사람들이 그 사람을 내쫓았다는 말을 예수께서 들으시고, 그를 만나서 물으셨다. "네가 인자를 믿느냐?" 그가 대답하였다. "선생님, 그분이 어느 분입니까? 내가 그분을 믿겠습니다." 예수께서 그에게 말씀하셨다. "너는 이미 그를 보았다. 너와 말하고 있는 사람이 바로 그이다." 그는 "주님, 내가 믿습니다" 하고 말하고서 예수께 엎드려 절하였다. 예수께서 또 말씀하셨다. "나는 이 세상을 심판하러 왔다. 못 보는 사람은 보게 하고, 보는 사람은 못 보게 하려는 것이다." 예수와 함께 있던 바리새파 사람들이 이 말씀을 듣고 나서 말하였다. "우리도 눈이 먼 사람이란 말이오?" 예수께서 그들에게 말씀하셨다. "너희가 눈이 먼 사람들이라면, 도리어 죄가 없을 것이다. 그러나, 너희가 지금 본다고 말하니, 너희의 죄가 그대로 남아 있다."

눈 하나 뜨지 못해

주님의 오심을 기다리는 대림절기가 시작되었습니다. 이 절기를 가리켜 대강절, 강림절이라고도 부르는데 곰곰이 생각해보면 대림절이라는 표현이 가장 적절할 듯싶습니다. 대강절, 강림절에 들어있는 '내릴 강(降)' 자는 자칫하면 주님께서 위에 계시다가 아래로 내려오시는 것 같은 느낌을 주기 때문입니다. 우리는 습관적으로 공간을 위계적으로 파악합니다. 위는 선하고 상서롭고 아름답고 아래는 악하고 불길하고 추하다는 것이지요. 하지만 우리가 '하늘에 계신 우리 아버지'라고 기도할 때의 '하늘'은 저 푸른 하늘이나 어떤 특정한 공간을 일컫는 말이 아닙니다. 그것은 아니 계신 데 없으시고, 우리와는 차원이 다른 질서 속에 계신 분이라는 외경심이 담긴 은유(metaphor)입니다. 하늘은 위, 아래가 없습니다.

대림절은 오늘 우리 곁에 다가오시는 주님을 기다리는 절기가 되어야 합니다. 주님의 다가오심을 알아차리기 위해서는 삼지사방으로 분산되어 있는 우리 정신을 순일(純一)하게 모아야 합니다. 욕망으로 부푼 마음을 내려놓고, 누군가를 원망하거나 미워하던 마음도 내려놓고, 마음을 깨끗하고 고요하게 비워야 합니다. 오늘부터 성탄절 전 주까지의 전례색은 보라색입니다. 지금 제가 두르고 있는 영대(領帶, stole)도 보라색입니다. 보라색은 참회의 색인 동시에 마음과 몸을 깨끗이 하기 위해 삼가는 것을 나타내는 색입니다. 주님은 준비하고 기다리는 사람만 만나 뵐 수 있습니다.

여러분, 주님을 만나 뵙기 원하십니까? 그분을 만나면 무슨 말씀을 듣고 싶습니까? 또 무엇을 구하고 싶습니까? 여리고 길 가에 앉아 있던 눈먼 거지 바디매오는 나사렛 예수가 지나가신다는 말을 듣고는 "다윗의 자손 예수님, 나를 불쌍히 여겨 주십시오." 하고 외첬습니다. 많은 사람들이 꾸짖었지만 그는 멈추지 않았습니다. 마침내 주님께서 발걸음을 멈추고 그를 부르시자, 그는 겉옷을 벗어 던지고 주님께로 나아갔습니다. 예수님께서 "내가 너에게 무엇을 하여 주기를 바라느냐?"고 묻자 그는 즉시 "선생님, 내가 다시 볼 수 있게 하여 주십시오." 하고 대답합니다. 주님께서 "가라 네 믿음이 너를 구원하였다." 하시자, 그의 눈이 밝아졌습니다.(마가복음 10:46-52)

이 이야기를 읽을 때마다 바디매오가 부럽습니다. 병 고침을 받았기 때문이 아니라 꿈에도 잊지 못할 소망 하나를 간직하고 살았기 때문입니다. 느닷없이 이런 말씀을 드리는 까닭은 결국 인생은 눈 뜨기를 배우는 과정이 아닌가 하는 생각이 들기 때문입니다. 구상 시인은 노년에 이르러 두이레 강아지 만큼 은총에 눈을 뜨니 세상에 은총 아닌 것이 없다고 노래했습니다. 눈을 뜨는데 70년 이상이 걸렸다는 말입니다. 깨달은 사람을 영어로는 'enlightened person'이라고 하는데, 이 단어 속에는 'light' 곧 '빛'이라는 뜻이 들어 있습니다. 어두컴컴한 마음에 불이 밝혀진 사람이 곧 깨달은 사람입니다. 그는 더 이상 무명(無明)의 어둠 속에서 방황하지 않습니다. 눈 하나 뜨지 못해 우리 인생은 고달픕니다. 은총 안에 살면서도 보아야 할 것을 보지 못하니 우리는 늘 가난합니다. 그래서 주님을 만나면 바디매오처럼 청하고 싶은 것입니다.

"주님, 다시 보고 싶습니다."

도그마의 포로가 된 사람들

오늘 본문에는 날 때부터 앞을 보지 못하던 사람이 등장합니다.

스스로 등장했다기보다는 역사의 무대에 끌려나왔습니다. 길을 가던 제자들은 앞을 보지 못하는 사람을 바라보면서 "이 사람이 눈먼 사람으로 태어난 것이, 누구의 죄 때문입니까? 이 사람의 죄입니까? 부모의 죄입니까?" 하고 묻습니다. 사람들은 불행의 원인을 누군가의 '탓'으로 돌리는 일에 익숙합니다. 주님은 원인과 결과의 도식을 가지고 이 현실을 바라보아서는 안 된다면서, 하나님의 뜻은 당신이 하시는 일들을 그에게서 드러내시려는 것이라고 말씀하십니다. 자칫 잘못하면 하나님께서 당신의 능력을 입증하기 위해 그를 불행에 빠뜨렸다고 이해하기 쉽습니다. 하지만 이 말은 하나님의 관심은 현실을 교리적, 신학적 언어로 설명하는 것이 아니라, 그의 생명을 온전하게 해주는 것이라는 뜻입니다. 주님은 땅에 침을 뱉어서 그것으로 진흙을 개어 그의 눈에 바르시고는, 실로암 못으로 가서 씻으라고 말씀하십니다. 그는 가서 씻고, 눈이 밝아져서 돌아갔습니다. 그를 아는 사람들은 누구나 다 이 이적에 놀랐습니다. 여기까지라면 성경에 자주 등장하는 다른 치유 이야기와 다를 바 없어 보입니다. 하지만 이 이야기는 여기서부터가 시작입니다.

앞을 보지 못하던 사람이 앞을 보게 되었으면 함께 축하해주면 될 일입니다. 하지만 그게 그리 단순하지 않습니다. 일의 자초지종을 다 들은 바리새파 사람들 사이에 예수를 두고 논쟁이 벌어졌습니다. 어떤 이들은 안식일을 지키지 않는 것으로 보아서, 그는 하나님에게서 온 사람이 아니라고 말하고, 다른 이들은 죄가 있는 사람이 어떻게 그러한 표징을 행할 수 있겠느냐며 갑론을박합니다. 안타깝습니다. 그들은 빛을 되찾은 사람의 기쁨에 동참할 마음의 여백조차 없는 이들입니다. 그들은 심판관인 양 남을 판단하는 일에는 익숙할 뿐 정작 보아야 할 것은 보지 못하는 이들입니다. 옛날에 어떤 어리석은 사람이 시장에 가는 길에 신발 하나를 사야겠다고 생각하고는 노끈으로 발 크기를 쟀습니다. 시장에 도착했는데 노끈이 없어졌습니다. 그는 혀를 차며 집으로 돌아갔습니다. 자기 발(實體)이 거기 있는데도 그는 노끈(그림자)에만 정신이 팔렸던 것입니다. 바리새인들의 모습이 꼭 그렇습니다.

설왕설래하던 바리새파 사람들은 눈을 뜬 사람에게 묻습니다. "그가 당신의 눈을 뜨게 하였는데, 당신은 그를 어떻게 생각하오?" 그러자 그는 서슴없이 "그분은 예언자입니다." 하고 대답합니다. 그들은 윽박지르듯이 말합니다. "영광을 하나님께 돌려라. 우리가 알기로, 그 사람은 죄인이다." 하나님께 영광 돌린다는 말처럼 오용되는 말이 없습니다. 큰 교회당을 짓고, 헌금을 바치고, 말끝마다 '주님, 주님' 한다고 과연 하나님의 영광이 드러나는 것일까요? 그렇지 않습니다. 하나님의 영광은 하나님이 하시려는 일, 곧 생명이 온전해지고 모두가 평화롭게 공존하며 사는 세상을 위해 헌신할 때 드러나는 실체입니다.

나는 그분이 죄인인지 아닌지는 모릅니다. 다만 한 가지 내가 아는 것은, 내가 눈이 멀었다가, 지금은 보게 되었다는 것입니다.(요한복음 9:25)

촌철살인입니다. 눈 뜬 사람의 대꾸는 유순하지만 안다 하는 이들의 허위의식을 고스란히 드러내줍니다. 그가 하는 일이 그가 누구인지를 증거합니다. 나쁜 열매를 맺는 좋은 나무가 없고, 좋은 열매를 맺는 나쁜 나무가 없습니다. 주님도 나를 믿지 못하겠거든 내가 하는 그 일들을 보아서라도 믿으라고 말씀하십니다.(요한복음 14:11) 바리새파 사람들은 논리가 부족해지자 점점 조급함을 드러냅니다. 그러면서 자기들이 예수를 믿을 수 없는 까닭은 그가 근본을 알 수 없는 사람이기 때문이라고 말합니다. 이 말을 듣고 고침을 받은 사람은 마치 못을 박듯 분명하게 말합니다.

그분이 내 눈을 뜨게 해주셨는데도, 여러분은 그분이 어디에서 왔는지 모른다니, 참 이상한 일입니다. 하나님께서는 죄인들의 말은 듣지 않으시지만, 하나님을 공경하고 그의 뜻을 행하는 사람의 말은 들어주시는 줄을, 우리는 압니다.(요한복음 9:30-31)

마치 지혜자의 말처럼 들리지 않습니까? 하지만 바리새파 사람들은 자기들의 오류나 편견을 인정하려 하지 않습니다. 논리가 궁핍해지고, 패배를 시인하기 싫을 때 사람들이 사용하는 것은 폭력입니다. 그들은 그를 바깥으로 내쫓았습니다. 이때 '바깥'은 실외를 뜻하는 말이기보다는 회당에서 축출했다는 말일 겁니다. 이 말은 공동체적 삶에 참여할 자격을 박탈했다(ex-communication)는 뜻입니다. 차라리 잘 모르겠다고 납작 엎드렸다면 쫓겨나지는 않았을 텐데 괜히 바른 말을 하다가 그는 큰 시련을 만나게 되었습니다.

울타리 밖으로

그가 쫓겨났다는 말을 들으신 주님은 그를 찾아오셔서 물으십니다. "네가 인자를 믿느냐?", "그분이 누구냐?"고 묻는 그에게 주님은 "너는 이미 그를 보았다. 너와 말하고 있는 사람이 바로 그이다." 하고 대답하십니다. 그러자 그는 "주님, 내가 믿습니다." 하고 말하면서 주님께 엎드려 절했습니다. 여기서 우리는 참 어려운 진실과 만나게 됩니다. 그가 예수님을 주님으로 모신 자리는 기득권자들에게 쫓겨난 자리였습니다. 사드락, 메삭, 아벳느고는 풀무불 속에서 살아계신 하나님을 만났습니다. 다니엘은 사자굴 속에서 도우시는 하나님의 손길을 경험했습니다. 우리가 한 평생 교회에 출입하면서도 주님을 깊이 체험하지 못하는 까닭은 안주의 울타리를 조금도 벗어나지 않으려는 삶의 관성 때문인지도 모르겠습니다.

예수님도 유대교와 로마 제국에 의해 울타리 밖으로 쫓겨나셨습니다. 히브리서 기자는 예수께서 자기의 백성을 거룩하게 하시려고 성문 밖에서 고난을 받으신 것처럼 우리도 진영 밖으로 나가 그에게로 나아가서, 그가 겪으신 치욕을 짊어지자고 말합니다.(히브리서 13:13) 루터도 쫓겨났고, 웨슬리도 쫓겨났습니다. 성공회에서 설교권을 박탈당한 그는 말씀을 사모하는 사람들을 찾아다니며 설교를 했습니다. "세계는 나의 교구"라는 말도 그런 맥락에서 나온 말입니다. 새로운 세계는 중심이 아니라 변두리에서 시작되는 것인지도 모릅니다. 하나님은 지혜 있는 자들을 부끄럽게 하시려고 세상의 어리석은 것들을 택하시고, 강한 것들을 부끄럽게 하시려고 세상의 약한 것들을 택하십니다. 눈멀었던 사람, 이제는 공동체의 울타리 밖으로 쫓겨난 사람에게 주님은 당신의 소명이 무엇인지를 알리십니다.

> 나는 이 세상을 심판하러 왔다. 못 보는 사람은 보게 하고, 보는 사람은 못 보게 하려는 것이다.(요한복음 9:39)

여기서 말하는 '못 보는 사람'은 자기의 무지함을 자각하고 열린 마음으로 배우려는 사람입니다. 그는 결국 보게 될 것입니다. 하지만 여기서 말하는 '보는 사람'이란 스스로 본다고 자부하는 사람들을 일컫는 말입니다. 그들은 배울 마음이 없습니다. 자신이 장님이면서도 장님인 줄을 모릅니다. 그렇기에 정작 보아야 할 것은 보지 못하게 됩니다. 다마스커스로 가던 사울은 스스로 '본다'는 자부심에 가득 찼던 사람입니다. 그런 그가 환한 빛 앞에서 소경이 된 것은 은총이었습니다. 자기의 눈멂을 자각할 때라야 비로소 눈을 뜰수 있으니 말입니다. 바리새인들은 주님의 말씀을 받아들일 생각이 없습니다. 그래서 "우리도 눈이 먼 사람이냐?"고 불퉁거립니다. 주님은 다만 탄식하실 뿐입니다.

> 너희가 눈이 먼 사람들이라면, 도리어 죄가 없을 것이다. 그러나, 너희가 지금 본다고 말하니, 너희의 죄가 그대로 남아 있다.(요한복음 9:41b)

인당수

저는 지금까지 살아오면서 자기 확신이 강한 사람들을 많이 보았습니다. 그들은 대개 사람들을 불편하게 만듭니다. 자기 확신이 강할수록 '자아'가 강하기 때문입니다. 그들은 남에게 곁을 주지 않습니다. 여백이 없어 답답합니다. 그들은 남들을 쉽게 판단하는 버릇이 있습니다. '나는 옳다.'는 확신이 강하면 나와 다른 이들은 '그르다'는 부정적 확신과 맞닿게 됩니다. 어느 분이 광어는 '편견'에 가득 찬 물고기라고 농담을 하더군요. 광어의 눈이 몸 한쪽에 치우쳐 있기에 하는 말이겠지만, 사실 그분은 넌지시 우리야말로 광어족(族)이 아니겠냐고 묻고 있는 것입니다. 우리는 보고 싶은 것만 봅니다. 자기에 대해서 긍정적 정체성을 가지고 사는 것은 좋지만, 그것이 지나치면 자기 눈에 비늘이 드리워 있음을 깨닫지 못하게 됩니다.

눈을 뜬 사람은 부드럽습니다. 그는 풀꽃 하나 속에 깃든 우주를 봅니다. 아이들이 부르는 노래는 그런 진실을 가르쳐줍니다.

"꽃은 참 예쁘다 풀꽃도 예쁘다

이 꽃 저 꽃 저 꽃 이 꽃

예쁘지 않은 꽃은 없다."(이창희 작사, 〈예쁘지 않은 꽃은 없다〉 중에서)

이게 진실입니다. 눈을 뜨고 보면 삶은 신비입니다. 눈 하나 뜨지 못해 우리는 지옥을 만들며 삽니다. 어떻게 해야 눈을 뜰 수 있을까요? 물론 주님과 만나야 합니다. 주님을 만나 주님의 마음을 얻으면 눈은 저절로 열립니다. 주님의 마음, 그것은 세상의 온갖 아픔을 차마 외면하지 못하는 마음입니다.

  심청가를 잘 아시지요? 심청이가 아버지의 눈을 뜨게 해줄 공양미 삼백 석을 받기로 하고 뱃사람들에게 팔려가 인신제물로 바쳐진 곳은 인당수입니다. 사람들은 이곳이 황해도 장산곶 앞 바다 어디쯤이라고 합니다만 확인할 길은 없습니다. 다만 유독 제 시선을 끄는 것은 '인당수'라는 말입니다. '인당'(印堂)은 한자로 양쪽 미간 사이를 일컫는 말입니다. 그런데 예로부터 사람들은 제3의 눈이 미간에 있다고 말했습니다. 심 맹인의 눈뜨는 이야기와 인당수라는 지명이 연결되는 것은 이 지점입니다. 아버지의 눈이 떠지기를 소망하며 심청이가 뛰어든 그 인당수야말로 영의 세계가 열리는 지점이었습니다. 하늘의 옥황상제도 차마 그를 죽게 할 수 없어 남해의 용왕을 시켜 그를 구합니다. 이야기는 심청이 삼 년을 그곳에서 지낸후 연꽃에 실려 인간세계로 나와 황후가 되었다고 전합니다. 아버지를 찾기 위해 배설한 잔치 자리에서 딸과 만난 심학규의 눈은 그제서야 열리게 됩니다. 그 순간 다른 눈먼 이들의 눈도 여름 하늘의번개같이, 예서 번득 제서 번득 일시에 다 열렸습니다.

  그들의 눈뜸의 시작은 바로 깊이를 알 수 없는 인당수였습니다. 아버지의 한을 풀어드리고 싶어 자기를 희생한 그 자리야말로 제3의 눈이 열리는 지점이었습니다. 그런 의미에서 나는 골고다 언덕에 세워진 예수 그리스도의 십자가야말로 인당수라고 생각합니다. 주님은 우리의 눈을 열어주려고 스스로 십자가를 지셨습니다. 십자가 아래 서 있던 백부장은 "이 사람은 정말 하나님의 아들이구나." 하고 고백했습니다. 눈이 열린 것입니다.

우리는 지금 막 대림절기의 순례 여정을 시작했습니다. 주님은 지금도 우리를 위해 인당수에 뛰어들고 계십니다. 그 사랑을 아십니까? 그 희생을 아십니까? 지금 우리는 우리를 향해 걸어오고 계신 주님을 알아볼 수 있습니까? 우리가 누군가의 고통을 덜어주기 위해 애태우고 땀 흘리는 자리야말로 하나님의 영광이 드러나는 자리이고, 우리 마음의 눈이 열리는 인당수임을 잊지 마십시오. 마음의 눈 하나 열리면 메마른 땅을 종일 걸어가도 피곤치 아니하지만, 그 눈 하나 뜨지 못하면 아름다운 정원을 거닐어도 행복을 느끼지 못합니다. 이 대림절에 사랑과 헌신의 길을 걸어 마침내 우리 마음의 눈이 활짝 열리기를 기원합니다.

지성과 감성과 영성이 어우러진 곡진기정(曲盡其情)의 설교

차정식/한일장신대 신학과 교수

　김기석 목사의 설교는 인간사와 세상사에 대한 보편적인 공감대가 넓다. 지성의 총기가 빛을 발하지만 지성에 머물지 않고 감성의 심연을 서늘하게 우려내지만 감성에 갇히지 않는다. 기필코 자신이 그리스도인이고 목사이며 설교자로서 그 정체성을 확고히 하면서 무엇을 어떻게 전해야 그것이 하나님 말씀에 최대한 근접하는지 깨닫하여 그의 설교는 줄곧 영성의 날개를 활짝 펼치는 데까지 나아가 활공한다. 설교는 현장에서 수행하는 구연(口演)의 장르이므로 그 문자텍스트로서 그 진가를 평가하는 건 무리다. 그러나 여러 차례 차분한 어조로 하는 구연 설교를 들어봐도 공통적으로 그의 설교 언어는 글이든 말이든 정갈하고 다감하다. 언어적 표현은 섬세하고 그것을 전달하는 목소리의 질은 공손하다. 이는 그의 설교가 하나님을 향해 경건한 긴장의 자세를 잃지 않을 뿐 아니라 회중을 향해서도 성도에 대한 예의를 지키고 있단 증거라고 할 수 있다.

　김 목사의 설교가 울림이 큰 것은 그 형식적 정갈함 때문만은 아니다. 그의 메시지 내용 또한 인간과 세계에 대한 깊은 이해와 함께 성경 텍스트 행간에 자리한 의미의 큰 덩어리와 소소한 자투리를 두루 아우르면서 차분하게 조명하고 적절하게 적용할 줄 아는 뛰어난 감각이 그 메시지의 울림을 증폭시키는 비결이다. 나는 이러한 그의 설교 미덕에 '곡진기정'(曲盡其情)이란 꼬리표를 붙여 자리매김하고 싶은 욕망이 생긴다. 이 한자성어는 인간사와 세상사에 담긴 사정을 자세하게 알거나 간곡하게 말함을 뜻한다. 이는 사람의 각종 사연을 다양하게 헤아려 그 깊이를 깨치고 그 넓이를 품어 적실하게 마주하는 삶의 자리에 응답하도록 극진하게 임하는 자세를 암시하는데, 그 교훈에 비추어 김 목사의 설교는 거친 솔기와 강파른 경계 없이 그 안팎의 제반 사정을 아우르는 품이 깊고 넓다. 이러한 그의 설교 미덕은 다시 말해 그가 지향하는 신학에 깔린 인문주의의 지평이 광활하다는 증거이다. 수십 년 목회 여정과 설교 활동 중 지극히 일부만 발췌하여 살펴봐도 그의 설교 가운데 명멸하는 이러한 계몽과 감화의 빛은 넉넉하게 포착된다.

인간의 심연에 대한 깊이 있는 통찰

「한 숨결 안에 있는 세상」이라는 제목의 설교는 사도행전에서 바울 사도가 전한 이른바 '아레오바고 설교'를 본문으로 그 핵심을 짚어낸 것으로 그 메시지의 보편주의적 미덕과 포용주의적 지향의 특징을 엿볼 수 있는 사례로 주목된다. 설교자는 이 본문을 포괄적으로 다루되 그 텍스트의 내용을 찬찬히 훑어 내려가면서 그 틈새로 적절한 설명을 붙이고 친절하게 성경의 본문과 청중이 만나도록 안내하는 역할에 충실하다. 이를 위해 설교자는 먼저 설교의 제목과 상응하는 본문의 핵심 요절을 부각시키며 "우리는 하나님 안에서 살고, 움직이고, 존재하고 있습니다."라는 구절이 환기하는 이 시대적 분위기를 반면교사의 성찰 대상으로 적시한다. 나아가 그는 바울이 이런 고백에 다다른 마음의 움직임에 주목하여 그 '마음의 결'을 쫓아 공감하고 공명하는 방식으로 본문에 접근하면서 그 건조한 텍스트에 생기를 불어넣는다. 인간의 말은 인간의 생기를 담을 때 비로소 힘이 되고 하나님의 말씀과 만날 수 있다는 점을 잘 알기에 이런 공감의 접속이 가능할 것이다.

이러한 깊은 주관주의의 독법은 곧바로 바울이 역사적으로 자리한 아테네란 도시적 환경에 대한 객관적 정보, 역사비평적 분석으로 보완된다. 이 본문에 왜 아레오바고 설교란 제목이 붙게 되었는지, 아레오바고란 게 무엇인지 일반 청중에게 다소 생소할 그 지명에 대해서 설교자는 다음과 같이 정확하게 소개한다.

"아레오바고는 전쟁의 신인 '아르스의 언덕'이라는 뜻입니다. 그곳에서는 종종 재판이 열리기도 했고, 치열한 토론이 벌어지기도 했습니다. 아레오바고는 지혜를 겨루려는 이들로 늘 붐볐을 것입니다. 사도행전의 저자인 누가는 '모든 아테네 사람과 거기에 살고 있는 외국 사람들은, 무엇이나 새로운 것을 말하고 듣는 일로만 세월을 보내는 사람들이었다.'(사도행전 17:21)고 말합니다."

나아가 이 아레오바고 언덕이 자리한 아테네라는 도시의 특수성에 대해서도 비교적 상세하게 설명하면서 설교자는 그것이 예루살렘과 비교하여 지닌 당대적 의미를 터툴리아누스 교부의 질문을 인용하면서 재치있게 제시한다. 예루살렘이 계시와 신앙의 메타포라면 아테네는 당시 이성과 철학의 상징 도시였다는 것이다. 이와 함께 아테네와 함께 환기되는 그 도시의 역사적 기원, 유명 철학자와 극작가 이름이 거론되고 고대 민주주의의 전당으로서 이 도시의 대표적인 건축물인 파르테논 신전과 아크로폴리스 언덕을 소환한다.

이러한 객관적인 역사 정보, 지리 정보에 근거하여 설교자는 곧장 이 본문의 핵심 모티프인 도성에 가득한 신상들의 의미를 조명한다. 이성과 철학의 도시였던 그곳에, 민주주의의 꽃을 피웠던 그 합리적 터전 가운데, 수많은 신상들을 세워 그 앞에 복을 빌고 행운을 축원하면서 경배한 것은 결국 불안에 사로잡힌 인간 본연의 심성 아니었겠느냐는 것이다. 이는 인간의 보편적 속성에 대한 정직한 통찰이면서 날카로운 비판을 담아내는 지점이다. 아울러, 인간의 제도나 문화로서의 종교란 것이 '삶이 무서워 사회를 만들고 죽음이 무서워 종교를 만들었다.'는 경구에 상응하는 측면이 있음을 내비치면서 종교적 존재로서 인간이 지닌 연약한 유한자의 초상을 갈파한 셈이다. 물론 바울의 목소리 속에는 이러한 인간의 속성조차 '종교심'의 일부로 수용되지만 그 이면의 차이는 의외로 극과 극으로 갈릴 정도다. 설교자는 인간의 종교심에 자리한 이러한 나약한 심성을 앞세워 또 다른 종교적 메시지로 윽박지르고 위협함으로써 그 두려움을 자극하지 않는다. 설교자는 그런 방향으로 메시지를 몰아가지 않는다. 오히려 그와 반대 방향으로 종교의 본질을 설파하면서 종교의 타락이 어떤 종류의 인간 타락을 조성하며 종교의 본질을 왜곡하는지 준엄하게 질타한다.

"자기가 특별한 사명이나 은사를 받았다고 주장하는 사람들을 믿지
마십시오. 그리고 두려움과 욕망을 자극하면서 신앙을 선전하는 이
들을 믿지 마십시오."

사실 평범한 설교자라면 종교와 신앙의 무기로 적절하게 휘두를
만한 그 두려움이란 소재를 적재적소에 활용하여 교인들의 신심을
강화하고 교회의 신앙적 열기를 높이려고 애쓸 법하다. 김기석 목
사는 그것이 종교심의 부정적이고 파괴적인 하수의 선택이라고 보
는 듯하다. 그러한 위협적 메시지가 얼마나 한국교회를 저질의 수
준으로 퇴락시키고 있는지 통렬하게 자각하고 있는 게 분명하다.

설교자가 자신이 설교하는 청중의 삶의 자리에 민감하듯이, 동
시에 바울이 설교하던 아레오바고의 주요 청중이던 스토아학파와
에피쿠로스학파의 사람들이 무엇을 주장하고 믿었으며 어떤 가치
를 추구했는지 그들의 사상의 자리에도 우호적인 의미를 부여한
다. '마음의 평정'을 추구한 스토아학파와 '고통과 근심으로부터 해
방된 경건한 삶'으로서 쾌락을 강조한 에피쿠로스학파의 주장 모
두 기독교인들도 배울 점이 많은 '훌륭한 가르침'으로 그 나름의 가
치가 있고 미덕이 있다는 포용적인 자세다. 타종교와 이 세상의 철
학을 무가치하고 무의미한 이교도의 헛된 가르침으로 매도하길 좋
아하는 보수적인 기독교 설교자의 통상적 견해를 넘어선 통찰이다.
그러나 설교자는 여기에 멈추지 않고 기독교의 복음이 그것들과 어

떻게 다른지 친절하게 설명한다.

"그들의 철학은 완성된 삶의 가능성을 오직 인간 존재 그 자체에서
찾았다는 점에서 기독교와 달라집니다. 그 속에는 은총의 가능성이
없습니다. 바울은 바로 그 지점을 지적하면서 그리스도를 통한 은총
을 이야기했을 것입니다."

이웃 종교나 철학 사상의 보편적 가치에 대해 적극 수긍하면서
동시에 기독교의 차별성을 지적한 것이다. 그 차별성을 강조하기
위해 설교자는 바울이 지적한 '알지 못하는 신에게' 당시 헬라인들
이 경배하던 종교심의 이면에 잠재된 두려움의 속성을 다시 소환하
면서 있음과 없음, 앎과 무지의 경계에서 방황하는 인간의 실존을
예리하게 포착한다. 그 정점에서 인간의 실존적 이중성을 예시한
것이 바로 무신론자를 자처한 프리드리히 니체가 하나님을 "나를
어쩔 수 없이 끌어당기는 덫"이라고 간주하면서 남긴 〈미지의 신에
게〉라는 제목의 시이다. 여기서 니체는 "당신을 알고 싶습니다, 미
지(未知)의 당신,/내 심령(心靈) 속 깊숙이 파고 든 당신을./내 목숨을
폭풍처럼 정처 없이 떠돌게 하는 당신./알 수 없는 당신, 그러면서
가까운 나의 혈연!(血緣)/당신을 알고 싶습니다, 몸소 당신을 섬기고
싶습니다."라고 역설적 고백을 했다는 것이다.

설교자는 바울의 설교 본문을 연이어 따라가면서 인간과 세상을
지으신 하나님의 속성, 즉 인간이 지어 바친 신전에 거하지 않으시
고 무슨 제물의 섬김을 받고자 안달하지도 않으면서 이 세상 생명

들에게 모든 것을 주시는 분으로서 창조주 하나님을 조명한다. 그 하나님을 창조주로 인식한다는 전제하에 모든 인간이 그의 자녀로서 한 숨결을 타고났다는 통찰이 이 대목에서 빛을 발한다. 이른바 사해동포주의의 보편적 이념 속에 모든 인간이 하나님과 무관한 존재가 아니며, 한 호흡을 타고 태어났기에 우리 삶의 매 순간이 하나님이 도래하는 시간이라는 것이다. 그리하여 그가 다다른 최종 메시지는 이렇다.

> "모든 것이 하나님으로부터 유래한 것이라면 세상의 어떤 것도 하나님과 무관한 것은 없습니다. 무신론자를 자처하는 사람이라 해도, 불가지론자라 해도, 신성모독자라 해도 하나님은 그들을 쉽게 버리지 않으십니다. 그들은 깨닫지 못한 사람이지 없애버려야 할 대상이 아닙니다. 바울은 하나님께서 인류의 모든 족속을 한 혈통으로 만드셨다고 말합니다. 사는 곳도 다르고 시대도 다르지만 모두가 한 호흡으로부터 태어난 존재입니다."

김기석 목사는 이 짧은 설교에 종교적 존재로서 인간의 실존, 종교의 타락과 공포의 세계, 이웃 종교와 철학의 미덕과 그 한계, 기독교 복음의 차별성, 모든 인류에게 열려 있는 구원에의 초대 등 실로 다양한 메시지를 담아낸다. 그러면서도 혼란스럽지 않고 그 메시지가 가지런하며 논리 정연하고 깔끔하다. 물론 이 아레오바고 설교의 본문은 그리스도의 은총을 설파하기에는 다소 부적절한 텍스트이다. 이곳에 그리스도론보다 신론이 압도적이고 그 보편적 신으

말씀 등불 밝히고

로서 하나님에 대한 변론은 '미지의 신에게'라는 한 비문을 매개로 '우리가 신의 자녀'라는 로마의 이방 시인 아라투스(Aratus)의 시구로 마무리되기 때문이다. 그럼에도 불구하고 이 설교는 인간의 심연에 대한 깊이 있는 통찰과 성경 본문에 대한 세밀한 독법, 오늘날 공포 마케팅으로 기독교가 처한 난맥상에 대한 비판적 성찰, 복음의 본질과 그 궁극적 의미에 대한 웅숭깊은 조명으로 청중에게 이 혼란스러운 세태 가운데 길라잡이 역할을 하기에 충분해 보인다.

거룩한 삶의 제물이 되는 길

산상변화주일에 선포한 설교 「날마다 새롭게」는 20분 분량의 짧은 내용이지만 로마서 본문의 핵심을 놓치지 않고 그리스도인으로서 온전한 예배가 일상에서 어떻게 이루어져야 하는지 적절한 본문 주석과 함께 구체적인 예화를 동원해 제시하고 있다. 예수의 산상 변모가 신비스러운 기적 사건으로 치부되기보다 그 변화가 함의하는 메타포를 바울의 예배 개념, 즉 섬김으로서의 예배 이해와 접목시켜 적용한 설교이다.

로마서의 이 본문은 로마서 전체의 문맥에서 볼 때 인류의 보편적 타락상, 이신칭의(以信稱義) 복음과 그 구체적인 혜택에 대한 변증, 나아가 이스라엘의 종말론적 구원 전망을 다룬 뒤 그렇게 구원받은 신자들이 어떻게 살아야 하는가에 대하여 신앙 윤리적인 대명제를 선포한 중요한 구절이다. 이를 산상변화주일의 맥락과 연결시키기 위해 설교자는 모세가 시내 산에서 하나님과 만나고 나서 얼굴이 환하게 빛난 이야기를, 변화 산에서 예수께서 모세와 엘리야와 만날 때 옷이 하얗게 변하고 얼굴이 해 같이 빛난 이야기와 포개 읽으면서 또 그 빛을 창세기 1장의 천지창조 때 만들어진 태초의 빛과 접목시킨다. 이는 예수의 얼굴에 나타난 그 환한 빛을 신비화하여 권위적인 휘장을 둘러치려는 시도를 탈신화화함으로써 그 메타포의 의미를 갈파하려는 주석적 시도로 보인다. 그에 따르면 그 빛은 동일한 궤도를 선회하면서 단순히 우리의 주관적 믿음을 강화하는 데 기여하기보다 우리의 삶 자체가 빛을 발하여 이 세상에서 하나님의 진리를 나타내는 섬김의 자리로 나아가길 바라는 메시지로 드러난다.

그러나 그러한 당위적 목표는 쉽사리 우리의 현실로 성취되지 않는다. 순전히 은총의 힘으로 이신칭의의 혜택이 죄와 죽음, 율법의 족쇄로부터의 해방을 선취하리라는 약속으로 나타날지라도 그것이 구체적인 개인의 삶 가운데 환한 빛의 열매로 구현되기까지는 통과해야 할 험로가 만만치 않다. 무엇보다 이 세상의 죄악 현실은 사람들의 욕망을 매개로 해서 그러한 방향으로 우리가 빛의 자녀로서 사는 것을 끊임없이 훼방하기 때문이다. 그래서 유대 사람이나 그리스 사람이 모든 인간은 차별 없이 다 죄 아래 있다(로마서 3:9)는 보편적 타락상은 외면하기보다 정직하게 응시하고 통찰해야 할 인간 삶의 실존적 환경이다. 물론 그 통찰조차 저절로 쉽게 생기지 않는 게 일상을 살아가는 사람들의 보편적 경험이다. 그래서 성찰이 중요하고 그 성찰을 추동하는 신앙의 힘이 긴요한 법이다.

이를 직시한 설교자는 구체적인 개인이 그 내면의 죄악 현실과 싸우기가 얼마나 어렵고 이기기는 또 얼마나 더 어려운지 바울 자신의 통렬한 자기 성찰을 예시하면서 영적인 전투의 예비적인 조건을 설정한다.

> 나는 내 속에 곧 내 육신 속에 선한 것이 깃들여 있지 않다는 것을 압니다. 나는 선을 행하려는 의지는 있으나, 그것을 실행하지는 않으니 말입니다.(로마서 7:18)

설교자는 이처럼 모든 인간의 내면에 은폐된 자가당착의 현실을 엄중하게 직시한다. 욕망과 의지가 겉돌고 의지와 실천이 길항하면서 끊임없이 분열하는 자아의 혼란 가운데 우리는 아무리 강력하게 확신해도 그것이 이 세상의 파고(波高)를 쉽게 견디지 못하고 자신의 욕망조차 제대로 제어하지 못한다는 사실을 너무 잘 안다. 그러므로 정직하게 자신의 내면을 바울처럼 응시하고 자신의 결핍을 성찰하면서 바로 그 자리에서 섬김의 자세를 견결하게 다지고 예배의 목표를 명확하게 설정하는 결단은 더더욱 중요해진다. 더구나 육신에 품는 생각이 하나님을 향한 적대감(로마서 8:7)으로 돌출되는 마당에 우리의 영혼은 자주 죽음의 실존 가운데 노출되어 허덕거리는 게 사실이다.

설교자는 이러한 예비적 통찰의 기반 위에서 로마서 12장 1-2절 본문을 주석하고 즉각 적용한다. 자신의 몸을 주님 앞에 거룩한 산 제물로 내어놓는 예배의 행위는 성숙한 신앙의 궁극적 목표이다. 그것은 "성숙한 믿음의 자리에 선 사람들"이 "하나님의 꿈을 이루기 위해 기꺼이 자신을 선물로 내놓"는 자기 헌신의 섬김으로 나타

난다. 여기서 설교자가 '합당한'(logikē)의 의미를 풀어 그것이 그리
스도 이전의 경우처럼 동물을 죽여 그 희생제물로 제사하는 예배와
어떻게 다른지 설명하지 못한 점은 아쉽다. 그러나 그 합당한 예배
의 가치가 일상의 구체적인 섬김의 현장에서 우리의 몸으로 구현하
는 삶의 총체적 자리를 통해 발현되어야 한다는 것, 그것이 제도로
서의 종교제의를 넘어 말이 통하는 예배의 합리적 가치에 부응한다
는 점은 충분히 드러내준다. 일상 자체가 예배가 된다는 메시지를
연거푸 강조하고 있기 때문이다. 그것은 마치 그리스도께서 자신의
목숨을 하나님께 거룩한 산 제물로 희생한 선례에 입각한 예배이
고, 루터의 사례에서 보듯, 매일 자신의 세례를 기억하면서 자신이
그리스도와 함께 죽고 그리스도와 함께 다시 사는 경험을 그 삶의
자리에서 구현하는 행위라고 볼 수 있다. 그리하여 김 목사는 그 거
룩한 산 제물의 헌신으로서 합당한 예배가 이중적 과제로 구성된다
고 본다.

> "그 예배는 이중적 과정으로 구성됩니다. 먼저는 하나님께서 우리를
> 위해 예비해놓으신 은혜를 몸과 마음에 깊이 받아들이는 것이고, 그
> 다음은 거듭난 사람의 감격과 기쁨을 가지고 우리가 살고 있는 욕망
> 의 거리를 정화하는 것입니다."

은혜의 과감한 수용과 치열한 성찰을 통한 자기 정화 없이 이신
칭의의 복음은 겉치레 장식이 되기 쉽고 거룩한 삶의 제물은 자기
의를 돋보이게 하는 훈장으로 전락하기 쉽기 때문이다.

로마서 12장 2절의 적용에서도 설교자는 이 세대를 본받지 않는 것이 무엇을 가리키는지 이 시대적 맥락에서 적절하게 통찰한다. 이 세상의 주류가치에 순응하지 않는 삶의 지향은 '불온'과 '비정상'의 딱지를 붙여가면서 자본제적 전일 체제에 예속된 단일한 모범생을 만들어내느라 분주한 세태를 모르지 않기 때문이다. 이 세상의 이러한 위력은 하나님과 같이 되어 모든 인간을 쥐락펴락하면서 일사분란하게 조종하려는 또 다른 죄악의 속성이다. 이러한 파시즘적 체제 아래에서는 억압과 착취, 불공정한 지배가 일상화되어 사람들을 그 올무 안으로 유혹하지만 정작 예수께서는 하나님의 나라에 반역하는 그 억압적인 체제와 온몸으로 부대끼며 싸우셨다. 설교자가 보기에 그 반역의 현실은 돈을 신으로 숭배하는 맘몬주의 현실에서 가장 극렬하게 활개를 치고 그 결과는 '존재 망각'이고 '인간 상실' 그 자체이다. 그리하여 예수를 따르는 그리스도인 신자들 역시 이 세상의 주류가치에 순응하기보다 신앙적 항체를 키워 날마다 스스로 삶을 갱신함으로써 하나님의 선하시고 기뻐하시고 온전하신 뜻을 대안으로 살려내야 한다는 것이다.

　설교자는 그 모든 과정이 억지로 이루어지기보다 순리에 따라 기쁨의 참여로 가능하다고 본다. 그것은 하나님을 믿는 기쁨이 이 세상의 주류가치를 압도하여 이 세상의 버려진 아름다움을 발견하고 순전하게 영접할 때 특히 빛을 발한다.

　"하나님의 뜻을 따라 사는 것이 신나고 의미 있다고 느끼면, 그동안 우리를 사로잡고 있던 다른 재미들은 저절로 물러가게 마련"이기 때문이다. 가령, 친환경적인 방식의 가게를 운영하여 지구를 보존하는 방식, 버림받은 아이를 입양해 키우는 방식, 세월호 유가족을 찾아가 커피를 대접하며 함께하며 위로하는 일, 혼자 밥을 먹는 청년들에게 밥을 지어 섬기는 일 등 거룩한 삶의 제물이 되는 길은 다양하면서 매우 구체적이다. 이러한 삶의 행동과 결실이 나타날 때 우리의 일상은 비로소 예배로 이어질 것이고, 이 세상은 그리스도인의 현존을 통해 날마다 조금씩 새로워지게 될 것이다. 김기석 목사의 이 간결한 설교는 그 새로움이 마냥 추상적인 목표가 아니라 구체적인 경험이 되고 그리스도인의 신앙이 자기 최면의 확신이 아니라 매일매일의 실천 지향적 과정임을 역설하는 힘을 보여준다.

교회 바깥의 황량한 광야로 끌어내는 메시지

세계성찬주일을 기념하기 위해 준비한 「나눔과 통합의 성사」라는 설교는 고린도전서의 간결한 성경 요절에 근거하여 최대한 메시지의 의미를 증폭시키는 방향으로 전개된다. 다시 말해 김 목사의 다른 설교에 비해 이 설교는 본문의 본래 맥락에 대한 언급이 생략 또는 절제되어 있다. 고린도전서의 상기 본문은 고린도교회에서 공동식사로서 애찬과 주의 만찬이라는 제의적 식사가 아직 충분히 구별되지 못한 채 무질서하게 진행되던 상황을 반영한다는 시각이 있다. 또 다른 관점은 부유한 신자들이 먼저 준비한 음식을 먹고 포도주에 취하기까지 한 반면 늦게까지 노동을 해야 해서 제때에 도착하지 못한 노예 등의 가난한 신자들은 뒤늦게 참여하여 먹을 음식이 없는 상태에서 수치심을 느껴야 했던 공동체 분리와 차별의 상황에 대하여 바울 사도가 비판적 일침을 가하면서 주의 만찬의 전통을 세우고자 그 예전적 법식을 소개한 것으로 보기도 한다. 여기서 바울이 소개한 그리스도께서 잡히시던 날 밤의 마지막 만찬은 복음서에 유월절을 배경으로 배설되었고, 무교병과 포도주의 나눔과 참여를 통해 제자들은 그리스도 안에서 서로 한 몸으로 결속하는 의미를 다졌다. 동시에 이 만찬에서 예수 그리스도는 유월절의 어린 양 이미지를 매개로 출애굽에 나타난 이스라엘의 구원 사건과 결부되었다.

김 목사는 이러한 배경 설명을 「나눔과 통합의 성사」라는 제목 속에 갈무리하면서 예수께서 유월절 가정 식사 자리에서 가장의 역할을 한 것으로 해석한다. 아울러 무교병 맛짜를 쪼개고 포도주잔을 나누며 그것을 기억하라고 말씀하신 대목에서 그는 '기억하라'의 의미를 'remember'의 어원 가운데 새기면서 주님을 다시 우리 삶에 맞아들이는 뜻이라고 풀어낸다. 당시 유대인의 일용할 양식으로 사용된 빵과 포도주가 일상의 삶 가운데 주님의 현존을 기억하는 매개로 작용하면서 설교자는 이 성사가 제사장적 특권으로서 제의적인 맥락을 넘어 사람들 사이의 단절된 관계를 이어주고 망가진 관계를 회복시켜주는 매개로서 지닌 중요성을 강조한다. 이와 같이 세계성만찬주일 기념 설교가 보여주는 특징은 바로 그 식사 행위와 식사 내용의 일상적 의미에 있다.

그 구체적인 사례들로 설교자가 보여주는 이야기들은 두루 감동적이며 교훈적이다. 김 목사가 성경 본문에 조응하는 예화를 선정할 때 아무것이나 상투적으로 사용하지 않고 평상시 폭넓은 독서를 통해 얻은 것들을 저장하여 그것을 적재적소에 인용한다는 증거가 이 설교 예화에서도 충분히 증명된다. 먼저 설교자는 헨리 나우웬이 하버드 대학과 예일 대학의 교수직을 그만두고 중증장애인을 돌보다가 세계 각지에 흩어져 있는 형제자매들을 만나 성찬을 나누길 즐겼으며 이러한 행위를 통해 그들이 함께 그리스도의 손과 발이 되어 살아가야 할 존재임을 깨달았다는 이야기를 소개한다. 아울러, 4세기 사막의 은수자들도 은둔소에서 평상시 기도와 묵상에 힘쓰다가 주일을 맞으면 인근 도시로 들어가 예배와 성찬에 참여하길 잊지 않았다고 하며, 감리교의 비조 존 웨슬리 목사도 신자들이 길을 가다가도 주변에 성만찬이 베풀어지는 곳이 있으면 반드시 참여한 후 가던 길을 갈 것을 권고했다고 한다. 이 모든 예화는 성만찬이 교회 안의 제의적 형식에 갇혀 성직자의 특권적 전유물로 고착된 것이 아니라 일상의 삶 가운데 서로가 그리스도 안에서 연결되어 있음을 깨닫고 그리스도처럼 살기 위한 신앙적 결단과 갱신의 기회였음을 상기시켜준다.

그러나 김 목사는 그 성만찬이 반드시 교회에 의한 교회만의 행사가 아니라는 전제 아래 이 세상 한가운데서 펼쳐져야 할 나눔과 통합의 다양한 사건이 되어야 한다고 주장한다. 그가 성만찬이 지나치게 신비화되는 것을 경계하고 요한복음의 경우처럼 화려한 성만찬의 집기들 대신 제자들의 발을 닦아주신 주님의 수건과 대야가 필요하다고 역설한 것도, 바로 그런 이유에서다. 동시에 이런 성만찬의 역사적 뿌리가 예수께서 하나님 나라 운동을 통해 여성들을 제자로 받아들이고 소외되고 병든 사람들을 식탁교제의 자리에 초청하여 함께 먹고 마신 개방된 참여의 현장에 있음을 강조한 것도 빵 나눔을 통한 예수의 만찬이 성과 속, 정과 부정의 배타적 경계를 강화하기보다 극복하는 자리에 있음을 보여주었다는 것이다.

이런 방면에서 감동적인 정점의 예화가 하인리히 메르텔이 들려주는 어느 빵집 할아버지의 미담이다. 그는 파리 야곱의 거리에서 빵집을 운영하는 주인의 아버지였는데 어느 날 버스운전기사 게라드가 수심에 찬 얼굴로 이 빵집에 들렀다는 것이다. 인정 많은 그 할아버지는 자초지종을 그에게 물었고 그의 네 살배기 딸이 2층 창문 난간에서 떨어져 병원에서 고통을 당한다는 사실을 확인한 후 말없이 그 앞에서 빵을 떼면서 함께 먹자고 제안하여 그의 아픈 딸을 생각하겠노라고 말했다고 한다. 이윽고 빵집에 들어온 한 부인에게도 빵을 떼어 나눠주고 게라드의 슬픈 사연을 들려주면서 "우리는 그 아이의 아버지가 혼자가 아니라는 것을 보여주어야 하겠습니다."라고 말했다는 것이다.

김 목사는 이 예화를 통해 성만찬의 의미를 단순한 기독교 예전의 범주가 아니라 일상의 삶 가운데 사람과 사람 사이에 나눔을 통한 통합의 성사가 되어야 한다고 설파한다. 이와 같이 확장, 심화된 성만찬의 신학적 의미는 이 설교가 전파되던 당시 한국에서 열린 G20 정상회의와 그곳에서 논의된 금융위기 이후 세계경제 문제, 에너지, 자원, 기후변화, 기아, 빈곤 문제, 나아가 북한의 식량난과 동부 아프리카 여러 나라의 기근, 인도네시아와 사모아의 지진 피해 등 세계 도처에서 신음하는 오늘날의 제라드들에게로 뻗어나간다. 그들처럼 병들고 연약하며 가난한 지구촌 절반 이상의 생명을 배제한 채 자기들끼리의 만찬으로 먹고 마시는 자리가 주님의 만찬과 전혀 상관이 없다면, 오늘날의 성만찬은 1년에 몇 차례 형식적으로 치러내는 개교회의 행사로 겉돌 수밖에 없다. 김 목사의 성만찬 설교는 이렇게 교회를 부끄럽게 하면서 교회를 교회 바깥의 황량한 광야로 끌어내는 메시지의 마력을 내장하고 있다.

보이지 않는 세상의 부름

김기석 목사의 설교에서 일관된 도드라진 특징 한 가지는 그가 시를 자주 인용한다는 것이다. 시뿐만 아니라 문학작품을 광범위하게 읽고 거기서 우러나는 감상과 교훈을 종종 그의 설교에 끌어들이며 성경 본문에 접속하여 표나게 적용하는 성향이 있다. 이는 그가 지닌 문학비평가로서의 경력과도 무관치 않으리라 보지만 더 깊은 속내에서는 그가 성경과 설교를 딱딱한 교리나 교조적인 산문의 틀 속에 가둬놓지 않으려는 무의식적 발로로 비치기도 한다. 과연 그의 설교 대부분은 한 편의 가지런한 문학작품을 연상시켜준다. 문장은 반듯하게 리듬을 갖추고 있고, 그것을 구연하는 목소리도 시를 낭송하는 듯 부드럽고 따스하다. 얼마나 많은 성경의 독자들이 성경의 텍스트를 문자주의의 올무에 가두면서 그 메시지를 편협하게 전유하거나 옹색하게 형해화하는지 모른다. 이러한 행태가 구약성경을 율법주의적으로 풀어 민중을 억압한 예수와 바울 시대의 퇴행적 유산이고 예수와 바울 등이 이러한 오류를 시정하고자 온몸으로 항변하며 싸운 사실을 알 만큼 알 텐데도 이러한 문자주의적 성경 이해의 습벽은 오늘날에도 꾸준히 지속되고 있다. 또 설교의 언어 역시 그 패턴에 순치되어 강파른 도덕주의적 강변으로 전락하기 일쑤이다.

　설교자로서 김기석 목사는 이러한 폐단을 누구보다 민감하게 의식하고 있는 듯하다. 나도 동의하고 김 목사도 인식하는 바대로 성경은 문자주의를 강요하는 딱딱한 산문의 언어라기보다 운문의 언어, 시적 영감을 불러오는 열린 텍스트의 언어이다. 그것은 단 하나의 교조적 진리를 당의정처럼 포장하여 사람들에게 이런저런 삶의 교설을 겁박하거나 강요하지 않는다. 다양한 삶의 자리에 씨 뿌려져 제각각의 다채로운 꽃을 피우고 열매를 맺도록 우리의 생각과 삶의 촉수를 부드럽게 열어젖히는 초청의 언어와 환대의 담론이 바로 성경의 언어에 가깝다. 김 목사의 설교는 이런 성경의 언어를 닮고자 한다. 그래서 성경을 시처럼 묵상하며 시처럼 해석하고 시적 영감의 내공을 살려 그 해석적 의미를 풀어 제공한다. 그의 설교에 많은 시들이 인용되고 그 시들이 성경의 언어와 만나 해석의 진경을 배설하며 그 결과 그 교훈의 감응력을 높이는 이유가 바로 여기에 있다.

　신년주일에 설포한「우리가 바라보는 것」이라는 설교는 필경 코로나 언택트 시즌에 온라인으로 청중에게 전달되었을 것이다. 모든 설교자들이 경험해보았을 테지만 텅 빈 예배당에서 허공을 향해 강단에서 말씀을 선포하는 그 환경은 낯설고 어색했으며 처음 겪어보는 매우 기이한 풍경이었다. 그 와중에 보이지 않는 성도를 향해 설교자는 보이지 않는 하나님의 세계에 담긴 비밀을 설파한 바울의 저 고린도후서 구절에 근거하여 당면한 전 지구적 환란의 현실에서 결코 낙심하지 말아야 할 사유를 조곤조곤 들려준다. 먼저 그는 노벨문학상을 받은 폴란드 시인 비스와바 쉼보르스카의 시 몇 소절을 인용하면서 우리의 유일회적 삶의 순간이 얼마나 특별하고 소중한지, 그리하여 그 순간을 둘러싼 황량한 현실이 아무리 끔찍할지라도 그 바깥을 보며 낙담하고 포기하지 말아야 할 근거와 사유를 명징하게 돋을새김한다.

"두 번은 없다. 지금도 그렇고
앞으로도 그럴 것이다. 그러므로 우리는
아무런 연습 없이 태어나서
아무런 훈련 없이 죽는다."

"반복되는 하루는 단 한 번도 없다.
두 번의 똑같은 밤도 없고,
두 번의 한결같은 입맞춤도 없고,
두 번의 동일한 눈빛도 없다."

첫 대목만 들으면 우리의 실존 자체가 너무 암울하여 괜스레 위축되는 듯한데 그 다음 소절에 귀를 기울이면 이 세상의 객관적 환경과 무관하게 우리에게 주어진 하루하루의 삶, 매번의 만남이 그 자체로 어마어마하게 소중한 것임을 깨닫게 된다. 그래서 매년 반복되는 신년이고 첫날이지만 그것은 누구에게나 하나님의 '태초'로 다가와야 마땅하다는 것이다. 그래서 예의 시인이 맺은 결론처럼 "미소 짓고, 어깨동무하며/우리 함께 일치점을 찾아보자./비록 우리가 두 개의 투명한 물방울처럼/서로 다를지라도…"라는 권유는 고린도후서에서 바울이 권고한 바와 정확하게 조응한다. 그리하여 우리 모두 낙심하지 않고 영원의 관점에서 다시 봐야 한다는 것이다. 그 다시 봄의 자리에서 우리는 일시적인 고난의 현실에 굴하기보다 보이지 않는 하나님의 세계가 영원하다는 데 우리 삶의 소망이 있음을 깨닫고 진지한 신앙의 벗들과 나란히 어깨동무하여 든든한 생의 길을 내딛게 된다.

　보이는 것은 잠깐이지만 보이지 않는 것은 영원하다는 진술은 그 사상적 뿌리를 플라톤에게 두고 있다. 플라톤은 물질세계의 유한함과 열등함에 대비하여 보이지 않는 영혼의 세계가 불멸의 영원한 존재로 우월함을 이분법적으로 역설하여 이른바 영혼불멸설을 정초하였다. 그러나 바울은 바로 그 영원한 보이지 않는 세계를 표상하는 하나님의 은혜에 의지하여 신자들이 지금 여기의 유일회적인 삶의 순간이 얼마나 소중한지 발견하게 되며, 시시각각 당하는 일시적인 고난의 현실을 이길 힘을 얻게 된다고 믿는다는 점에서 플라톤과 다르다. '속사람'(ho esō anthrōpos)이라는 개념 역시 플라톤이 똑같이 언급한 말이지만 바울은 이 '속사람'을 영혼으로, '겉사람'을 물질적 육체로 대치하여 기계적인 적용을 하지 않는다. 오히려 바울의 겉사람은 시간성 속에서 보이지 않는 하나님의 영원을 발견한 신앙 이전 단계의 미성숙한 상태이고 속사람은 그 보이지 않는 영원을 발견한 신앙 이후 단계의 성숙해가는 상태라고 할 수 있다.

　이러한 의식의 변화, 인식의 도약이 바울에게 가능했던 근거를 설교자는 그가 박해하던 자에서 박해받는 자로 변화된 특별한 종교

체험에서 찾는다. 자기 삶이 송두리째 꿰뚫린 관통(breakthrough)의 체험으로서 이 변화의 사건은 그에게 "익숙하고 평온하던 삶에 균열이 일어나고, 더 이상 나 좋을 대로 살 수 없게 되는 체험"이었다. 그 체험을 통해 바울은 "자아에서 해방된 삶의 자유"를 맛보았고, 영원한 "하나님의 영광을 아는 지식의 빛"이 그에게 주어졌다. 그리하여 바울의 옛사람은 지나갔고 "하나님의 뜻을 따라 사는 이의 기쁨"이 그의 삶을 사로잡았다는 것이다. 이러한 변화된 삶 가운데 바울이 그랬듯이, 설교자는 예수의 생명을 품은 모든 신자들이 낙심하지 않고 불굴의 용기로 이 세상의 얄팍한 가치를 극복하고 하나님의 영원한 가치로 나아가자고 권유한다. 그것은 좀더 구체적으로 설명하면 우리가 바라보는 대상의 초점을 "신문, 유튜브, 카톡, 페북, 광고, 유명인에 대한 가십, 스포츠 스타들의 성적과 연봉" 따위에 맞춰 정신을 팔기보다 하나님의 영원한 가치, 예수의 생명에 담긴 대안적인 가치를 따라 담대하게 살아가는 것이다.

그 변화는 또한 냉소적이고 거칠고 자기중심적이고 고집스럽고 사소한 것에 성내는 겉사람의 행실에 머물지 않고, 그런 옛 자아와 결별하여 이웃을 향해 따뜻하고 친절하고 겸손하게 변하여 그리스도를 닮아가는 것이라 한다. 이 세상 현실과 담쌓고 살 수 없는 현실 속에서 우리는 "함께 사는 세상을 정의와 공의의 토대 위에 세우는 일"에 힘써야 하며 이를 위해 때로 치열한 저항과 투쟁이 필요할 테지만, 이와 함께 그리스도인은 전혀 다른 세상을 꿈꾸며 우리의 바라보는 초점을 이 세상의 현실 너머로 넘실거리는 하나님의 꿈에 맞추어야 한다. 설교자는 그것을 하나님의 꿈과 약속에 터한 "보이지 않는 세상의 부름"이라 칭한다. 이는 곧 그리스도 신자들이 떠맡은 예언의 본질인데 예언자로서 그리스도인들은 이 세상살이의 고난과 상처를 감내하여 전혀 다른 세상을 믿음의 눈으로 볼 수 있는 자가 되어야 한다는 것이다.

설교자의 이러한 변설과 주장이 그 시적인 상상과 휘광 속에 때로 모호하고 추상적으로 비칠 수 있다. 나아가 이 세상 속에서, 이 세상의 현실과 함께, 그 현실 너머 보이지 않는 하나님의 영원한 세계를 바라보고, 속사람의 가치를 꿈꾸며 담대하게 실천하는 일이 교회와 사회 안팎에서 치열하게 사회 정의를 위해 분투하는 싸움과 어디서 어떻게 만나고 차별화되는지 헷갈릴 수도 있다. 그러나 보이지 않는 하나님의 무한과 영원을 상상할 수 있는 시적인 감수성을 품은 그리스도 신자라면 바울 사도의 이 말씀에 기대어 우리의 유일회적 삶의 순간을 겸손하게 영접해야 할 것이다. 나아가 이 세상살이의 거친 환란 가운데 낙심하지 말고 매일 새롭게 속사람의 과업에 매진해야 할 이유는 명백하다. 때로 어떤 희미한 대상을 향한 꾸준하고 극진한 바라봄 자체가 비록 처음엔 희미할망정 궁극적으로 견고한 소망을 잉태하여 한 인생을 송두리째 바꾸어놓기도 하기 때문이다.

한 숨결 안에 있는 세상

바울이 아레오바고 법정 가운데 서서, 이렇게 말하였다. "아테네 시민 여러분, 내가 보기에, 여러분은 모든 면에서 종교심이 많습니다. 내가 다니면서, 여러분이 예배하는 대상들을 살펴보는 가운데, '알지 못하는 신에게'라고 새긴 제단도 보았습니다. 그러므로 나는 여러분이 알지 못하고 예배하는 그 대상을 여러분에게 알려 드리겠습니다. 우주와 그 안에 있는 모든 것을 창조하신 하나님께서는 하늘과 땅의 주님이시므로, 사람의 손으로 지은 신전에 거하지 않으십니다. 또 하나님께서는, 무슨 부족한 것이라도 있어서 사람의 손으로 섬김을 받으시는 것이 아닙니다. 그분은 모든 사람에게 생명과 호흡과 모든 것을 주시는 분이십니다. 그분은 인류의 모든 족속을 한 혈통으로 만드셔서, 온 땅 위에 살게 하셨으며, 그들이 살 시기와 거주할 지역의 경계를 정해 놓으셨습니다. 이렇게 하신 것은, 사람으로 하여금 하나님을 찾게 하시려는 것입니다. 사람이 하나님을 더듬어 찾기만 하면, 만날 수 있을 것입니다. 사실, 하나님은 우리 각 사람에게서 멀리 떨어져 계시지 않습니다. 여러분의 시인 가

> 운데 어떤 이들도 '우리도 하나님의 자녀이다' 하고 말한 바와 같이,
> 우리는 하나님 안에서 살고, 움직이고, 존재하고 있습니다."

아테네와 예루살렘

좋으신 주님의 은총과 평화가 교우 여러분 모두와 함께 하시기를 빕니다. 저는 주중에 성경 묵상을 하던 가운데 "우리는 하나님 안에서 살고, 움직이고, 존재하고 있습니다."라는 말씀에 사로잡혔습니다. 당연한 말이지만 새삼스럽고, 감격스럽고, 위안이 되었습니다. 이 엄연한 사실을 깨닫지 못하거나 망각하는 것이 우리 삶의 병통이 아닌가 생각합니다. 바울 사도가 이 놀라운 고백을 한 것은 아레오바고 언덕입니다. 저는 오늘 바울 사도가 이러한 고백을 하게 된 그 마음의 결을 따라가 보려고 합니다.

데살로니가와 베뢰아에서 복음을 전하다가 박해에 직면했던 바울은 신도들의 안내에 따라 아테네에 당도하게 되었습니다. 그는 그곳에서 실라와 디모데가 오기를 기다리고 있었습니다. 아테네는 에게 해 연안의 외항인 파라이우스에서 약 8km 떨어진 내륙도시입니다. 아티카의 영웅인 테세우스가 아테나 여신을 기념하기 위해 창건했다는 그 도시는 여러모로 유명한 곳이었습니다. 아테네는 소크라테스, 플라톤, 아리스토텔레스 등의 철학자들이 활동하던 도시였고, 아이스퀼로스, 소포클레스, 에우리피데스 등의 위대한 비극작가들이 활동하던 곳이었고, 민주주의가 실험된 곳이기도 합니다. 한 마디로 말해 아테네는 서양 정신과 민주주의의 고향이라 할 수

있습니다. 3세기의 교부인 터툴리아누스는 신앙이 학문에 종속되려는 경향을 경계하면서 "아테네가 예루살렘과 무슨 상관이 있는가?"라고 말했습니다. 여기서 '아테네'는 이성과 철학을 상징한다면 '예루살렘'은 계시와 신앙을 상징한다고 하겠습니다. 아테네는 이처럼 서양 정신을 상징하는 도시로 여겨지고 있습니다.

아크로폴리스 언덕에 서 있는 도리아 양식의 파르테논 신전은 지금도 수많은 사람들의 눈길을 사로잡고 있습니다만, 고대 세계의 우주론이 다 담긴 걸작품입니다. 바울 사도도 그런 아테네의 모습을 보며 적잖이 놀랐을 것 같습니다. 하지만 그는 화려한 문화의 외피에 속절없이 끌려가는 사람은 아니었습니다. 그는 문명의 이면을 꿰뚫어보는 지혜자였습니다. 그는 아테네 거리 이곳저곳을 둘러보다가 도시 곳곳에 모셔진 신상들을 보았습니다. 사람들은 그 신상들 앞에 제물을 바치고 있었습니다. 그 광경을 본 바울은 격분했습니다. 서양 사상의 뿌리요 민주주의의 고향이라는 아테네에서 바울이 본 것은 '두려움에 사로잡힌 인간'이었습니다. 신들의 노여움을 사지 않으려고 안간힘을 다하는 인간 말입니다. 그 많은 '신상들'은 사람들의 두려움과 내적 공허함이 빚어낸 것이었습니다. 그런데 사람들은 그 신들이 혹시 재앙을 내리지 않을까 싶어 전전긍긍하고 있었습니다.

논쟁

종교는 사람들을 부자유하게 하는 덫이 아닙니다. 오히려 사람들을 거미줄처럼 얽어매 자유를 누리지 못하도록 하는 일체의 허위와 거짓과 공포와 우상들로부터 사람들을 풀어주어어 합니다. 죽은 나사로를 살려내신 예수님은 사람들에게 "그를 풀어 주어서, 가게 하여라."(요한복음 11:44b)라고 말씀하셨습니다.

며칠 전 우리교회 김지훈 기자가 쓴 기사를 보았습니다. 교회 부설로 영성 센터를 만들어놓고는 청소년들을 숙식시키면서 앵벌이까지 시키던 목사 부부가 수시로 폭력을 휘두른 혐의로 구속되었다는 기사였습니다. 남편 목사는 "나는 말세에 구원받을 14만 4000명의 영혼을 깨우는 특별한 사명을 받았다. 다른 교회에 가는 교인이 생기면 그의 사업이 망하고 죽게 해 달라고 하나님께 기도할 것"이라며 교인들을 세뇌, 압박했다고 합니다.(한겨레신문, 7월 13일자, 12면)

참으로 기가 막힌 일입니다. 제가 거듭 강조하는 바이지만 다시한 번 말씀드립니다. 자기가 특별한 사명이나 은사를 받았다고 주장하는 사람들을 믿지 마십시오. 그리고 두려움과 욕망을 자극하면서 신앙을 선전하는 이들을 믿지 마십시오. 저는 아테네를 둘러보면서 격분한 바울 사도의 심정을 이해할 수 있습니다.

바울은 회당에서는 유대인들과, 아고라에서는 헬라인들과 토론을 벌였습니다. 그 가운데는 에피쿠로스 철학자들과 스토아 철학자들도 있었습니다. 에피쿠로스 철학을 우리나라에서는 흔히 쾌락주의로 번역합니다. 이 번역어 때문에 에피쿠로스 학파는 상당히 많은 오해를 받은 게 사실입니다. 하지만 그들이 말하는 쾌락은 육체적 욕망의 충족이 아니라 고통과 근심으로부터 해방된 경건한 삶을 일컫는 말이었습니다. 그들은 극단을 피하고 균형 잡힌 삶을 추구했습니다. 스토아 학파는 감정이나 외적인 환경에 좌우되지 않는 마음의 평정을 추구했기에 개인적인 수련과 자제를 중요시하던 철학 사조입니다. 어떻게 보면 참 훌륭한 가르침들입니다. 기독교인들도 배워야 할 것이 많습니다. 하지만 그들의 철학은 완성된 삶의 가능성을 오직 인간 존재 그 자체에서 찾았다는 점에서 기독교와 달라집니다. 그 속에는 은총의 가능성이 없습니다. 바울은 바로 그 지점을 지적하면서 그리스도를 통한 은총을 이야기했을 것입니다.

예수라는 어쩌면 보잘 것 없어 보이는 갈릴리 사나이의 삶과 부활을 전하는 바울의 가르침은 아테네인들에게는 낯선 가르침이었습니다. 그들은 바울을 '말쟁이'로 치부하거나, '외국 신들'을 소개하는 사람으로 여겼습니다. 바울이 전하는 십자가의 도를 이해할 수 없었던 것입니다. 바울은 고린도교회에 보내는 편지에서 "그리스도가 십자가에 달리셨다는 것은 유대 사람에게는 거리낌이고, 이방 사람에게는 어리석은 일"(고린도전서 1:23)이라고 말한 바 있습니다. 십자가를 통한 구원이라는 말은 그만큼 전대미문의 말이었습니다. 그러나 바울은 "하나님의 어리석음이 사람의 지혜보다 더 지혜롭고, 하나님의 약함이 사람의 강함보다 더 강합니다."(고린도전서 1:25)라고 말했습니다.

알지 못하는 신

사람들은 바울의 생소한 가르침을 더 듣기 원한다면서 그를 아크로폴리스의 서쪽에 있는 바위 언덕 아레오바고로 데려갔습니다. 아레오바고는 전쟁의 신인 '아르스의 언덕'이라는 뜻입니다. 그곳에서는 종종 재판이 열리기도 했고, 치열한 토론이 벌어지기도 했습니다. 아레오바고는 지혜를 겨루려는 이들로 늘 붐볐을 것입니다. 사도행전의 저자인 누가는 "모든 아테네 사람과 거기에 살고 있는 외국 사람들은, 무엇이나 새로운 것을 말하고 듣는 일로만 세월을 보내는 사람들이었다."(사도행전 17:21)고 말합니다. 새로운 것을 말하고 듣는다는 것은 그들의 영혼이 여전히 닻을 내릴 곳을 찾지 못했음을 반증해줍니다. 바울은 그들 속에 있는 목마름을 알았기에, 주저 없이 그들의 초대에 응했습니다. 22절부터 나오는 바울의 연설은 매우 중요합니다. 바울 사도가 믿는 하나님이 어떤 분인지가 응축되어 나타나고 있기 때문입니다.

먼저 바울은 아테네 시민들이 종교심이 많다고 말합니다. 종교심이 뭐냐에 대해서는 많은 논란이 가능합니다. 하지만 저는 하나님께서 사람에게 영원을 사모하는 마음을 주셨다는 전도자의 말에 주목합니다. 자신의 유한함과 죽음을 의식하고 있는 인간은 의식적이든 무의식적이든 '있음'과 '없음'에 대해 생각하지 않을 수 없습니다. 우리가 문득 사로잡히는 영문 모를 불안감은 '없음' 앞에 직면한 인간의 현기증과 같은 것인지도 모르겠습니다. 존재에 대한 그런 질문이나 느낌 자체를 억압하는 사회가 있는 게 사실입니다. 그럼에도 불구하고 모든 인간은 종교적이라고 말할 수밖에 없습니다. 바울이 보기에 많은 신상을 세워놓고 그 앞에 치성을 드리는 아테네 사람들은 매우 종교적인 것처럼 보였습니다. 하지만 바울은 지혜를 자랑하나 허약하기 이를 데 없는 사람들을 보았습니다. 그들은 신들이 인생의 여러 영역들을 나누어 분장한다고 생각했습니다. 그러니까 신들이 많다는 것은 그만큼 인간이 겪을 수밖에 없는 고통과 두려움도 다양하다는 뜻일 겁니다.

바울은 '알지 못하는 신에게'라고 새긴 제단도 보았다고 말합니다. 인간에게 익히 알려지지 않은 신들의 노여움을 살까 무서워 사람들은 미지의 신들의 제단까지 만들어 놓았던 것입니다. 사람들은 우리가 보고 경험하는 표면적 질서 너머에 다른 질서가 있다는 사실을 어렴풋이나마 느끼고 있습니다. 무신론자를 자처했던 프리드리히 니체는 신은 '나를 어쩔 수 없이 끌어당기는 덫'이라고 말했습니다. 신으로부터 벗어나기가 어렵다는 사실을 그는 그렇게 표현했을 겁니다. 그는 〈미지의 신에게〉라는 시에서 이렇게 노래합니다.

"당신을 알고 싶습니다, 미지(未知)의 당신,
내 심령(心靈) 속 깊숙이 파고 든 당신을.
내 목숨을 폭풍처럼 정처 없이 떠돌게 하는 당신.
알 수 없는 당신, 그러면서 가까운 나의 혈연!(血緣)
당신을 알고 싶습니다, 몸소 당신을 섬기고 싶습니다."

신에 대해 알고 싶지만, 인식의 벽 앞에서 사람들은 절망합니다. 알 수 없다는 사실이 빚어내는 두려움은 더욱 커집니다. 그런데 바울 사도는 "나는 여러분이 알지도 못하고 예배하는 그 대상을 여러분에게 알려 드리겠습니다."(사도행전 17:23b)라고 말합니다. 지나칠 정도로 당돌하고 자신만만한 태도입니다.

참 하나님

그는 먼저 하나님을 우주와 그 안에 있는 모든 것을 창조하신 분으로 소개합니다. 우리에게는 당연하게 들리지만 아테네인들에게는 그렇지 않았을 겁니다. 우리는 만물의 근원(arche)을 자연 속에서 찾았던 그리스의 자연철학자들을 알고 있습니다. 탈레스는 '물'이 만물의 근원이라고 말했고, 데모크리토스는 '원자'가 만물의 근원이라 했고, 피타고라스는 '수'가 만물의 근원이라 했습니다. 이런 논의에 익숙했던 사람들에게 바울은 하나님께서 세상을 창조하셨다고 말합니다. 놀라운 고백입니다.

또 바울은 하나님께서는 사람이 손으로 지은 신전에 거하지 않으신다고 말합니다. 신전은 하나님을 만나기 위해 인간이 만들어놓은 상징적인 장소일 따름입니다. 해외에 나가 거대한 신전들의 잔해를 볼 때마다 시간을 견디지 못한 종교들의 운명을 상기하곤 했습니다. 거대한 신전, 화려한 성전을 통해 하나님이 영광 받으시는 경우는 없습니다. 오직 그 신전 혹은 성전을 통해 이익을 얻는 사람들만 영광스러워 할 따름입니다. 성전에 들어가 노끈으로 채찍을 만들어 휘두르셨던 예수님이 만일 오늘 이 땅에 오신다면 어떤 일이 벌어질지 모르겠습니다.

또 하나님은 무슨 부족한 것이라도 있어서 사람의 손으로 섬김을 받으시는 분이 아닙니다. 하나님은 사람들이 제물을 바쳐야 노여움을 푸는 존재가 아니라는 말입니다. 하나님은 오히려 모든 사람에게 생명과 호흡과 모든 것을 주시는 분이십니다. 여기서 '받음'과 '줌'이 충격적으로 대비되고 있습니다. 하나님은 받으시는 분 이전에 주시는 분이십니다. 오늘 우리가 누리며 살고 있는 모든 것이 다 하나님께로부터 온 것입니다. 이 사실을 자각하지 못하기에 낭비와 파괴가 일어납니다. 하나님은 주고 또 주십니다. 우리가 누리는 것 가운데 하나님께로부터 오지 않은 것이 무엇입니까?

하나님은 어느 한 부족이나 민족에게 속한 신이 아닙니다. 이스라엘만의 하나님도, 기독교인들만의 하나님도 아니십니다. 모든 것이 하나님으로부터 유래한 것이라면 세상의 어떤 것도 하나님과 무관한 것은 없습니다. 무신론자를 자처하는 사람이라 해도, 불가지론자라 해도, 신성모독자라 해도 하나님은 그들을 쉽게 버리지 않으십니다. 그들은 깨닫지 못한 사람이지 없애버려야 할 대상이 아닙니다. 바울은 하나님께서 인류의 모든 족속을 한 혈통으로 만드셨다고 말합니다. 사는 곳도 다르고 시대도 다르지만 모두가 한 호흡으로부터 태어난 존재입니다. 아프리카나 다른 빈곤 지역에서 태어나 극한 상황 속에 사는 이들이나 부유한 지역에 사는 이들이나 모두 하나님께는 소중한 존재입니다. 하나님을 그런 분으로 믿는다면 우리는 그들의 고통에 대해 모른 척할 수 없습니다. 세상에 만연한 고통에 눈을 감는 순간 우리는 하나님으로부터도 멀어질 수밖에 없습니다. 오늘 본문의 마지막 대목에서 바울은 이렇게 말합니다.

우리는 하나님 안에서 살고, 움직이고, 존재하고 있습니다.(사도행전 17:28)

아멘, 아멘입니다. 이 사실을 겸허히 인정할 때, 그리고 가슴 깊이 인식할 때 우리 삶은 신명나게 변할 것입니다. 우리는 하나님을 떠나서는 살 수 없는 사람들입니다. 바다 속에 사는 물고기가 바다의 존재를 모르듯이 우리 또한 그렇게 살아왔습니다. 잊지 마십시오. 우리 삶의 순간순간은 하나님이 도래하시는 시간입니다. 우리의 삶이 이루어지는 모든 곳은 하나님이 우리와 함께 머무시는 땅입니다. 이 놀라운 사실을 가슴에 새기고 생을 마음껏 경축하며 살아가는 우리가 되기를 기원합니다.

로마서

12장 1-2절

날마다 새롭게

형제자매 여러분, 그러므로 나는 하나님의 자비하심을 힘입어 여러분에게 권합니다. 여러분의 몸을 하나님께서 기뻐하실 거룩한 산 제물로 드리십시오. 이것이 여러분이 드릴 합당한 예배입니다. 여러분은 이 시대의 풍조를 본받지 말고, 마음을 새롭게 함으로 변화를 받아서, 하나님의 선하시고 기뻐하시고 완전하신 뜻이 무엇인지를 분별하도록 하십시오.

믿음은 삶의 문제

주님의 은총과 평화가 우리 가운데 임하시기를 빕니다. 오늘 우리는 산상변화주일을 맞이했습니다. 주님은 수난의 어두운 골짜기를 지나기 전에 베드로와 야고보와 요한을 데리고 높은 산에 올라가셨습니다. 그곳에서 제자들은 해처럼 빛나는 주님의 얼굴을 보았습니다. 그의 옷도 빛처럼 희어졌습니다. 어떤 초자연적인 기적이 일어난 것일까요? 인간 예수라는 겉모습 속에 감춰져 있던 신적 속성이 드러난 것이라고 말하는 이들도 있습니다. 그 사건을 하나의 은유로 해석한 것이지요? 우리는 시내 산에 올라 주님과 말씀을 나누고 내려오던 모세의 얼굴에서 빛이 났다는 이야기를 잘 알고 있습니다.(출애굽기 34:29) 사람들은 그의 살결이 빛나는 것을 보고 신적 두려움에 사로잡혔습니다. 그래서 모세는 자기 얼굴을 수건으로 가렸습니다. 그의 얼굴에 떠오른 빛은 창조의 첫날 창조된 그 빛일 겁니다. 변화 산에서 주님의 얼굴에 떠올랐던 빛도 마찬가지입니다. 올해 우리 교회의 표어인 '어둠을 뚫고 솟아오르는 빛으로'는 바로 이 빛과 만난 이답게 세상을 밝히자는 의미입니다.

지금 우리는 어떻습니까? 여전히 어둠 속에서 길을 잃고 욕망의 거리를 비틀거리며 걷고 있는 것은 아닙니까? 예수라는 푯대를 향한 우리의 순례는 여전히 지속되고 있습니까? 날마다 더 나은 존재가 되려는 꿈을 잊고 사는 것은 아닙니까? 로마서는 죄 가운데 사는 이들이 어떻게 빛을 지향하는 존재로 거듭날 수 있는지를 설명하는 책입니다. 바울은 "유대 사람이나 그리스 사람이나, 다같이 죄 아래에 있다."(로마서 3:9)고 말했습니다. 하나님으로부터 멀어진 인간은 다 곁길로 빠져서, 쓸모 없는 존재가 되었고, 선한 일을 하지 못한다는 것입니다. 바울 사도의 고백이 자못 비장합니다.

나는 내 속에 곧 내 육신 속에 선한 것이 깃들여 있지 않다는 것을 압니다. 나는 선을 행하려는 의지는 있으나, 그것을 실행하지는 않으니 말입니다.(로마서 7:18)

자기를 깊이 성찰하는 이가 아니면 이런 인식에 도달할 수 없습니다. 사람답게 살아보고 싶어 몸부림치지만 번번이 그 길에서 미끄러지곤 하는 자기 자신에게 절망한 사람이 아니고는 할 수 없는 고백입니다. 몸을 가지고 산다는 것이 참 힘겹습니다. 몸의 욕망이 우리 마음의 소원을 굴복시킬 때가 많으니 말입니다. 바울은 그래서 "육신에 속한 생각은 하나님께 품는 적대감"(로마서 8:7)이라면서 그 결과는 영혼의 죽음이라고 말합니다. 하지만 성령에 속한 생각은 생명과 평화입니다. 성령은 빈들에 있는 마른 풀 같이 시들은 우리 영혼에 단비처럼 임하셔서 우리를 소생시키고, 또 새로운 존재로 빚어주십니다. 새로운 삶을 갈망하는 이들에게 성령은 때로는 불길처럼, 때로는 빛처럼, 때로는 바람처럼, 때로는 생수처럼 임하셔서 '애통하고 회개하는 마음'을 일으킬 뿐만 아니라, 하나님의 꿈을 가슴에 품고 살게 해주십니다. 오늘 우리는 성령 안에서 사는 사람입니까? 생명과 평화의 길을 옹골차게 걸어가고 있습니까?

거룩한 산 제물

주님이 값없이 베푸신 은혜로 새롭게 빚어진 이들은 하나님의 눈으로 세상과 이웃을 바라봅니다. 그렇게 바라보는 데서 그치는 것이 아니라, 어찌하든지 하나님의 손과 발이 되기를 소망합니다. 아직 여린 믿음의 단계에 있는 이들은 늘 자기 자신의 문제 주위를 맴돌며 하나님의 도우심을 기다립니다. 하지만 성숙한 믿음의 자리에 선 사람들은 하나님의 꿈을 이루기 위해 기꺼이 자신을 선물로 내놓습니다. 오늘 본문에서 바울 사도는 그리스도 안에서 살아가는 이들에게 이렇게 권면하고 있습니다.

여러분의 몸을 하나님께서 기뻐하실 거룩한 산 제물로 드리십시오.
이것이 여러분이 드릴 합당한 예배입니다.(로마서 12:1b)

우리 몸을 하나님께서 기쁘게 받으실 산 제물로 바치는 것, 바로
그게 진정한 예배라는 것입니다. 바울 사도는 성도를 가리켜 죄에
대해서 죽은 사람이라 말합니다. 그들은 몸의 정욕에 굴복하지 않
습니다. 그리고 자신의 지체를 의의 종으로 하나님께 바칩니다. 예
수님도 비슷한 말씀을 하셨습니다.

아버지께서 나를 사랑하신다. 그것은 내가 목숨을 다시 얻으려고 내
목숨을 기꺼이 버리기 때문이다.(요한복음 10:17)

믿음 생활의 과정은 우리 자신을 하나님께 바치기 위해 옛 사람
에 속한 것들을 아프게 도려내는 과정이 되어야 합니다. 김옥진이
라는 시인이 있습니다. 그는 고등학교 때 친구들과 놀다가 축대에
서 떨어져 전신마비 환자가 되었습니다. 바깥 출입을 할 수 없었던
것은 물론이고 늘 엎드려서 지내야 했습니다. 그런데 그 서러운 삶
을 견딜 수 있게 해준 것은 시심이었습니다. 영성 일기를 쓰듯이 써
내려간 시들이 어느 눈 밝은 이의 손을 거쳐 시집이 되었습니다. 그
가운데 나오는 〈나를 죽이며〉라는 한 편의 시를 들어보십시오.

"하루에도 수십 번씩/나를 죽이며 살아간다//교만을 죽이고/위선을
죽이고/욕심을 죽이고/분노를 죽이고//일년 삼백예순 날/잡풀같은

티끌들이/마음에 쌓일 적마다//도려낼 듯한/뼈 마디마디의 아픔으로/나를 죽이고/발가벗은 알몸의 쓰라림으로/나의 더러움을 씻기우고//깊은 밤이면/이렇게 깊은 밤이 오면//눈물같은 일상의 일들이/한가닥 기도가 되어//모래알만 한 나를 싣고/내일로 잠들어 간다"

이 시를 읽으며 깊은 자책감에 사로잡혔던 적이 있습니다. 집 밖 출입을 하지 못하는 한 여성이 뭐 그리 잘못한 게 많다고 이렇게 하루에도 수십 번씩 자기를 죽이며 산다고 말하는 것일까요? 시시때때로 떠오르는 교만, 위선, 욕심, 분노를 죽이고, 마음을 어수선하게 하는 티끌들이 마음에 쌓일 때마다 도려낼 듯한 아픔으로 자기를 죽이는 이 도저한 자기 응시가 지나친 것 같기도 하지만, 맑은 영혼이 아니고는 할 수 없는 고백입니다. 대부분의 사람들은 이렇게 철저하게 자기를 돌아보며 살지 못합니다. 그럼에도 불구하고 우리는 자꾸만 자신의 부족함을 아파하며 우리 삶을 하나님께 바치려고 노력해야 합니다.

믿음은 삶의 문제이지 마음의 문제만이 아닙니다. 마르틴 루터는 세례의 의미를 '옛 아담이 죽고 새 사람으로 부활하는 것'으로 설명하면서, 믿는 이들의 삶이란 '매일 세례'와 다를 바 없다고 말합니다.(마르틴 루터,《대교리문답》, 최주훈 옮김, 복 있는 사람, 315쪽) 기독교인은 매일 옛 존재와 작별하고 새로운 존재로 옷 입는 사람이라는 것입니다. 그렇게 살 때 우리의 일상은 그 자체가 예배입니다. 그 예배는 이중적 과정으로 구성됩니다. 먼저는 하나님께서 우리를 위해 예비해놓으신 은혜를 몸과 마음에 깊이 받아들이는 것이고, 그 다음은 거듭난 사람의 감격과 기쁨을 가지고 우리가 살고 있는 욕망의 거리를 정화하는 것입니다.

이 세대를 본받지 말라

왠지 우리의 일상과는 너무 동떨어진 요구처럼 들리지 않습니까? 하지만 믿는 이들은 다른 삶을 상상하는 이들입니다. 주류 질서가 길들인 대로 살아가는 이들이 아니라, 하나님께서 보여주시는 비전을 가슴에 품고 살아가는 이들입니다. 그렇기에 우리에게 필요한 것은 시대를 꿰뚫어보는 혜안입니다. 바울 사도는 믿는 이들은 이 시대의 풍조를 본받아서는 안 된다고 말합니다. 세상은 우리를 끊임없이 길들이려 합니다. 어떤 틀 속에서 사고하도록 만듭니다. 그 틀을 벗어나려는 이들에게는 '비정상' 혹은 '불온'의 찌지를 붙여 어딘가에 격리시키거나 추방합니다. 우리는 오랫동안 말 잘 듣는 사람들을 모범생이라고 추켜세움으로 그들의 일탈 가능성을 은근하게 차단했습니다. '모난 돌이 정 맞는다.'는 속담이나 '너무 앞서지도 말고 뒤쳐지지도 말고 중간만 하라.'는 군대식 교훈이 마치 지혜자의 말인 양 유통되고 있습니다. 세상에 길들여진 존재처럼 슬픈 게 또 있을까요? 그들은 다른 삶이 가능하다는 사실을 알지 못합니다.

예수님은 힘 있는 이들이 약한 이들을 지배하고 착취하고 억압하는 것이 당연시되던 세상의 질서를 전복시켰습니다. 세상의 지배자들이 지배의 편의를 위해 세웠던 분리의 장벽들, 즉 여자와 남자, 유대인과 이방인, 거룩한 것과 속된 것, 의인과 죄인 등을 가르던 장벽을 넘나들면서 사람들이 서로 만나고 소통하도록 만드셨습니다. 미움이 아니라 사랑이 영원한 가치임을 삶으로 입증하셨습니다.

　대부분의 사람들은 자기 시대의 가치관을 자기도 모르는 사이에 내면화하고 살아갑니다. 우리 시대는 어떠합니까? 많은 이들이 행복이라는 신기루를 좇아가느라 정신이 없습니다. 뱀이 하와를 유혹할 때 했던 말을 기억하십니까? 선악을 알게 하는 나무 열매를 먹으면 눈이 밝아져서 하나님처럼 될 것이라고 했습니다. '하나님처럼 될 것이다.' 세상의 모든 유혹은 이 말과 연관되어 있습니다. 사람들은 자기의 뜻과 생각을 다른 사람에게 강제하고 싶어합니다. 하고 싶은 일을 제한없이 하고 싶어합니다. 우리가 속하여 있는 자본주의 세상에서 사람들에게 전능하다는 느낌을 주는 게 하나 있습니다. 돈입니다. 돈이 있으면 못할 일이 없는 것처럼 보입니다. 그래서 사람들은 돈을 좇느라 숨을 헐떡이며 질주합니다.

　자본주의가 작동되는 원리는 간단합니다. 남들과 구별되는 존재가 되라고 말합니다. 그 말의 주술에 걸린 사람들은 남들이 갖지 못한 것, 여간해서는 갖기 어려운 것을 갖고 싶어합니다. '희소성'이야말로 자기의 가치를 보장해주는 것이라 생각합니다. 그것을 얻기 위해서는 많은 돈을 벌어야 합니다. 돈을 향해 질주하는 동안 우리는 잊지 말아야 할 것들을 다 잊어버립니다. 우리가 하나님의 형상이라는 사실을 잊고, 함께 사랑하며 오순도순 살아가라고 하나님이 주신 이웃들을 잊고 삽니다. 이게 바로 존재 망각이고 인간 상실입니다. 욕망의 벌판을 질주하는 이들에게 돌아오는 것은 이웃들에 대한 두려움과 의심입니다. 남들과 구별되고 싶어하는 욕망으로 인

해 우리는 '함께 함'의 기쁨을 잊고, 하나님이 창조하신 세상을 바라
보면서도 경탄할 줄을 모르는 사람으로 변하고 맙니다. 믿는 이들
은 이런 세상의 실상을 꿰뚫어볼 줄 알아야 합니다. 세상의 인력에
속절없이 끌려가는 것이 아니라, 생명과 평화의 부름에 응답하며
살아가야 합니다.

하나님의 뜻을 분별함

그러기 위해서는 마음이 새로워져야 하고, 삶의 지향이 바뀌어야
합니다. 언젠가 김교신 선생님의 글을 읽다가 크게 공감한 적이 있
습니다. 죄와 맞서 싸워서는 죄를 이길 수 없다면서 한 이야기로
기억합니다. 사람들은 상처에 생긴 딱지가 아물어 떨어질 때까지
진득이 버려두지 못하고 자꾸만 뜯으려 하기에 오히려 상처가 낫
지 않는다는 것입니다. 딱지가 떨어지기 위해서는 속에서 새살이
차올라야 합니다. 성도의 삶도 마찬가지입니다. 하나님의 뜻을 따
라 사는 것이 신나고 의미 있다고 느끼면, 그동안 우리를 사로잡고
있던 다른 재미들은 저절로 물러가게 마련입니다. 지금 우리는 어
떻습니까?

우리 몸을 하나님께 산 제물로 바치려는 이들은 늘 "하나님의 선
하시고 기뻐하시고 완전하신 뜻이 무엇인지를 분별하도록" 해야 합
니다. 신앙생활을 한다 하면서도 여전히 옛 삶의 인력에서 벗어나
지 못한 이들이 있습니다. 그들은 높임을 받기 원하고, 늘 분쟁을
일으킵니다. 문제는 그런 이들이 자기들의 행위를 신앙적 행위로
치장한다는 것입니다. 하나님의 뜻 안에서 살려는 이들에게 필요

한 것은 영적 분별력입니다. 참과 거짓, 빛과 어둠이 뒤섞인 세상에서 분별력을 발휘하지 못하면 늘 악의 노리갯감이 될 수밖에 없습니다.

지난주 중에 장로님 두 분과 일산 지역에 있는 교회 두 곳을 방문했습니다. 두 교회 모두 작지만 아주 소중한 일들을 감당하고 있었습니다. 한 교회는 17년 동안 초록 가게를 운영하면서 지역 사회에 친환경적인 삶의 방식을 일깨우는 역할을 감당하고 있었습니다. 목사님 내외는 자기 아들들이 있음에도 불구하고 큰 어려움 속에 빠져 있던 아이를 위탁받아 세 번째 아들로 양육하고 있습니다. 다른 한 교회 목사님은 오래 전부터 교회에 카페를 열어 외로운 지역 사람들의 말벗이 되어 주었고, 세월호 사건을 비롯한 아픔의 현장에 달려가 커피를 끓여 대접하기도 하고, 매주 월요일마다 안산에 가서 여전히 그날의 고통에서 헤어나오지 못하는 유가족들에게 커피를 가르쳐주며 외로운 인생의 길벗이 되어 주고 있습니다. 또 교회 젊은이들이 자립생활을 할 수 있도록 공방을 만들어 운영하고 있습니다. 그는 이제 저녁이면 혼자 밥을 먹는 지역의 많은 젊은이들을 위해 밥을 지어주는 일도 시작할 생각이라고 합니다. 그 두 분의 목회자들은 하나님이 주시는 영감을 따라 묵묵히 그 일을 수행하고 있었습니다. 우리는 그분들에게서 교회의 희망과 빛을 보았습니다. 소박하지만 끈질기게 타오르는 그 불이 우리 가슴에도 옮겨 붙기를 빕니다.

교회의 건강함은 교인 수나 경상비의 크기로 가늠할 수 없습니다. 그 속에 하나님의 뜻이 생동감 있게 작동하고 있는가가 중요합니다. 주님께서 우리를 통해 하시려는 일을 제대로 수행할 때 교회는 점점 든든하게 서 갈 것입니다. 찬 바람 속에서도 꽃눈을 뜨고 있는 나무들처럼 우리도 이 거친 세상에서 하늘나라를 가슴에 품은 사람으로 성장해가기를 기원합니다.

고린도전서

10장 16-17절

나눔과 통합의 성사

> 우리가 축복하는 축복의 잔은, 그리스도의 피에 참여함이 아닙니까? 우리가 떼는 빵은, 그리스도의 몸에 참여함이 아닙니까? 빵이 하나이므로, 우리가 여럿일지라도 한 몸입니다. 그것은 우리가 모두 그 한 덩이 빵을 함께 나누어 먹기 때문입니다.

주님의 식탁으로

세계성찬주일을 기념하는 예배에 동참하신 모든 분들에게 주님의 위로와 평강이 함께 하시기를 빕니다. 한가위 명절을 잘 보내셨는지요? 가족들과 함께 지내면서도 저는 마음이 편치 못했습니다. 우리는 사모아 섬과 인도네시아 수마트라를 강타한 해일과 지진으로 수많은 사람들이 희생을 당했다는 보도를 접했습니다. 무정한 자연 재해 앞에서 망연자실 울고 있는 우리의 이웃들을 생각할 때 가슴이 아픕니다. 지난 1월 20일에 벌어진 용산참사 유족들은 8개월이 지나 추석을 맞이할 때까지 장례조차 치르지 못하고 있습니다. 지난 목요일 저녁 참사 현장에서 드린 예배를 마친 후 우리는 유족들이 빚은 눈물의 송편을 나누어 먹었습니다. 아무 말도 할 수 없어 "떡을 참 맛있게 빚으셨네요." 하고 객쩍은 인사를 건넸지만, 우리는 서로의 마음을 느낄 수 있었습니다.

유월절이 다가왔을 때 주님은 당신의 죽음이 임박했음을 절감하셨습니다. 그러면서도 제자들과 더불어 유월절 식사를 함께 나누셨습니다. 늘 그렇듯이 만찬에는 맛짜라는 누룩이 들지 않은 빵이 있었고, 포도주가 있었습니다. 주님은 유월절 의식에서 가장의 역할을 맡으셨습니다. 주님은 감사의 기도를 올리신 다음 맛짜를 둘로 쪼개시면서 "이것은 너희를 위하는 내 몸이다. 이것을 행하여 나를 기억하여라." 하고 말씀하셨습니다. 식사를 마치신 후에는 포도주 잔을 드시고 말씀하셨습니다.

이 잔은 내 피로 세운 새 언약이다. 너희가 마실 때마다 이것을 행하여, 나를 기억하여라(고린도전서 11:25)

'기억하다'는 뜻의 영어 단어 'remember'는 '다시'를 뜻하는 're'와 '구성원'을 뜻하는 'member'가 결합된 말입니다. 기억한다는 것은 그를 다시금 우리 삶에 맞아들인다는 뜻입니다. 성찬식은 다시금 주님을 우리 삶의 주인으로 모시는 의례인 셈입니다. 성찬에 사용되는 빵과 포도주는 눈에 보이지 않는 주님을 상기시켜주는 기억의 매개입니다.

예배공동체에 속한 성도들은 성찬식을 통해 자신의 인격과 성품이 그리스도를 닮아가기를 소망합니다. 헨리 나우웬 신부가 남긴 마지막 일기인 《안식의 여정》을 보면서 제가 좀 놀란 것이 있습니다. 하버드 대학과 예일 대학에서 학생들을 가르치던 세계적인 학자인 그는 인생의 절정기에 대학을 사임하고 중증장애인들이 모여 사는 '새벽의 집'에 들어가 스스로는 아무것도 할 수 없는 '아담'이라는 사람을 돌보며 살았습니다. 밥을 먹여주고, 씻겨주고, 잠자리를 보아 주고, 휠체어를 밀어 산책시켜주는 것도 그의 일이었습니다. 여러 해를 그렇게 살다가 그는 안식년을 얻게 되어, 1년 동안 '새벽의 집'을 떠나 세계 이곳저곳에 흩어져 살고 있는 벗들을 만납니다. 그런데 주목할 만한 것은 그가 벗들과 만나면 늘 성찬식을 거행했다는 것입니다. 그곳이 어디이든 그들은 성찬을 나눔으로 자기들이 그리스도 안에 있는 형제자매인 동시에 그리스도의 손과 발이 되어 살아가야 할 존재임을 재확인하곤 했습니다. 그들의 사귐의 중심에는 성찬식이 있었던 것입니다.

주후 4세기 이후에 사막의 은둔소에 머물며 기도생활에 전념하던 이들을 가리켜 헤지카스트라고 부릅니다. 그들도 주일이 되면 은둔소에서 나와 인근 도시에 있는 교회를 찾았습니다. 그것은 예배와 성찬에 동참하기 위한 것이었습니다. 존 웨슬리 목사는 은혜를 사모하는 이들이 해야 할 일 가운데 성찬을 매우 중요하게 생각했습니다. 그래서 감리교도들에게 길을 가다가도 어딘가에서 성찬식이 있음을 알면 꼭 성찬에 참여한 후에 길을 떠나라고 권고했습니다.

기억과 성찰

성찬식은 어느 교회에서나 아주 엄숙하게 거행됩니다만, 사실 예수님이 제정하신 성찬은 일상의 식탁과 다를 바가 없었습니다. 성찬식이 지나치게 신비화되는 것도 바람직한 일은 아닙니다. 그래서 어느 신학자는 교회의 상징은 성찬식에 사용되는 화려한 그릇들이 아니라, 주님께서 제자들의 발을 닦아 주실 때 사용한 수건과 대야여야 한다고 말했습니다. 일리가 있습니다. 자칫하면 성찬은 교회와 성직자들의 배타적 권위를 상기시킬 수도 있기 때문입니다. 복음서 가운데 가장 늦게 기록된 요한복음이 성찬식 제정에 대한 이야기 대신 제자들의 발을 닦아주신 예수님의 겸비에 대해 이야기하는 것도 같은 맥락이 아닌가 싶습니다. 하지만 복음서가 전해주는 성찬도 소박하기 이를 데 없습니다. 맛짜와 포도주, 그들이 유월절이면 늘 먹는 그 음식을 통해 주님은 당신의 뜻이 제자들에게 계승될 수 있기를 바라셨습니다.

예수님의 하나님 나라 운동을 사람들에게 깊이 각인시킨 것은 무엇일까요? 하나는 여성들을 제자로 받아들였다는 것이고 다른 하나는 식탁공동체입니다. 주님의 식탁에서 배제된 사람은 아무도 없었습니다. 그것이 얼마나 낯선 광경이었던지 사람들은 주님에게 세리와 죄인의 친구라는 별명을 붙였습니다. 여기에는 좀 수상쩍은 사람, 경건하지 못한 사람이라는 뜻이 담겨 있습니다. 음식을 함께 나눈다는 것은 그와 식구가 되었다는 뜻입니다. 어린 시절 나는 어머니가 겨울이면 이불 속에 밥 한 그릇을 묻어두곤 하였던 것을 기억합니다. 그것은 불쑥 찾아오는 이들을 위한 것이었습니다. 소금장수든 방물장수든 우리집을 찾아오는 이들은 모두 손님이었습니다. 어머니와 그 상인들은 물건만 사고파는 것이 아니라, 살아가는 이야기도 함께 나누곤 했습니다. 그런 이야기는 사람과 사람 사이를 이어주는 끈입니다.

제자들은 성찬을 통해 주님과 함께 지냈던 때의 기억을 반추하고, 그분의 현존이 자기들 속에 일으켰던 변화에 대해 이야기를 나누었을 것입니다. 이런저런 삶의 고통에 시달리는 이들을 보면서 안타까워하시고, 어찌하든지 그 고통을 덜어주려고 애쓰시던 주님의 모습, 세상의 권세자들 앞에서 한없이 당당하시던 주님의 모습, 한적한 곳을 찾아가 하나님 앞에 엎드리셨던 주님의 모습, 그리고 십자가에서 가쁜 숨을 몰아쉬면서도 '저들의 죄를 용서해달라'고 빌던 주님의 모습, 그리고 두려움에 떨던 자기들을 찾아와 평안을 빌어주며 새로운 사명을 주시던 주님의 모습, 주님에 대한 기억은 또한 거울이 되어서 지금 자신들의 모습을 돌아보게 하였을 것입니다.

빵집 노인의 성사

오늘 성찬에 참여하는 이들은 마음속에 예수적인 존재로 변화되고픈 열망을 가져야 합니다. 디이트리히 본회퍼 목사는 성도의 삶을 '타자를 위한 존재'라는 한 마디로 요약했습니다. 예수를 믿는다는 것은 예수에 대한 교리를 인정한다는 것이 아닙니다. 예수의 정신을 우리 삶을 통해 되살려내는 것입니다. 예수님은 제자들에게 병든 이들을 고쳐주고, 귀신들린 이들에게서 귀신을 쫓아내고, 소외된 이들에게 복음을 전하라고 명령하셨습니다. 성도가 된다는 것은 자기 초월, 즉 자기 밖으로 나가 다른 이들에게 선물이 되는 삶을 지향하는 것입니다. 주님의 성찬에 참여하는 이들은 다른 이들과 더불어 기쁨도 나누고 슬픔도 함께 나누는 나눔의 사람이 됩니다. 이 시간 하인리히 메르텐이 들려주는 아름다운 이야기를 기억합니다.

파리의 야곱거리에 있는 빵집에는 손님들이 많았습니다. 빵 맛이 좋기도 했지만, 사실은 나이가 지긋한 빵집 주인의 아버지께 마음이 끌려서 오는 이들이 많았습니다. 사람들은 그 노인이 지혜롭고 인정미가 넘치는 사람이라고 말하곤 했습니다. 하루는 버스 운전기사인 게라드가 우연히 야곱거리를 지나다가 그 빵집에 들렀습니다. 수심에 차 들어오는 그에게 빵집 노인이 말을 건넸습니다.

"무슨 걱정거리가 있으신 것 같군요?"

"예, 막내 딸아이 때문에 정말 걱정입니다. 그 아이가 어제 창문에서 떨어졌거든요. 그것도 2층에서 말입니다."

"몇 살이나 됐는데요?"

"이제 네 살이에요."

그러자 빵집 노인은 진열장에 있는 빵을 꺼내 둘로 쪼개어 한 쪽을 게라드에게 주며 말했습니다. "당신과 당신 딸을 생각하겠소."

게라드는 한 번도 이런 일을 겪어 본 적이 없었습니다. 하지만 빵집 노인이 자기에게 빵을 떼어 줄 때 그것이 무슨 뜻인지 금방 이해할 수 있었습니다. 두 사람은 빵을 먹었습니다. 그리고 아무 말 없이 입원해 있는 딸애를 생각했습니다.

빵집엔 게라드와 노인 둘만 있었습니다. 그런데 마침 한 부인이 근처 시장에서 산 우유 두 봉지를 들고 빵을 사기 위해 들어왔습니다. 빵집 노인은 부인이 들어오자마자 빵을 떼어 부인 손에 쥐어 주며 말했습니다. "어서 오세요. 우리 함께 빵을 나눠 먹읍시다. 이분의 막내 따님이 크게 다쳐 병원에 입원했다지 뭡니까. 창문에서 떨어졌다는군요. 이제 겨우 네 살인데 말입니다. 우리 그 아이의 아버지가 결코 혼자가 아니라는 것을 보여주어야 하겠습니다." 부인은 그들과 함께 빵을 나누어 먹었습니다.(《태양과 곡식과 금》, 중에 나오는 하인리히 메르텐의 〈손에 있는 빵을 나누세요〉)

아름다운 세상의 꿈

빵을 사러 왔던 게라드는 뜻밖에도 자신과 고통을 함께 나누는 정신의 벗들을 얻게 되었습니다. 빵을 함께 나누면서 그들은 어쩌면 자기들 속에 현존하고 계신 주님을 경험했는지도 모릅니다. 빵집 노인은 성찬의 정신을 자기의 구체적인 일상 속에서 구현하고 있는 것입니다. 노인의 따뜻한 초대가 그들을 하나로 묶어주고 있습니다. 낯모르는 부인까지도 게라드의 딸을 생각하며 기도합니다. 성찬은 그렇기에 나눔을 통한 통합의 성사입니다. 주님의 마음이 들어가면 사람들은 일치의 기쁨을 맛봅니다. 너도 없고 나도 없습니다. 바울 사도는 이런 신비를 이렇게 표현하고 있습니다.

유대 사람도 그리스 사람도 없으며, 종도 자유인도 없으며, 남자와 여자가 없습니다. 여러분 모두가 그리스도 예수 안에서 하나이기 때

문입니다.(갈라디아서 3:28)

우리는 지금 차별 없는 사랑의 세상을 열기 위해 노력하고 있습니까? 내년에 우리나라에서 G20 정상회의가 열리게 되었습니다. 세계적인 금융위기를 경험한 후 주요국들이 함께 모여 세계경제문제, 에너지, 자원, 기후변화, 기아, 빈곤 문제 등을 폭넓게 논의하는 자리라고 합니다. 정부는 우리가 세계의 중심이 될 기회라며 들뜬 표정을 감추려 하지 않습니다. 하지만 정말 우리가 세계의 중심이 되기 위해서는 우리나라의 국격이 올라가야 합니다. 약한 사람들을 배려하고, 돌보고, 그들이 안심하고 살 수 있는 사회 시스템을 만들기 위해 노력해야 하고, 국제적인 기아와 빈곤 문제를 풀기 위해서도 적극적인 노력을 기울여야 합니다. 용산 참사로 상징되는 우리 사회의 눈물을 닦기 위해 정부는 몸을 낮추어야 합니다. 교회도 그 아픔의 현장으로 나아가야 합니다. 좋은 나라, 좋은 교회는 선언으로 이루어지는 것이 아니라, 구체적인 실천을 통해 이루어지는 것입니다.

지금 우리는 북녘의 동포들이 식량난에 허덕이고 있다는 소식을 듣고 있습니다. 수단과 에티오피아를 비롯한 동부 아프리카의 여러 나라들이 기근으로 말미암아 위기에 처해 있다는 소식도 들려옵니다. 사모아와 인도네시아의 지진 피해는 극심합니다. 지금 세계 도처에서 '게라드'와 같은 처지에 있는 이들의 탄식이 들려옵니다. 그들과 진심으로 빵을 떼며 마음을 나눌 수 있어야 합니다.

세계성찬주일인 오늘 주님의 살과 피를 상징하는 빵과 포도주를 나누며 우리는 그동안 외면해왔던 인류의 절반을 기억해야 합니다. 그들의 고통을 덜어주기 위해 할 수 있는 일을 시작할 때 평화의 문이 우리 앞에 열릴 것입니다. 바로 그것이 축복의 잔에 참여하고, 축복의 빵에 참여하는 것이 아니고 무엇이겠습니까? 우리가 평화의 일꾼이 된다는 것, 조각난 세상을 사랑의 끈으로 묶는 사람이 된다는 것, 그보다 더 큰 축복은 없습니다. "나는, 양들이 생명을 얻고 또 더 넘치게 얻게 하려고 왔다."(요한복음 10:10b)고 하신 주님의 말씀은 바로 이 경우를 이르는 말입니다. 주님의 살과 피를 먹고 마셔 더욱 넘치는 생명의 담지자들이 되기를 기원합니다.

우리가 바라보는 것

그러므로 우리는 낙심하지 않습니다. 우리의 겉사람은 낡아가나, 우리의 속사람은 날로 새로워집니다. 지금 우리가 겪는 일시적인 가벼운 고난은, 비교할 수 없을 정도로 영원하고 크나큰 영광을 우리에게 이루어 줍니다. 우리는 보이는 것을 바라보는 것이 아니라, 보이지 않는 것을 바라봅니다. 보이는 것은 잠깐이지만, 보이지 않는 것은 영원하기 때문입니다.

낙제는 없다

혼돈과 공허와 흑암 속에 있던 이들을 사랑으로 품으시고 빛을 창조하신 하나님의 사랑이 모든 이들과 함께 하시기를 빕니다. 새해를 맞이할 때마다 '가슴 벅찬'이라는 상투적인 표현을 쓰곤 하지만 올해는 차마 그 어구를 사용하지 못하겠습니다. 여전한 위기의식이 우리를 확고히 감싸고 있기 때문입니다. 하지만 우리는 아슬아슬한 균형을 유지하며 여기까지 왔고, 다시 출발선에 섰습니다. 새롭게 뭔가를 다짐할 수 있다는 사실이 얼마나 고마운지요. 오늘 찬양대가 드린 찬양과 영상은 40명의 대원들이 각자 집에서 부른 곡을 편집한 것입니다. '함께 지어져가는 우리'를 몸소 실천해 본 것이 아닌가 싶습니다.

1996년에 노벨 문학상을 받은 폴란드 시인 비스와바 쉼보르스카의 시 〈두 번은 없다〉는 지금 우리에게 주어진 시간이 기적임을 일깨워줍니다.

"두 번은 없다. 지금도 그렇고
앞으로도 그럴 것이다. 그러므로 우리는
아무런 연습 없이 태어나서
아무런 훈련 없이 죽는다."

그리스 철학자 헤라클레이토스도 똑같은 강물에 두 번 발을 담글 수 없다고 말했습니다. 아기의 눈에는 세상 모든 것이 신비이듯 지금 우리 앞에 당도한 시간은 우리에게 '태초'나 마찬가지입니다. 놀람의 눈으로 세상을 보는 시인도 그래서 이렇게 노래합니다.

"반복되는 하루는 단 한 번도 없다.
두 번의 똑같은 밤도 없고,
두 번의 한결같은 입맞춤도 없고,
두 번의 동일한 눈빛도 없다."

시인은 세상이란 학교에서 아무리 바보같은 학생이라도 낙제는 없다고 말합니다. 그러니 쓸데없는 불안으로 생을 낭비하지 말자며, "미소 짓고, 어깨동무하며/우리 함께 일치점을 찾아보자./비록 우리가 두 개의 투명한 물방울처럼/서로 다를지라도⋯."라고 노래합니다. 얼굴이 웃으면 마음도 따라 웃는다지요? 곁에 선 사람을 밀어내야 할 사람으로 보지 말고 어깨를 겯고 함께 걸어야 할 벗으로 삼을 줄 알아야 생이 든든해집니다. 하나님께서 우리를 교회의 지체로 부르신 것은 바로 그런 삶을 연습하라는 뜻이 아닐까요? 새해 첫 주일을 맞아 저는 바울 사도의 삶을 이끌었던 영적 원리를 되짚어보며 우리의 길잡이로 삼아보려 합니다.

질그릇에 간직한 보물

바울에게 있어 부활하신 주님과의 만남은 어떤 의미일까요? 박해하는 자에서 박해받는 자로의 변화 속에 그 답이 있을 것 같습니다. 이런 극적인 방향 전환은 다마스커스 체험이 그에게 얼마나 압도적이었는지를 말해줍니다. 종교체험을 흔히 'breakthrough'라는 말로 설명하는 이들이 있습니다. 돌파라는 뜻이지만 뭔가에 의해 꿰뚫린 체험이라 해도 과언이 아닐 것입니다. 이것은 익숙하고 평온하던 삶에 균열이 일어나고, 더 이상 나 좋을 대로 살 수 없게 되는 체험입니다. 그것은 의지적 노력으로 이룬 성과가 아니라 내게 무제약적으로 발생하는 사건이라 할 수 있습니다.

박해하는 자에서 박해받는 자로의 전환을 바울은 손실로 생각하지 않습니다. 무상의 기쁨으로 생각합니다. 자아에서 해방된 삶의 자유를 맛보았기 때문일 겁니다. 그는 하나님의 자비하심을 힘입어 전도자의 직분을 얻었다고 고백합니다. 부름을 받은 그 순간부터 그는 부끄러운 일과 간교한 일을 하지 않게 되었습니다. 하나님의 말씀을 왜곡하지도 않았고 오히려 진리를 환히 드러냈습니다. 그럴 수 있었던 것은 하나님의 영광을 아는 지식의 빛이 그에게 주어졌기 때문입니다. 실존의 어둔 밤이 지나가고 그는 빛 앞에 선 사람이 되었습니다. 뜻도 모른 채 맹목적인 열정에 쫓기듯 살던 옛 삶은 지나갔고, 하나님의 뜻을 따라 사는 이의 기쁨이 그를 확고하게 사로잡았던 것입니다.

대림절 마지막 주 설교를 통해 저는 산고를 겪으나 아이를 낳지 못하는 이들의 무능에 대해 말한 적이 있습니다. 바로 그것이 그리스도를 모르고 산 이들의 운명이었습니다. 그러나 그리스도와 접속되는 순간 모든 것이 달라집니다. 바울은 시련과 박해조차도 자기 속에 있는 기쁨을 빼앗아 갈 수 없다고 말합니다. 사도로 부르심을 받은 이후 그의 삶은 우리가 일상적으로 꿈꾸는 나른하고 느긋하고 호젓한 행복과는 거리가 멀었습니다. 시련의 연속이었습니다. 오죽하면 '나는 날마다 예수의 죽음을 몸으로 경험한다.'고 말했겠습니까? 하지만 시련은 그를 예수와 분리시키기는커녕 더 깊이 결합시켰고, 마침내 예수의 생명이 그의 몸 안에 확고하게 자리잡는 계기가 되었습니다. 자기 속에 깃든 그 예수의 생명을 바울은 질그릇 속에 간직한 보물이라고 말합니다. 바울은 로마서 8장에서 우리를 그리스도의 사랑에서 끊을 것은 아무것도 없다고 말합니다. 환난, 곤고, 박해, 굶주림, 헐벗음, 위협, 칼로도 빼앗아 갈 수 없는 보물을 마음에 간직한 사람, 그 사람이 바로 성도입니다.

그러나 우리는 이 모든 일에서 우리를 사랑하여 주신 그분을 힘입어서, 이기고도 남습니다.(로마서 8:37)

지금 우리에게 필요한 것이 있다면 이 당당함, 이 확신입니다. 유쾌하고 가볍고 쉬운 삶을 꿈꾸지만 현실은 불쾌하고 무겁고 어려울 겁니다. 설사 그렇다 해도 우리는 기뻐할 수 있어야 합니다. 그 기쁨은 나의 바람이 다 충족되었기 때문이 아니라, 하나님 편에 서서 하나님의 꿈을 꾸는 자로 살고 있다는 자각에서 얻어지는 것입니다. 이 기쁨을 빼앗기지 않는 한 우리는 가난한 사람이 아닙니다.

불굴의 용기

바울은 시련 속에서도 기뻐하고, 감사하고, 찬미하며 살았습니다. 불굴의 삶입니다. 불굴의 삶 혹은 믿음이란 어떠한 경우에도 인생의 경주를 포기하지 않는 삶입니다. 푯대이신 그리스도를 바라보고 나아가노라면 수없이 많은 난관에 봉착하게 마련입니다. 산이 가로막을 때도 있고, 거센 물살이 우리를 방해할 수도 있고, 악한 이들이 우리를 해치려 하기도 합니다. 어려움을 자꾸 겪다 보면 우리는 의기소침해지곤 합니다. 그래서 많은 이들이 목표를 수정하고 싶은 유혹에 시달리기도 합니다. 산을 오르다가 힘들다고 그냥 계곡에 발을 담그고 노는 격입니다. 등산은 그래도 됩니다. 그러나 신앙생활은 그러면 안 됩니다. 세상과 타협을 할 때마다 우리가 스스로 하는 말이 있습니다. '그래도 나는 최선을 다했어.', '이만하면 나로써도 할 만큼 한 거야.' 슬픈 자기 위안입니다.

바울 사도의 말이 죽비가 되어 우리의 나른한 어깨를 내리칩니다. "우리는 낙심하지 않습니다."라고 말합니다. 낙심한다는 것은 시달림을 받아 기운이 쇠해지는 것입니다. 낙심한 이들은 더 이상 새로운 시도를 하지 않습니다. 세상에 떠도는 말들에 온통 마음을 빼앗겨 자기 영혼의 소리를 듣지 못합니다. 낙심한 이들은 자기가 겪고 있는 일이 가장 무겁고 힘겹다고 지레 짐작합니다. 자기의 무능을 탓하기도 하지만, 누군가를 원망하기도 합니다. 바울 사도가 낙심하지 않을 수 있는 까닭은 남들이 알지 못하는 새로운 힘이 늘 공급되고 있기 때문입니다. 그 비밀은 이것입니다.

주 예수를 살리신 분이 예수와 함께 우리도 살리시고, 여러분과 함께 세워주시리라는 것을 우리는 알고 있습니다.(고린도후서 4:14)

하나님께서 불어넣으시는 숨이 그를 일으켜 세우곤 했습니다. 우리 역시 그러한 은총의 신비 안에 있습니다. 시편 시인도 같은 진실을 노래했습니다.

주님께서 주님의 영을 불어넣으시면, 그들이 다시 창조됩니다. 주님께서는 땅의 모습을 다시 새롭게 하십니다.(시편 104:30)

하나님의 창조는 지금도 지속되고 있습니다. 낡은 것들은 무너지고 새로운 질서가 태어납니다. 하나님의 숨을 쉬는 이들은 흘러가는 세월을 원망하지 않습니다.

우리의 겉사람은 낡아가나, 우리의 속사람은 날로 새로워집니다.(고
린도후서 4:16)

세월과 더불어 육체적 활력은 줄어들고 열정 또한 이전만 못할
수도 있습니다. 유한한 생명의 어쩔 수 없는 한계입니다. 그러나 세
월이 지난다 하여 영혼까지 늙어버리면 안 됩니다. 속사람이 날마
다 새로워지는 것이 하나님 나라에 속한 이들의 모습이 아닐까요?
외적 성장은 멈추지만 성숙해질 수는 있지 않겠습니까? 나이가 들
면서 냉소적이고 거칠고 이기적이던 옛 모습과 결별하고, 따뜻하고
친절하고 겸손하게 변해가는 이들이 있습니다. 그들은 영혼의 소리
에 늘 귀를 기울이는 사람들입니다.

반면 나이가 들어도 여전히 땡감처럼 사는 이들도 있습니다. 그
들은 좀처럼 단맛을 품지 못합니다. 날이 갈수록 고집스러워지고,
자기중심적이고, 사소한 일에도 화를 냅니다. 아름답게 나이가 들어
가는 징표는 너그러움 혹은 여백이 많아지는 것입니다. 여백이 많
은 사람은 일종의 안식일과 같아서 그를 만나고 나면 숨이 제대로
쉬어집니다. 겉사람을 꾸미는 장식들은 늘어나지만 속사람의 성장
이 멈춰버린 사람들을 보는 것은 고통입니다. 우리들 속에 있는 하
나님의 형상이 깨어나야 하는 것은 그 때문입니다.

무엇을 보며 사는가?
바울 사도는 믿음으로 사는 이들의 삶을 이렇게 요약합니다.

우리는 보이는 것을 바라보는 것이 아니라, 보이지 않는 것을 바라봅니다.(고린도후서 4:18a)

바라보는 것이 곧 우리 삶의 내용이 됩니다. 우리는 지금 무엇을 바라보며 살고 있습니까? 신문, 유튜브, 카톡, 페북, 광고, 유명인에 대한 가십, 스포츠 스타들의 성적과 연봉에 정신을 온통 팔고 있는 것은 아닌지요? 우리는 유심히 바라보는 대상들로부터 알게 모르게 영향을 받습니다. 대개 우리 시선을 끄는 것들은 깜빡이는 불빛처럼 끝없이 변화하는 것들인 경우가 많습니다. 새로운 정보가 생산되고, 유통되고, 소비되기까지 걸리는 시간이 점점 짧아지고 있습니다. 정보는 축적되기보다 재빨리 스러집니다. 사람들은 그것을 따라잡기에 바빠서 깊은 사색이나 성찰의 시간을 마련하지 못합니다. 시간의 향기가 깃들 틈이 없다는 말입니다. 우리 삶이 부박한 것은 그 때문입니다. 어떤 일을 이드거니 해내는 이들의 모습은 아름답기까지 합니다.

물론 세상 현실을 외면하며 살 수는 없습니다. 좋든 싫든 우리는 속하여 있는 사회로부터 어느 정도 영향을 받기 때문입니다. 함께 사는 세상을 정의와 공의의 토대 위에 세우는 일을 위해 우리는 목소리를 높여야 할 때도 있고, 저항의 깃발을 들어야 할 때도 있습니다. 그렇지만 한순간도 잊지 말아야 할 것은 '보이지 않는 세상'의 부름입니다. 믿음의 사람들은 보이지 않는 토대 위에 인생의 집을 짓습니다. 그 토대는 하나님의 꿈 혹은 약속입니다. 믿음의 사람은 다른 세계를 보는 사람입니다. 그는 세상을 가득 채우고 있는 하나님의 영을 느낍니다. 우리가 살고 있는 이 땅이 하나님이 머무시는 곳임을 알아차립니다. 그에게 삶은 신비입니다. 그는 눈에 보이지 않는 영의 음성에 귀를 기울이며 삽니다. 그리고 아직 도래하지 않은 세계를 이루기 위해 수고하기를 마다하지 않습니다. 우리는 이 부박한 시대에 예언자로 부름 받았습니다. 예언자는 보는 사람입니다. 하나님의 눈으로 세상을 보고, 하나님의 정념을 느끼는 사람입니다. 나오미 라비라는 유대교 랍비는 예언자를 이렇게 설명합니다.

> "예언자는 세상의 변화 가능성을 볼 수 있지만, 그것을 그냥 내버려 둘 수만은 없는 사람이다. 그 꿈을 위해 위험을 감내하며 용감하게 맞설 준비를 하고, 꿈으로 인해 입은 고통과 상처마저도 달갑게 감수하고자 하는 이들이다."(나오미 레비, 《아인슈타인과 랍비》, 최순님 옮김, 한국기독교연구소, 346쪽)

두 번은 없는 삶, 미소를 짓고, 어깨동무하며 서로에게 스며들 수 있으면 좋겠습니다. 기쁨과 감사, 찬양과 불굴의 용기로 시간을 채워 가십시오. 감사하고 기뻐하는 마음이야말로 우리 마음이 우울에 침윤되지 않도록 하는 치료제입니다. 보이지 않는 것을 바라보며 그것을 가시화하며 사십시오. 하나님은 우리와 함께 역사의 꿈을 이루어가시려 하십니다. 하나님의 은혜가 우리를 감싸고 있으니 주저하지 말고 힘차게 걸어가십시오.

끙끙 앓으며 희망을 전하다

김영봉/와싱톤 사귐의 교회 목사

　김기석 목사의 설교는 특별하다. 특별한 이유는 여러 가지다. 잘 알려져 있는 것처럼, 그의 폭넓은 인문학적 독서가 성서 해석의 바탕이라는 것이 가장 특별한 점이다. 그의 설교를 읽다 보면 (혹은 듣다 보면) 예수님이 말씀하신 "하늘 나라를 위하여 훈련을 받은 율법 학자"(마태복음 13:52)를 연상하게 된다. 예수님은 그가 "자기 곳간에서 새 것과 낡은 것을 꺼내는 집주인과 같다."고 비유하셨다. 김 목사는 주어진 성서 본문을 묵상하면서 자신의 내면의 곳간에서 새 것과 낡은 것을 고루 꺼내어 옷감을 짜듯 이야기를 엮어낸다.

따뜻한 시선과 현실에 대한 날카로운 통찰

　그가 성서 본문을 풀어내고 적용하도록 돕기 위해 꺼내 쓰는 자료는 그리스-로마 신화, 외경, 타 종교의 작가들, 동양 경전, 현대 시인들, 지인들의 일화 같은 것들이다. 그것은 스크랩 해 놓은 자료집에서 찾아 사용한 것이 아니라 그의 내면의 창고에 저장되었던 것들을 꺼내 쓴 것이다. 그 많은 이야기들을 순전히 기억의 저장고에서 꺼내 쓸 수 있다는 것은 그의 탁월한 기억력 때문이라고 할 수 있지만, 그보다 더 중요한 이유는 그의 집중력에 있다고 해야 할 것이다.

그의 설교가 특별한 또 다른 이유는 일상에 대한 따뜻한 시선과 현실에 대한 날카로운 통찰이 곳곳에서 느껴지기 때문이다. 그는 보통 사람들이 살아가는 모습을 느리게 그리고 애정 있게 바라본다. 버스 안에서 빈 자리를 두고 은밀하게 신경전을 벌이는 두 청년의 행동에서 나타나는 그들의 "왜소해진 영혼"을 보고 마음 아파한다.(「자유인의 꿈」) 그런가 하면 집단 확진의 온상이 되어 사회의 걱정거리가 되어 버린 교회의 모습으로 인해 그리고 선교라는 허울로 부정한 욕망을 가리고 세속적인 성공을 위해 발버둥치는 신자들의 모습으로 인해 탄식한다.(「그리스도께 하듯이」) 정부가 북한의 도발에 대해 강대강으로 대응하는 것에 대해서는 안타까움을 토로한다.(「그리스도의 비밀을 말하는 용기」)

우리는 현실의 문제를 피상적으로 혹은 당파적으로 보고 단순화시켜 판단하고 매도하고 정죄하는 소리를 강단에서 자주 들어 왔다. 그와 같이 일방적이고 단편적인 시각과 언사는 회중의 정서와 사고에 부정적인 영향을 미치게 되어 있다. 또한 생각 있는 회중에게 좌절감을 안겨 준다. 지난 한 세대 동안 얼마나 많은 사람들이 그러한 언사로 인해 교회를 떠나고 신앙을 떠났는지 모른다. 설교는 고통 가운데 있는 사람을 위로하는 동시에 안주하는 사람들을 흔들어 깨워야 한다. 그런데 설교자들은 고통 가운데 있는 사람들을 더욱 고통스럽게 하고 안주하는 사람들을 두둔해 왔다. 이런 점에서 김목사의 설교는 특별해 보인다.

그의 설교는 형식 면에서도 특별한 점이 있다. 보통 설교는 크게 세 가지 형식을 취한다. 하나는 연역적 설교로서 몇 개의 대지로 구성하는 방식이다. 다른 하나는 귀납적 형식인데, 한 가지의 주제를 기승전결의 흐름을 따라 전개하는 방식이다. 나머지 하나는 선택된 본문의 흐름을 따라 설명하고 적용하는 방식이다.

김기석 목사의 설교는 회중으로 하여금 귀를 쫑긋 세우게 만드는 도입부로 시작하여 부드럽지만 외면하기 어려운 질문 혹은 권면으로 끝난다. 도입부에서 그는 최근에 일어나고 있는 국제 정세를 언급하기도 하고(『그리스도의 비밀을 말하는 용기』) 일상에서 경험한 이야기를 나누기도 하며(『자유인의 꿈』), 사회적 이슈를 건드리기도 하고(『그리스도께 하듯이』), 개인적인 성찰로 시작하기도 한다.(『사랑과 분별력』) 거기에는 김 목사의 성찰이 담겨 있고 날카로운 질문을 제기하기도 한다. 도입부는 회중으로 하여금 "무슨 이야기를 하려는 것인가?"라는 기대감을 가지고 몰입하게 만든다.

도입부와 결론부 사이의 몸말에는 어떤 구조나 흐름이 없다. 성서 본문을 묵상하면서 발견한 통찰과 깨달음으로 이야기를 펼쳐 간다. 그 과정에서 그의 기억의 저장고에서 적절한 재료들을 꺼내어 이야기를 엮는다. 수사적 전략 같은 것이 보이지 않는다. 시인 이성복은 "말을 시작하면 그 말이 다음 말을 이어간다."고 했는데, 김 목사는 성서 본문에 대한 깊은 묵상 후에 떠오른 말의 흐름을 따라가는 느낌이다. 그는 전하려는 중심 메시지를 마지막까지 숨겨 두지 않는다. 말의 흐름을 따라가면서 아무 때나 툭툭 던진다. 그 말은 불교에서 말하는 화두와 같아서 계속 진행할 수가 없다. 그래서 읽는 중에 자꾸 멈춘다.

세상에 희망이 있다고 말하는 이유

바울이 쓴 네 편의 옥중 서신에 대한 김 목사의 설교에는 몇 가지 키워드가 보인다. 그 키워드들을 꿰어 보면, 한 신앙인으로서 그가 무엇을 지향하는지를 알 수 있다.

먼저, 그의 설교에는 "이웃", "사회" 혹은 "세상"이라는 단어가 많이 나온다. 앞에서도 지적한 것처럼 그는 날카로운 시선으로 우리 사회를 바라보면서 은폐된 거짓을 드러내는 한편 따뜻한 눈길로 고통 받는 이들을 위로한다. 그는 믿음의 본질이 이 세상 안에서 어떻게 사느냐의 문제로 귀결된다고 본다. 젊은 시절에 귀에 따갑도록 들었던 루돌프 불트만의 유명한 명제 즉 "신학은 곧 인간학이다."라는 말이 생각난다. 김 목사는 "일상의 자리야말로 우리 신앙의 진실함을 입증하는 유일한 자리입니다."(『그리스도의 비밀을 말하는 용기』)라고 말한다. 이 말은 바울 사도가 로마서 12장 1절에서 말한 "몸으로 드리는 거룩한 산 제사"의 다른 표현이다.

세상 안에서 바르게 산다는 말은 가장 우선적으로 이웃을 사랑한다는 말이다. 이웃에 대한 사랑은 몸을 낮추어 이웃의 이야기를 들어주고 그를 존중해 주는 것이다. 그래서 그는 "아낌과 존중이 우리 몸에 밸 때 우리는 비로소 하나님의 손과 발이 될 수 있습니다."(『그리스도께 하듯이』)라고 결론 짓는다. 그것을 김 목사는 "정성스러움"이라는 말로 담아낸다. 그것은 한 사람을 그의 절대값으로 대하는 것이고, 수단이 아니라 목적으로 대하는 것이다. 바울 사도가 당시에 가축 정도로 취급 받던 노예들을 온전한 인간으로 대했던 것처럼 (「그리스도께 하듯이」) 우리는 어떤 조건에 있는 사람이든 절대값으로 대해야 한다.

그 사랑은 절대 다수의 삶의 방식과 수단이 되어 버린 허위와 위선과 탐욕과 부정에 대해 "아니오!"라고 말하는 것이다. 이웃을 사랑한다는 말은 "좋은 게 좋은 거!"라는 식으로 묵인하고 방관하는 것이 아니다. 불의 앞에서는 바른 말을 하는 것이고, 스스로 목소리를 낼 수 없는 사람의 목소리가 되어 주는 것이며, 스스로 저항할 수 없는 사람의 주먹이 되어 주는 것이다. 그리고 그러한 선택으로 인해 고난을 당할 때 그것을 피하지 않는 것이다. 고난과 박해를 감수하고서라도 정의를 따르는 것이다.

그의 설교에서 "진리"와 "자유"라는 말이 또 다른 키워드가 된 이유가 여기에 있다. 예수께서는 "너희가 나의 말에 머물러 있으면, 너희는 참으로 나의 제자들이다. 그리고 너희는 진리를 알게 될 것이며, 진리가 너희를 자유롭게 할 것이다."(요한복음 8:31-32)라고 말씀하셨다. 우리가 추구하는 자유는 내 욕망대로 말하고 행동하는 자유가 아니다. 하나님을 떠남으로 인해 욕망과 아집의 포로가 된 상태로부터 풀려나는 자유다. 그 무엇에도 얽매이지 않고 하나님의 뜻을 따라 살아가는 자유다.

"날마다 새로운 존재로 창조되기를 갈망하며 사십시오. 매 순간 그리스도의 평화가 승리하도록 노력하십시오. 주님의 뜻을 이루기 위해 어렵더라도 사사로운 욕심을 내려놓으십시오. 언제라도 주님의 비상소집에 응할 준비를 하고 사십시오. 주님이 찾으실 때 시간과 물질과 재능을 아낌없이 바치며 사십시오. 그때 우리 속에는 자유의 공간이 넓어질 것입니다. 자유인의 꿈, 이것이 있을 때, 우리는 욕심의 중력에서 벗어나 하나님을 향해 곧장 나아갈 수 있습니다."(「자유인의 꿈」)

이러한 자유를 가능하게 해 주는 것이 진리다. 지금 우리는 모든 절대 진리가 부정당하는 포스트모던 시대에 살고 있다. 최근에는 '대안 진리'(alternative truth) 혹은 '대안 사실'(alternative fact)이라는 말까지 만들어져 유포되고 있다. 이런 시대에 절대 진리를 말한다는 것은 시대착오적으로 보일 수 있다. 하지만 김 목사는 절대 진리를 말하는 것에 주저함이 없다. 거짓에 대해 진리를 선택해야 하고, 미움에 대해 사랑을 선택해야 하며, 불의에 대해 정의를 선택해야 한다는 것은 너무도 분명한 하나님의 명령이다. 무엇이 옳은지를 알고 확신하는 만큼 자유는 더 강해지고 깊어진다.

그렇게 살아가기 위해서는 "하나님의 마음에 깊이 접속되는 것"(「그리스도의 비밀을 말하는 용기」, 「사랑과 분별력」)이 필요하다. 그러기 위해 믿는 이들에게 필요한 것이 기도다. 그는 기도를 이렇게 정의한다.

"기도는 하나님의 마음에 접속하는 일입니다. 기도를 통해 우리는 상황에 따라 일희일비하지 않고 영원의 빛 속을 거닐게 됩니다. 기도는 마음 내킬 때 하는 것이 아니라 어떤 상황에서라도 해야 하는 것입니다. 기도하지 않는 한 깨어 있는 존재가 될 수 없습니다. 기도는 이미 우리 속에 현존해 계시는 하나님께 마음을 기울이면서 주님의 마음과 일치되기를 소망하는 것입니다."(『그리스도의 비밀을 말하는 용기』)

김 목사가 이 세상에 아직도 희망이 있다고 말하는 이유는 깨어 있기를 힘쓰는 사람들이 있기 때문이다. 그가 계속 말씀을 연구하고 설교하는 주된 이유는 깨어 있는 사람들이 더 많아져야만 이 세상이 살만한 세상이 된다고 믿기 때문이다. 설교자로서 그렇게 노력하는 이유는 진정한 깨어 있음은 바른 영성에서 나오는 것임을 알고 있기 때문이다.

눈빛 맑고 따뜻한 사랑

신학대학원에서 처음 만났을 때 그는 마음에 뭔가 뜨거운 것을 품은 것처럼 보였다. 그의 눈빛은 형형했고 눈길은 늘 지평선 너머를 향하는 것 같았다. 40년이 지난 지금, 그의 눈빛은 그때 만큼이나 맑고 빛나지만 따뜻한 사랑이 더 진하게 느껴진다. 팔짱을 끼고 지평선 너머를 응시하던 그의 시선은 여전하나 자주 시선을 낮추어 냄새나고 어두운 곳을 살핀다. 그는 설교자로서 희망을 말하면서도 희망을 좌절시키는 현실로 인해 예레미야의 하나님처럼 끙끙댄다.(《끙끙 앓는 하나님》) 그래서 그의 설교에는 현실에 대한 애도와 하나님께 대한 믿음에서 오는 희망의 정서가 공존한다.

김기석 목사는 교회가 조롱 당하고 복음이 무시 당하는 우리 시대에 허락된 하나님의 귀한 선물이다. 그의 삶과 글과 말은 광야와 같은 현실을 살면서 길을 찾는 많은 구도자들에게 길잡이가 되어 왔다. 그래서 그에게 감사하고 그를 허락한 하나님께 감사한다.

갈라디아서

6장 11-18절

자유인의 꿈

보십시오, 내가 여러분에게 직접 이렇게 큰 글자로 적습니다. 육체의 겉모양을 꾸미기를 좋아하는 사람은, 여러분에게 할례를 받으라고 강요합니다. 그것은 그들이 그리스도의 십자가 때문에 받는 박해를 면하고자 하는 것입니다. 할례를 받는 사람들 스스로도 율법을 지키지 않으면서 여러분에게 할례를 받게 하려는 것은, 여러분의 육체를 이용하여 자랑하려는 것입니다. 그런데 내게는 우리 주 예수 그리스도의 십자가 밖에는, 자랑할 것이 아무것도 없습니다. 그리스도로 말미암아, 내 쪽에서 보면 세상이 죽었고, 세상 쪽에서 보면 내가 죽었습니다. 할례를 받거나 안 받는 것이 중요한 것이 아니라, 새롭게 창조되는 것이 중요합니다. 이 표준을 따라 사는 사람들에게와 하나님의 백성 이스라엘에게 평화와 자비가 있기를 빕니다. 이제부터는 아무도 나를 괴롭히지 마십시오. 나는 내 몸에 예수의 상처 자국을 지고 다닙니다. 형제자매 여러분, 우리 주 예수 그리스도의 은혜가 여러분의 심령에 있기를 빕니다. 아멘.

대결

　며칠 전 버스를 타고 시내에 나가는 길에 만났던 에피소드로 설교를 시작할까 합니다. 승객이 많지 않은 낮시간이라 자리는 여기저기 비어 있었습니다. 통로를 중심으로 제 건너편에 한 젊은이가 앉아 있었는데, 그는 다리를 앞으로 뻗은 채 반쯤 누운 자세로 음악을 듣고 있었습니다. 참 보기 싫었습니다. 다음 정류장에서 그와 비슷한 또래의 젊은이 하나가 타더니 뒤쪽으로 가려다가 그 젊은이 앞에 이르렀습니다. 피해 갈 수도 있었지만, 그는 가만히 그 젊은이의 뻗친 다리 앞에 멈춰 섰습니다. 들리지는 않았지만 나는 그들 사이에 오고가는 이야기를 마음으로 들을 수 있었습니다. '다리 치워, 이 얼간아!', '이건 또 뭐야, 옆으로 비켜서 가면 되지. 한 번 해보자는 거야?' 앉아 있던 젊은이는 못마땅한 표정을 지으며 천천히 아주 천천히 다리를 접었습니다. 불쾌하다는 표현을 그리 한 것이지요. 무표정한 얼굴로 서 있던 젊은이도 아주 천천히 뒤로 걸어가 자리에 앉았습니다. 득의한 표정이 그의 얼굴에 떠올랐는지는 모르겠습니다. 아무것도 아닌 광경이었는데 제 마음은 아주 서글퍼졌습니다. 남을 배려할 줄 모르는 사람을 볼 때마다 느끼는 불편함을 넘어 서글프기까지 했던 것은 그 젊은이들의 왜소해진 영혼을 엿본 것 같았기 때문입니다.

　문득 '대결'이란 말이 떠올랐습니다. 일상생활을 가만히 돌아보면 우리는 대결적인 사고를 가지고 사람들을 대할 때가 많습니다. 의와 진실을 지키기 위해 불의와 거짓에 맞서는 것은 아름다운 일입니다. 하지만 우리는 굳이 이기지 않아도 되는 싸움에 감정을 상하거나 목숨을 걸 때가 많습니다. 김수영 시인은 〈어느 날 고궁을 나오며〉라는 시에서, 세상의 불의에 대해서는 침묵하면서 모처럼 먹은 갈비에 기름덩어리만 나왔다고 악을 쓰고, 붙잡혀간 소설가를 위해 언론자유를 요구하지는 못하고 야경꾼에게나 큰 소리를 치는, 절정에서 조금쯤 비켜선 채 옹졸하게 반항하는 자신의 모습을 통렬하게 드러내고 있습니다. 사실 그것은 시라는 거울에 비친 우리의 모습이기도 합니다. 삶의 '본'(本)을 든든히 붙잡지 못할 때 우리는 지엽말단에 집착합니다. '본'을 붙잡은 사람일수록 지엽말단의 문제에 너그럽습니다. 대결적인 태도보다는 포용적인 태도로 사람들을 대합니다. 사나운 강아지 콧등 아물 날 없다는 말처럼, 우리는 늘 다른 이들과의 보이지 않는 대결로 인해 피곤합니다. 우리는 괜히 예민해져서 스스로 상처를 받고, 남에게 상처를 입힙니다. 우리가 진짜 싸워야 할 것은 무엇입니까? 그것은 진리를 위한 싸움이 아니겠습니까? 우리는 오늘의 본문에서 그런 싸움꾼과 만나게 됩니다.

십자가만 자랑

갈라디아서에서 바울 사도의 언어는 격정적입니다. 서신의 첫 머리에 다정한 인사말 대신 자신의 사도직을 변호하고, 그릇된 교훈에 미혹된 교인들을 향해 '어리석다'고 말하고, 사람들을 그릇된 길로 인도하는 자들은 마땅히 저주를 받아야 한다고 말합니다. 바울 사도의 언어가 이렇게 격정적인 것은 성도들이 예수 그리스도를 통해 누리는 자유가 훼손될 위기에 처했기 때문입니다.

만년에 여러 가지 질병에 시달렸던 바울은 이 서신을 젊은 벗들의 도움을 받아 쓴 것 같습니다. 그런데 사도는 서신을 마무리하면서 '내가 여러분에게 직접 이렇게 큰 글자로 적는다.'고 말합니다. '직접'이라는 단어와 '큰 글자'라는 단어가 눈에 띕니다. 여기서 '큰 글자'란 글자의 크기를 말하는 것이기보다는 그 중요성을 나타내기 위한 표현입니다. '직접'이란 단어도 마찬가지입니다. 다시 말하면 이제부터 하려는 이야기는 가슴에 명심하라는 권고인 것입니다.

그는 구원을 받기 위해서는 율법을 준수해야 하고, 그 표지로 할례를 받아야 한다고 주장하는 이들을 경계하라고 말합니다. 그들은 그리스도를 믿는 믿음을 통해 이미 성령의 충만함을 받고, 복음적 자유 속에서 살아가는 이들을 이끌어 정신적인 이집트 땅으로 이끌려는 이들이라는 것입니다. 바울은 이방인 출신의 기독교인들에게 율법을 준수하게 하고, 할례를 받게 하려는 사람들의 내적인 동기를 두 가지로 요약하고 있습니다.

첫째는 그리스도의 십자가 때문에 받는 박해를 면하고자 하는 것입니다. 그들은 거칠거칠한 십자가를 율법준수라는 천으로 감싸 매끈매끈하게 만들려 했습니다. 그 동기는 물론 유대인 디아스포라와 갈등을 피하기 위해서였을 겁니다. 일제강점기에 신사참배는 우상숭배가 아니라 국민이 당연히 봉행할 국가 의식이라며 신사참배를 권고하던 이들의 논리도 이와 같았습니다.

둘째는 이방인 기독교인들에게 할례를 받게 함으로써 자신들의 영향력을 과시하려는 것이었습니다. 지도적 위치에 있는 이들은 일쑤 이런 영적 함정에 빠져들곤 합니다. 저는 이들의 모습에서 얼핏 교인 수를 자랑하는 목회자들의 얼굴을 봅니다. 그러나 우리가 자랑할 것은 교인 수도, 화려한 교회 건물도 아닙니다. 바울 사도의 말은 우리를 참 초라하게 만듭니다.

내게는 우리 주 예수 그리스도의 십자가 밖에는, 자랑할 것이 아무것도 없습니다.(갈라디아서 6:14a)

여러분도 그렇습니까? 부끄럽게도 나는 아직 이런 고백에 이르지 못했습니다. 사실 저는 자랑할 것도 없는 사람이지만, 십자가만을 자랑한다고는 선뜻 말할 수가 없습니다. 여기서 바울 사도가 말하는 십자가는 추상화된 기호가 아닙니다. 십자가는 오직 하나님의 뜻을 이루기 위해 살던 30대 청년의 뜨거운 피가 흐르는 곳입니다. 십자가는 고통 속에서 신음하는 이를 조롱하는 인간의 야수적 본능이 드러난 곳입니다. 십자가는 자기를 조롱하고 죽이려는 이들을 용서해 달라고 기도하신 예수로 인해 인간이 얼마나 아름다울 수 있는지가 드러난 자리이기도 합니다. 바울은 그 십자가만을 자랑한다고 말합니다.

자유

바울도 물론 예수님이 일으킨 기적이나 가르침에 대해 잘 알았을 것입니다. 그러나 그를 사로잡은 것은 십자가입니다. 인류를 죄로부터 해방하기 위해 스스로 희생제물이 되신 사제 예수님, 바로 그 예수님을 통해 바울은 완전히 새로운 세상과 만났던 것입니다. 십자가만을 자랑하는 사람은 누구입니까? 자신의 허물과 부족함을 아는

사람입니다. 사랑으로 품어주시는 하나님의 은총이 아니고는, 벌거
벗은 수치를 당할 수밖에 없는 가련한 사람임을 아는 사람입니다.
옛날 임금들은 스스로를 '과인'(寡人) 혹은 '불곡'(不穀)이라 일컬었습
니다. 부족한 사람, 씨알이 들지 못한 사람이라는 말입니다. 자기가
불곡임을 알지 못하는 종교 지도자들이 세상을 시끄럽게 합니다.
참 안타깝습니다. 그들도 십자가를 자랑합니다. 하지만 그들의 십자
가에는 자기희생도, 원수까지도 품어 안는 사랑도 없습니다. 오로지
자기와 입장을 달리하는 이들에 대한 무시와 저주뿐입니다.

십자가만을 자랑하는 사람 바울은 자신의 생의 비밀을 우리에게
들려줍니다.

> 그리스도로 말미암아, 내 쪽에서 보면 세상이 죽었고, 세상 쪽에서
> 보면 내가 죽었습니다.(갈라디아서 6:14b)

대단한 말입니다. 바울이 그렇게도 강조하는 자유의 비밀이 여기
에 있습니다. 역설적인 말이지만 죽은 사람은 자유롭습니다. 어느
누구도 그의 마음을 뒤흔들어놓을 수 없습니다. 바울은 어떻게 이
런 자리에 서게 되었을까요? 그것은 진리의 길에서 경험한 지극한
고난을 통해서였습니다. 그는 어정쩡하게 타협하는 사람이 아닙니
다. 그는 불의와 맞섰습니다. 그 결과 말할 수 없는 고초를 겪었습니
다. 하지만 그 고난은 자유라는 옥동자를 낳기 위한 산고였습니다.
그는 그 고난의 한복판에서 하나님의 은총의 신비를 발견했습니다.
삼 껍질을 벗기고 남은 줄기를 저릅대라고 하는데, 세상에는 고난

을 통해 저릅대처럼 약해져서 툭툭 부러지는 이들이 있는가 하면, 불에 연단한 쇠처럼 더욱 검질기고 단단해지는 이도 있습니다. 바울이 바로 그런 사람이었습니다. 《장자》에 나오는 이야기가 생각납니다. 장자는 활 쏘는 사람을 등장시켜 외부 세계가 우리 마음에 어떻게 영향을 미치는지를 보여주고 있습니다.

"질그릇을 내기로 걸고 활을 쏘면 잘 쏠 수 있지만, 띠고리를 내기로 걸고 쏘면 마음이 걸리게 되고, 황금을 내기로 걸고 쏘면 눈이 가물가물하게 된다. 그의 기술은 항상 같지만 아껴야 할 물건이 있게 되면 밖의 물건이 소중하게 여겨지게 되기 때문이다. 누구나 밖의 물건을 소중히 여기게 되면 자기 속마음은 졸렬해지게 마련이다."(《장자》, 외편 제19편)

올림픽 양궁 경기를 보신 분들은 이 말을 실감하실 것입니다. 그러니 '내 쪽에서 보면 세상이 죽었고, 세상 쪽에서 보면 내가 죽었다.'고 말하는 바울 사도의 모습은 얼마나 당당합니까? 그는 더 이상 지켜야 할 자기가 없었습니다. 자기 삶을 정당화하기 위해 애쓰지 않았습니다. 오직 그리스도의 영광만을 구하니 사소한 근심걱정이 그의 중심을 흔들 수 없었습니다. 그 때문에 그는 구원이라는 과녁을 명중시킬 수 있었습니다. 우리가 이르러야 할 자리가 여기가 아니겠습니까?

스티그마타

바울은 할례를 받거나 안 받는 것, 그게 본질적인 문제는 아니라고 말합니다. 아니, 이게 무슨 소리지요? 할례를 받아야 한다는 이들에 맞서 그렇게도 치열하게 싸운 사람의 말 같지 않습니다. 그럼 정말 중요한 문제는 무엇이란 말입니까? 새롭게 창조되는 것입니다. 바울은 로마서에서 이것을 잘 표현해주고 있습니다.

> 겉모양으로 유대 사람이라고 해서 유대 사람이 아니요, 겉모양으로 살갗에 할례를 받았다고 해서 할례가 아닙니다. 오히려 속 사람으로 유대 사람인 이가 유대 사람이며, 율법의 조문을 따라서 받는 할례가 아니라 성령으로 마음에 받는 할례가 참 할례입니다. 이런 사람은, 사람에게서가 아니라, 하나님에게서 칭찬을 받습니다.(로마서 2:28-29)

이런 할례를 받으셨는지요? 마음에 할례를 받았는지는 그의 마음 씀을 보면 알 수 있습니다. 인색하고 교만하고 사납고 무정한 사람들은 천하에 없는 소리를 한다 해도 아직 마음에 할례를 받지 못한 사람들입니다.

그런데 우리가 명심해야 할 것이 또 하나 있습니다. 우리가 새로운 존재가 되는 것은 우리의 노력만으로 되는 것이 아니라는 사실입니다. 하나님의 은총이 아니고는 우리의 존재가 새로워질 수 없습니다. 바울도 '새롭게 창조된다'고 피동형으로 말하는 것입니다. 그렇다면 이런 은총은 누구에게 주어질까요? 갈망하는 사람입니다. 성 프란체스코는 예수 그리스도의 십자가와 부활의 은총을 경험하게 해 달라고 갈망한 끝에 몸에 그리스도의 손과 발 그리고 옆구리에 났던 것과 같은 상처, 즉 오상(伍傷)을 받았습니다. 니코스 카잔차키스는 이것을 인간 영혼의 오름길을 다 오른 징표라고 말했습니다.

바울 사도가 이제 나를 괴롭게 하지 말라면서 "나는 내 몸에 예수의 상처 자국을 지고 다닌다."고 한 것은 우연이 아닙니다. 그리스도를 위해 모욕과 박해와 죽음조차 견뎌낸 흔적, 갈망하기에 얻은 상처, 바로 그것이 자유인의 표상이 아니겠습니까? 우리 몸에 그리스도를 위해 입은 상처가 있는지요? 그리스도를 위해 우리가 감수한 고통이나 소외 혹은 손해가 있는지요? 그렇다면 우리 영혼에는 우리가 주님께 속해 있음을 인증해주는 스티그마(stigmata)가 새겨져 있을 겁니다. 그 낙인이 있는 한 세상의 어떤 힘도, 사탄도 우리 영혼을 사로잡을 수 없습니다.

이걸 아는 사람은 이제 당당하게 살아갑니다. 그는 불신과 절망의 구덩이에서 벗어나, 참 사람 된 기쁨에 젖어 서로 아끼고 떠받들며 사는 세상을 이루기 위해 땀 흘립니다. 날마다 새로운 존재로 창조되기를 갈망하며 사십시오. 매 순간 그리스도의 평화가 승리하도록 노력하십시오. 주님의 뜻을 이루기 위해 어렵더라도 사사로운 욕심을 내려놓으십시오. 언제라도 주님의 비상소집에 응할 준비를 하고 사십시오. 주님이 찾으실 때 시간과 물질과 재능을 아낌없이 바치며 사십시오. 그때 우리 속에는 자유의 공간이 넓어질 것입니다. 자유인의 꿈, 이것이 있을 때 우리는 욕심의 중력에서 벗어나 하나님을 향해 곧장 나아갈 수 있습니다. 주님의 은총이 우리의 삶 가운데 늘 함께 하시기를 기원합니다.

그리스도께 하듯이

종으로 있는 이 여러분, 두려움과 떨림과 성실한 마음으로 육신의 주인에게 순종하십시오. 그리스도께 하듯이 해야 합니다. 사람을 기쁘게 하는 자들처럼 눈가림으로 하지 말고, 그리스도의 종답게 진심으로 하나님의 뜻을 실천하십시오. 사람에게가 아니라 주님께 하듯이, 기쁜 마음으로 섬기십시오. 선한 일을 하는 사람은, 종이든지 자유인이든지, 각각 그 갚음을 주님께로부터 받게 됨을 여러분은 아십시오. 주인 된 이 여러분, 종들에게 이와 같이 대하고, 위협을 그만두십시오. 그들의 주님이시요 여러분의 주님이신 분께서 하늘에 계신다는 것과, 주님께서는 사람을 차별하여 대하지 않으신다는 것을, 여러분은 아십시오.

지금 우리의 현실

'주님, 우리를 꾸짖어 주십시오.' 오늘은 마치 형편없는 성적표를 받아들고 집에 돌아온 아이와 같은 느낌입니다. 어린 시절 낫을 들고 산에 올라가 베어낸 싸릿대로 회초리를 만들어 아버지 앞에 가져갔던 기억이 떠오릅니다. 그렇게 매라도 청하고 싶은 심정입니다. 에스겔은 하나님께서 죄 없는 사람들의 피를 흘리고, 온갖 우상을 섬겨 땅을 더럽힌 이스라엘의 죄를 벌하셨다고 말합니다. 그 결과 그들은 여기 저기 흩어진 채 이방 민족의 지배를 받게 되었습니다. 그런데도 이스라엘은 돌이킬 줄 몰랐습니다. 그냥 내버려두면 영원히 몰락할 수밖에 없는 상황이었습니다. 하지만 하나님은 그들로 인해 더럽혀진 당신의 이름을 회복하기 위한 행동에 돌입하십니다. 하나님은 그들에게 맑은 물을 뿌려 깨끗하게 하고, 새로운 영을 넣어 주며, 돌같이 굳은 마음을 없애고, 살갗처럼 부드러운 마음을 주시겠다고 약속하십니다.(에스겔 36:25-26) 지금 우리에게도 주님의 자비하심이 절실히 필요합니다.

사랑제일교회, 인터콥에 이어 아이엠 선교회가 운영하는 학교에서 대규모 확진자가 나오면서 개신교회가 복음이 아니라 바이러스를 전파한다는 비아냥을 듣고 있습니다. 사람들은 개신교회를 향해 '지긋지긋하다'고 말합니다. 교회는 이제 분노의 대상이 아니라 염증을 일으키는 집단처럼 인식되고 있습니다. 가짜 뉴스와 음모론의 진원지가 되고 있습니다. 어쩌다 이 지경이 된 것일까요? '다른 복음'을 전하고, 따르기 때문입니다. 사탄이 인간을 지배하기 위해 사용하는 무기가 둘이 있습니다. 하나는 두려움입니다. 사탄은 우리 속에 처벌에 대한 두려움을 심어주어 우리를 마비시킵니다. 생을 경축하거나 즐기지 못하게 만듭니다. 두려움에 사로잡히면 스스로 시야가 좁아지고, 타인을 따뜻하게 바라보지 못합니다. 다른 하나는 성공과 성취를 약속함으로 욕망을 부추기는 것입니다. 욕망은 언제나 달콤합니다. 욕망은 배타적이어서 다른 이를 배려할 여지를 빼앗아 갑니다. 욕망에 확고히 사로잡히는 순간 우리는 다른 이들을 다 잠재적 경쟁자 혹은 적으로 보게 됩니다. 안타깝게도 번영의 신학에 사로잡힌 이들은 이 두 가지 사탄의 무기를 사용하여 자기를 확장해 왔습니다. 두려움과 욕망 자극, 채찍과 당근인 셈입니다. 복음의 옷을 입고 있지만 그건 사도 바울이 말하는 '다른 복음'입니다.

많은 이들이 자기 자녀들이 영어에 능숙하고 세속에 물들지 않고 큰 돈을 들이지 않고도 유학을 다녀오고 출세의 길을 걷게 만들고 싶어합니다. 아이엠 선교회는 바로 그런 사람들의 욕망에 정확히 기생하고 있습니다. 믿음으로 치장하고 있지만 사실은 대단히 자본주의적입니다. 우리는 너무 오랫동안 비정상을 정상으로 알고 살았습니다. 이제 비정상이 비정상으로 드러나고 있습니다. 비상상황입니다. 발터 벤야민은 현대는 자본주의가 종교가 된 시대라고 말합니다. 이제는 신앙을 제자리에 세워야 할 때입니다. 참된 신앙은 부푼 욕망을 제어하고 더 큰 질서 속에서 자기 삶을 바라보도록 해줍니다. 남들보다 더 많은 것을 누리고 사는 것이 아니라, 다른 이들과 평화롭게 공존하고, 어려움에 처한 이들의 처지에 깊이 공감하고, 그들을 위해 사랑의 수고를 다하지 않는다면 어찌 믿는 자라 할 수 있겠습니까? 벼랑 끝에 내몰린 듯 위태로운 나날을 보내고 있던 자영업자 한 사람이 '주 예수를 믿으라 그리하면 너와 네 집이 구원을 얻으리라.'는 교회 현판에 날달걀을 던졌습니다. 이건 정말 상징적 사건입니다. 프랑스 혁명이 벌어졌을 때 수많은 사람들이 수도원으로 몰려가 수도원을 허물었던 사건이 떠오릅니다. 지금 우리는 더 이상 세상의 빛과 소금이 아닙니다. 그러면 어떻게 해야 할까요? 함께 등 돌리고 욕하고 빠져나가면 그만일까요? 아닙니다. 묵묵히 사막에 나무를 심는 사람처럼, 입은 다물고, 예수 정신을 살아내기 위해 몸부림쳐야 할 때입니다.

함부로 vs. 정성스럽게

그리스도를 믿는 이들은 자기 뜻을 이루기 위해 하나님을 사용하는 사람이 아니라 하나님의 뜻을 이루기 위해 자기를 바치는 사람입니다. 그런 방향 전환이 이루어질 때 우리는 비로소 믿음의 세계에 입문했다고 말할 수 있습니다. 그가 믿음의 사람인지를 알아볼 수 있는 표징은 무엇일까요? 말끝마다 성경을 인용하는 것도, 식당에서 식사 기도를 하는 것도, 길거리에서 전도하는 것도 아닙니다. 삼위일체 하나님의 마음에 접속된 사람은 무엇보다 다른 이들을 존중하고 아끼게 마련입니다.

'치인사천(治人事天) 막약색(莫若嗇)'《도덕경》 59장)이라는 말이 있습니다. 사람을 다스리고 하늘을 섬기는 데 아낌만한 것이 없다는 뜻입니다. 아낌이야말로 진리로 들어가는 문입니다. 인색하게 살라는 말이 아니라, 세상의 어떤 사람도, 어떤 것도 함부로 대하지 말라는 말입니다. '함부로'는 '생각함이 없이 마구' 혹은 '되는 대로'라는 뜻입니다. 이 말에 대비되는 것은 무엇일까요? 저는 '정성스러움'이라고 생각합니다. 어떤 일을 하든, 누구를 대하든 정성스러운 태도를 보이는 이들을 보면 마음이 저절로 밝아집니다. 그 마음 하나 얻지 못한다면 천하에 없는 말을 한다 해도 허사일 뿐입니다.

에베소서 5장과 6장은 믿음에 들어선 사람들, 곧 빛의 자녀들이 어떻게 살아야 하는지, 더 나아가 다른 이들과 어떤 관계를 맺으며 살아야 하는지를 구체적으로 가르쳐 줍니다. 남편과 아내, 자녀와 부모, 종과 주인의 관계가 예시되고 있습니다. 요약하자면 순종과 존중의 윤리라 할 수 있겠습니다. 순종을 요구하는 것은 가부장적 질서를 강화하기 위한 것처럼 들립니다. 그러나 성경이 가르치는 순종의 밑절미는 아낌과 사랑입니다. 만해 한용운은 〈복종〉이라는 시에서 "남들은 자유를 사랑한다지만/나는 복종을 좋아하여요.//자유를 모르는 것은 아니지만,/당신에게는 복종만 하고 싶어요."라고 노래합니다. 그리고 복종하고 싶어서 복종하는 것은 아름다운 자유보다 달콤하다고 말합니다. 이런 마음이겠지요.

비인간으로 취급되던 사람들

오늘 본문은 종들과 주인의 윤리를 다루고 있습니다. 바울 사도가 혹은 초대 교회가 왜 종의 존재를 허용했냐고 화를 내지 마십시오. 모든 텍스트는 그 시대와 세계관을 반영하게 마련입니다. 당시에는 노예 제도가 자연스러운 사회 제도의 한 부분으로 받아들여지던 때였습니다. 물론 종이나 노예로 전락한 이들의 비참한 처지를 모른 척해서는 안 됩니다. 노예로 태어난 사람들도 있었지만 전쟁 포로로 잡혀오거나 절대 빈곤에 떨어져 노예로 전락한 사람들도 있었습니다. 노예들은 물론 존엄한 인격으로 대우받지 못했습니다. 로마가 자랑하는 문명은 노예 노동에 상당 부분 의지하고 있었다고 말할 수 있습니다. 'liberal arts'는 흔히 '인문학'이라고 번역되기도

하는데 어원을 보면 자유인들이 하는 기예를 뜻합니다. 추상적이고 형이상학적인 것들이 여기에 해당합니다. 이 말에 대비되는 것은 'servile arts'입니다. 이건 노예들이 하는 일을 의미합니다. 나무를 하고, 밥을 짓고, 빨래를 하고, 집을 짓고, 온갖 허드렛일이 여기에 해당합니다. 따지고 보면 이것은 필수 노동입니다. 그러나 1세기 로마의 식민 도시들 어디에서도 노예들은 존중받지 못했습니다. 그들을 인간으로 대우한다는 것은 발상의 전환을 요구하는 일이었습니다.

초기 기독교 공동체는 상당히 다양한 계층의 사람들로 구성되었습니다. 부자도 있고 가난한 이들도 있었습니다. 수공업자, 노동자, 교역에 종사하는 사람들도 있었고, 노예들도 있었습니다. 집 주인이 신자가 되어서 덩달아 믿게 된 노예들도 있었지만, 나중에는 주인이 신자가 아닌데도 신자가 된 이들도 있었습니다. 이 말은 기독교 공동체 안에서 노예 혹은 종들은 비인간 혹은 반시민이 아닌 하나님의 백성으로 인정되었다는 말입니다. 오늘의 관점에서는 당연한 일처럼 여길 수 있지만 당시로서는 혁명적 사고의 전환이었다고 보아야 할 것입니다. 기독교가 사회에 점진적 변화를 가져왔다는 것은 3세기에 해방 노예 출신인 칼리스투스가 로마의 감독, 즉 교황으로 선출된 일을 보더라도 알 수 있습니다.

새로운 윤리

본문의 첫 구절인 "종으로 있는 이 여러분"은 평범해 보이지만 실은 놀라운 메시지를 담고 있습니다. 사도는 종들을 사유의 능력이 있는 주체로 인정하고 있습니다. 사람으로 존중하고 있다는 말입니다. 저는 하나님께서 시내 산에서 출애굽 공동체와 언약을 맺은 이야기를 떠올릴 때마다 감격합니다. 애굽 땅에서 오랫동안 강제 노역에 시달리던 사람들입니다. 그들은 주인이 부과한 일, 곧 할당량을 채우는 것을 숙명처럼 받아들이던 사람들입니다. 노동의 기쁨이 있을 리 없습니다. 관료들은 그들의 처지를 감안하지 않았습니다. 몸이 부서질 것처럼 아파도 일터를 떠날 수 없었습니다. 그런데 온 천지를 창조하신 하나님께서 모세를 통해 당신의 계획을 일러주시며 그 뜻을 따를 생각이 있냐고 물으십니다. 당신의 뜻을 일방적으로 부과하지 않고 동의를 구하신 것입니다. 그들을 자신의 운명을 선택할 자유인으로 인정하신 것입니다.

사도 역시 종들을 존엄한 인격으로 대합니다. 그래서 종들에게 "두려움과 떨림과 성실한 마음으로 육신의 주인에게 순종"하라고 권면합니다. 사람을 기쁘게 하는 이들처럼 눈가림으로 하지 말고, '그리스도의 종답게' 진심으로 하라는 것입니다. 여전히 신분상으로는 종이지만 사도는 그들의 정체성을 새롭게 규정하고 있습니다. '그리스도의 종'이라는 표현이 그것입니다. 하는 척하지 말고 진심으로 그 일을 감당할 때 우리는 더 이상 종이 아닙니다. 이것은 오늘의 노동 윤리에도 적용할 수 있는 권고입니다. 기왕 해야 할 일이라면 투덜거리지 말고 기쁘게 해야 합니다. 그래야 비애감이 줄어듭니다. 사도는 어떤 일을 하든지 사람에게가 아니라 주님께 하듯이 기쁜 마음으로 섬기라고 말합니다.

권정생 선생님이 들려주신 이야기가 떠오릅니다. 권 선생이 어느 날 가까운 시내에 갔다가 돌아오는 길에 버스비가 모자라 완행열차를 탔습니다. 아주머니 한 분이 극구 사양하는데도 자리에 앉으라고 권해서 자리에 앉았습니다. 무심코 혹시 교회 나가시는 분이 아니냐고 묻자 아주머니는 그렇다면서 묻지도 않은 말을 들려주었습니다. 의성 지방의 한 시골 교회 집사님인 그 아주머니가 한 십 년쯤 전에 겪은 일이라며 들려준 이야기는 이러했습니다. 어느 날 몹시 바쁘게 집안일을 하고 있는데 거지가 구걸하러 왔습니다. 일에 몰두하고 있던 아주머니는 자기도 모르게 퉁명스럽게 지금은 바쁘니 다른 데나 가보라고 박대를 하며 거지를 내쫓았습니다. 거지가 돌아서 나가는 뒷모습을 힐끗 보니 놀랍게도 틀림없는 예수님이었습니다. 놀란 아주머니가 하던 일을 그만두고 허겁지겁 쌀을 한 대접 떠서 달려나갔지만 거지는 그새 어디론지 사라지고 말았습니다. 동네를 다 뒤져보아도 허사였습니다. 집으로 돌아온 아주머니는 주저앉아 통곡을 했습니다. 그때부터 아주머니 눈에는 어떤 낯선 사람도 다 예수님으로 보여서 정성껏 대접을 하곤 했습니다. 이야기 끝에 아주머니는 이렇게 말했습니다.

"세상 사람이 다 예수님으로 보이니까 참 좋아요. 내가 할 수 있는 건 다 해드리고 싶어예."

이 마음이 천국의 마음이 아니면 무엇이겠습니까? 눈가림이 아니라 마음으로 할 때 우리는 그리스도의 종이라 할 수 있습니다.

이런 원리는 주인에게도 그대로 적용됩니다. 주인도 종이라 하여 함부로 대하면 안 됩니다. 위협적인 언사나 폭력으로 그에게 굴욕감을 안겨주지 말아야 합니다. 자기가 누리는 경제적 넉넉함을 계급으로 생각하는 이들이 있습니다. 며칠 전 신문에서 아파트 경비실에 에어컨 설치하는 것을 반대하는 연판장을 돌리는 사람들 이야기를 보고 놀랐습니다. 이건 단순한 비용의 문제만이 아닙니다. 인간을 대하는 방식의 문제입니다. 잠언은 "가난한 사람을 조롱하는 것은 그를 지으신 분을 모욕하는 것"(잠언 17:5a)이라고 말합니다.

서양 속담에 '하나님은 우리가 이웃을 바라보는 그 눈으로 우리를 보신다.'는 말이 있습니다. 지금 나보다 못한 처지에 있다 하여 그들에게 모멸감을 안겨주는 일은 하나님을 모욕하는 일입니다. 그들은 하나님의 심판대 앞에서 자기 행동을 설명하여야 할 것입니다.

사람을 차별하지 않으시는 하나님이 우리를 보고 계십니다. 아낌과 존중이 우리 몸에 밸 때 우리는 비로소 하나님의 손과 발이 될 수 있습니다. 바로 그것이 그리스도의 향기가 아니겠습니까? 오늘의 교회가 향기가 아닌 악취를 풍기고 있는 것은 아닌지요? 이제 말이 아니라 행동으로 주님의 몸이 될 때입니다. 주님께서 부족한 우리를 사용하여 주시기를 청할 뿐입니다. 주님의 은혜 가운데 살면서 주위를 명랑함과 따뜻함과 사랑으로 물들이는 우리가 되기를 기원합니다.

빌립보서

1장 3-11절

사랑과 분별력

나는 여러분을 생각할 때마다, 나의 하나님께 감사를 드립니다. 내가 기도할 때마다 여러분 모두를 위하여 늘 기쁜 마음으로 간구합니다. 여러분이 첫날부터 지금까지, 복음을 전하는 일에 동참하고 있기 때문입니다. 선한 일을 여러분 가운데서 시작하신 분께서 그리스도 예수의 날까지 그 일을 완성하시리라고, 나는 확신합니다. 내가 여러분 모두를 이렇게 생각하는 것은, 나로서는 당연한 일입니다. 내가 여러분을 내 마음에 간직하고 있기 때문입니다. 여러분 모두는 내가 갇혀 있을 때나, 복음을 변호하고 입증할 때에, 내가 받은 은혜에 동참한 사람들입니다. 내가 그리스도 예수의 심정으로, 여러분 모두를 얼마나 그리워하고 있는지는, 하나님께서 증언하여 주십니다. 내가 기도하는 것은 여러분의 사랑이 지식과 모든 통찰력으로 더욱 더 풍성하게 되어서, 여러분이 가장 좋은 것이 무엇인가를 분별할 줄 알게 되는 것입니다. 그리하여 여러분이 그리스도의 날까지 순결하고 흠이 없이 지내며, 예수 그리스도께서 주시는 의의 열매로 가득 차서 하나님께 영광과 찬양을 드리게 되기를, 나는 기도합니다.

한 해의 절반을 보내고

주님의 은총과 평화가 우리 가운데 함께 하시기를 빕니다. 한 해의 절반이 지나고 7월의 첫 주를 맞았습니다. 엄부렁하게 부푼 시간 속에서 허우적거리느라 우리는 많이 지쳤습니다. 이 맘 때가 되면 주님이 들려주신 비유가 생각납니다. 삼 년째 열매를 맺지 못하는 무화과나무를 보고 주인은 포도원지기에게 지시합니다.

찍어 버려라. 무엇 때문에 땅만 버리게 하겠느냐? (누가복음 13:7)

이 말씀이 가끔 이명증처럼 내 귀에 쟁쟁하게 울립니다. 그래서 혼자 생각해 봅니다. '나는 지금 어떤 열매를 맺어 주인의 마음을 기쁘게 하고 있나?' 찍어 버린다 하셔도 대꾸할 말이 없습니다. 비유에 등장하는 포도원지기는 참 성실한 사람입니다. 그는 주인에게 조심스럽게 말합니다.

주인님, 올해에만 그냥 두십시오. 그 동안에 내가 그 둘레를 파고 거름을 주겠습니다. 그렇게 하면 다음 철에 열매를 맺을지도 모릅니다. 그때에 가서도 열매를 맺지 못하면, 찍어 버리십시오. (누가복음 13:8-9)

이 비유의 말씀을 읽을 때마다 지금 우리가 살고 있는 시간은 '유예받은 시간'이라는 생각이 들곤 합니다. 시간이 많지 않습니다. 세상에 팔린 우리의 시선을 거두어 들여야 합니다. 오순절기를 지나는 동안 우리 삶에도 성령의 열매가 많이 맺혀야 합니다.

오늘 본문인 빌립보서는 바울 사도가 옥중에 있으면서 기록한 서신입니다. 열악한 조건 속에 있기에 마음에 어두운 그림자가 드리워 있을 법도 하지만, 바울의 글은 가뿐하기 이를 데 없습니다. 사람들은 오랫동안 이 시선을 '기쁨의 서신'이라고 불렀습니다. 문익환 목사님은 감옥에 계시면서 마음이 초조할 때마다 이 서신을 읽었다고 합니다. 내면에 든든함이 깃들기를 바라는 마음에서였을 겁니다. 그러나 아무리 읽어도 마음에 기쁨이 찾아오지 않았습니다. 불안한 마음, 원망스러운 마음이 고질병처럼 몸과 마음에 새겨져 있었던 것입니다. 하지만 포기하지 않고 끈질기게 빌립보서를 반복하여 읽었습니다. 그러던 어느 날 마침내 그의 마음을 사로잡고 있던 불안과 초조, 원망의 마음이 스러졌고, 내면 깊숙한 곳에서부터 기쁨과 감사의 마음이 솟구쳐 올랐다고 합니다. 현실은 달라진 것이 없지만, 현실을 대면하는 그의 태도는 완전히 달라졌습니다. 하나님의 마음에 접속되었기 때문입니다. 하나님의 눈과 마음으로 세상을 보는 순간 세상은 이전과는 다른 모습으로 다가오게 마련입니다. 믿음의 눈을 뜬 사람은 시련의 시간 속에도 보화가 감추어져 있음을 알아차립니다.

기쁨으로 기억하는 사람들

저는 시골에서 어린 시절을 보냈습니다. 비가 내린 다음 날 아침,

타박타박 걸어 멀리 떨어진 학교에 가다보면 눈길을 끄는 게 참 많았습니다. 대기는 맑았고, 나뭇잎도 한결 생기있게 보였습니다. 저만치 햇살에 반짝이는 것이 보이면 아이들은 누가 먼저랄 것도 없이 달음질쳤습니다. 깨진 사금파리이거나 유리조각일 때가 많았지만 그렇다고 실망하지는 않았습니다. 그 사금파리나 유리조각은 지루한 시간을 견딜 좋은 놀이 기구가 되곤 했습니다. 그것을 손에 들고 햇빛에 이리저리 비춰보다가 친구의 얼굴에 빛이 반사되게 하기도 했습니다. 신작로 이곳저곳에 비로 인해 생긴 작은 물웅덩이에는 고운 흙이 살포시 내려앉아 부드러운 벨벳처럼 보였습니다. 지렁이가 온몸으로 기어간 자국이 선명하게 남아 있을 때도 있었습니다. 그걸 볼 때마다 마음이 아뜩해졌습니다. 설명하긴 어렵지만 뻘밭 위를 온몸으로 기어갔을 지렁이의 고독 따위에 감응했던 것이 아닐까 싶습니다. 가끔 지난날을 회상할 때가 있습니다. 두루 가난했던 시절의 경험이 궁상맞게 기억되지는 않습니다. 아름답고 빛나던 시간이었습니다. 지금보다 한결 열악한 여건 가운데 살았지만, 아련하고 따뜻하게 기억되는 것은 왜일까요?

어떤 분은 거리가 미를 창조한다고 말했습니다. 당장의 이해관계에서 조금 떨어져서 바라보면 사물이나 사태가 아름답게 보인다는 말일 겁니다. 살면서 쓰라린 경험을 하지 않는 이는 거의 없습니다. 당시에는 그 문제에 부딪쳐 가슴에 멍이 들고, 영혼에 피가 맺히곤 했습니다. 죽고 사는 문제가 거기에 달린 듯 암담할 때도 많았습니다. 다시는 돌아보고 싶지 않던 기억이지만, 지나놓고 생각하면 그런 경험들이 쌓여 오늘의 우리를 만들었습니다. 물론 다시는 떠올리기 싫은 기억에 사로잡혀 사는 분들도 계십니다. 하지만 기억은 참 신비해서 떨쳐버리려 하면 할수록 더욱 더 달라붙곤 합니다. 아픈 기억은 차라리 정직하게 직면하는 게 낫습니다. 애상에 빠지지 않고 과거에 직면할 때 그 아픈 기억은 새로운 삶을 살아갈 연료가 될 수 있습니다. 지금 여러분은 어떤 기억과 대면하며 살고 계십니까?

과거에 민주화운동을 하다가 감옥에 다녀오신 분들이 이구동성으로 하던 말이 있습니다. 감옥이 '진짜 대학'이라는 것이지요. 책을 보고 생각할 시간이 많았다는 뜻도 있겠지만, 그곳에서 이뤄진 다양한 사람들과의 만남이 세상을 바라보는 자기들의 눈을 새롭게 했다는 뜻도 내포되어 있는 말일 겁니다. 바울도 감옥에서 더욱 깊어진 것이 아닌가 싶습니다. 수인이 되어 재판을 기다리는 바울도 빌립보 교인들을 그리움으로 떠올립니다.

나는 여러분을 생각할 때마다, 나의 하나님께 감사를 드립니다. 내가 기도할 때마다, 여러분 모두를 위하여 늘 기쁜 마음으로 간구합니다.(빌립보서 1:3-4)

의례적인 말이 아니라 진심이 담긴 말입니다. 바울이 빌립보 교인들에게 이렇듯 애정이 담긴 인삿말을 건네는 것은 그들의 있음 그 자체가 바울에게 큰 힘이 되기 때문입니다. 시련의 시간, 고통의 시간, 미래를 기약하기 어려운 시간에 떠올리기만 해도 미소가 떠오르는 사람이 있다는 것은 얼마나 고마운 일입니까? 빌립보 교인들과 바울의 만남은 그야말로 하나님의 계획 속에서 일어난 일이었습니다.

사도행전 16장을 보면 바울 사도의 빌립보 선교 이야기가 나옵니다. 소아시아 지방에서 복음을 전하던 바울은 흑해 근처의 비두니아로 선교의 지평을 넓히려 했지만 어떤 연유에서인지 그곳으로 갈 수 없게 되었습니다. 그는 드로아로 이동하여 기도를 하던 중에 환상을 봅니다. 마케도니아 사람 하나가 나타나서 그에게 "마케도니아로 건너와서, 우리를 도와주십시오."(사도행전 16:9) 하고 청했던 것입니다. 바울은 즉시 그것이 하나님의 부르심이라고 확신했고, 사모드라게와 네압볼리를 거쳐 빌립보에 들어갔습니다.

바울은 그곳에서 부유하고 경건한 상인 루디아와 그의 온 집안 사람들에게 복음을 전했고, 그의 도움으로 빌립보 선교를 수월하게 전개할 수 있었습니다. 하지만 귀신에 들려 점치는 능력을 보였던 여종에게서 귀신을 내쫓은 사건 때문에 곤경에 처하기도 했습니다. 그 여종을 통해 큰 돈벌이를 하던 주인들이 그들을 관원들에게 고발했기 때문입니다. 이익의 소망이 끊어진 것 때문에 화가 났으면서도 그들은 자기들의 분노를 공적인 문제인 양 포장했습니다. 유대인들이 들어와 로마 시민들이 차마 받아들일 수 없는 풍속을 전함으로 도시를 소란하게 하고 있다는 것이었습니다. 바울과 실라는 붙잡혀 재판도 받지 않은 상태로 매를 맞고 감옥에 갇혔습니다. 그 암담한 상황 가운데서도 그들은 하나님을 찬미했습니다. 한밤중에 지진이 나 옥터가 흔들렸고 그들에게 채워졌던 수갑과 차꼬가 저절로 풀렸습니다. 두려움에 떨던 간수는 죄수들이 탈출한 줄 알고 자

살을 시도하려 했습니다. 죄수들을 지키지 못한 자에게 내릴 벌이
두려웠기 때문입니다. 바울과 실라가 모습을 드러내고 만류하자 그
는 무서워 떨면서 사도들의 발 아래 엎드려 물었습니다.

두 분 사도님, 내가 어떻게 해야 구원을 얻을 수 있습니까?(사도행전
16:30)

결국 그 밤 간수와 온 집안이 주 예수를 영접하고 세례를 받았습
니다. 다음날 사도들은 석방됨과 동시에 빌립보에서 추방되었습니
다. 빌립보에서 벌어졌던 그 사건들을 바울은 또 다른 감옥에서 회
상하고 있습니다. 그곳에서 만났던 사람들의 얼굴이 주마등처럼 지
나가면서 그는 감사의 심정에 사로잡혔습니다. 그들의 존재 자체가
그의 삶이 헛되지 않았음을 보여주는 증거였습니다.

나는 날마다 죽습니다

바울에게 중요한 것은 자기의 안위가 아니라 주님께서 위임하신
일을 수행하는 것이었습니다. 주 예수를 전하고, 하나님 나라 운동
을 확산하는 일을 위해 그는 목숨을 걸었습니다. 고린도교회에 보
내는 편지에서 그는 "나는 날마다 죽습니다."(고린도전서 15:31)라고
말합니다. 늘 위험을 무릅쓴다는 말이기도 하겠지만, 시도 때도 없
이 올라오는 에고를 잘라내고 또 잘라낸다는 뜻도 들어 있을 겁니
다. 그렇기에 그의 삶은 자아를 부풀리는 일과 무관합니다.

나의 간절한 기대와 희망은, 내가 아무 일에도 부끄러움을 당하지 않고 온전히 담대해져서, 살든지 죽든지, 전과 같이 지금도, 내 몸에서 그리스도께서 존귀함을 받으시리라는 것입니다. 나에게는, 사는 것이 그리스도이시니, 죽는 것도 유익합니다.(빌립보서 1:20-21)

그는 자기 생을 그리스도의 일을 위해 온전히 바친 사람입니다. 목적이 분명하니 선택이 복잡할 것도 없습니다. 무슨 일을 하든지 자기가 중심이 되지 않으면 안 되는 사람들이 있습니다. 영혼이 어린 사람들입니다. 개그우먼인 박미선 씨의 이야기를 우연히 듣게 되었습니다. 한동안 활동을 쉬던 중 방송국에서 섭외가 들어오길래 반갑게 물었답니다. "MC인가요?" 하지만 돌아온 대답은 실망스러웠습니다. "아니요, 패널입니다." 자기 나름으로 탑이라 생각했는데 무시당한 것 같은 생각이 들어 무척 불쾌했고 힘들었다고 합니다. 그러다가 그는 마음을 고쳐 먹었습니다. 패널이라도 할 수 있으니 다행이라고 생각한 것입니다.

올라갈 때도 중요하지만 내려올 때가 더 중요합니다. 고은 선생의 시구 가운데 이런 게 있습니다. "내려갈 때 보았네/올라갈 때 보지 못한 그 꽃." 자아만 내려놓아도 세상이 달리 보이는 법입니다.

오래 전에 읽은 동화 작가 강정규 선생의 글 가운데 이런 대목이 나옵니다. 그는 운동회 날 달리기만 하면 늘 꼴찌였다고 합니다. 1학년부터 5학년까지 똑같았습니다. 그런데 6학년 때 이변이 일어났습니다. 열심히 앞만 보고 달리는데 관중석에서 할머니의 음성이 들려왔습니다. "일등이다. 우리 잉규(仁圭)가 일등여!" 놀라서 둘러보니 그는 분명히 맨 앞에서 달리고 있었습니다. 그래서 더욱 이를 악물고, 상을 찌푸리고, 두 주먹을 꼭 쥐고 달렸습니다. 그런데 들어와서 보니까 자기 뒤를 바싹 좇고 있던 아이들이 여덟 명이더랍니다. 그 다음 조였던 것이지요. 그날 그렇게 일등(?)을 하고 집으로 돌아가는데 할머니가 손자를 위로하며 말씀하셨습니다. "천천히 가그라, 꼴찌두 괜찮여. 서둘다 자빠지면 너만 다쳐. 암만 늦게 가두네 몫은 있능겨. 앞서 간 애들이 다 골라 간 것 같어두, 남은 네 몫이 의외루 실속있을 수 있능겨, 잉규야." 할머니가 고단한 삶을 통해 터득한 지혜를 손자에게 전수해준 셈입니다. 조금 늦으면 어떻습니까? 중요한 것은 마음의 눈을 뜨는 것입니다. 십자가의 길은 그런 것입니다. 다른 이들에게는 패배의 길처럼 보이지만, 눈을 뜬사람들에게는 진정한 승리의 길입니다. 힘이 아니라 정신이, 지배가 아니라 섬김이, 경쟁이 아니라 협동이, 가름이 아니라 통합이, 노예적 굴종이 아니라 희생을 각오한 저항이 우리 삶을 든든하게만듭니다.

바울 사도는 빌립보 교인들이 그런 복음의 길에 동행이 되어준 것을 기억하며 기뻐합니다. 잠시 동안의 인연이었지만 빌립보 교인들은 자기들에게 복음을 전해준 바울을 잊지 않고, 그에게 선교 후원금을 보내주고, 지속적으로 기도의 연대를 맺고 있었던 것입니다. 아슬아슬하지만 희망은 그렇게 자라고 있었던 것입니다. 그래서 바울은 확신을 가지고 말합니다.

선한 일을 여러분 가운데서 시작하신 분께서 그리스도 예수의 날까지 그 일을 완성하시리라고, 나는 확신합니다.(빌립보서 1:6)

복음을 위해 협력하는 그 선한 일은 빌립보 교인들이 한 일처럼 보이지만 사실은 하나님이 그들 속에서 일으키신 사건입니다. 그렇기에 바울은 어떤 경우에도 낙심하지 않습니다. 그가 해야 할 일은 다만 하나님의 마음에 깊이 접속하는 일 뿐입니다.

분별하는 사랑

그럼에도 불구하고 빌립보 교인들의 존재 그 자체는 그에게 큰 위안이자 기쁨입니다.

내가 그리스도 예수의 심정으로, 여러분 모두를 얼마나 그리워하고 있는지는, 하나님께서 증언하여 주십니다.(빌립보서 1:8)

누군가를 그리워한다는 것처럼 아련한 일이 또 있을까요? 여기서 '그리스도의 심정'으로 번역된 헬라어는 사실 '그리스도의 창자'입니다. 옛 사람들은 인간의 가장 깊숙한 정서가 '창자'에 머문다고 생각했습니다. 바울이 그들을 얼마나 그리워하는지 절절하게 느낄 수 있는 대목입니다. 바울 사도는 빌립보 교인들을 떠올릴 때마다 하나님께 감사하고 기뻐하지만, 또한 그들을 위해 간절한 기도를 올립니다.

내가 기도하는 것은 여러분의 사랑이 지식과 모든 통찰력으로 더욱
더 풍성하게 되어서, 여러분이 가장 좋은 것이 무엇인가를 분별할 줄
알게 되는 것입니다. 그리하여 여러분이 그리스도의 날까지 순결하
고 흠이 없이 지내며, 예수 그리스도께서 주시는 의의 열매로 가득
차서 하나님께 영광과 찬양을 드리게 되기를, 나는 기도합니다.(빌립
보서 1:9-11)

  바울의 기도는 단순하지만 심오합니다. 바울은 빌립보 교인들이
진작에 보여준 사랑이 지식과 통찰력으로 인해 더욱 풍성하게 되
기를 기도하고 있습니다. 성도들의 사랑은 서로에 대한 단순한 호
감이나 선의에 머물러서는 안 됩니다. 그런 사랑은 상황이 달라지
면 언제든 식어질 수 있고, 맹목적인 사랑은 정의를 무너뜨릴 수도
있으니 말입니다. 모호하기 이를 데 없는 삶 가운데서 하나님의 뜻
을 분별하기란 여간 어려운 게 아닙니다. 우리에게는 두 가지 기준
이 있습니다. 우리가 하려는 일이 하나님 사랑에서 기인한 것인가
가 첫째이고, 우리가 하려는 일이 이웃에게 유익을 주는가가 그 둘
째입니다. 바로 그것이 분별하는 사랑입니다. 오순절기를 지나는 동
안 우리들의 사랑도 그렇게 깊어지기를 빕니다. 하나님 나라에 대
한 그리움이 우리를 이끌고 가는 힘이 되기를 바랍니다.

그리스도의 비밀을 말하는 용기

기도에 힘을 쓰십시오. 감사하는 마음으로 기도하면서, 깨어 있으십시오. 또 하나님께서 전도의 문을 우리에게 열어 주셔서, 우리가 그리스도의 비밀을 말할 수 있도록, 우리를 위해서도 기도하여 주십시오. 나는 이 비밀을 전하는 일로 매여 있습니다. 그러니 내가 마땅히 해야 할 말로 이 비밀을 나타낼 수 있도록 기도해 주십시오. 외부 사람들에게는 지혜롭게 대하고, 기회를 선용하십시오. 여러분의 말은 소금으로 맛을 내어 언제나 은혜가 넘쳐야 합니다. 여러분은 각 사람에게 어떻게 대답해야 마땅한지를 알아야 합니다.

세상은 평화 원하지만

주님의 은총이 우리 가운데 함께 하시기를 빕니다. 새해를 맞은 지 불과 열흘 밖에 지나지 않았지만 우리는 벌써 낡아빠진 시간 속에서 바장이고 있습니다. 북한이 수소폭탄 실험에 성공했다고 자랑하자 국제사회는 크게 요동치고 있습니다. 이에 대한 대응으로 유엔 안보리는 대북제재를 결의했고 우리 정부는 대북방송을 재개했습니다. 정치인들 가운데는 우리도 핵무장을 해야 한다고 주장하는 이들도 나타나고 있습니다. 정치가 건달들의 치킨 게임이 아닐진대 왜 이렇게 민족의 운명을 두고 함부로 말하는지 알 수 없습니다. 북한이 보이고 있는 호전적이고 배타적인 태도는 스스로의 고립을 자초하고 있습니다. 이런 일들이 반복되면서 남북은 서로에 대해 지쳐갑니다. 마음의 문이 닫히고 대화의 문조차 닫히면 남는 것은 갈등 밖에는 없습니다. 참으로 딱한 나라입니다.

며칠 전부터 제 입을 맴도는 노래가 있습니다. "세상은 평화 원하지만 전쟁의 소문 더 늘어간다/이 모든 인간 고통 두려움뿐/그 지겨움 끝 없네." 노랫말이 우리를 우울하게 만듭니다. 희망은 아주 없는 것일까요? 이 노래는 반전을 내포하고 있습니다. "그러나 주여기 계시니/우리가 아들 믿을 때에 주의 영으로 하나 돼/우리가 아들 믿을 때에 주의 영으로 하나 돼/하날세 우리 모두가 하날세." 궁극적 희망은 주님으로부터 온다는 것입니다. 믿지 않는 이들에게는 안일한 현실 회피처럼 보일지도 모르겠습니다. 하지만 세상을 다스리시는 하나님을 믿는 우리에게는 이보다 더 분명한 일은 없습니다.

옥타비아누스 곧 아우구스투스 황제 때부터 시작된 소위 로마의 평화 시대는 진정한 평화 시대가 아니었습니다. 옥타비아누스는 태양신 아폴로의 아들을 자처했습니다. 그의 라이벌이었던 안토니우스가 도취의 기분을 안겨주는 술의 신 디오니소스를 좋아했던 것과 대조적입니다. 그는 그만큼 야심만만했습니다. 디오니소스가 저녁을 배경으로 한다면 아폴로는 어둠을 깨치는 새벽과 관련됩니다.

그러니까 옥타비아누스는 적절한 상징을 선택한 셈입니다. 그는 사람들 사이에 통용되던 화폐인 '데나리온'에 자기 운명을 암시하는 별자리를 그려넣기도 했습니다. 그를 기리기 위해 로마에 세운 평화의 제단(Ara Pacis Augustae)에는 그로부터 시작된 유토피아적 세계가 묘사되고 있습니다.

하지만 로마 제국의 지배가 사람들에게 행복과 번영을 가져다 준 것은 아니었습니다. 너무나 많은 사람들이 희생되었고 착취당했습니다. 로마 제국은 압도적인 군사력을 바탕으로 하여 지중해 세계를 정복했습니다. 바로 그때 예수님은 로마 제국과 대비되는 '하나님의 나라'를 선포하셨습니다. 힘으로 누군가를 강압하거나, 타자를 수단으로 삼는 로마 제국의 논리와는 정반대로 예수님은 사랑과 나눔, 돌봄과 섬김을 통해 열리는 새로운 세상을 제시하셨습니다. 지금 세계를 지배하는 것은 누구입니까? 로마 제국은 사라졌지만 로마 제국이 지향했던 권력에의 욕망은 여전히 살아 있습니다. 신자유주의 경제질서가 바로 우리 시대의 로마 제국입니다. 2000년 전 예수님이 그러셨던 것처럼 우리도 이제 새로운 세상의 꿈을 꾸기 시작해야 합니다.

예수적 존재의 위험

초대교회 교인들은 예수를 믿고 따른다는 것이 얼마나 위험한 일인지를 잘 알고 있었습니다. 예수는 로마 제국의 입장에서는 매우 위험한 인물이었습니다. 제국이 든든히 서기 위해서는 억압 당하는 이들이 자기들의 처지를 운명으로 받아들이고 살아야 합니다. 그런데 예수님은 사람들이 인위적으로 만들어놓은 경계선, 곧 로마 시민과 미개인을 가르고, 종과 자유인을 가르고, 거룩한 것과 속된 것 사이를 가르던 경계선을 자유롭게 넘나드셨습니다. 사회의 저변을 형성하고 있던 사람들, 그러니까 '땅의 사람'이라 업신여김을 받았던 사람들 속에 하나님 나라의 꿈을 불어넣으셨습니다.

독재자들이 가장 싫어하는 것은 국민들이 눈을 똑바로 뜨는 것입니다. 그래서 독재자들은 사람들이 현실의 참상에 눈을 돌리지 못하도록 하기 위해 여러 가지를 고안해 냅니다. 스펙타클한 것, 곧 볼 거리나 오락거리를 만들어 제공합니다. 로마에 세워진 콜로세움 같은 것을 연상해보면 되겠습니다. 지금도 사람들이 스포츠에 열광하는 동안 고통받는 이들의 외로움은 더욱 깊어져 갑니다. 스펙타클한 것에 중독된 사람들은 이웃들의 고통 따위는 바라보려 하지 않습니다.

예수님은 사람들이 이웃에게 시선을 돌리도록 만드셨습니다. 그 시대의 종교 문화가 죄인이라 규정한 사람들 속에 있는 아름다움을 보라 하셨습니다. 예수님은 칼과 창으로 무장한 채 로마에 맞서 싸운 분이 아닙니다. 사람들 속에 있는 정신의 힘, 즉 증오와 편견을 무너뜨리고 누군가의 이웃이 될 수 있는 힘으로 그 강고한 세상과 싸우셨습니다. 우리도 그 싸움에 초대받았습니다. 그러나 세상은 그렇게 호락호락한 곳이 아닙니다. 누구보다 예수를 제거하고 싶어 했던 것은 성전 체제를 유지해가면서 누릴 것을 다 누리고 살던 종교 지도자들이었습니다. 예수라는 존재 자체가 그들을 추문거리로 만들고 있었기 때문입니다. 사람들이 예수님에 대한 관심을 보이면 보일수록 그들은 불안해졌습니다. 자기들의 설 자리가 좁아진다고 느꼈기 때문입니다. 로마 제국의 입장에서도 예수는 불온한 인물이 었습니다. 종교 지도자들과 로마 제국의 이해관계가 맞아떨어졌기 에 그들은 공모하여 예수를 십자가에 처형했습니다.

세상에서 제일 무서운 사람은 험한 말을 하는 사람들이 아닙니 다. 완력으로 누군가를 누르려는 이들이 아닙니다. 세상의 힘 앞에 굴종하지 않는 사람들입니다. 소수의 사람들만 행복하고 다수의 사 람들은 불행으로 밀어넣는 세상의 허구성을 통찰하고 사람들에게 일깨우는 사람들입니다. 어느 때든지 불의한 세상은 그런 이들을 용납할 수 없습니다. 그래서 불온의 딱지를 붙여 제거하거나, 격리 하려 합니다. 바울 사도는 복음을 전하다가 여러 차례 옥에 갇혔습 니다. 그건 다른 사도들의 경우에도 마찬가지입니다. 그러나 어떤 박해도 그들을 침묵시킬 수는 없었습니다.

영화 〈마하트마 간디〉의 한 장면이 떠오릅니다. 영국의 식민지배 에 항거하는 비폭력 저항을 주도했다 하여 관헌에게 체포되어 감옥 으로 끌려가면서 간디는 웃음 띤 얼굴로 말합니다. "많이 가 본 길 입니다." 그는 동료들에게 감옥을 가득 채우자고 말하기도 합니다. 이런 이들을 누가 당해낼 수 있겠습니까?

기도의 연대

하지만 그 길은 역시 어려운 길입니다. 그래서 바울은 성도들에 게 기도에 힘쓰라고 권고합니다.

기도에 힘을 쓰십시오. 감사하는 마음으로 기도하면서, 깨어 있으십

시오.(골로새서 4:2)

기도는 하나님의 마음에 접속하는 일입니다. 기도를 통해 우리는 상황에 따라 일희일비하지 않고 영원의 빛 속을 거닐게 됩니다. 기도는 마음 내킬 때 하는 것이 아니라 어떤 상황에서라도 해야 하는 것입니다. 기도하지 않는 한 깨어 있는 존재가 될 수 없습니다. 기도는 이미 우리 속에 현존해 계시는 하나님께 마음을 기울이면서 주님의 마음과 일치되기를 소망하는 것입니다. '기도에 힘쓰라'는 사도의 권고를 듣는 이들은 아마도 시편 기도를 떠올렸을 것입니다. 시편을 묵상하고 노래로 부르면서 사람들은 자기들의 마음을 주님께 비끌어매곤 했습니다.

바울은 또한 주님의 일을 하다가 어려움을 겪고 있는 자신을 위해서 기도해 달라고 부탁하고 있습니다. 속히 풀려나기를 바라서가 아닙니다. 복음을 전할 수 있는 기회의 문이 열리기를 바라기 때문입니다.

우리가 그리스도의 비밀을 말할 수 있도록, 우리를 위해서도 기도하여 주십시오. 나는 이 비밀을 전하는 일로 매여 있습니다. 그러니 내가 마땅히 해야 할 말로 이 비밀을 나타낼 수 있도록 기도해 주십시오.(골로새서 4:3b-4)

그리스도의 비밀이란 무엇일까요? 사도는 골로새서 2장 10절에서 그 비밀을 누설했습니다. 그것은 "그리스도는 모든 통치와 권세의 머리"라는 사실입니다. 그리스도는 우리의 모든 빚문서를 지워버리시고 그것을 십자가에 못박으셨습니다.

> 그리고 모든 통치자들과 권력자들의 무장을 해제시키시고, 그들을 그리스도의 개선 행진에 포로로 내세우셔서, 뭇 사람의 구경거리로 삼으셨습니다.(골로새서 2:15)

그리스도의 비밀을 안 이들은 더 이상 옛 세계의 인력에 속절없이 끌려다니지 않습니다. 우리는 어떻습니까? 주님은 그 존재 자체로 세계를 지배하는 이들의 민낯을 드러내셨습니다. 십자가의 피로 평화를 이루셨고 세상에 있는 모든 것들을 당신과 화해시키셨습니다.

우리 믿음은 어디를 향하고 있습니까? 겨우 내 삶의 안전을 확보하기 위한 방편으로 이해하고 있는 것은 아닙니까? 잘 믿어서 복 받고 편안하게 사는 것이 신앙의 목표라면 신앙에 대해 잘못 이해하고 있는 것입니다. 예수님께서 십자가에 못박히신 것이 겨우 우리들의 편안한 삶을 위해서 이겠습니까? 사도는 우리 믿음 생활의 목표를 아주 단순하게 제시합니다.

> 새 사람을 입으십시오. 이 새 사람은 자기를 창조하신 분의 형상을 따라 끊임없이 새로워져서, 참 지식에 이르게 됩니다.(골로새서 3:10)

하나님의 형상을 따라 끊임없이 새로워지는 것이 우리의 과제입니다. 어제의 나와 오늘의 나는 달라야 합니다. 어제보다 오늘 조금 더 남을 배려하고, 다른 이들을 따뜻하게 대하고, 다른 이들 속에 생명의 기운을 북돋기 위해 자기를 조금 더 낮출 수 있어야 합니다. 저 먼 곳에까지 가서 헌신하지는 못하더라도 우리가 일상적으로 만나는 사람들 속에 하늘의 고요함과 따뜻한 온기를 전하기 위해 애쓸 때 우리는 비로소 주님을 닮은 사람이 됩니다.

기회를 선용하라

사도는 교회 밖에 있는 이들과 어떻게 지내야 하는지도 가르치고 있습니다. 교회는 두 가지 형태로 존재합니다. 하나는 모이는 교회입니다. 순례자들이 성전을 향해 나아가듯이 믿는 이들은 정해진 시간에 주님 앞에 한 데 모여 하나님을 찬미하고 말씀을 경청하고 삶의 경험을 함께 나눕니다. 모이기를 힘쓰지 않을 때 우리 신앙은 퇴보할 수밖에 없습니다. 그러나 우리는 또 다른 형태의 교회에 속한 이들입니다. 흩어지는 교회가 그것입니다. 성도는 교회에서 경험한 삶의 충만함을 가지고 일상의 자리로 돌아가야 합니다. 그곳에서 하나님의 사랑을 전하는 통로가 되어야 합니다. 일상의 자리야말로 우리 신앙의 진실함을 입증하는 유일한 자리입니다. 우리가 만나는 이들은 우리와 다른 종교를 가진 이들도 있고, 다른 가치관을 가진 이들도 있습니다. 우리와 다르다 하여 누군가를 백안시하거나 미워할 때 하나님의 나라는 가뭇없이 스러집니다.

며칠 전 떼제 공동체의 신한열 수사가 쓴 글을 보았습니다. 떼제 공동체는 지난해 수단 출신의 난민들을 맞아들였습니다. 난민들을 맞아들이는 것이 그리스도의 뜻이라고 생각했기 때문입니다. 그런데 얼마전 수단 청년 하메드는 슬픈 소식을 들었습니다. 다푸르에 남아 있던 열여섯 살 난 여동생이 죽었다는 소식이 들려왔기 때문입니다. 그래서 하메드는 동료들과 함께 새벽 3시까지 꾸란을 함께 읽으며 기도를 올렸습니다. 떼제는 그들에게 개종을 요구하지 않았습니다. 그저 강도 만난 것 같은 그들의 이웃이 되어 주었을 뿐입니다. 이게 진정한 사랑이요 믿음이 아니겠습니까? 외부 사람들에게 지혜롭게 대하라는 말을 저는 그렇게 이해하고 싶습니다. 기회를 선용하라는 말도 마찬가지입니다. 지금 우리에게 주어진 시간은 사랑을 실천할 수 있는 기회입니다. 사랑을 배우는 것보다 소중한 일은 세상에 없을 것입니다. 사도는 또한 성도들의 말이 어떠해야 할지를 가르칩니다.

> 여러분의 말은 소금으로 맛을 내어 언제나 은혜가 넘쳐야 합니다. 여러분은 각 사람에게 어떻게 대답해야 마땅한지를 알아야 합니다.(골로새서 4:6)

신약성경에는 말에 대한 교훈이 유난히 많습니다. 그것은 함부로 발설된 말 때문에 공동체가 어려움에 처하는 일이 많았음을 반증합니다. 말은 공동체를 세우기도 하지만 무너뜨리기도 합니다. 말은 힘이 셉니다. '말 한 마디로 천 냥 빚을 갚는다.'는 말도 있습니다만, 말 한 마디 때문에 누군가의 가슴에 지울 수 없는 상처를 남기기도 하는 법입니다. 집회서에는 이런 말이 나옵니다.

매에 맞으면 자국이 남지만 혀에 맞으면 뼈가 부러진다.(집회서 28:17)

거의 즉각적으로 이해가 됩니다. 누군가가 한 말 때문에 속을 끓여본 경험이 없는 사람이 어디에 있겠습니까? 우리가 사는 세상이 이 지경이 된 것은 말을 다루는 사람들의 책임이 큽니다. 집회서의 말을 조금 더 들어보십시오.

어리석은 자의 말은 여행 중의 짐과 같고 지각 있는 이의 말은 기쁨이 된다.(집회서 21:16)

젊은이여, 필요하다면 말을 하여라. 그러나 사람들이 요청하더라도 두 번 이상은 말하지 말라.(집회서 32:7)

우리의 말이 그리스도의 말과 닮을 수 있기를 빕니다.
"네 죄가 용서받았다."(마가복음 2:9), "너는 오늘 나와 함께 낙원에 있을 것이다."(누가복음 23:43), "나도 너를 정죄하지 않는다."(요한복음 8:11)

살리는 말, 북돋는 말을 연습할 때 우리는 비로소 그리스도의 비밀을 말할 수 있게 될 것입니다. 악한 세대입니다. 그럴수록 그리스도의 비밀을 마음속에 깊이 새겨야 합니다. 그래야 세상이 아무리 흔들려고 해도 흔들리지 않는 마음의 기둥이 하나 생기는 것입니다. 오늘도 내일도 하나님의 꿈을 가슴에 품고 나아가는 우리가 되기를 기원합니다.

삶의 중력을 이기고 하늘에 오르는 신비

구미정/이은교회 목사

설교는 듣는 것이다. 듣는 행위는 귀가 있다고 저절로 이루어지지 않는다. 그냥 귀가 아니라 '들을 귀'가 있어야 한다. 들을 귀가 없으면, 설교는 이 세상에서 가장 듣기(들어주기) 힘든 '소리'가 된다. 허공에 산산이 흩어진들 아쉬울 것이 없는, 심지어 소음으로 치부되는 그런 소리 말이다.

들을 귀는 머리에 붙어있지 않고, 마음에 달려 있다. 설교자가 하는 말을 그저 사람의 경험과 지식에서 나온 말이 아니라 하나님의 '말씀'으로 받아들여야 한다. 여기에 권위 문제가 들어선다. 설교자가 권위가 없으면 설교자의 말도 '귀신 씻나락 까먹는 소리'밖에 되지 않는다. 일제강점기 무교회주의자 김교신 역시 그런 푸대접에 이골이 났나 보다. 세상 잣대로 만들어진 '인공적 권위'라고는 하나 없이 오로지 예수 따름의 정신으로 무장하여 '무교회' 운동을 펼치니 이단으로 몰릴 수밖에 없었다. 〈성서조선〉 37호(1932년 2월)에서 그는 바리새인들과 서기관들에게 시달린 예수님의 처지에 빗대어 자신의 속내를 슬쩍 털어놓았다.

"예수의 권세란 것은 어떤 모양의 것이었던가. 저는 필경 자기의 권위에 의탁해서 설교하려는 생각은 추호도 없었을 것이요, 진리와 생명이 약동하며 유로(流露)하노라니까 자연히 권위가 첨가하여졌을 것이다. … 아무 권세도 행사함이 없었으나, 그 중에 권위가 있었다. 짐작건대 예수가 오늘 우리 사이에 오신다 하더라도 우리는 그를 인식하기 어려우리라."(노평구 엮음,《김교신전집 4》, 부키, 228쪽)

스스로 권세 부리지 않아도 그 말씀 안에 진리와 생명이 약동하여 흘러넘쳐서 자연스레 깃드는 권위란다. 이른바 '영적 권위'란 이런 것 아닌가. 말이 말씀이 되는 순간이다. 듣는 이의 마음에 '그 말씀 따라 살고 싶은' 결기가 일어난다. 이제 말씀은 '말숨'이 된다. 밖에 있던 말씀이 안으로 들어와 뼈가 되고 살이 되고 마침내 숨이 되는 신비를 연출한다. 말씀이 몸을 입어 삶으로 나타나는 경지이다. 김교신의 무교회주의가 '김치 기독교'라는 별명을 지닌 것도 그런 연유일 것이다.(구미정,《십자가의 역사학》, 한가람, 113쪽) 한국인은 김치를 부활절이나 성탄절에만 먹지 않는다. 일주일에 한 번, 일요일에만 먹지도 않는다. 거의 매일 먹어야 한다. 그렇게 생활로 드러나지 않는 신앙은 다 가짜다.

진리와 생명이 함께 추는 춤

김기석 목사님의 설교를 읽는다. 귀로 듣는 설교와 맛이 다르다. 설교는 현장성이 중요하지만, 그보다 더 중요한 건 삶의 변화다. 이대로 살면 안 된다는 절박감을 가지고 하나님의 뜻에 순복하게 만드는 게 설교의 힘이다. 문장에 밑줄을 긋고 곱씹으며 읽는 사이에 그 힘은 배가 된다. 물론 그 맛을 즐기려면 '읽을 눈'이 필수이다. 이 눈도 얼굴에 붙어있지 않고 마음에 달려 있다. "살갗처럼 부드러운 마음"(에스겔 36:26)으로 읽노라면, 단어와 문장이 생명을 얻는다. 허만하 시인의 시구에 절로 고개를 끄덕이게 된다.

"뜨거운 사랑의 시선이 머물렀던/바같은/달려와서 나의 내부가 된다."(허만하, 〈눈의 발생〉 일부)

설교자로서 목사님의 권위는 '진리에 잇댄 생명 감수성'에서 나온다. 진리와 생명은 함께 춤출 수밖에 없다.

"마하트마 간디는 자기의 평화운동을 '사티아그라하'(Satyagraha)라는 말로 요약했습니다. 사티아란 '본질 혹은 진실'을 뜻하고 그라하는 '붙잡는 것'이라는 뜻입니다. 본질 혹은 진실을 꼭 붙들면 거기서 힘이 나옵니다. 기독교인들이야말로 사티아그라하의 사람이 되어야 하지 않겠습니까?(「훈도와 편달」)

목사님에게 진리는 '오직 예수'라는 구호로 가볍게 뭉뚱그릴 수 있는 교조주의적 이상과 거리가 멀다. 삶의 알짬을 아는 이가 그것과 동떨어진 현실 속에서 온몸으로 치르는 값비싼 대가이다. "타락한 세상에서 하나님의 뜻을 행하는 것은 늘 위험을 감수해야 하는 일"(「사랑과 인내로 가는 길」)이기에 그렇다. 한데 우리의 삶이 자본주의에 포획된 이래, 삶의 속알 자리에 돈이 들어앉았다. 본과 말이 뒤집혔다. 이른바 무한경쟁이 진리인 양 포장되어 세계 전체를 "팔꿈치 사회"(강수돌,《팔꿈치 사회》, 갈라파고스, 37쪽)로 성형한 뒤로는 "돈이 지배하는 세상"(「자족을 배우라」)이 되고 말았다.

아니 탐욕의 역사는 어쩌면 인간의 역사와 나란히 가는지도 모르겠다. 히로니무스 보쉬(1450-1516)가 일곱 가지 죄악을 소재로 그린 그림을 보고 있으면, 예부터 지금까지, 그리고 미래에도 세상의 본래 모습은 전혀 변하지 않을 것처럼 느껴진다. 모든 흐름이 악마의 리듬대로 돌아간다. 사람들은 끊임없이 돌아가는 욕망의 회전목마에 올라탄 채 사악한 행동을 멈추지 않는다. 그 속에 그리스도가 부동의 자세로 서 있지만, 삶의 중력은 그리스도와 전혀 무관하게 움직인다.(폴커 라인하르트,《탐욕의 지배》, 김희선/최정미 옮김, 말 · 글빛냄, 48-49쪽 참고)

> "세상은 오늘의 기독교인들을 보며 '볼썽사납다'고 말합니다. … 믿지 않는 이들과 구별되지 않습니다. 마음씀이나 지향이 똑같습니다. 오히려 지나친 자기 확신으로 다른 사람들을 무시하거나 미워합니다. 기본적 교양이나 상식 그리고 예의조차 없는 기독교인들이 많습니다."(「그리스도인의 품격」)

설교자의 애타는 심정이 고스란히 담겨 있다. "기독교인들에 대한 조롱이 넘치는 시대"(「훈도와 편달」)가 된 건 그리스도의 은총에 힘입어 "인격의 변화, 지향의 변화, 삶의 변화"(「훈도와 편달」)를 이뤄내야 할 그리스도인들이 속절없이 삶의 중력에 사로잡힌 까닭이다. "예수를 잘 믿으면 물질의 복과 건강의 복과 영혼 평안의 복을 받는다는"(『자족을 배우라』), 이른바 '삼박자 축복'을 구원의 대가로 착각하는 이가 많다.

이 점에서 한국교회는 철저히 실패다. 진짜 복은 '하나님 자신'인데, "하나님을 중심에 모시고 사는 것 자체가 복"인데,(『자족을 배우라』) 세인(世人)들이 좇는 복을 그대로 복사해 하나님의 복으로 둔갑시켰다. 자본주의 시장에 딱 맞는 '종교상품'으로 만들어 '판매'했다.(구미정,《십자가의 역사학》, 241-243쪽) "탐욕이 지배하는 세상에 영혼을 빼앗겨 버린 이들은 하나님의 말씀을 적당히 왜곡하거나 입맛에 맞게 변형시켜 소비한다."(『사랑과 인내로 걷는 길』)

바울이 디도에게 보낸 편지에 나오는 "복종하지 아니하며 헛된 말을 하며 속이는 사람"(디도서 1:10)은 한국교회 안에도 수두룩하다. 여기 나오는 '복종'을 목사님은 '순명'(順命)으로 풀이한다. 이때의 '순'은 성격이 순하다는 뜻이 아니다. '명'을 따른다는 의미다. "순은 내 천(川)자에 머리 혈(頁)자가 결합된 말"이므로 "머리를 자연스러운 흐름으로 향하는 것"이 '순'의 바른 이해라고 설파한다.(『훈도와 편달』) 그리스도인에게 머리는 마땅히 하나님이어야 한다. 하나님의 뜻에 주파수를 맞추고 그 리듬대로 움직이는 게 그리스도인이다.

그러자 꽃을 활짝 피웠다

니코스 카잔차키스의 〈아몬드나무에게〉라는 제목의 시가 떠오른다. "나는 아몬드나무에게 말했노라/아몬드나무야, 나에게 하나님에 대해 이야기해 다오/그러자 아몬드나무가 꽃을 활짝 피웠다."(구미정,《구약 성서: 마르지 않는 삶의 지혜》, 사계절, 275쪽) 진리는 말로 변증될 수 있는 성질이 아님을 이보다 더 간명하게 표현한 보기도 드물 터이다. 말보다 삶이다. '예수쟁이 말쟁이'가 칭찬이던 시절은 지났다.

"기형도 시인의 말대로 성경에 밑줄을 그을 게 아니라 생활에 밑줄을 그어야 함에도 불구하고 우리는 그러지 못합니다."(「사랑과 인내로 걷는 길」)

진리는 입술이 아니라 삶으로 고백되어야 한다.

"나도 저렇게 살고 싶다는 마음을 불러일으키는 것이 진정한 선교입니다."(「그리스도인의 품격」)

그래서 삶의 구조를 바꾸어야 한다고, 목사님은 힘주어 말씀한다. 하나하나 개별적인 행동 교정의 차원이 아니다. 허물어져 가는 집을 '리모델링' 해봤자 오래 버티지 못한다. 싹 허물고 다시 짓는 게 답이다. 옛 존재를 벗고 새 존재를 입어야 한다. 그게 '회개'이다. 어릴 적 동네 어귀 조그마한 가게에서 눈깔사탕 하나 훔친 죄까지 낱낱이 들추는 수준을 말하는 것이 아니다. 그런 개인적이고 실존적인 회개 서사는 '우주적 그리스도'로 오신 주님의 십자가를 지나치게 축소할 위험이 있다. 목사님의 설교에 생태계가 자주 언급되는 건 그런 맥락이다.

"언제부턴가 '지속 가능한 성장'이라는 말이 유행처럼 사용되고 있지만, 사실 그건 거의 불가능한 일입니다. 우리 문명이 지속 가능하려면 지금 당장 우리 삶의 방식을 바꾸지 않으면 안 됩니다."(「자족을 배우라」)

회개는 "에너지 집약적인 삶의 구조"를 "생태적 삶"으로 바꾸는 일이다.(「자족을 배우라」) 이쯤 되면 회심 또는 전향이라는 단어가 더 어울리겠다. '더' 많이 소유해야 '잘' 사는 사람처럼 보이는 세상에서 '일용할 양식'에 만족하는 사람이 회심한 사람이다. 한마디로 "'더'의 삶에서 '덜'의 삶으로 개종해야 한다."(「자족을 배우라」)

"믿음은 현대 문명 혹은 주류 세계의 가치관에 대한 일종의 저항입니다."(「사랑과 인내로 걷는 길」)

이 대목에서 문득 '잼의 법칙'이 생각난다. 스물네 종류나 되는 잼을 줄줄이 늘어놓은 가게보다 여섯 종류의 잼을 단순하게 진열한 가게가 더 많이 팔았다는 실험에서 유래한 법칙이란다.(사사키 후미오, 《나는 단순하게 살기로 했다》, 김윤경 옮김, 비즈니스북스, 174쪽) 단순함이 주는 유익은 끝이 없다. 언젠가 목사님의 사무실에서 본 현판에도 비슷한 글귀가 적혀 있었던 기억이 난다. '위도일손'(爲道日損)이라, '진리를 몸소 살아내기 위해서는 날마다 자기를 덜어내야 한다.' 그런 뜻으로 새기신다고. 이 뜻은 설교에도 일관되게 반영된다.

"그(바울)는 하나님의 사람으로 택함 받은 이들은 더러움에서 벗어나 거룩함에 이르러야 한다고 말합니다. 여기서 더러움(akatharsia)은 욕심에 사로잡힌 상태, 사치의 노예가 된 상태, 불순한 동기를 품은 상태를 일컫는 말입니다. 택함 받은 사람은 그러니까 욕심을 자꾸 덜어내는 연습과 단순하게 사는 연습을 해야 합니다."(「그리스도인의 품격」)

자기가 완전히 죽어서 없어져야 하는데 덜 없으니 '더러운' 거라고, 영성의 길이란 자기를 영(零, zero)에 가깝게 만드는 거라고, 어디선가 하신 말씀도 덩달아 떠오른다.

"성화된 삶은 일상의 모든 일들을 하나님 앞에서 행하는 것입니다."(「그리스도인의 품격」)

코로나 팬데믹을 겪고 보니 더욱 절실히 알겠다. 인간 만큼 더러운 존재가 없다는 것을…. 인간이 '만물의 영장' 자리를 꿰차면서 지구-가이아가 여섯 번째 대멸종을 맞이하게 되었다는 것을….

모든 것들이 제자리로

시인과 촌장은 〈풍경〉이라는 노래에서 이렇게 읊조린다. "세상 풍경 중에서 제일 아름다운 풍경"은 "모든 것들이 제자리로 돌아가는 풍경"이라고. 인간은 피조물의 자리로 돌아와야 한다. 호모 사피엔스(Homo sapiens)가 호모 데우스(Homo deus)로 진화하는 길목에서 인간은 자신의 연약함과 유한함을 받아들이는 겸허한 지혜를 탑재해야 비로소 살 수 있다.(유발 하라리, 《호모 데우스》, 김명주 옮김, 김영사, 참고) 창조신앙 위에 선다는 건 그런 뜻이다.

"모든 것이 하나님께로부터 왔다면 어떤 것도 인간이 함부로 대해서는 안 됩니다. … 세상의 모든 것이 주님 안에서 서로 연결되어 있음 (inter-connectedness)을 믿는 것입니다. … 모든 생명은 상호 책임지는 (inter-responsible) 존재입니다. 배려와 돌봄으로 서로에 대해 책임을 질 때 세상은 아름다워집니다."(「자족을 배우라」)

"세상에 존재하는 모든 것들 속에 깃든 하나님의 숨결을 인식하고 사는 이들은 경거망동할 수 없고, 피조물들을 함부로 대할 수 없습니다. 동물도 식물도 다 하나님의 뜻 안에서 존재합니다. 파괴되고 있는 산림, 강과 바다, 땅과 대기는 하나님의 마음을 아프게 합니다."(「사랑과 인내로 걷는 길」)

목사님의 설교 밑바닥에 흐르는 생태신학적 감수성이 참 좋다. 설교에서 이 주제를 다루기란 말처럼 쉬운 일이 아니다. 자칫 발을 헛디디면 도덕적 훈계나 지루한 강의로 빠질 공산이 크다. 한데도 목사님의 설교는 용케 균형을 잃지 않고 줄 위에서 멋진 춤사위를 펼친다. 설교란 사람들을 '참 말씀'과 만나게 하는 일이며, 이렇게 참 말씀과 만나면 사건이 벌어진다는(「사랑과 인내로 걷는 길」) 확고한 믿음이 줄을 붙잡아주기 때문이다.

신학과 목회는 별개라고 손사래를 치는 목회자들이 많다. 그들은 신학교에서 배운 내용을 교회 현장에 그대로 적용했다가는 교인 수가 떨어진다고 말한다. 아니다. 틀린 말이다. 사실상 목회의 위기는 신학의 부재에서 비롯된다.(존 캅, 《교회 다시 살리기》, 구미정 옮김, 한국기독교연구소, 1장 참고) 신학과 신앙은 다르다고, 신앙생활만 잘하면 그만이지 구태여 골치 아프게 신학까지 공부해야 하냐고 볼멘소리를 하는 평신도들도 많이 있다. 아니다. 그것도 틀린 말이다. 교회 주차장에 차를 주차하면서 뇌까지 내려놓는 평신도가 많을 때, 교회도 신앙도 다 망한다.(구미정, "생각 없이 믿는 자, 유죄", 『복음과 상황』 271호, 31-40쪽, 특히 38쪽)

오늘 한국교회의 상황이 절망스럽다. 신학을 신학교 울타리 안에 유폐시키고 싶은 목회자와 신학을 목회자의 전유물로 떠미는 평신도가 은밀히 뒷거래한 결과, 한국교회는 몸집만 클 뿐 속은 텅 빈 '공갈빵'처럼 되고 말았다. 목사님의 진단은 이렇다.

"한국교회에서 꾸짖음이 사라진 지 오래입니다. 두려움을 불러일으키는 메시지는 많지만 불신앙적인 삶을 준엄하게 꾸짖는 메시지는 듣기 어렵습니다. 사람들의 비위를 상하게 하고 싶지 않기 때문입니다. 많은 이들이 교회에 오면 위로의 말을 듣기 원합니다. 이해는 합니다. 현대인들은 아득바득 용을 쓰지 않으면 남에게 짓밟힐지도 모른다는 조바심 속에서 살아갑니다. 그러니 교회에 와서는 좀 편한 말을 듣고 싶은 게 사실입니다."(「훈도와 편달」)

오죽하면 "심리학에 물든 기독교"(옥성호, 《심리학에 물든 부족한 기독교》, 부흥과개혁사)라는 말까지 나왔을까, 등골이 오싹하다. 교회가 예배든 신앙이든 '연출'(퍼포먼스)하는 데는 온갖 공력을 쏟으면서, 정작 일상생활에서는 무능하기 짝이 없는 이유를 충분히 알겠다. 한데 「훈도와 편달」이라는 제목만 봐서는 손에 채찍 하나쯤 들고 무시무시한 얼굴로 야단을 칠 것 같은데, 우리 목사님이 어디 그런 분이던가. "겸손하고 따뜻한 얼굴, 밝고 천진한 웃음"(「사랑과 인내로 걷는 길」)이야말로 목사님에게 딱 어울리는 '특허'인데 말이다.

잠든 척하는 사람은 깨울 수 없다

설교자로서 목사님은 청중을 절대 대상화하거나 타자화하지 않는다. 연민의 마음으로 청중과 공감한다. 그래서 '힐링 설교'를 요구하는 사람들의 연약함을 꼬집으면서도 "인생이란 본래 힘들고 고단한"(「훈도와 편달」) 거라고 위로한다. "그걸 자기 삶의 일부로 받아들이면서 자기에게 품부된 일을 해내는 것이 용기이고 믿음"(「훈도와 편달」)이라고 말이다. 나아가 예수를 믿기 때문에 "사서 고생"해 보라고, "능동적인 고난"에 참여하자고 권유한다.(「예수의 비상소집」) 올림픽 표어처럼, 남보다 '빨리' 성공해서, 남보다 '높이' 올라가, 남보다 '강하게' 버텨야 살아남을 수 있다는 세상의 가르침과 반대되는 말씀이다.

"자본주의가 우리에게 빼앗아가는 것은 '다른 삶에 대해 상상하는 능력'입니다. … 출애굽 공동체는 소수의 행복을 위해 다수를 희생시키는 애굽의 대안으로 등장했습니다. 광야에서 그들은 하늘에서 내리는 만나를 나누어 먹었습니다. 지배와 착취가 아니라 나눔과 돌봄에 근거한 세상의 꿈은 그렇게 탄생했던 것입니다. … 사회적 약자들이 굴욕감을 느끼지 않는 세상, 사람들이 밥을 함께 나누어 먹고, 서로의 약함을 돌보아 주고, 삶을 함께 경축하며 사는 것, 그것이 예수님이 꿈꾼 세상이었습니다."(「자족을 배우라」)

목사님은, 김교신 선생의 표현을 빌려 "믿음의 사람은 예수의 비상소집에 응한 사람"(「예수의 비상소집」)이라고 정의한다. '비상소집', 그만큼 시절이 절박하다는 뜻이다. 지구가 죽어간다. 지구별에 몸담고 사는 생명체들이 고통에 시달리고 있다. 예수의 은혜 안에 있는 우리가 '명'(命)을 제대로 따르지 않아 벌어진 일들이다. "죽임의 문화가 지배하는 이 세상에, 인간에 대한 예의가 실종된 이 시대에 생명의 씨앗을 심고, 평화의 씨를 뿌려 정의의 열매를 거두는"(「예수의 비상소집」) 것이 그리스도인이 받은 '명'이다. 우리에게는 "영혼이 납작해진 사람들에게 하나님이 살아 계시다는 사실을 이론이 아닌 실재로서 보여주고 척박한 역사 속에서 하나님의 통치를 앞서 실현"(「예수의 비상소집」)해 나가야 할 소명이 있다.

인도의 명상가 스와미 웨다 바라티의 책에서 이런 글귀를 보았다. "잠든 사람은 깨울 수 있지만, 잠든 척하는 사람은 깨울 수 없다."(스와미 웨다 바라티, 《1분의 명상 여행》, 고진하 옮김, 꿈꾸는돌) 목사님의 설교에도 비슷한 구절이 있다.

"믿는 척하지 말아야 합니다. 철저하게 믿어야 합니다."(「훈도와 편달」)

"예수의 교훈을 자아(自我)의 주관으로써 적당히 할인하여 믿으려 함은 차리리 믿지 않음만 같지 못합니다."(『예수의 비상소집』)

바울은 디모데에게 보낸 편지에서 믿음의 사람을 군인, 운동선수, 농부에 비유했다.(디모데후서 2:1-7) 모두 힘든 직업군이다. 군인은 목숨을 내놓아야 한다. 운동선수는 정해진 규칙에 따라 매일 훈련에 임해야 한다. 가장 가엾은 건 농부다. 허구한 날 땀 흘려 땅을 갈지만, 소출을 얻고 못 얻고는 하늘에 달린 일이다. 그야말로 '이름 없이 빛도 없이'의 전형이다. 남이 알아주기는커녕 욕지기만 돌아올 판이다. 예수를 믿는 일이 그렇게 힘든 거라면, 아무도 예수쟁이 하겠다고 자원할 것 같지 않다.

목사님의 다독임은 이 지점에서도 어김없이 힘을 발한다. 고진하 목사님이 쓴 〈파릇파릇한 쟁기질〉이라는 시를 소개하며 "당장 결실이 보이지 않아도, 기대한 만큼 거둘 수 없어도, 투덜거리며 생을 허비하지 말고 담대한 희망으로 또 다시 파종을 하는 용기를"(『예수의 비상소집』) 내어보자고 토닥거린다. 목사님의 설교에 스며있는 매력이다. 위로부터 내리는 은총에 자기를 맡기는 모험이 어쩐지 무거운 명에이기보다는 신나는 순례가 될 것 같다. 길벗들의 존재가 새삼 고맙게 여겨진다. 함께 순례길을 가는 동무들이 있다는 게 여간 든든하지 않다. 명랑한 혁명이다.

"우리는 주님을 믿지만 주님도 우리를 믿으십니다. 그러기에 당신의 일을 함께 하자고 우리를 불러주신 것이지요."(『사랑과 인내로 걷는 길』)

"눈빛 맑고, 마음이 따뜻하고, 말에 품위가 있고, 여백이 많은 사람들을 만나고 싶습니다. 아니, 우리가 그런 사람이 되어야 합니다. 이것이 어쩌면 이 시대의 우리의 소명인지도 모르겠습니다."(「그리스도인의 품격」)

단호하나 배제하지 않는다. 온유하나 타협하지 않는다. 부드러운데 심장을 후벼판다. 강한데 마음이 녹아내린다. 말하기에는 '텍스트'(말할 때 사용되는 단어들, 곧 언어로 표현되는 내용)뿐만 아니라 '텍스처'(말투, 곧 언어의 표면)도 있다더니,(와시다 키요카즈, 《듣기의 철학》, 길주희 옮김, 아카넷, 186쪽) '김기석'이라 가능한 설교가 아닐까 싶다. 우리 시대에 이런 설교자가 곁에 있다는 것, 얼마나 큰 기쁨인지 모르겠다. 인공감미료 하나 없이 천연재료로 담백한 맛을 내는 그분의 식탁으로 모신다. 보나뻬띠!

그리스도인의 품격

하나님께서 우리를 불러 주신 것은, 더러움에 빠져 살게 하시려는 것이 아니라, 거룩함에 이르게 하시려는 것입니다. 그러므로 이 경고를 저버리는 사람은, 사람을 저버리는 것이 아니라, 여러분에게 성령을 주시는 하나님을 저버리는 것입니다. 교우들에 대한 사랑을 두고서는, 여러분에게 더 쓸 필요가 없겠습니다. 여러분이 직접 하나님께로부터 서로 사랑하라고 하시는 가르침을 받아서, 온 마케도니아에 있는 모든 형제자매에게 그것을 실행하고 있기 때문입니다. 형제자매 여러분, 우리는 여러분이 더욱더 그렇게 하기를 권면합니다. 그리고 우리가 여러분에게 명령한 대로, 조용하게 살기를 힘쓰고, 자기 일에 전념하고, 자기 손으로 일을 하십시오. 그리하여 여러분은 바깥 사람을 대하여 품위 있게 살아가야 하고, 또 아무에게도 신세를 지는 일이 없도록 해야 할 것입니다.

외로운 시대

주님의 은총과 평화가 우리 가운데 임하시기를 빕니다. 내일이 대한(大寒)이니까 24절기의 마지막 절기를 눈앞에 두고 있습니다. 농가월령가는 이맘때의 정경을 "설중(雪中)의 봉만(峯巒)들은 해 저문 빛이로다."라고 노래했습니다. 흰 눈을 이고 있는 산봉우리가 저녁 해를 받아 빛나는 모양을 그리고 있는 것인데, 올해는 눈이 거의 안 와서 이런 광경을 보지 못했습니다. 기후 위기 시대에는 노래조차 달라져야 하는 모양입니다.

세상이 아주 빠르게 변화하고 있습니다. 이전에는 상상조차 할 수 없었던 일들이 현실이 되고 있습니다. 인터넷은 세계를 하나로 이어주고 있습니다. 그러나 인터넷 세상이 우리가 느끼는 근원적 외로움을 해소해주는 것 같지는 않습니다. 기계와 대면하는 시간이 길어지면서 우리는 다른 이들과의 친밀한 소통에서 멀어지기도 합니다. 사람은 만남을 통해 자기를 형성하는 존재입니다. 아브라함 요수아 헤셸은 "만난다는 것은 서로 마주서는 것 뿐만 아니라 서로 동의하고 손을 잡고 하나가 되는 것"이라고 말했습니다. 이런 친밀한 만남이 지속될 때 우리는 안정감을 느끼고, 나다운 삶을 기획할 수 있습니다.

누군가 어떤 형태로든 인사를 건네오고 거기에 반갑게 응답하면서 우리는 외로움을 견딜 힘을 얻습니다. 이 시대를 살아가는 슬픔은 다들 마음이 한껏 달아오른 것처럼 보인다는 데 있습니다. 뜨거워지는 것은 지구만이 아닙니다. 경쟁이 치열해지면서 마음의 여백이 줄어들고 사소한 차이조차 견디지 못하는 이들이 많습니다. 편을 가르고, 너는 어느 편이냐고 묻고, 입장이 다르면 부르대며 적대감을 보입니다. 느긋한 평화를 누리기 어려운 세상입니다. 세상에

　　말씀 등불 밝히고

평화를 가져가야 할 기독교인들조차 평화롭지 못합니다. 눈빛 맑고, 마음이 따뜻하고, 말에 품위가 있고, 여백이 많은 사람들을 만나고 싶습니다. 아니, 우리가 그런 사람이 되어야 합니다. 이것이 어쩌면 이 시대의 우리의 소명인지도 모르겠습니다.

신약성서에서 큰 비중을 차지하는 바울 사도의 서신은 대개 각 지역 교회들이 직면하고 있던 문제들을 해결하기 위해 발송된 회람 편지였습니다. 교회를 가리켜 그리스도의 몸이라 하지만 교회는 정말 다양한 사람들이 모인 곳입니다. 인간적인 허물과 약점 그리고 각자의 욕망까지 그리스도의 사랑의 용광로에 들어가 다 녹아지면 좋겠지만 그렇지 못한 경우가 많습니다. 그래서 교회에는 갈등이 많습니다. 생각하는 바와 지향하는 바가 다르기 때문입니다. 모두가 그리스도라는 푯대를 바라본다면 다행이지만 사람들은 눈 앞에 있는 대상들을 바라보며 호불호를 표할 때가 많습니다. "누구든지 나를 따라오려거든, 자기를 부인하고, 제 십자가를 지고, 나를 따라 오너라."(마태복음 16:24) 하신 말씀이 새록새록 떠오르는 요즘입니다. '자기 부인(否認)'이 따름의 전제 조건입니다. 자기를 부인한다는 말은 자기를 내려놓거나 자기 이익에 따라 처신하지 않는 것입니다. 근본이 무너진 세상에서 우리는 다시 한 번 우리가 누구인지를 재확인해야 합니다. 오늘은 바울 사도를 우리 길잡이로 삼으려 합니다.

부르신 까닭

데살로니가 교회는 바울 사도의 제2차 전도여행의 결실입니다. 빌립보를 떠나 데살로니가에 도착한 바울 일행은 회당에 들어가 세

안식일에 걸쳐 성경 말씀을 풀어 설명하였습니다. 그리스도께서 반드시 고난을 당하시고 죽은 사람들 가운데서 살아나셔야 한다는 것을 해석하고 증명하려 노력했습니다.(사도행전 17:3) 유대인 가운데 몇 사람, 경건한 그리스 사람, 그리고 적지 않은 귀부인들이 바울의 말에 깊은 공감을 드러냈습니다. 그것이 유대인들의 시기심을 자극했습니다. 그래서 그들은 불량배들을 동원하여 소란을 일으키고, 바울 일행을 붙잡으려 했습니다. 신도들은 밤을 틈 타 그들을 베뢰아로 보냈습니다. 복음의 씨를 뿌리자마자 그들을 돌볼 겨를도 없이 데살로니가를 떠나야 했던 바울은 마치 갓난아이를 두고 먼 길을 떠나온 엄마처럼 마음이 편치 않았습니다. 바울은 디모데를 그곳으로 보내 교인들의 형편을 살피게 했습니다. 그 여행에서 돌아온 디모데가 전하는 소식을 듣고 바울은 크게 기뻐했습니다.

　바울은 곤경과 환난 속에서도 데살로니가 교인들이 믿음을 지키고 있고, 그를 그리워한다는 소식을 듣고 큰 위로를 받았습니다. 비로소 그는 숨을 쉴 수 있게 되었다고 말합니다. 얼마나 노심초사했으면 이런 표현을 했겠습니까? 바울은 큰 애정을 담은 편지를 보내 그들에게 신앙의 근본을 다시 가르칩니다. 그는 하나님의 사람으로 택함 받은 이들은 더러움에서 벗어나 거룩함에 이르러야 한다고 말합니다. 여기서 더러움(akatharsia)은 욕심에 사로잡힌 상태, 사치의 노예가 된 상태, 불순한 동기를 품은 상태를 일컫는 말입니다. 택함 받은 사람은 그러니까 욕심을 자꾸 덜어내는 연습과 단순하게 사는 연습을 해야 합니다. 덜 먹고, 덜 갖는 훈련이 필요합니다. 소유를 통해 행복을 사려는 생각을 내려놓고 조화롭고 평온한 상태에서 주어진 것을 한껏 누리는 소박한 삶을 지향해야 합니다. 소박한 삶은 꾸밈이 없는 삶입니다. 꾸밈이 없기에 다른 사람들을 기만하거나 이용할 생각을 품지 않습니다. 그렇게 살 때 비로소 우리는 거룩함의 입구에 당도합니다. 삶이 단순해야 삶의 순도가 높아집니다.

거룩함(hagiasmos)이란 특별한 목적을 위하여 구별된 것을 의미하지만, 동시에 우리가 일상 속에서 구현해야 할 삶의 내용입니다. 그 내용은 성화된 삶입니다. 성화된 삶은 일상의 모든 일들을 하나님 앞에서 행하는 것입니다. 바울 사도가 "여러분의 몸을 하나님께서 기뻐하실 거룩한 산 제물로 드리십시오. 이것이 여러분이 드릴 합당한 예배입니다."(로마서 12:1)라고 말한 것이 바로 이것입니다. 밥을 먹든, 길을 가든, 사람을 만나든, 일을 하든 그 모든 것을 하나님께 바칠 만한 것이 되게 해야 합니다. '더러움'에 익숙해진 사람들에게 '거룩함'은 낯선 가치일 수도 있습니다. 그러나 우리는 거룩한 삶을 살라고 부름 받았습니다.

거룩한 삶의 특징

거룩한 삶을 추구하는 이들의 특징이 몇 가지 있습니다. 첫째, 그들은 일상적으로 대면하는 이들을 사랑으로 대합니다. 바울은 이런 말로 데살로니가 교인들을 칭찬합니다.

또 우리는 하나님 우리 아버지 앞에서 여러분의 믿음의 행위와 사랑의 수고와 우리 주 예수 그리스도께 둔 소망을 굳게 지키는 인내를 언제나 기억하고 있습니다.(데살로니가전서 1:3)

믿음이 행위와 결합되고, 사랑은 수고와 떼려야 뗄 수 없이 연결되어 있습니다. 소망은 인내를 요구합니다. 여기서 특히 우리 마음을 붙잡는 것은 사랑의 수고라는 표현입니다. 수고(kopas)의 문자적 의미는 '슬픔으로 가슴을 두드리다.'라는 뜻이지만, '번거로움을 마다하지 않다.', '고통을 받아들이다.'라는 뜻도 있습니다. 누군가를 사랑한다는 것은 그를 위해 번거로움을 피하지 않는 것입니다. 마음만이 아니라 몸이 따라야 한다는 말입니다. 데살로니가 교인들은 이런 사랑의 수고에 모범이 된 사람들이었습니다.

둘째, 그들은 조용하게 살기를 힘씁니다. 조용하게 산다는 말은 여기저기 경중거리며 뛰어다니지 않는다는 말입니다. 내적인 고요와 침묵을 소중히 여긴다는 말입니다. 중뿔나게 자기를 드러내거나 돋보이게 하려고 나서지 말아야 합니다. 동방 교회 전통에서 끊임없이 기도하고 명상하며 고요함을 추구하는 것을 일러 헤시카즘(hesychasm)이라 하는데, 그 말은 '조용하게 산다.'는 뜻의 헤시카조(hesychazo)에서 온 말입니다. 조용하게 살기를 원하지만 사랑의 수고가 필요할 때는 몸을 일으켜야 합니다. 그때도 고요함을 유지해야 합니다. 자기가 하는 일을 떠벌이거나 광고할 필요 없습니다. 사람의 눈에 뜨이기 위해 하는 일을 하나님은 신통찮게 여기십니다.

셋째, 자기 일에 전념하고, 자기 손으로 일을 해야 합니다. 사실이 권고는 초대교회가 처한 상황에 꼭 필요한 권고였습니다. 성령의 능력 안에 있던 초대교회는 아주 강력한 영적 일치를 맛보았습니다. 사람들을 가르던 모든 담들이 무너졌고, 유무상통하는 인류 초유의 공동체를 형성했습니다. 그러나 최초의 감격이 지난 후에 남는 것은 지루한 일상입니다. 그런 지루함 속에서도 그들을 하나로 묶어 주었던 것은 주님의 재림 약속이었습니다. 그들은 머지 않은 장래에 주님이 다시 오실 거라고 믿었습니다. 어떤 이들은 정결한 신부로 자기를 바치기 위해 하던 일을 작파(作破)하기도 했습니다. 교회는 그런 이들까지 품고 가야 했습니다. 그러나 재림이 지연되면서 그들의 존재는 교회의 큰 부담이 되었습니다. 불평불만이 터져 나왔습니다. 교회의 일치가 흔들렸습니다. 그래서 바울 사도는 '자기 일에 전념하고, 자기 손으로 일을 해야 한다.'고 말하는 것입니다. 내일 당장 주님이 재림하신다 해도 오늘의 일에 충실해야 한다는 것입니다. 자기 일에 전념하라는 말은 세상일에 오불관언의 태도를 보이라는 말이 아닙니다. 교회의 부담이 되지 않도록 애쓰라는 말입니다.

품위 있는 삶

그렇게 사는 것이 바깥 사람들 보기에도 품위 있는 삶이라는 것입니다. 바울이 여기서 왜 하필이면 '품위'(euschemonos)라는 단어를 썼는지 궁금합니다. 사전은 품위를 '사회생활 과정에서 형성된 사회적 관념으로서, 사회 성원들이 각각의 지위나 위치에 따라 갖추어야 한다고 생각되는 품성과 교양의 정도'라고 해석하고 있습니다. 성경에 이 단어는 몇 차례 더 나오는데, 번역자들은 이것을 '단정하게'(로마서 13:13), '적절하게'(고린도전서 14:40)로 번역했습니다. 품격이란 말도 떠오릅니다. 물건을 뜻하는 품(品) 자는 입 구(口) 자 세 개가 위아래로 겹쳐 있는 모양입니다. 이것이 인간에게 적용될 때는 우리가 한 말이 쌓이고 쌓여 품성을 이룬다는 뜻으로 새기면 어떨까요? '품격' 할 때 격(格)은 '바로잡다'라는 뜻입니다. 주님의 사람들은 말이나 행동을 그리스도의 본을 따라 자꾸 바로잡아야 합니다. 그래야 품격이 생깁니다.

품격이 있는 사람은 있음 그 자체로 다른 이들을 교정합니다. 오늘 우리의 현실은 이에 한참 못 미칩니다. 사도행전은 초대교회 교인들의 삶이 얼마나 매력이 있었는지를 이렇게 표현하고 있습니다.

그래서 그들은 모든 사람에게서 호감을 샀다. 주님께서는 구원 받는 사람을 날마다 더하여 주셨다. (사도행전 2:47)

매력은 잡아당기는 힘입니다. 선교란 '매력의 감염'입니다. 나도 저렇게 살고 싶다는 마음을 불러일으키는 것이 진정한 선교입니다. 바울 사도는 성도들은 질그릇 같은 몸에 보화를 간직하고 있다고 말합니다. 보화를 간직한 이들의 삶은 당당합니다.

우리는 사방으로 죄어들어도 움츠러들지 않으며, 답답한 일을 당해도 낙심하지 않으며, 박해를 당해도 버림받지 않으며, 거꾸러뜨림을 당해도 망하지 않습니다. (고린도후서 4:8-9)

이것이 믿는 이들의 품위입니다. 그러나 세상은 오늘의 기독교인들을 보며 '볼썽 사납다'고 말합니다. 품위가 없다는 말입니다. 믿지 않는 이들과 구별되지 않습니다. 마음씀이나 지향이 똑같습니다. 오히려 지나친 자기 확신으로 다른 사람들을 무시하거나 미워합니다. 기본적 교양이나 상식 그리고 예의조차 없는 기독교인들이 많습니다. 인간이 된다는 것은 자기를 문제로 여기고, 자기를 비판적으로 바라보는 것입니다. 자기 비판적인 사람은 자기만족에 빠지지 않습니다. 믿는다 하는 이들 가운데 자기만족에 빠진 이들이 많습니다. 그래서 볼썽 사나워집니다. 최소한 볼썽 사나운 사람은 되지 말아야 합니다. 우리가 한 순간도 잊지 말아야 할 것이 있습니다.

> 우리는 하나님의 작품입니다. 선한 일을 하게 하시려고, 하나님께서 그리스도 예수 안에서 우리를 만드셨습니다.(에베소서 2:10a)

하나님은 지금도 시간 속에서 우리를 새로운 존재로 빚고 계십니다. 하나님의 손에 우리를 겸허하게 맡기고, 하나님의 뜻이 우리의 몸과 마음에 새겨지기를 소망해야 합니다. 그때 비로소 우리는 세상의 빛과 소금이 될 수 있습니다. 일상의 모든 순간 주님과 동행하는 기쁨을 누리시길 빕니다.

사랑과 인내로 걷는 길

마지막으로 형제자매 여러분, 주님의 말씀이 여러분에게 퍼진 것과 같이, 각처에 속히 퍼져서, 영광스럽게 되도록, 우리를 위해서 기도해 주십시오. 또 우리가 심술궂고 악한 사람에게서 벗어나도록 기도해 주십시오. 사람마다 믿음을 가지고 있는 것이 아닙니다. 그러나 주님께서는 신실하신 분이시므로, 여러분을 굳세게 하시고, 악한 자에게서 지켜 주십니다. 우리가 명령한 것을 여러분이 지금도 실행하고 있고, 또 앞으로도 실행하리라는 것을, 우리는 주님 안에서 확신하고 있습니다. 주님께서 여러분의 마음을 인도하셔서, 여러분이, 하나님께서 사랑하시는 것과 같이 사랑하고, 그리스도께서 인내하시는 것과 같이 인내하기를 바랍니다.

창조절에 우리가 돌아보아야 할 것

주님의 은총과 평강이 우리 가운데 임하시기를 빕니다. 오늘 우리는 창조절 첫 주일을 맞이했습니다. 우리가 창조절기를 지키는 이유는 온 세상을 창조하시고 섭리하시는 하나님 앞에서 겸허하게 우리 삶을 돌아보기 위함입니다. 돌아봄의 방향은 둘입니다.

하나는 우리에게 맡겨진 세상입니다. 세상에 존재하는 모든 것들 속에 깃든 하나님의 숨결을 인식하고 사는 이들은 경거망동할 수 없고, 피조물들을 함부로 대할 수 없습니다. 동물도 식물도 다 하나님의 뜻 안에서 존재합니다. 파괴되고 있는 삼림, 강과 바다, 땅과 대기는 하나님의 마음을 아프게 합니다. 창조절은 피조 세계를 대하는 우리의 삶의 방식과 태도를 하나님 안에서 점검할 것을 요구합니다. 절제의 영이 우리 가운데 임하시기를 빕니다.

다른 하나는 내가 이 세상에 있다는 사실 자체가 소명임을 자각하는 것입니다. 우리 가운데 완전한 사람은 하나도 없습니다. 그렇기에 겸허하고 신실하게 사람들을 대해야 합니다. 우리 시대는 사람 낭비가 심한 시대입니다. 자기에게 상해를 입힌 자를 죽였다고 아내들에게 자랑했던 라멕의 노랫소리가 도처에서 들려옵니다. 겸손하고 따뜻한 얼굴, 밝고 천진한 웃음과 만나기 어렵습니다. 성난 얼굴, 비아냥거리는 말투가 넘칩니다. 하나님을 믿는 이들은 그러면 안 됩니다. 아끼고 존중하고 북돋우며 살아야 합니다.

창조주 하나님을 믿고 산다는 것은 이런 이중적 책임을 지고 사는 것입니다. 그런 의미에서 믿음은 현대 문명 혹은 주류 세계의 가치관에 대한 일종의 저항입니다. 믿음의 사람들은 사회적 통념에 따라 처신하는 이들이 아니라, 하나님의 뜻에 따라 살기에 세상에서 낯선 사람 혹은 세상 물정 모르는 사람 취급을 받게 마련입니다. 그런 걸 아셨기에 주님은 세상에서 살아가야 할 제자들에게 신신당부하셨습니다.

너희는 세상에서 환난을 당할 것이다. 그러나 용기를 내어라. 내가 세상을 이겼다.(요한복음 16:33b)

세상을 이기는 믿음을 어디서 찾을 수 있을까요? 탐욕이 지배하는 세상에 영혼을 빼앗겨 버린 이들은 하나님의 말씀을 적당히 왜곡하거나 입맛에 맞게 변형시켜 소비합니다. 십자가는 도처에 서 있지만 하나님의 말씀은 경청되지 않습니다. 우리 욕망을 거스르는 말씀은 외면당하기 일쑤입니다. 설사 듣는다 해도 삶으로 살아내기 위해 치열하게 노력하는 이들은 많지 않습니다. 기형도 시인의 말대로 성경에 밑줄을 그을 게 아니라 생활에 밑줄을 그어야 함에도 불구하고 우리는 그러지 못합니다. 하나님을 믿는다 하면서도 세속의 문법을 따라 삽니다. 끝없이 불안을 부추기는 현실만 바라보며 살기 때문입니다.

기도의 연대

바울 사도는 데살로니가 교인들에게 주님의 말씀이 각처에 속히 퍼져서 영광스럽게 되도록 기도해 달라고 부탁하고 있습니다. 참 말씀만이 세상을 정화하고, 사람들을 새로운 존재로 변화시킬 수 있음을 알기에 하는 말입니다. 세상에는 분명히 목마른 영혼들이 있습니다. 답답한 마음의 지각을 깨뜨려줄 한 말씀을 사모하는 사람들 말입니다. 그런 목마름, 그리움, 간절함을 품고 사는 사람들이 참 말씀과 만나면 사건이 벌어집니다. 마치 어미 닭이 알을 쪼아 줌으로 병아리가 부화하듯이 말씀은 그들을 변화시켜 새로운 삶으로 인도합니다. 씨 뿌리는 사람의 비유를 생각해 보십시오. 농부가 뿌리는 씨는 대부분 허비되는 것처럼 보입니다. 그러나 알찬 결실로 이어지는 씨앗도 있는 법입니다. 그러므로 씨를 뿌리는 이들은 어떤 경우에도 낙심하지 말아야 합니다. 싹이 나지 않은 곳에는 움씨를 뿌려주면 됩니다. 사도들이 한 일이 그런 것입니다.

바울 사도는 데살로니가 교인들에게 심술궂고 악한 사람들에게서 벗어나도록 기도해 달라고 부탁합니다. 선의를 품고 산다고 하여 늘 선한 보응을 기대할 수 없는 게 삶입니다. 선을 악으로 갚는 이들이 의외로 많습니다. 그들에게 중요한 것은 이웃과의 아름다운 관계맺음이 아니라 자기 이익을 확보하거나 자기 의를 드러내는 것입니다. 자기를 우주의 중심에 놓고 사고하는 이들일수록 다른 이들의 영혼에 상처를 입히곤 합니다. 하나님의 말씀을 전하는 사람들, 하나님의 뜻대로 사는 이들을 어떻게 하든지 조롱하고 끌어내려 악에 물들게 하려는 이들이 있습니다. 그런 이들과 만날 때마다 우리 영혼은 멍이 들고, 그 멍이 점점 커지면 우리는 작은 자극에도 비명을 지르게 됩니다. 결국 용기를 잃고 세상에 길들여진 사람이 되고 맙니다. 성도들이 서로를 위해 기도해야 하는 것은 그 때문입니다. 나를 위해 기도해주는 사람이 있고 그 기도를 들으시는 하나님이 살아 계시다는 사실을 믿을 때 우리는 폭포를 거슬러 오르는 연어처럼 세상과 맞설 수 있습니다.

이어서 바울 사도는 데살로니가 교인들이 복음적 삶을 꾸준히 살고 있고, 또 앞으로도 그렇게 살 것임을 확신한다고 말합니다. 이것은 확신의 피력이지만 동시에 격려입니다. 누군가가 나를 신뢰해줄 때 우리는 자꾸만 무력해지는 마음을 추스를 수 있습니다. 시몬이 절망에 빠지려는 마음을 추스를 수 있었던 것은 "앞으로는 너를 게 바라고 부르겠다."(요한복음 1:42)고 하셨던 주님의 음성이 그의 속에서 쟁쟁하게 울렸기 때문일 겁니다. 걸려 넘어지고, 물에 빠지고, 부인하고, 주저하는 베드로를 기어코 새로운 존재로 바꿔 놓은 것은 그에 대한 신뢰를 버리지 않으신 주님의 사랑입니다.

신뢰는 곧 사랑입니다. 사람들이 서로 믿지 못하는 세상은 사랑이 식은 세상, 삭막한 세상입니다. 나를 믿어주는 사람이야말로 우리 삶의 울타리입니다. 우리는 주님을 믿지만 주님도 우리를 믿으십니다. 그러기에 당신의 일을 함께 하자고 우리를 불러주신 것이지요.

몸싸움을 두려워하지 말라

바울은 데살로니가 교인들을 축복합니다.

주님께서 여러분의 마음을 인도하셔서, 여러분이, 하나님께서 사랑하시는 것과 같이 사랑하고, 그리스도께서 인내하시는 것과 같이 인내하기를 바랍니다.(데살로니가후서 3:5)

바울은 인간의 의지가 얼마나 연약한지를 잘 알고 있는 사람입니다. 로마서에서 그는 선을 행하려는 의지는 있으나, 그것을 실행하지 않는 자기의 영적 무력감을 토로한 바 있습니다.(로마서 7:18) 정신을 차리지 않으면 오랫동안 젖어든 삶의 습관이 우리의 의지와 지향을 제멋대로 바꿔놓습니다. 그것을 너무나 잘 알기에 바울은 주님께서 성도들의 마음을 이끄셔서 사랑과 인내의 사람이 되게 해달라고 기도하는 것입니다.

인내는 막연히 참는 것이 아니라, 지향을 포기하지 않는 것입니다. 회의의 순간이 찾아와도 위험이 닥쳐와도 달콤한 유혹이 찾아와도 애초의 지향을 버리지 않을 때 우리 속에 영혼의 근육이 생깁니다.

국제정의선교회 대표인 게리 하우겐이 들려주는 이야기가 인상적이었습니다. 어린 시절 그는 미식축구의 매력에 깊이 빠져들었습니다. 번쩍이는 헬멧, 널찍한 어깨 보호대, 새 유니폼이 너무나 자랑스러웠습니다. 아홉 살에 난생처음 미식축구 연습을 마치고 집으로 돌아오던 그는 어머니께 이 정도면 충분한 경험이 되었으니 이제 연습에 나가지 않겠다고 말씀드렸습니다. 거친 몸싸움이 싫었기 때문입니다. 그러자 어머니는 순순하게 그렇게 하라면서 말씀하셨습니다. "그럼 유니폼과 장비는 내일 감독님께 돌려 드리면 되겠구나." 어머니의 말씀에 그는 가슴이 철렁 내려앉았습니다. 잠시 생각해 보았습니다. 유니폼만 입고 몸싸움은 별로 안 하는 그런 선수가 될 길은 없을까? 하지만 어머니는 유니폼만 걸치고 부딪히고 멍드는 일은 요리조리 피해도 된다고 말씀하지 않았습니다.(게리 하우겐, 《정의를 위한 용기》, 이지혜 옮김, IVP, 112쪽)

몇 번의 고비가 있었지만 그는 몸싸움이야말로 미식축구의 핵심이라는 것을 깨달았고 그것을 즐길 수 있게 되었습니다.

신앙도 마찬가지입니다. 타락한 세상에서 하나님의 뜻을 행하는 것은 늘 위험을 감수해야 하는 일입니다. 그렇기에 인내가 필요합니다. 어떤 경우에도 사랑이라는 기본 동기를 포기하지 않아야 합니다. 창조절이 시작되었습니다. 우리 믿음이 주님의 신뢰 속에서 무르익어 가야 합니다. 피조물을 돌보고, 곁에 있는 이들을 하나님의 형상으로 대해야 합니다. 사랑과 인내로 걷는 그 믿음의 길에서 기쁨과 보람을 추수하는 나날이 되기를 기원합니다.

디모데전서

6장 6-10절

자족을 배우라

> 자족할 줄 아는 사람에게는, 경건은 큰 이득을 줍니다. 우리는 아무 것도 세상에 가지고 오지 않았으므로, 아무것도 가지고 떠나갈 수 없습니다. 우리는 먹을 것과 입을 것이 있으면, 그것으로 만족해야 할 것입니다. 그러나 부자가 되기를 원하는 사람은, 유혹과 올무와 여러 가지 어리석고도 해로운 욕심에 떨어집니다. 이런 것들은 사람을 파멸과 멸망에 빠뜨립니다. 돈을 사랑하는 것이 모든 악의 뿌리입니다. 돈을 좇다가, 믿음에서 떠나 헤매기도 하고, 많은 고통을 겪기도 한 사람이 더러 있습니다.

위기의 신호들

주님의 은총과 평화가 우리 가운데 함께 하시기를 빕니다. 채 6월 중순도 되지 않았는데 날씨가 마치 한 여름 같습니다. 전력 당국은 벌써부터 대규모 정전사태(black-out)를 염려하고 있습니다. 많은 이들이 '다시는 이런 일이 없도록 하겠다.'고 약속했던 정부의 말을 떠올리며 분개하고 있습니다. 국민들에게 절전만 당부할 뿐 아무런 대책도 세우지 않은 것 같기 때문입니다. 그 대책이 원전을 세우는 것이라고 말하고 싶겠지만, 이제는 그럴 수도 없게 됐습니다. 얼마 전 원전 가동 중단 사태가 벌어졌고, 그 까닭이 냉각 작동 제어 케이블의 불량에 있었다니 벌린 입을 다물 수가 없을 지경입니다. 그것은 안전 계통에 제어 신호를 보내는 핵심 부품이었는데, 자칫하면 대형 사고로 이어질 수도 있었기 때문입니다. 뒤늦게 당국이 조사를 해보니 문제는 예상했던 것보다 훨씬 더 심각했습니다. 부품만이 문제가 아니었습니다. 원전을 세우고 운영하고 감시하는 이들이 동문들인 경우가 대부분이어서 그들은 자기 사람 심기에 바빴고 서로의 비리에 눈을 감았다는 것입니다.

자신들의 논과 밭을 지키기 위해서 송전탑 건설을 반대하는 밀양의 할머니 할아버지들의 몸부림을 두고 국책 사업을 반대해 막대한 손실을 초래하게 한다고 엉너리치던 언론조차 할 말이 없게 되었습니다. 큰 도둑을 안에 두고 있는 격이었으니 말입니다. 저는 기계가 정밀해지면 사고의 위험이 사라진다는 말을 애당초 믿지 않았습니다. 문제는 그 기계를 다루는 사람입니다. 인정하기 싫지만 사람은 누구나 이기적이고 자기중심적입니다. 서 있는 자리에 따라서 똑같은 현실이 달리 보입니다. 주관을 배제한 객관적 판단이라는 게 애당초 불가능한 것인지도 모르겠습니다. 차라리 우리가 편견에 찬 존재임을 인정하는 게 대화를 쉽게 만드는 것 같습니다. 기계 장치를 정교하게 하고, 사람들이 잘못을 저지르지 않도록 시스템을 잘 갖추는 것은 물론 중요합니다. 그러나 그 못지않게 중요한 것은 사람의 변화입니다.

기후 변화 문제가 심각하다는 사실에 대해서는 사람들이 대체로 동의하는 것 같습니다. 하지만 그 문제를 어떻게 풀어가야 할지에 대해서는 의견이 갈립니다. 에너지를 어떻게 생산하고 또 그것을 어떻게 분배하느냐 하는 문제도 중요합니다. 하지만 에너지 집약적인 삶의 구조를 바꾸는 일이 더 중요합니다. 언젠가부터 '지속 가능한 성장'이라는 말이 유행처럼 사용되고 있지만, 사실 그건 거의 불가능한 일입니다. 우리 문명이 지속 가능하려면 지금 당장 우리 삶의 방식을 바꾸지 않으면 안 됩니다. 여러 해 전부터 '즐거운 불편'이라는 말을 쓰는 이들이 늘어나고 있습니다. 일찌감치 생태적 삶으로 회심한 이들이 있습니다. 지금까지의 우리 경험상 GNP의 증가가 행복의 증대로 이어지지 않는다는 사실은 분명합니다. 돈을 모으기 위해 우리는 너무나 많은 것들을 잃어버리거나 포기합니다. 돈의 논리가 들어가면 가족 관계가 무너지고 오랫동안 오순도순 살아가던 공동체도 일순간에 무너집니다. 얼마 전 유산상속이 공정하지 않았다고 생각한 동생이 홧김에 형 집에 불을 질러 여러 사람이 죽었다는 보도를 보았습니다. 아프리카 여러 나라가 극심한 빈곤과 질병에 시달리는 것은 서구의 거대 자본이 들어가 조상대대로 이어져 내려오던 공동체적 삶을 깨뜨렸기 때문입니다.

욕망의 지배

신약성경은 거의 2천 년 전에 기록된 책이지만 인간의 비루한 욕망에 대해서 기가 막힐 정도의 통찰을 보여주고 있습니다. 시간이 흘러도 인간성이 크게 진보하지 않았다는 반증인지도 모르겠습니다. 육신의 욕망을 제어하지 못할 때 어떤 결과가 빚어지는지를 야고보서는 통찰력 있게 묘사하고 있습니다.

사람이 시험을 당하는 것은 각각 자기의 욕심에 이끌려서, 꾐에 빠지기 때문입니다. 욕심이 잉태하면 죄를 낳고, 죄가 자라면 죽음을 낳습니다.(야고보서 1:14-15)

여러분은 욕심을 부려도 얻지 못하면 살인을 하고, 탐내어도 가지지 못하면 다투고 싸웁니다.(야고보서 4:2a)

오늘의 세계를 지배하고 있는 신자유주의적 경제 질서는 사람들 속에 있는 '욕망'을 부추기는 일에 명수입니다. 우리는 매일매일 수많은 광고와 접하며 삽니다. 멋진 남성과 여성 모델들은 여러 가지 상품을 매력적으로 보이도록 하는 데 일조합니다. 언젠가부터 가수 이효리 씨는 톱스타임에도 불구하고 광고에 등장하지 않습니다. 자기가 나온 광고를 본 지인이 거금을 들여 다이어트 제품을 사는 것을 본 후 상업광고를 찍지 않겠다고 결심했다 합니다. 사회학자들은 오늘 우리가 구매하는 것은 '상품'이 아니라 '기호'라고 말합니다. 조금 어려운 말일 수도 있지만 따지고 보면 간단합니다. 사람들은 제품의 질을 꼼꼼하게 따져보고 물건을 구매하는 것이 아니라 유명한 브랜드의 제품을 구매합니다. 그래야 자기의 사회적 위신이 올라간다고 생각하기 때문입니다. 하지만 그런 브랜드 제품을 소비한다 해서 그의 위신이 올라가는 것은 아닙니다. 오히려 자기 속의 허함을 내보이는 경우도 허다합니다.

돈이 지배하는 세상이 제일 미워하는 사람은 자족할 줄 아는 사람입니다. 가진 것이 변변치 않은데도 당당한 사람을 보면 화를 내기도 합니다. 그들을 게으르다고, 무능하다고 말하기도 합니다. 그렇게 살면 안 된다고 충고하기도 합니다. 예수님은 "사람이 빵으로만 살 것이 아니라 하나님의 입에서 나오는 모든 말씀으로 살 것"(마태복음 4:4)이라고 말씀하셨습니다. 빵의 문제가 사소하다고 말한 것은 절대 아닙니다. 밥의 문제를 잘 해결하는 것은 정말 중요합니다. 오죽하면 제자들에게 기도를 가르치시면서 '오늘 우리에게 일용할 양식을 주십시오.'라고 기도하라 하셨겠습니까. 하지만 밥의 문제에만 붙들려 살기에는 우리 삶이 너무 아깝습니다. '하나님의 말씀' 혹은 '하나님의 뜻'을 어떻게 수행하며 살 것인가도 심각하게 물어야 합니다. 오늘은 물질이 부족해서가 아니라 뜻이 부족해서 우리 삶이 빈곤합니다.

한국교회는 70년대와 80년대에 '번영의 신학'을 통해 성장했습니다. 예수를 잘 믿으면 물질의 복과 건강의 복과 영혼 평안의 복을 받는다는 말에 사람들은 열광했습니다. 하지만 사람들이 바라던 그것은 진짜 복의 그림자에 지나지 않습니다. 진짜 복은 '하나님 자신'입니다. 하나님을 중심에 모시고 사는 것 자체가 복입니다. 하나님의 뜻에 따라 삶을 조율하고, 그 뜻을 이루기 위해 자신을 바치며 사는 것이 복입니다. 나머지 것은 부수적으로 따라오는 것입니다. 하지만 우리는 본과 말을 뒤집었습니다. 하나님의 뜻은 내팽개치고 복에만 매달렸습니다. 경건을 이익의 도구로 바꾼 결과 오늘의 교회는 세상의 빛과 소금이 되지 못하고 있습니다. 믿는다고 하는 이들도 이미 받은 은혜가 큰데도 그것에 대해 감사하기보다는 결핍에만 눈길을 주며 살아갑니다. 먹을 것과 입을 것이 있지만 그것으로 만족하지 못합니다.

> 그러나 부자가 되기를 원하는 사람은, 유혹과 올무와 여러 가지 어리석고도 해로운 욕심에 떨어집니다. 이런 것들은 사람을 파멸과 멸망에 빠뜨립니다.(디모데전서 6:9)

이건 일종의 경고의 나팔소리입니다. 부자가 되려는 마음이야말로 사탄이 틈타기 좋은 마음입니다. 바울은 "돈을 사랑하는 것이 모든 악의 뿌리"라고 간결하게 요약합니다. 바울은 돈 때문에 믿음의 길에서 떠나 헤매기도 하고 고통을 겪기도 한 사람이 '더러' 있다고 하지만, 저는 '더러'를 '많이'로 바꾸고 싶습니다.

경탄을 잃어버린 현대인

돈의 지배에서 벗어나기 위해서는 훈련이 필요합니다. 삶을 단순하게 바꾸는 연습이 필요합니다. '더'의 삶에서 '덜'의 삶으로 개종해야 합니다. 덜 먹고, 덜 쓰는 삶 말입니다. 어느 분은 '더럽다'는 말은 '덜 없다'라고 설명했습니다. 비우지 못하는 것이 곧 더러움이라는 말일 겁니다. 누가 비우며 살 수 있습니까? 하나님을 창조주로 믿는 사람입니다. 하나님을 창조주로 믿는다는 말을 두고 자연과학자들과 맞씨름을 하려는 분들이 있습니다. 그럴 필요 없습니다. 과학의 언어와 종교의 언어는 서로 문법이 다릅니다. 그렇다면 하나님을 창조주로 믿는다는 말은 어떤 뜻일까요? 몇 가지로 요약해 보겠습니다.

첫째, 모든 것이 하나님께로부터 왔다면 어떤 것도 인간이 함부로 대해서는 안 됩니다. 그것은 하나님께 속한 것이기 때문입니다. 산업화 이후 사람들은 모든 것을 자원으로 봅니다. 인간의 뜻을 이루기 위해 동원되거나 파괴되어도 괜찮은 것으로 생각한다는 말입니다. 물론 인간이 살기 위해서는 변형을 가하는 것은 피할 수 없지만 그것은 꼭 필요할 때, 최소한으로만 해야 합니다.

둘째, 세상의 모든 것이 주님 안에서 서로 연결되어 있음(inter-connectedness)을 믿는 것입니다. 탈무드에 나오는 이야기 아시지요? 몸은 하나이고 머리가 둘인 샴쌍둥이가 한 사람인가, 두 사람인가의 문제 말입니다. 랍비는 어느 한 사람에게 아픔을 가했을 때 함께 아파한다면 한 사람이고, 아파하지 않으면 두 사람이라고 말했습니다. 생명이 서로 연결되어 있음을 아는 이들은 다른 존재에게 고통을 가하지 않으려고 노력합니다. 사람들은 '환경'이라는 단어를 즐겨 사용합니다. 그런데 이 단어는 매우 인간 중심적 단어입니다. 환경이란 사람이나 사물이 들어가 있는 조건을 이르는 말입니다. 이때 우리와 환경은 분리되어 있습니다. 하지만 우리의 생명은 다른 생명들과의 상호관계 속에서 형성됩니다. 인간의 생명도 생태계의 순환의 일부일 뿐입니다. 그렇기에 환경 보호라는 말보다는 생태계 보전이라는 말이 더 적합합니다.

셋째, 모든 생명은 상호 책임지는(inter-responsible) 존재입니다.

시베리아 호랑이를 추적하여 그들의 생태를 보여준 박수용 감독의 《시베리아의 위대한 영혼》을 읽으며 감동했던 적이 있습니다. 그는 자연의 한 부분이 되지 않고는 자연의 신비와 만나기 어렵다면서, 자연의 더 깊은 곳을 보려면 비탈에 선 나무가 되어야 한다고 말합니다. 그의 글을 읽다가 '아!'하고 감동한 대목이 있습니다. 숲을 걷다보면 부엉이가 토해낸 펠릿(부엉이 같은 맹금류가 새 같은 먹이를 통째로 삼킨 뒤 소화가 되지 않은 털과 뼈를 뭉쳐서 입으로 토해낸 것)들이 나무 밑에 떨어져 있는 것을 볼 때가 있답니다. 부엉이는 잠을 자는 공간과 쉬는 공간, 사냥터를 구분하는 영특한 동물입니다. 펠렛이 보인다는 것은 그곳이 부엉이의 쉼터라는 뜻이기에 고개를 들어 확인하고 싶은 생각이 듭니다. 하지만 충동을 자제하지 못하고 올려다보면 부엉이는 쉼터를 버리고 다른 쉼터를 찾는 수고를 해야 합니다. 그래서 그는 부엉이가 나뭇가지에 앉아 있다는 사실을 마음으로 믿고 그냥 지나간다고 말합니다. 올려다보고 싶지만 올려다보지 않는 것, 부엉이에 대한 배려입니다. 배려와 돌봄으로 서로에 대해 책임을 질 때 세상은 아름다워집니다.

대안 공동체

세상에 가득 차 있는 하나님의 신비에 눈을 뜨기 시작하는 순간 우리를 사로잡고 있던 헛헛함은 사라집니다. 하나님의 은총에 눈을 뜬 사람은 헛된 욕망에 휘둘리지 않을 수 있습니다. 하지만 홀로는 어렵습니다. 그렇기에 주님은 우리에게 공동체를 주셨습니다. 새로운 삶에 눈을 뜬 사람들이 모여 서로 격려하고, 협동하고, 새로운 삶의 모델을 만들어가야 합니다. 늘 드리는 말씀이지만 자본주의가 우리에게서 빼앗아가는 것은 '다른 삶에 대해 상상하는 능력'입니다. 마을 공동체 살리기를 통해 품위 있고 즐거운 삶을 모색하는 이들이 늘고 있습니다. 재능 기부와 같이 돈을 매개로 하지 않는 모임도 늘어나고 있습니다. 협동조합 운동도 활성화되고 있습니다. 이반 일리히가 말하는 자율적 공생(conviviality)의 삶이 바야흐로 전개되고 있다는 말입니다.

출애굽 공동체는 소수의 행복을 위해 다수를 희생시키는 애굽의 대안으로 등장했습니다. 광야에서 그들은 하늘에서 내리는 만나를 나누어 먹었습니다. 지배와 착취가 아니라 나눔과 돌봄에 근거한 세상의 꿈은 그렇게 탄생했던 것입니다. 예수님은 로마 제국에 맞서 하나님 나라 운동을 벌이셨습니다. 사회적 약자들이 굴욕감을 느끼지 않는 세상, 사람들이 밥을 함께 나누어 먹고, 서로의 약함을 돌보아 주고, 삶을 함께 경축하며 사는 것, 그것이 예수님이 꿈 꾼 세상이었습니다. 그렇게 살 때 우리는 비로소 생태계에 부담을 덜 주며 살게 됩니다. 호세아는 사람과 사람 사이의 관계가 회복될 때 하나님이 열어주시는 새 세상의 모습을 이렇게 설명하고 있습니다.

그날에 내가 응답할 것이다. 나 주의 말이다. 나는 하늘에 응답하고, 하늘은 땅에 응답하고, 땅은 곡식과 포도주와 올리브기름에 응답하고, 이 먹거리들은 이스르엘에 응답할 것이다.(호세아 2:21-22)

하늘과 땅이 서로 호응하고, 땅과 곡식이 응답하는 세상, 바로 평화의 세상입니다. 우리는 이런 세상을 열어가도록 부름 받은 사람들입니다. 하나님의 은총의 신비에 눈을 뜨십시오. 척박한 이 세상 현실을 명랑하게 돌파하십시오. 없는 것을 애달파 하기보다는 지금 주어진 것에 감사하며 사십시오. 돈이 많은 부자가 되기보다는 누군가를 진심으로 아끼고 사랑하는 나눔의 부자가 되려고 하십시오. 자족하는 마음이야말로 우리가 발견해야 할 삶의 보화입니다. 자족은 우리에게 정신적 자유라는 선물을 안겨줍니다. 이런 소중한 선물로 인해 날마다 감사하는 우리가 되기를 기원합니다.

예수의 비상소집

그러므로 내 아들이여, 그리스도 예수 안에 있는 은혜로 굳세어지십시오. 그대가 많은 증인을 통하여 나에게서 들은 것을 믿음직한 사람들에게 전수하십시오. 그리하면 그들이 다른 사람들을 또한 가르칠 수 있을 것입니다. 그대는 그리스도 예수의 훌륭한 군사답게 고난을 함께 달게 받으십시오. 누구든지 군에 복무를 하는 사람은 자기를 군사로 모집한 상관을 기쁘게 해 주어야 합니다. 그러므로 그는 살림살이에 얽매여서는 안 됩니다. 운동 경기를 하는 사람은 규칙대로 하지 않으면 월계관을 얻을 수 없습니다. 수고하는 농부가 소출을 먼저 받는 것이 마땅합니다. 내가 하는 말을 생각하여 보십시오. 주님께서는 모든 것을 깨닫는 능력을 그대에게 주실 것입니다.

신앙의 본보기

주님의 은총과 평화가 우리 가운데 임하시기를 빕니다. 바울은 믿음으로 낳은 아들인 디모데에게 그리스도 예수 안에 있는 은혜로 군세어지라고 말하고 있습니다. 이 말이 평범하게 들리지 않는 것은 믿음 안에서 살려는 이들이 겪을 수밖에 없는 다양한 어려움을 익히 짐작할 수 있기 때문입니다. 사람 사이의 관계란 참 미묘한 것이어서, 어떤 때는 화창한 봄날 같다가도 느닷없이 폭우가 쏟아지듯 난감할 때도 있습니다. 나의 선의가 있는 그대로 받아들여지지 않을 때가 많습니다. 선의를 이용하여 자기 잇속을 챙기려는 이들도 있고, 그것을 왜곡하여 비난거리로 삼는 이들도 있습니다. 그럴 때마다 속상합니다. 의욕을 잃어버릴 때도 있습니다. 그러나 상대방을 무례하다고 판단하기 전에 우리가 먼저 생각해 보아야 할 것이 있습니다. 나의 좋음이 그에게도 늘 좋을 수는 없습니다.

소와 사자가 오랜 사랑 끝에 결혼했습니다. 단순한 우화이니까 종간의 결혼이 가능한가 하고 시비를 걸지 마십시오. 소는 남편인 사자를 위해 정성껏 음식을 차렸습니다. 상 위에는 신선한 건초가 놓여 있었습니다. 사자는 싫었지만 아내의 정성을 보아 건초를 먹었습니다. 어느 날 사자는 아내를 위해 정성스런 식탁을 차렸습니다. 상 위에는 신선한 살코기가 놓여 있었습니다. 소는 싫었지만 남편의 정성을 보아 살코기를 먹었습니다. 둘의 애정에는 이상이 없었지만, 둘이 함께 지내는 일이 참 어려웠습니다. 그래서 둘은 합의 이혼에 이르렀습니다. 헤어질 때 둘이 똑같이 한 말이 있습니다. "나는 최선을 다했어." 문제는 그 최선이 상대방에 대한 이해와 지식에 근거하지 않았다는데 있습니다. 에리히 프롬은 《사랑의 기술》에서 사랑의 여러 속성 가운데 하나로 '지식'을 꼽았습니다. 상대방을 바로 알려는 노력을 게을리 할 때 우리가 선의라고 생각하는 것이 폭력이 될 수도 있습니다.

그래서 우리는 늘 마음을 열고 배워야 합니다. 배워도 실수할 때가 많습니다. 우리가 예수의 은혜 안에 있어야 하는 것은 그 때문입니다. 예수의 은혜 안에 있을 때 우리는 상대방의 반응과 상관없이 그의 생명을 풍성하게 하기 위해 나를 선물로 줄 수 있습니다. 포기하지 않는 사랑의 끈질김이 있어야 우리는 비로소 하나님의 일을 할 수 있습니다. 바로 그것이 그리스도 예수 안에 있는 은혜로 굳세다는 말이 뜻하는 바입니다. 신앙공동체는 그런 끈질긴 사랑과 담대한 희망을 연습하는 곳입니다.

바울은 디모데에게 많은 증인들의 입을 통하여 자기의 헌신에 대한 소문을 들었을 터이니, 그것을 믿음직한 사람들에게 전수함으로 그들을 일으켜 세우라고 권합니다. 고린도교회에 보내는 편지에서 바울은 이렇게 말합니다.

> 내가 그리스도를 본받는 사람인 것과 같이, 여러분은 나를 본받는 사람이 되십시오.(고린도전서 11:1)

이 말은 오해의 소지가 많은 말입니다. 자기를 본보기로 내세우는 것이 교만하게 보일 수도 있기 때문입니다. 그러나 바울이 이런 말을 할 수 있었던 것은 자기에 대해 죽고 그리스도로만 사는 사람이었기 때문입니다. 그런 철저함이 없으면 차마 할 수 없는 말입니다. 신앙의 본보기가 되는 사람이 있을 때 우리 신앙도 자랍니다. '큰 나무 사이로 걸어가니 내 키도 커졌다.'는 말은 일리가 있습니다.

고난을 달게 받으라

이어지는 구절은 조금 당혹스럽습니다.

> 그대는 그리스도 예수의 훌륭한 군사답게 고난을 함께 달게 받으십
> 시오.(디모데후서 2:3)

고난을 피하려는 게 인간의 본능인데 바울은 고난을 달게 받으라
고 말합니다. 지금 이런저런 일로 시련의 시간을 보내는 이들에게
이 말씀은 너무 무정하게 들립니다. 욥의 절규가 떠오릅니다.

> 어찌하여 하나님은, 고난당하는 자들을 태어나게 하셔서 빛을 보
> 게 하시고, 이렇게 쓰디쓴 인생을 살아가는 자들에게 생명을 주시는
> 가?(욥기 3:20)

살아 있다는 사실 그 자체가 버겁게 느껴지는 이들은 지금 당장
하나님이 그 고난에서 벗어나게 해주기를 청합니다. 당연한 일입니
다. 지금 마음이 무너진 사람에게 고난이 주는 유익을 말하는 것은
일종의 폭력입니다. 고난의 유익은 성찰적 거리를 충분히 확보했을
때 비로소 드러나는 선물입니다.

그런데 바울이 말하는 고난은 우리에게 교통사고처럼 예기치 않
은 시간에 닥쳐와 우리 삶을 뒤흔드는 그런 수동적 고난이 아닙니
다. 능동적인 고난입니다. 주류 문화에 휩쓸리기를 거절하고 새로
운 흐름을 만들려는 이들은 어려움을 겪게 마련입니다. 세상은 자

기들과 더불어 불의의 공모자가 되지 않으려는 이들에게 조직의 쓴 맛을 보여주곤 합니다. 따돌리고, 불이익을 주고, 조롱하고, 외면하고, 신체적 폭력을 가하기도 합니다. 하지만 우리가 진정 그리스도의 꿈을 가슴에 간직한 사람들이라면 그런 박해와 시련 때문에 꿈을 버리고 그런 문화에 동화되지는 않을 겁니다.

한승헌 변호사님은 믿음의 사람들을 '사서 고생하는 사람'이라고 말했습니다. 간결하지만 본질에 잇닿은 말씀입니다. 바울 사도는 "이제 나는 여러분을 위하여 고난을 받는 것을 기쁘게 여기고 있으며, 그리스도의 남은 고난을 그분의 몸 곧 교회를 위하여 내 육신으로 채워가고 있습니다."(골로새서 1:24)라고 말합니다. 고난을 기쁘게 여기는 사람, 예수의 상처 자국을 지니고 다니는(갈라디아서 6:17) 사람을 누가 당할 수 있겠습니까? 상처 자국을 지니고 다닌다는 말은 그것을 훈장처럼 자랑한다는 말이 아닙니다. 그 상처는 조폭들의 가슴에 새겨진 문신 같은 것이 아닙니다. 자기가 누구를 위해 살고 있는지를 한순간도 잊지 않도록 상기시키는 것입니다.

고정희 시인의 〈상한 영혼을 위하여〉는 많은 이들이 애송하는 시입니다. 거기에 나오는 한 대목이 제게는 늘 큰 울림으로 다가옵니다.

"가자 고통이여 살 맞대고 가자/외롭기로 작정하면 어딘들 못 가랴/ 가기로 목숨 걸면 지는 해가 문제랴."

목숨을 건 사람들은 자유롭습니다. 그리스도와 함께 고난을 달게 받으라는 말은 단순히 견디라는 말이 아닙니다. 독일의 순교자인 디트리히 본회퍼 목사는 나치의 비밀경찰에게 체포되기 얼마 전에 '의인은 고난이 많다'라는 제목의 설교를 했습니다. 그는 의인들이 고난을 받을 수밖에 없는 것은 세상이 악하기 때문이라면서, 세상이 주는 괴로움에 대한 의인의 대답은 축복하는 것이라고 선포했습니다. 그는 "축복한다는 것은 어떤 것의 머리 위에 손을 얹고 그 어떤 사정에도 불구하고 '당신은 하나님의 것입니다.'라고 말하는 것"이라고 했습니다. 십자가에 달리신 주님도 당신을 조롱하는 무리들을 보고 하나님께 저들을 용서해 달라고 기도하셨습니다. 본회퍼는 비상한 일이 아니고는 세상이 새롭게 될 수 없다면서, "자기를 힘들게 하는 이들을 축복하는 것이야말로 비상한 일"이라고 말합니다.

비상소집에 응한 자

주님이 '나를 따르라'고 제자들을 부르신 것은 즐겁게 놀자는 것도 아니고, 패거리를 지어 힘을 규합하자는 것도 아니었습니다. 영혼이 납작해진 사람들에게 하나님이 살아 계시다는 사실을 이론이 아닌 실재로서 보여주고, 척박한 역사 속에서 하나님의 통치를 앞서 실현하자고 부르셨습니다. 그리스도의 몸으로 부름 받은 우리들 역시 동일한 소명 앞에 서 있습니다. 그 소명을 이루기 위해서는 훈련이 필요합니다.

바울은 먼저 군인의 경우를 들어 믿음의 사람들이 갖추어야 할 성품을 설명하고 있습니다. 군인은 자기 좋을 대로 사는 사람이 아니라 자기를 군사로 세워준 상관의 뜻을 온전히 수행해야 합니다.

우울하다고 하여 대열에서 이탈해서도 안 되고, 기분 내키지 않는 다고 명령을 거부할 수도 없습니다. 하필 군인의 이미지를 사용했 나 싶긴 하지만 바울이 말하고 싶은 것은 하나님의 명령을 엄중히 받아들여야 한다는 것입니다. 아브라함은 100세에 얻은 아들을 번 제의 제물로 바치라는 하나님의 이해할 수 없는 명령에 순종했습니 다. 에스겔은 아내가 죽었음에도 불구하고 슬퍼하거나 눈물을 흘리 지 말라는 명령을 받았고 그대로 했습니다.(에스겔 24:16-17) 따름은 엄정한 결단을 요구합니다.

누구든지 내게로 오는 사람은, 자기 아버지나 어머니나, 아내나 자식 이나, 형제나 자매뿐만 아니라, 심지어 자기 목숨까지도 미워하지 않 으면, 내 제자가 될 수 없다.(누가복음 14:26)

일제강점기에 〈성서조선〉을 발행하면서 사람들을 진리의 길로 인도했던 김교신 선생님은 예수를 공리적으로 이용하려는 무리들 과 주님의 교훈을 성현의 가르침으로 존숭하려는 이들은 부유한 젊 은이가 그랬던 것처럼 물러나야 한다고 말합니다.

"우리는 확신(確信)으로써 말한다. 예수의 교훈을 자아(自我)의 주판으 로써 적당히 할인하여 믿으려 함은 차라리 믿지 않음만 같지 못하다 는 것. 군자(君子)는 위험한 데 가까이 않을 것이며, 부지런히 수업(修 業)하여 후세(後世)에 입신양명(立身揚名)하기가 소원일진대 하필 무엇 을 즐거워 예수의 비상소집(非常召集)에 응할 것인가. 지금도 늦지 않았으니 지혜로운 축탑(築塔)의 주인(主人)과 같이 미리 앉아서 예산하라. 영리한 전국(戰國)의 왕과 같이 우선 평화(和平)를 빌 것이다. 무난(無難) 평안(平安)을 구하는 자(者), 원만(圓滿) 중용(中庸)을 사모하는 자(者), 사회(社會) 개조(改造)를 목적하는 자(者)로서 예수의 문(門)을 두드린 자(者)는 다 한 번 다시 그 교훈을 음미(吟味)할 것이다."(노평구 편, 김교신 전집1,《信仰과 人生》上권 중 '예수와 聖人', 57쪽)

김교신 선생은 믿음의 사람은 예수의 비상소집에 응한 사람이라고 말합니다. 누가 비상소집에 응한 사람입니까? "오직 하나님을 보려는 자, 천국을 얻기 위하여서는 소유를 다 팔고 근친도 미워하며 자기 육신의 지체 일부씩을 베어 버릴 각오를 가진 사람"입니다.

운동선수와 농부

믿음의 사람들에게 필요한 덕성은 또 있습니다. 바울은 운동선수와 농부의 예를 들어 설명합니다. 운동선수가 단련해야 하는 것은 육체만이 아닙니다. 그는 경기의 규칙을 잘 지켜야 합니다. 반칙을 통해 승리를 거둘 수 있다고 생각하지 말아야 합니다.

마라톤 선수가 힘들다고 중간지점에서 차를 타고 가면 안 됩니다. 권투선수는 트렁크 벨트 아래 부분을 가격하거나 뒤통수를 때리면 안 됩니다. 모든 운동은 정해진 규칙이 있습니다. 믿음의 선한 싸움을 하려는 이들도 지켜야 할 것이 있습니다. 상대방을 저주하거나 경멸하지 말아야 합니다. 미움이나 증오라는 무기를 사용하면 안 됩니다. "의와 경건과 믿음과 사랑과 인내와 온유"(디모데전서

6:11)라는 무기를 들고 싸워야 합니다.

믿음의 사람들은 또한 농부에게 배워야 합니다. 홍천의 농촌 마을에서 목회를 했던 고진하 목사는 농부들의 고단한 일상을 보며 〈파릇파릇한 쟁기질〉이란 시를 썼습니다.

"네 시린 등짝에 얹힌 멍에 무거워 괴로울 땐,

홍천 땅 늙은 양순 애비
두 마리 소에 빛나는 쟁기를 메워 돌 많은
황톳빛 산비알 밭을 갈던 땀 밴 풍경을 그려보아라.

왕방울 같은 두 눈 끔뻑끔뻑 마주치던
두 마리 소,
그 무거운 멍에 나눠지고
연초록 봄 풀잎 막 돋아나던 산비알 밭을
단숨에 갈아엎던
그 싹싹한 갈음질을 새겨보아라

낮은 산자락의 고운 아지랑이 피워 올리던
늙은 양순 애비의 파릇파릇한 쟁기질을"

농부들은 상황이 좋든 나쁘든 때가 되면 땅을 갈고, 씨를 뿌리고, 잡초를 뽑고, 벌레를 잡고, 수확합니다. 힘들다고, 땀난다고, 돌이 많다고, 잡초가 많다고 농사를 포기하지 않습니다. 수확이 보잘 것 없어도 농부는 이듬해 봄에 또 씨앗을 뿌립니다. 고진하는 '네 시린 등짝에 얹힌 멍에 무거워 괴로울 땐' 홍천 땅 늙은 양순 애비가 황톳빛 산비알 밭을 갈던 땀 밴 풍경을 그려보라고 말합니다.

당장 결실이 보이지 않아도, 기대한 만큼 거둘 수 없어도, 투덜거리며 생을 허비하지 말고 담대한 희망으로 또다시 파종을 하는 용기를 내야 합니다. 척박한 땅, 시름 겨운 땅이라 하여도 파릇파릇한 쟁기질을 통해 갈아엎는 농부의 인내야말로 생명을 풍성하게 하려는 이들이 반드시 익혀야 할 품성입니다.

죽임의 문화가 지배하는 이 세상에, 인간에 대한 예의가 실종된 이 시대에 생명의 씨앗을 심고, 평화의 씨를 뿌려 정의의 열매를 거두는 우리가 될 수 있기를 빕니다. 사순절이 깊어갑니다. 자아의 감옥에서 벗어나 예수님의 마음에 접속하십시오. 각자의 삶의 자리에서 작은 희망이라도 만드십시오. 차가운 조직에 따뜻한 기운을 불어넣으십시오. 음울한 집단에 명랑한 활기를 공급하십시오. 불의와 맞서십시오. 사람들을 도구로 삼는 세상을 향해 '아니오'라고 말하십시오. 우리와 함께 세상을 치유하려는 주님의 꿈에 기꺼이 동참하십시오. 그 꿈에 참여할 때 우리를 사로잡고 있던 절망감과 우울은 사라질 것입니다.

디도서

1장 10-16절

훈도와 편달

복종하지 아니하며 헛된 말을 하며 속이는 사람이 많이 있는데, 특히 할례를 받은 사람 가운데 많이 있습니다. 그들의 입을 막아야 합니다. 그들은 부정한 이득을 얻으려고, 가르쳐서는 안 되는 것을 가르치면서, 가정들을 온통 뒤엎습니다. 크레타 사람 가운데서 예언자라 하는 어떤 사람이 말하기를 "크레타 사람은 예나 지금이나 거짓말쟁이요, 악한 짐승이요, 먹는 것밖에 모르는 게으름뱅이다" 하였습니다. 이 증언은 참말입니다. 그러므로 그들을 엄중히 책망하여, 그들의 믿음을 건전하게 하고, 유대 사람의 허망한 이야기나 진리를 배반하는 사람들의 명령에 귀를 기울이지 못하게 하십시오. 깨끗한 사람에게는 모든 것이 깨끗합니다. 그러나 믿지 않는 더러운 사람에게는, 깨끗한 것이라고는 하나도 없습니다. 도리어, 그들의 생각과 양심도 더러워졌습니다. 그들은 입으로는 하나님을 안다고 말하지만, 행동으로는 부인하고 있습니다. 그들은 가증하고 완고한 자들이어서, 전혀 선한 일을 하지 못합니다.

편견에 도전하라

주님의 은총과 평화가 우리 가운데 함께 하시기를 빕니다. 오늘의 본문은 디도가 수신자로 되어 있는 목회서신의 일부입니다. 그는 아주 중요한 바울의 동역자였습니다. 갈라디아서 2장 3절에 보면 디도는 그리스 사람으로서 기독교로 개종한 사람이고, 바울과 더불어 예루살렘에 간 적이 있습니다. 디도는 또한 고린도 교회와 바울 사이의 중재자로 활동했습니다.

오늘 서신에 의하면 디도는 지금 크레타에 머물고 있습니다. 크레타는 제게 니코스 카잔차키스와 더불어 떠오르는 그리스의 섬입니다. 바울이 그를 그곳에 머물도록 한 것은 남은 일들을 정리하고, 성읍마다 장로들을 세우도록 하기 위해서였습니다.(디도서 1:5) 디모데전후서나 디도서는 감독이나 장로의 자격을 상당히 엄격하게 제한하고 있습니다. 흠잡을 데가 없어야 하고, 자기 고집대로 하지 않아야 하고, 쉽게 성을 내지 말아야 하고, 술이나 폭력 혹은 부정한 이득을 탐하지 않아야 합니다. 손님 대접도 잘해야 하고, 무엇보다 자제력이 있어야 하고, 가르침을 굳게 지키는 사람이어야 합니다. 이렇게 살 때 비로소 영적인 리더십이 형성되기 때문입니다.

그런데 디도서를 읽어나가다가 우리는 다소 당황하지 않을 수 없습니다. 어느 크레타 사람의 말이라면서 저자가 인용하는 말 때문입니다.

크레타 사람은 예나 지금이나 거짓말쟁이요, 악한 짐승이요, 먹는 것 밖에 모르는 게으름뱅이다.(디도서 1:12)

이것은 주전 6세기의 크레타 시인인 에피메니데스(Epimenides)의 말로 알려져 있습니다. 그는 길들여지지 않은 짐승처럼 살아가는 자기 동족들이 영 못마땅했나 봅니다. 그의 시 덕분에 크레타 사람들은 도매금에 거짓말쟁이가 되었습니다. 논리학에는 'Cretan paradox' 즉 크레타인의 역설이라는 것이 있습니다. 에피메니데스의 말이 참이라면 모든 크레타 사람은 거짓말쟁이입니다. 하지만 그도 크레타인이니 그의 말은 거짓입니다. 따라서 모든 크레타인은 진실한 사람입니다. 어느 게 맞는 것입니까? 돌고 도는 순환논법에 빠지는 것이지요.

디도서의 저자는 그의 말을 인용한 후 "이 증언은 참말입니다." 하고 말합니다. 이 대목을 읽으면서 제 가슴이 철렁 내려앉았습니다. 어쩌자고 성서 기자는 이런 인종차별적이고 지역 차별적인 말을 하는 것일까요? 그냥 우리끼리 하는 이야기니까 괜찮다고 생각하는 것일까요? 유럽인들이 공적인 자리에서 금기시하는 것이 세 가지가 있다고 합니다. 유대인에 대한 언급과, 동성애에 대한 언급, 그리고 종교에 대한 언급입니다. 오늘의 관점에서 보면 크레타인을 비하하는 말 자체가 폭력입니다.

하지만 디도서의 저자는 사람들에게 잘 알려진 그 말을 인용하여 그들의 가슴에 수술칼을 들이대고 있습니다. 그가 보기에 크레타인들의 삶은 참된 경건과 거리가 멀었습니다. 물론 여기서 저자가 염두에 두고 있는 것은 크레타인 일반이 아니라 신앙의 길에 접어들었으나 어긋난 길로 나아간 사람들입니다. 인격의 변화, 지향의 변화, 삶의 변화가 없는 신앙은 일쑤 어긋난 길로 나가게 마련입니다.

가련한 사람들

디도서 기자는 그런 이들의 삶을 세 가지로 요약합니다. 그들은 복종하지 않으며, 헛된 말을 하며, 속이는 사람들입니다. 복종하지 않는다는 말은 성도답게 훈련되지 않았다는 말입니다. 하나님의 뜻대로 사는 훈련을 받지 못하면 제멋대로 살게 됩니다. 저는 복종보다는 순명이라는 말을 더 좋아합니다. '순명'이라 할 때의 순(順)은 순하다는 뜻이 아니라 '따른다'는 뜻으로 새겨야 합니다. 명을 따르는 게 순명입니다. 그런데 순은 내 천(川) 자에 머리 혈(頁) 자가 결합된 말입니다. 머리를 자연스러운 흐름으로 향하는 것이 순입니다. 기독교인들은 그 머리를 하나님을 향하고, 하나님의 뜻을 좇는 사람들입니다. 오늘 우리는 머리를 어디에 두고 삽니까? 어떤 뜻을 좇으며 살고 있습니까? 순명하는 사람은 귀를 기울여 듣는 사람입니다. 순명의 사람이 말이 많지 않은 것은 그 때문입니다. 순명하지 않는 사람일수록 말이 많습니다.

말이 많은 사람은 선을 행하기 어렵습니다. 부질없는 말로 분란을 일으키기 일쑤입니다. 수군거리고 비방하고 불평하면서 공동체를 내적으로 붕괴시킵니다. 그에게 중요한 것은 하나님의 영광이 아니라 자기 자신을 근사하게 보이도록 하는 것입니다. 마하트마 간디는 자기의 평화운동을 '사티아그라하'(satyāgraha)라는 말로 요약했습니다. 사티아(satya)란 '본질 혹은 진실'을 뜻하고 '그라하'는 '붙잡는 것'이라는 뜻입니다. 본질 혹은 진실을 꼭 붙들면 거기서 힘이 나옵니다. 기독교인들이야말로 사티아그라하의 사람이 되어야 하지 않겠습니까?

진리를 꼭 붙잡지 못한 사람일수록 헛된 말과 외적 행위에 집착합니다. 할례를 강조하고, 율법이나 허탄한 신화에 집착하고, 금욕주의를 강조합니다. 그들은 경건해 보입니다. 남과 달라 보입니다. 그래서 남에 대해 비평적 언어를 늘어놓고, 대놓고 사람들을 가르치려 합니다. 하지만 디도서의 저자는 그런 이들의 이면에 있는 동기가 부정한 이득이라고 말합니다. 그것이 경제적인 것이든, 사회적 평판이든 마찬가지입니다. 그들은 경건을 사적인 이익을 위한 수단으로 삼습니다. 문제는 자기 스스로도 그것을 의식하지 못한다는 사실입니다. 누군가에 대한 영향력을 행사한다는 것, 그것처럼 달콤한 것이 없습니다. 자기가 중요한 사람처럼 생각되기 때문입니다. 하지만 그것은 우리 영혼에 독이 되기 일쑤입니다. 다산 정약용의 시에 이런 대목이 나옵니다.

> "복어 먹는 사람을 그대 보았나(君看食魚者 군간식어자)
> 맛과 독을 통째로 배 속에 넣네(味毒俱入腹 미독구입복)
> 그 맛 아예 즐기지 않았더라면(旣不享其味 기불향기미)
> 그 독을 토해냄도 없었을 텐데(亦不土其毒 역불토기독)"

　생선 중에 복어처럼 맛있는 게 없다지요? 이 시에서 다산은 맛과 독을 붙여서 쓰고 있습니다.(味毒) 내게 달콤함을 안겨주는 것이 때로는 독이 되는 법입니다. 사람들에게 근사하게 보이고 싶어서 하는 행동이 우리를 진실과 멀어지게 할 때가 많습니다. 성서는 바로 그 지점을 우리에게 일깨워주고 있습니다.

엄중한 책망

바울은 디도에게 그런 이들을 엄중하게 책망하라고 말합니다. 우리는 갈등을 피하기 위해 누군가를 책망하는 일을 꺼릴 때가 많습니다. 물론 사사건건 화를 내고, 누군가의 행동에 간섭하는 것은 잘못된 일입니다. 사랑은 바라고, 믿고, 참아내는 것이라 했습니다. 사람은 그런 신뢰와 사랑을 통해 성장합니다. 하지만 그가 아주 잘못된 길로 나아간다든지, 다른 이에게까지 나쁜 영향을 끼친다면 공동체의 리더는 그를 준엄하게 꾸짖어야 합니다. 그것이 진정한 사랑입니다.

교육은 덕으로써 사람을 감화시키는 훈도(薰陶)도 필요하지만 가끔 채찍으로 때리는 편달(鞭撻)도 필요합니다. 하나님은 한없는 사랑으로 우리를 부둥켜안으시지만, 동시에 우리의 잘못을 준엄하게 꾸짖기도 하십니다. 예수님은 사회적 약자들의 허물과 연약함에 대해서는 한없이 너그러우셨지만, 백성의 지도자들의 잘못에 대해서는 날카롭게 비판하셨습니다. 예수님은 사람들을 휘몰아가는 바람과 풍랑을 꾸짖으셨습니다. 그리고 남보다 자기를 조금이라도 돋보이게 하고 싶어 하는 제자들을 꾸짖으셨습니다. 존 웨슬리는 신도들 가운데 신앙의 길로부터 멀어져 고의로 죄를 짓거나, 자기도 모르게 경박해지고 나태해진 사람들을 참회자반(penitents)으로 보내곤 했습니다. 목사건 장로건 집사건 다 마찬가지입니다. 그들은 그곳에서 신앙의 본(本)이 무엇이고 말(末)이 무엇인지를 다시 배워야 했습니다. 운동선수들이 어느 순간 자기 폼을 잃어버리면 가장 기초적인 훈련을 반복하는 것과 마찬가지입니다. 부끄러울 수도 있습니다. 하지만 그것이 슬럼프로부터 벗어나는 가장 확실한 방법입니다.

한국교회에서 꾸짖음이 사라진 지 오래입니다. 두려움을 불러일으키는 메시지는 많지만 불신앙적인 삶을 준엄하게 꾸짖는 메시지는 듣기 어렵습니다. 사람들의 비위를 상하게 하고 싶지 않기 때문입니다. 많은 이들이 교회에 오면 위로의 말을 듣기 원합니다. 이해는 합니다. 현대인들은 아득바득 용을 쓰지 않으면 남에게 짓밟힐지도 모른다는 조바심 속에서 살아갑니다. 그러니 교회에 와서는 좀 편한 말을 듣고 싶은 게 사실입니다.

요즘 힐링(healing)이라는 말이 대세입니다. 얼마 전까지만 해도 온통 웰빙(well-being) 타령이던 사람들이 이제는 저마다 힐링을 말합니다. 달달한 말을 하고 젊은이들의 감성을 자극하는 이들이 스타가 되고 있습니다. 사실 힐링이라는 말은 성경에 가장 자주 등장하는 단어입니다. 예수님은 병으로 고통받는 사람들을 고쳐주셨고 그들을 일상적인 관계 속으로 복귀시키셨습니다. 바로 그것이 힐링이고 구원입니다. 하지만 우리 시대의 유행 담론이 된 힐링이라는 말에는 좀 문제가 있습니다. 힐링이라는 말이 발설되는 순간 우리는 누구나 다 상처 입은 사람이 됩니다. 이전에는 덤덤하게 넘어갈 수 있었던 일도 상처로 적바림 하는 순간 갑자기 삶이 무겁고 힘겨워집니다. 인생이란 본래 힘들고 고단한 겁니다. 기가 막힌 일도 겪고, 모욕을 당할 때도 있고, 극심한 가난에 시달릴 때도 있습니다. 그걸 자기 삶의 일부로 받아들이면서 자기에게 품부된 일을 해내는 것이 용기이고 믿음입니다.

실상사에 계신 도법 스님도 저와 비슷한 생각을 하고 계시더군요. 스님은 지금 이 시대에 필요한 것은 '자모'(慈母)가 아니라 '엄부'(嚴父)라고 말했습니다. 요즘 엄마들은 자식 사랑이 좀 지나친 것 같습니다. 자식이 겪어내야 할 일들을 다 대신 해결해 줍니다. 아이들의 숙제를 대신 해주는 경우는 아주 많습니다. 대학생의 학부모 가운데는 수강신청을 해주는 것은 물론이고 교수에게 성적 이의신청까지 하는 이들이 있다 합니다. 그게 정말 자식 사랑일까요? 저는 아니라고 생각합니다. 사람은 실수도 하고, 실패도 경험해 가면서 성장합니다. 그 과정을 생략하고 나면 죽을 때까지 미성숙한 삶에 머물 수밖에 없습니다. 한없는 따뜻함으로 안아주는 품도 필요하지만, 정신이 번쩍 나도록 꾸짖는 음성도 필요합니다.

매를 잘 맞을 줄 알아야 사람이 된다고 합니다. 누군가의 꾸지람을 듣는 것이 썩 유쾌한 일은 아닙니다. 부당한 꾸지람의 경우에는 더욱 그렇습니다. 하지만 꾸짖음이 없는 사랑은 독이 될 때가 많습니다. 잘못된 길로 접어든 이들을 준엄하게 책망하는 것은 그를 건전한 신앙의 길로 인도하기 위함입니다. 여러분, 믿는 척하지 말아야 합니다. 철저하게 믿어야 합니다. 값싼 위로나 은총에 집착하지 마십시오. 대가를 지불하는 신앙생활을 하십시오. 예수를 믿기 때문에 불이익을 감수해 보십시오. 그래야 비로소 내적인 힘이 생기고, 영적인 자유가 부여됩니다.

삶으로 말하는 사람들

진리의 길에서 멀어진 사람일수록 남의 허물을 잘 들추어냅니다. 깨끗한 사람에게는 모든 것이 깨끗하지만, 더러운 사람에게는 모든 것이 더러운 법입니다. 예수님에게는 버릴 사람이 하나도 없었지만, 스스로 의로운 체하는 이들은 모든 사람을 다 못마땅하게 여겼습니다. 그들은 점점 무분별하게 되고, 헛된 말로 사람들을 미혹하고, 불의한 행실로 세상을 어지럽힙니다. 그들은 가증하고 완고하고 선에 무능력합니다. 정말 우리에게 중요한 것은 말이 아니라 삶입니다. 사람의 앞모습보다 뒷모습이 정직할 때가 많습니다.

우리는 여러 종류의 가면을 쓰고 세상과 마주합니다. 자기에게 부여된 '노릇'을 하며 사는 겁니다. 하지만 그 가면을 벗으면 전혀 다른 사람으로 변하는 이들이 많습니다. 교회에서는 좋은 신자인데 직장에서는 폭군인 사람도 있습니다. 교회에서는 경건한데 바깥에서는 자기 이익을 위해 수단 방법을 가리지 않는 이들도 있습니다. 더 많은 예를 들지는 않겠습니다. 말이 제 값을 잃어버린 이 시대에는 말이 아니라 삶으로 말하는 이들이 절실히 필요합니다.

삶의 정도(正道)를 찾던 젊은이가 있었습니다. 오랜 방황의 세월을 보낸 끝에 그는 마침내 고명한 스승을 만나게 되었습니다. 그는 스승 앞에 엎드려 말했습니다. "선생님, 부디 저의 스승이 되어 주십시오." 스승은 그를 받아주었습니다. 그는 늘 스승과 동행했습니다. 그러나 스승은 자기를 찾아오는 이들에게는 적절한 충고를 해주면서도 정작 제자에게는 아무 말도 하지 않았습니다. 3년이 지나자 젊은이는 크게 실망하여 스승에게 항의했습니다. "저는 모든 것을 희생하고 스승님을 따랐습니다. 왜 제게는 가르침을 주지 않으십니까?" 스승은 측은한 시선으로 그를 바라보다가 말했습니다. "나와 함께 있는 매 순간 내가 너를 가르쳐왔음을 모른단 말이냐? 네가 차한 잔을 내오면 내가 마시지 않더냐? 네가 나에게 절하면 나도 너에게 절하지 않더냐? 네가 내 책상을 치우면 내가 아주 고맙다고 말하지 않더냐?" 여전히 알아듣지 못하는 제자에게 스승은 목청을 높여서 말했다. "보려면 똑바로 보거라."

보고도 깨닫지 못한다면 어떤 말로도 그를 깨우칠 수 없습니다. 기독교인들에 대한 조롱이 넘치는 시대입니다. 어떤 말로도 우리가 진리임을 변증하기 어려운 시대입니다. 이제는 말을 줄이고 우리가 진리를 추구하는 사람임을 삶으로 입증해야 합니다. 일상의 삶 속에서 그리스도의 향기가 되어야 합니다. 기독교인은 신발도 가지런히 벗어놔야 합니다. 음식도 깨끗이 먹어야 합니다. 사람들을 정성스럽게 대해야 합니다. 필요한 이들에게 줄 수 있어야 합니다. 때로는 준엄하게 꾸짖을 수 있어야 합니다. 물론 꾸짖을 수 있는 자격을 얻기 위해서는 우리 삶이 먼저 가지런해야 합니다. 그러기 위해서는 하나님의 영을 향해 마음을 열어야 합니다. 하나님의 현존 앞에 앉는 시간을 마련해야 합니다. 깊어가는 이 가을에 우리 마음에 하늘의 고요가 깃들기를 기원합니다. 그래서 말이 아니라 삶으로 진리를 증언하는 우리가 되기를 기원합니다.

단호한 곡선, 부드런 직선

홍순관/가수, 평화운동가

본디 한가로운 사람이지만 하필, 밀린 일이 수북한 날, 휠체어를 탈 만큼 허리가 아프고, 그것도 약속한 일이 있어 일본을 가기 위해 공항을 나가기 몇 시간 전, 문자를 하나 받았다.

꽃자리출판사 한종호 목사의 원고 청탁 문자였다. 김기석 목사님의 설교 5편에 대한 '설교평'을 부탁한다는 내용이었다. 성서 66권을 각각 나누어 12명의 필진이 함께한다고 덧붙였다. 이게 가당한 말인가. '설교평'이라니! 성경을 들여다본 지가 언제인지도 가물거리는 판에, 교회에 마음이 떠난 지도 꽤 오래된 판에, 이 바쁜 판에, 허리가 아파 만사가 귀찮은 판에, 거절의 이유가 신약의 어느 편지 정도는 될 판이었다.

모질지 못해 거절을 잘 못하는 성격이지만, 이번엔 강력한 거부의 뜻을 밝혔다. 나중에 통화로는 농구 선수에게 배구 해설을 하라는 말과 같다며, 해금 하는 이에게 판소리를 하라는 것과 다르지 않다며, 어림없는 일이라고 말소리를 높이기도 했다. 속으로는, 일본을 다녀와 허리가 더 악화되어 글을 읽지도 못한다고 그럴듯한 핑계를 댈 꾀를 생각해내곤, 넋 놓고 있다가 실제로 허리를 끙끙 앓으며 그만 며칠이 지나가버렸다. '쓸 수 없다.'는 마지막 통보를 하기엔 원고 마감 날짜가 많이 촉박한 시간이 되어선, 그래도 용기를 내어 또 한 번의 통화를 시도했다. 생각했던 시나리오대로. "허리가 몹시 괴롭다. 이렇게 불량한 평신도가 무슨 설교평이냐? 나 무지하게 바쁘다. 말도 안 된다. 그리고 진짜 솔직한 고백, 나 성경 잘 모른다." 등 화려한 변명을 늘어놓았지만…. 한종호가 누군가. 소신 하나로, 뚝심 하나로 지금껏 일인출판사로 짧지 않은 세월을 버텼고, 있어 보이게 집필을 내세우며 제주로 홀연히 떠난, 배짱과 막무가내의 아이콘 아니던가. 졌다. 거부를 거부당했다.

그러니 보라. 설교평 하나 쓰지 않고, 정해준 원고 매수 A4용지 5장 중에 한 장을 어떻게든 그냥 슬쩍 넘겨보려고 애를 쓰고 있지 않은가. 보복이다. 내게 글을 억지로 쓰게 한 타당하고도 집요한 보복이다. 그러나 이러는 동안 자꾸 떠오르는 분이 계시다. 바로 김기석 목사님이다. 멀리서 불어오는 훈풍 같은 인자한 얼굴에 한없이 부드런 음성을 지닌 주인공 김 목사님이 자꾸 무섭게, 공포스럽게 밀물처럼 마음에 몰려온다. 이분이 목회를 마무리하는 마당에, 가깝게 지냈던 사람이라는 이유를 들어, 섭섭함과 축하를 담아 글을 써 달라는 부탁 아니던가. 이제 그만 버티고 설교 속으로 들어가야 한다.

그 전에 짚을 것이 하나 더 있긴 하다. 그의 설교를 만나기 전에, 그의 설교가 주는 이미지를 스케치하는 것은 꽤 중요한 일이다. 형식이 내용을 감쌀 때가 있듯이, 그가 들려주는 설교의 말투와 표정에서 벌써 평안과 위로가 가득하기 때문이다. 그렇다면 혹시, 그의 설교에서 그 분과 통하는 선험적 언어를 만나볼 수도 있지 않을까.

성서의 말씀들은 '단호한 곡선'이요, '부드런 직선'이다. 지금부터 써야 할 김기석 목사의 설교와 그렇게 닮아있을 수가 없다. 나직한 그의 음성은 우아한 곡선이지만, 거기서 나오는 이야기들은 단호하고 강직한 직선이다. 시(詩)면서 소설이요, 수필이면서 선언문이다. 자, 이제 그의 설교를 들어보자.

'하나님의 마음'이 바로 '나'요, '우리'다

그리하여, 주어진 김기석 목사의 설교는 신약에서도 비교적 뒤에 배치되어 있는 빌레몬서, 히브리서, 야고보서, 베드로전후서 이렇게 5편이다. 어디까지 읽고 쓸 수 있을까? 그래도 첫 숙제가, 성경 66권 중에 유일하게 단 한 장으로 된 짧은 서신이라서 조금 다행이랄까.

빌레몬서는 (그것이) 무언지 주인의 것을 훔치고(혹은, 재산상의 피해를 주고) 달아난 종(당시, 로마법으로는 무엇을 훔치고 달아난 종은 죽어도 무관함) 오네시모를, 용서해 달라는 바울의 편지 한 장으로 되어있다. 그 중에서 1장 4-14절 말씀을 설교 테마로 들었는데, 그 제목이 「그는 바로 내 마음」이다.

문득, '내 마음'이라는 글자에서 정지용이 지은 시에 곡을 붙인 〈향수〉의 노래 한 소절이 들려온다. 이동원이 먼저 그 특유의 굵고 푸근한 목소리로 '흙에서 자란 내 마음~' 하면, 까랑까랑하고 청아한 테너 박인수가 '내 마음~' 하고 받는 대목 말이다. 며칠 전, 이 노래를 불렀던 성악가 박인수 선생이 세상을 떠났다는 소식을 들었다. 오래 전, 선생과 함께 조그만 무대에 선 적이 있어 더욱 그의 소천 소식이 선명하게 들어왔다. 재작년(2021년) 겨울에 이동원도 세상을 떠났으니 이제 이 노래는 그야말로 짙은 향수로 남게 되었다. 그래서 또 한 번 들어보았다. '흙에서 자란 내 마음~ 내 마음~~!' 〈향수〉라는 '시 전체'가 주는 울림과 냄새가 '내 마음~'이라는 한 소절과 닿아 있었다.

빌레몬에게 보낸 바울의 편지에 써놓은 '내 마음'을, 다른 성서에는 '심복'(心腹)이라고 번역해 놓았다.

네게 저를 돌려 보내노니 저는 내 심복이라.(빌레몬서 1:12)

사전(事典)에는 '심복'을, '마음 놓고 믿을 수 있는 부하'라고 설명한다. 설교자는 '부하'라는 단어에 마음이 걸렸다. 하여, 새번역성경을 인용하였다. "그는 바로 내 마음입니다."라고 읽고 제목까지 달아 강조한다. 그(설교자 김기석)의 마음이다. 또한, 그분(하나님)의 마음이다. 그 마음이 이 설교 전체와 닿아 있다. 사실, 빌레몬서를 읽는 우리는 '이 마음'에만 가 닿으면 된다.

서예동네에서 글씨를 서여기인(書如其人)이라고 하며, '글씨는 곧 그 사람'이라고 말한다. 서예에 대한 풀이로 이보다 더한 정수(精髓)가 드물다. 다시 말하면, '글씨는 내 마음(심장)이다.'라는 말이다. 바울은 오네시모를 '내 마음'(심장)이라고 했다. '글씨가 곧 나'라는 말은, 글씨가 곧 '내(존재) 전체'라는 말이다. '오네시모가 곧 나'라는 말은, 오네시모가 곧 '내(바울) 전체'라는 말과 다르지 않다.

이 정도의 표현이라면, 편지를 받는 빌레몬은 움찔했으리라 본다. 복수의 칼을 갈고 있던 '내 마음'이, 괘씸하여 잡히는 날엔 엄한 벌을 내리려고 했던 '내 마음'이 선생 바울에게 들켜버린 까닭이다. 그 순간, 빌레몬은 그가 믿는 하나님께 '너그럽지 못한 내 마음'을 들켰다는 깨달음이 진하게 몰려왔을 것이다.

'그 마음'은 그리하여, 용서다. 단순한 용서가 아니라, 벗으로 동지로 나(바울)를 대하듯(빌레몬서 1:17) 해 달라는, 어쩌면 다소 과한 청이요, 절절한 부탁을 받아들여야 할 '제대로 된' 용서다. 그것이 바로 빌레몬서가 우리에게 들려주는 속이야기인 셈이다. 성서는, 바울을 만나면서 그리스도를 '알아버린' 오네시모 이야기를 들려주며, 우리로 하여금 스스로를 거울처럼 들여다보게 한다. 도무지 용서가 어려운 우리들을 그분께서는 어떻게 맞아주실까.

다시 설교 속. 예술을 보는 안목(로마, Tre Fontane-세 분수 성당-입구 성 베네딕트 동상 검지 손가락 이야기)과 옛 시 구절('청구영언青丘永言'을 들어 동서고금을 오가는 교통交通함)의 인용, 디아스포라(골로새 지역에서 자신의 집을 열어 예배하며 많은 착한 일을 행하는 '빌레몬'과, 키르기스스탄에서, 부부가 사는 집을 열어 고려인들을 초청해 노래를 부르고 함께 기도하며 그분의 말씀과 음식을 나누고 산다는 김성한 장로님과 조영순 권사님 부부를 오버랩)에 대한 연민, '쓸모'라는 단어로 '비정규직법'을 연결시키는 현실 발언, 오네시모와 빌레몬을 화해시키는 장면으로 마침내, '신앙공동체'를 권하는 목사로서의 스토리텔링에, 설교를 읽는 '내 마음'이 사로잡힌다.

빌레몬서 전체를 놓고 한 단어로 말하라면, 그것은 바로 '내 마음'이다. 그 사람(오네시모)이 내(바울) 마음이다. 그리하여, '하나님의 마음'이 바로 '나'다. '우리'다.

그가 던지는 부드런 직선이 우릴 향하고 있다

설교 제목에 있는 '물러나지 않는'이란 표현이 조금 전투적이다. 대체 그(설교자)의 '부드런' 이미지는 어디 간 것일까. 그런데 '히브리서'라는 책이, 유대교로 개종하도록 살짝 유혹받는 히브리 사람들에게 주는 메시지라니, 아! 하고, 고개가 끄덕여진다.

지난 겨울(2022년 12월), '기독교환경운동연대 40주년 기념 공연(울림-어울림)'에 초청을 받아 노래를 불렀다. 노래를 시작하며 했던 이야기가 있다.

"그때, 그러니까 40년 전(1981-1982년 '한국공해문제연구소'로 시작, 1997년 '기독교환경운동연대'로 확대 개편), 누가 '환경'이란 화두를 내놓을 수 있었을까요? 생각 있던 이들은 너나없이 '민주화 운동'에 열을 올리고 있었던 때입니다. '공해'니 '환경'이니 하는 말에 어느 누가 귀 기울여주었을까요? '기후문제'라는 개념이 없었을 때입니다. 게다가 '환경'과 '기독교(교회)'가 어떤 관계를 맺고 있는지 도무지 인식이 없었던 때입니다. 하지만 '기환연'은 묵묵히 이 길을 걸었습니다. 그리고 오늘입니다. 내가 불렀던 노래도 그랬습니다. '예수'라는 글자, '하나님'이라는 글자가 들어가지 않고, 자연을 매개체로 불러왔던 노래들은 교회와 기독교 동네에서 환영받지 못했습니다. '본질적인 것', 그분의 나라를 '메타포'로 노래하는 것을 많은 교회들은 환영하지도 받아주지도 않았습니다. 그러나 지금껏 이 노래들을 열심히 불러 지금 여기 이 자리에서 노래할 수 있다고 생각합니다."

노래 불러온, 30년이 넘는 시간에 교회로부터 받은 공격은 실제로 상처 받을 만했다. 가수로, 한 인간으로 견디기에 짧은 세월은 아니다. 도리어 변론과 논쟁이라면 가능성이라도 있었겠지만, '외면'과 '무관심'은 차라리 '공격'이라고 표현하는 것이 적절하다고 본다.

그날 노래 공연 중간에 김기석 목사와 둘이 '몽골은총의 숲 조성 사업'(2009-현재)에 대한 대담도 나누었다. 2008년 몽골을 방문했고, 그곳에서 최재명 교수(몽골국립농업대 바이오 센터)와 우연히 이야기를 나누다, '그냥' 시작했던 사업이라고 했다. 처음 나무를 심은 곳은 '바트슘베르'라고 했다. 사람이 오고가기 어려운 곳이라고 했다. 거기 그곳에 누가 '나무 심을' 생각을 할까. 그곳이 푸른 숲이 될 것이라고 누가 상상을 하며 이런 무모한 일을 시작할 수 있을까.

다시, 설교 속. 그리하여, 「물러나지 않는 믿음」이라는 설교 제목이 새삼스럽다. 그는 설교를 시작하며 오늘날, 부딪치고 겪는 갖가지 천재지변을 언급한다. 그러면서 두려움, 의기소침, 절망감, 좌절, 무의미 같은 내적불안을 지키는 것이 신앙이라고 말한다. 신앙의 방패가 이를 막아준다고 했다. 그러면서 아브람에게 '두려워 말라'고 하신 창세기 말씀을 소개한다. 하지만 우리가 겪는 재앙은 따지고 보면, 나무를 심기보다 빌딩을 세우고, 숲을 가꾸는 일보다 도시를 키우는 일을 해온 우리(인간)의 문명에 그 원인이 크다.

현재, 지진으로 고통 속에서 헤어 나오지 못하는 튀르키예(옛 터키) 국민들을 보면서 우리는 인간의 무기력함을 맛보고 있다. 그러나, 허무하리 만큼 무너져 내린 건물 붕괴로 5만 명이 넘는 사망자와 200만 명이 넘는 이재민을 낳은 이번 재앙이, 많은 부분 지진 위험을 알고도 내진설계를 제대로 하지 않은 온갖 불법들로 인한 것이라는 충격적인 소식을 많은 언론들은 증언하고 있다.

설교자는, '진리를 위해서 사는 사람들'의 으뜸가는 특색은, '다른 이들을 귀히 여기고 복되게 하는 것'이라고 말한다. 비추어보면, 시민들을 귀히 여기는 정치와 정책이 사뭇 그리워진다. 지구의 정치가 진리를 향하지 않는다면, 재앙은 계속되며 갈수록 그 피해는 커질 것이다. 도시의 구조와 그 재료들이, 인간 의식구조와 문명의 재료들이 나날이 자연(창세기가 말하는 창조세계)과 멀어지는 까닭이다.

설교자는 우리에게 '순례자'라는 말을 던진다. 사랑에 빠져 고생을 사서하며 푯대이신 예수 그리스도의 마음을 향해 나아가는 사람들이라고 했다. '다시 신발 끈을 조이라.'고 한다. 순례자임을 예민하게 알아차리고, 신자유주의 경제 질서 속에서 살아가는 현장과 현실을 피하지 말고 자존감을 챙기라고 한다. 이렇듯 '고난의 싸움을 견디라.'고 한다. 사는 세상과 멀어지지 말라(사회 참여)는 말이기도 하다. 그가 던지는 부드런 직선이 우릴 향하고 있다.

하늘의 눈은 한없이 느리다

앞에서 밝힌 바, 허리가 도무지 시원하게 펴지지 않는 상황에서 설교를 읽고 글을 쓰고 있는데, 설교자는 자꾸, "참으라, 견디라"고 한다. 얄밉기까지 하다. 그러나 어쩌랴. 참아야 한다. 견뎌야 한다.

새가 둥지를 칠 때 보면, 느리고 답답하여 '나는(flying) 새'라는 선입견이 이내 사라진다. 가느다란 나뭇가지를 작은 부리로 하나씩 물고 와서는 이리 놔보고 저리 놔보고 그러다 나무 위에서 물고 온 것을 떨어뜨리기도 하며 집을 짓는다. 우리가 보는 새둥지는 쉽게 만들어지지 않는다. 쇠똥구리가 뒷발로 제 집을 굴리며 가는 것도 얼마나 엉성하고 느린지 모른다. 달팽이는 말해 뭣하랴. 그 느려터진 걸음에 비하면 거북이는 빠른 기차다. 사랑하는 이를 기다리는 밤도 길기만하다. 겨울도 느리다, 나무는 느리다 못해 늘 그대로다.

그러나 이런 '느린 행함'이 생명 세계를 움직인다. 이런 '느린 시간'이 지구를 건강하게 한다.

설교자는 '세상에서 정말 아름다운 것은 시간이 온전히 녹아들어 있는 것들'이라고 말한다. 새둥지나, 쇠똥구리 집이나, 달팽이 걸음이나, 애틋하고 절절한 사랑이나, 겨울이나, 나무나 시간이 녹아있지 않은 것은 없다. 그 느린 시간 만큼 아름답다. 그리하여 모래가, 바람이, 눈에 보이지 않는 것들이 실로 아름답다.

현란한 손놀림으로 TV 채널 수백 개를 종횡무진 하다가 리모컨이 갑자기 보이지 않을 때, 그 짧은 시간을 참지 못하고 불안해하며 허둥대게 하는 현대의 편리들은 '시간'이라는 개념을 '초스피드'로 해석한다. 현대 문명이 가진 강박이다. 그러나 '시간'이란 얼마나 느긋한 것인가. 대부분의 일도 시간이 해결하는 것이다. 첨단 기술이 아무리 극에 달해도 '느린 시간'을 당하지는 못한다. 봄이 가야 여름이 오고 여름이 가야 가을 겨울이 온다. 그 긴 겨울이 지나야 또 봄은 오는 것이다. 우리가 가진 어떤 기계가 봄을 오게 하는가. 우리가 이룬 어떤 문명이 꽃을 피게 하는가.

설교자는 이 설교에서 네 가지 화두를 던진다. '시간의 향기', '우보천리(牛步千里:소걸음으로 천리를 가는 매진〔邁進〕 정신)', '참음의 본보기', 그리고 '하나님을 신뢰할 때'이다. 그리고 이 설교 제목을 「농부, 예언자, 욥」이라고 했다. 이것은 야고보가 내세운 '참음'의 본보기다.

한결같은 농부의 새벽이 벼이삭을 영글게 하며, 어리석도록 기다리는 시간들이 들판을 춤추게 한다. 흙이나 싹이나 열매에 빠른 것은 없다. 기다리는 시간만이 있다. 인간을 바라보는 하늘의 눈은 한없이 느리다. 그 기다림은 천 년을 넘는다. 예언자는 조바심 많은 인간과 너그럽게 기다리시는 그분과의 사이에서 어느 땐 하늘의 눈으로, 또 어느 땐 인간의 입장으로 대변하는 이들이다. 느릴 수밖에 없고 느려야만 한다.

'기지가급(其智可及)이나, 기우불가급(其愚不可及)'이라고 했다. '꾀는 차라리 흉내 낼 수 있으나, 어리석은 것은 흉내 낼 수 없다.'는 말(함석헌의 풀이)이다. 욥은 그 모진 고난에 손으로 입을 가리며 침묵으로 답했다. 피카르(Max picard)의 말대로, 봄은 겨울에서 오는 것이 아니라, 침묵으로부터 온다. 욥의 눈물겨운 침묵과 그분의 깊은 침묵 속에서 끝내 욥의 일상은 부활했다. 그리고 그는 아들과 손자 4대를 보며 오래 살았다.

우찌무라 간조(內村鑑三)는 "기쁨에 도취된 순간이나, 영적광명, 황홀경이 내게 없었던 것은 아니지만, 나의 회심은 점진적인 시간을 더듬으며 이루어졌습니다. 나는 하루아침에 회심한 것이 아닙니다."라고 고백했다. 다져지는 시간 없이 무엇을 할 수 있을까. 고웁게 쌓여가는 시간이 성숙한 신앙을 만든다.

설교자는 참고 견디는 힘은 우리에게서 나오는 것이 아니라, 하나님으로부터 주어지는 선물이라고 한다. 설교자는 교우들 표정에 기쁜 장난기가 깃들었으면 좋겠다고 했다. 그리고 부활의 생명을 '알아버린', '명랑함'으로 살자고 청한다. 힘든 인생에 던지는 역설적 유머다.

빠른 진리는 없다. 느린 자연스러움이 세상을 구원할 것이다.

엄숙함과 비장함 속에서

「빛 가운데로 걸어가라」는 베드로전서 설교는 한 해를 마감하며 또한, 새해를 맞이하는 시간에 전해진 듯하다. 약혼자인 마리아 폰 베데마이어에게 보낸 본회퍼의 시로 설교는 내내 이어진다.

독일 사람 디트리히 본회퍼는 신앙과 조국 사이에서 신앙을 선택한다. 전범(戰犯) 히틀러를 제거하기 위해 고독과 공포를 견디며 때론 희망을 품었던 그의 절절한 편지들이 남아있다. 평범한 일상을 포기하고 감옥과 죽음(순교)을 택했던 그가 들려주는 이 노래는 칠흑 같은 어둠(죽음과도 같은 현실) 속에서도 기꺼이 새 날을 맞이하려는 절절한 기도를 담고 있다.

히틀러 암살을 도모하려던 시기(1940년 즈음)에 본회퍼는 《윤리학》을 집필하며 '교회의 죄악 고백'이란 글을 썼다.

> "교회는, 무고한 많은 이들의 육체적 · 정신적 고통과 탄압, 미움, 살인을 모른 척했습니다. 그들을 돕지 않았습니다. 그 수많은 생명들에 대해 죄를 지었습니다."

사실, 이런 상황은 지금도 이 지구에서 또한, 이 땅에서 여전히 계속되고 있다. 설교자는 한 해를 보내고 또 한 해를 맞는 엄숙함과 비장함 속에서 본회퍼를 떠올렸는지도 모른다. 철저한 고백과 더불어, 빛 가운데로 걸어갈 새로운 날을 향한 희망을 가져보려고 한 것은 아닐까?

설교자는, 이 땅에서 기독교인들이 해야 할 일은 '다른 삶'이 가능하다는 사실을 보여주는 것이라고 한다. 또한, "불의에 치열하게 저항하면서도 스스로 거칠어지지 않을 수 있다는 것을 보여줘야 합니다."라고 한다. 그야말로 부드런 직선이요, 단호한 곡선이다. 이처럼 유연한 설교를 듣는 교인들은 행복하다.

내 숨을 쉬(며 사)는 것이 가장 확실한 혁명일 수 있다. 그러나 '내숨'을 쉬(며 사)는 것이 쉽지 않다. 어렵다. 시류에 휩쓸리지 않아야 하고, 꿋꿋이 굳세게 하늘의 숨을 쉬어야 하는 까닭이다. 자칫, 방심하면 남들 하는 대로 하고, 남들 사는 대로 살게 된다. 물론, 그것도 아주 나쁘진 않지만, 이왕 주어진 삶이라면 제 향이 나고 제 멋이 있는 근사하고 매력 있는 인생이 좋지 않을까.

본회퍼가 형장의 이슬로 사라지는 날 그 현장에 있던 SS소속 의사는 그로부터 10년 후 이렇게 증언했다. "의사로 50년을 지내면서 하나님을 이토록 철저히 믿으며 죽은 사람은 본 적이 없다."

설교자가 인용한 본문 베드로전서 2장 12절의 말씀이다.

여러분은 이방 사람 가운데서 행실을 바르게 하십시오. 그렇게 해야 그들은 여러분더러 악을 행하는 자라고 욕하다가도, 여러분의 바른

행위를 보고 하나님께서 찾아오시는 날에 하나님께 영광을 돌릴 것입니다.(베드로전서 2:12)

디트리히 본회퍼의 마지막 말은 벨 주교에게 남긴 말이다.

"이것이 끝입니다. 하지만 내게는 생명의 시작입니다."

짙은 노을빛은 내일로, 그 다음 아침으로 데려가는 아름다운 메타포다. 나그네와 거류민으로 살아야 하는 신자들에게 세속에서의 고통과 어려움이 부디 양분이 되길 빌 뿐이다.

'사랑'이 있어야 한다

베드로후서 1장 3-11절을 본문으로 한 「위대한 약속」이라는 설교는 루미의 〈여인숙〉이라는 시로 설교가 시작된다. '여인숙과 같은 인간 존재에게 매일같이 도착하는 손님이 있다. 기쁨, 절망, 슬픔 그리고 약간의 깨달음이다.' 설교자가 소개한 루미와 더불어 우리에게 알려진 페르시아 시인이 있다. 오마르 카이얌이다. 그의 루바이야트(4행시라는 뜻)에서는 더욱 절망적이고 허무한 인생을 노래한다.

'우주체계를 움켜쥘 수 있다면, 그럴 수 있다면 인생 전체를 송두리째 지우고 마음에 꼭 들도록 다시 고쳐 쓰고 싶다.'는 절절한 노래다.

누가 나에게 '시간'을 판다면, 조금도 망설임 없이, 할 수 있는 한 많이 살 것이다. 그렇다면 인생이 바뀔까? 이런 기회가 온 인류에게 주어진다면 혹시, 지구의 수준은 달라질까? 아쉽지만 그렇지 않을 것이다. 왜냐하면 인간의 수준이 그대로인 까닭이다. 돌아갈 수 없는 시간(과거)으로 돌아가 다시 고쳐 쓰고 싶은 욕심은 허망하다 못해 우습기까지 하다.

설교자는 이런 고달픈 우리 삶에, 하나님은 그분의 영광과 덕을 '이미' 주셔서 누리게 하신다는 선물 같은 말씀을 전한다. 그런데 조건이 따른다. 그 조건들이 꽤 구체적이고 고매하다.

믿음에 덕을, 덕에 지식을, 지식에 절제를, 절제에 인내를, 인내에 경건을, 경건에 형제우애를, 형제우애에 사랑을 더하라고 한다.

예전에 어떤 글을 쓰기 위해 '아트'(art)의 어원을 뒤지다가 찾아낸 두 단어가 그리스어 'ars'와 'arete'이다. '아르스'는 '기술, 예술'이고 '아레테'는 '탁월함'이다. 빼어난 예술을 말할 때에도 아레테를 사용할 수 있다. 고만고만한 기술을 말하는 것이 아니란 말이다. 여기서 설교자는 '아레테'라는 단어를 소개한다. 도덕적인, 윤리적인 삶이 탁월해야 하늘 나라에 들어갈 수 있다는 말을 하기 위해서다. 그러니 만만치 않은 것이다. '미리' 영광과 덕을 누리게 하겠다고 하셨지만, 이토록 어렵고 까다로운 과정(수행, 훈련)을 요구하신다는 말이다.

설교자는 까다롭고 아름다운 이 덕목들을 친절하게 풀어준다. 지식의 근본은 여호와를 경외하는 것이요, 절제는 담백한 삶이요, 인내는 악에 길들여지기를 거부하며 낙심하지 않는 것이요, 경건은 하나님 이외의 것에 마음을 빼앗기지 않는 것이요, 우애는 이웃을 따뜻하게 바라보며 친절로 대하는 것이요, 이 모두를 지속하기 위해서는 사랑이 더해져야 한다고 한다. 하나님의 사랑을 닮으려고 애쓰며 아가페 사랑을 행하는 것이 덕의 완성이라고 말한다.

하늘 나라는 다른 곳이 아니다. 사람을 사랑하는 곳이다. 설교를 듣고, 찬양을 하고, 봉사를 하고, 예배를 드린다고 하늘 나라는 아니다. 사랑이 있어야 한다. 그래야 하늘 나라다. 사람이 살기 어려운 것은 자연처럼 쉽게 살지 않기 때문이다. 신자가 하늘 나라를 가기 어려운 것은 사랑하지 않는 까닭이다. 설교자는 이웃을 향해 한걸음 다가서면 천국이 시작된다고 말한다. 우리의 '위대한 꿈'은 하나님 성품에 참여하는 것이요, 그렇게 되도록 그분께서 그것을 '이미' 주셨다는 것이 우리가 받은 '위대한 약속'이다.

빌레몬서

1장 4-14절

그는 바로 내 마음

나는 기도할 때마다 그대를 기억하면서, 언제나 나의 하나님께 감사를 드립니다. 나는 주 예수에 대한 그대의 믿음과 모든 성도에 대한 그대의 사랑에 관하여 듣고 있습니다. 그대의 믿음의 사귐이 더욱 깊어져서, 우리 안에 있는 모든 선한 일을 그대가 깨달아 그리스도께 이르게 되기를 나는 기도합니다. 형제여, 나는 그대의 사랑으로 큰 기쁨과 위로를 받았습니다. 성도들이 그대로 말미암아 마음에 생기를 얻었습니다. 그러므로 그리스도 안에서 나는 그대가 마땅히 해야 할 일을 아주 담대하게 명령할 수도 있지만, 우리 사이의 사랑 때문에, 오히려 그대에게 간청을 하려고 합니다. 나 바울은 이렇게 나이를 많이 먹은 사람이요, 이제는 그리스도를 전하는 일로 또한 갇힌 몸입니다. 내가 갇혀 있는 동안에 얻은 아들 오네시모를 두고 그대에게 간청합니다. 그가 전에는 그대에게 쓸모 없는 사람이었으나, 이제는 그대와 나에게 쓸모 있는 사람이 되었습니다. 나는 그를 그대에게 돌려 보냅니다. 그는 바로 내 마음입니다. 나는 그를 내 곁에 두고 내가 복음을 위하여 갇혀 있는 동안에 그대를 대신

해서 나에게 시중들게 하고 싶었으나, 그대의 승낙이 없이는 아무 것도 하고 싶지 않았습니다. 나는 그대가 선한 일을 마지못해서 하지 않고, 자진해서 하기를 원하기 때문입니다.

오늘을 사는 사람

몇 해 전 로마에 갔을 때 "Tre Fontane"(Three Fountains) 성당으로 알려진 곳에 들른 적이 있습니다. 그곳은 이름난 관광지가 아니어서 매우 한적했습니다. 그 성당의 입구에는 성 베네딕트의 동상이 서 있었는데, 특이하게도 그 성인은 오른손 검지 손가락을 입술에 대고 있었습니다. 성인은 그곳에 들어오는 사람들에게 들떴던 마음을 가라앉히라고 말하는 듯했습니다. 생명수로(生命水路, Ad Aquas Salvias)라고 불리우는 길을 따라 마당을 지나면 "Tre Fontane"에 이르게 됩니다. 안내인을 통해 그곳이 바울 사도가 참수당한 곳임을 알게 되었습니다. 저절로 숙연해졌습니다. 전설에 의하면 참수된 바울의 머리는 세 번 바닥에서 튀어올랐다고 하는데, 그 후에 그의 머리가 닿았던 곳에서 샘물이 솟아 올랐다고 합니다. 과연 예배당 한쪽 벽면에는 세 개의 샘이 솟아나고 있었습니다. 저는 그곳에 잠시 머물면서 "교회는 순교자들의 피 위에 서 있다."는 초대 교회의 교부 터툴리아누스의 말을 떠올렸습니다. 예수에게 사로잡혀 달려온 고단한 인생의 종착역이 순교라는 사실에서 비장함을 느끼지 않을 수 없었습니다.

빌레몬서는 바울 사도가 옥중에 갇혀 있을 때 쓴 편지입니다. 그것이 가이사랴인지 로마인지 에베소인지는 확인할 길이 없습니다. 우리가 알 수 있는 것은 바울 사도는 감옥에 갇혀서도 자신의 불확실한 미래에 대해 염려하기보다는 주님의 교회가 든든히 설 수 있을지에 대해 염려하고 있었다는 것입니다. 어느 날 그는 제자인 에바브라를 통해 골로새 교회에 거짓 교사가 들어와서 사람들을 미혹하고 있다는 소식을 듣게 되었습니다. 바울은 즉시 '단순한 복음'으로 돌아올 것을 권고하는 편지를 써서 두기고 편에 골로새 교회에 보내게 되었습니다. 그때 그는 골로새 교회의 지도자인 빌레몬에게 개인 서신을 함께 보냈는데, 그것이 바로 빌레몬서입니다. 이 서신에서 바울은 오네시모를 따뜻하게 받아줄 것을 당부하고 있습니다. 오네시모는 빌레몬의 종이었습니다. 어떤 연유인지는 모르겠지만 그는 주인에게 상당한 재산상의 피해를 입힌 것 같습니다. 처벌에 대한 두려움 때문에 그는 주인집을 벗어나 먼 곳으로 달아났습니다. 그곳에서 바울을 만나게 되었습니다. 그가 중재를 바라면서 바울을 자발적으로 찾아간 것인지 누군가의 추천을 받은지는 알 수 없지만, 그는 바울과 만나 새로운 존재로 거듭나게 되었습니다. 감옥에 갇힌 초라한 죄수에게서 오네시모가 본 것은 무엇이었을까요?

며칠 전 교우 몇 분이 차 한 잔을 달라며 제 방에 들어오셨습니다. 이런 저런 이야기를 나누다가 한 분이 "나는 하나님께 영광을 돌린다는 게 뭔지 아직도 잘 이해하지 못하겠어요." 하고 말했습니다. 그래서 저는 좀 간단하게 설명을 시도해보았습니다. "영광이란 말에는 이미 '빛'이라는 단어가 들어 있지요? 그렇다면 하나님께 영광을 돌린다는 것이 무엇이겠어요? 누군가가 우리의 삶을 통해 하나님의 현존을 경험하고, 하나님의 선하심을 맛보고, 세상에 숨겨진 하늘의 빛을 보도록 하는 것, 바로 그게 하나님께 영광 돌리는 것 아닐까요?" 물론 이 말은 충분한 설명이 못됩니다. 하지만 방향은 맞습니다. 오네시모는 옥에 갇혀서도 한없이 자유롭고, 정 깊은 바울을 통해 하나님과 만났습니다. 바울의 말이 아니라, 그의 존재의 울림말을 통해 말입니다. 바울은 오네시모를 가리켜 "내가 갇혀 있는 동안에 얻은 아들"(빌레몬서 1:10)이라고 부릅니다. 이 말이 우리를 부끄럽게 합니다. 가장 힘겨운 상황에서도 바울은 생명을 출산하고 있습니다. 이게 생명의 복음에 사로잡혀 오늘을 영원처럼 살아가는 사람의 모습입니다.

생기를 주는 사람

예수님이 그러하셨던 것처럼 바울 사도도 다른 이의 아름다움을 보는 눈을 가지고 있었습니다. 빌레몬서를 볼 때마다 빌레몬을 향한 바울의 애정을 느낄 수 있습니다.

> 나는 기도할 때마다 그대를 기억하면서, 언제나 나의 하나님께 감사를 드립니다.(빌레몬서 1:4)

이것은 빈 말이 아닐 겁니다. 감옥에 있는 바울이 할 수 있는 일이라고는 찾아오는 사람을 만나고 편지를 쓰고 기도하는 것 말고는 없었을 것입니다. 그는 그리운 이들의 얼굴을 하나하나 떠올리며 하나님께 기도했을 겁니다. 주님과 교통하는 그 시간, 시간과 거리는 소멸되고, 하나님의 현존 안에서 살아가는 이들의 영적인 친교는 바울의 가슴에 기쁨을 주었을 것입니다.

> "마음이 천리라면 천리라도 지척이요/마음이 천리오면 지척도 천리로다/우리는 各在千里(각재천리)오나/지척인가 하노라."(《청구영언》에 나오는 무명씨(無名氏)의 시)

지척에 살면서도 마음이 천리인 이들이 많은 세상에서 바울과 빌레몬의 영적인 교제가 참 아름답습니다.

바울 사도는 빌레몬이 믿음과 성도 사랑에 있어서 다른 이의 본이 되고 있다는 소식을 들으며 기뻐하고 있습니다. 빌레몬의 그러한 삶이 바울에게는 큰 기쁨이요 위로가 되었습니다. 자신의 수고가 헛되지 않았기 때문입니다. 그런데 이 대목을 읽다가 제 가슴을 쿵 하고 치는 대목과 만났습니다. 개역성경이 "성도들의 마음이 너로 말미암아 평안함을 얻었으니."라고 번역한 7절을 표준새번역은 "성도들이 그대로 말미암아 마음에 생기를 얻었습니다."라고 번역하고 있습니다. 이 번역이 원뜻에 가깝습니다. 빌레몬은 성도들의 가슴에 새 마음을 심어주는 사람입니다.(you have put new heart into the saints, JB) 이 말이 참 좋습니다. 성도는 다른 이들의 지친 마음에 생기를 가져가는 사람이어야 합니다.

빌레몬이 어떤 일을 했는지는 알 수 없지만, 짐작할 수 있는 것은 성도들 가운데 어려움에 처한 사람들을 물질적으로 돕고, 신앙과 삶으로 본이 되는 삶을 살았으리라는 것입니다. 이 구절을 묵상하는 제게 키르기스스탄에 가 계신 김성한 장로님과 조영순 권사님이 떠올랐습니다. 너무나 오랜 세월 동안 잊혀진 존재였던 고려인들은 두 분을 통해 삶의 맛을 되찾았습니다. 토요일마다 장로님의 집은 가정 교회로 변합니다. 많은 고려인들이 찾아와 함께 찬송을 부르고 기도하고 하나님의 말씀을 듣고 음식을 나눕니다. 너무 많이 찾아와 이제는 오전과 오후로 나누어서 모임을 진행하고 있다고 합니다. 그들 사이에 불고 있는 생기는 바로 성령의 바람이 아니겠습니까? 이 모든 일들이 80 줄에 접어든 노인들을 통해 일어나고 있다는 사실이 놀랍습니다. 바울 사도는 빌레몬이 이전보다 더 관대한 사람이 될 뿐만 아니라, 신앙의 깊이와 넓이를 다 깨달아, 마침내는 그리스도와 한 몸을 이루게 되기를 소원하며 하나님께 간구합니다. 이보다 좋은 기도의 후원은 없을 겁니다.

명령이 아니라 간청을

바울은 빌레몬에게 한 가지를 당부합니다. 오네시모를 용서하고 형제애를 가지고 맞아 달라는 것입니다. 사도로서의 권위를 가지고 빌레몬에게 명령할 수도 있었습니다. 하지만 그는 빌레몬에게 오네시모에 대한 노여움을 풀 수 있는 여지를 남겨주고 있습니다. 자신에게 손해를 끼치고 달아났던 종을 그리스도 안에서 형제로 맞아들인다는 것은 쉬운 일이 아닙니다. 빌레몬이 아무리 좋은 사람이라 해도 그 마음에 분노의 감정이 없을 수 없습니다. 바울은 그런 정황을 너무나 잘 이해하고 있습니다. 오네시모 문제를 잘 풀어내는 것은 빌레몬에게 주어진 아주 중요한 신앙적 도전임을 바울은 꿰뚫어 보고 있습니다. 자기 속에 일고 있는 분노와 미움을 씻어내고 그를 형제로 받아들이기까지 빌레몬은 내홍(內訌)을 겪어야 했을 겁니다.

진정한 지도자는 자기의 생각을 다른 이들에게 강요하지 않습니다. 새롭게 생각해 볼 수 있는 여지를 만들 뿐입니다. 또한 좋은 지도자는 다른 사람보다 앞서가는 사람이 아니라, 발걸음이 더딘 사람을 기다려주면서 함께 목표를 향해 나아가는 사람입니다. 생각보다 발걸음이 더디다고 그를 윽박지르거나 등을 거칠게 밀어댄다면 그는 이내 넘어지고 말 것입니다. 우리는 브니엘에서 이루어진 야곱과 에서의 만남을 기억합니다. 서로 원수처럼 헤어졌던 형제가 마침내 20년의 세월을 보낸 후 재회하는 장면은 성경에서 가장 감동적인 장면 가운데 하나입니다. 야곱은 자기를 용서하고 환대하는 형 에서의 얼굴에서 하나님의 모습을 보았습니다. 형제 사이의 화해가 이루어진 후 에서는 야곱에게 자기가 길 안내를 할 테니 서두르자고 말합니다. 하지만 야곱은 형의 제안을 완곡하게 거절합니다.

형님께서도 아시다시피, 아이들이 아직 어립니다. 또 저는 새끼 딸린 양 떼와 소 떼를 돌봐야 합니다. 하루만이라도 지나치게 빨리 몰고 가면 다 죽습니다. 형님께서는 이 아우보다 앞서서 떠나십시오. 그렇게 하시면, 저는 앞에 가는 이 가축 떼와 아이들을 이끌고, 그들의 걸음에 맞추어 천천히 세일로 가서, 형님께 나가겠습니다.(창세기 33:13-14)

너무 자기 확신에 차서 사람들을 몰아대는 지도자들이 있습니다. 그들은 일시적으로는 많은 성과를 거두기도 합니다. 하지만 반드시 탈이 나도록 되어 있습니다. 하나님도 인간을 강제하지 않으십니다. 자유를 주시고, 또 어떤 일을 할 수 있는 능력을 주시고 기다리실 뿐입니다. 주님은 우리 마음 문 밖에 서서 두드리실 뿐 문을 부수고 들어오시지는 않습니다. 이것이 주님의 사랑법입니다.

공동체 세우기

바울 사도는 오네시모가 얼마나 자신에게 중요한 사람인지를 말합니다. 빌레몬에게 손해를 끼치고 달아났을 때의 오네시모는 쓸모 없는(achreston) 사람이었습니다. 하지만 이제는 쓸모 있는(euchreston) 사람이 되었습니다. 사람을 쓸모로 이야기하는 것은 적절한 표현은 아닌 것 같습니다. 마치 자본주의 세상의 논리를 닮은 것 같아서 말입니다. 비정규직법이 7월부터 시행되면서 도처에서 쟁의와 농성이 벌어지고 있습니다. 기독교 기업으로 이름 높은 이랜드도 이런 분쟁의 현장이 되고 있는 현실이 안타깝습니다. 경쟁과 효율을 숭상하는 자본주의 문명 속에서 사용주들은 쓸모의 관점에서 사람들을 대합니다. 결국 이런 태도는 비인간화된 사회를 낳게 됩니다. 이야기가 곁길로 갔습니다만 바울이 '쓸모'라는 표현을 썼다고 해서 바울의 인간관이 천박하다고 말해서는 안 됩니다. 사실 오네시모라는 이름의 뜻은 '무익한 자'입니다. 어떤 사람이 이런 이름을 갖고 싶겠습니까? 어떤 신앙인이 자기 이름을 이렇게 바꾸었다면 우리는 그의 겸손한 인간됨을 미루어 짐작할 수 있습니다.

하지만 그 이름이 힘있는 자들에 의해 부과되었다면 그 이름은 한 존재에 대한 모독입니다. 그 내막을 알 길은 없지만 바울은 오네시모가 주님 안에서 변화되어 새로운 존재가 되었다는 뜻으로 말장난 (word play)을 하고 있는 것입니다.

오네시모에 대한 애정은 "그는 내 마음"이라는 표현에서도 나타납니다. 개역성경은 "저는 내 심복"이라고 옮겨놓았는데, 심복하면 어쩐지 굴종이 떠올라 싫습니다. "그는 내 마음", 이건 참 대단한 칭찬이 아닐 수 없습니다. 남에게 손해나 끼치던 사람이 이제는 바울에게 없어서는 안 될 사람이 되었습니다. 하지만 바울은 그를 자기 곁에 잡아두려 하지 않습니다. 풀어야 할 일이 있었기 때문입니다. 문제를 덮어두는 것이 능사가 아닙니다. 적극적으로 화해를 모색하는 것이 용기입니다. 바울은 오네시모를 빌레몬에게 보냅니다. 바울의 간곡한 당부의 편지가 있다고는 하지만 오네시모의 입장에서 볼 때 그 만남은 피하고 싶은 현실이었을 겁니다. 신앙은 '그래서'가 아니라 '그럼에도 불구하고'라지요? 이 만남이 용서와 화해로 이어진다면 이 과정을 통해 빌레몬도 오네시모도 영적으로 성숙하게 될 것입니다.

그것 못지않게 중요한 것은 그들이 속한 신앙 공동체가 얻는 유익입니다. 그들이 보여주는 용서와 화해의 모습은 하나님의 교회가 과연 무엇인지를 세상 사람들 앞에 증거하는 역할을 할 것입니다. 자기의 잘못을 시인하고 돌아오는 종과 그를 형제로 받아들이는 주인의 모습에서 그들은 새로운 세상이 열리고 있음을 보게 될 겁니다. 교회는 하나님 나라의 본보기 집(model house)이 되어야 합니다.

순교자들의 피 위에 서 있는 교회는, 성도들 간의 용서와 희생과 돌봄을 통해 든든히 세워집니다. 우리 교회 안에도 만나는 모든 사람에게 생기를 주는 사람 빌레몬, 그리고 주님 안에서 변화되어 돌봄과 섬김의 삶을 살아가는 오네시모, 그리고 죽어서도 시원한 샘물을 남겨주는 바울과 같은 인격들이 많아지기를 바랍니다.

물러나지 않는 믿음

여러분은 빛을 받은 뒤에, 고난의 싸움을 많이 견디어 낸 그 처음 시절을 되새기십시오. 여러분은 때로는 모욕과 환난을 당하여, 구경거리가 되기도 하고, 그런 처지에 놓인 사람들의 친구가 되기도 하였습니다. 여러분은 감옥에 갇힌 사람들과 고통을 함께 나누었고, 또한 자기 소유를 빼앗기는 일이 있어도, 그보다 더 좋고 더 영구한 재산이 있다는 것을 알고서, 그런 일을 기쁘게 당하였습니다. 그러므로 여러분의 확신을 버리지 마십시오. 그 확신에는 큰 상이 붙어 있습니다. 여러분이 하나님의 뜻을 행하고서, 그 약속해 주신 것을 받으려면, 인내가 필요합니다. 이제 "아주 조금만 있으면, 오실 분이 오실 것이요, 지체하지 않으실 것이다. 나의 의인은 믿음으로 살 것이다. 그가 뒤로 물러서면, 내 마음이 그를 기뻐하지 않을 것이다." 우리는 뒤로 물러나서 멸망할 사람들이 아니라, 믿음을 가져 생명을 얻을 사람들입니다.

순례자의 본분을 잊은 순례자

주님의 은총과 평화가 우리 가운데 임하시기를 빕니다. 오늘 여선형 교우가 연주한 '아무것도 두려워 말라'는 어려운 시기를 지나고 있는 우리 모두에게 깊은 울림을 주었습니다. 불안함이 마치 안개처럼 스멀스멀 우리의 일상을 파고 들고 있습니다. 미국 서부의 산불로 인해 10km 높이의 불구름이 나타났다고 합니다. 서부 유럽은 홍수로 인해 수많은 인명 피해가 나고 있습니다. 마치 묵시록의 한 장을 보는 것 같은 나날입니다. 코로나 확산세는 좀처럼 줄어들 줄 모릅니다. 조심스럽게 이 시기를 견뎌야 하지만, 그렇다고 하여 두려움 속에서 마냥 몸을 사리고 있을 수만도 없습니다.

"아무것도 두려워 말라 주 나의 하나님이 지켜주시네

놀라지 말라 겁내지 말라 주님 나를 지켜주시네."

이것이 우리 모두의 고백이 되었으면 좋겠습니다. 하나님은 갈 바를 알지 못하고 길을 떠나는 아브람에게 "아브람아, 두려워하지 말아라. 나는 너의 방패다."(창세기 15:1b)라고 말씀하셨습니다. 방패는 외부의 공격으로부터도 우리를 지켜주지만 신앙의 방패는 내부의 공격으로부터도 우리를 지켜줍니다. 두려움과 불안, 의기소침, 절망감, 무의미와 같은 것들 말입니다. 신앙은 그런 의미에서 우리의 방패입니다.

바울 사도는 "여러분은 자기가 믿음 안에 있는지를 스스로 시험해 보고, 스스로 검증해 보십시오."(고린도후서 13:5a)라고 말합니다.

믿음 안에 있는지를 시험해 볼 수 있는 리트머스 시험지는 무엇일까요? 먼저 돌아보아야 할 것은 예수 그리스도께서 우리 안에 계시다는 것을 의식하고 사는가입니다. 그걸 어떻게 확인할 수 있을까요? 바울의 말 속에 답이 있습니다.

> 우리는 진리를 거슬러서는 아무것도 할 수 없고, 오직 진리를 위해서만 무언가 할 수 있습니다.(고린도후서 13:8)

진리에 대한 이해도 각기 다르니 이 대답이 모호하게 들릴 수도 있습니다. 그러나 진리를 위해서 사는 사람의 으뜸가는 특색은 다른 이들을 귀히 여기고 복되게 하는 것입니다. 천성이 이기적인 우리가 그렇게 살 수 있을까요? 그렇습니다. 그리스도가 우리 안에 계시고, 성령께서 우리를 이끌어 주시면 됩니다. 중요한 것은 그렇게 살고 싶다는 갈망입니다. 그런 갈망이 우리 속에 있는지요?

우리는 푯대이신 예수 그리스도의 마음을 향해 나아가는 순례자입니다. 바울 사도는 "나는 이것을 이미 얻은 것도 아니며, 이미 목표점에 다다른 것도 아닙니다. 그리스도 예수께서 나를 사로잡으셨으므로, 나는 그것을 붙들려고 좇아가고 있습니다."(빌립보서 3:12)라고 고백했습니다. 믿음의 사람은 그리스도에게 사로잡힌 사람입니다. 동시에 그리스도의 마음을 얻으려고 달려가는 사람입니다. 사랑에 빠지는 것과 같습니다. 하지만 일상 속에서 요구되는 일들을 처리하느라 허둥대다 보면 우리가 순례자라는 사실을 잊을 때가 많습니다. 안락함과 쾌적함에 길들여지는 순간 사람은 더 이상 십자가의 길을 걷지 않습니다. 이질적이고 낯선 것을 거부하고 익숙한 것에만 집착합니다. 과거에 감사원장을 지냈던 한승헌 변호사가 툭 던졌던 질문이 생각납니다. "기독교인은 사서 고생하는 사람 아닌가요?" 자신이 인권 변호사의 길로 접어든 순간을 떠올리며 한 말입니다.

다시 신발끈을 조이며

자신이 그리스도의 마음을 얻기 위해 길을 떠난 순례자라는 사실을 잊는 순간 영혼의 전락이 시작됩니다. 믿음이 습관이 되고, 고집스러워집니다. "누구든지 나를 따라오려거든, 자기를 부인하고, 제 십자가를 지고, 나를 따라오너라."(마태복음 16:24) 하신 주님의 부름은 까맣게 잊고, 주님이 내 욕망에 응답해 주시기만 바랍니다. 우리 없이 세상을 창조하신 주님은 우리와 더불어 세상을 회복시키고 싶어하십니다. 폭력이 일상이 된 세상에 사랑과 우애의 공간을 만들고, 설 땅을 잃어버린 이들의 설 땅이 되어주고, 선한 일을 하며 사는 것이 더 쉬운 세상을 만들기 위해 노력하고, 하나님의 창조 질서를 지키는 청지기로서의 삶이야말로 우리의 소명입니다. 그러나 어느 순간 우리는 이런 지향을 잃어버린 것은 아닌지요? 그런 조짐을 가장 예민하게 알아차린 것은 우리가 아니라 교회 밖에 있는 사람들입니다. 그들은 예수를 믿는다는 사람들에게서 예수의 향기가 느껴지지 않는다고 말합니다. 아픈 지적입니다.

어쩌다 이 지경이 된 것일까요? 믿는다는 것이 우리 삶을 위기로 몰아넣지 않기 때문일 겁니다. 갈릴리의 어부들은 배와 그물을 버려두고 예수를 따랐고, 초대교회 교인들은 공동체를 위해 자기 재산을 내놓았고, 박해의 위협 속에서도 찬양과 기도를 멈추지 않았습니다. 믿음은 모험이고 결단입니다. 길 없는 곳에 길을 내는 것이고, 물 위를 걷는 것이고, 광야에서 꽃을 피우는 것이고, 증오의 땅에 사랑을 심는 것입니다. 주류 질서에 틈을 만들고 새로운 세상을 시작하는 것입니다. 하지만 우리는 존 웨슬리의 말대로 '진정한 그리스도인'(altogether christian)이 아니라 '거의-그리스도인'(almost christian)으로 사는 것에 만족하고 있는지도 모르겠습니다. 라오디게아 교회가 받았던 책망이 우리에게도 해당됩니다.

나는 네 행위를 안다. 너는 차지도 않고, 뜨겁지도 않다. 네가 차든지 뜨겁든지 하면 좋겠다.(요한계시록 3:15)

부끄럽지만 이게 우리의 실상입니다. 변명하자면 못할 것도 없습니다. 삶이 너무 힘듭니다. 멈추면 쓰러질 것 같아 우리는 늘 가속 페달을 밟으며 삽니다. 주변을 살필 여유조차 없습니다. 신자유주의 경제 질서 아래 살면서 자신을 세상의 요구에 최적화하기 위해 분투합니다. '후림불'이라는 단어가 있습니다. 갑작스레 정신없이 휩쓸리는 서슬을 이르는 말입니다. 현대인들은 자기도 모르는 사이에 마음에 후림불이 당겨져서 허둥거립니다. 사람들을 무한 경쟁 속으로 몰아넣는 세상은 가끔 우리에게 모욕감을 안겨주기도 합니다. 자존감(self-esteem)이 바닥을 치면, 서러움이 몰려오기도 합니다. 그러는 중에 우리에게 슬며시 찾아오는 부정적 확신이 있습니다. 세상은 아무리 애써 봐도 달라지지 않는다는 것입니다. 백년하청(百年河清)이라는 말이 있습니다. 문자적으로는 황하의 물이 항상 흐리어 있어 맑을 때가 없다는 말이지만, 우리 삶에 적용하면 아무리 노력해도 변화가 일어나기 어렵다는 뜻이 됩니다.

기독교인들도 이런 생각에서 자유롭지 못합니다. 그러나 우리는 그 부정적 확신에서 벗어나야 합니다. 신앙이란 불가능의 가능성을 붙들고 가는 것입니다. 정신적 애굽에서 벗어나는 것이고, 새 하늘과 새 땅을 향해 길을 떠나는 것입니다. 용기란 아무 때나 으르렁거리는 것이 아니라, 넘어진 자리를 짚고 일어서는 것입니다. 혼자는 외롭기에 주님은 동료들을 주셨습니다. 교회는 바로 그런 새로운 삶의 못자리여야 합니다. 하나님 나라를 꿈꾸는 사람들이 내 곁에 있다는 사실을 알아차릴 때 우리는 다시 시작할 용기를 낼 수 있습니다.

고난의 싸움을 견디며

오늘 본문에서 사도는 "여러분은 빛을 받은 뒤에, 고난의 싸움을 많이 견디어 낸 그 처음 시절을 되새기십시오."(히브리서 10:32)라고 말합니다. 교회 전통은 오랫 동안 우리 영혼의 성숙 단계를 셋으로 나누어 설명했습니다. 첫째는 믿음을 통한 죄의 정화입니다. 둘째는 은총의 빛으로 조명을 받는 단계입니다. 셋째는 하나님과의 깊은 일치를 이루는 것입니다. 빛을 받는다는 것은 환해지는 것이지만, 동시에 자기가 어둠임을 깊이 자각하는 단계입니다. 자기 행실이 더럽고 추하다는 것을 아프게 자각하며 새로운 삶을 갈망하는 단계입니다. '갈망'이 있기에 고난의 싸움을 견디며 그리스도의 꿈을 이루려 합니다.

고난의 싸움이라 할 때 사용된 단어는 '에슬레시스'(athlesis)입니다. 영어로 운동선수를 뜻하는 단어 '에슬릿'(athlete)이 여기에서 나왔습니다. 사도는 신앙생활을 운동선수들의 삶에 빗대 설명합니다. 육체와 정신의 한계까지 밀어붙이는 훈련을 거듭 견디어 내야 선수가 되듯이 믿음 또한 훈련이 필요합니다.

우리도 갖가지 무거운 짐과 얽매는 죄를 벗어버리고, 우리 앞에 놓인 달음질을 참으면서 달려갑시다.(히브리서 12:1b)

박해 시기에 믿음을 지키려던 이들은 모욕과 환난을 당했습니다. 세상 사람들의 구경거리가 되기도 했습니다. 그러나 그 고난의 풀무를 거쳐 그들은 더욱 신실한 신앙인으로 거듭났습니다. 고난을 당하면 겨릅대처럼 툭툭 부러지는 사람도 있지만, 담금질을 통해 더욱 단단해지는 무쇠처럼 강인해지는 이들도 있습니다.

그 과정을 거친 이들은 지금 고난의 시간을 견디고 있는 이들과 연대하고, 갇힌 자들의 고통을 나눠 짊어집니다. 심지어는 자기들의 소유를 빼앗기는 일조차 기쁘게 받아들였습니다. 소유를 빼앗기는 것은 누구에게도 유쾌한 일은 아닙니다. 그러나 진리 안에서 살다가 그런 손해를 감수할 때 재산은 줄지 몰라도, 정신은 더욱 단단해집니다. 세상이 줄 수 없는 평안을 누리기도 합니다. 어쩌면 그것이 누구도 빼앗아 갈 수 없는 '영구한 재산'인지도 모르겠습니다. 사

도는 평안하고 안일한 일상 속에서 잃어버린 그 열정을 되찾으라고
권합니다.

믿음으로 산다는 것

우리는 하나님의 말씀을 따를 것인지 뱀의 말을 따를 것인지 선
택해야 합니다. 뱀은 우리를 염려해주는 척하면서 하나님의 뜻에서
멀어지라고 말합니다. 다른 이들을 위해 좋은 몫을 남겨두는 것은
어리석은 일이라고 말합니다. 나눔과 선행은 일단 자기 배를 채운
후에 해도 늦지 않는다고 말합니다. 어려운 사람을 돕는 일은 그대
가 아니라도 누군가가 할 것이라고 말합니다. 그러나 하나님은 말
씀하십니다. 다른 이들을 위해 좋은 것을 남겨두라고, 지금 눈 앞에
있는 어려운 이들의 좋은 이웃이 되라고. 그렇게 살 때 우리는 영혼
의 음식인 보람과 삶의 의미를 발견합니다. 아브라함 요수아 헤셸
은 "인간 삶은 요구됨, 명령받음, 기대됨의 술어로만 이해될 수 있
다."고 말합니다 어려운 말 같지만 간단합니다. 우리는 누군가의 이
웃이 되라는 주님의 부름 앞에 서 있습니다. 그 부름에 응답하는 것
이 우리를 인간답게 만든다는 말입니다.

나의 의인은 믿음으로 살 것이다.(히브리서 10:38)

믿음으로 산다는 말은 이 세상의 가치에 길들여지기를 거부한다
는 뜻입니다. 젊을 때만 해도 믿음은 삶 전체를 건 도전이었습니다.
"부름 받아 나선 이 몸 어디든지 가오리다~." 이 찬송을 부를 때마

다 비장한 표정을 짓곤 했습니다. 하지만 지금은 그 뜨거운 마음이 잦아들었습니다. 태만함과 나태함이 확고하게 저를 사로잡고 있습니다. 그렇기에 "그가 뒤로 물러서면, 내 마음이 그를 기뻐하지 않을 것이다."(히브리서 10:38) 하신 말씀이 아프게 다가옵니다.

물러나지 않는 믿음을 회복해야 할 때입니다. 바울 사도는 그리스도의 마음을 얻기 위해 "뒤에 있는 것은 잊어버리고, 앞에 있는 것을 향하여 몸을 내밀면서… 목표점을 바라보고 달려가고 있습니다."(빌립보서 3:13b, 14b)라고 고백했습니다. 몸을 내밀면서 달려가는 그 역동적인 모습이 눈에 보이는 것 같습니다.

저는 꽤 오랫동안 여러 지역에 거주하는 목회자들과 함께 한 달에 한 번씩 독서모임을 진행하고 있습니다. 작년부터는 부득이 줌(zoom)을 통해 이야기를 나누고 있습니다. 이번 달에 읽은 《부서진 사람》은 평화주의 대안 공동체인 브루더호프 공동체의 2대 장로인 하인리히 아놀드의 생애를 다루고 있습니다. 평화로운 공동체를 이루기 위한 그의 노력이 아름다운 결실로 이어지기도 했지만, 예기치 않은 시련과 상처 또한 피할 수 없었습니다. 그러나 그리스도인답게 살려는 공동체의 꿈을 포기할 수는 없었습니다. 상처를 치유하기 위한 그의 겸손하고 끈질긴 노력이 참으로 아프게 다가왔습니다. 많은 분들이 이 책을 읽으며 울컥해져서 책 읽기를 멈추곤 했다고 말했습니다. 아마 비슷한 경험들을 하며 살기 때문일 겁니다. '아, 나도 그런 마음으로 사람들을 대하고, 또 그렇게 살 수 있기를 바랐던 적이 있었는데…'라는 회한이 컸던 것 같습니다.

다시 시작해야 합니다. 당장 결실이 보이지 않는다 하여 낙심할 것 없습니다.

> 선한 일을 하다가, 낙심하지 맙시다. 지쳐서 넘어지지 아니하면, 때
> 가 이를 때에 거두게 될 것입니다.(갈라디아서 6:9)

 우리는 뒤로 물러나는 사람들이 아니라, 몸을 앞으로 내밀고 그
리스도를 통해 이미 맛본 아름다운 세상을 향해 나아가는 사람들
입니다. 허세를 잠시 내려놓고, 우리 자신의 부족함을 자각하고, 영
적으로 분발해야 할 때입니다. 무더위를 식혀줄 단비가 그리운 계
절, 우리가 누군가에게 단비가 될 수 있어야 하겠습니다. 오늘도
내일도 빛을 받은 사람답게 어두운 세상을 밝히는 우리가 되기를
기원합니다.

농부, 예언자, 욥

그러므로 형제자매 여러분, 주님께서 오실 때까지 참고 견디십시오. 보십시오, 농부는 이른 비와 늦은 비가 땅에 내리기까지 오래 참으며, 땅의 귀한 소출을 기다립니다. 여러분도 참으십시오. 마음을 굳게 하십시오. 주님께서 오실 때가 가깝습니다. 형제자매 여러분, 심판을 받지 않으려거든, 서로 원망하지 마십시오. 보십시오, 심판하실 분께서 이미 문 앞에 서 계십니다. 형제자매 여러분, 주님의 이름으로 예언한 예언자들을 고난과 인내의 본보기로 삼으십시오. 보십시오. 참고 견딘 사람은 복되다고 우리는 생각합니다. 여러분은 욥이 어떻게 참고 견디었는지를 들었고, 또 주님께서 나중에 그에게 어떻게 하셨는지를 알고 있습니다. 주님은 가여워하시는 마음이 넘치고, 불쌍히 여기시는 마음이 크십니다.

시간의 향기

주님의 은총과 평화가 우리 가운데 함께 하시기를 빕니다. 이제 처서가 눈앞입니다. 이 시기를 가리켜 맹추(孟秋)라 하는데, 뭐든 잘 잊어버리는 흐리멍덩한 사람을 가리키는 말이 아니라 가을의 초입이라는 뜻입니다. 늦더위가 남긴 했지만 이제 오는 가을을 막을 수는 없습니다. 무성하게 자라던 풀들도 이제 시드럭부드럭합니다. 농부들의 시름이 조금은 덜어졌을 겁니다. 자기 시간이 얼마 남지 않았다는 사실을 알기 때문일까요? 매미들의 울음소리가 더욱 처연합니다. 그 작은 것들이 그렇게 온 천지를 뒤흔들듯 우는 것을 보면 참 신비합니다. 시골 매미보다 도시 매미가 더 크게 우는 것 같습니다. 환경이 그만큼 열악하기 때문일 겁니다. 달포 정도의 시간 동안 짝짓기를 하고 세상을 떠나야 하는 수컷 매미의 절박함이 안타깝습니다.

세월이 참 무상합니다. 세상에 영속하는 것은 아무것도 없는 것 같습니다. 모든 게 지나가버리고 맙니다. 고통조차도 그러합니다. 물론 잊혀지지 않는 고통도 있습니다. 잊혀지기는커녕 세월이 갈수록 존재 전체를 뒤흔드는 그런 고통 말입니다. 잊히지 않는 고통을 잊으라 하는 것은 폭력입니다. 억울함이 풀릴 때 고통은 누그러집니다. 전도서 기자는 세상 모든 것에는 때가 있다 말합니다. "심을 때가 있고, 뽑을 때가 있습니다. 허물 때가 있고, 세울 때가 있습니다. 울 때가 있고, 웃을 때가 있습니다. 사랑할 때가 있고, 미워할 때가 있습니다."(전도서 3:1-8) 그 '때'를 분별하는 게 지혜이고 철듦입니다. 철이 들기까지는 꽤 긴 시간이 필요합니다.

세상에서 정말 아름다운 것은 시간이 온전히 녹아들어 있는 것들입니다. 하지만 우리는 가속화된 시간 속에서 살고 있습니다. 스마트폰이 보급된 이후의 삶은 KTX를 탄 것보다 더 빨리 달리고 있는 것 같습니다. 조급증이 늘어난 것은 그 때문입니다. 사람들은 자기 속에 떠오른 욕망이 즉시 충족되기를 원합니다. 사람들은 홈쇼핑 광고를 보고 전화로 새로운 상품을 주문하고, 패스트푸드를 먹습니다. 뭘 하든 이드거니 때가 무르익기를 기다리거나 자기 순서가 돌아오기를 기다리지 못합니다. 자기 감정을 조절하지 못한 채 격분한 사람처럼 살아가는 이들이 많습니다.

한병철 교수는 뭐든 '즉시' 해결되어야 하는 시간 경험을 가리켜 포르노그래피적이라 말했습니다. 포르노그래피는 모든 것을 적나라하게 드러냅니다. 그는 지체, 지연, 우회를 특색으로 에로틱한 시간을 대안으로 제시합니다. 새 것 강박증에 걸린 문명은 그 자체로 파괴적입니다. 생산에서 폐기 사이의 시간이 짧아질수록 사람들은 '시간의 향기'를 경험하며 살기 어렵습니다. 한 때 '느림'에 대한 이야기가 사람들 사이에 유행했지만 그것도 빨리 지나가 버리고 말았습니다.

신앙생활을 하는 이들도 조급하기는 마찬가지입니다. 진리의 깊은 세계 속으로 천천히 그러나 꾸준히 걸어 들어가기보다는 즉문즉답 식의 해결책을 찾는 경우가 많습니다. 그래서 한국교회의 뿌리가 부실해졌습니다. 성공에 대한 욕망을 부추기면서 믿음이 그 욕망 충족을 보장한다는 식의 가르침들이 유행하고 있고, 그릇된 은사주의와 그에 따른 독선이 많은 이들을 미혹하고 있습니다. 타자를 향한 철저한 자기증여로서의 '십자가'는 부적처럼 취급받고 있습니다. 사람들은 십자가를 지기보다는 찬미하는 일에 열중합니다. 그래서 주님은 지금 외롭습니다. 좁은 길을 걷는 이들이 많지 않기 때문입니다.

우보천리(牛步千里)

초대교회의 상황 또한 그랬던 것 같습니다. 성령강림절 이후 '그도(道)' 곧 예수를 따르는 이들은 새로운 세상에 대한 꿈을 품고 열정적으로 살았습니다. 빈곤도 박해도 그들 내면에서 솟구쳐 나오는 기쁨과 희망을 소멸시킬 수 없었습니다. 예수 정신에 사로잡힌 이들은 '함께 함'의 기쁨을 한껏 누렸습니다. 지배에의 욕망은 스러졌고, 섬기고 나누고 돌보는 일 속에서 새로운 세상의 단초를 보았습니다. 하지만 그런 열정의 시간은 오래 지속되기 어려운 법입니다. 축제가 끝나면 미적지근한 일상이 기다리는 것처럼, 사람은 뜨거운 열정 속에서만 살아갈 수는 없습니다. 우리 일상은 특별할 것 없는 평범함의 연속입니다.

다시 오시겠다 약속하셨던 주님은 오시지 않고, 기독교인들에 대한 박해가 점점 심화되고 있는 상황에서 믿음을 지킨다는 것은 여간 어려운 일이 아니었습니다. 그래서 어떤 이들은 교회를 떠났고, 교회에 남아 있던 이들조차 십자가를 든든히 붙들지 못했습니다. 믿음의 고백은 있었지만 믿는 대로 살기 위한 치열한 노력은 줄어들었습니다. 삶이 소거된 믿음의 고백은 허망합니다. 그런 믿음은 우리로 하여금 허위의식에 사로잡히게 만들기 때문입니다. 영원한 중심이신 예수 그리스도의 마음에서 멀어지면서 사람들은 서로를 원망하는 일도 많아졌습니다. 교회 안에서 다양한 문제들이 발생하기 시작했습니다. 하나님을 등지고 세상과 벗하는 사람들이 늘어났습니다. 교회 유지에 재정적으로 기여하는 이들의 발언권이 높아가면서 가난한 사람들이 소외되기 시작했습니다. 차별과 업신여김이

성행하면서 사람들은 거침없이 서로에 대한 분노와 미움을 표현하곤 했습니다. 말이 문제입니다. 몽둥이에 맞은 상처는 시간이 지나면 아물지만 혀로 맞은 상처는 시간이 가도 아물 줄 모릅니다. 야고보는 그래서 "혀는 불이요, 혀는 불의의 세계입니다. 혀는 우리 몸의 한 지체이지만, 온몸을 더럽히며, 인생의 수레바퀴에 불을 지르고, 결국에는 혀도 게헨나의 불에 타버립니다."(야고보서 3:6)라고 말했던 것입니다.

오늘 본문은 이런 상황을 염두에 두고 읽어야 합니다. 야고보는 "그러므로 형제자매 여러분, 주님께서 오실 때까지 참고 견디십시오."(야고보서 5:7a)라고 권고합니다. 우리를 믿음의 길에서 벗어나게 만드는 유혹 혹은 방해물들이 참 많습니다. 마음의 중심을 굳건히 세우지 않는 한 우리 마음은 촛농이 흘러내리는 것처럼 흐물흐물 무너져 내리기 쉽습니다. 일단 어떤 길을 선택하면 이리저리 옮기지 말고 그 길을 꾸준히 걸어야 합니다. 울면서라도 씨를 뿌리는 자가 거두는 법입니다. 불교가 가르치는 팔정도(八正道) 가운데 하나가 '정정진'(正精進)입니다. 용기를 가지고 바르게 노력한다는 뜻입니다. 마치 소가 진흙에 발이 빠지면서도 앞만 바라보고 나아가는 것처럼 꾸준히 걷는 것입니다.

우리나라의 문명교류학의 기반을 닦은 정수일 교수의 자전적 글을 읽다가 만난 두 단어가 제 뇌리에 뚜렷이 각인되어 있습니다. 그는 자기 삶을 '우보천리'(牛步千里), '우답불파'(牛踏不破)라는 말로 요약했습니다. 소 걸음으로 천리를 가는 매진(邁進) 정신과 소가 밟아도 깨지지 않는 반석 의지로 살겠다는 것이었습니다. 터키의 소설가인 오르한 파묵은 자기의 소설 쓰기를 '바늘로 우물 파기'라는 말로 요약했습니다. 그는 자기 몸을 바늘 삼아 강고하기 이를 데 없는 세상의 지층을 꿰뚫어 진리의 실체를 드러내보이고 싶어합니다. 야고보는 성도들에게 바로 이런 끈기를 요구하고 있습니다.

류영모 선생님의 〈참〉이라는 시를 들어보셨나요?

"참 찾아 예는 길에 한 참 두 참 쉬지 마라
참참이 참아가서 영원한 참 갈 것이니
참든 맘 참 참을 보면 가득 참을 얻으리."

'참'이란 단어가 반복되고 있고, 그 의미가 조금씩 변주되고 있어 이해하기 쉬운 시는 아닙니다만 진리를 추구하는 사람은 쉬지 말고 앞으로 나아가 마침내 그 마음이 참으로 가득 차야 한다는 말로 새기면 될 것 같습니다. 함석헌 선생님은 '참은 참음(忍)'이라고 말합니다. 졸음도 참고, 피곤도 참고, 아픔도 참고, 낙심하는 것도 참아야 이 죽음의 땅을 건널 수 있다는 것입니다.

참음의 본보기

야고보는 농부와 예언자들과 욥을 참음의 본보기로 내세우고 있습니다. 에덴동산 이후 땅은 인간의 땀이 흘러야 먹을거리를 내주었습니다. 그래서 사람들은 살기 위해 노동을 해야만 합니다. 농부의 일은 파종과 수확만이 아닙니다. 농부는 땅을 일궈 밭을 만들고 거기에 씨를 뿌리고 움트기를 기다립니다. 곡식이나 푸성귀가 잘

자라도록 풀도 뽑아줘야 하고, 가물면 물도 대줘야 합니다. 병충해를 방제하기 위해 다양한 노력도 기울입니다. 애써 가꾼 것이 폭우에 떠내려가기도 하고, 햇볕에 타죽기도 합니다. 얼마 전 홍천의 동면교회에 옥수수 수확을 하러 갔을 때 산 밑에 있는 오백 평 밭에 심은 옥수수를 멧돼지가 다 쓰러뜨린 것을 보았습니다. 암담해도 묵묵히 해야 할 일을 해내는 농부는 인내의 좋은 본보기입니다.

예언자들 역시 파종하는 사람들입니다. 그들은 아무도 귀 기울여 듣지 않는 하나님의 말씀을 전해야 합니다. 묵정밭에 씨를 뿌리는 것과 다를 바 없습니다. 하나님의 말씀을 받은 자로 산다는 것은 참 고단한 일입니다. 예언자들의 운명은 평탄치 않았습니다. 사람들이 듣기 싫어하는 말을 주로 하니 그들은 늘 배척받았습니다. 예레미야는 하나님께 이렇게 투덜거립니다.

> 내가 입을 열어 말을 할 때마다 '폭력'을 고발하고 '파멸'을 외치니, 주님의 말씀 때문에, 나는 날마다 치욕과 모욕거리가 됩니다.(예레미야 20:8)

예레미야의 고향 마을인 아나돗 사람조차 예레미야를 제거하기 위해 음모를 꾸몄습니다. 그건 예레미야만의 운명은 아니었습니다. 모든 참 예언자들은 그런 어려움을 겪었습니다. 마르티르(martyr)는 그리스어로 순교자를 뜻하는 말입니다. 그런데 이 말의 의미는 두 가지입니다. "하나는 '법정에서 자신이 선택한 말이나 행동이 진리임을 증언하다.'이고, 다른 하나는 '숭고한 원칙을 위해 목숨을 바치다.', 즉 '순교하다'" 입니다. 예언자들은 그런 의미에서 목숨을 걸고 주님의 말씀을 증언한 사람들이었습니다. 야고보는 진리를 위하여 시련을 겪는 것을 이상한 일로 여기지 말라면서 예언자들을 본보기로 삼으라 이릅니다.

욥 또한 참고 견딤의 본보기입니다. 단란하고 행복했던 그의 삶은 어느 한순간 다 무너져버리고 말았습니다. 재산과 자식과 명예까지 다 잃어버렸습니다. 고난의 시간이 길어지면서 그는 삶의 의미조차 잃어버렸습니다. 차라리 죽어 그 모든 시름을 잊으면 좋겠지만 죽음조차 그에게는 허용되지 않습니다. 친구들은 그가 겪는 고난이 그가 저지른 죄의 결과라고 다그치지만 그는 그 사실을 인정할 수 없었습니다. 그는 하나님께 끝없이 그런 고난을 허락하신 까닭이 무엇이냐고 묻습니다. 하지만 하늘에서는 아무런 대답도 들려오지 않습니다. 나중에 그는 세상에는 이해할 수 없는 신비가 많다는 사실을 인정하지 않을 수 없게 됩니다. 부조리한 세상에서 그는 말을 잊고 맙니다. 하지만 그럼에도 불구하고 삶은 계속됩니다.

하나님을 신뢰할 때

서로 원망하지 않으며 참고 견딜 수 있는 힘은 우리에게서 나오는 것이 아닙니다. 물론 수양을 통해 그런 힘을 어느 정도 얻을 수는 있겠지만, 우리 삶을 진부함에서 구해내고, 진리의 길을 뚜벅뚜벅 걸을 수 있는 힘은 하나님으로부터 주어지는 선물입니다. 바울 사도는 '인내'가 성령의 아홉 가지 열매 가운데 하나라고 말합니다.(갈라디아서 5:22) 하나님은 당신을 신뢰하는 이들을 홀로 버려두지 않으십니다. 주님도 제자들에게 "나는 너희를 고아처럼 버려 두지 아니하고, 너희에게 다시 오겠다."(요한복음 14:18)고 하셨습니다. 세 태를 거스르면서 위의 것을 추구하는 이들은 하나님의 함께 하심을 믿어야 합니다. 시련이 찾아올 때도 있고, 길을 잃은 듯 답답할 때도 있을 것입니다. 하지만 "주님은 가여워하시는 마음이 넘치고, 불쌍히 여기시는 마음이 크십니다."(야고보서 5:11) 하나님이 우리에게 요구하시는 것은 잘못을 저지르지 않는 완벽한 삶이 아닙니다. 넘어지고 일어서기를 반복하면서도 기어코 하나님의 마음을 향해 나아가려는 열정입니다.

저는 가끔 자기 삶이 너무 평범한 것 같다며 우울해하는 이들에게 사소한 일에도 주위의 사람들과 삶을 경축하며 살아보라고 권합니다. 사람들이 결혼하는 것은 위대한 대의를 위해서가 아니라 사소한 일을 나눌 사람이 필요해서라고 말한 이가 있습니다. 저는 해가 갈수록 우리 교우들의 표정에 기쁜 장난기가 깃들었으면 좋겠습니다. 우리가 가끔 삶의 지향을 잃어버려 헤맬 때라도 못났다 내치지 않고, 있는 그대로 받아주는 공동체가 있는 한, 삶은 빈곤하지 않습니다. 신앙 안에서의 인내는 이를 악물고 현실을 견뎌내는 것이 아니라, 즐겁고 유쾌하게 세상을 뒤집어엎는 끈질김입니다. 농부, 예언자들, 욥을 우리 삶의 본보기로 삼는 동시에, 주님의 부활의 생명을 경험한 이들의 명랑함으로 세상을 이기는 우리가 되기를 기원합니다.

빛 가운데로 걸어가라

그러나 여러분은 택하심을 받은 족속이요, 왕과 같은 제사장들이요, 거룩한 민족이요, 하나님의 소유가 된 백성입니다. 그래서 여러분을 어둠에서 불러내어 자기의 놀라운 빛 가운데로 인도하신 분의 업적을, 여러분이 선포하는 것입니다. 여러분이 전에는 하나님의 백성이 아니었으나, 지금은 하나님의 백성이요, 전에는 자비를 입지 못한 사람이었으나, 지금은 자비를 입은 사람입니다. 사랑하는 여러분, 나는 나그네와 거류민 같은 여러분에게 권합니다. 영혼을 거슬러 싸우는 육체적 정욕을 멀리하십시오. 여러분은 이방 사람 가운데서 행실을 바르게 하십시오. 그렇게 해야 그들은 여러분더러 악을 행하는 자라고 욕하다가도, 여러분의 바른 행위를 보고 하나님께서 찾아오시는 날에 하나님께 영광을 돌릴 것입니다.

신실하신 주님의 권능

주님의 은총과 평화가 우리 가운데 함께 하시기를 빕니다. 어둔 밤 우리가 이곳에 모인 것은 주님 안에서 형제 자매된 이들과 더불어 주님을 예배하면서 한 해를 맞이하기 위해서입니다. 힘겨웠던 한 해를 마감할 때마다 우리는 양가감정에 사로잡히곤 합니다. 우선은 마땅히 해야 할 일을 하지 못한 데 대한 죄송스러움입니다. 하나님의 부르심에 책임적으로 응답하지 못했습니다. 신앙의 나이테는 하나둘 늘어나는데, 신앙의 열매는 부실하기 이를 데 없습니다. 지난해에 있었던 어려운 일들은 굳이 반복해서 말하지 않겠습니다. 참 힘겨웠고, 아팠고, 무기력했습니다. 분노에 사로잡히기도 했습니다. 그 아픔은 지금도 역시 가시질 않습니다.

그럼에도 불구하고 우리 속에는 감사의 마음이 있습니다. 넘어지고 일어서기를 반복하는 가운데서도 하나님의 은총이 우리를 든든히 붙잡고 계셨기 때문입니다. 무엇보다도 하나님의 오래 참으심이 고맙습니다. '못났다' 버리지 않으시고, 있는 그대로의 모습으로 받아들여주시고, 가끔 당신의 영을 불어넣으시어 하나님의 마음을 깨닫게 해주신 것은 말로 표현할 수 없는 은혜입니다. 우리를 사랑하는 이들이 있다는 것, 그리고 우리가 사랑해야 할 이들이 있다는 것이 또한 큰 은혜였습니다. 덫처럼 여겨졌던 일들이 우리 영혼이 하나님으로부터 멀어지지 않도록 해주는 닻이었음을 뒤늦게 깨닫곤 했습니다.

12월 들어 제 귓전에 뱅뱅 도는 시가 있습니다. 독일의 순교자인 디트리히 본회퍼 목사의 시인데, 히틀러 암살 모의에 연루되어 테겔 형무소에 수감되었던 그가 1944년 12월 28일에 자기 약혼자인 마리아 폰 베데마이어에게 보낸 것입니다. 그 첫 번째 연입니다.

"신실하신 주님 팔에 고요히 둘러싸인

보호와 위로 놀라워라.

이렇게 나는 나날이 그대들과 같이 살렵니다.

그리고 그대들과 함께 새해를 맞으렵니다."

　그는 히틀러가 '거짓 주'(pseudo-lord)로 등장하면서 사람들을 폭력과 광기로 몰아대는 현실을 묵과할 수가 없었습니다. 그는 자기 시대를 참 주님이 누구인지를 분명하게 식별하고 고백해야 하는 시대라고 생각했습니다. 의를 위하여 싸우다가 감옥에 갇힌 그는 "신실하신 주님 팔에 고요히 둘러싸인 보호와 위로 놀라워라."라고 노래합니다. 그를 낙심치 않도록 지켜준 것은 주님에 대한 깊은 신뢰, 그리고 사랑하는 이들의 존재였습니다. 새해를 눈앞에 둔 시점에서도 희망은 보이지 않았습니다. 하지만 사랑하는 이들과 더불어 산 자의 땅에서 새해를 맞이할 수 있다는 사실을 그는 기꺼워했습니다.

우리는 누구인가?
　비애조차 없는 것은 아니었습니다. 사랑하는 이의 손을 잡을 수 없고, 그와 더불어 음식을 나눌 수 없다는 사실을 그는 늘 안타까워했습니다. 사람은 누구나 평범한 행복을 구합니다. 매일 반복되는 일상은 권태롭지만, 일상의 자리에서 쫓겨난 이들은 그 평범한 일상이 얼마나 소중한지를 뒤늦게 깨닫곤 합니다.

"지나간 날들 우리 마음 괴롭히며

악한 날들 무거운 짐 되어 누를지라도

오 주여, 간절하게 구하는 영혼에

이미 예비하신 구원을 주소서."

그는 괴로움과 쓰라림을 부인하지 않습니다. 그게 현실입니다. 그렇기에 더욱 주님의 돌보심을 간절히 구하는 것입니다. 주님이 예비하신 구원이 무엇인지 알기 어렵습니다. "내 뜻대로 하지 마시고, 아버지의 뜻대로 해주십시오." 하고 기도했던 예수님처럼 본회퍼는 "하나님께서 주시는 것이라면 무엇이나 받을 준비가 되어 있다."고 말합니다.

"쓰디쓴 무거운 고난의 잔

넘치도록 채워 주실지라도

주님의 선하고 사랑 넘치는 손에서

두려움 없이 감사하며 그 잔 받으렵니다."

놀라운 믿음입니다. 그의 삶에 비추어 볼 때 이 구절은 한 점 거짓 없는 진실일 겁니다. 참 믿음의 사람들은 내게 좋은 일만 일어나기를 바라지 않습니다. 쓰디쓴 고난의 잔이라 해도 기꺼이 받아들이는 것이 믿음입니다. 피하려 하는 이들에게 시련은 큰 아픔이지만, 그 고난 속으로 쑥 들어가는 이들에게 고난은 오히려 하나님께 그들을 비끌어매는 끈이 됩니다. 오늘 우리가 읽은 본문 말씀은 성도들이 어떤 존재인지를 감동적으로 서술하고 있습니다.

그러나 여러분은 택하심을 받은 족속이요, 왕과 같은 제사장들이요, 거룩한 민족이요, 하나님의 소유가 된 백성입니다. 그래서 여러분을 어둠에서 불러내어 자기의 놀라운 빛 가운데로 인도하신 분의 업적을, 여러분이 선포하는 것입니다. 여러분이 전에는 하나님의 백성이 아니었으나, 지금은 하나님의 백성이요, 전에는 자비를 입지 못한 사람이었으나, 지금은 자비를 입은 사람입니다.(베드로전서 2:9-10)

우리는 택하심을 받은 족속, 왕과 같은 제사장, 거룩한 민족, 하나님의 소유가 된 백성입니다. 우리의 소명은 주님의 빛 안에서 걸어가는 이들이 얼마나 멋지고, 당당하고, 아름다운지를 세상에 드러내는 것입니다. 서양 속담에 왜 사는지를 아는 사람은 어떻게든 살 수 있다는 말이 있습니다. 우리가 삶이 힘겹다고 탄식하면서 전전긍긍하는 까닭은 자기 정체성에 대한 확신이 없기 때문입니다. 우리는 다른 이들이 만들어놓은 기준과 규칙에 따라 우리 삶을 조절하며 삽니다. 욕망의 평등주의, 즉 남들이 누리는 것을 나도 다 누리고 살아야 한다는 생각 때문에 우리는 늘 불만족 속에서 살아갑니다. 사람들이 물건을 구매하는 것을 보면 사용가치보다는 상징가치에 더 주목합니다. 명품 브랜드에 대한 선호가 그것입니다. '내가 어떤 사람이 되어야 할까?'보다 '무엇을 소유하느냐?'에 온통 관심이 집중되어 있습니다. 평화와 안식이 없는 것은 당연한 일입니다.

나그네로 살다
해가 바뀔 때마다 우리가 명심해야 할 것은 우리가 본향 찾는 나그네라는 사실입니다. 우리는 이 세상에 살고 있지만 이 세상에 속한 사람이 아닙니다.

> 사랑하는 여러분, 나는 나그네와 거류민 같은 여러분에게 권합니다. 영혼을 거슬러 싸우는 육체적 정욕을 멀리하십시오.(베드로전서 2:11)

기독교인들은 이 땅에서 '나그네와 거류민'으로 살아야 합니다. 이 말은 죽어서 가는 천국에만 소망을 두고 살라는 말이 아닙니다. 욕망의 터 위에 집을 짓고 살지 말라는 것입니다. 욕망이라는 것은 바람이 불면 흩어지는 안개와 같은 것입니다. 욕망이 나쁘다고 말하는 것이 아닙니다. 욕망 없는 이가 어디에 있겠습니까? 문제는 욕망의 지배입니다. 삿된 욕망이 우리 삶을 주도하도록 허용하는 순간 영혼의 힘이 약화됩니다. 하나님으로부터 멀어지고, 이웃으로부터도 멀어집니다. 가급적 육체적 정욕을 멀리할 때 영혼이 맑아지고 세상에 휘둘리지 않을 수 있습니다. 자기중심성에서 벗어나 다른 이들을 배려할 수 있게 됩니다. 바로 이것이 빛 가운데서 걸어가는 삶입니다.

이 땅에서 기독교인들이 해야 할 일은 '다른 삶'이 가능하다는 사실을 보여주는 것입니다. 가진 것이 많지 않은 데도 더 어려운 이들과 좋은 것을 나누며 늘 감사하며 살 수 있다는 것, 삶의 여건이 어려운 데도 늘 맑은 웃음을 잃지 않고 살 수 있다는 것, 다른 이들에 대해 아낌없이 긍정해주고 그들의 기쁨과 슬픔을 함께 나눌 수 있다는 것, 불의에 대해서는 치열하게 저항하면서도 스스로 거칠어지지 않을 수 있다는 것을 보여주어야 합니다. 예수님이 가르치시고 또 삶으로 보여주신 하나님 나라는 바로 이런 것이었습니다. 세상은 여전히 어둡습니다. 그렇게 살아가는 사람을 어리석다 합니다. 본회퍼의 시 다섯 번째 연은 이렇게 노래합니다.

"주님이 우리의 어둠 속으로 보내신 촛불
따뜻하고 고요하게 타오르게 하시며
생명의 빛 칠흑 같은 밤에도 빛을 발하니
우리로 다시 하나 되게 하소서!"

이 땅에서 하나님의 꿈을 가슴에 품고 살아간다는 것은 참 위태로운 일일 수도 있습니다. 하지만 주님이 보내주신 빛은 지금도 여전히 따뜻하고 고요하게 타오르고 있습니다. 칠흑 같은 밤을 밝히는 생명의 빛은 꺼지지 않습니다. 그래서 우리는 패배를 두려워하지 않습니다. 우리의 싸움은 이겨놓고 싸우는 싸움이기 때문입니다. 이 희망으로 우리가 하나 될 때 이 어두운 세상을 밝힐 수 있습니다. 교회는 '서로 지체 공동체'입니다. 교회는 흠 없는 사람들의 모임이 아닙니다. 서로의 부족을 채워주기 위해 몸을 낮추는 순간 우리를 통해 하늘의 빛이 이 땅에 스며들 것입니다.

땀 한 방울의 기적
생명이 속절없이 유린되는 세상에 항의하기 위해 오체투지로 기도 순례에 나섰던 한 신부님의 경험이 떠오릅니다. 허리가 끊어질

듯 아프고, 무르팍도 다 해져서 한 걸음도 더 옮기기 어려운 순간이 찾아왔습니다. 아스팔트 바닥에 허리를 꺾는 순간 그는 녹슨 못처럼 바닥에 들러붙어 말라비틀어지고 있던 지렁이 한 마리를 보았습니다. '나도 저 지렁이처럼 길 위에서 눈을 감을 수도 있겠구나.' 싶은 생각이 들었습니다. 그는 벼랑 아래로 떨어지듯 털썩 무릎을 꿇고 이마를 수그렸습니다. 그때 흐르던 땀방울 하나가 지렁이 위로 떨어졌습니다. 지렁이는 몸을 꿈틀하더니 깜짝 살아나 온 몸으로 기어갔다고 합니다. 이 마음 하나면 됩니다. 새해에는 목마른 사람에게 물 한 모금 대접하는 마음으로 살면 좋겠습니다. 누군가를 바라보며 연민의 마음으로 흘리는 눈물, 혹은 땀방울이 생명을 살립니다. 본회퍼 목사의 시 마지막 두 연은 다음과 같습니다.

"고요함이 우리 주위에 깊고 넓게 자리할 때
우리 주변에 보이지 않게 울려 퍼지는
세상을 울리는 그 소리를 듣게 하소서.
주님의 자녀들 모두가 찬양하는 그 우렁찬 소리를.

신실하신 주님께 안기니 참 좋아라!
우리에게 다가와 위로할 그것을 기대합니다.
하나님은 저녁에도 아침에도 우리와 함께 하시니
이 확신 가지고 새날을 맞이하렵니다."

세상은 여전히 소란스럽지만 우리는 하늘의 고요를 마음에 간직하고 살아가야 합니다. 보이지 않게 울려 퍼지는 하늘의 소리를 들어야 합니다. 신실하신 주님이 우리와 동행하십니다. 그리고 지금 이 자리에 있는 믿음의 식구들이 우리 곁에 있습니다. 새날을 향해 두려움 없이 나아가십시오. 신실하신 주님의 권능이 우리를 감싸주실 것입니다. 주님 안에서 맞이하는 우리의 새해가 감사와 기쁨으로 충만하기를 기원합니다.

1장 3-11절

위대한 약속

하나님께서는, 우리가 그를 앎으로 말미암아 생명과 경건에 이르게 하는 모든 것을, 그의 권능으로 우리에게 주셨습니다. 하나님은 우리를 부르셔서 그의 영광과 덕을 누리게 해 주신 분이십니다. 그는 이 영광과 덕으로 귀중하고 아주 위대한 약속들을 우리에게 주셨습니다. 그것은 이 약속들로 말미암아 여러분이 세상에서 정욕 때문에 부패하는 사람이 되는 것이 아니라, 하나님의 성품에 참여하는 사람이 되게 하시려는 것입니다. 그러므로 여러분은 열성을 다하여 여러분의 믿음에 덕을 더하고, 덕에 지식을 더하고, 지식에 절제를 더하고, 절제에 인내를 더하고, 인내에 경건을 더하고, 경건에 신도간의 우애를 더하고, 신도간의 우애에 사랑을 더하도록 하십시오. 이런 것들이 여러분에게 갖추어지고, 또 넉넉해지면, 여러분은 우리 주 예수 그리스도를 아는 일에 게으르거나 열매를 맺지 못하는 사람이 되지 않을 것입니다. 그러나 이런 것들을 갖추지 못한 사람은 근시안이거나 앞을 못 보는 사람입니다. 이런 사람은 자기의 옛 죄가 깨끗하여졌음을 잊어버린 것입니다. 그러므로 형제자매 여러분, 더욱 더 힘써서, 여러분이 부르심을 받은 것과 택하심을 받은 것을 굳게 하십시오. 그러면 여러분은 넘어지지 않을 것입니다. 또한 여러분은, 우리의 주님이시며 구주이신 예수 그리스도의 영원한 나라에 들어갈 자격을 충분히 갖출 것입니다.

안내자

주님의 은총과 평화가 우리 가운데 함께 하시기를 빕니다. 지난 한 주간 동안 얼마나 발전하셨습니까? 얼마나 더 깊어지셨습니까? 뜬금없는 질문에 어리둥절한 느낌이 드는 분들도 많을 겁니다. 저는 우리에게 주어진 시간은 더 발전하라고, 더 깊어지라고 주신 하나님의 선물이라고 생각합니다. 누구를 만나든 무엇을 하든 우리는 더 나은 존재가 되기 위하여 깨어 있어야 합니다. 날마다 반복되는 일에 적응하며 사느라 우리는 길을 가는 존재임을 잊고 있습니다. 이슬람의 신비주의 시인 루미는 〈여인숙〉이라는 시에서 이렇게 노래합니다.

"인간이라는 존재는 여인숙과 같다.
매일 아침 새로운 손님이 도착한다.
기쁨, 절망, 슬픔,
그리고 약간의 순간적인 깨달음 등이
예기치 않은 방문객처럼 찾아온다."

시인은 그 모두를 환영하고 맞아들이라고, 그 각각의 손님을 존중하라고, 그들을 집안으로 초대하라고 말합니다. 그리고 누가 들어오든 감사하게 여기라고 말합니다. 우리 마음에 들든 들지 않든 가리지 말라는 것입니다. 까닭이 무엇일까요? 모든 손님은 우리를 인도하라며 위에서 보낸 안내자들이기 때문입니다. 그 안내자가 쓴맛을 안겨줄 수도 있고, 단맛을 안겨 줄 수도 있지만 그래도 그것을 자기 삶으로 받아들일 때 비애는 줄고, 지혜는 깊어질 겁니다.

오늘 본문은 "하나님께서는, 우리가 그를 앎으로 말미암아 생명과 경건에 이르게 하는 모든 것을, 그의 권능으로 우리에게 주셨습니다."(베드로후서 1:3)라는 말로 시작됩니다. 미래 시제가 아니라 완료 시제입니다. 성도들은 이미 생명과 경건에 이르게 하는 모든 것을 받은 사람들입니다. 본문은 하나님께서 우리를 부르신 까닭을 간명하게 요약하고 있습니다. 그것은 하나님의 영광과 덕을 누리게 하려는 것입니다. 이보다 더 아름다운 선물이 또 있을까요? 하나님께 속한 영광을 누리고, 하나님께 속한 탁월함을 체현하며 사는 것은 모든 성도들에게 주어진 선물인 동시에 과제입니다.

예수님은 제자들에게 "목숨을 부지하려고 무엇을 먹을까 또는 무엇을 마실까 걱정하지 말고, 몸을 감싸려고 무엇을 입을까 걱정하지 말아라."라고 말씀하신 후에 "너희는 먼저 하나님의 나라와 하나님의 의를 구하여라."(마태복음 6:25, 33)라고 이르셨습니다. 그런데 돌아보면 우리는 구해야 할 것의 우선순위를 뒤바꾼 채 살아갑니다. 어쩌면 우리가 경험하는 삶의 모든 무거움은 이러한 뒤바뀜에서 초래된 것인지도 모르겠습니다.

신앙 훈련

하나님의 영광과 덕을 누리는 사람이 된다는 것, 그것은 하나님이 그리스도를 통해 우리에게 주신 위대한 약속입니다. 그 약속 속에 내포된 뜻은 우리가 더 이상 정욕에 이끌리다가 부패해버리는 사람 곧 이 세상에 속한 사람이 아니라, 하나님의 품성에 참여하는 사람이 되어야 한다는 것입니다. 저는 하나님의 품성에 참여한다는 말을 우리가 신적 존재로 변한다는 말이라기보다는 하나님의 마음과 깊이 접속된 존재로 산다는 말로 이해합니다. 이런 위대한 약속은 이미 주어졌습니다. 필요한 것은 그 약속을 이루기 위한 치열한 노력입니다. 5절과 10절에 나오는 '열성을 더하여', '더욱 더 힘써서'라는 구절이 가리키는 바도 바로 그것입니다.

많은 이들이 개신교에 가장 부족한 것이 '수행' 혹은 '훈련'(discipline)이라고 말합니다. 더 나은 존재가 되기 위한 치열한 자기 닦음의 과정이 부족하다는 말입니다. '행위가 아니라 믿음으로 구원을 얻는다.'는 바울의 말이 곡해되어 받아들여지고 있기 때문입니다. 이 말은 행위가 필요 없다는 말이 아니라, 구원을 마치 인간의 공로에 대한 보상처럼 받아들여서는 안 된다는 뜻일 뿐입니다. 물론 우리는 은총으로 구원을 받습니다. 그런데 그보다 더 중요한 것은 앞에서 이야기한 위대한 약속을 이루는 것입니다. 신앙생활은 생활신앙이 되어야 합니다. 우리가 고백하는 것을 삶으로 구현해야 한다는 말입니다. 바울 사도는 "겉모양으로 유대 사람이라고 해서 유대 사람이 아니요, 겉모양으로 살갗에 할례를 받았다고 해서 할례가 아닙니다. 오히려 속사람으로 유대 사람인 이가 유대 사람이며, 율법의 조문을 따라서 받는 할례가 아니라 성령으로 마음에 받는 할례가 참 할례"(로마서 2:28-29)라고 말했습니다.

참 믿음의 사람이 되기 위해서는 기도의 삶, 묵상의 삶, 감사의 삶, 실천의 삶, 헌신의 삶, 단순한 삶을 자꾸만 훈련해야 합니다. 훈련이 없는 신앙생활이 오늘의 무력한 신앙인들을 낳고 있습니다. 초보단계의 훈련은 누군가의 도움을 받아야 하지만, 그 후에는 꾸준한 자기 닦음이 필요합니다. 본문의 5절부터 7절은 믿는 이들이 갖추어야 할 덕의 목록을 제시하고 있습니다. 그 목록은 믿음으로부터 시작하여 사랑으로 끝납니다. 성서 기자는 당시 그리스인들이 생각하던 덕의 목록을 제시하면서 그것을 앞뒤에서 기독교적 가치로 감싸고 있는 것입니다.

신앙적 지향

진실하게 믿는 이들이 갖추어야 할 것은 덕입니다. 국어사전은 덕을 '고매하고 너그러운 도덕적 품성', '윤리적 의지대로 행동할 수 있는 인격적 능력'이라 풀이하고 있습니다. 사실 덕이라고 번역된 그리스어 '아레테'(arete)는 일반적으로 '탁월함'을 의미합니다. 목수의 아레테는 좋은 솜씨이고, 육상 선수의 아레테는 빠른 발이고, 토지의 아레테는 비옥함입니다. 믿는 이들의 아레테는 무엇일까요? 예수님은 "너희의 의가 율법학자들과 바리새파 사람들의 의보다 낫지 않으면, 너희는 하늘나라에 들어가지 못할 것"(마태복음 5:20)이라고 말씀하셨습니다. 믿는 이들은 도덕적인 삶에 있어서도 탁월함을 보여야 합니다.

덕에 더할 것은 지식입니다. 여기서 말하는 지식은 습득된 정보를 가리키는 게 아니라 실천적 지혜 혹은 분별력을 뜻합니다. 성경은 지식의 근본은 여호와를 경외하는 것이라 가르칩니다. 세상에는 똑똑한 사람은 많지만 자기의 앎을 하나님의 뜻에 비추어 재해석할 수 있는 사람은 많지 않습니다. 믿는 이들은 영적 분별력을 가지고 자기와 세상을 바라볼 수 있어야 합니다. 열심은 있는데 분별력이 없는 이들이 많습니다. 그래서 거짓 교사들의 꾐에 빠집니다. 주님이 주신 것이 아닌 지식은 사람을 교만하게 할 때가 많습니다.

지식에 더할 것은 절제입니다. 절제란 자기를 제어할 수 있는 능력입니다. 절제에 대칭되는 말은 '과도함' 혹은 '넘침'입니다. 옛말에도 지나침은 미치지 못함과 같다(과유불급過猶不及)는 말이 있습니다. 절제할 수 있어야 삶이 담백해집니다. 자본주의 세상은 욕망을 확대재생산함으로써 유지됩니다. 그런데 욕망의 길에 접어든 이들은 깊은 만족으로부터 점점 멀어집니다. 전도서는 그래서 이렇게 말합니다.

> 만물이 다 지쳐 있음을 사람이 말로 다 나타낼 수 없다. 눈은 보아도 만족하지 않으며 귀는 들어도 차지 않는다.(전도서 1:8)

옛 사람은 '족한 줄 알면 욕됨을 당하지 않고, 멈출 줄 알면 위태롭지 않다.'(지족불욕 지지불태知足不辱 知止不殆,《노자》 44장)고 말했습니다. 절제하는 사람이라야 자기 생에 대해 감사할 수 있습니다. 성도들은 욕망에 휘둘리지 않는 내적 능력을 길러야 합니다.

절제에 더할 것은 인내입니다. 믿는 이들에게 있어 인내는 두 가지 차원을 갖습니다. 첫째는 악의 현실과 타협하지 않는 것입니다. 길들여지기를 거부한다는 말입니다. 세상은 우리에게 '적당히', '융통성 있게' 살라고 말합니다. 물론 우리의 사고는 유연해야 합니다. 하지만 그 유연함이 불의를 용인하는 것이어서는 안 됩니다. 일단 그 길로 접어드는 순간 우리 속에 깃든 신성한 불꽃은 꺼지고 맙니다. 둘째는 하나님의 약속이 더디 이루어지는 것 같더라도, 때가 이르면 거두리라 하는 믿음으로 낙심하지 않는 것입니다. 다니엘과 그의 친구들은 하나님의 구원을 확신했지만, '그리 아니하실지라도' 우상 앞에 절할 수는 없다고 단호하게 말했습니다. 그것이 바로 인내입니다.

인내에 더할 것은 경건입니다. 경건은 '하나님을 공경하는 마음'과 '삼가며 조심하는 마음'이 더해진 것입니다. 퇴계 이황 선생의 사상을 한 단어로 요약하면 '경'(敬)이 됩니다. '경'이란 '하나'를 정했으면 그 후에 이리저리 옮겨 다니지 않는 것입니다.(주일무적主一無適) 우리에게 그 하나는 곧 하나님입니다. 하나님 이외의 것에 마음을 빼앗기지 않는 것이 경건입니다. 경건은 우리 내면에 박힌 든든한 기둥입니다. 그 기둥이 있어야 허둥거리지 않을 수 있습니다. 경건한 이들은 경거망동하지 않습니다.

경건에 더할 것은 우애입니다. 우애는 이웃을 따뜻한 시선으로 바라보고, 친절히 대하고, 그가 잘 되기를 진심으로 바라는 마음입니다. 예수님의 밥상 공동체에 참여했던 이들은 마음의 장벽이 무너지고, 서로를 따뜻하게 바라볼 수 있다는 사실을 감격적으로 체험했을 겁니다. 천박하고 거친 말, 냉소적이고 조롱 섞인 말이 넘치는 세상에 사는 동안 우리 가슴에는 시퍼런 멍이 들었습니다. 우리를 있는 그대로 수용해주는 이를 만나기가 쉽지 않습니다. 신앙 공동체는 우애가 넘치는 곳이 되어야 합니다.

그런데 우애가 지속되기 위해서는 사랑이 더해져야 합니다. 여기서 말하는 사랑은 아가페입니다. 우리는 신적 사랑으로 누군가를 사랑할 수 없습니다. 그것이 우리의 한계입니다. 하지만 지레 포기하면 안 됩니다. 하나님의 사랑을 닮으려고 애쓸 때 우리는 조금 나은 존재로 성장할 수 있습니다. 사랑이야말로 이 모든 덕의 완성입니다.

넘어지지 않으려면

이런 것들이 갖추어지면 우리는 그리스도를 아는 일에 게으르거나 열매를 맺지 못하는 사람들이 되지 않을 것입니다. 성서 기자는 이런 것을 갖추지 못한 이들은 근시안이거나 앞을 못 보는 사람이라고 말합니다. 예수님은 귀가 있어도 듣지 못하고 눈이 있어도 보지 못하는 이들이 있다고 하셨습니다. 어쩌면 우리가 그런 것 아닐까요? 믿음 안에서 살아간다는 것은 영원의 빛에 비추어 우리 삶을 돌아보는 것입니다. 포말처럼 스러져버릴 것들에 온통 사로잡힌 채 자기가 영적인 존재임을 잊어버린 이들이 얼마나 많습니까? 인생에서 더 좋은 것은 버리고, 덜 좋은 것에 집착하고 있지는 않습니까?

그러므로 형제자매 여러분, 더욱 더 힘써서, 여러분이 부르심을 받은

것과 택하심을 받은 것을 굳게 하십시오. 그러면 여러분은 넘어지지 않을 것입니다.(베드로후서 1:10)

부르심을 받은 것과 택하심을 받은 것을 굳게 하라는 말이 무슨 뜻일까요? 부르심과 택하심은 '소명'을 달리 일컬은 말입니다. 하나님이 우리를 택하시고 부르신 것은 함께 하실 일이 있기 때문입니다. 그 일은 우리 삶 속에 '하나님 나라'를 모셔 들이는 일입니다. 예수님은 당신이 이 세상에 오신 까닭을 아주 간명하게 요약하셨습니다.

나는, 양들이 생명을 얻고 또 더 넘치게 얻게 하려고 왔다.(요한복음 10:10)

이 말씀을 가슴에 새기십시오. 하나님 나라는 생명의 나라입니다. 저는 봄이 되면 늘 북한산 문수봉 근처에 있는 커다란 쥐똥나무를 생각합니다. 어느 해 봄날 문수봉에서 문수사 쪽으로 내려가는데 어디선가 붕붕거리는 소리가 크게 났습니다. 그 소리의 진원지를 찾느라 두리번거리다가 마침내 그 소리가 흰 꽃을 가득 이고 있는 커다란 쥐똥나무에서 나온다는 사실을 알아차렸습니다. 그 나무에서 꿀을 채취하느라 수천 마리의 벌들이 붕붕거리고 있었던 것입니다. 그 놀라운 생명의 일렁임이 제 가슴까지 일렁이게 만들었습니다. 사람들이 흥에 겨워 살아있음을 함께 경축하는 세상, 주님은 그런 세상의 꿈에 사로잡힌 채 사셨던 것입니다.

교사로부터 체벌을 당한 아이가 죽고, 가난에 내몰린 이들이 저 그늘진 곳에서 속절없이 죽어가고, 억울한 일을 당하고도 하소연할 곳조차 없어서 눈물짓고 있는 이들이 참 많습니다. 하나님은 그런 이들을 생명의 잔치에 초대하라고 우리를 부르셨습니다. 나 혼자 행복하려는 마음이 세상을 지옥으로 만듭니다. 더불어 행복하기를 꿈꾸고, '너'를 위해 좋은 몫을 남겨두고, 고통 받는 이웃을 향해 한 걸음 다가서는 일로부터 천국은 시작됩니다. 우리에게는 위대한 꿈이 있습니다. 그것은 하나님의 성품에 참여하는 것입니다. 주님이 앞서 걸어가신 그 길을 따라 걸어가면서 우리도 흔들리지 않는 나라의 상속자들이 될 수 있기를 바랍니다. 오늘부터라도 기독교인다운 품성을 내면화하기 위해 치열하게 노력하는 우리가 되기를 기원합니다.

'우주적 선율'과 '사랑의 몸짓'

지강유철/전 양화진문화원 선임연구원

김기석 목사는 성경의 마지막 다섯 권을 2000년부터 2023년까지 총 31회 설교했다. 한 장으로 이루어진 요한2서와 유다서는 한 번, 요한3서는 두 번 설교했다. 5장 구성의 요한1서는 11회 설교했다. 요한1서는 2006년에 처음 설교했는데, 그해와 2018년에는 두 차례, 나머지 7회는 1년에 한 번씩 본문으로 택했다. 22장 구성의 요한계시록은 16번 설교했다. 4년(2000, 2013, 2014, 2018) 동안은 매년 두 차례, 8년 동안은 한 차례 설교했다.

성경의 마지막 다섯 권 설교를 다 읽고 났을 때 먼저 떠오른 건 설교와 설교자에 관한 몇 개의 질문이었다. 31편 설교문 그 어디에서도 김기석 목사는 이런 문제를 언급하지 않는다. 그랬음에도 '설교와 설교자의 전통적 정의로 충분한가'라는 쪽으로 생각이 움직였다. 스스로 생각하기에도 신기하다. 음악을 공부하면서 악보 유무에 따라 음악이 상당히 다르게 들린다는 점을 적잖게 경험했다. 그 엄청난 차이를 납득할 수 있게 설명할 능력은 없지만 몸이 느끼는 차이는 매우 또렷하다. 눈을 감고 음악에 집중할 때 다양한 감성 세포의 반응이 감지된다면 악보를 펼치는 순간 귀가 놓쳤던 음악의 또 다른 풍경이 인식된다. 가끔은 거의 읽을 수 없을 정도로 난해한 현대음악 악보 때문에 반 귀머거리가 되기도 하지만 말이다. 음악 듣기의 경험 때문인지 설교 듣기와 읽기는 매우 다른 차원으로 이해된다. 마지막 다섯 권 설교를 동영상으로 시청했다면 십중팔구 상당히 다른 내용으로 이 글을 채워 나가고 있을 듯하다. 김기석 목사가 의도했다고 생각하진 않지만 그의 설교를 읽으면 전통적인 설교의 정의를 새롭게 내려야 하는 때가 도래하지 않았나 싶다. 설교문의 소제목에서 보이는 급진적 변화(?)를 옳고 그름의 잣대로 재단할 생각은 없다. 그런 전문적 식견이 내게 있을 리 만무하다. 아직은 그 변화 의미 파악에 집중하고 싶다.

설교문의 소제목에서 보이는 급진적 변화

김기석 목사는 소위 설교의 3대지 전통을 따르지 않는다. 21세기에는 이것이 하나의 흐름으로 자리잡은 듯하다. 하지만 그날의 설교 본문 중에서 소제목을 고르는 전통은 요지 부동해 보인다. 김기석 목사는 다르다. 노래 가사나 동서양 고전의 책 제목 등에서 종종 소제목을 정하기 때문이다. 2015년 11월 15일 주일 설교 「하나님을 안다는 것」(요한1서 2:1-6)에서는 4개의 대지 중 2개의 소제목을 김남조의 시 〈그대 있음에〉와 이성복의 시론집 〈불화하는 말들〉에서 차용했다. "그대 있음에 내가 있네/나를 불러 손잡게 해/그대 있음에 내가 있네/나를 불러 그 빛에 살게 해"를 인용하고 김기석 목사는 말한다.

"내가 있어 네가 있는 것이 아닙니다. 정반대입니다. 시인은 그대가 있어 내가 있다고 말합니다. 이것이 사랑의 신비입니다. '그대의 근심 있는 곳에/나를 불러 손잡게 하라.' 이 마음이 있는 곳이 천국이고 이 마음이 사라진 곳이 지옥일 겁니다."

이제까지 한국교회의 설교에서 인용되는 문학, 철학, 노래, 고전은 성경과 위계가 분명했다. 성경 아래에 자리를 잡거나, 운이 좋아야 비슷한 자리를 허락 받았다. 그러나 김기석 목사 설교에서 문학, 노래, 그림이나 사진, 옛 성현의 말은 성경 밖이 아니라 안으로 진입한다. 심지어는 단순한 안이 아니라 섞여 어우러지기도 한다. 이에 대한 평가는 보수적인 신앙이냐 진보적인 신앙이냐 여부에 따라 상당히 달라질 테다. 그런 점에서 김기석의 설교는 세속 음악과 종교 음악의 차이를 지워버린 바흐를 생각나게 한다. 바흐의 교회 음악 마니아나 전문 학자 중에는 유독 무신론자나 타종교인이 많다. 20세기 유럽에서 대표적인 바흐 음악 전문가였던 죄르지 쿠르탁의 다음 고백으로 충분하다.

"의식적으로 나는 확실히 무신론자다. 하지만 이를 밖으로 떠들지는 않는데 그 이유는 바흐 앞에서는 내가 무신론자가 될 수 없기 때문이다. 그러면 그의 믿음의 방식을 받아들여야만 한다. 그의 음악은 기도를 절대로 멈추는 법이 없다. 내가 교회 밖에 있으면 어떻게 그에게 더 가까이 다가갈 수 있겠나? 나는 글자 그대로의 복음은 믿지 않지만, 바흐의 푸가는 마치 방금 십자가에 못 박힌 듯한 예수의 이야기를 담고 있다. 그 음악 안에서 나는 언제나 못을 탕탕 박는 모습을 찾는다. 그것은 이중적인 환상이다. 내 머리는 그것을 모두 거부한다. 하지만 내 머리는 별로 가치가 없다."

김기석이 만난 예수의 얼굴

설교를 이야기할 때 시대와 신학에 상관 없이 설교자가 중요하다는 사실엔 이견이 없다. 설교를 듣거나 읽을 때 가장 주목하는 부분은 신학도 커뮤니케이션도 수사학도 아니고 '그가 어떤 설교자이냐'이다. 달리 표현하자면 그 설교자는 무엇에서 배우고 무엇을 듣고 보느냐를 따진다. 무엇에 기뻐하고 슬퍼하는지, 그 기쁨과 슬픔을 어떤 방식으로 담아내는지도 관심 있게 바라 본다. 「아름다운 얼굴」(요한계시록 1:12-16)이란 제목의 2000년 설교는 김기석이 어떤 설교자인가를 보여 준다. 성경의 여러 구절에서 예수의 얼굴을 만났다고 고백하고 있기 때문이다. 대다수 신앙인들에게 예수의 얼굴은 현실과 무관한 추상의 영역에 속하거나 일시적인 호기심의 대상일 뿐이다. 자기나 소속된 교회 공동체가 직면한 문제를 풀어내는 과정에서 예수의 얼굴 이야기를 들은 기억이 없다. 반면에 김기석 목사는 예수의 얼굴과 만났음을 매우 구체적으로 밝힌다. 그것도 한 번의 특별한 체험을 제시하는 게 아니라 그런 일이 일상에서 계속되고 있음을 짐작케 한다. 다양한 문제에 직면했을 때 만났던 예수의 얼굴에서 큰 힘을 얻고 있다고 고백하기 때문이다.

많은 설교자가 그렇듯 김기석 목사도 성경이 주어졌을 당시 본래의 뜻과 의도와 맥락을 정확하게 파악하기 위해 많은 시간을 투자

하는 걸로 알고 있다. 김기석 목사는 거기에서 한걸음 더 나아간다. 감성과 영적 상상력을 총동원해 당시 예수님의 표정과 눈동자와 얼굴을 헤아리기 때문이다. 21세기를 살면서 예수의 얼굴과 만난다는 고백은 신선하고 즐겁다. 하지만 김기석 목사가 정작 하려는 이야기는 예수의 얼굴과 만난다는 사실 그 자체가 아닌 듯하다. "지금 그 얼굴을 보고 있다면, 그리고 그 얼굴을 닮으려 하면 우리는 이미 과거의 '나'일 수 없"고, "우리는 어쩌면 그 얼굴을 보러 세상에 온 것인지도 모릅니다."라고 말을 덧붙이고 있기 때문이다. 조금 길지만 해당 부분 전문을 인용한다.

"세상 일에 시달려 눈이 흐릿해졌을 때, 맑은 눈을 빛내며 율법학자들과 하나님의 말씀을 나누는 소년 예수의 해맑은 얼굴을 기억합니다. 저물녘 긴 그림자를 끌고 터덜터덜 걷고 있는 사람처럼 맥없이 살고 있을 때, 이른 새벽 한적한 곳을 찾아 하나님께 기도드리고 내려오시던 샛별 같은 얼굴을 기억합니다. ·작은 성공과 실패 앞에서도 감정의 동요를 보이는 나의 작음이 아파질 때면, 소용돌이치는 바다 한복판에서 배 뒷편에 누워 태평하게 잠드신 태산같은 얼굴을 기억합니다. ·온통 '나'와 '내 가족'의 일에만 매달려 살면서, 이웃의 아픔과 세상의 아픔에 대해 무감각하게 살 때 예루살렘을 내려다보시며 안타까움의 눈물을 흘리시던 그 얼굴을 기억합니다. ·삶의 열정을 잃어버리고, 불의에 대해 분노하는 것마저 잃어버린 것이 안타까워 눈물지을 때 채찍 만들어 성전을 청결케 하시며 거룩한 분노에 떨던 그 얼굴을 기억합니다. ·지고 가는 내 생의 짐이 너무 무거워 비틀거릴 때면, 겟세마네 동산에서 눈물을 흘리며 기도하시던 그 얼굴을 기억합니다. ·작은 모욕을 당했을 때에 살 맛을 잃은 사람처럼 우울해 할 때, 당신을 죽이려는 가야바 앞에서, 빌라도 앞에서 한없이 고요하셨던 그 얼굴을 기억합니다. ·도저히 받아들이기 어려운 사람 때문에 마음이 흔들릴 때, 십자가 위에서 그를 못박는 이들을 용서해 달라고 기도하시던 그 수척한 얼굴을 기억합니다. ·삶의 전망이 보이지 않아 안절부절 못할 때, 제자들을 찾아와 평강을 빌어주시던 부활하신 주님의 얼굴을 기억합니다."

아버지가 내 안에, 내가 아버지 안에

2013년 성탄을 3일 앞둔 주일에 「우리는 어떻게 될까?」란 제목의 설교에서 김기석 목사는 "지금도 평화로운 세상, 인권이 존중되는 세상을 열기 위해 고난의 현장으로 달려가는 사람들을 볼 때 느끼는 전율"을 이야기했다. 하나님이 주신 마음이 아니라면 어떻게 자기의 소박한 행복이나 꿈을 유보하고 고통 받는 이들 곁으로 달려갈 수 있겠느냐면서 말이다. 그렇기에 김기석 목사는 기독교 신앙이 너무 사적인 차원으로 축소되어 소비되는 현실을 가장 아파한다. 하나님 나라 운동에 동참하려는 이들에게 "영혼의 근육"을 키우는 것의 중요성을 역설하는 건 바로 그 때문이다. 그 "근육은 나의 일을 함께 하자는 주님의 초대에 응할 때 생기기 시작하는데, 그 근육이 커지는 만큼 타인의 고통에 예민해지게 만든다." 이런 생각은 찬송가 후렴처럼 그의 여러 설교에서 다양한 길이와 형식으로 변주된다. 믿음은 위험을 감수하려는 마음이 없을 때 결코 자랄 수 없기 때문에 신앙은 모험이란 이야기가 그렇듯 말이다.

"신앙은 백척간두 진일보(百尺竿頭 進一步)입니다. 아스라한 허공에 발을 내딛는 것입니다. 하나님의 약속에 의지하여 넘실거리는 요단 강물 위로 발을 내딛는 제사장들의 마음, '오라'는 주님의 초대를 받고는 파도가 일렁이는 바다로 발을 내딛는 베드로의 마음, 깊이 잠든 제자들을 깨우며 '일어나 가자'고 말씀하시고는 십자가를 향해 걸어가셨던 예수님의 마음, 바로 거기에 믿음이 있습니다. 잊지 마십시오. 의를 행하는 자라야 하나님께로부터 난 사람입니다."

이런 모험을 강조하기에 김기석 목사는 "하나님의 뜻을 이해할 수 없었지만 하나님의 품 안에 자신을 맡겼"던 예수님의 "이해를 뛰어넘는 신앙"을 힘주어 설교한다. 성탄을 맞는 교우들에게 예수님은 상호내주(相互內住), 그러니까 "아버지가 내 안에, 내가 아버지 안에"라는 말로 당신 삶의 비밀을 드러내셨다고 말한다. "하나님의 마음으로 느끼고, 하나님의 눈으로 보고, 하나님의 귀로 듣고, 하나님의 사랑으로 사랑할 때 우리는 그와 같이 되"는데 이것이 진정한 의미의 크리스마스라는 것이다.

김기석 목사는 클래식 음악과 미술을 좋아해서 기회가 될 때마다 콘서트 홀과 전시회장을 찾는다. 설교에서도 그림과 음악 이야기가 심심찮게 등장한다. 그런데 그림이나 음악을 이야기할 때 전문 지식을 끌어들여 젠체하지 않는다. 대중 눈높이에서 쉬운 말로 조곤

조곤 설득한다. 설교자가 돋보이게 만들기 위해 전문가를 의식하지 않다 보니 소개하는 음악이나 그림에서 이제까지 꼭꼭 숨어 있던 성경의 숨은 뜻이 진솔하게 드러나는 듯하다. 2009년 10월 「사랑의 완성」(요한1서 4:7-12)이란 제목의 설교에서 김기석 목사는 한 장의 보도 사진을 주목한다. '왼편에는 인도네시아의 수마트라를 덮친 지진에 폐허로 변한 건물의 잔해가 널려 있고, 오른편에는 기도 방석을 깔고 엎드려 신에게 기도를 올리는 한 사내를 포착한 사진이다.' 이 사진을 한 주간 내내 마음에 두었다면서 '폐허 앞에 엎드린 그 사내의 굽은 등을 바라보며 김기석 목사는 그가 신에게 대체 어떤 기도를 올리고 있었는지 궁금해 한다. "견딜 수 없는 재난을 겪은 사람들은 신의 존재를 의심하게 마련"이고, "그 존재를 의심하지 않는다고 해도 신의 사랑은 의심"할 수 있는 법인데 폐허 앞에 기도 방석을 깔고 엎드린 사내를 보며 신앙이 무엇인지를 다시 묻지 않을 수 없었다고 했다.

일본 후쿠시마 원전 2주년을 하루 앞둔 2013년 「아비소스」(요한계시록 9:1-11)란 제목의 설교에서도 김기석 목사는 한 장의 사진에서 충격을 받았다. 오가와 테츠시라는 작가가 아름다움을 지키기 위해 후쿠시마의 참상이 아니라 "그곳에 살던 어린이들의 해맑은 모습, 그리고 주변에 지천으로 피어나는 풀꽃"을 찍었기 때문이다. 지금도 언론에서 그 사진 검색이 가능하다. 김기석 목사의 영성은 그런 소박한 사진에서 충격을 경험한다. 그리고는 누구라도 흘려 보는 게 조금도 이상하지 않는 사진에 오래 머무르며 삶과 신앙의 의미를 묻는다. 아름다움을 지킬 능력이 과연 우리에게 있는지를 교인들에게 반문하면서 말이다.

"우리 삶은 많은 에너지를 사용함으로 유지되고 있습니다. 특히 우리나라의 에너지 사용량은 적정 수준을 넘은지 이미 오래입니다. 편리함에 중독된 탓인지 우리는 큰일이라고 말하면서도 불편한 삶을 선택하려 하지 않습니다. 이상한 믿음에 사로잡혀 있기 때문입니다. 결국에는 인류의 문제를 지금까지 그래왔던 것처럼 과학기술이 그리고 정치권이 해결할 거라는 믿음 말입니다."

협잡과 바보짓

2015년 11월 15일의 요한1서 설교는 성경의 마지막 다섯 권 중에서 가장 톤이 높다. 프랑스 파리에서는 7곳에서 폭탄 테러가 벌어졌고, 서울에서는 노인 백남기 씨가 경찰의 물 대포에 맞아 중태에 빠졌다. 김기석 목사는 이 주일에 「하나님을 안다는 것」(요한1서 2:1-6)이란 제목으로 강단에 올랐다. 설교문에는 혹시 잘못 읽은 게 아닌가 의심이 될 정도로 강한 단어 두 개가 눈에 들어온다. "어둠의 일을 하면서 하나님과 사귀고 있다고 말하는 것은 거짓이고 협잡(挾雜)"이라 한 게 하나이고, "죄를 지을까 무서워 아무것도 하지 않는다면 그건 바보짓"이라는 일갈이 또 다른 하나다. 김기석 목사가 설교에서 협잡과 바보짓을 입에 올리다니! 특정 단어를 발음할 때만 핏대를 올린 것도 아니다. "종교적 신념이 생명을 파괴하는 것으로 나타난다면 그것은 거짓 종교"이고 "전쟁을 획책하고 사람들 속에 미움과 증오를 심어"준다면 기독교도든 힌두교도든 불교도든 참 종교가 아니란다. 이날 설교의 핵심은 "우리 죄뿐만 아니라 온 세상을 위한 화목 제물이신 예수"였다.

"주님은 온 세상의 아픔과 슬픔 그리고 죄를 당신과 무관한 것으로 여기지 않으셨습니다. 우리는 한사코 그런 것들로부터 멀어지려 하지만 주님은 그것을 당신의 온몸과 마음으로 받아들여 정화시키려 하셨습니다. 주님과 무관한 아픔은 없습니다. 주님과 무관한 인간의 죄는 없습니다. 그렇기에 우리는 예수님을 하나님의 아들이라 고백합니다. 우리는 가르고 나누고 배제하는 일에 익숙하지만, 주님은 하나로 만들고 품어 안으심으로 세상을 하나님의 나라로 이끄십니다."

김기석 목사는 이런 "혼돈의 시대일수록 자꾸만 자기를 돌아보고 삶의 중심을 놓치지 말아야"한다고 호소한다. 이날 설교 제목을 「하나님을 안다는 것」으로 정한 이유는 예수를 주님이라 고백하면서, 그러니까 예배에 열심을 내고, 큐티를 거르지 않고, 말 끝마다 주님의 영광을 노래하지만 그분이 걸으셨던 길에 나서고 있지 않는 이들을 일깨우려던 건 아닐까. 더 직설적으로는 "숭배하는 것이 따르는 것보다 쉽다."고 지적하려던 건 아닐까. 늘 주님의 영광을 말하지만 삶으로 예수를 따르지 않고 있다면 세속의 열정에 끌려 사는 이들과 다를 바 없음을 명심함이 옳다. 사도 요한은 하나님을 안다는 의미를 모호하게 돌리지 않고 직설적으로 표현했다. 하나님을 안다면 그리스도께서 사신 것 같이 살아야 한다.

사랑과 계명은 둘이 아니라 하나

「영원히 우리와 함께 할 그 진리」(요한2서 1:1-7)는 2023년 1월에 한 가장 최근 설교이다. 김기석 목사는 "사랑과 계명은 둘이 아니라 하나인 셈"이라는 짧은 한 문장으로 요한2서를 요약한다. "사랑은 계명을 따라 사는 것"이고, "계명은 사랑 안에서 살아가는 것"이다. 비슷한 의미의 말씀이 요한1서 5장에도 나온다. 「세상을 이기는 사람」(요한2서 5:1-5)이란 제목의 2006년 설교는 '계명이 바깥에 있으면 그것이 타율적으로 우리를 규제하기 때문에 지키기 어렵지만 우리 속에 있으면 지키기 쉽다.'고 말한다. 사랑의 성령이 우리 속에서 불타오르고 있을 때 사랑과 계명은 하나가 되어 우리로 하여금 하나님의 뜻을 쉽고 기쁘게 행할 수 있게 만들어 준다는 것이다.

요한2서는 하나님이 우리와 더불어 하고 싶은 일이 있으셔서 우리를 택했음을 알려준다. 택하심이 특권이 아니라 소명일 수밖에 없다는 건 바로 그 이유 때문이다. 그러나 이를 오해하여 택하심을 특권으로 받아들이는 순간 우리는 그릇된 선민의식에 휘둘리며 오만한 태도로 다른 이들을 차별하게 된다.

"이 단순한 사실을 복잡하게 만드는 이들이 있습니다. 그들은 사랑이 아니라 욕정을 따라 사는 이들입니다. 그들은 확신에 찬 것처럼 보입니다. 오만한 태도로 사람들을 압도하려 합니다. 머뭇거리거나 주저하지 않습니다. 무지하기에 용감합니다. 그들은 '내가 틀릴 수도 있습니다.'(I may be wrong)라는 겸허한 자기 인식이 없습니다."

너 없는 나의 행복이란 없다

2007년 10월 요한3서를 본문으로 한 첫 번째 설교 「축복」(요한3서 1:1-4)은 한국교회의 기복신앙과 배금주의를 대표했던 조용기 목사의 '삼박자 구원' 또는 '삼박자 축복'을 나직한 목소리로 바로 잡는다. 언제나 그렇듯 김기석 목사는 '삼박자 축복'의 근거로 알려진 요한3서 1장 2절을 바르게 번역하는 것에 멈추지 않는다. 장로 요한의 요한3서를 받아 본 교회 지도층은 떠돌이 설교자 영접 문제로 갈등을 겪고 있었다. 이 교회의 '으뜸 되기를 좋아하는' 디오드레베는 "무엇이 하나님이 기뻐하시는 일이고, 무엇이 공동체에 덕을 세우는 일인가보다는 자기 영향력 확보에 집착"했다. 이 문제 해결을 위해 장로 요한은 문제의 핵심을 집는다. 다른 이들의 고통과 시련을 외면한 우리 영혼의 잘됨은 허구에 지나지 않는다는 이야기다. 기독교인의 행복은 "우리가 고통받는 이들의 고통을 덜어주기 위해 몸을 낮출 때, 절망의 심연으로 가라앉고 있던 이를 건져주기 위해 기꺼이 바지를 적시려 할 때 우리에게 찾아오는 하나님의 선물"이다. 김기석 목사는 요한3서를 '너 없는 나의 행복이란 없다.'는 한 문장으로 요약한다. "사랑하는 이여, 나는 그대의 영혼이 평안함과 같이, 그대에게 모든 일이 잘 되고, 그대가 건강하기를 빕니다."(요한3서 1:2)라는 사도 요한의 축복은 내면이 고요한 이들만 누릴 수 있다. 삶의 속도 감속은 필수다. 운동 시간보다 홀로 있음의 여백 마련이 더 중요하다. "말을 그치고 하나님을 향해 마음을 열 때 하나님의 힘이 우리에게 유입"되기 때문이다. 한 주간 동안 볼쇼이 합창단 연주로 들었던 H.R. 에반스의 〈축복〉을 소개하며 김기석 목사는 설교를 이렇게 끝낸다.

"우리가 행복해지는 비결은 다른 이들을 축복하는 것이라고 확신합니다. 다른 이를 살맛나게 해주려고 몸을 낮추는 사람은 자기 생의 비애가 슬그머니 사라진 것을 알게 될 것입니다. 축복을 받는 것도 중요하지만, 축복의 매개가 되는 것은 더욱 아름다운 일입니다."

요한 웨슬리 회심 272주년 기념주일에 행한 「세 가지 반성」은 교회력 설교의 모범 사례라 할 만하다. 이 설교는 마가 다락방에 임한 성령 강림 사건으로 "사람들 사이에 가로놓여 있던 문화, 인종, 신분, 나라 사이의 장벽을 일시에" 허물면서 교회가 탄생했음을 상기시킨다. 성령 체험을 한 초대교회 신자들은 "차이를 넘어 하나가 된다는 사실이 얼마나 감격스럽고 놀라운 일인지를 경험"했고, "지배와 독점이 아니라 섬김과 나눔이 더 근본적인 기쁨을 준다."는 사실도 깨달았다. 이어지는 설교에서 김기석 목사는 회심 사건으로 웨슬리가 진정한 사람이 되었다고 말한다. 여기서 진정한 사람이 의미하는 바는 "하나님의 마음을 알아차린 사람"이다. 이렇게 회심은 "세상에 팔렸던 우리 마음을 되찾아 주인이신 하나님께" 돌려드린다. 요한3서를 근거로 영적 예배는 새로운 의미를 얻었다.

"해를 끼치지 마십시오. 하나님의 사랑 안에 머무십시오. 그리고 힘써 선을 행하십시오. 바로 그것이 우리가 바칠 영적 예배입니다."

말씀 등불 밝히고

자비의 사회화

예수의 동생 유다는 '영의 문제가 해결되면 육의 문제에 굳이 매이지 않아도 된다.'는 당시 영지주의의 색다른 가르침에 현혹된 신자들을 권면하기 위해 유다서를 썼다. 저들은 본능을 따라 살며 교회 공동체 파괴에 가담하도록 감언이설로 부추겼고, 사도들의 가르침과 권위를 업신여기게 만들어 교우들 사이의 진정한 사귐을 가로막았다.

김기석 목사는 공기나 물과 같이 우리 삶에 가장 요긴한 것들은 거저 주어졌기에 어렵거나 신비하지 않다는, 누구라도 알아들을 수 있는 쉬운 말로 유다서를 풀어낸다. 가까이 있는 사람이나 매일 먹는 음식 귀한 줄 모르는 이들에게 "진리는 평범하거나 심지어는 진부해 보이기까지 하다."고 말한다. 반복되는 일상을 지루해 하며 짜릿함 만을 추구하는 이들에게 "진리는 담담하여 색다른 맛이 없다."(淡乎其無味담호기무미)는 옛 성현의 가르침을 제시한다. 영혼의 도둑을 물리치고 멋진 인생을 위해 "거룩한 믿음을 터로 삼아서 자기를 건축"하려는 이들에게 김기석 목사는 모험과 결단을 촉구한다. 믿음으로 산다는 의미가 모험과 결단이기 때문이다. 아브라함은 갈 바를 알지 못하고 떠났고, 제자들은 배와 그물을 버려두고 주님을 따라 나섰다. 이들처럼 "버려야 할 것을 버릴 때, 삶이 단순해지고 내적인 힘"이 생긴다.

김기석 목사는 유다서 설교 「믿음과 연민」의 마지막에서 개인적 덕성을 넘어 우리 사회 전체가 추구해야 할 가치로 '자비의 사회화'를 제안한다. "상처입은 이들을 위로하고, 병든 이들을 고치고, 낙심한 이들에게 희망을 일깨우고, 배고픈 이들을 먹이고, 버림받은 사람들을 향해 나아갈 때 우리가 하나님의 사랑에 머무르게" 되기 때문이다. 김기석 목사의 고백이다.

"기도를 드리다 보면 어느 순간 내 마음이 연민의 마음으로 가득 찰 때가 있습니다. 내가 싫어했던 사람도 품을 수 있을 것 같고, 밉살스럽게 굴던 사람들도 넉넉히 품을 수 있을 것 같은 마음이 됩니다. 그런 너그러움이 밀물처럼 다가올 때 나는 존재의 고양감을 느낍니다."

만물의 우주적 합창

그가 어떤 설교자인지를 물을 때 빠질 수 없는 요소 중 하나는 일상에서 초월을 경험하며 사느냐 여부다. 여기서 초월은 방언이나 신유와 같은 은사 체험을 했느냐, 또는 매일 규칙적으로 성경을 읽고 기도하느냐를 의미하지 않는다. 온 세상을 가득 채우는 피조물의 우주적 합창을 들을 날을 고대하며 벅차 오름을 느껴 보는 것이 초월의 경험이다. 저들은 '나무에 물오르는 소리와 별들이 반짝이며 건네는 말, 또는 광우병 파동으로 도축될 때 하늘에 사무친 소들의 울부짖음에 귀를 열어 둔다. 김기석 목사는 요한계시록 5장 7-14절을 본문으로 「하나님의 선율」이라는 제목의 설교에서 장차 있을 만물의 우주적 합창에 동참할 생각에 가슴이 설렌다며 다음과 같이 말한다.

"저는 불협화음이 가득찬 세상에서 사랑과 믿음의 협화음이 터져나와 온 세상을 가득 채우는 광경을 그려봅니다. 우주적인 선율을 타고 노는 것보다 더 멋진 일이 어디에 있겠습니까? 시간 속에 살면서 영원에 잇댄 삶을 사는 것처럼 장엄한 일이 어디에 있겠습니까?"

온 우주의 합창을 듣고 살지 못하는 이들이 저 장엄한 합창을 듣기 원한다면 두 가지를 해야 한다. 우주적인 선율은 낮고 그윽해서 고요한 영혼에게만 들려오기에 우선은 삶의 속도를 늦추는 법을 배워야 한다. 그게 무엇이든 뭔가 조급한 일에 사로잡혀 있거나 분노의 감정에 삼킴을 당했을 때 그 노래는 들을 수 없다. 다음으로 해야 할 일은 내 삶의 연주자 바꾸기다. 헛된 욕망이 나를 연주하지 못하도록 예수님을 내 삶의 연주자로 바꾸어야 한다. 한 가지 더 잊지 말아야 할 일은 각자가 자기 선율을 연주해야 한다는 사실이다.

"합창을 할 때 다른 파트가 제아무리 근사하게 보여도 자기가 맡은 파트를 불러야 합니다. 음을 잘 잡지 못하는 이들은 슬그머니 남의 파트를 따라가기도 합니다. 삶도 다르지 않습니다. 남이 사는 모습이 근사하다고 해서 그를 따라가다가는 자기를 잃어버리기 쉽습니다. 베짱이는 베짱이의 노래를 불러야 하고, 매미는 매미의 노래를 불러야 합니다. 세상의 온갖 피조물들은 저마다의 소리로 하나님을 찬양합니다. 그 소리들이 어울려 아름다운 화음을 이루는 것입니다. 요한이 들었던 그 위대한 우주적인 합창은 바로 그런 것이었을 것입니다."

2014년 8월, 그러니까 세월호 유민 아빠가 목숨 건 단식으로 저

항하고, 세월호 유가족을 살리기 위해 성직자와 정치인들이 동조
단식에 동참하던 시기에 김기석 목사는 광화문에 나아가 회갑날에
단식 중이던 방인성 목사를 만나 위로했다. 며칠 후의 주일 설교에
서 김기석 목사는 다시 생각한 이웃 사랑의 실천 방안을 제안했다.
함께 귀 기울여야 할 제안이기에 글의 말미에 덧붙인다.

"고통 받는 이들을 찾아가고, 그들과 함께 머물고, 그들의 고향이 되
어 줄 수 없다 해도, 다소 소극적이긴 해도 우리가 할 수 있는 일이
있습니다. 내 앞에 있는 사람 속에서 거칠고 야비한 것을 이끌어내지
않는 것입니다. 이것을 적극적으로 해석하면 상대에게서 따뜻하고
부드럽고 아름다운 것을 이끌어내자는 말이 됩니다. 그러기 위해서
는 그를 진심으로 존중해야 합니다. 있는 그대로 받아들여야 합니다.
내 방식대로 바꿔놓으려 하지 말아야 합니다. 그가 말과 표정과 몸짓
으로 전달하는 메시지를 경청해야 합니다. 저는 이게 우리 시대의 이
웃 사랑의 출발이라 생각합니다."

우리는 어떻게 될까?

그러므로 자녀된 이 여러분, 그리스도 안에 머물러 있으십시오. 그렇게 해야 그가 나타나실 때에 우리가 담대함을 가지게 될 것이며, 그가 오실 때에 그 앞에서 부끄러움을 당하지 않을 것입니다. 여러분이 하나님께서 의로운 분임을 알면, 의를 행하는 사람은 누구나 다 하나님에게서 났음을 알 것입니다. 아버지께서 우리에게 얼마나 큰 사랑을 베푸셨는지를 생각해 보십시오. 하나님께서 우리를 자기의 자녀라 일컬어 주셨으니 우리는 하나님의 자녀입니다. 세상이 우리를 알지 못하는 까닭은 하나님을 알지 못하기 때문입니다. 사랑하는 여러분, 이제 우리는 하나님의 자녀입니다. 앞으로 우리가 어떻게 될지는 아직 밝혀지지 않았습니다만, 그리스도께서 나타나시면, 우리도 그와 같이 될 것임을 압니다. 그때에 우리가 그를 참 모습대로 뵙게 될 것이기 때문입니다. 그에게 이런 소망을 둔 사람은 누구나, 그가 깨끗하신 것과 같이 자기를 깨끗하게 합니다. 죄를 짓는 사람마다 불법을 행하는 사람입니다. 죄는 곧 불법입니다. 여러분이 아는 대로, 그리스도께서는 죄를 없애려고 나타나셨습니다.

> 그리스도는 죄가 없는 분이십니다. 그러므로 그리스도 안에 머물러
> 있는 사람마다 죄를 짓지 않습니다. 죄를 짓는 사람마다 그를 보지
> 도 못한 사람이고, 알지도 못한 사람입니다.

그리스도 안에 머물라

주님의 은총과 평화가 우리 가운데 함께 하시기를 빕니다. 저는 요즘 어느 선배 목사님이 주신 명함 크기의 카드 한 장과 사귀고 있습니다. 그 카드의 한쪽 면에는 이집트 시내 산 아래에 있는 성 캐터린 수도원(St. Catherine Monastery)에 소장된 이콘이 새겨져 있습니다. 중세 초기에 그려진 그리스도상입니다. 장발의 예수님은 고요하게 입을 다물고 계십니다. 양쪽 눈은 비대칭적입니다. 크게 뜬 오른쪽 눈은 정면으로 우리를 응시하고 계십니다. 마치 나의 속마음을 꿰뚫어보고 계신 것 같습니다. 그 눈은 영혼의 나태함 속에 빠져 있는 저를 엄하게 꾸짖는 것 같습니다. 그런데 주님의 왼쪽 눈은 아래를 향하고 있는데, 금방이라도 눈물을 쏟아낼 것 같은 슬픔이 느껴집니다. 그 눈은 마치 나는 너의 고통과 슬픔, 그리고 유약함을 다 안다고 말씀하시는 것 같습니다.

저는 그 성화상과 매일 많은 대화를 나누고 있습니다. 카드의 뒷면에는 동방교회가 가르친 '예수기도'가 담겨 있습니다. "하나님의 아들, 주 예수 그리스도시여, 죄인인 제게 자비를 베푸소서."(The Son of God, Lord Jesus Christ, have mercy on me the sinner.) 마음이 심란할 때마다 마음을 집중하고 이 기도를 반복해서 드리다보면 어느새 호

흡이 가지런해지고, 무겁던 마음이 가벼워지고, 따뜻한 기운이 온몸으로 번지는 것을 알 수 있습니다. 여러분도 오늘 주님 안에서 그런 따뜻함과 가벼움을 맛보시기를 바랍니다.

오늘 본문에서 요한은 형제자매들에게 '그리스도 안에' 머물러 있으라고 권합니다. '그리스도 안에'라는 표현은 바울 신학의 핵심어인데 같은 표현을 요한도 사용하고 있습니다. 그리스도인은 '그리스도 안에' 있을 때 비로소 그리스도인이라 할 수 있습니다. 그리스도 안에 있다는 말은 어떤 뜻일까요? 요한복음 15장이 그것을 잘 설명해주고 있습니다. 주님은 제자들에게 "내 안에 머물러 있어라. 그리하면 나도 너희 안에 머물러 있겠다."(요한복음 15:4) 이르시고는 그것을 포도나무와 가지의 관계로 설명하셨습니다. 가지와 포도나무는 둘이 아닙니다. 하지만 나무에서 분리되는 순간부터 가지는 열매를 맺을 수 없습니다. 요한은 '그리스도 안에' 머물러 있으라고 말하는 까닭은 그들이 그리스도인다운 생의 열매를 맺기를 바라기 때문입니다.

'그리스도 안에'라는 말은 '그리스도의 사랑 안에'라고 바꾸어도 별 문제가 없을 겁니다. 예수님의 세상 사역을 한마디로 요약하자면 모든 사람의 품이 되어주신 것이라고 할 수 있습니다. 물론 그 품을 거부하는 사람도 있었습니다. 그러나 냉혹한 세상살이에 지친 사람들, 고통을 운명처럼 받아들이며 살던 사람들은 그 품에 안겨 새로운 존재로 거듭났습니다. 주님의 사랑은 대가를 바라지 않는 사랑입니다. 주님의 사랑은 우리의 허물과 부족함이 드러나도 그치지 않습니다. 사람들은 다른 이의 허물을 보면 등을 돌립니다. 그러나 주님은 부족한 이들을 외면하지 않으십니다. 이것을 카를로 마르티니는 이렇게 표현합니다.

"너는 참 부족하구나. 그러니 너에게는 내가 꼭 필요하고 나는 너를 특별히 사랑한단다."(카를로 마르티니·게오르크 슈포르실, 《예루살렘 밤의 대화》, 최수영 옮김, 분도출판사, 35쪽)

우리가 주님 안에 머물러야 하는 것은 이 사랑 때문입니다. 그 사랑 안에 머무는 이들은 주님이 오실 때 담대하게 맞이할 수 있고, 부끄러움을 당하지 않을 것입니다.

백척간두 진일보(百尺竿頭 進一步)

요한은 하나님께서 의로운 분이심을 아는 이들은 의를 행하는 사람들이 모두 하나님께로부터 왔다는 사실을 알 것이라고 말합니다. 이것은 굉장히 중요한 진술입니다. 기독교 신앙은 '의'(義)와 깊이 연루되어 있습니다. 성경이 말하는 '의'는 일차적으로는 죄인인 우리를 용납하시는 하나님의 사랑을 뜻하지만, 그것은 또한 사회적 차원의 '정의'를 가리키는 말이기도 합니다. 성경의 하나님은 불의한 세상을 미워하시는 분입니다. 사람을 억압하고 착취하고 비인간화시키는 일체의 세력에 맞서시는 분이십니다. 힘을 숭상하는 이들, 자신의 안위와 행복을 위해 다른 이들을 수단으로 삼는 이들은 하나님의 지배를 거부하는 이들입니다.

예수님은 "의에 주리고 목마른 사람은 복이 있다. 그들이 배부를 것이다."(마태복음 5:6), "의를 위하여 박해를 받은 사람은 복이 있다. 하늘 나라가 그들의 것이다."(마태복음 5:10)라고 말씀하셨습니다. 더 나아가서 주님의 길을 걷다가 모욕을 당하고 박해를 받고, 터무니 없는 말로 온갖 비난을 받으면 복이 있다고도 말씀하셨습니다. 그렇기에 요한은 의를 행하는 사람은 모두 하나님께로부터 왔다고 말하는 것입니다. 저는 지금도 평화로운 세상, 인권이 존중되는 세상을 열기 위해 고난의 현장으로 달려가는 사람들을 보면 전율을 느낍니다. 그들도 소박한 행복을 꿈꾸는 사람들입니다. 그런데도 그런 꿈을 유보하고 고통 받는 이들 곁으로 달려갑니다. 하나님이 주신 마음이 아니라면 어떻게 그럴 수 있겠습니까?

제가 무엇보다 마음 아파하는 것은 기독교 신앙이 너무 사적인 차원으로 축소되어 소비된다는 사실입니다. 하나님 나라 운동에 동참하려는 이들은 영혼의 근육을 키워야 합니다. 그 근육은 나의 일을 함께 하자는 주님의 초대에 응할 때 생기기 시작합니다. 근육이 커지면 타인의 고통을 예민하게 느끼게 됩니다. 그들을 돕고 그들을 행복하게 하는 것이 우리에게 주어진 소명이라는 사실을 절감하게 됩니다. 영혼의 근육이 커지면 우리는 비로소 세상의 불의와 맞서 싸울 수 있습니다.

신앙은 모험입니다. 위험을 감수하려는 마음이 없다면 믿음이 자랄 수 없습니다. 신앙은 백척간두 진일보(百尺竿頭 進一步)입니다. 아스라한 허공에 발을 내딛는 것입니다. 하나님의 약속에 의지하여 넘실거리는 요단 강물 위로 발을 내딛는 제사장들의 마음, '오라'는 주님의 초대를 받고는 파도가 일렁이는 바다로 발을 내딛는 베드로의 마음, 깊이 잠든 제자들을 깨우며 '일어나 가자.'고 말씀하시고는 십자가를 향해 걸어가셨던 예수님의 마음, 바로 거기에 믿음이 있습니다. 성령의 인도하심을 따라 믿음의 벗들과 함께 새로운 현실을 창조하려는 이들은 모두 안전한 땅에 머물 수 없습니다. 잊지 마십시오. 의를 행하는 자라야 하나님께로부터 난 사람입니다.

세상이 우리를 알지 못하는 까닭

그리스도 안에 있는 사람들, 의를 행하는 사람들은 하나님의 자녀들입니다. 그러나 우리의 자녀됨은 우리의 행위의 결과가 아닙니다. 하나님의 선행적 사랑 덕분입니다. 하나님께서 먼저 우리를 당신의 자녀라고 일컬어 주셨습니다. 그런데 저는 3장 1절을 읽어나가다가 "세상이 우리를 알지 못하는 까닭은"이라는 대목에서 문득 눈을 거두었습니다. "~ 때문입니다"로 종결되는 이 문장을 스스로 완성해보고 싶은 생각이 들었기 때문입니다. 정리하자면 이렇습니다. "세상이 우리를 알지 못하는 까닭은 ( ) 때문입니다." 괄호 속에 들어갈 말이 무엇일까요? 물론 여기서 말하는 '우리'는 하나님의 자녀를 지칭하는 말입니다. 그러니까 세상이 우리가 하나님의 자녀라는 사실을 알지 못하는 까닭은 무엇이냐는 물음입니다. 여러 가지 대답이 떠오릅니다. 우리가 '빛과 소금으로 살지 못하기' 때문, '이기적이기' 때문, '비겁하기' 때문, '세속적이기' 때문, '섬김, 나눔, 돌봄을 외면하기' 때문… 등등 마음이 착잡합니다.

본문 말씀은 시련을 견디며 살고 있는 성도들을 격려하기 위해서 "세상이 우리를 알지 못하는 까닭은 하나님을 알지 못하기 때문"이라고 말하고 있습니다. 문제는 어둠이 지배하는 세상에 있다는 것이지요. 하지만 제게 이 성경이 그렇게 읽혀지지 않는 까닭은 오늘의 우리 신앙이 변질되었기 때문일 겁니다. 참 슬픕니다. 본(本)과 말(末)이 뒤집혀 있습니다. 본은 뿌리이고 말은 열매입니다. 사람들은 눈에 보이는 열매에만 집착합니다. 뿌리가 썩고 있는 것은 알지 못합니다. 작아도 예수 정신이 시퍼렇게 살아 있는 교회가 참 교회입니다. 그러나 교회가 커지면 예수님은 침묵을 강요당하기 일쑤입니다. 도스토예프스키의 《까라마조프 씨네 형제들》에 나오는 대심문관은 재림하신 예수님에게 말합니다. "당신은 오시지 말았어야 했습니다. 우리끼리 잘하고 있으니 말입니다." 예수의 이름으로 모이지만 예수를 맞아들일 생각이 없는 교회, 그것은 신의 무덤일 뿐입니다.

하나님은 우리를 당신의 자녀라고 인정해주셨지만, 우리는 삶으로 그 사실을 부인하고 있지는 않습니까? 이름과 실제가 분열되지는 않았습니까? 기독교인은 기독교인다워야 합니다. 기독교인답다는 말은 십자가의 길을 자신의 길로 삼는다는 말입니다. 십자가는 죽음입니다. 죽지 않으려 하기에 우리는 십자가를 장식품으로 만들었습니다. 부적처럼 말입니다. 성탄절기를 앞두고 십자가를 말하는 것이 적절하지 않은 것처럼 생각될 수도 있습니다만, 성탄절기야말로 십자가를 깊이 생각해야 하는 절기입니다. 기독교인들은 세상에 살지만 세상에 속한 사람이어서는 안 됩니다. 다시 말해 세상의 가치관에 동화되어서는 안 된다는 말입니다. 인간의 탐욕을 부추기고, 행복의 신기루를 보여주며 많은 사람들을 불행으로 이끄는 세상은 극복되어야 합니다. 기독교인들은 끊임없이 그런 세상을 향해 경종을 울려야 합니다. 비루한 욕망에 굴복하지 않는 영혼이 있다는 사실, 다른 삶이 가능하다는 사실을 몸으로 보여주어야 합니다. 쉽지 않기에 우리는 주님의 도우심을 구하지 않을 수 없습니다. 그런 삶을 살려 할 때, 주님은 친히 우리의 지팡이가 되어 주십니다.

중력과 은총

요한은 앞으로 우리가 어떻게 될지는 아직 밝혀지지 않았지만, 그리스도께서 나타나시면 우리도 그와 같이 될 것이라고 말합니다. 우리가 그를 참모습대로 뵙게 될 것이라고도 말합니다. 참모습대로 뵙게 될 것이라는 말은 비교적 쉽습니다. 바울 사도도 "지금은 우리가 부분적으로 알지만 온전한 것이 올 때는 부분적인 것이 사라진다고 말했습니다. 지금은 거울로 보듯 희미하게 보지만 그때에는 얼굴과 얼굴을 마주하여 볼 것이라고도 말했습니다."(고린도전서 13:9-10, 12)

세상의 모든 것은 불확실합니다. 그렇기에 우리는 불안을 느끼기도 하고, 회의에 빠지기도 합니다. 그럼에도 불구하고 우리는 우리 앞을 비추는 빛을 따라 더듬더듬 진리의 길을 걸어갑니다. 마치 물기를 찾아 어두운 흙속을 더듬는 뿌리처럼 말입니다. 하지만 주님 앞에 서게 되는 순간 우리가 겪었던 모든 일의 의미가 드러날 것입니다. 예수님은 하나님의 뜻을 이해할 수 없었지만 하나님의 품 안에 자신을 맡겼습니다. 이해를 뛰어넘는 신앙입니다. 신앙은 신뢰이기 때문입니다.

그런데 그리스도께서 나타나시면 우리도 그와 같이 된다는 말은 무슨 뜻일까요? 복잡한 신학적 논의를 생략한 채 직접적으로 말하자면 그저 그분과 깊은 일치를 이룬다는 뜻일 겁니다. 예수님은 '아버지가 내 안에, 내가 아버지 안에'라는 말로 당신 삶의 비밀을 드러내셨습니다. 상호내주(相互內住)입니다. 하나님의 마음으로 느끼고, 하나님의 눈으로 보고, 하나님의 귀로 듣고, 하나님의 사랑으로 사랑할 때 우리는 그와 같이 되었다 하겠습니다. 이것이 진정한 의미의 크리스마스입니다. 갈 길이 멉니다.

우리가 그렇게 살지 못하는 까닭은 죄의 인력으로부터 벗어나지 못했기 때문입니다. 죄의 인력은 중력처럼 '은근하지만 지속적으로' 우리를 잡아당깁니다. 은근하기에 의식하기 어렵고, 지속적이기에 저항하기 어렵습니다. 죄는 세상을 자기중심적으로 파악하게 만듭니다. 세상의 모든 것들이, 세상의 모든 사람들이 자기를 위해 존재하는 것처럼 생각하는 이들이 있습니다. 죄의 중력에서 벗어나기 위해서는 자꾸만 이웃을 배려하는 삶을 연습해야 합니다. 독일의 순교자인 디트리히 본회퍼 목사가 했던 유명한 말을 아시지요? 기독교인은 타자를 위한 존재입니다. 죄의 인력에서 벗어나기 위해서는 하나님의 은총 앞으로 자꾸 나아가야 합니다. 젊어서 굶어죽은 프랑스의 천재 사상가 시몬느 베이유의 《중력과 은총》을 자주 뒤적입니다. 중력은 우리를 자꾸 아래로 잡아당기는 힘입니다. 은총은 우리를 위로 이끄는 힘입니다. 죄와 습관이라는 중력에 이끌려 살 것인가, 아니면 은총에 이끌려 살 것인가 우리는 이 선택 앞에 서 있습니다.

믿는 이들은 십자가를 자기 삶의 방식으로 삼아야 합니다. 십자가를 삶의 방식으로 삼는다는 말은 세상에 영합하거나 동화되기를 거절하는 것입니다. 오직 진리 앞에서만 무릎을 꿇는다는 말입니다. 사사건건 딴지 거는 사람이 되라는 말은 물론 아닙니다. 예수님도 제자들을 세상에 파송하시면서 비둘기처럼 순결하고 뱀처럼 지혜롭게 처신하라고 말씀하셨습니다. 그럴 수 있기 위해서는 우리가 늘 하나님의 뜻에 접속되어야 합니다. 어떻게 하면 될까요? 하나님의 말씀을 꾸준히 읽어야 합니다. 그리고 깊이 생각해야 합니다. 말씀으로부터 내가 필요한 부분만 취할 것이 아니라, 그 말씀이 나를 변화시키도록 허용해야 합니다. 말씀이 주(主)가 되고 내가 종(從)이 될 때 비로소 하나님의 말씀은 우리 마음에 전율을 일으키고, 그 전율은 우리를 새로운 삶의 길로 인도합니다.

주님이 오고 계십니다. 마음을 열어 그분을 영접하십시오. 주님과의 깊은 일치를 갈망하십시오. 지금부터 주님의 손과 발이 되기로 작정하십시오. 그런 삶이 부담이 아니라 기쁨이 될 때 우리는 하늘이 주는 평화를 누리게 될 것입니다.

영원히 우리와 함께 할 그 진리

장로인 나는 택하심을 받은 믿음의 자매와 그 자녀들에게 이 글을 씁니다. 나는 여러분을 진정으로 사랑합니다. 나만이 아니라, 진리를 깨달은 모든 사람이 여러분을 사랑합니다. 그것은 지금 우리 속에 있고, 또 영원히 우리와 함께 할 그 진리 때문입니다. 하나님 아버지와 아버지의 아들 예수 그리스도께서 내려주시는 은혜와 자비와 평화가 진리와 사랑으로 우리와 함께 있기를 빕니다. 그대의 자녀 가운데 우리가 아버지께로부터 받은 계명대로 진리 안에서 살아가는 이들이 있는 것을 보고, 나는 매우 기뻐했습니다. 자매여, 지금 내가 그대에게 간청하는 것은, 우리 모두가 서로 사랑하자는 것입니다. 그렇지만 내가 새 계명을 써 보내는 것이 아니라, 우리가 처음부터 가지고 있는 계명을 써 보내는 것입니다. 사랑은 다름이 아니라 하나님의 계명을 따라 사는 것입니다. 계명은 다름이 아니라, 여러분이 처음부터 들은 대로, 사랑 안에서 살아가야 한다는 것입니다. 속이는 자들이 세상에 많이 나타났기 때문입니다. 그들은 예수 그리스도께서 육신을 입고 오셨음을 고백하지 않습니다. 이런 자야말로 속이는 자요, 그리스도의 적대자입니다.

택함 받은 사람들

저는 산의 사계 가운데 겨울 산을 제일 좋아합니다. 흰 눈을 이고 있는 높은 봉우리도 장엄하지만, 잎을 다 떨군 채 찬 바람 앞에 서 있는 나무도 아름답습니다. 일체의 허장성세를 버린 수도승의 모습을 보는 것 같습니다. 나무는 춥다고 자리를 옮기지도 않고 투덜거리지도 않습니다. 묵묵히 그 자리를 지킵니다. 겨울바람이 차갑게 볼을 스칠 때면 가끔 읊조리는 동요가 있습니다.

"나무야 나무야 겨울 나무야/눈 쌓인 응달에 외로이 서서/아무도 찾지 않는 추운 겨울을/바람 따라 휘파람만 불고 있느냐."

겨울은 밖으로 확산하는 시간이 아니라 안으로 침잠하는 계절입니다. 주현절기는 우리 삶을 꼼꼼하게 성찰해 볼 것을 요구하고 있습니다.

사도는 교회를 가리켜 '택하심을 받은 믿음의 자매'라고 말하고 성도들은 '그 자녀들'이라고 부릅니다. '택하심'이라는 말이 우리에게 주는 울림이 있습니다. 택하심은 일종의 호명입니다. 월드컵이 끝났습니다만, 유력한 우승 후보였던 브라질 대표팀에 호명되기를 기다리는 선수들의 모습을 TV를 통해 본 적이 있습니다. 자기 이름이 호명되면 선수들은 너나할 것 없이 가족들과 부둥켜안고 기쁨을 나누거나 뛸 듯이 기뻐했습니다. 머리를 감싸 쥐며 감격하는 이들도 있었습니다. 기대하던 일에 택함을 받는다는 것처럼 기쁜 일이 또 있을까요?

하나님을 믿는 이들은 누구나 다 택하심을 받은 사람입니다. 바울 사도께서는 "사람은 마음으로 믿어서 의에 이르고, 입으로 고백해서 구원에 이르게 됩니다."(로마서 10:10)라고 말했습니다. 옳습니다. 하지만 믿음이나 고백보다 앞선 것은 하나님의 택하심입니다. 택하심과 부르심이 없다면 믿음도 불가능합니다. 사랑이신 하나님은 모든 사람들을 당신의 자녀로 부르시지만 모두가 다 그분의 자녀가 되는 것은 아닙니다. 하나님의 풍성한 은혜를 받아들인 사람만 죄로부터의 구원을 경험하고, 하나님의 자녀가 됩니다.

우리와 함께 하시는 '그 진리'

택하심은 특권이 아닙니다. 택하심을 특권으로 받아들이는 순간 그릇된 선민의식에 사로잡히게 마련입니다. 그들은 자기들 무리에 속하지 않은 이들을 멸시하고 천대합니다. 하나님께서 우리를 택하신 것은 우리에게 그럴만한 자격이 있기 때문이 아닙니다. 택하심은 전적으로 하나님의 은혜입니다. 하나님이 우리를 택하신 까닭은 무엇일까요? 우리와 더불어 하시고 싶은 일이 있기 때문입니다. 택하심은 그러므로 소명입니다.

시내 산 언약을 맺을 때 하나님은 이스라엘에게 '제사장 나라'와 '거룩한 백성'이 되라는 소명을 주셨습니다. 주님은 우리가 하나님 나라의 가시적 징표가 되어야 한다고 말씀하십니다. 하나님 나라는 고립된 단자들의 나라가 아니라 그리스도 안에서 서로 연결되어 모든 지체들이 사랑과 우애를 나누는 곳입니다. 바울 사도가 서신에서 즐겨 사용하는 단어가 있습니다. '서로'(allēlōn)가 그것입니다. 바울의 서신에서 '서로'에 걸리는 단어는 실로 다양합니다. '사랑, 격려, 협력, 지체, 존경, 한 마음, 덕을 세움, 받아들임, 권면, 섬김, 짐을 져 줌, 용납'. 택하심을 받은 사람으로 산다는 것은 서로의 삶에 책임을 지는 그러한 아름다운 관계 속으로 들어간다는 뜻이 아닐까 싶습니다.

하나님은 우리를 관계 속으로 부르셨습니다. 세상은 사람들을 끊임없이 갈라놓습니다. 욕망과 욕망이 부딪치는 전장에서 우리 삶은 개별화되고 있습니다. 친밀한 우정을 누리지 못합니다. 외롭다는 느낌이 드는 것은 당연합니다. 하나님은 우리가 함께 새로운 삶을 시작해야 한다고 말씀하십니다. 사도는 그렇게 택하심을 받은 모든 사람을 사랑한다고 말합니다. 감정적인 사랑을 넘어서는 사랑입니다. 그런 사랑은 어디서 유래한 것일까요? 사도는 아주 간명하게 답합니다. "그것은 지금 우리 속에 있고, 또 영원히 우리와 함께 할 그 진리(ho alētheia) 때문"(요한2서 1:2)이라는 것입니다.

그런데 여기서 유의할 것이 있습니다. 요한이 사랑의 뿌리로 제시하는 것은 '그 진리'입니다. 일반명사인 진리에 굳이 정관사를 붙인 까닭은 무엇일까요? 사도가 전하는 진리가 세상의 이치나 이법 혹은 추상적 개념이 아니라 특정한 존재를 가리키고 있기 때문입니다. 그분은 바로 예수 그리스도이십니다. '진리'이신 주님은 십자가 처형과 더불어 세상에서 제거된 분이 아닙니다. 부활하시고 승천하신 주님은 시간과 공간의 제약을 넘어 지금 우리 속에 계십니다. 그리스도의 영이 우리 속에 없다면 우리는 그리스도의 사람이 아닙니다. '그 진리'는 또한 영원히 우리와 함께 하실 분입니다. 사도는 '그 진리' 안에 있는 이들이 진리(alētheia)와 사랑(agapē) 안에서 작동하는 은혜(charis)와 자비(eleos)와 평화(eirēnē)를 누리기를 바란다고 말합니다. '그 진리' 안에 있는 이들이 있는 곳에서는 자비와 평화의 기운이 감돌게 마련입니다.

사랑 안에서 살아가기

장로 요한은 진리 안에서 살아가는 이들을 사랑의 세계로 초대합니다. "우리 모두가 서로 사랑하자." 우리 시대에 사랑이라는 단어는 낡아빠진 느낌이 듭니다. 그 숭고한 단어가 너무 남발되고 있기 때문입니다. 물론 사랑은 모든 살아 있는 존재의 핵심입니다. 사랑이 없다면 우리는 애초에 존재할 수조차 없습니다. 그렇지만 시간은 모든 것을 낡게 만듭니다. 연인들의 뜨거운 사랑의 고백이 무관심이나 증오로 바뀌기도 합니다. 감정적인 사랑은 지속될 수 없고 강제될 수도 없습니다. 감정은 부침을 겪게 마련이니 말입니다. 동일한 대상도 우리 감정상태에 따라 달리 보이지 않던가요? 어떤 때는 사랑스럽게 보이던 이들이 밉살스럽게 보일 때도 있는 법입니다. 감정에 바탕을 둔 사랑은 불안정합니다.

그렇다면 누가 사랑 안에서 살아갈 수 있을까요? 하나님의 사랑을 경험한 사람입니다. 사도 바울은 우리가 사랑 가운데 머물 수 있는 것은 "하나님께서 우리에게 주신 성령을 통하여 그의 사랑을 우리 마음속에 부어 주셨기 때문"(로마서 5:5b)이라고 말합니다. 우리 마음에 부어주신 사랑 덕분에 우리는 하나님과 이웃을 사랑할 수 있습니다. 마르지 않는 그 사랑의 샘에서 물을 길어 올릴 때 우리는 사랑의 사람으로 새롭게 빚어집니다. 그런데 기독교인의 사랑은 감정을 넘어서는 의지적인 행위입니다. 당장 우리 마음에 들지 않는 사람이라 해도 사랑의 대상에서 제외시키지 말아야 합니다. 호감을 가지기는 어렵더라도 하나님의 사랑 안에서 그를 바라볼 수 있어야 합니다.

사랑은 우리 마음을 괴롭히는 상처를 치유합니다. 삶의 잔인함 때문에 상심한 사람을 다시 일으켜 세웁니다. 사랑은 삶의 무의미에 지쳤던 이에게 살아야 할 이유를 깨닫게 해줍니다. 사랑은 불화했던 이들을 화해로 이끕니다. 사랑은 두려움에 사로잡힌 이들을 일으켜 세워 불의에 저항하게 합니다. 사랑은 누군가에게 고향을 선물하는 일입니다. 우리는 사랑을 통해 형제자매가 자신의 참 가치를 발견할 수 있도록 합니다. 하나님의 사랑에 사로잡힌 사람은 다른 사람을 변화시키려고 하기보다는 스스로 변화되려고 노력합니다. 마치 주님이 인간의 몸을 입고 오신 것처럼 말입니다. 사랑은 하나님이 계시다는 사실에 대한 가장 강력한 증언입니다.

지금까지 하나님을 본 사람은 없습니다. 그러나 우리가 서로 사랑하면, 하나님이 우리 가운데 계시고, 또 하나님의 사랑이 우리 가운데서 완성된 것입니다.(요한1서 4:12)

속이는 자들

사도는 사랑은 계명을 따라 사는 것이라고 말합니다. 곧이어 계명은 사랑 안에서 살아가는 것이라고 말합니다. 사랑과 계명은 둘이 아니라 하나인 셈입니다. 이 단순한 사실을 복잡하게 만드는 이들이 있습니다. 그들은 사랑이 아니라 욕정을 따라 사는 이들입니다. 욕정을 따라 살면서도 진리 안에 있는 척 자기를 꾸밉니다. 그들은 확신에 찬 것처럼 보입니다. 오만한 태도로 사람들을 압도하려 합니다. 머뭇거리거나 주저하지 않습니다. 무지하기에 용감합니다. 그들은 '내가 틀릴 수도 있습니다.'(I may be wrong.)라는 겸허한 자기 인식이 없습니다. 에머슨은 "어리석은 일관성은 편협한 정신의 헛된 망상"이라고 했습니다. 그런 이들을 식별할 수 있어야 합니다. 비교적 간단합니다. 어떤 사람이 '그 진리' 가운데 있는지를 보려면 그의 주위에 감도는 분위기를 보면 됩니다. 그의 주변으로 자비와 사랑과 평화의 기운이 따뜻하게 퍼져가고 있다면 그는 '그 진리' 안에 있다고 보아도 좋을 것입니다. 그의 주변에 냉소와 혐오와 악다구니가 넘친다면 아무리 심오한 말을 하더라도 그는 의심스러운 사람입니다.

요한은 육신을 입고 오신 그리스도를 부인하는 이들은 속이는 자요, 그리스도의 적대자라고 말합니다. 이것은 물론 육체를 천하게 여겼던 영지주의적 이단자들을 경계하기 위한 말이지만, 지금도 이런 경향은 여전히 나타나고 있습니다. 하나님은 지금도 우리 안에서 활동하셔서 우리로 하여금 하나님을 기쁘시게 해 드릴 것을 염원하게 하시고 실천하게 하시는 분이십니다.(빌립보서 2:13) 신앙생활이란 고백을 삶으로 번역하는 일입니다. 바로 그것이 육신을 입고 이 땅에 오신 그리스도를 긍정하는 일이 아닐까요?

세상에는 입으로는 주님을 시인하지만 삶으로는 부인하는 이들이 많습니다. 바울 사도는 고린도 교회에 보내는 편지에서 오만에 빠진 이들에게 경고하면서 이렇게 말합니다.

주님께서 허락하시면, 내가 속히 여러분에게로 가서, 그 교만해진 사람들의 말이 아니라 능력을 알아보겠습니다. 하나님 나라는 말에 있지 아니하고, 능력에 있습니다.(고린도전서 4:19-20)

지금은 우리 자신을 성찰해 보아야 할 때입니다. 우리의 존재가 주위 사람들에게 어떤 영향을 끼치고 있습니까? 따뜻한 우애와 사랑, 명랑함과 유쾌함, 정직함과 용감함, 화해와 용서, 거룩한 삶에 대한 열정을 불러일으키고 있습니까? 사랑이 식어버린 시대입니다. 다시금 사랑의 모닥불을 피워야 할 때입니다. 따뜻한 불이 지펴진 곳마다 마음 시린 사람들이 모이는 법입니다. 주현절기 내내 '그 진리' 안에서 걷는 우리 몸과 마음에 주님의 빛이 스며들기를 기원합니다.

요한3서

1장 1-4절

축복

장로인 나는 사랑하는 가이오에게 이 글을 씁니다. 나는 그대를 진정으로 사랑합니다. 사랑하는 이여, 나는 그대의 영혼이 평안함과 같이, 그대에게 모든 일이 잘 되고, 그대가 건강하기를 빕니다. 신도들 몇이 와서, 그대가 진리 안에서 살아가는 모습 그대로, 그대의 진실성을 증언해 주는 것을 듣고 나는 매우 기뻐했습니다. 내 자녀들이 진리 안에서 살아가고 있다는 소식을 듣는 것보다 더 기쁜 일이 나에게는 없습니다.

생명의 모태

그리스어 원문으로 신약성서에서 가장 짧은 책인 요한3서에는 편지의 수신자인 가이오 외에도 디오드레베와 데메드리오라는 두 인물이 더 등장합니다. 사람이 모이는 곳은 그곳이 어디든 문제가 있게 마련입니다. 이 교회는 떠돌이 설교자들을 영접하는 문제를 두고 갈려 있었습니다. 낯선 이들을 맞이하여 그들이 영적으로 재충전하여 주의 일을 계속할 수 있도록 도우려는 이들이 있는가 하면, 낯선 이들에게 냉랭한 태도를 보이는 이들도 있었습니다. 교회는 환대와 냉대 사이의 갈림길에 서 있습니다. 가이오가 환대의 전통을 세우려 한다면, 디오드레베는 냉대의 길로 교회를 이끌어가려 합니다.

가이오는 사람들에 의해 '진리 안에서 살아가는 사람'으로, 또 신도들은 물론이고 '낯선 신도들을 섬기는 일'에도 충성스러운 사람으로 인정받고 있습니다. 나중에 이 공동체에 소개되고 있는 데메드리오도 가이오와 마찬가지로 진실한 삶으로 좋은 평을 받던 사람입니다. 이런 사람들은 신앙 공동체를 든든히 세우는 이라 하겠습니다. 거기에 비해 디오드레베는 낯선 설교자들을 받아들이고 그들을 위해 필요한 것을 준비해주는 일을 거절할 뿐 아니라 방해합니다. 어쩌면 그는 합리적인 사람일지도 모르겠습니다. 하지만 그의 사랑은 '우리'라는 울타리를 넘지 못합니다. 우리 밖에 있는 '그들'은 그의 관심의 대상이 아닙니다. 그는 자기 울타리 안에 갇혀 사랑의 능력을 잃어버린 사람이라 해야 할 것입니다.

그는 그 공동체 내에서 큰 영향력을 가지고 있었음이 분명합니다. 하지만 그 영향력을 부정적인 데 사용하고 있습니다. '으뜸 되기를 좋아하는' 사람이라는 평가는 그의 행동이 어디에서 나오는지를 잘 보여주고 있습니다. 그는 무엇이 하나님이 기뻐하시는 일이고, 무엇이 공동체에 덕을 세우는 일인가보다는 자기 영향력을 확인하는 데 더 큰 관심을 가진 사람입니다. '자기의 뜻'을 강조하는 이의 목소리가 커지면 공동체의 사랑은 식게 마련입니다.

사랑이 식은 곳에서는 생명이 자랄 수 없습니다. 우리가 아직 죄인되었을 때에 우리를 용납하시어 당신의 아들과 딸로 삼아주신 하나님의 사랑이 없었다면 우리는 여전히 흑암의 땅에서 방황하고 있을 것입니다. 디오드레베가 아니라 가이오와 데메드리오가 생명과 평화 공동체의 모태입니다. 한때 천재라고 칭송받던 축구선수 고종수를 기억하십니까? 그는 어떤 규율 속에 자기를 묶어둘 수 없는 야생마와 같은 젊은이였습니다. 그런 기질 때문인지 그는 튀는 행동을 했고, 무절제한 삶으로 인해 경기력은 떨어졌고, 사람들의 환호성은 비난과 냉소로 바뀌었습니다. 그는 거의 축구를 포기하기에 이르렀습니다. 그의 재기를 기대하는 사람은 별로 없었습니다. 하지만 그는 오랜 방황의 세월을 청산하고 축구장으로 돌아왔습니다. 자살을 생각할 만큼 절망에 빠졌던 그가 재기할 수 있었던 것은 한결같이 자기를 믿고 곁에 있어준 팬들의 사랑 덕분이었다고 말합니다. 그는 지금 축구화 끈을 조여매는 느낌이 가장 좋다고 말합니다. 고통을 통해 성숙해진 것입니다. 질책과 정죄가 아니라, 기다림과 용납과 사랑이야말로 생명의 모태입니다.

축복, 무엇을 위한?

사도는 가이오를 격려하면서 축복의 인사를 건넵니다.

사랑하는 이여, 나는 그대의 영혼이 평안함과 같이, 그대에게 모든 일이 잘 되고, 그대가 건강하기를 빕니다.(요한3서 1:2)

이 축원문은 어느 유력한 교파의 강령과도 같은 말씀입니다. '영혼의 평안', '모든 일이 잘됨', '건강'은 누구나 꿈꾸는 삶의 내용입니다. 우리도 이런 복을 누리며 살 수 있으면 좋겠습니다. 과속의 세상을 따라가느라 숨가쁜 우리가 영혼의 평안을 누릴 수 있을까요? 내면에 고요함을 간직하지 않고는 불가능한 일입니다. 또 내면의 고요함은 홀로 있는 시간, 즉 성찰의 시간을 마련하지 않고는 얻을 수 없습니다.

> "내 평생에 가는 길 순탄하여 늘 잔잔한 강 같든지
> 큰 풍파로 무섭고 어렵든지 나의 영혼은 늘 편하다
> 내 영혼 평안해 내 영혼 내 영혼 평안해"(찬송가 470장 1절)

주님 안에 있을 때 비로소 우리는 평화를 누릴 수 있습니다. 하지만 우리가 알아야 할 것은 다른 이들의 고통과 시련의 현실을 외면한 우리 영혼의 잘됨은 허구에 지나지 않는다는 사실입니다. '너' 없는 '나'만의 행복은 신기루에 지나지 않습니다. 기독교인의 행복이란 우리가 고통받는 이들의 고통을 덜어주기 위해 몸을 낮출 때, 절망의 심연으로 가라앉고 있던 이를 건져주기 위해 기꺼이 바지를 적시려 할 때 우리에게 찾아오는 하나님의 선물입니다. 지친 이의 어깨를 토닥여 힘을 북돋고, 외로운 그의 곁에 한결같은 사랑으로 머물러 주어 마침내 어두웠던 그의 얼굴에 희망의 미소가 돌아올 때 하늘의 기쁨과 평안이 우리에게 유입되는 것입니다. 도쿄케이자이(東京經濟) 대학 교수인 서경식 씨는 '교양이란 타인의 고통에 공감하는 능력과 감수성'이라고 말했습니다. 우리가 그런 사람이 되

는 것이야말로 영혼이 잘됨의 기반입니다. 너 없는 나의 행복이란 없습니다.

비움과 채움의 변증법

'모든 일이 잘됨'도 마찬가지입니다. 사실 실패를 바라고 어떤 일을 시도하는 사람은 없습니다. 하지만 우리는 뜻한 바를 이루기도 하고 실패의 쓴잔을 마시기도 합니다. 모든 일이 잘되기를 바란다는 말은 축원의 말로는 나무랄 데가 없지만 그런 마음을 품는다는 사실 자체가 과욕입니다. 오래 전에 〈보왕삼매론〉을 보면서 무릎을 친 적이 있습니다. 열 가지 중에 두 대목만 소개합니다.

"세상살이에 곤란함이 없기를 바라지 말라. 세상살이에 곤란함이 없으면 업신여기는 마음과 사치한 마음이 생기나니, 그래서 성인이 말씀하시되 근심과 곤란으로 세상을 살아가라 하셨느니라."

"일을 꾀하기 쉽게 되기를 바라지 말라. 일이 쉽게 되면 뜻을 경솔한 데 두게 되나니, 그래서 성인이 말씀하시되 여러 겁을 꺾어서 일을 성취하라 하셨느니라."

어려움이 없기를 바라는 마음이 우리를 불행하게 만듭니다. 어려움이 없으면 업신여기는 마음과 사치한 마음이 생깁니다. 어려움은 우리를 근본에서 벗어나지 않게 해주는 닻이 되기도 합니다.

사람들은 '모든 일의 잘됨'을 돈벌이로 치환해서 생각하는 경향이 있습니다. 아파트 값이 오르고, 사 놓은 땅 값이 오르는 것이 복이라고 생각합니다. 하지만 그게 오히려 화가 될 수도 있습니다. 가난할 때는 아름다웠던 가족관계가 돈 때문에 깨지고, 조촐하고 평화롭던 마을 공동체에 돈이 유입되면서 이웃사촌이 원수로 바뀌는 일을 우리는 심심치 않게 보고 있습니다. 욕망에는 만족이 없습니다. 욕망의 터전 위에 인생의 집을 짓는 한 우리는 늘 불안함 속에서 살아갈 수밖에 없습니다. 신앙생활은 비움을 익히는 과정입니다. 하나님의 영광을 위해 나를 비울 때, 비로소 하나님의 은혜가 충만하게 채워집니다. 그런데 우리는 일쑤 비움 없이 채움을 추구합니다. 우리 삶에 평안이 없는 것은 이 때문입니다.

"골프장 완비, 무료 강습." 이것은 새로 짓는 아파트 광고에 나오는 카피가 아닙니다. 목동에 있는 어느 교회 차에 붙어 있는 홍보문구입니다. 이쯤 되면 막 가자는 거지요? 교회 성장이라는 목표를 정해놓고 수단 방법을 가리지 않는 한국교회의 부끄러운 모습이 이 문구 속에 적나라하게 드러나고 있습니다. 이래서 성장하면 하나님이 기뻐하실까요? 예수님은 이런 안락하고 쾌적한 삶을 누리도록 하기 위해 십자가를 지신 것일까요? 나는 우리 교우들이 하는 일들이 다 잘 되기를 바랍니다. 하지만 그 잘됨은 누군가의 희생에 근거한 것이거나, 생태계를 파괴하면서 얻어지는 것이어서는 안 됩니다. 모든 일이 합력하여 선을 이루도록 하시는 하나님의 은혜 안에 있을 때, 모든 일이 잘 될 것입니다.

건전한 육체에 건전한 정신(?)

마지막으로 사도는 가이오의 건강을 축원하고 있습니다. 요즘 신문에서 심심찮게 '9988'이라는 말을 봅니다. 99세까지 팔팔하게 살자는 뜻이랍니다. 건강은 현대인들의 으뜸가는 종교가 되었습니다. 건강 문제는 정말 중요합니다. 건강이 무너지면 마음도 무너지기 쉽습니다. 그렇기에 신앙은 정신의 일이라면서 몸을 소홀히 한다면 그것은 크게 잘못된 일입니다. 지금 여러분들의 꾸지람 소리가 제 귀에 들려옵니다. 평계할 말이 없습니다. 저와 만나는 이들마다 제 건강이 어떠한지를 묻는데, 심지어는 선배 목사님들도 그렇게 물어 아주 송구스럽습니다. 이제부터는 몸을 살피는 일을 게을리하지 않겠습니다. 여기서 제가 문제삼는 것은 건강에 대한 과도한 집착입니다. 지나치게 무관심한 것도 문제지만 지나친 관심도 또한 문제입니다.

"건전한 육체에 건전한 정신이 깃든다."는 말이 있습니다. 로마시대의 문장가인 유베날리스(Decimus Junius Juvenalis)의 풍자시에 나오는 대목입니다. 이 말은 흔히 '건전한 신체'를 강조하는 말로 해석되고 있지만 사실 이 말의 원문은 다른 뉘앙스를 풍기고 있습니다. "건전한 육체에 건전한 정신이 깃들기를 기원해야 할 일이다." 건전한 육체에 건전한 정신이 깃들면 얼마나 좋겠냐만은 현실은 그렇지 못하다는 탄식입니다. 육체적 건강과 정신적 건강이 잘 조화를 이룬다면 좋겠지만, 현실은 그렇지 못할 때가 많습니다. 건강에 자신이 있으면 사람은 허튼 짓을 하게 마련입니다. 찬송가 528장 3절에는 "주를 위해 살겠으니 나를 고쳐 주소서."라는 기원이 나옵니다.

진정한 건강은 우리 속에 하나님의 뜻을 수행하려는 마음을 품는데서 비롯됩니다.

누가 건강한 사람입니까? 몸은 건강하지만 그 건강 때문에 허튼 짓만 일삼는 사람은 사실은 병든 사람입니다. 몸은 연약하지만 하나님께서 주시는 '일용할 건강'으로 하나님의 뜻을 수행하고, 이웃들을 사랑으로 돌보는 사람은 건강한 사람입니다. 할 수만 있다면 몸도 건강하고, 그 건강함으로 하나님의 일을 역동적으로 감당할 수 있으면 좋겠습니다. 건강하기를 원한다면 삶의 속도를 낮춰야 합니다. 휴식없이 달려가는 삶이 우리를 안달하게 하고, 그 안달이 속병을 낳습니다. 운동하는 시간을 마련하는 것보다 더 중요한 것은 홀로 있음의 여백을 만드는 것입니다. 우리가 말을 그치고 하나님을 향해 마음을 열 때 하나님의 힘이 우리에게 유입됩니다.

가을이 깊어가고 있습니다. 가을은 거두어들임의 계절입니다. 저는 지난 한 주일 내내 불쇼이 합창단이 부른 에반스(H.R.Evans)의 '축복'(The Beatitudes)을 들으며 지냈습니다. 바리톤 솔로와 합창단이 주거니받거니 부르는 팔복의 말씀을 들으며 마음이 참 편해졌습니다. 삶의 근본을 다시 생각해보면서 마음이 고요해졌습니다. 저는 우리가 행복해지는 비결은 다른 이들을 축복하는 것이라고 확신합니다. 다른 이를 살맛나게 해주려고 몸을 낮추는 사람은 자기 생의 비애가 슬그머니 사라진 것을 알게 될 것입니다. 축복을 받는 것도 중요하지만, 축복의 매개가 되는 것은 더욱 아름다운 일입니다. 우리 모두 디오드레베의 자리에서 벗어나 가이오와 데메드리오처럼 살기를 바랍니다. 저 또한 사도처럼 우리 교회 성도들이 진리 안에서 살아가고 있음을 확신하는 기쁨을 맛볼 수 있기를 바랍니다. 신앙 공동체를 싸늘한 신의 무덤으로 만드는 사람이 아니라, 사랑의 불꽃이 일렁이는 생명의 모태로 만드는 사람이 되십시오. 다른 이들과 더불어 화평을 누리고, 다른 이들과 더불어 행복을 맛보고, 주님의 뜻을 수행하려는 마음을 품어 영과 육이 아울러 건강한 우리가 되기를 기원합니다.

유다서

1장 20-25절

믿음과 연민

그러나 사랑하는 여러분, 여러분은 가장 거룩한 여러분의 믿음을 터로 삼아서 자기를 건축하고, 성령으로 기도하십시오. 하나님의 사랑 안에 머무르면서 자기를 지키고, 영생으로 인도하는 우리 주 예수 그리스도의 자비를 기다리십시오. 의심을 하는 사람들을 동정하십시오. 또 어떤 부류의 사람들에 대해서는 그들을 불에서 끌어내어 구원해 주십시오. 또 어떤 부류의 사람들에 대해서는 그들을 두려운 마음으로 동정하되, 그 살에 닿아서 더럽혀진 속옷까지도 미워하십시오. 여러분을 넘어지지 않게 지켜 주시고, 여러분을 흠이 없는 사람으로 자기의 영광 앞에 기쁘게 나서게 하실 능력을 가지신 분, 곧 우리의 구주이시며 오직 한 분이신 하나님께 영광과 위엄과 주권과 권세가 우리 주 예수 그리스도로 말미암아 영원 전에와 이제와 영원까지 있기를 빕니다. 아멘.

진리의 맛은 담담하다

예수님의 동생 유다의 이름으로 명명되는 유다서는 설교자들이 무의식적으로 기피하는 책입니다. 유다라는 이름이 예수님을 팔아 넘긴 유다 이스카리옷을 연상시키기 때문일 겁니다. 하지만 이 책은 매우 중요한 책입니다. 초대 교회는 여러 가지 이단적인 가르침 때문에 홍역을 앓고 있었습니다. 특히 영지주의(Gnosticism)가 문제가 되었는데, 영지주의자들은 인간의 영이 육체보다 존재론적으로 더 귀한 것이라고 가르쳤습니다. 영의 문제가 해결되면 육의 문제에 굳이 매이지 않아도 된다는 것이지요. 물론 그들 가운데는 정말 고결한 영혼들도 있었을 겁니다. 하지만 영지주의는 평범한 사람들로 하여금 방종한 삶을 거리낌없이 행하게 만들었습니다. 유다서의 저자는 그들을 가리켜 교회 안에서 사도들의 가르침과 권위를 업신여기는 사람들이고, 교우들 사이의 진정한 사귐을 가로막는 암초와 같은 사람들이라고 말합니다. 그들을 특징짓는 말은 '불평', '욕심', '허풍', '아첨' 등입니다. 그들은 자기 본능을 따라 살면서 교회 공동체를 파괴하는 자들입니다.

그런데도 사람들이 그들을 추종하는 까닭은 뭘까요? 그들의 가르침이 색다른 이야기처럼 들렸기 때문일 겁니다. 어쩌면 그들의 가르침이 인간의 숨겨진 욕망을 해방시키는 것처럼 보였기 때문일 수도 있습니다. 사람들은 반복되는 일상을 진부하게 여깁니다. 그래서 뭔가 짜릿한 것을 구합니다. 하지만 우리가 알아야 할 것이 있습니다. 진리는 평범하거나 심지어는 진부해 보이기까지 하다는 사실입니다. 옛 사람이 말한 것처럼 "진리는 담담하여 색다른 맛이 없습니다."(淡乎其無味담호기무미, 노자, 《도덕경》 35장) 우리는 늘 가까이에서 대하는 사람들은 귀한 줄 모르고, 멀리 있는 사람만 바라봅니다. 가끔 먹는 것을 귀하다 하고 매일 먹는 것은 귀하게 여기지 않습니다. 지각 없는 자들은 "훔쳐서 먹는 물이 더 달고, 몰래 먹는 빵이 더 맛있다."고 말합니다. 문제는 "죽음의 그늘이 바로 그곳에 드리워져 있다는 것을 모른다."(잠언 9:17-18a)는 것입니다. 우리 삶에 가장 요긴한 것들은 거저 주어진 것들입니다. 공기나 물과 같은 것이 그렇습니다. 하나님의 말씀도 그렇습니다. 그것은 어렵지도 않고, 신비한 것도 아닙니다. 들을 마음만 있으면 들을 수 있습니다. 하지만 세상에 팔린 정신은 눈앞에 있는 하나님의 뜻을 저버리고 색다른 가르침에 현혹됩니다.

삶의 토대

유다는 우리에게 우리 영혼을 도둑질하려는 자들에게 넘어가지 말라면서, 멋진 인생을 살기 위한 몇 가지 조언을 들려주고 있습니다.

첫째는 "거룩한 믿음을 터로 삼아서 자기를 건축"해야 합니다. 여기서 거룩한 믿음이란 사도들이 전하여 준 믿음을 뜻합니다. 예수 그리스도의 십자가의 사랑과 부활의 권능이 그 믿음의 기초입니다. 믿음으로 산다는 것은 모험이고 결단입니다. 부름 받았을 때 아브라함은 갈 바를 알지 못하고 길을 떠났습니다. 갈릴리의 어부들은 배와 그물을 버려두고 주님을 따라 나섰습니다. 버려야 할 것을 버릴 때, 삶이 단순해지고 내적인 힘이 생깁니다. 우리가 이리도 무기력하게 사는 까닭은 영혼의 지향점을 잃어버렸기 때문입니다. 믿음이란 하나님의 선하심과 위대하심에 대한 전적인 신뢰입니다. 그 믿음 위에 우리 인생의 집을 지으면 우리는 여간한 시련 앞에서도 흔들리지 않습니다. 하나님 안에서 실패란 없으니 말입니다.

둘째는 성령으로 기도해야 합니다. 기도는 우리를 하나님께 비끄러매는 행위입니다. 즉 참다운 기도란 하나님의 뜻이 내 몸과 마음을 통해 실현되기를 소망하며 나 자신을 주님께 바치는 것입니다. 바로 이것이 성령으로 드리는 기도입니다. 기도에서 중요한 것은 표현이 아니라 진실과 진정입니다. 유대교의 어느 랍비는 히브리어 알파벳을 쓴 종이를 가지고 하나님 앞에 나아가서, "하나님, 내가 마땅히 드려야 할 기도를 당신의 은총 속에서 들어주십시오." 하고 기도했습니다. 성령으로 기도할 때 우리는 비로소 세상 물결에 떠밀려 가지 않을 수 있습니다.

셋째는 하나님의 사랑 안에 머물면서 예수 그리스도의 자비를 기다리는 것입니다. 하나님의 사랑 안에 머문다는 것은 그분의 뜻에 순종한다는 것이고, 하나님과의 친밀함을 유지한다는 뜻입니다. 언젠가 의붓아들 의식에 대해 말씀드린 바가 있습니다. 하나님을 대하는 우리의 태도는 어떻습니까? 마치 의붓아버지를 대하는 것처럼 서먹서먹하지는 않습니까? 하나님을 참으로 아버지라고 부를 수 있다면 우리 삶의 빛깔은 무지개빛이 될 것입니다. 하나님의 사랑 안에 머물기 위해서 해야 할 일은 무엇일까요? 예수적인 삶을 선택하는 것입니다. 상처입은 이들을 위로하고, 병든 이들을 고치고, 낙심한 이들에게 희망을 일깨우고, 배고픈 이들을 먹이고, 버림받은 사람들을 향해 나아갈 때 우리는 중심이신 하나님과 사랑의 관계를 맺게 됩니다. 사람이 가장 아름다운 때는 누군가를 돌보고 있을 때입니다.

책임과 연민

사람은 혼자서는 살 수 없기에 공동체를 이룹니다. 내가 행복하기 위해서는 내 주위에 있는 사람들이 행복해야 합니다. 주님은 산상수훈을 통해 "남을 불쌍히 여기는 사람들은 행복하다. 하나님도 그들을 불쌍히 여기실 것이다."(마태복음 5:7)라고 말씀하셨습니다. 함석헌 선생님은 《뜻으로 본 한국 역사》에서 "눈에 눈물이 어리면 그 렌즈를 통해 하늘 나라가 보인다."고 말했습니다. 이 말은 고난만이 인간을 하나님께로 이끈다는 말입니다. 그런데 저는 이 말을 우리가 이웃들을 위해 눈물을 흘릴 때 비로소 하늘 나라를 보게 된다는 뜻으로 해석하고 싶습니다.

유다는 성도들에게 믿음 가운데 확고히 서지 못한 사람들, 베드로의 표현대로 말하자면 '들뜬 영혼'(굳세지 못한 영혼, 베드로후서 2:14)을 불쌍히 여겨야 한다고 말합니다. 또 지옥 불의 가장자리에 서 있는 사람들을 불에서 끌어내라고 말합니다. 그냥 놔두면 그들은 스스로 파멸할 수밖에 없습니다. 거짓 교사들의 가르침에 현혹되어 하나님을 등지고 있는 사람들을 생명의 길로 인도하는 것은 우리의 마땅한 책임입니다. 하지만 가인의 후예인 우리 마음속에서 끊임없이 들려오는 소리가 있습니다. "내가 내 동생을 지키는 사람입니까?", "나 혼자 살기도 바쁜데, 어떻게 남을 돌보라는 겁니까?" 바로 이 마음이 지금 우리가 사는 세상을 만들었습니다. 경쟁과 갈등이 일상화된 세상 말입니다.

지금 우리에게 꼭 필요한 것은 '자비의 사회화'입니다. 자비는 자애로움과 큰 슬픔을 뜻합니다. 자비는 개인적인 덕성이기도 하지만 우리 사회 전체가 추구해야 할 가치이기도 합니다. 교회는 그런 자비의 마음을 익히는 도량이 되어야 합니다. 성도들은 서로에 대해 깊은 관심을 가져야 합니다. 믿음이 연약한 이들에 대해서 더욱 그러해야 합니다. 누군가 믿음의 길에서 벗어날 때 그것을 아파하는 연민의 마음이 필요합니다. 판단하고 비난하고 따돌리고 외면하기보다는 흔들리는 그의 마음을 불쌍히 여겨야 합니다.

기도를 드리다 보면 어느 순간 내 마음이 연민의 마음으로 가득 찰 때가 있습니다. 내가 싫어했던 사람도 품을 수 있을 것 같고, 밉살스럽게 굴던 사람들도 넉넉히 품을 수 있을 것 같은 마음이 됩니다. 그런 너그러움이 밀물처럼 다가올 때 나는 존재의 고양감을 느낍니다. 문제는 그것이 지속되지 않는다는 데 있습니다. 그렇기에 하나님 앞에 자꾸 엎드려야 합니다.

《감옥으로부터의 사색》으로 널리 알려진 신영복 선생님은 감옥 안에서 천사를 보았다고 말합니다. 비좁은 감방에서 여름을 나기란 보통 고역이 아닙니다. 어느 날 무더위 때문에 녹초가 되어 선잠이 들었는데, 어디선가 시원한 바람이 불어오더랍니다. 웬 바람인가 싶어 눈을 떠보니 어느 복역수 하나가 잠들어 있는 동료들을 위해 부채질을 하고 있었답니다. 신영복 선생은 서슴없이 그를 천사라고 부릅니다. 원망하고 미워하고 짜증내면 뭐합니까? 긍휼히 여기는 마음이야말로 천국에 속한 마음입니다. 하지만 세상은 지옥으로 변해가고 있습니다.

아비르 카심 함자라는 이름을 들어보셨습니까? 그는 마흐무디야에서 살던 열다섯 살짜리 이라크 소녀입니다. 제가 조금 전 '살던'이라고 말한 까닭은 그 아이가 이미 죽었기 때문입니다. 아비르는 매우 아름다운 소녀였습니다. 아비르는 바깥에 나갈 때마다 미군들의 검문소를 지나쳐야 했습니다. 미군들은 아비르에게 추파를 던졌습니다. 두려웠습니다. 어느 날 저녁 미군 101 공수 사단에 속해 있던 스티브 그린 이등병이 동료 두 명과 함께 아비르의 집을 찾아왔습니다. 그들은 술을 마신 상태였습니다. 그들은 아비르의 아버지와 5살 난 동생을 살해하고는 아비르와 어머니를 강간했습니다. 그리고 그들의 머리에 총을 쏘아 다 살해했습니다. 끔찍한 사건입니다. 스티브 그린이 악마였기에 그런 일을 저질렀을까요? 아닙니다. 전쟁이 그를 그렇게 만들었습니다. 타자에 대한 두려움과 적개심이 그런 폭력을 낳게 만들었습니다. 생명에 대한 존중이 사라진 곳, 그곳이 지옥이 아니라면 어디가 지옥이겠습니까? 우리는 사랑으로 돌보라고 부름 받은 사람들입니다. 우리가 그 일에 투신할 때 하나님은 우리를 지켜 주실 것입니다.

내 잔이 넘치나이다

예수님은 우리가 세상의 돌부리에 걸려 넘어지지 않게 지켜 주시는 분이십니다. 우리 힘만 믿고 의지하면 절망하지 않을 수 없습니다. 하지만 희망은 우리에게 있지 않습니다. 희망은 하나님으로부터 우리에게 공급되는 것입니다. 〈성서 조선〉이라는 개인 잡지를 내셨던 김교신 선생님이 어느 날 하나님 앞에 푸념을 늘어놓았습니다.

"제소: 하나님 아버지 당신은 나를 속이셨습니다. 나의 어리석은 것을 기화로 하여 당신은 온갖 감언이설로 또는 위협과 책망으로 나를 몰아내어 십수 년간 이런 잡지를 발간케 하셨습니다. 그러나 이 잡지를 정말 읽는 이가 누가 있습니까? 한 사람, 단 한 사람이나 어디 있었습니까? 당신은 아실 테니 있었거든 있었다 하십시오. 어떤 이는 비웃습니다. '네가 그 비용을 모아두었다면 자녀 교육에는 염려 없을 뿐더러 노후의 안정을 이미 얻었으리라.'고. 그러나 아무것도 되지 못했건 말건 진정한 독자 한 사람만 있었다면 나는 당신을 원망치 않겠습니다….

심문/ 그래 네가 손해 본 것은 얼마나 되느냐? 계산해 오라.

답신/ 내 것 손해 본 것은 한푼도 없습니다. 당신이 주신 것으로 출판하고 먹고 입고 남은 부스러기가 열두 광주리올시다.

심문/ 그럼 또 무슨 말이냐.

답신/……〉 (김교신, 《조와弔蛙》, 동문선, 191-2쪽)

가만히 돌아보면 하나님의 은혜가 참으로 큽니다. 우리가 누리는 것 가운데 받지 않은 것이 무엇입니까? "내 잔이 넘치나이다." 이것이 삶에 눈 뜬 이들의 고백입니다. 우리가 품은 뜻이 하나님의 뜻과 일치된다면 하나님의 한없는 능력을 경험하게 될 것입니다. 믿음의 기초 위에 인생의 집을 세우고, 성령으로 기도하고, 하나님의 사랑 안에 머무르면서 자기를 지키고, 들뜬 영혼들을 불쌍히 여겨 그들을 지옥불로부터 건져내려는 마음이 있는 곳에서 사랑의 기적이 일어날 것입니다. 주님의 위엄이 드러날 것입니다. 이 멋진 초대에 기꺼이 응하는 우리가 되기를 기원합니다.

하나님의 선율

그 어린 양이 나와서, 보좌에 앉아 계신 분의 오른손에서 그 두루마리를 받았습니다. 그가 그 두루마리를 받아 들었을 때에, 네 생물과 스물네 장로가 각각 거문고와 향이 가득히 담긴 금 대접을 가지고 어린 양 앞에 엎드렸습니다. 그 향은 곧 성도들의 기도입니다. 그들은 이런 말로 새로운 노래를 불렀습니다. "주님께서는 그 두루마리를 받으시고, 봉인을 떼실 자격이 있습니다. 주님은 죽임을 당하시고, 주님의 피로 모든 종족과 언어와 백성과 민족 가운데서 사람들을 사서 하나님께 드리셨습니다. 주님께서 그들을 우리 하나님 앞에서 나라가 되게 하시고, 제사장으로 삼으셨습니다, 그래서 그들은 땅을 다스릴 것입니다." 나는 또 그 보좌와 생물들과 장로들을 둘러선 많은 천사를 보고, 그들의 음성도 들었습니다. 그들의 수는 수천 수만이었습니다. 그들은 큰 소리로 "죽임을 당하신 어린 양은 권세와 부와 지혜와 힘과 존귀와 영광과 찬양을 받으시기에 합당하십니다" 하고 외치고 있었습니다. 나는 또 하늘과 땅 위와 땅 아래와 바다에 있는 모든 피조물과, 또 그들 가운데 있는 만물이, 이런 말로 외치는 소리를 들었습니다. "보좌에 앉으신 분과 어린 양께서는 찬양과 존귀와 영광과 권능을 영원무궁 하도록 받으십시오." 그러자 네 생물은 "아멘!" 하고, 장로들은 엎드려서 경배하였습니다.

찬송의 선율에 몸을 맡기라

몸과 마음이 피곤할 때 여러분은 어떻게 하십니까? 멍하니 텔레비전을 바라보거나, 잠을 청하십니까? 아니면 홀로 조용히 산책을 하십니까? 여러분 중에는 음악을 듣는 분도 계실 겁니다. 며칠 전에 저는 조금 지쳐있었던 것 같습니다. 그래서 제 사무실에서 조용히 눈을 감고 있었습니다. 그때 교육관에서 교우들이 부르는 찬송 소리가 아련히 들려왔습니다. 저는 그 선율에 내 몸과 마음을 맡겼습니다. 찬송가의 선율은 곧 제 온몸과 마음을 부드럽게 얼싸안았습니다. 평온했습니다. 그리고 감사의 심정이 북받쳐 올랐습니다. '삶이 제아무리 곤고하다 해도 찬송을 부를 수 있고, 또 들을 수 있으니 얼마나 좋은가?' 찬송은 즐거울 때만 부르는 것이 아닙니다. 슬플 때도 힘겨울 때도 낙심될 때도 불러야 합니다. 마음을 담아 찬송을 부르면서 우리는 위로를 받습니다. 힘을 얻습니다. 용기를 얻습니다. 오늘 우리는 하나님께 드려야 할 진정한 찬송을 부르고 있습니까?

세상에 있는 모든 피조물들이 주님의 아름다우심을 찬양합니다. 귀 있는 사람은 그 소리를 들을 수 있습니다. 찬송 시인은 노래합니다.

"숲 속이나 험한 산 골짝에서 지저귀는 저 새소리들과/고요하게 흐르는 시냇물은 주님의 솜씨 노래하도다." (찬송가 40장 22절 중)

귀가 예민한 사람은 나무에 물오르는 소리도 듣는답니다. 별들이 반짝이며 건네는 말도 들을 수 있을 것입니다. 제가 이렇게 말하면 참 한가한 소리구나 하실 겁니다. 그렇습니다. 세상에 있는 온갖 것들이 내는 속삭임을 들을 수 있는 사람은 오직 한가한 사람뿐입니다. 항상 일에 쫓기고, 피곤에 찌들리다 보면 온 세상을 가득 채우는 저 피조물들의 노래를 들을 수 없습니다. 마음이 고요하고 한가해야 만물의 노래 소리를 들을 수 있습니다.

노래는 노래를 부르고

오늘 우리가 읽은 본문 말씀은 참으로 장엄하고 신비롭습니다. 장로 요한은 박해의 어두운 골짜기를 지나고 있는 성도들에게 하나님 나라의 비전을 전해주고 있습니다. 그는 보좌에 앉으신 하나님을 보았습니다. 그 주위에는 네 생물이 시립(侍立)하고 있었는데, 그 모양이 각각 사자, 송아지, 사람, 독수리 같았습니다. 또 보좌를 중심으로 해서 머리에 금 면류관을 쓴 스물네 장로들이 앉아 있었습니다. 그들은 한결같이 보좌에 앉으신 분께 영광과 존귀와 감사를 돌렸습니다. 장로 요한은 또 어린 양을 보았습니다. 그 어린 양은 보좌에 앉으신 분의 손에 들려있던 일곱 인으로 봉한 두루마리 책을 받아들었습니다. 그 두루마리에는 세상에 대한 하나님의 비밀스런 경륜이 적혀있었습니다. 어린 양 예수 그리스도가 아니고는 그 봉인을 뗄 수가 없었던 것입니다.

그때 네 생물과 이십사 장로가 새 노래로 찬양하기 시작했습니다. 그 노래는 예수 그리스도의 구속의 은총과 성도들의 책임이 얼마나 막중한가를 드러내고 있습니다. 그 노래가 잦아들기 전에 또다른 노래가 들려왔습니다. 그것은 보좌와 생물들과 장로들을 둘러싼 수많은 천사들의 노래였습니다. 천사들은 어린양 예수께 능력과 부와 지혜와 힘과 존귀와 영광과 찬송을 돌렸습니다. 그 노래에 뒤이어 또 다른 노래가 들려왔습니다. 어디에서 들려오는지 가늠하긴 어려웠지만, 그 소리는 우주를 가득 채웠습니다. 크진 않지만 시끄럽지 않았고, 다양하지만 조화로운 소리였습니다. 그것은 온 우주 가운데 있는 만물들이 부르는 영광송이었습니다.

> 보좌에 앉으신 이와 어린 양에게 찬송과 존귀와 영광과 능력을 세세토록 돌릴찌어다.(요한계시록 5:13)

온 우주에 있는 만물들이 다 주님의 영광을 찬양합니다. 이것은 위대한 비전입니다. 세상의 모든 것들이 저마다의 소리로 주님을 찬양합니다. 삶이 제아무리 고달파도 우리는 하나님을 찬양하는 사람이 되어야 합니다. 우리는 삶을 통해 악보를 써 나가고 있습니다. 저는 우주적인 이 위대한 합창에 동참할 생각에 가슴이 설레입니다. 여기서 저는 에베소 교회에 보내는 이냐시우스의 편지 가운데 한 대목을 떠올립니다.

하나님의 선율을 노래하라

"하나님의 선율을 노래하시오. 그럴 때 여러분은 함께 한 합창대가 될 것이며 여러분이 이루어내는 조화와 사랑 가운데서 예수 그리스도의 노래가 여러분을 통해 울려 나올 것입니다. 그때 그분께서는 여러분이 그리스도에 속하는 사람들임을 아시게 됩니다."

이냐시우스가 이 편지를 쓴 때는 편안할 때가 아닙니다. 그는 군인들의 감시하에 로마로 끌려가고 있었습니다. 그는 무자비한 죽음이 자기를 기다리고 있음을 분명히 알고 있었습니다. 하지만 그는 자기의 노래를 포기하지 않습니다. 생명이 다할 때까지 그는 자기의 노래를 부릅니다. 죽음조차도 그 노래를 멈추게 할 수 없습니다. 그것은 믿음의 노래, 사랑의 노래였습니다. 온전히 주께 바친 영혼만이 부를 수 있는 승리의 노래였던 것입니다.

여러분은 지금 어떤 노래를 부르고 계십니까? 중요한 것은 각자가 자기의 선율을 연주해야 한다는 것입니다. 합창을 할 때 다른 파트가 제아무리 근사하게 보여도 자기가 맡은 파트를 불러야 합니다. 음을 잘 잡지 못하는 이들은 슬그머니 남의 파트를 따라가기도 합니다. 삶도 다르지 않습니다. 남이 사는 모습이 근사하다고 해서 그를 따라가다가는 자기를 잃어버리기 쉽습니다. 베짱이는 베짱이의 노래를 불러야 하고, 매미는 매미의 노래를 불러야 합니다. 세상의 온갖 피조물들은 저마다의 소리로 하나님을 찬양합니다. 그 소리들이 어울려 아름다운 화음을 이루는 것입니다. 요한이 들었던 그 위대한 우주적인 합창은 바로 그런 것이었을 것입니다. 개는 개 소리를 내고, 돼지는 돼지 소리를 냅니다. 이를 일러 자효(自嚆)라 합니다. 세상에서 오직 자기 소리를 내지 못하고 있는 존재가 있다면 그것은 바로 사람입니다. 이게 비극입니다. 하나님의 선율에 귀를 기울이면서 그 선율에 몸을 맡기고 살면 좋을 텐데, 우리는 다른 선율에 마음을 빼앗긴 채 살아갑니다.

우리는 진지하게 물어야 합니다. "나를 위해 예비하신 하나님의 선율은 무엇인가?" 말이 어려운가요? 한마디로 하나님이 나를 두고 계획하신 일이 무엇이냐는 말입니다. 그것을 알고 사는 사람과 모르고 사는 사람의 삶이 같을 수는 없을 겁니다. 그렇지만 그것을 알아차리기란 결코 쉽지 않습니다. 그러면 어떻게 해야 하나님의 선율을 들을 수 있을까요?

먼저 삶의 속도를 늦추어야 합니다. 뭔가 조급한 일에 사로잡혀 있을 때 우리는 하늘의 소리를 들을 수 없습니다. 분노의 감정에 사로잡혀 있을 때도 마찬가지입니다. 하나님의 선율은 낮고 그윽해서 고요한 영혼에게만 들려옵니다.

그 다음에는 내 삶의 연주자를 바꾸어야 합니다. 헛된 욕망이 나를 연주하게 버려두지 마십시오. '나'라는 악기를 가장 멋지게 연주할 수 있는 분은 예수 그리스도이십니다. 평범한 악기라도 연주자에 따라 다른 소리가 나지 않습니까? 주님은 가장 위대한 삶의 연주자이십니다.

우주적인 선율을 타고 놀라

마귀가 사자처럼 울부짖으며 영혼을 넘보고 있는 세상입니다. 세상이 복잡할수록 자꾸만 근본으로 돌이켜야 합니다. 그래야 '나'를 잃지 않게 됩니다. 사람이 온 천하를 얻고도 제 목숨을 잃으면 무슨 소용이냐고 주님은 말씀하셨습니다. 돈도 명예도 권세도 우리를 하나님 앞에 세워줄 수 없습니다. 하나님 앞에 가지고 갈 수도 없습니다. 그런 것을 위해 우리는 너무 분주합니다. 돈과 명예와 권세의 지배에 대해 거절할 수 있는 용기가 필요합니다. 적은 돈으로 살 수 있는 능력을 개발해야 합니다. 남의 인정에 연연하지 않고 자기의 원리를 지키며 살아갈 수 있는 용기를 가져야 합니다. 남에 대한 지배를 포기하고 남을 섬기며 살아갈 결심을 해야 합니다.

세상 도처에서 불협화음이 터져나오고 있습니다. 광우병 파동으로 도축되는 소들의 울부짖음이 하늘에 사무치고 있습니다. 굶주려 죽어가는 사람들의 퀭한 눈이 무정한 인간 세상을 고발하고 있습니다. 광우병이 염려돼 도축되는 소라도 달라고 국제사회에 손을 내미는 북한을 보면서 "네 동생 아벨이 어디 있느냐?"고 물으시는 주님의 음성을 듣게 됩니다. 전운이 감도는 팔레스타인에서 수많은 사람들이 숨죽인 채 신음하고 있습니다. 인도와 베네수엘라에서 지진으로 희생당한 사람들이 누군가의 따뜻한 보살핌을 기다리고 있습니다.

이제 우리가 할 일은 하나님께서 맡겨주신 믿음과 사랑의 선율을 마음을 다해 부르는 것입니다. 그들의 고통을 덜어주고, 그들의 상처를 싸매주고, 그들이 홀로가 아니라는 사실을 확인시켜줄 때 그들은 우리의 사랑 노래에 동참하게 될 것입니다. 저는 불협화음이 가득찬 세상에서 사랑과 믿음의 협화음이 터져나와 온 세상을 가득 채우는 광경을 그려봅니다. 누구는 구름을 타고 놀고, 또 누구는 소를 타고 놀았다지만 우주적인 선율을 타고 노는 것보다 더 멋진 일이 어디에 있겠습니까? 시간 속에 살면서 영원에 잇댄 삶을 사는 것처럼 장엄한 일이 어디에 있겠습니까? 우리는 모두 다 하나님의 영광을 노래하라고 보냄을 받은 찬양대입니다. 우리의 말과 행실이 보좌에 앉으신 하나님과 어린양 예수 그리스도에 대한 찬양이 되기를 원합니다.

말씀 등불 밝히고
—
초판 1쇄 발행 2023년 4월 9일
초판 2쇄 발행 2023년 11월 25일

지은이 김기석
펴낸이 한종호
디자인 임현주
제 작 미래피앤피

펴낸곳 꽃자리
출판등록 2012년 12월 13일
주소 경기도 의왕시 백운중앙로 45, 207동 503호(학의동, 효성해링턴플레이스)
전자우편 amabi@hanmail.net
블로그 http://fzari.tistory.com

Copyright ⓒ 김기석 2023
* 이 책은 저작권법에 따라 보호받는 저작물이므로 무단 전제와 복제를 금합니다.
—
ISBN 979-11-86910-45-0 03230
값 50,000원